秦始皇帝陵一号兵马俑陪葬坑
发掘报告（2009～2011年）

秦始皇帝陵博物院　编著

文物出版社

北京·2018

图书在版编目（CIP）数据

秦始皇帝陵一号兵马俑陪葬坑发掘报告.2009～2011年／秦始皇帝陵博物院编著.—北京：文物出版社，2018.11

ISBN 978－7－5010－5568－5

Ⅰ.①秦… Ⅱ.①秦… Ⅲ.①秦始皇陵—发掘报告—2009－2011 Ⅳ.①K878.84

中国版本图书馆 CIP 数据核字（2018）第 068921 号

秦始皇帝陵一号兵马俑陪葬坑发掘报告（2009～2011 年）

编　　著：秦始皇帝陵博物院

责任编辑：周艳明
封面设计：程星涛
责任印制：梁秋卉

出版发行：文物出版社
社　　址：北京市东直门内北小街 2 号楼
邮　　编：100007
网　　址：http://www.wenwu.com
邮　　箱：web@wenwu.com
经　　销：新华书店
印　　刷：北京京都六环印刷厂
开　　本：889mm×1194mm　1/16
印　　张：32.5　插页：6
版　　次：2018 年 11 月第 1 版
印　　次：2018 年 11 月第 1 次印刷
书　　号：ISBN 978－7－5010－5568－5
定　　价：380.00 元

The Excavation of the Terracotta Army Pit No. 1 of Emperor Qinshihuang's Mausoleum (2009 – 2011)

by

Emperor Qinshihuang's Mausoleum Site Museum

Cultural Relics Press

Beijing · **2018**

目　录

插图目录

插表目录

彩版目录

图版目录

引 言

　　秦始皇帝陵园位于陕西省西安市临潼区，地处渭河南岸三级台地与骊山山地之间的台塬上，史称"丽山园"。陵区地域曾为商丽国、周丽戎国、秦丽邑、汉新丰县、唐昭应县的辖地，北宋大中祥符八年（1015 年）取围绕县城之临水、潼水而改称临潼，元沿袭，属奉元路，明、清属西安府，民国初同清制，中华人民共和国成立以后归渭南专署管辖，1983 年划归西安市至今（图一）。

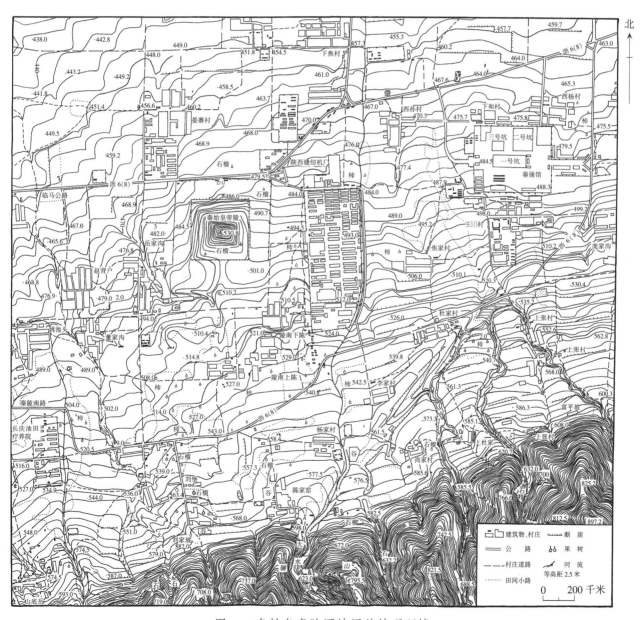

图一　秦始皇帝陵园地区的地理环境

（引自《秦始皇陵二号兵马俑坑发掘报告》（第一分册），图一，科学出版社，2009 年）

1961 年，秦始皇帝陵被国务院公布为第一批全国重点文物保护单位。1987 年，秦始皇帝陵及兵马俑坑被联合国教科文组织列入《世界文化遗产名录》。2009 年 2 月，占地 3386 亩的秦始皇帝陵博物院·丽山园（秦始皇帝陵遗址公园）成立，改变了长期以来粗放管理的状态，开启了秦始皇帝陵园大遗址保护的新时代。

一　陵园范围及考古发现

秦陵园是指秦国所有陵墓，包括甘肃礼县的西垂陵区、陕西凤翔县的雍城陵区和西安市临潼区的芷阳陵区。秦始皇帝陵区在空间位置上属于芷阳"秦东陵"范围，是中国历代帝王陵中规模最大、埋藏最丰富的一座大型陵园。

秦始皇帝陵园范围狭义上是指其建制所规定的地理空间，范围大致为南起骊山脚下陈家窑村，北至鱼池及其所在水沟，东到防洪堤至暗桥村一线，西以山刘村、董沟的小河为界（赵背户刑徒墓地以东）（图二）[①]。广义上是指陵园本身范围和之外许多有关的其他秦文化遗存所涵盖的区域，南起骊山脚下陈家窑村，北至吴东、吴中村北，西至西安市砂轮厂东墙，东到代王镇，东西、南北各 7.5 公里，总占地 56.25 平方公里[②]。

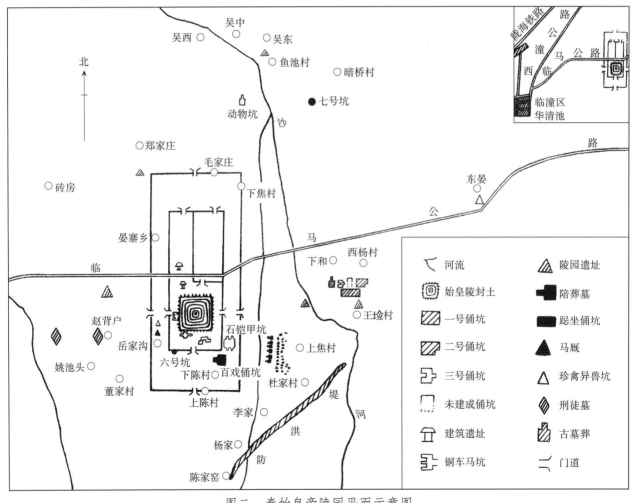

图二　秦始皇帝陵园平面示意图

---

① 朱思红：《秦始皇陵园范围新探索》，《考古与文物》2006 年第 3 期。
② 袁仲一：《秦始皇陵考古发现与研究》，第 5 页，陕西人民出版社，2002 年。

在秦始皇帝陵区近20平方公里的文物遗址密集区，分布有封土、地宫、内外城垣、三出门阙、陪葬坑、陪葬墓、修陵人墓、寝殿、便殿、饮官遗址、园寺吏舍遗址、防洪渠遗址、鱼池建筑遗址、郑庄石料加工场遗址和丽邑遗址等（图三）。经过四十多年的考古调查和发掘，出土了包括陶俑、陶马、铜车马、石铠甲以及青铜水禽、兵器等在内的各类珍贵文物5万余件。

近年来，利用物探手段对封土下的情况开展了相关的探测。探知封土堆下墓圹周围有一组台阶式墙状夯土台环绕周边，上部高出地表约30米，体量巨大，夯层厚约6～8厘米。东西夯土台的中间部位各留有一处缺口，与墓道重合，夯土台围就的内部即墓室上部以粗夯土填充。台阶式墙状夯土台上窄下宽，内外均呈台阶状：东、西、北墙的外侧均为九级台阶，南墙尚未勘探，外侧台阶高3、宽2米；东墙、北墙内侧现已发现六级台阶，南墙、西墙尚不清楚。东、西、北墙的外侧上部台阶上发现有较为广泛的瓦片，瓦片堆积零乱，靠近顶面的台阶上瓦片较多，中下部台阶上也有零星发现，但台阶式墙状夯土台的顶面几乎没有见到瓦片。顶面及各级台阶上没有发现红烧土、木炭等遗迹。封土下为地宫，经物探得知，地宫开挖范围东西长约170、南北宽约145米，地宫底部东西长约80、南北宽约50米，深约15米，地宫的底部距现地表约30米。

陵园地下深层阻排水系统由总长1303米的东、西两段组成：东段为阻水设施，长778米，位于现封

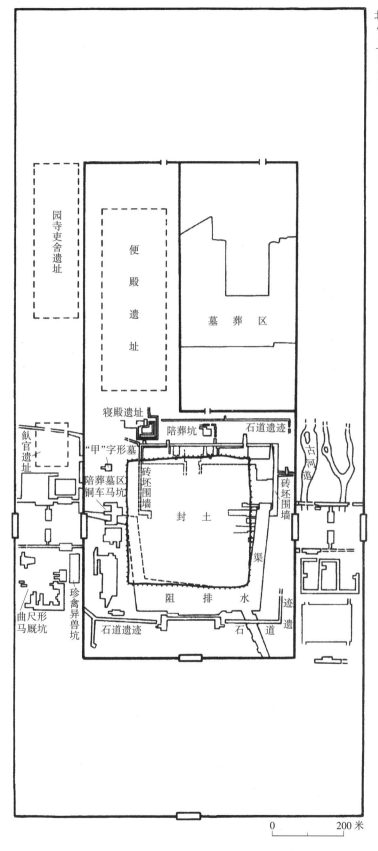

图三（A）　秦始皇帝陵园遗迹总分布图

（引自《秦始皇帝陵园考古报告（2001～2003）》，图2A，文物出版社，2007年）

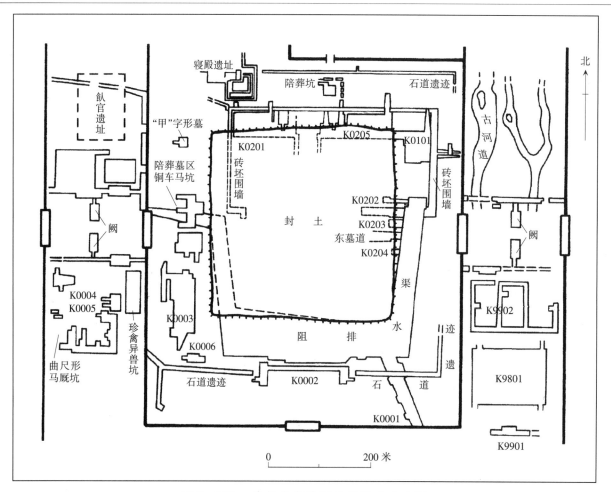

图三（B）　秦始皇帝陵园局部遗迹分布图

（引自《秦始皇帝陵园考古报告（2001～2003）》，图2B，文物出版社，2007年）

土东、南、西三侧；西段为排水设施，由位于现封土西侧的明井、暗渠组成，平面布局呈"Z"形，起点在封土西边的东西轴线处，向西延伸108米，穿过内城西门后沿内城垣西侧向北220米，再折向西197米，至外城垣后向北继续延伸，现已探出明井8段、暗渠7处，全长525米。

　　2010年，陵园外城北门门址经过钻探得到确认。北门门址位于外城北墙上，东距外城东墙455米，西距外城西墙412米，门东西长93、宽7米。墙体南部东西两侧各有一凸出于墙体的夯土台基，西侧夯土台基南北长4.4米，东侧夯土台基破坏较为严重，仅残存部分夯土。门址中部破坏严重，仅有断断续续的夯土残存。

　　历年来，秦始皇帝陵园考古工作一直在持续开展，发掘报告、简报多有公布①，并掀起了长久不衰的研究高潮。有关陵园修建、选址、修建时间、设计理念、布局、设计者、建设者及其对中国古代帝王陵园产生的影响等问题，已有诸多论述②。

---

① 参见陕西省考古研究所始皇陵秦俑坑考古发掘队：《秦始皇陵兵马俑坑一号坑发掘报告（1974～1984）》，文物出版社，1988年，下引简称"原报告"；秦始皇兵马俑博物馆：《秦始皇陵二号兵马俑坑发掘报告》（第一分册），科学出版社，2009年，下引简称"二号坑发掘报告"；秦始皇兵马俑博物馆等：《秦始皇陵铜车马发掘报告》，文物出版社，1998年，下引简称"铜车马发掘报告"；陕西省考古研究所等：《秦始皇帝陵园考古报告（1999）》，科学出版社，2000年；陕西省考古研究所等：《秦始皇帝陵园考古报告（2000）》，文物出版社，2006年等。

② 参见赵康民：《骊山风物趣话》，陕西旅游出版社，1992年；袁仲一：《秦始皇陵兵马俑研究》，文物出版社，1990年；王学理：《秦始皇陵研究》，上海人民出版社，1994年；段清波：《秦始皇帝陵园考古研究》，北京大学出版社，2011年等。

二　兵马俑陪葬坑

兵马俑陪葬坑发现于 1974 年初和 1976 年夏，按照发现的先后顺序，分别编号为一、二、三号。一号坑西端西距秦始皇帝陵外城东墙 1225 米，距陵园封土的中心点 1695 米。从封土中心点经外城东门向东引一条直线，三座兵马俑陪葬坑位于直线的北侧，呈"品"字形分布，紧密相连，总面积达 2 万余平方米，是一组秦始皇帝陵园外围的大型陪葬坑（图四）。

（一）一号坑

平面呈长方形，方向 97°，东西长 230、南北宽 62、深 5 米，总面积 14260 平方米。东西两端各有斜坡门道 5 个，坑道内有 10 道 2.5 米宽的夯土隔墙，隔墙上架棚木，再铺席、填土，底部以青砖墁铺。一号坑东端是一个长廊，三排袍俑面东而站，每排 70 件，共 210 件，手持弓弩；南边有一列面向南的甲俑；北边有一列面向北的甲俑；西端有一排面向西的甲俑。在 10 道隔墙隔开的 11 个过洞里排列着 38 路面向东的纵队，每路纵队中间都排列有陶质驷马和木车。按照排列的密度估计，全部发掘后可出土陶俑、陶马 6000 余件，以甲俑居多（图五；图版一，1）。

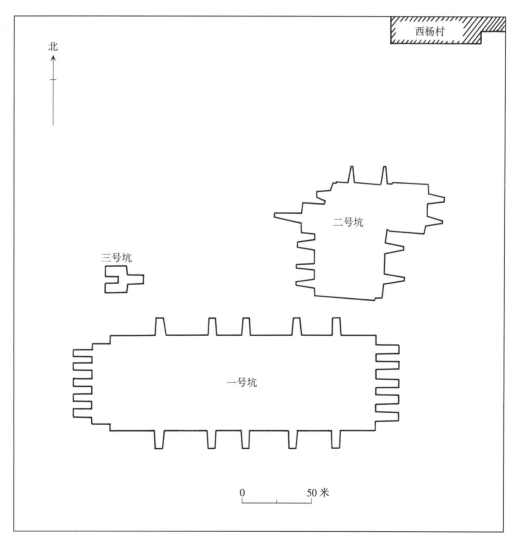

图四　三座兵马俑陪葬坑分布位置示意图

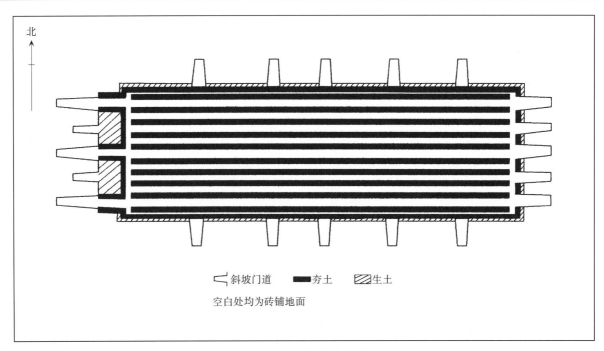

图五　一号兵马俑陪葬坑布局复原示意图

斜坡门道　■夯土　▨生土

空白处均为砖铺地面

（二）二号坑

位于一号坑东端北侧20米处，平面呈曲尺形，方向97°，东西长96、南北宽84米，总面积约为6000平方米。东边有4个斜坡门道，西边有5个斜坡门道，北边有2个斜坡门道。按四个单元分置木车和陶俑、陶马，估计可出土木车89乘、陶俑1295件、驾车陶马356件、陶鞍马116件和大量金属兵器。1996～1998年，在试掘工作的基础上，展开了第一阶段的正式发掘，并发表了考古报告。该报告重点介绍了俑坑的土方工程、木构工程及相关的建筑遗迹，讨论了建筑构造、建筑形制、修建年代、盗扰和焚烧等问题（图六；图版一，2）。

（三）三号坑

位于二号坑以西、一号坑以北25米处，平面呈"凹"字形，方向97°，面积520平方米。东有斜坡门道，长11.2、宽3.7米，与门道相对应的位置放置木车1乘、陶马4件、着甲陶俑4件。南北两侧各有一单元，出土着甲陶俑64件、残鹿角多段以及铜质遗物（图七；图版一，3）。

经过发掘和试掘，已知三座兵马俑陪葬坑的方向一致，属大型梁柱式结构的地下建筑。其立体处理方法是在隔墙下的两侧挖槽放置地栿，地栿上沿隔墙竖有木柱，柱端承托枋木，枋木和隔墙上密排棚木，棚木上覆盖席子，再覆土封盖形成高于当时地面的堆积。

在二、三号坑之间，还有局部土层堆积异常区域。早期被认为是"一座未建成俑坑"，称"四号坑"，象征古代军阵的"中军"。1995年，经考古队再次钻探并试掘70余平方米，证明"四号坑"位于二、三号坑之间，北壁和西壁北段边界整齐，东、南壁边界不清，东距二号坑0.2、西距三号坑27、南距一号坑26米。南北长约75、东西宽约48、深约1.8米，总面积约为3600平方米。坑北壁向南3米有生土梁一道，土梁上窄下宽，把该坑一分为二。坑口被厚1.9米的沙石堆积叠压，其内堆积沙石和五花杂土，包含有清代瓷片。此区域土层堆积异常的原因尚难

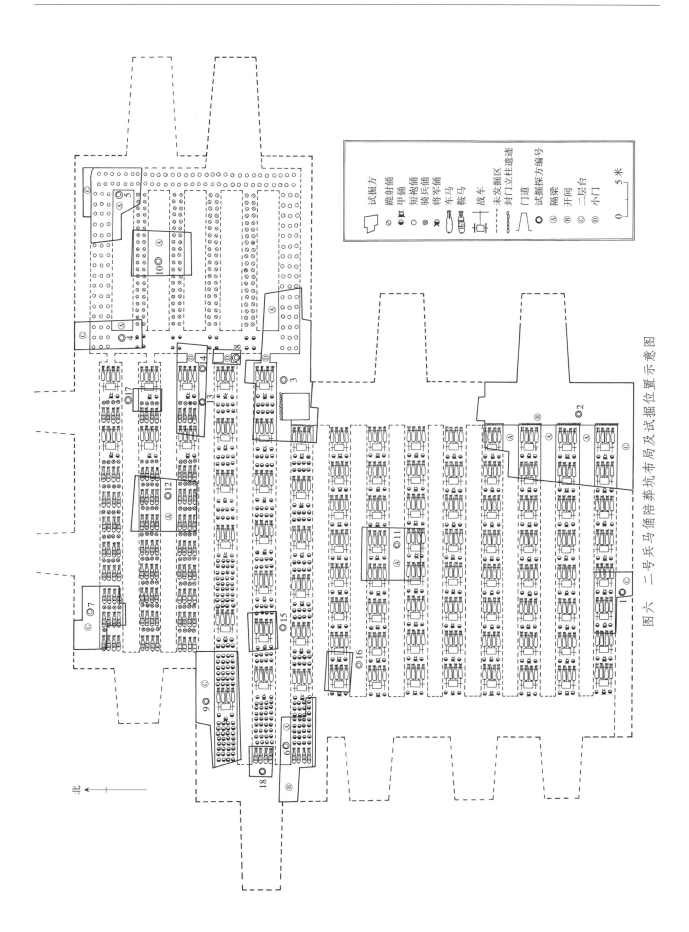

图六　二号兵马俑陪葬坑布局及试掘位置示意图

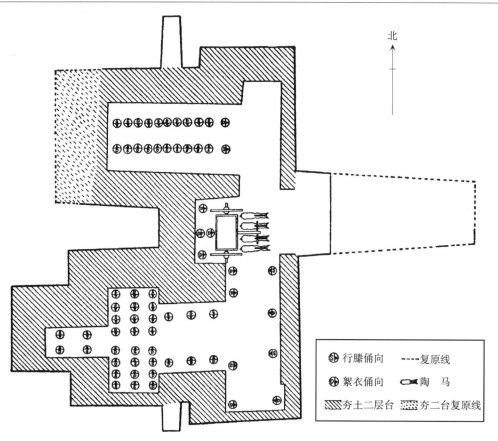

图七　三号兵马俑陪葬坑布局示意图

（引自《秦始皇陵东侧第三号兵马俑坑清理简报》，图五，略有改动，《文物》1979 年第 12 期）

以形成一致的认识①。

三　一号坑发掘经过

自 1974 年 3 月发现后，临潼县文化馆负责进行了初步清理，而后由始皇陵秦俑坑考古发掘队负责开展了勘探、试掘和正式发掘工作。

（一）试掘

1974 年 7 月 17 日至 10 月底，试掘面积 336 平方米。

1974 年 11 月 2 日至 1975 年 3 月，试掘面积 629 平方米，出土陶俑 500 余件、陶马 24 件以及部分青铜兵器。

1975 年 10 月底至 1976 年 1 月底，试掘面积 450 平方米，复核了俑坑的范围、形制。

（二）正式发掘

1978 年 5 月至 1984 年底，布探方 27 个，规格为 20×20 米，由东向西、由南向北编号（图八）。

---

① 秦俑坑考古队：《秦始皇陵东侧第三号兵马俑坑清理简报》，《文物》1979 年第 12 期；袁仲一：《秦始皇陵兵马俑研究》，第 164～165 页，文物出版社，1990 年；刘占成：《秦兵马俑“四号坑”质疑》，《秦文化论丛》第十三辑，三秦出版社，2006 年；党士学：《四号坑是未建成之俑坑说质疑》，《文博》1989 年第 5 期。

1978 年 5 月至 1979 年 4 月，揭取整个俑坑上部覆盖的表土；1979 年 5 月至 1981 年 9 月，清理俑坑东端 T1、T2、T10、T19、T20 五个探方共 2000 平方米，出土木车、陶马组合 8 组及陶俑 1087件，另有大量的兵器及建筑遗迹（图九）；1979 年至 1984 年底，完成 714 件陶俑和 28 件陶马的修复、回位陈列工作。发掘的同时，在国家文物保护研究所、上海博物馆等单位的协助下，对出土的建筑遗迹、木车残迹、兵器遗迹以及陶俑彩绘颜色进行了保护。1988 年出版《秦始皇陵兵马俑坑一号坑发掘报告（1974～1984）》。

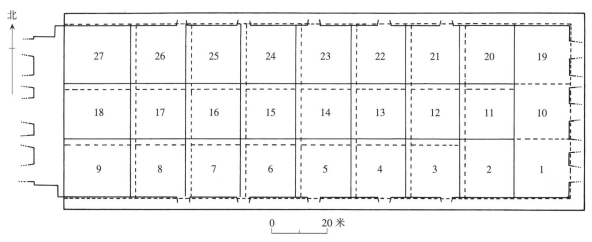

图八　一号兵马俑陪葬坑发掘布方图

1986 年，发掘 T11、T12、T13、T21、T22，面积 2000 平方米，后因故停止，遗迹、遗物保留现场，资料整理待进行（图九）。

（三）第三次发掘

截至 2009 年，一号坑的发掘已历时 35 载，但仅发掘了东段的局部，实际完成面积只有 2000平方米。从科研角度讲，由于发掘面积、位置等种种原因的局限，尚存资料缺憾，以致许多学术研究无法深入。保护文化遗产不是静止地"看""守"，科学的发掘应是终极的追求。自 2004 年二号坑第一阶段发掘工作完成后，考古工作者再次启动一号坑的发掘工作。

1. 工作方案

主要包括四个方面：一是强化细部清理；二是最大限度地开展提取、保护工作；三是最大化地提取资料；四是强调课题意识，积极开展课题研究。具体方法有：遵循《田野考古操作规程》，按堆积层位顺序清理，通过堆积层位的清理寻找盗扰迹象的蛛丝马迹，提供俑坑建筑流程信息和遗迹、遗物之间的共存关系；谨慎清理，广泛使用小范围解剖，使遗存信息最大化的保存，同时为遗址博物馆陈列增添可观内容；以文物保护为前提，发掘、保护同步进行；加强考古新方法的尝试，运用数字化信息手段提取、存储发掘资料；注重脆弱遗迹、遗物的材质、工艺研究，广泛提取样品进行科技检测。

2. 发掘经过

2008 年下半年，第三次发掘列入工作计划。2009 年 2 月 10 日，向上级主管部门提交发掘申

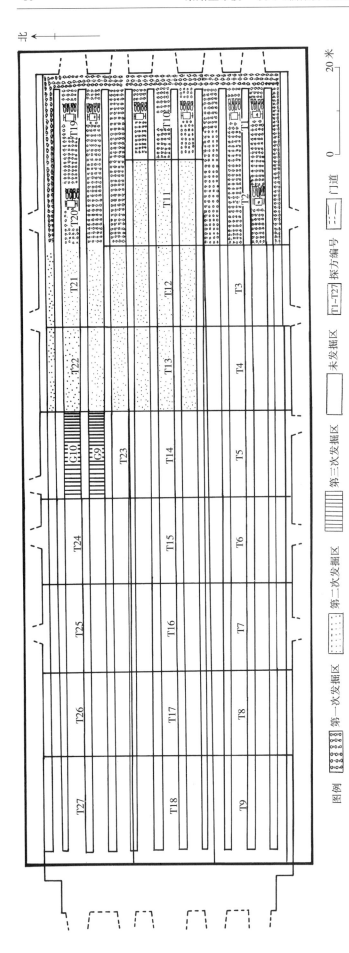

图九　一号兵马俑陪葬坑三次正式发掘位置示意图

图例　[北] 第一次发掘区　[::::] 第二次发掘区　[▦] 第三次发掘区　[▦] 未发掘区　T1~T27 探方编号　[==] 门道

请和工作方案，准备有目的、逐渐地完成一号坑北部 2000 平方米的发掘，最终将一号坑北部从东至西贯通。2009 年 3 月中旬，国家文物局批准秦始皇兵马俑博物馆（现秦始皇帝陵博物院）独立开展工作。发掘区域位于一号坑北部 T23 中部，包括原编号为 Q8、Q9、Q10 的三条隔墙和 G9、G10 两条过洞，面积共计 200 平方米（图九）。

2009 年 4 月 26～28 日，国家文物局和陕西省文物局的有关领导与国家文物局专家组张忠培、徐苹芳、严文明、徐光冀、王建新、焦南峰等二十余位著名考古学家应邀参加了发掘方案讨论和论证，陕西省文物局赵荣局长强调了"科学、严谨、示范"的工作方针，专家们尤其对各种材质遗迹、遗物的保护预案提出了细致的整改意见。6 月 13 日，发掘正式开始，陕西省文物局主办了启动仪式，多家新闻媒体现场进行了报道。

本次发掘特别邀请了张忠培、徐苹芳、袁仲一、焦南峰等多位著名考古学家担任顾问。2009 年，由曹玮研究员担任领队，参加考古发掘和文物保护与修复工作的人员有许卫红、武丽娜、邵文斌、张军、刘群、赵震、扈晓梅、容波、严苏梅、王伟峰、王春燕、吴红艳、杨爱荣、和西娥、孙秀霞、靳欣艳等。2010～2011 年，两次申请发掘续延，由许卫红研究员接任领队，刘春华、刘群、赵震、扈晓梅、申茂盛、任建库、肖卫国、李卓、李杰、孙双贤、孙坤、杨爱荣、吴红艳、齐金凤、孙秀霞、杨四娃等参加发掘工作，文物保护和修复工作由秦始皇帝陵博物院文物保护部、国家陶质文物保护基地负责。西北大学考古专业硕士研究生何媛盟、李帅、张燕等参与了资料整理工作。

2011 年底，第三次发掘现场工作基本结束，共计清理陶俑 102 件、陶马 8 件、建筑木迹 200 余根、兵器近 80 件（组）、车马器近 140 件（处），另有木车 2 乘、盾 1 处、鼓 2 处、弓弩 10 处、箭箙 12 件、柲 12 处、笼箙 3 处等（彩版一）。原发掘将基点设在探方东南角，此次发掘继续沿用这一做法。根据此次清理情况，对北侧门道的部分位置做了校正调整。

为了全面贯彻发掘方案、最大化提取资料信息，发掘中先后邀请中国社会科学院考古研究所王树芝、赵志军先生进行了植物种属鉴定，陕西师范大学朱君孝、金普军等先生进行了漆器工艺鉴定，河南省文物科技保护中心闫海涛先生、北京大学周双林先生进行了烧土成分和受热温度鉴定，北京科技大学陈坤龙及西北大学凌雪等先生进行了金属材质、制造工艺鉴定，中国丝绸博物馆周旸、杨汝林、刘剑、郑海玲先生进行了纤维鉴定、组织结构鉴定和颜料分析。

四　报告编纂体例

（一）基本宗旨

一号兵马俑陪葬坑在 2009 年之前曾做过大量的试掘、发掘工作，已经发表了试掘简报、发掘报告、研究专著以及 120 余篇论文[①]。2009 年 6 月 13 日开始的第三次发掘是在前人大量工作的基础上进行的，条件可谓"得天独厚"，尤其是《秦始皇陵兵马俑坑一号坑发掘报告（1974～1984）》一书，不仅对第一次正式发掘的考古资料进行了公布，还对考古发掘对象的诸多问题进行了深度揭示，解决了遗址的建筑结构、修建与焚毁时间、遗址内涵等关键问题，尤为难得的是在当时的条件和考古理念环境下，进行了多项科学检测，以强有力的检测数据对兵器等遗物的制作工艺、陶俑烧成温度等做出结论，是本次发掘实施过程必然的指导。为了保证发掘材料之间的相互对应和验证，发挥考古工作连贯、延续的优势，方便国内外学者的研究，本报告基本遵循原报告的编写体例。

（二）具体说明

1. 本次发掘限于一号坑 T23 内 200 平方米范围，出土的遗迹、遗物编号在书中一律省略坑号、探方号。

2. 沿用第一次发掘对遗址建筑形制的分区和编号方式，即"G"为过洞的编号前缀，"Q"为隔墙的编号前缀。本次发掘包括两条过洞、三条隔墙，由南向北依次为 T23 的 Q8、G9、Q9、G10、Q10。

3. 采取分区方式从第一号开始对遗物进行编号。陶俑按照所在过洞，结合发现的先后顺序编号，为 G9（10）：X；暂时不能确定归属的俑头，统一编号为临头Ⓧ；其他遗物编号前加缀"0"，为 G9：0X。

4. 采取全区统一编号的方式，按照发现的先后顺序对遗迹统一编号，并在编号前加缀类别。如兵器柲为柲Ⓧ，箭箙为箙Ⓧ，弓弩统一编号为弩Ⓧ。

---

①　张卫星等：《秦考古学文献叙录》，三秦出版社，2010 年。

5. 发掘的各种迹象间联系紧密，为了直观显示遗迹、遗物之间的关系，若干彩版、图版在后期附加了文字标注。插图、图版和彩版编号以汉字流水号表示。各图中分图主要以阿拉伯数字流水号表示，如图一，1；彩版一，1；图版一，1。个别图以英文字母区分，如图三（A）、三（B）。

6. 附表内数据统计截止于 2011 年底，不详处暂空。

7. 引用的书籍或论文采用页下注，文中已注明的不再另标；提及的原发掘资料均源自文物出版社 1988 年版《秦始皇陵兵马俑坑—一号坑发掘报告（1974～1984）》，不再重复注出。

8. 有关一号坑 2009～2011 年发掘的资料，均以本报告为准。

第一章　地层与建筑

T23 位于一号坑北部中段，西邻 T24，东接 T22，南为 T14，北为展厅参观通道。原布方规格为 20×20 米，现各边不标准，边长分别为北 20、东 21.1、南 20、西 21.1 米，东、北隔梁宽 2 米。基点设置在探方东南角，方向 90°。第一次发掘已清理了部分秦代填土，局部暴露建筑遗迹和陶俑堆积，后又实施了保护性回填，本次发掘面至砖铺地残留深度为 2.23～2.88 米（参见图八；图版二，1）。

一　地层关系

（一）原发掘地层划分

遗址原地势南高北低略呈缓坡状，未被扰动部分的土层堆积据原报告可概括为 7 层（图一〇）。

第 1 层　耕土层，厚 0.3～0.4 米，内含黄土、粗细沙粒、碎石子，色泽泛黄。俑坑开口于此层下。

第 2 层　五花夯土层，厚 2.5～2.7 米。原是俑坑的上层填土，位于棚木之上。由于俑坑过洞、隔墙下陷和倒塌程度不同，此层堆积呈波状起伏，发现有秦代遗物。

第 3 层　红土层，叠压于五花夯土层下，紧贴在棚木层上，厚 0.1～1.85 米。被认为是五花夯土之下回填的自然红土，局部因火烧成红烧土。

第 4 层　隔墙坍塌涌入过洞的黄土层，厚 0.1～1.2 米。上层呈青灰色或淡红色，下层纯黄。俑坑内的陶俑、陶马和部分兵器出土于此层中。

第 5 层　淤泥层，厚 0.06～0.44 米。被认为是俑坑东南角古河道山洪暴发河水漫溢流入坑内形成。陶俑和陶马的下半段被此层包裹，兵器的遗迹、遗物多出土于淤泥层的表面或淤泥、淤沙中。

第 6 层　砖铺地面，依据砖厚，一般为 0.07～0.095 米。

第 7 层　夯土层，厚 0.5～0.65 米，为俑坑的地基处理层。以下为生土。

（二）本次发掘地层划分

本次发掘初始深度已接近原发掘划分的"红土层"，局部甚至达到"棚木层"，已有多处棚木在隔墙上形成的压印沟槽和炭灰暴露。20 世纪 80 年代，对短期内不可能再发掘的区域整体进行了覆盖填埋，因此本次发掘未涉及原划分的第 1、2 层和部分第 3 层堆积。

一号坑是一个形成时间相对较短的整体遗迹单位，原报告划分的第 2 层至生土层的 5 层堆积中，一部分属于同时间内形成的同一遗迹内的不同组成部分，一部分属于不同时代形成的水

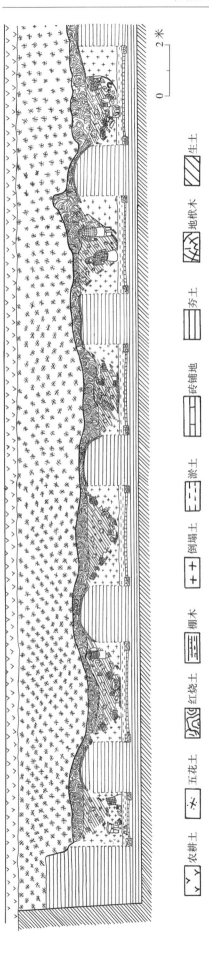

图一〇　T1，T10 原地层东壁局部剖面图

（引自《秦始皇陵兵马俑坑一号坑发掘报告(1974-1984)》，图六，文物出版社，1988 年）

淤土和上层渗漏填土，因此本次发掘将地层堆积仅划分为 2 层。

第 1 层　保护回填土层，隔墙部分厚约 0.23 米，过洞部分厚约 0.6 米。为现代堆积，含有大量红烧土块，另有少量秦代遗物。回填土下普遍覆盖一层白色塑料布，揭开塑料布可见大量霉菌滋生，其色有黑有绿，尤其以建筑隔墙部位最为严重。

第 2 层　秦文化层，即遗址原堆积层，残厚约 1.59~2.4 米。一号坑遭到焚毁后大面积坍塌，整体形成南北高低交互起伏的面貌，高起部分与建筑隔墙部分对应，低凹部分与建筑过洞部分对应。此层堆积成分复杂，各类遗物多有错位，或与原埋藏时的位置上下颠倒，其间可见的叠压、打破关系不完全代表形成时代的早晚顺序。如陶俑残片下叠压或体腔内淤塞的大量炭灰和杂土堆积，不代表陶片堆积形成晚于炭灰或杂土。再如 G9 中部陶马残片虽然与陶俑足部残片有上下叠压关系，但两类陶片都属同时代遗物。再如一号坑坍塌后存在的缝隙和空洞，会因虹吸现象造成泥水向不同深度流动，形成不同部位的淤泥层堆积，但上层淤泥形成时间不一定晚于下层淤泥。具体来说，一号坑建造铺设有席子、棚木和铺地砖，现席子与棚木之间、砖铺地面上常可见淤泥堆积，但前者形成时间不一定晚于后者。此层以下为生土层。

一号坑土圹依势而为，整体南高北低。依据 T23 东、西壁剖面，从 Q8 北壁至 Q10 南壁约有 0.08 米落差（图一一）。

二　建筑堆积

一号坑是一座土木混合结构的地下坑道建筑，Q8~Q10 的立体处理方法与一号坑其他区域类同，包括土筑建筑结构、梁柱式木建筑结构和建筑辅材三部分（图一二）。土筑结构部分有 3 条计 6 段隔墙、过洞、地基、甬道等。隔墙均分为东、西两段，两段之间有宽约 0.9 米的甬道分隔。梁柱式木建筑结构部分的堆积有南北向棚木、东西向枋木、竖向立柱、东西向地栿。建筑辅材部分有编织席和铺地砖。现按照建筑结构单元，对遗迹分布情况分别介绍。

（图例）

〉生土　　　〈〈〉地栿木

〉〉〉〉生土

芬土

砖铺地

淤土

棚木

闯塌土

红烧土

五花土

农耕土

0　　　2 米

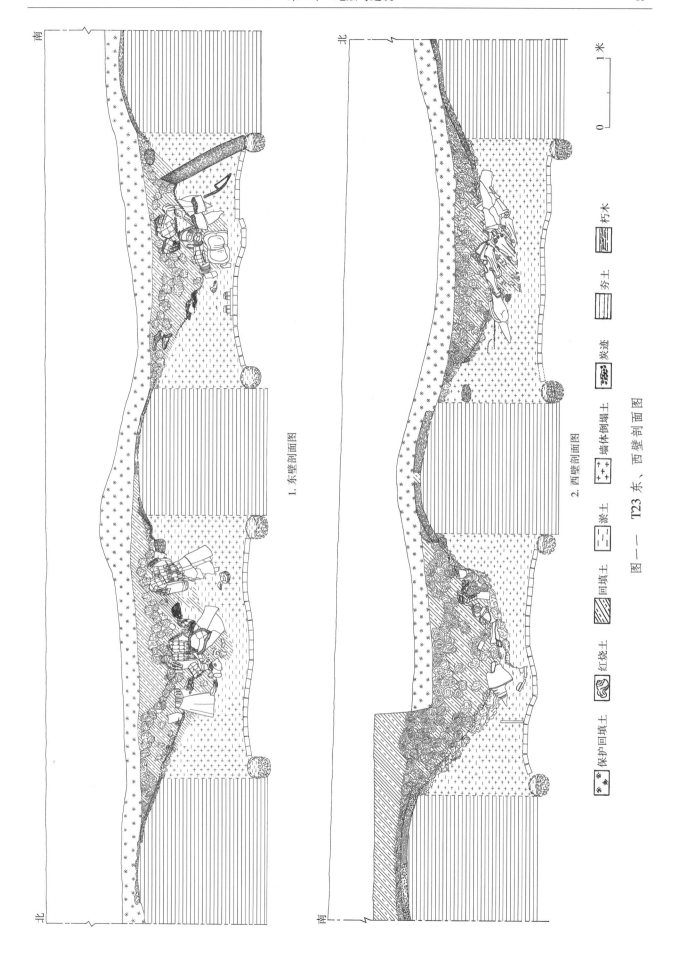

1. 东壁剖面图

2. 西壁剖面图

图一一　T23 东、西壁剖面图

保护回填土　红烧土　回填土　淤土　墙体倒塌土　炭迹　夯土　朽木

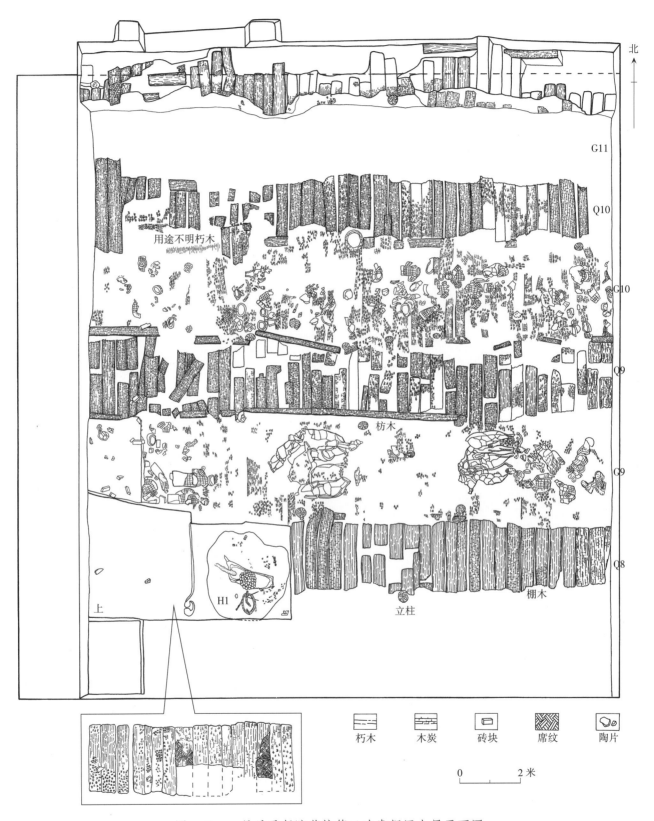

北

G11

Q10

G10

Q9

G9

Q8

用途不明朽木

枋木

立柱

棚木

上

H1

朽木　木炭　砖块　席纹　陶片

0　　2 米

图一二　一号兵马俑陪葬坑第三次发掘区上层平面图

（一）土筑结构

1. 墙体堆积

（1）Q8

Q8 沿原发掘深度分两段进行清理，清理总长 18.1 米。东段长 11 米，原已清理至墙顶，暴露出棚木压印的沟槽或黑色炭灰；中、西段总长 6.2 米，局部留有凸出土台，土色杂，包含物多，经确认属于一处扰乱遗迹（编号 H1），其余为原俑坑填土；另有长 0.9 米的甬道一段，堆积呈锅底状下陷，土质与相邻区域无明显变化［图一三（A）；图版二，2］。

墙体原宽 1.8 米，现宽度不均，多处呈缓坡状涌入过洞。现高 1.48～2.13 米，西段凹陷处为甬道位置，与西端墙体落差 0.7 米。墙体土质较纯净，浅黄色，与涌入过洞部分土质相同，东段北侧土中包含有动物骨骼两小块。全段未见明显夯筑痕迹。依据北侧剖面，可见堆积由上至下逐次为：

填土层　仅残长约 7.1、厚 0.14 米。土质坚硬，细密，干燥，局部呈烧土状。烧土厚 0.08～0.12 米，包裹棚木形成红烧土硬壳。硬壳中有直径 6×4.8 厘米的孔洞，洞壁蒙烟炱。

棚木层　墙体西段由上至下依次可见席子痕迹、淤泥、白垩粉末、棚木弧形压痕或炭灰。淤泥色黑，质地细密，无杂质，呈板结状，每层厚 1～1.5 厘米；白垩厚度近无，与棚木完全燃烧后的灰烬混杂在一起；棚木弧形压痕直径 0.29～0.31、深 0.15 米。东段上部堆积情况不详，只见厚 0.16 米的炭灰，弧形压痕最深 0.15 米。近过洞侧的棚木炭灰纹理断裂，有明显高低落差。

墙体夯土层　土质硬，下部土色淡黄，土质密度渐增但不见明显夯迹。东段墙体厚 1.3～1.65 米，含烧土厚 0.08～0.3 米；中、西段墙体最厚 1.85 米，含烧土厚 0.09～0.65 米。整体缓坡状涌入过洞，北侧叠压 G9 内的部分遗迹和遗物。因未找到原墙壁的壁面，故只能依据过洞内原砖铺地面的位置确定大致边界。墙基堆积东、西段之间有差别，东段局部区域有厚约 0.06 米的淤泥层，水平状分布，西段未见淤泥层。此层以下为地基。

Q8 内发现一处扰坑（编号 H1）。此遗迹原发掘时没有得到正确的认识，开口层位及平面形状均不详。原停留层位已属于扰坑内堆积，土色黑，土质杂乱、松散，含有淤沙、烧土、炭渣、红色颜料等，残存木条、箭箙背板、彩绘木环、兵器柲、箭筒等朽痕。尤以短节木条朽痕最多，断续不连贯，其长不过 10、宽约 3 厘米，无法分辨属性。木环朽痕保存较好，平面略呈圆形，直径 50～70、宽 4.5、厚 1.8 厘米，表面髹漆彩绘。其外缘图案为圆角三角形，内有双线条勾绘的卷云纹，用色包括朱红、淡青、淡蓝等多种。纹饰线条粗犷与纤细杂糅，如以宽 1 厘米的淡蓝线条绘出卷云纹，再沿卷云纹四周勾勒粗不足 0.1 厘米的朱红线，两色的空隙处又填白色或蓝色的云气（图八五，3；彩版二，1）。另有铜箭镞 3 件，残铁锸、铁栓板、石建筑构件各 1 件，部分遗物已经脱离了原位。

仅以本次清理情况看，H1 上层涉及范围长 2.8、宽 2.8～2.9 米，口大底小，东南深、西北浅，打破填土层直至 G8 砖铺地。坑底平面近长方形，边圹整齐，东西长 1.57、南北宽 0.57 米，现已清理深度 1.1 米。其内堆积含有大量淤沙、黑色杂土、红烧土块、带有席子压痕的土块、石块、木炭及陶俑脚踝残片。局部填塞一层青石块，石块直径不过 10 厘米，似有意而为（图一四；图版二，3、4）。坑底打破棚木后沿 Q8 南壁伸入 G8 内，今所见的木环等遗迹、遗物应来自 G8 原有的埋藏，扰坑形成时木环、箭箙等尚未腐朽。

（2）Q9

Q9清理长度17.75、现高1.3～1.95、原宽1.8～1.9米，西段与Q8甬道相对处明显下凹，墙体东、西落差0.65米，全段未见明显夯筑痕迹［图一三（B）、（C）］。南侧底端涌入G9内最宽处为1.46米，北侧底端涌入G10内最宽处为1.5米，并叠压过洞边侧的遗迹、遗物，如墙体中段叠压G9陶马门鬃残片（图版二，5）、西段叠压箙②、东段叠压陶俑（G10：63）手臂残片等。堆积由上至下逐次为：

棚木层　炭灰层厚0.12～0.22、压槽深0.08～0.13米。

墙体夯土层　厚1.29～1.62米，其中含烧土厚0.03～0.46米。墙体两侧因下沉坍塌，局部夹杂淤泥。全段未见明显夯筑痕迹。

淤泥层　东端局部水平分布，厚0.015～0.06米。此层以下为地基。

（3）Q10

Q10清理长度17.2、现高1.1～1.8、西段与Q8甬道相对处明显下凹，墙体东、西落差0.7米。根据过洞砖铺地面范围推测，墙体原宽1.8～1.9米，南壁涌入G10最宽处0.94米，叠压过洞边侧的遗迹、遗物［图一三（D）］。堆积由上至下逐次为：

棚木层　炭灰层厚0.03～0.12、弧形压痕深0.06～0.15米。

墙体夯土层　厚约1.6米，其中含烧土厚0.03～0.25米。全段未见明显夯筑痕迹。此层以下为地基。

2. 过洞堆积

两条过洞内的堆积基本相同，原发掘已将大部分棚木遗迹和局部陶俑揭露出来。依据最下层砖铺地和立柱残迹推测，每条过洞宽3.66～4.01米。现以G10北侧剖面为例予以说明（图一五）。堆积由上至下逐次为：

填土坍塌层　粗夯土，南北两侧薄，中间厚，大部分区域已水平清理。上层堆积位于棚木之上，属于俑坑原上层填土自然塌陷部分，残厚0.4～1.25米，尤以甬道位置最厚，残厚近1.2米。土质坚硬，广泛呈红烧土状态，干燥、坚硬，密度较大，可见零星光滑夯层面及夯窝。残留表层有东西向朽木一根，遗物有秦代残砖。下层堆积逐渐零乱，包含夯土块、红烧土块、棚木炭迹等俑坑建筑堆积以及填埋的遗迹、遗物混杂堆积，局部夹杂淤泥，并有营造过程中遗留的生产工具等。

墙体土坍塌层　主要分布于杂乱填土坍塌层与砖铺地之间，南北两侧厚，中间薄，平均厚约0.63米。土质细腻、纯净，土色淡黄，底部多呈泥状层理。陶俑脚踝、踏板以及少量遗物朽痕包裹在此层。土质成分与隔墙夯土同。

砖铺地层　中间高，南北两侧低，东高西低。厚0.08米，东西落差近0.13米。此层以下为地基。

3. 地基

砖铺地面下解剖了两处。

一处位于Q8北侧西段—G9西段，总厚0.52～0.96米。其中G9南北两侧各有地栿槽1条。

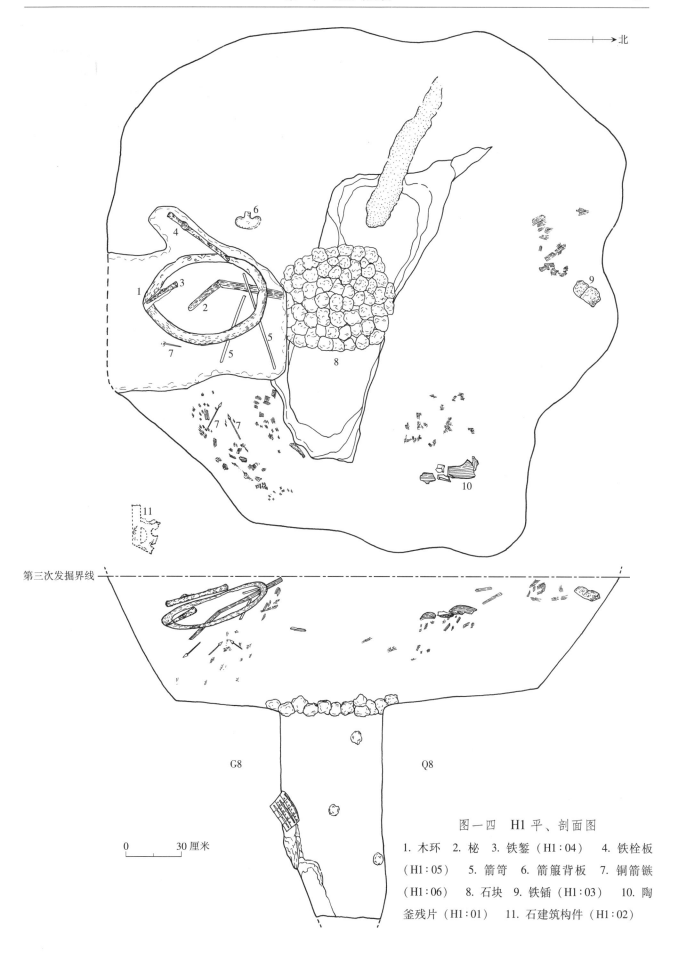

图一四　H1 平、剖面图

1. 木环　2. 柲　3. 铁錾（H1∶04）　4. 铁栓板
（H1∶05）　5. 箭笴　6. 箭箙背板　7. 铜箭镞
（H1∶06）　8. 石块　9. 铁锸（H1∶03）　10. 陶
釜残片（H1∶01）　11. 石建筑构件（H1∶02）

北槽上窄下宽，宽 0.44～0.58、深 0.3 米，包含地栿朽痕和五花杂土堆积，其下叠压淤泥；南槽上宽下窄，宽 0.72～0.8、深 0.42 米，包含地栿朽痕和五花杂土堆积，其下叠压地基夯土。南侧地栿槽北壁有工具痕迹，宽 0.15 米，底面有局部踩踏面（图一七，1）。其余部分堆积由上至下为：

五花土层　厚约 0.13 米，过洞中部厚达 0.2 米。土质疏松，夹杂黑色炭灰、小石粒等。

粗夯层　厚约 0.17 米，局部厚达 0.3 米。土质较细，密度较大，分布不均匀。

淤泥层　厚 0.02～0.18 米。分布不均匀，北厚南薄。

细夯层　厚 0.2～0.48 米。分布不均匀，有夯层 4～5 层，土质坚硬、密实，夹杂小块淤泥。此层以下为生土。

另一处位于 G9—G10 东段，总厚 0.31～1.3 米。其中包括地栿槽 3 条，内填五花杂土，土质疏松，下层含朽木渣，朽木外有厚 2.3 厘米的淤泥，下接淤泥层。G9 北侧槽宽 0.45、深 0.41 米；G10 南侧槽宽 0.41、深 0.26 米；G10 北侧槽宽 0.35、深 0.36 米（图一七，2）。其余堆积由上至下为：

五花土层　分为两层。上层厚 0.13～0.16 米。夹杂炭灰及小石粒，在过洞两侧被地栿槽打破。下层分布在过洞中段，打破夯土层和淤泥层，G9 中宽约 0.96、最深 0.88 米，G10 中宽约 0.53、最深 0.96 米。以下为生土。

夯土层　厚 0.14～0.17 米。过洞中段被五花土层打破。土色杂，有浅黄色和青灰色，为自然黄土和淤泥土的混杂，整体夯层不明显。

淤泥层　厚 0.04～0.06 米。过洞中段被五花土层打破。G10 北段的淤泥层表面可见少量夯具及锸、镢之类的工具痕迹。夯窝直径 12、锸刃痕宽 15、镢刃痕宽 5 厘米（彩版二，2）。此层以下为生土。

4. 甬道

位于发掘区西部，贯穿南北与北壁第 3 门相通。按照原发掘报告，甬道的宽度当在 0.9～0.95 米。根据 Q8 北侧地基解剖清理情况，可知东、西两段隔墙壁面之间，地基中有近 0.9 米间隙，即为甬道所在的具体位置。甬道东西两边的地基夯土为细夯处理，质坚硬，土色黑，厚 0.46 米（图一八）。地基以上部分的墙体似为粗夯处理，因未能进行清理，土构堆积及木建柱梁情况沿袭旧说。隔墙之间的甬道堆积均呈锅底状下凹，与墙体并无明显分界（彩版二，5）。甬道空隙填堵时间及方式不详。过洞内的甬道堆积填土层大范围呈烧土状，质坚硬，土色红；坍塌层内有大量跌落的红烧土块和木炭块，另有少量土黄色陶俑残块。这些现象表明，甬道区域曾经过甚于其他区域的烈火燃烧（彩版二，4）。过洞内甬道位置所见的红烧土块上多见夯具痕迹。砖铺地上的淤泥也较其他区域分布更厚、更均匀，局部厚达 0.32 米，但隔墙之间的甬道内却不见淤泥堆积。甬道区域使用的铺地砖规格与过洞相邻区域有所区别。

以上这些现象说明，甬道的设置、构建与建筑形制、隔墙夯筑过程有关，也与陶俑、陶马的组合布局寓意有关。无论是隔墙还是过洞，在地基建设之初就被有意割裂成若干单元。

（二）梁柱式木结构

一号坑建筑的木结构为"工"字形，由地栿、立柱、枋木、棚木四部分由下至上组成〔图一六；

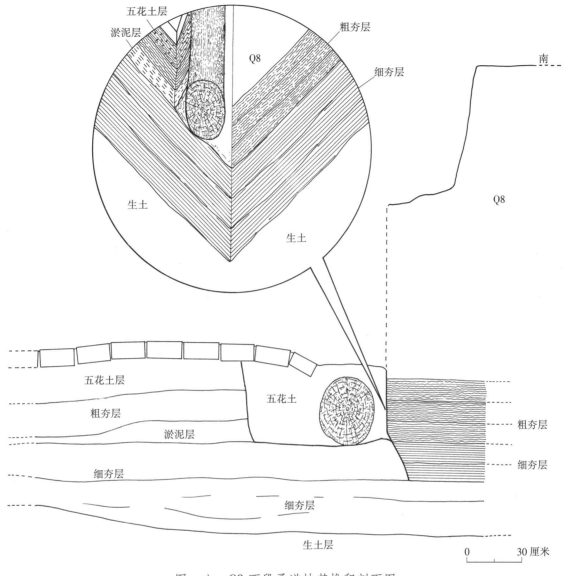

图一八　Q8西段甬道地基堆积剖面图

参见图一三（B）、（C）、（D）]。

1. 棚木

共计163根（处），均为圆木。直径15～60厘米，现存最长为310厘米，复原长度最大者约1700厘米。

过洞部分被烧毁或被前次发掘清除，黑色炭灰或白色灰烬不连贯。因过洞、隔墙间的高低落差，棚木临近过洞处多见断裂茬口。炭状纹理致密，有光泽，百余圈年轮清晰可辨，轮距平均宽逾0.1厘米，疏密变化明显。部分棚木叠压隔墙后在墙体表面形成弧形凹槽，槽内残存朽木渣或炭灰，夹杂白色颗粒或粉末状物质。经检测，粉末或颗粒的主要成分为白垩（附录七）。

棚木以东西并列、南北相接的方式密集分布。东西邻木之间的空隙宽约0.05米，没有拴接固定。南北邻木之间的空隙平均宽0.3米，最大为0.8米，以细泥填充。过洞部分铺设的棚木具体根数应与两侧隔墙对应。Q8、Q10上的棚木痕迹多为一整根，少数为木端头，Q9上的则多数为木端头，少数为一整根，说明南北棚木相接主要在Q9上。如此推算，一整根棚木短的要横跨一条过洞和两条隔墙的一半，长约 600 厘米；长的要跨越两条过洞、一条隔墙再加上两条隔墙的一半，长近 1200 厘米。现可见最大复原长度 1700 厘米的木迹可能在隔墙某处有接茬，并不是一整根。

Q8 总长 17.5 米的范围内，可辨 47 根（处），含 13 处木端头，木材直径 20～55 厘米。近 G9 处整体缓坡状下陷。东段大部分仅存弧形压痕，中段被 H1 打破，残余少量断节炭灰；西段外表被淤泥包裹，呈凸起的硬壳状，内含炭灰。部分棚木上原覆盖有席子（编号 X7、X8），另有少量残砖。墙体东段北侧有棚木叠压枋木的层位关系（附表一）。

Q9 总长 17.5 米的范围内，可辨 71 根（处），含 60 处木端头，木材直径 15～50 厘米。大部分为炭状，木形较完整，其余部分仅存弧形压痕。另有一处位于隔墙下凹段（甬道）的炭迹，呈东北—西南向倾斜，残长 200、直径 30 厘米，叠压了南侧 Q9 棚木 50、52、54、56、58。从叠压关系看，应与棚木、枋木无关，用途不详。西端棚木上压有残砖。棚木南北两侧均有数段东西向的枋木炭迹，个别棚木的南段或北段锯有榫卯。棚木 47，北端有榫，平面呈"凸"字形，宽 15、长 10 厘米。棚木 35，西北端有单卯口，宽 15、深 17 厘米（附表二）。

Q10 总长 17.5 米的范围内，可辨 45 根（处），含 8 处木端头，木材直径 20～60 厘米。东段为弧形压痕，中西段存大量炭灰。炭灰因隔墙的坍塌下降而相互混杂，数量、尺寸难辨。一根东北—西南走向的炭灰见于甬道位置，可辨长 102、宽 25 厘米，与 Q9 所见类同。在墙体的东南侧，有少量棚木叠压多段枋木的层位关系（附表三）。

2. 枋木

共计 19 根（处），截面呈方形。现存最长 490、最大宽度 30 厘米。东西顺接方式架设。

多数为向两侧过洞倾斜的炭状残段。Q8 北侧残存 4 段，可见长 40～180、宽 15～25 厘米。其中编号为北 4 的枋木，呈白色炭灰状，西南—东北斜向跌入 G9 内，斜度逾 20°，移位明显。北 3 枋木位于甬道位置，残长 180、宽 25 厘米，移位下落在 G9 南侧两立柱之外（图版三，1）。Q9 南侧有 5 段，北侧有 7 段，长 30～490、宽 15～30 厘米。Q10 南侧有 3 段，长 55～150、宽 10～30 厘米（附表四）。

Q8 南侧、Q10 北侧未清理，具体情况不详。Q10 西端南侧有一长 180、宽 25 厘米的木质朽痕，不确定是否与枋木有关（参见图一二）。

3. 立柱

共计 48 根（处），其中方形 6 根，圆形或椭圆形 38 根，半圆形 4 根。规格 19～40 厘米，残高不一。沿过洞两侧竖立。择材较为随意，树径悬殊最多相差一半，也不做过多的加工修整。同一过洞内，立柱南北基本对称；毗邻过洞内，立柱南北基本不对称。柱间距平均 1.3 米，甬道位置加柱一根，间距缩短为 0.43～0.8 米（附表五）。外表不涂抹青灰泥。

大部分立柱上部呈炭状，下部自然腐朽。如 G10 南柱 6，上部经火烧，残存炭灰 77 厘米；下部被淤泥包裹，腐朽，空心。立柱均向过洞内倾斜，最严重的内斜约 40 厘米，如 G10 南柱 10（图版三，2）、G9 南柱 4 等。有的立柱四周被黄色淤泥包裹，形成高度达 120 厘米的淤土壳。

4. 地栿

均为朽痕，外围是青灰泥硬壳，壳内上层堆积淤泥、淤沙，下层有大量暗红色朽渣。用料规格、加工情况并无定式。本次发掘解剖 8 处。G9 西南一段，截面呈委角长方形，上、下弧，两侧直，原木两侧经加工。厚 37、宽 25 厘米。G9 西北一段，截面不规则，底平，三边弧，原木一面经修整。厚 30、宽 33 厘米。G9 东北一段，截面呈圆形，直径 35 厘米，原木未加工。G9 中段北柱 8 下一段，截面呈圆形，直径 33 厘米，原木未加工。G9 中段南柱 4 下一段，截面呈委角长方形，原木两侧经加工。厚 30、宽 34 厘米，淤泥厚 10～13 厘米。G10 东南一段，截面呈长方形，边壁直，原木四面经细致加工。厚 25、宽 31 厘米（图版三，3）。G10 东北一段，截面呈委角长方形，边壁直，原木两面经简单加工。厚 45、宽 31 厘米。G10 北柱 3 下一段，截面不规则，底弧，三边平，原木三面经加工。厚 28、宽 30 厘米（参见图一九，1）。

5. 木结构组合方法

有榫卯套合、直接抵接两种形式。

立柱与枋木　明确可辨 1 处，即 G9 北柱 7 与枋木 7，属榫卯套合。枋木 7，黑色炭状，残宽 15 厘米，有长 20、宽 9、深 8 厘米的卯口与柱 7 榫头套接。因立柱内斜，榫头断裂在枋木的卯口内（图版三，4）。

立柱与地栿　解剖 3 处。其一为 G10 北柱 3 与地栿。栿木截去宽 30、深 28 厘米的一段为卯口，直接插入直径 30 厘米的圆形柱木，属榫卯套合（图一九，1）。其二为 G9 北柱 8 与地栿。柱木直径 32 厘米，端头加工成深 10 厘米的圆弧形卯口，骑架在圆凸的地栿木上，也应属榫卯套合（图一九，2）。其三为 G9 南柱 4 与地栿。栿木上表平整，宽 35 厘米，柱木直接抵接其上（图一九，3）。可见立柱与地栿的组合方法，是根据木材的形状和树径粗细情况灵活变通的。

棚木之间的组合方法前已叙述。枋木与枋木、地栿与地栿也应有组合关系，由于保存状况或解剖点选择的局限，具体情况不详。

6. 木材树种鉴定

提取 14 例鉴定标本，包括松科中的铁杉属（*Tsuga* sp.）8 例、云杉属（*Picea* sp.）6 例

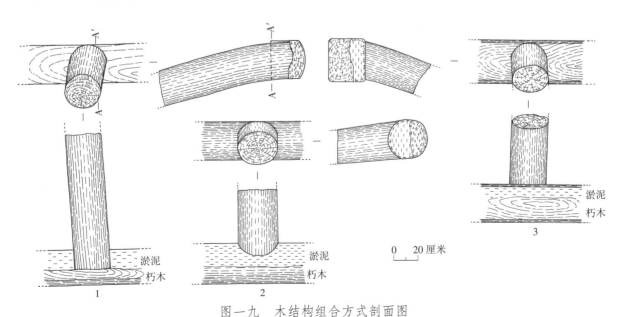

图一九　木结构组合方式剖面图

1. G10 北柱 3 与地栿　2. G9 北柱 8 与地栿　3. G9 南柱 4 与地栿

（附录一）。铁杉属和云杉属的树木都很高大，树干笔直、少节。其木材纹理直，有适度的抗拉、抗剪及抗压强度，不发脆，干缩小。铁杉和云杉木材的这些特点使其适合作房屋建筑材料。

此外，一号坑土圹北边墙上有木迹约 49 根（处），包括棚木 44 根，其中 11 根仅为弧形压痕。三根东西向木迹散布在棚木北端头，大概有抵挡棚木外移的作用。边墙内侧还有 2 根立柱朽痕。因超出本次发掘范围，未做详细统计。

（三）建筑辅材

1. 编织席

均为压印痕迹，发现 8 处，编号 X1～X8。多位于发掘区的中西部，尤其是过洞内的甬道区域出现最多。席痕粗大，呈"人"字形，应为劈裂的苇秆或秸秆编织而成。有每股长约 7、宽 1.5～2 厘米和长 4.5、宽 3 厘米两种规格，每股由多条篾片合成（图二〇，1）。发掘区东部未发现铺席痕迹。X7、X8 白色朽丝状平层分布，叠压黑色淤泥和白色颗粒、粉末，应为当初席子覆盖的位置。痕迹包括一些白色植物朽丝。X7 位于 Q8 与 G8 之间的甬道上方，残存面积大，纹路略杂乱，局部一些细长的交叉纹路形似"X"，可能是席缘（图二〇，3；图版三，5）。X8 位于甬道以东 Q8 中段，南北长 180、东西宽 57 厘米。印痕清晰，每股有 6～7 条篾片，篾片宽 0.3 厘米。因席子受到拉扯，局部变形，股痕宽窄不一，有的为 1.1 厘米，有的为 3.2 厘米，长短也多不一致（图二〇，2；图版三，6）。

2. 砖铺地

两条过洞内均有砖铺地面。砖为长条形，棱角分明，质地坚硬，色青灰，多面饰有绳纹，绳纹密度大。砖的规格少有绝对一致，初步分为三型。

A 型　原称为Ⅰ式，一般长 42、宽 19.5、厚 9.5 厘米，重 14.5 千克。

B 型　原称为Ⅱ式，一般长 41.5、宽 13.5～14、厚 9.5 厘米，重 10 千克。

C 型　原称为Ⅲ式，一般长 28、宽 14、厚 7 厘米，重 5 千克。

铺地砖以南北为排、东西为列，由东向西、由南向北依次编号。基本分布概况是：C 型砖每排 22～23 块，A 型砖每排 16～17 块，共约 59 排布满整条过洞，两侧与立柱和地栿抵接。南北向横铺或东西向竖铺常见，另有少量用砖的侧面东西竖向立铺。由于砖的规格不一，行间有错缝（这种错缝非有意而为）。受隔墙下坐挤压，大部分区域的砖铺地呈弧形拱起，南北两侧低，中间高，落差不少于 7 厘米。

G9 共计用砖约 1304 块，规格包括 A、C 两型。自第 7 排第 15 列始，有长 9.6、宽 1.08 米的区域随地基下陷出现严重的移位、错位。铺设较规整，具体分布情况是：第 1～47 排为 C 型砖，每排约 22 块，其中局部有半截 C 型砖残块拼对的现象；第 48 排为 A 型砖，共 17 块，此区域恰好为甬道位置；第 49～59 排为 C 型砖，每排 23 块，砖的两侧叠压在地栿上。

G10 共计用砖约 1227 块，规格包括 A、B、C 三型，其中有 2 块是未经烧制的砖坯。铺设随意、杂乱。首先是 C 型砖 2 排，每排 22 块，第 3 排有 A 型砖计 16 块，而后是由 21 块 C 型、1 块 A 型计 22 块组成一排，A 型砖横向摆放。邻近甬道，三型砖或横或竖，有平铺有竖立，砖料选择和摆放方式非常随意。直至最西段有 C 型砖 11 排，每排 23 块。

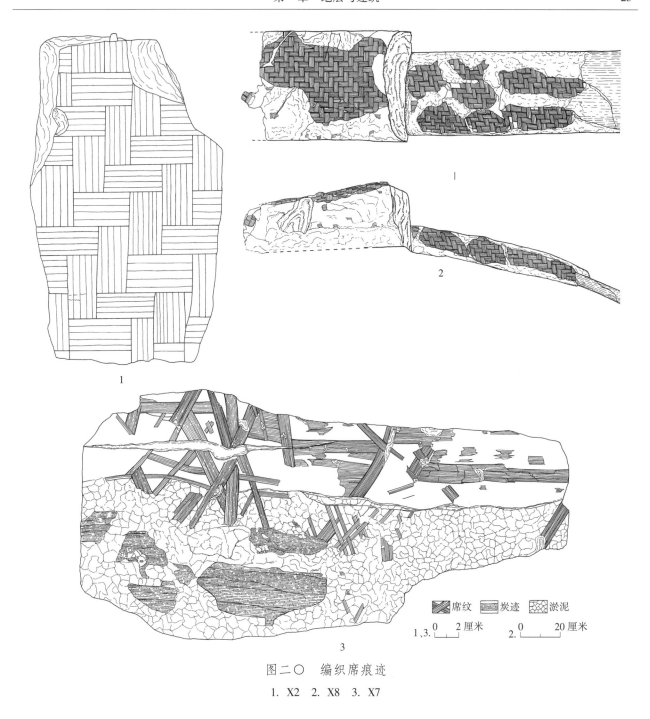

图二○　编织席痕迹

1. X2　2. X8　3. X7

　　砖饰绳纹有粗细之别。粗绳纹经数 4 根/厘米，细绳纹经数 10 根/厘米，经呈"S"形捻向（图二一）。绳纹一般分布于砖的四面，但 G10 西段少量 C 型砖只在正背两面见有绳纹印痕。G10 东段 C 型砖立面有砖坯入窑时相互叠压的痕迹，叠痕宽度恰为 7 厘米的砖厚，说明入窑时砖坯是一横三竖立放（图版五，1）。

三　其他遗迹、遗物

　　除了木构和土筑部分的堆积外，尚有一些工具痕迹以及修筑或损毁过程中残留的遗迹、遗物，现予以简单介绍。

（一）遗物

1. 陶器

砖　均为 C 型砖残块，位于 G9、Q9、G10 西端。G10 有 2 块，Q9 有 7 块，G9 有 7 块，共计 16 块。有的直接压于棚木表面，有的混杂在填土中，与铺地砖类型相同，时代一致。

陶器残片　Q9 西段近甬道位置的上层填土中有 2 片，分别为夹砂灰陶和红陶，器形或为釜、罐。H1 中出土多片，其中夹砂红陶残片为同一件陶釜的口沿和肩腹部。器形特点是微敞口，卷沿，圆唇，最大腹径在上部，底急收。内壁有黑色结垢，颈部抹光，腹饰横篮纹。复原口径 35 厘米（图二二，1～4；图版五，2）。另有灰陶片，可能为陶釜残片，饰网格纹。

2. 铁器

6 件。出土于填土层或 H1 中。

削刀　2 件。均出土于填土层中，相邻遗物还有一块动物骨骸，应为工匠遗失的生活用

1

0 ____ 3厘米

2

图二一　铺地砖绳纹拓片

1. A 型砖粗绳纹　2. C 型砖细绳纹

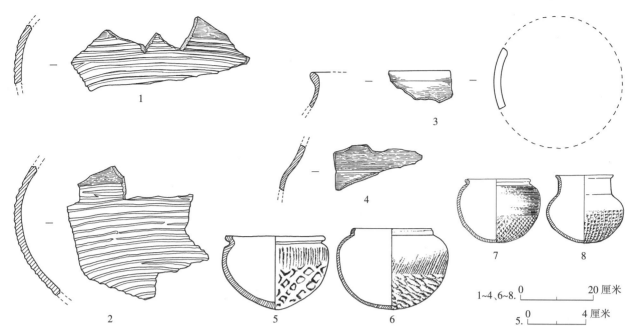

图二二 陶釜残片（H1∶01）及器形对比图

1、2. 腹部 3. 口沿 4. 肩部 5. 西安半坡出土陶釜（M9∶3） 6~8. 临潼新丰出土陶釜（M132∶4、M399∶5、M119∶2）

具。环首，直背，直刃。G10∶03，银质环首。在银、铁两种材质接茬部位断裂成两截。通体残长19、宽0.6、刃厚0.2、背厚0.25厘米，银环首内径2.1×1.5、截面径0.3厘米（图二三，2；图版四，1）。经检测，银柄含银量为85.57%［附录二（1）］。G10∶010，锈蚀，长20厘米。

锸 2件。H1∶03，原位置不详。残为两截，锈蚀。刃呈"一"字形，楔形銎，内夹朽木。残高10.2、刃宽15、銎宽1.4厘米。G9∶075，锈蚀。平面呈"凹"字形，弧形两面刃，上部两侧有对称的凹槽，用以安装木柄。通高9.4、刃宽8厘米，两侧裤高6.4、宽2、内径7厘米，裤以下高2.7厘米（图版四，2）。前者类似山任窑址B型（03QLY∶45），后者类似山任窑址A型（03QLY∶47）①。

錾 1件。H1∶04，原位置不详。顶端为长方帽形，尾端渐细，截面呈长方形。通长21.6厘米，帽长4.2、宽2.6、厚2.2厘米（图二三，1；图版四，5）。

栓板 1件。H1∶05，原位置不详。锈蚀。长条形，中间窄，两头宽。长41、宽1.2~2.2、厚1.2厘米（图二三，3；图版四，6）。

3. 铜器

箭镞 3件。三棱形，三翼收杀，九边关。刃锋外鼓，首截面呈等边三角形。形同过洞内出土者，原报告称为一型一式。H1∶06－1，通长13.7、锋长2.2、铤长10.95、本宽0.95厘米。

剑璏 1件。采集∶01，出土于保护回填土中。椭圆形，平底，上部鼓起，横向有长方形穿孔。长3.6、宽1.9~2.1、孔径2.4×0.4厘米。

---

① 陕西省考古研究院等：《秦始皇帝陵园考古报告（2001~2003）》，第214页，文物出版社，2007年。

4. 石器

建筑构件　1 件。H1∶02，原位置不详。残长 40、厚 10.5 厘米。内有圆形和半圆形透雕，直径分别为 6.4、12.8 厘米。断面上有大量凿痕（图二三，4，图版四，3）。

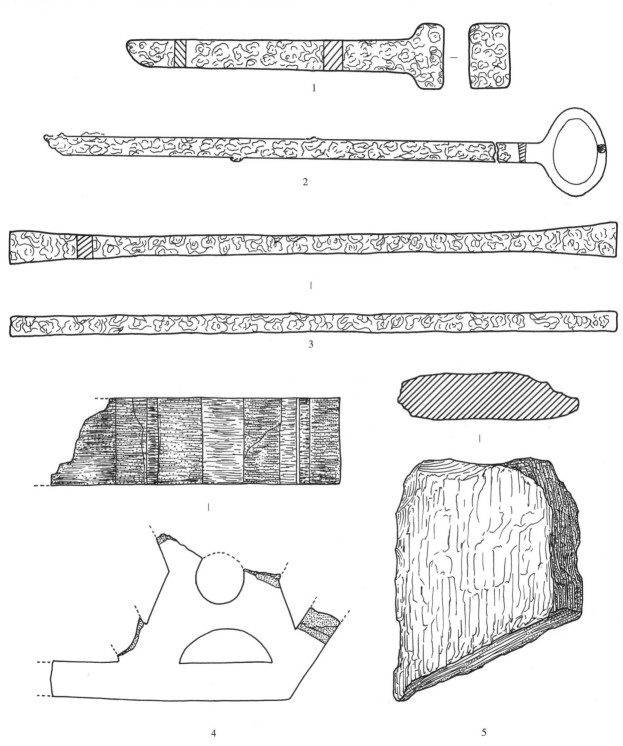

图二三　建筑堆积中出土器物

1. 铁錾（H1∶04）　2. 银柄铁削刀（G10∶03）　3. 铁栓板（H1∶05）　4. 石建筑构件（H1∶02）　5. 石块（G10∶0109）

石块　1 件。G10：0109，出土于 G10：65 北倒塌土中。扁平梯形，青白色，三缘有打击痕，一缘断裂，形体较大。残长 16、中部宽 12.4、台面宽约 3 厘米（图二三，5）。

5. 动植物残骸

动物骨骼　3 块。其中一块出土于 G10 甬道处的上层填土中，与 Ab 型铜圆环（G10：019）、铁削刀（G10：010）共出。褐色，为动物肢骨残段。残长约 18 厘米（图版四，4）。另两块与隔墙坍塌土混杂，来源不详。

植物颗粒　6 处。形成时代不详，见于 G10 西段棚木缝隙、Q8 棚木炭灰下及 G9：15、G9：13 等陶俑体腔内。白色，体小，壁薄，已炭化，触之则碎（图版五，6）。经鉴定，为田紫草、接骨木之类的种子（图版五，3、5），可能为啮齿动物晚期扰入（附表六）。

田螺壳　共计 21 克。通过轻浮选得到标本，最大者直径约 0.2 厘米（图版五，4）。

（二）遗迹

1. 夯具

均为圜底状浅窝痕迹。窝痕表面土色黑而光亮，外形规格有三类：G9 西段填土中所见，直径约 4 厘米；G10 中段填土中所见，总直径约 7 厘米，由直径 3 厘米的 6 枚夯窝环绕组成，可称"丛夯"①（图版三，7）；G10 地基表层所见，直径约 12 厘米（图二四，1）。

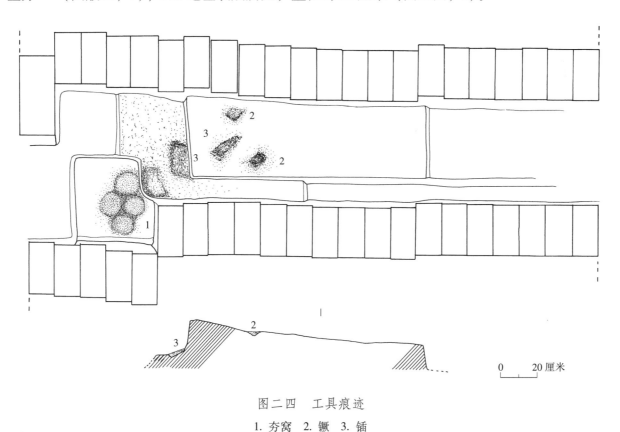

0　　20 厘米

图二四　工具痕迹

1. 夯窝　2. 镢　3. 锸

---

① 张贺君：《古代夯具述论》，《河南科技大学学报》（社会科学版）2006 年第 5 期。

2. 刮铲、挖掘工具

均为痕迹，见于 G9 西段和 G10 东段等处地基解剖点，说明地基在夯筑前经过平整处理。痕迹光滑平整，可知刃部锋利。依痕迹判断一是窄刃镢，刃宽 7 厘米；一是宽刃锸，刃宽 15 厘米（图二四，2、3；图版三，8）。

四　小　结

一号坑层位堆积现状是长时间以来多种因素共同作用形成的结果，对此原报告和相关的研究论著已有充分说明。需要强调的是，隔墙坍塌持续时间长，甚至可能在整体未全部完成之时已经开始；砖铺地上的淤泥并不是完整分布，形成时间与墙体坍塌伴生；立柱腐朽高度不一，说明燃烧时隔墙坍塌程度不一。

（一）H1

H1 虽然开口层位不详，但打破填土层及棚木，贴隔墙边壁进入过洞内部。上层堆积为黑色杂土，包含有大量炭灰、烧土颗粒以及原本应属于坑内的遗物；下层堆积除以石块填塞的部分之外，其余为杂土、淤沙，入过洞后，洞内堆积物包括带有席纹印痕的烧土块和石块、陶俑残片。

坑中出土遗物的来源包括两部分，其一是原本属于一号坑的埋葬物，有易燃、易腐朽的彩绘木环、柲、箭笴、箭箙背板等，主要来自于 G8。这些遗物在被扰动时尚未发生质变，保存了比较完整的状态，说明被扰时间距一号坑填埋间隔不远。其二为扰坑回填时混入的杂物，包括陶釜残片、石建筑构件和大量小石块。

有学者将秦釜分为 A、B 两型，B 型陶釜的特点是小口，有肩，浅腹，多尖底，下腹多拍印方格纹或大麻点纹。据目前所知，此型陶釜在战国中期偏晚阶段出现于西安地区，战国晚期大荔地区亦多见，宝鸡地区不见。其显著特征是有凸出的肩和尖凸的底，且肩部越来越明显，由有肩到突出，最后到平端，底部则越来越尖，到秦代时已成为一倒置的钝角三角形状[①]。H1 中出土陶釜残片分属两个体，其一的器形与西安半坡 M9：3 及新丰 M399：5、M132：4、M119：2 战国陶釜相比（图二二，5～8）[②]，时代略晚，应视为秦代器物。同地区临潼上焦村墓地出土有 2 件[③]，因无法查阅器形资料，未能类比。

石建筑构件目前尚无同类型器物发现，只知秦始皇帝陵修建曾使用了大量的石料，而且郑庄石料加工场以及陵园内发掘的诸多建筑遗址等均有石质建筑材料出土。汉以后，当地不见大型建筑，使用高级别石构件的概率较低。

实际上，此遗迹涉及的时间概念有二，一是其对一号坑的打破在何时，二是自身被填埋在何时。由于目前缺失开口层位，只能初步判断其打破俑坑的时间上限在俑坑建成后不久，可确定为

① 滕铭予：《论秦釜》，《考古》1995 年第 8 期。

② 金学山：《西安半坡的战国墓葬》，《考古学报》1957 年第 3 期；孙伟刚：《临潼新丰秦墓研究》，西北大学硕士学位论文，2009 年。

③ 秦俑考古队：《临潼上焦村秦墓清理简报》，《考古与文物》1980 年第 2 期。

西汉早期甚至更早，填埋的开始时间应不早于俑坑被焚。综上分析，H1 的年代以秦汉之际为妥，这是目前可知一号坑年代最早的人为扰乱遗迹。

（二）建筑防潮措施

兵马俑陪葬坑建筑采取除潮、防潮措施的提法，经二号坑的试掘和正式发掘被广泛提及。二号坑大部分地区均见有青灰色堆积，如棚木四周，一般厚 0.02～0.1 米，称为"青灰泥"。关于青灰泥的来源，多数学者倾向于是人工制成，结构上细密、均匀、坚实，因而具有隔湿、防潮、减缓微生物侵蚀的保护作用，可用来防潮湿、防渗水及延缓木材腐朽。但也有学者提出异议，认为是因木材、席子对填土、泥巴浸染而自然形成①。

一号坑原发掘无明确的青灰泥堆积。本次发掘"青灰泥"堆积仅见于地栿木外围和朽痕的上层，与淡黄色或深黑色淤泥有共生关系，其他如棚木、立柱的四周未见。比较一、二号坑的保存现状，最明显的区别就是：一号坑整体被焚程度严重，绝大多数木材呈炭状或烧土凹槽；二号坑整体为自然腐朽塌陷，绝大多数木材呈糟朽的木渣。同一时期、同一用途的建筑方法不应有大的差别，本次发掘结合棚木、立柱及地栿出土情况，认为青灰泥"人工制成"的说法似不确。白垩独立成层，碳酸钙成分的比例高于自然填土含量，其铺洒范围广，厚薄不一，应系有意而为，在此起到的正是除潮功能。白垩的除潮功能早在新石器时代就已被古人掌握，广泛地应用在地面、地下建筑中。

原报告对建筑堆积的表述为：席子上普遍覆盖一层厚 0.2～0.3 米的红土、白垩和砂的掺和土，接着覆盖五花土；棚木与席子之间有致密土质堆积，成层理，板结状，局部表面有类似摩擦痕迹与周边的席痕相连，是板结状的水淤泥或人为涂抹的细泥。袁仲一称此类致密堆积为"胶泥土"②。本次发掘证实有此层堆积存在，定为"淤泥层"。此层下有原报告提及的"白垩和砂"，虽然很薄，但却独立成层（彩版二，3）。显然，填土、板结状淤泥与白垩三者独立分布，层位关系是由上而下的叠压，而非掺和土。

（三）夯墙

一号坑共有东西向隔墙 10 条，侧边墙 2 条，原发掘认为均系夯筑而成。版筑平夯土墙是中国古代建筑的主要特点，兵马俑陪葬坑的筑造也应采用了此技术。一号坑单条墙体通长约 200 米，一条完整的夯墙应是先分段筑造再连接而成，即《诗经·大雅·绵》所言"百堵皆兴"。甬道分别对应边侧的斜坡门道，由东向西依次编号为 1～5 号。甬道之间间距不等，将建筑分隔成 6 段。所以，甬道的东西两壁首先是可明确的隔墙夯筑分段的界点。第 3 号甬道位于现发掘区西部，其东壁与位于 T22 的第 2 号甬道西壁最少有 32 米的间距。在此范围内夯筑时，长度上还应有分段，否则模板的长度根本无法实现。另外，隔墙复原高度 3.2 米，每段夯筑时高度上还要求模板有多条拼合或逐次上移。据原报告，T1、T2 第 1 号隔墙东部南侧板痕宽 0.18 米。据二号坑发掘报告，墙端头模板长 3 或 2.5、宽 0.17～0.32 米，墙两侧模板长

①　参见始皇陵秦俑坑考古发掘队：《秦始皇陵东侧第二号兵马俑坑钻探试掘简报》，《文物》1978 年第 5 期；朱学文：《秦兵马俑坑防漏设备初探》，《文博》2002 年第 3 期；魏京武、李秀珍：《秦俑坑青灰泥成分及其来源的测试研究》，《秦文化论丛》第七辑，西北大学出版社，1999 年。

②　袁仲一：《秦始皇陵兵马俑研究》，第 67 页，文物出版社，1990 年。

1.24～2.2、宽 0.12～0.26 米①。如此推算，第 2～3 号甬道之间总长 30 余米的墙体，模板长度上分段的总数量当在 10 余段，高度上拼合上移的数量也要有 10 余块之多。

模板的长度分段和逐次上移，涉及的辅助技术即扶拢问题。版筑法由最初的堆筑到桢干支撑，到战国时期已经是完全成熟的穿棍悬臂、草腰揽系牵引，即《考工记·匠人》所谓"索约""汲其版"。扶拢用材会造成夯墙壁面上遗留有水平穿棍洞眼和绳孔，类似材料已见于两周时期多处诸侯国城垣②。一号坑隔墙严重下陷坍塌，壁表难以见到模板印痕，但也没有穿棍洞眼和绳孔，即使在原发掘的各条隔墙东端壁面也无发现，说明夯墙并未使用当时已经成熟、常见的扶拢索约技术，其中原因目前尚不能做出完善的解释。

一号坑夯筑层次最明显处一般在隔墙端头。现发掘的三条隔墙未见明显夯层，只是土结构密度由上而下有逐渐加强的趋势。不见夯筑模板，不见明显夯层，尤其是不使用当时已成熟、常见的扶拢索约技术，这些现象令人费解，是否反映了墙体夯筑比较潦草？总之，对一号坑隔墙的认识仍需下一步继续开展工作。

根据夯窝形状判断，夯具形制有两种：一是半球形，其质地不好判断，似为石质或木质；另一为丛夯，应为木质。均为单人操作。

（四）淤泥堆积

现发掘区自上而下不同深度均有淤泥堆积，按照成因并参照堆积所处位置，可分为四类。

第一类是填土中包含的淤泥，为黑色。建筑发生大面积坍塌后，并未被完全填实，局部漏洞、裂缝可产生吸力，在一定时间内汇集泥水产生沉淀，并夹裹棚木炭块等可漂浮物从土块裂缝中渗入建筑内部，甚至灌入陶俑、陶马体腔。此类堆积上部呈蜂窝状，有大量气孔；下部为层理状，细腻致密。产生第一类淤积的泥水可能是短期形成，也可能是地表水在比较长的一段时间内渗透、聚集形成。

第二类分布于棚木与席子之间，很薄，整体分布不均匀，呈板结状。成因与大降雨量有关。

第三类分布于棚木炭灰层下至砖铺地上，为层理状，局部可达 10 余层，包裹立柱和陶俑、陶马下段。土色淡黄，土质细腻致密。堆积厚度与陶片堆积密度有关。陶片堆积密集区域，淤泥堆积薄；陶片堆积稀疏处，淤泥堆积厚。成因与第一类相同。

第四类分布于墙基与地基之间以及地基夯土层中。墙基与地基之间的淤泥已见于发掘区的隔墙东段，黑、黄色土层交替分布。地基夯土层中的淤泥分布广泛而零散，类似地基夯土中的"夹心"。各处厚度不一致，厚约 2～12 厘米。土色青灰，内含大量细沙，可见有工具痕和踩踏痕。根据这些痕迹推测，建筑修建伊始就曾遭受过规模较大的水患，或者地基处理阶段恰为雨季，即此类淤泥与大量降水有关。

这四类淤泥的主要来源与隔墙沉降后夯土的去向有直接关系。有学者曾对一号坑整体沉降和淤积做过分析，认为一号坑的整体沉降经历了三个时期：第一期从覆土结束至被焚塌陷止，隔墙沉降约 1.4 米；第二期从被焚塌陷以后至棚木完全腐朽止，隔墙沉降约 0.3

① 二号坑发掘报告中将模板误为桢、干，见二号坑发掘报告第 113 页。同样的误解还见于扬之水：《诗经名物新证》，第 149 页，北京古籍出版社，2000 年。
② 张玉石：《中国古代版筑技术研究》，《中原文物》2004 年第 2 期。

米；第三期从坍塌过程基本完结至今，隔墙沉降变化基本可以不计①。四类淤泥的形成基本可与这三期相对照。第一类淤泥形成时间较晚，持续时间长，对应的是隔墙沉降第三期，进一步填充了坑内空隙，对隔墙下降产生阻力，一定程度上降低了沉降率。第二类淤泥形成于建筑上部回填之前，准确地说是在铺席前后的瞬间，对应的是隔墙沉降第一期。降雨引起墙体上部含水量发生变化，随之土质的黏性增加，墙基的承载重荷加大，带来墙体沉降。第三类淤泥与隔墙两侧坍塌土难以划分，层位互相交杂，说明两者关系密切，其形成的开始时间较早，与隔墙滑坡、沉降状况伴生，对应的也是隔墙沉降第一期。其堆积总量的大部分来自第一期沉降的隔墙，也有少部分与上层填土淤水沉淀、滴漏有关。第四类淤泥对应的是隔墙沉降的萌芽期（或称隐患期），反映了地基处理稳定性先天不足，水患造成的潮解在一定程度上加剧了此缺陷。

综上，第一类淤积中的一部分可能与一号坑灌水有关，但四类淤积整体形成于自然降水对土建筑的淋漏，而不是由冲灌夹带的一号坑之外的物质堆积形成，因此所见堆积多纯净无杂质。三座兵马俑陪葬坑周边存在多条河流，如陕西缝纫机厂东侧 1 条、秦始皇兵马俑博物馆和西孙村之间 1 条、秦始皇兵马俑博物馆东侧 1 条等②，但目前发掘区内没有发现明显洪水冲灌形成的淤积，这应是秦始皇帝陵园修建的若干泄洪系统发挥了作用。

以往对第三类淤泥堆积的形成时间多有误解，将其下限估计得过早，没有考虑到建筑内部长时间存在的缝隙、漏洞等因素均会造成此类堆积。如果将此类淤泥堆积的形成过程局限在一个时间点而非漫长的两千年，势必会造成对一号坑修筑时间的错误推测。

另外，两条过洞地基中部出现宽度较一致的五花土堆积，此堆积打破地基以下诸层，可视为一条沟状遗迹。因受发掘范围的局限，条状沟的东西长度尚不清楚，其属性有可能是夯墙取土槽，也有可能是消除积水的渗水沟。这似乎从另一方面证明建筑修建过程中曾遭受雨水排泄问题的困扰。

（五）铁器

秦始皇帝陵园历年来出土的铁器已有 430 余件，其中部分进行了检测分析③。本次发掘出土的铁器，均为实用器，与一号坑属性无关。其中一部分属于工匠的生活用品，一部分属于生产工具。有关科研机构对铁器的金属成分、制作工艺进行了检测分析，结果详见附录二。其中银柄铁削刀为两种金属原料组合而成，是陵区以往从未发现的新材料。检测结果显示，其柄部的成分有0.13% Fe、0.09% Ni、11.76% Cu、0.38% Pb、0.06% Bi、85.57% Ag、2.02% Au。自春秋早期至秦统一前后，类似器物有甘肃灵台景家庄春秋早期墓出土铜柄铁剑 1 件，甘肃陇县边家庄春秋早期墓出土铜柄铁剑 1 件，陕西宝鸡益门村春秋墓出土金柄铁剑 3 件和金环首、方首铁刀 17 件，甘肃礼县圆顶山春秋墓出土铜柄铁剑多件等④。此类器物均出自等级较高或墓主身份特殊的墓

① 张仲立：《秦俑一号坑沉降与关中秦代气候分布》，《秦文化论丛》第四辑，西北大学出版社，1996 年。

② 朱思红：《秦始皇陵园范围新探索》，《考古与文物》2006 年第 3 期。

③ 袁仲一：《秦青铜、冶铁技术发展情况概述》，《秦始皇帝陵博物院》总壹辑，三秦出版社，2011 年；刘江卫等：《郑庄秦石料加工场遗址出土铁器的初步研究》，《中原文物》2010 年第 5 期。

④ 参见刘得祯、朱建唐：《甘肃灵台县景家庄春秋墓》，《考古》1981 年第 4 期；张天恩：《边家庄春秋墓地与汧邑地望》，《文博》1990 年第 5 期；邢景文：《陕西古代科学技术》，中国科学技术出版社，1995 年；宝鸡市考古工作队：《宝鸡市益门村二号春秋墓发掘简报》，《文物》1993 年第 10 期；白崇斌：《宝鸡市益门村 M2 出土春秋铁剑块分析鉴定报告》，《文物》1994 年第 9 期；甘肃省文物考古研究所等：《甘肃礼县圆顶山 98LDM2、2000LDM4 春秋秦墓》，《文物》2005 年第 2 期。

葬。考古材料显示，铜柄铁剑的源头在欧亚大陆西部草原地带①。从甘、陕两地发现的铜柄铁剑，再到本次发掘的银柄铁刀，两者之间是否存在铸造工艺与选材理念的继承？从早期秦文化的发源地到秦始皇帝陵兵马俑陪葬坑，与欧亚大陆西部草原地带之间是否存在文化间的交流、融合？诸如此类问题，引人深思。

---

① 乌恩岳斯图：《北方草原考古学文化研究——青铜时代至早期铁器时代》，第 374～375 页，科学出版社，2007 年。

第二章 陶 俑

陶俑出土时或仰或俯或侧倒，均已残破，无一完整，体表多见利器或钝器造成的"伤痕"。残片之间上下叠压，各件俑体提取不能一次完成，借鉴田野考古发掘中地层划分用语，定为"第X层堆积"。层层堆积形成间隔很短，只体现陶俑阵列某一局部在遭受侵扰过程中外力的切入点和波及范围，一般下层俑体较完整，上层陶片散失严重。这反映了外力施加的时间点和具体方式有一定的差别。

发掘中根据陶俑残片暴露的早晚，以南北为排、东西为列，由东向西、由南向北予以编号。G9 编号 1~37，实际清理个体 34 件，涉及 8 排及 2 组车属陶俑、28 件踏板；G10 编号 1~88，涉及个体 72 件，实际清理个体 68 件，涉及 18 排陶俑、68 件踏板。另外，东西两端有陶俑或踏板叠压在隔梁下，不能完成清理或提取；可提取陶俑中因残片散失，有一部分尚不能修复；部分散落的俑头或其残片不能确定归属，暂编临时序号（临头①~⑲号）。因此，本次发掘共计清理俑体 102 件，提取俑足及踏板 96 件，能完全修复恢复原状的有 60 余件（图版六）。

受俑坑焚烧坍塌所致，陶俑表面或体腔内多见棚木燃烧灰烬或炭块。陶胎为泥质，夹杂极少白色砂粒，表面经打磨，较光洁。陶色以蓝灰色为主，兼有橘黄、橘红及深黑等色。深黑色一般位于陶俑下体被坍塌土包裹部分，很多区域陶色骤然变化。位于甬道附近的陶俑，其陶色与周围烧土状的填土土色接近。部分陶俑肩部、颅颈表面遭水侵蚀。陶胎表面均有施彩，用色包括绿、红、蓝、紫、白、黑等，因"人"施彩。俑体有大量制作痕迹，包括塑胎、修胎、安装组合和施彩等过程中使用的工具痕，以及 40 余例刻划陶文和 1 例手书数字编号，刻划陶文内容为陶工名和数字编号。另在 G9∶13 襦部的残片上发现一处浅刻划，似为一动物图像，写意性强。

踏板可作为陶俑复位的依据。踏板原本东向，有每排 4 件、外沿间的排间距约 30 厘米、列间距约 30~40 厘米的摆放规律。因此，陶俑应是面东而立。

陶俑的体形或魁梧或修长，鼓腹，为青壮年男子形象。科头，免胄，宽扁髻发型。面型多"目""甲"字形。唇上横平髭，唇下有一缕水滴状祟。颈下围裹壅颈，身外罩甲，内着长不过膝的襦衣，下有袴或短裈，履方口、卬角、薄底、浅帮。

一 堆积及残损情况

（一）G9

多数踏板有不同程度的移位，东段 3 排第 2、3 列踏板受地基下陷的影响，随铺地砖下落、倾斜。踏板下或多或少都有淤土。未移位踏板下的淤土厚约 0.1~0.5 厘米，而移位的踏板下淤土分布情况不一。如 G9∶14 踏板倾斜达 60°左右，西南部淤土最厚约 30 厘米；G9∶24 踏板局部压于箭箙遗迹上，东部淤土最厚约 6 厘米。

　　按排列布局分Ⅰ、Ⅱ、Ⅲ三组逐层提取［图二五（A）、（B）、（C）；图版七］。Ⅰ组位于 G9 东段，一排 4 件摆放，清理陶俑 4 排，涉及个体 14 件，提取踏板 10 件，第 1 排整排及第 2 排第 1、2 列压于东隔梁下，未完全清理；Ⅱ组位于 G9 中段，西临甬道，属 G9∶①、G9∶②两乘车配置，3 件一组，两组计陶俑 6 件；Ⅲ组位于 G9 西段，前（东）承甬道，与Ⅱ组俑间距 1.16 米，一排 4 件摆放，共清理陶俑 4 排，涉及个体 14 件，提取踏板 3 排 4 列计 12 件。另有暂不能确定归属的俑头 8 件，编号临头②～⑤、⑦～⑨、⑪。

　　Ⅱ组中有 2 件左位者体形较魁梧，尤其是 G9∶9，属原报告认为的"宫"字类作品。其余陶俑体形修长，有的属于原报告认为的"咸"字类作品。具体编号及根据踏板确定的排列位置附对照表（附表七）。

1. 受损

　　Ⅰ组第 1、2 层第 1、2 列 4 排陶俑上身残碎严重，膝下基本保持原位，受到的破坏力主要来自上方和前（东）方。如 G9∶2 与 G9∶27、G9∶1，上半身残破倒塌乱成一堆，残片难以甄别所属。其中 G9∶2 下身站立状，缺失颅颈、臂、瓮颈、胸甲、腹甲、襦上段、左手腕及手掌跌落在体腔周围，襦摆以下部位包裹在隔墙坍塌土中，腹腔内淤塞倒塌土。坍塌土属于建筑隔墙土，质地纯净；倒塌土原属于上层填土，色杂乱，夹杂大量红土块。G9∶4，面向上，头向西，近乎直线后仰。其与相邻陶俑之间有 G9∶6→G9∶7、G9∶5→G9∶4 的叠压关系，说明此俑较其他三件倒下的时间要早。第 2 层第 4 列 4 件陶俑自脚踝以上部位近乎整体移位，或东—西向后倒，或西北—东南向斜卧，陶俑残片散失较少，受到的破坏力主要来自前（东）方。如 G9∶36，头西脚东，面南，基本完整，襦以上被 G9∶①右服马颈部残片叠压，以下部分被 G9∶6 叠压。再如 G9∶37，仰身，头西脚东，略向西南斜，基本与 G9∶36 并列而卧，陶片压于两服马下，头及上体部分残片与右骖、右服马头混杂，体腔内残存异体俑头 1 件。此俑与周边陶俑之间存在 G9∶5→G9∶31→G9∶36、G9∶37 的叠压关系，说明在受到外力的瞬间，G9∶36、G9∶37 最先倒下。

　　Ⅱ组中，G9∶①所属三俑似被"腰斩"。G9∶10 上体基本完整，头东，面北，腰以下陶片四散；G9∶9 与 G9∶8 脚东头西倒仰，上体陶片混乱，受到的破坏力是砸击和冲击。尤其是 G9∶9，可谓"身首异处"，踏板断裂成两块，并分别移位，头、瓮颈等陶片分散，一足甚至压在陶马腹部残片下。其踏板一部分位于 G9∶①车舆西北角炭迹下，足尖向东北，应接近此俑原排列位置，可以作为此俑其他部位残片的标准参照点；另一部分位于 G9∶②右骖马左侧腹部残片下，足尖向西北，距参照点西 3.1、南 1.25 米。双手距参照点西 2.5 米，部分俑头距参照点西 2.05、南 1.1 米，瓮颈距参照点西 3.5、南 0.25 米。整体残片散布于东西长 4、南北宽 1.6 米的范围内（图二六）。G9∶②所属三件陶俑呈前仆卧倒状，G9∶11 与 G9∶12 西南—东北斜向并列，躯体碎裂但形状基本完整，外力似来自陶俑身后，但又有头部残片压于左骖马下，前额、冠带等残片压于左服马腹下，反映出其所受破坏力不仅仅是推搡，还有针对颅、颈部的砸击。G9∶13 上身完整，腰际以下基本在原位，所受破坏力来自身后（西方），受力点在腰部。

　　Ⅲ组大部分均头东、足西、面下，说明破坏力以来自俑身左右（南北）两侧及后（西）方为主，尤其是来自右（南）侧的冲击或推击程度最强。其中第 1 排第 4 列 G9∶17、第 2 排第 4 列 G9∶20，体残缺，陶片混乱，倒塌土、坍塌土、淤土等堆积包裹直至脚踝，腰际以下部位保

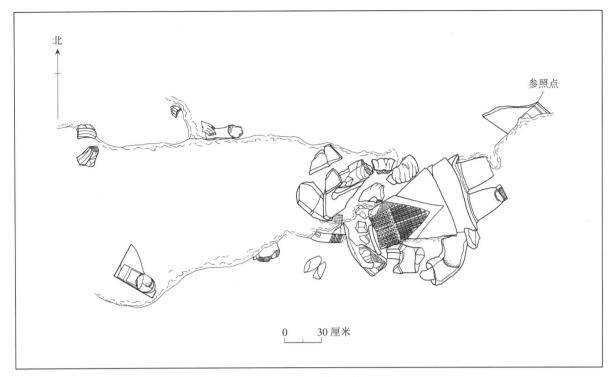

图二六　G9:9 残片分布平面图

持原位，说明所受破坏力来自上方；第 1 排第 1 列 G9:14，头东脚西，面下，上半身残甚，腹腔以下基本完整，整体前倾，受力来自上方和后（西）方；G9:22 上体腔残片离位，散乱四周，余部保持原位，少量襦部残片出现在体腔内，与红烧土和炭灰等堆积混杂，受力方向同 G9:20。此段南侧陶俑所受破坏最严重者为 G9:18，原位于第 2 排第 1 列，其下体基本站立于原位，略向东北斜，上体（G9:34）东北向斜入第 1 排近第 3 列之东位置，与原位踏板相距近 1.8 米。

外力造成陶俑破坏的痕迹可分为"浅表伤"和"穿透伤"，使用工具有两类。一类是利器，形成深窝或三角形创伤，称为钩斫、削斩痕，显系人为造成。如 G9:24 袖口表面，创伤面近圆形，中心有三角形深窝，为尖状利器钩斫形成（图版八，2）；G9:14 右臂外侧表面，宽刃利器造成三角形创伤面，为削斩痕（图版八，3）。另一类是钝器，撞击造成迸裂或引起表面酥碎形成放射形"瘢痕"，称为钝器痕。如 G9:9 肩部，圆形撞击痕，放射状，直径约 4 厘米（图版八，5）；G9:10 肩部，圆形钝器的撞击造成大面积表皮酥碎，中心直径约 3.5 厘米（图版八，4）。大量陶俑表面多类工具痕并存，如 G9:28 头部残片，裂面可见利器连续钩斫 5 次以上，鼻尖还有 1 处削斩痕（图版八，1）。

2. 同出遗迹、遗物

Ⅰ组出土遗迹位置较分散，有箭箙、弩、柲、矛韬等遗迹各 1 处；遗物有铜剑体残件及鞘附件共 5 件，铜矛 1 件、铜镦 2 件等。如 G9:4 左侧有箭箙④及零散铜箭镞（图版九，1）；G9:5 伴出铜箭镞数量较多；G9:27 南侧有弩②，西有箭箙⑭；G9:28 北侧与 G9:30 之间的陶片空隙处有铜剑茎 2 件、铜箭镞 3 件及属于箭箙⑭的残部件等；G9:31 右手"捏"铜箭镞，身下南侧有柲⑩及铜镦（G9:0145）（图版九，2）；G9:36 腹左侧有铜镡（G9:0226）。Ⅱ组多见车马部件（图版九，3），另有铜箭镞，G9:11 体侧有铜踵（G9:0134）。Ⅲ组共出箭箙 7 件，弓弩类朽痕 5 处（彩版三，1）。第1排第1列G9∶14近处有铜镦（G9∶0240），G9∶15与G9∶16之间有弩臂残迹（图版九，4），G9∶18右（南）侧有弩⑤残迹及铜弩机（G9∶0108），G9∶33左侧有铜錍（G9∶084），G9∶23等被箭箙①、箭箙⑧等包围，俑体下有剑首、茎残段及鞘附件（G9∶086～088）。

（二）G10

呈18排4列站立。55例下有淤土，一般厚度为0.1～0.5厘米，个别踏板下较厚。G10∶25踏板下东部最厚为1.2厘米，G10∶79东部最厚为12.5厘米，G10∶78东部最厚为7厘米。踏板有不同程度移位，如G10∶31踏板位移东偏北25°～30°。按排间距分Ⅰ、Ⅱ组三层提取〔图二七（A）、（B）、（C）；图版一〇〕。

Ⅰ组位于东中部，西临甬道，共计16排4列，提取踏板60件；Ⅱ组位于甬道之西，后（西）接陶马一组，包括2排4列，提取踏板8件。编号1～88，部分残片经过初步拼对，确定个体数量为72件，实际清理个体68件。由于残片移位混杂，Ⅰ组尚有部分陶片不能确定具体归属，如G10∶65（臂部）、G10∶68（右披膊及后背甲）、G10∶70（襦、腿）以及G10∶10旁的G10∶71（披膊及上臂）、G10∶39西北的G10∶74（残碎铠甲、襦体残片）等；还有部分同一编号中包括的诸块残片，属于不同个体。另有不能确定归属的俑头11件，编号临头①、⑥、⑩、⑫～⑲。

所见体形主要有两类，一类体形较瘦，脸形俊秀，Ⅰ组后段近甬道侧较集中；另一类体形魁梧，脸形丰满结实，Ⅱ组较多。但由于没有发现"咸""宫"陶文，且目前修复数量有限，无法与原报告所言"咸"字类、"宫"字类陶工作品进行类比。具体编号及根据踏板确定的排列位置附对照表（附表八）。

1. 受损

残片集中于过洞中部，由两侧簇拥成堆，北侧距Q10空隙较大，倒向有小范围规律性。

Ⅰ组前（东）部北侧多整体后（西）倾，残片移位程度较弱，如G10∶13、G10∶16、G10∶17等北侧第4列陶俑整体后仰，头西脚东，主要受力来自前（东）方；南侧陶俑多呈上残碎、下站立状，受力来自身体上方。自第6排（G10∶17）之后，第1、2列受力来自左右方向的拥挤，尤其是与Q9下塌有很大关系，陶俑向内（东北）侧斜或前仆倒栽。如G10∶19，整体完整，体近45°斜向东北侧卧。中部区域北侧陶俑胸腹部主要受到前后力量的挤涌、冲击，呈斜倒状，胸、肩部受到来自身体上方的砸击，以致残片散佚，脱离原位较远。西部区域近甬道处，第1、2列数排如G10∶35、G10∶36、G10∶39、G10∶40等自腰际部分断为上下两大截，上体残甚，陶片混杂难以区别，下体虽自踝关节部分残断但基本呈原位站立，主要受力是上方的砸击。

Ⅱ组俑体下段因陶马残片的支撑基本后仰，残碎情况稍轻，其中G10∶48为整个发掘区唯一一件原状站立、躯体完整的陶俑。个别陶俑陶片移位程度大，非自然破坏因素可为。如G10∶46腰部以下至脚踝一段与足、踏板呈90°错位，其上体（G10∶51）位于甬道东，与Ⅰ组第15排第3列G10∶41残片混杂，两大部分的残片相距约2.1米。此情况可与G9∶18结合分析，两俑原位靠近甬道西南侧，上体却都沿西南—东北轨迹移位至甬道东北侧，这应是同一原因造成的。

陶俑所见伤痕似G9（图版一一）。G10∶48位于G10西段北侧，头部、双下臂暂缺失，坍塌土与淤泥等堆积涌至襦底，身后是一组陶马。俑身可见7处明显伤痕，这些痕迹造成陶俑局部残断。其襦下摆还有制胎时留下的磕碰痕，与后期利刃工具痕所在处的陶色明显有别。

2. 同出遗迹、遗物

Ⅰ组出土遗迹包括柲迹 11 处、箭箙 1 件、弓干 1 处、弓韬 1 处、剑鞘 2 处、矛韬 2 处、织物组带 2 处等；遗物包括铜镈 11 件、璏 7 件、镦 13 件、矛 3 件及零散铜质箭镞等。长柲痕迹多出土于俑体右侧近手臂位置（彩版三，2），尤其是第 15 排后（西）可能属于 G10:53 的右手，出土时仍保持握柲（柲⑨）状态，可作为确定此类手形与柲关系的参考证据（彩版三，3）。弩及箭箙朽痕，比较集中于Ⅱ组，弩⑧及其前（东）侧韬迹（弩⑦）与Ⅱ组第 1 列俑关系明显。Ⅱ组 G10:46、G10:44 等附近有铜镈、剑首等部件（G10:072、G10:059），另有骨弭（G10:073）及零散铜箭镞等。箙③出土于Ⅰ组东端左位，与其邻近的有弓干朽痕，与本组第 4 列俑关系明显。G10:22 体下压铜矛（G10:083）（彩版三，4），G10:52 体前襦部有铜镈（G10:014）（彩版三，5），G10:32 左腿胫杂土中有铜镈（G10:0104），兵器明显失位。G10:50 残片提取后，背部左侧下见有长条形剑鞘朽痕，深槽状，腰际部分有铜璏（G10:029），胫处有铜镈（G10:030），应为原位。

二 俑 类

俑类的划分，需参照服饰、手臂、铠甲及出土位置等多种因素。因修复尚在进行，有关信息暂缺，故参照原报告初步加以判断，并引原插图予以说明。

（一）划分因素

1. 手臂

按塑造形状，分为四型。

A 型　双臂钝角屈肘，双手交于腹前，原发掘认为是"按剑"姿势（图版一二，1、2）。

B 型　双臂前伸，肘钝角屈、抬，双手半握，原发掘认为是"驾驭缰绳"的御手姿势。

C 型　左臂钝角屈肘、微抬，手张掌；右臂屈肘近直角、抬，手指半握，拳眼上、拳轮下，原发掘认为是"持柲"武士姿势。

D 型　左臂钝角屈肘、抬，手张掌，拇指弯曲，四指并拢；右臂近垂，四指内勾，拇指直伸，原发掘认为是"提弓弩"武士姿势。

2. 铠甲

按塑造模拟甲缘的原材质，分为两型。

A 型　铠甲整体雕刻甲札，甲缘无包边，包括身甲、肩甲、臂甲（披膊）、侧身甲四部分计 8 组。身甲沿矢状面分布各列，沿横切面分布各排，有 5 列 8、11 或 12 排，又分为上、下两旅，上旅甲札上压下，下旅甲札下压上，雕刻长方形、方形、梯形等甲札，最下排甲札底边呈圆弧形或心形。前身甲以正中矢状线为轴，列与列之间的关系是内压外依次展开，第 1 排侧列甲札长于中心列，形成凹度较深的领窝；后背甲以正中矢状线为轴，列与列之间的关系是外压内依次展开，第 1 排整体呈浅"凹"字形。侧身甲一般位于两腋下，以冠状面为列、横切面为排，整体中心凹两侧长，以前列压后列、上排压下排的方式叠压，甲札形状不规则。肩甲以矢状面为列、冠状面为排，一般为 1 排 2 列，基本为长方形，分别叠压前后身甲的外侧列。臂甲又名披膊，略呈覆瓦形，以冠状面为列、横切面为排，一般有 5 列 4 排，以中心列为轴，依次内压外、下压上扩展，并叠压身甲、肩甲。甲的开合口在胸的右上侧，有纽扣扣结。分三亚型。

Aa 型　肩部雕刻梯形甲札披膊，身甲甲札 7～8 排［图二八（A），1］。

Ab 型　基本同前，身甲甲札约 11 排，身甲中列甲札数较 Aa 型多［图二八（A），2］。

Ac 型　身甲同 Ab 型，无披膊部分［图二八（A），3］。

B 型　四缘有仿织物的彩绘包边，中部雕刻甲札。分两亚型。

Ba 型　包括前身甲、肩带及组带。前身甲共 5 列 11 排，沿正中矢状线依次内列压外列，沿横切面上旅依次上排压下排，下旅下排压上排。甲札多为长方形，第 1 排整体呈"凹"字形，甲札上边呈弧形；第 11 排整体呈圆弧形，甲札下边呈弧圆形。身甲沿双肩分别后延一条宽带，形成近长方形肩带，并在背后交叉。其上绘制仿织物纹样，并做出织边纫缝叠压关系。底边中部"钉"细组带，斜下牵拉与前身甲绞结于腰侧，并沿腰际设横向组带系结，带尾有花结。又称"背带式甲衣"［图二八（B），1］。

Bb 型　包括身甲、臂甲（披膊）等部分。甲札形体小，长组练呈"V"形或长条形，窄、细；短组练小，圆形。胸、背、肩有花结。前身甲长，下摆呈尖角形，沿横切面依次有整片的胸甲、细小甲札编缀的腹甲。腹甲有上、中、下三旅：上旅整体近正方形，包括 8 排 9 或 13 列，沿正中矢状线依次内压外、上压下排列；中旅绕体一周与后身甲结合，外形似腰带，包括 1 排约 29 列，被上、下旅所压；下旅呈三角形，约由 10 排甲札组成，每排甲札由上向下递减为 13～1 片。后身甲包括背甲和腰甲两部分：背甲整片近上宽下窄的梯形；腰甲位于体中位置，近正方形，包括甲札 6 排 9 列，沿腰由外压内依次展开，下缘被延伸的前身甲中旅叠压。臂甲（披膊）呈覆瓦形，整片无单独甲札，叠压于身甲下。右胸部有扣合的纽扣。又称"鱼鳞甲衣"［图二八（B），2］。

据原报告，B 型甲衣还有其他两亚型[①]，本次未发现，从略。

3. 首服

所见着首服者仅 8 件，均出土于 G9 中。首服绶带下垂，系于颌下。其中 6 件属于车属俑，另 2 件分别列队于 I 组第 4 排第 1 列、III 组第 1 排第 1 列。分两型。

A 型　形状如梯形板状，尾部有冠室，绶系于颌下（参见彩版一三，1），原称"板冠"或"长冠"。按板面塑造，分两亚型。

Aa 型　前板面平整，表示一块板制成，原称"单板长冠"（图二九，1）。

Ab 型　冠前板的中部有一条阴刻纵线，表示双板拼合而成，原称"双板长冠"（图二九，2）。

B 型　由头、尾、室和绶组成。头似板，尾如圆筒状两歧，冠室呈长方形，原称"鹖冠"（图二九，3）。

---

① 详见原报告第 132 页图六八，4～9。

图二八（A） A 型铠甲

1. Aa 型（T1G2：22） 2. Ab 型（T19G10：25） 3. Ac 型（T19G10：15）

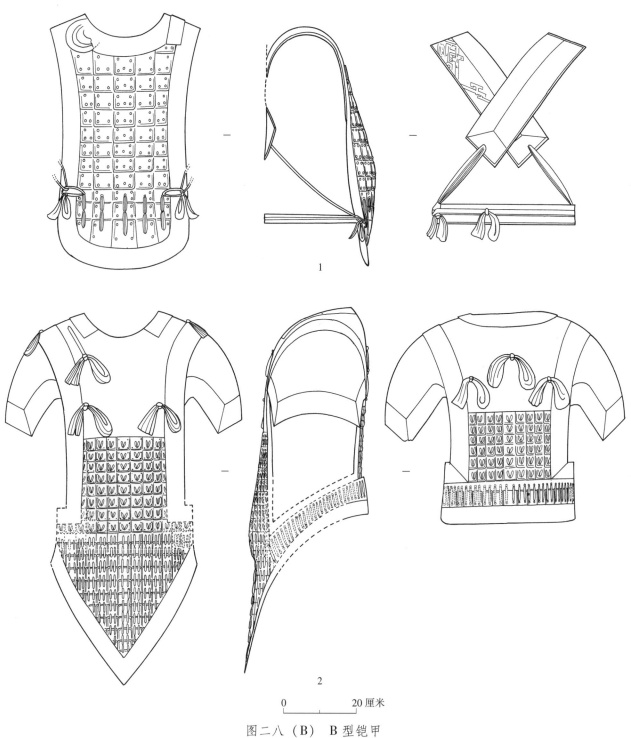

图二八（B）　B 型铠甲

1. Ba 型（T19G10∶14）　　2. Bb 型（T2G2∶97）

4. 下衣

分两型。

A 型　内外两层，绾束。外层短，由踝至胫，薄；内层长，因襦遮盖，裆部情况不详，臃肿（图三〇，1）。

B 型　绾长及膝，厚，膝下阴线环绕表示行縢（图三〇，2）。

图二九　首　服

1. Aa 型（T1K：72）　2. Ab 型（T20G10：88）　3. B 型（T10G5：15）

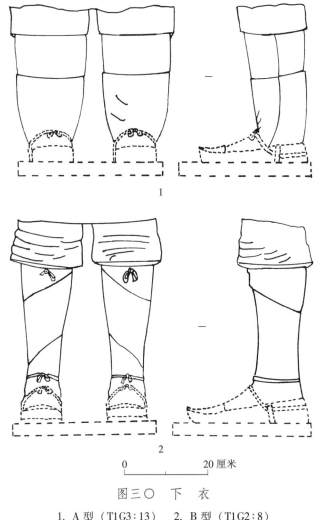

图三〇　下　衣

1. A 型（T1G3∶13）　　2. B 型（T1G2∶8）

（二）判断结论

1. 类别

根据以上四方面的划分，已提取的 96 件陶俑可分为两型。

A 型　6 件。车属俑，均为 A 型下衣。位于 G9 – Ⅱ组位置，结合首服、铠甲形制及臂形，分为三亚型。

Aa 型　2 件。属于车左。G9∶9，B 型首服，A 型手臂，Bb 型铠甲。G9∶12，Ab 型首服，Ba 型铠甲。

Ab 型　2 件。属于车御。即 G9∶10、G9∶11，Ab 型首服，B 型手臂，Ac 型铠甲。

Ac 型　2 件。属于车右。即 G9∶8、G9∶13，Ab 型首服，Ab 型铠甲。

B 型　90 件。独立编组俑，根据手臂类型，分为两亚型。

Ba 型　79 件。手臂 C 型，下衣 A 型 1 件、B 型 78 件，为持长柲类编组。分属 G9 – Ⅰ组、G9 – Ⅲ组第 1 排第 1 列（G9∶14）及 G10。其中首服 Aa 型 1 件（G9∶14）、Ab 型 1 件（G9∶7），为同区中位高者。

Bb 型　11 件。手臂 D 型，下衣 B 型，为弓弩类编组。包括 G9 – Ⅲ组除 G9∶14 以外者。

2. 俑类组合

G9 - Ⅰ组俑位于车前，均为 Ba 型，其中最后排右位有吏 1 件。A 型俑中，位高者置车后左位。Ⅲ组位于车后，可见 3 排 12 件，有 11 件 Bb 型，第 1 排第 1 列者属于 Ba 型。G10 中Ⅰ、Ⅱ组共计可见 72 件，可确定大部分为 Ba 型，Ⅰ组左位、Ⅱ组右位中有 Bb 型俑存在。如果以车为前导来考量车徒组合，可见紧随车后的当为少量 Bb 型俑，右手执弓弩，人数目前可见 3 排 11人；另有 1 人右手持秘，位长，居右上位。之后紧随的当为手持长秘的 Ba 型俑，人数目前可见最少为 17 排 68 人。

三 服饰类型及制作方法

有关服饰形象的命名，有文章结合文献及考古材料曾予以考证①。本处参考部分研究成果，依原报告为蓝本略作改动。塑型、彩绘与原发掘情况基本相同者，从略不赘。

（一）铠甲

胎体表面采用阴刻线规划铠甲初型，而后用减地浮雕法逐旅切割甲札，甲札四角及中部按照实体铠甲的编缀附加组练，右胸或体侧有纽扣以利铠甲穿卸。小臂叠压陶俑两侧甲札边棱切合线，大臂部位的披膊甲札边棱叠压肩甲，说明身甲的雕刻在双臂与躯干套接前进行，披膊甲札的雕刻在套接之后完成。

1. 甲札

有长方形、梯形以及一些不规则形状。

披膊各旅甲札上大下小，为梯形或长方形，一般为 4 排 5 列。G10:54，中列第 3 排甲札横长7.8、宽 6 厘米（图三一，1）。G9:27，中列第 3 排甲札横长 6.7~7.1、宽 6.1~7 厘米（图三一，2）。

肩甲各片形状近梯形，与披膊相连一侧呈弧形，外侈。G10:18，内侧甲札横长 7.2~7.7、宽 6.1 厘米，外侧甲札横长 5.6~6、宽 6.3 厘米（图三二，1）。G9:21，内侧甲札横长 6.7~8.6、宽 7.7 厘米，外侧甲札横长 6.2、宽 7.6 厘米（图三二，5）。G10:31，内侧甲札横长 5.8~6.4、宽 10.9 厘米，外侧甲札横长 4.5~6、宽 11 厘米（图三二，10）。

身甲上部分主要是领甲，为三边直、上边微圆弧形内凹或近横长方形。G9:7，上边弧形，直线长 6.5、下边长 6.1、宽 6.5 厘米（图三二，2）。G10:22，上下直边，一侧边弧形，上边长7.9、下边长 7.8、宽 3.9 厘米（图三二，3）。G10:18，上边弧形，直线长 6.1、下边长 6、宽5.7 厘米（图三二，4）。

身甲下部分的腰、腹甲以长方形为主；最下层甲札为不规则形，多为三边直、一边弧圆形；腹正中脐部单片凸尖或弧圆，呈心形。G9:18，长 9.2、宽 6.2~6.5 厘米（图三二，6）。G9:7，

① 李秀珍、郭宝发：《韦弁服考》，《秦文化论丛》第二辑，西北大学出版社，1993 年；王学理：《秦俑军服考》，《陕西省考古学会第一届年会论文集》，考古与文物丛刊第三号，1983 年；陈春辉：《秦俑服饰二札》，《文博》1990 年第 5 期；蔡革：《浅论西汉前期军队的服饰特征》，《考古与文物》1990 年第 3 期。

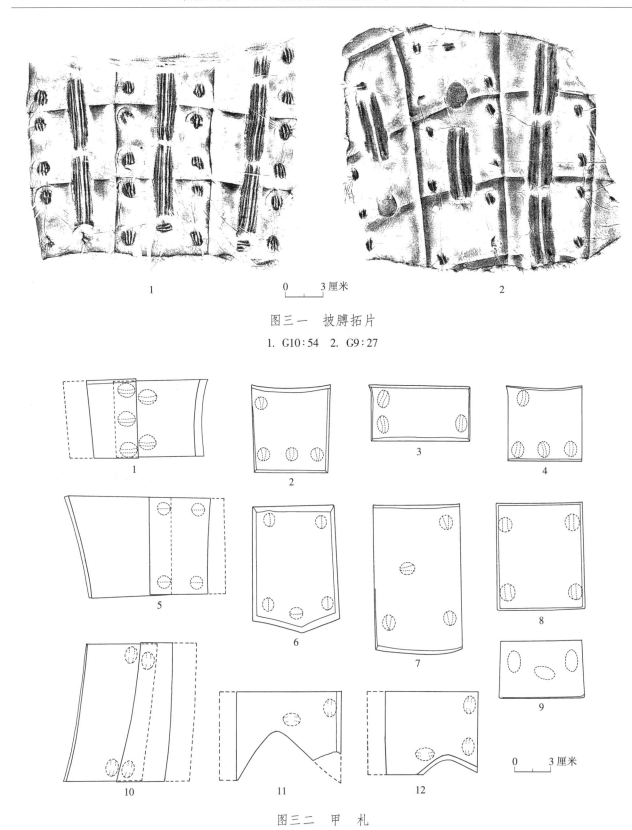

图三一　披膊拓片

1. G10：54　2. G9：27

图三二　甲　札

1、5、10. 肩甲（G10：18、G9：21、G10：31）　2～4. 领甲（G9：7、G10：22、G10：18）　6～9. 腰、腹
甲（G9：18、G9：7、G9：17、G10：12）　11.12. 侧身甲（G10：8、G10：40）

长 11.3、宽 6.9～7 厘米（图三二，7）。G9：17，长 8.2、宽 6.6～6.7 厘米（图三二，8）。G10：12，
长 4.5、宽 6.6～7 厘米（图三二，9）。

侧身甲上下旅甲札为三直边、一斜边形或三直边、底边锐角豁口状等多种形状,前后列之间有的错缝。G10:8,中列甲札宽8.7、长3.1~7.1厘米(图三二,11)。G10:40,中列甲札宽7.5、长5~6.7厘米(图三二,12)。编缀有两种方式:一为中列分别叠压前后,包括G9:21、G9:32、G10:40等个体,其中G10:40第4排甲札规格小,三角形,直角边长2.6×4厘米,似编缀补缺(图三三,1、2、5);一为前压后,包括G9:18、G9:14、G10:18等个体,其中G9:14甲札错缝,列间前低后高(图三三,3、4、6)。

甲札施色均为黑、褐色,生漆质。甲札四缘先以直径约0.3厘米的圆形管状工具压出沟槽,然后再用利刃切割,并对边棱进行刮削,形成"抹棱",以表现甲札厚度(图版一三,1)。

2. 组练

叠压在甲札表面,或粘接或直接脱模押印,内有多股平行阴线,表现组练褶皱,模拟组练的

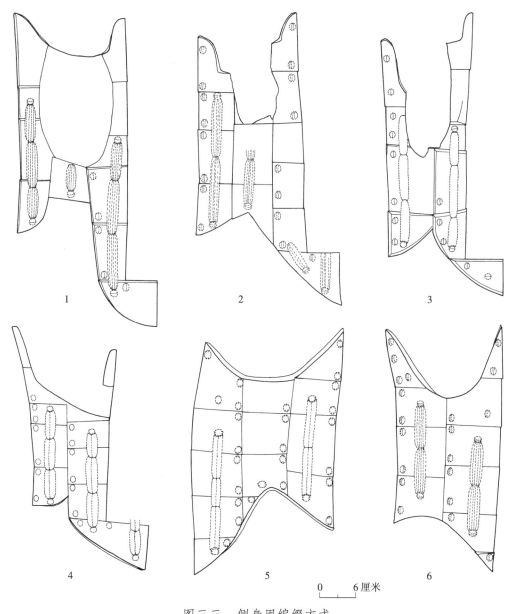

1   2   3

4   5   6

0   6厘米

图三三 侧身甲编缀方式

1. G9:21   2. G9:32   3. G9:18   4. G9:14   5. G10:40   6. G10:18

原质地。按外形分为两型。

A 型　长条形薄片，原称"连甲带"。面微弧，有纵向贯通阴线，背平，多见指纹和凹窝。模制预件后与甲札粘贴结合，分布在领、肩、下腹及腰部。按外形大小，分两亚型。

Aa 型　小、细、饱满。见于 Bb 型身甲腹、背部。如 G9：9 所属，腹甲上旅两两一组，呈"V"形排列，交错施红、雪青两色，雪青色中又有丝缕红细线夹杂；中旅和下旅部位呈长条状竖向依次交接（彩版四，1、2）。

Ab 型　长、宽、薄。上下竖向排列，见于 A、Ba 型铠甲，分布于铠甲的领部、身甲下旅、侧身甲、披膊等位置。施色包括红、绿、雪青、白等诸色，同一领施色多相同，但也有少部分色异。如 G10：36 披膊、领下等部位施淡紫色，身甲等部位施朱红色（彩版四，3）。

A 型组练与甲札的贴合方式有垫片式、阴刻线式和直接粘接式。垫片式是指由于上、下旅甲札之间有代表叠压关系的沟槽，为了消弭缝隙，于缝隙处特附加一泥片，如 G10：9、G10：70 等（图版一三，2）。阴刻线式是指在甲札表面刻划数道上下贯通阴线，如 G10：40 披膊部分所属残片，阴线两两一组，自肩部甲札上部直下（图版一三，3）。目前所见 3 例，均为体态魁梧型陶俑。此做法一可规划贴合的位置，类似绘画的底稿；二也可以增强结合面的摩擦力，使组练贴合牢固。少量直接粘接式的组练背面如 G10：25、G10：46/51 等残存结垢物质（图版一三，4），黑褐色，有黏性和弹性，尚不能判断是黏结剂还是铠甲表面涂刷底漆时溢流造成。

B 型　疙瘩状，分布于甲札四角和 A 型组练两端，原称"甲钉"。其纵截面形状为椭圆形或圆形，顶部弧凸程度不一。施彩有红、白、蓝、雪青等诸色。可见同枚内外涂色两层，如 G10：30 内粉绿、外粉白，G9：11 内雪青、外天蓝，G10：71 内朱红、外乳白。同领铠甲上的组练涂同色者较多，但也有大量的异色，如 G10：30 胸部为粉绿色，近腹部左侧为白色。按底部形状及其与甲札胎体的结合方式，将其分为两亚型。

Ba 型　同胎脱模。泥坯取自胎表，直接从甲札或已经贴合的 A 型组练上"揪"出疙瘩泥，并以模具押印。因胎泥上下一体，因而在受损后断面毛茬。如 G10：33，外窄平沿，中心有纵向阴线（图版一三，5）。有的因押印用力轻或押印疏漏，表面无阴线。如 G10：6，直径 0.8、中心厚 0.8 厘米（图版一三，6）。

Bb 型　异胎脱模。制作泥坯取自胎体之外，以模具在甲札对应位置脱出或铆合。分两个次亚型。

Ⅰ 型　平底外缘有平沿（图版一三，7），或预制后借助泥胎黏力与甲札粘接，或在甲札对应位置直接脱模。因施力造成甲札表面出现浅凹窝，牢固性差，极易脱落，甲札表面留窝痕，如 G10：47（图版一三，8）。

Ⅱ 型　锥状底，形似图钉，先以模具预制，待干后与胎体铆合。底面正中留有三锥或四棱形小钉凸起，甲札对应处钻孔以确保牢固，如 G10：72（图版一三，9）。胎体固结强硬者，钻孔规则；固结松软者，钻孔边缘有胎泥余溢。

B 型组练的不同亚型常共存同一领铠甲上，如 G10：72，大部分属于 Ba 型，见有 1 处 BbⅡ 型遗留的铆孔。Bb 型两次亚型共存更是普遍，这或许是随胎体干硬程度变化不得不采取的应对措施。具体说来，BbⅠ 型制作较早，当时陶俑整体的泥胎较湿软，可直接粘贴附着；随着制作时间的延续，泥胎越来越干硬，附着力渐差，工匠们灵活变通，采用 BbⅡ 型。总之，制作无统一定式，艺术表现手法无硬性规定。

同一领铠甲上的两型组练，上下竖向对应者多同色，少量异色；左右横向对应者，多为异色，少量同色。例如：G10∶57，A 型朱红、B 型乳白，对比强烈（彩版四，4）；G9∶10，A 型天蓝、B 型乳白；G10∶54，A 型朱红、B 型淡紫；G9∶8，A 型淡紫、B 型雪青；G10∶71、G10∶57 等均为 A 型朱红、B 型乳白（彩版四，5、9）；G10∶30，A 型朱红，上下对应的 B 型朱红，左右对应的 B 型粉绿（彩版四，6）。总体配色组合看似无规律，但上下竖向的同色，有可能代表了同一根络带，左右横向的异色则是两根。一领铠甲两型组练缝缀的顺序有别。

组练在甲札上的分布模拟了铠甲的连缀方式。Aa 型铠甲上 B 型组练的分布情况一般是：前身甲中列甲札第 2~5 排为每片 5 枚，按照四角和底边中部分布；中列两侧每列为 3 枚，对称分布于外侧上下和底边中央。后背甲中列只在中部有 1 枚；中列两侧每列为 3 枚，对称分布于内侧上下和底边中央。披膊中列每片 4 枚；外列第 1~4 排 A 型组练两端各 1 枚；中列、外列之间的各列每片上下 2 枚。侧身甲和前身甲下旅等处的 A 型组练两端各 1 枚，而领甲的 A 型组练弧形连接，不使用 B 型组练。有些铠甲上的 B 型组练数量和位置与众有别，是否可以认为是陶工的有意行为？是否代表铠甲的编缀变化？由于陶俑雕塑毕竟属于艺术作品，还需谨慎思忖。

3. 纽扣

为了便于铠甲套穿、脱卸，铠甲右上位设有纽扣，或上下垂直，或左向倾斜。纽扣均为单模预制后与铠甲粘接，由上、下长条带与圆形别棍共三部分组成。长条带尾端窄细，表面多褶皱，其中或上或下作为纽襻，纽襻顶端为圆弧环状，与圆形别棍组成鼻约。纽襻多见朱红色彩，质感同 Ab 型组练。别棍色白，或模仿骨质材料。统计 39 例，平均通长 8.77 厘米，别棍长 2.1、径 1.06 厘米（附表九）。有两类六式之说[1]，现根据形状分为两型。

A 型 上、下长条带均为环状，其一套别棍。G10∶40，垂直叠压于右上胸部两甲札间，上襻下约。通长 9.3、上襻长 6.6、下约长 5.6 厘米，别棍长 1.8、径 1.1 厘米（图三四，1）。G10∶46/51，通长 9.3、上约长 5.4、下襻长 5.9 厘米，别棍长 2.7、径 1.1 厘米（图三四，2）。

B 型 上、下长条带一为环状，一为飘带散逸状。G9∶37，上约下襻，约穿别棍，做成飘带形。通长 9.3、上约长 5.2、下襻长 6 厘米，别棍长 2、径 0.5 厘米（图三四，3）。G9∶15，存艳丽朱红色。通长 9、上约长 5.5、下襻长 5.7 厘米，别棍长 1、径 1.1 厘米（彩版四，7）。

（二）壅颈

又称"围领"。叠压于凹形领甲下，后高至脑后发际，绕前斜右交，通体多褶皱，厚，施色多为上下两节。从塑型上看，无法确定是否与外层上衣连属，有文章言为中层衣的领部[2]，本次发掘未见有明显中层衣袖造型。又从与襦面、袖筒面、袖截面等部位施色不同的情况看，壅颈应是一类独立配饰。G10∶76，袖粉绿，壅颈灰白、蓝色（彩版五，1）。G10∶72，袖粉绿，壅颈上节朱红、下节粉绿（彩版五，2）。G10∶57，壅颈上节粉绿、下节朱红，袖纯朱红、袖筒粉绿。

---

① 许卫红：《秦陵陶俑军服纽扣初探》，《文博》1990 年第 5 期。
② 陈春辉：《秦俑服饰二札》，《文博》1990 年第 5 期。

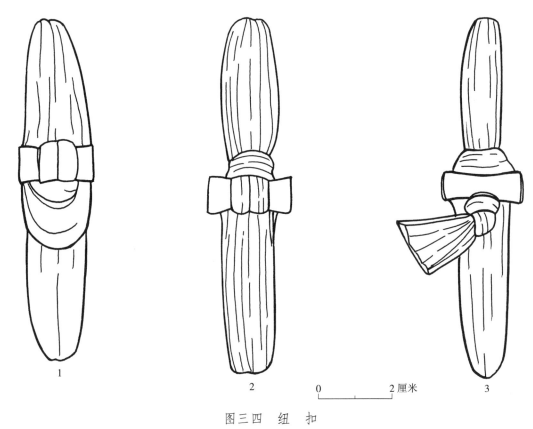

图三四　纽　扣

1、2. A 型（G10：40、G10：46/51）　3. B 型（G9：37）

似乎意欲通过施彩的不同，将壅颈和襦予以区别。

（三）上衣

类襦。前领为三角形，不见领缘；后领被铠甲遮盖，具体款型虽不详，但绝非立领。左衽上，右衽下。直裾交掩背侧，双角多三角形下垂，有的右角断裂遗失，也有少量原本制作时就只有左裾角。襦底外侈，面有起伏、褶皱，象征襞积褰绉。袖无胡，平直，筒最宽处应在腋下，袖口多有 1～3 重纯缘。整体宽松，适合罩于体表，平涂彩绘，色彩多样。

因铠甲遮盖和艺术表现手法的局限，衣料幅面正、斜裁剪的具体做法不详。与考古出土实物及秦汉织物的幅面宽度对照，应是上下分别剪裁，或类似湖北江陵马山砖厂战国楚墓出土棉袍、长沙马王堆汉墓出土直裾袍等实物①。有一例明显为双重（G9：9），外短内长，其他均见一重，长度及膝，露出部分下衣。有关尺寸参见抽样统计表（附表一〇）。

1. 袖

没有可确定的内层衣袖资料。所见外衣袖均无胡，上下基本等宽占绝大多数，或长肥或短蹙，簇拥在腕部，袖体多横向褶皱，表现衣料随臂肘的自然变化；少量窄短束臂，少或无褶皱，长恰至腕，款式简练、合体。具体施色分为三个区域：袖筒、袖纯、袖口立面。为了表示修纯的多重数量，涂刷不同色带。G10：63，只在肘上部有少量褶皱，筒灰绿，纯二重：粉白

---

① 参见黄能馥、陈娟娟：《中国服装史》，第 64、111 页，中国旅游出版社，1995 年。

一重，宽 2.8 厘米；墨黑与深蓝双色一重，宽 1.5 厘米（彩版六，1）。G9：11，肘部上下有横向较浅褶皱，筒紫色，纯三重，纯色自口至上依次为：外重粉红，宽 2.3 厘米；中重粉绿，宽 1.3 厘米；外重为天蓝与粉绿复合，宽 2.8 厘米（彩版六，2）。G10：46，筒至腕形成两层堆簇，口截面呈椭圆形，似马蹄袖（图三五，1；图版一四，1）。G9：28，口截面呈圆形，褶皱簇拥多重，整体臃肿肥大，窄纯暗红，筒淡紫（彩版六，3）。G10：41，褶皱自然，筒草绿，窄纯红色，宽 1.8 厘米（彩版六，4）。G10：27，筒黑灰，逐次接 2.8 厘米基本等宽的粉绿色、蓝灰色二重纯。

另外还有一些上宽下窄、造型比较独特的形象。例如：筒有斜竖向深槽，口处骤收，形成僵硬的褶皱，窄袖口紧约手腕，类似现代男士衬衣，已见 2 例。G10：49，筒自披膊下至近腕急收，以阴刻手法表现口料压于其上，结合袖体收束的细褶，似表现不同材质的缝接。缝制收束的细褶为三道竖向深槽，刻划线条直、硬；袖口随体形成的褶皱，线条浅，近乎圆雕，表现衣料质地的柔软（图三五，2；图版一四，2）。G9：26，筒暗红，渐收束，斜横褶皱，纯草绿，宽近 4.5 厘米，三道横褶均匀分布，筒和纯系拼合（彩版六，5）。G10：54/55，双臂造型相同，自肘部有 5 条浮雕凸起，每条宽由口至肘依次为 2.4、2.6、2.8、3.3、3 厘米，凸起高度依次为 0.5、0.5、0.6、0.8、0.5 厘米，枝丫状交连，筒斜横高浮雕，似另罩异体护袖。筒粉绿，纯紫色，袖口立面粉白，近腕部肤色（彩版六，6）。

2. 衣色

施色稀薄，平涂，以红、绿、蓝、紫为基本色，粉绿色居多，多见杂色，如灰白杂黑、淡蓝杂绿，整体斑驳、混沌，难以用简单词汇界定。G10：60，彩近灰白，有淡粉红色（彩版七，1）。G10：14/85，底漆上有彩绘两层，下粉绿，上粉红，色调暖而素雅（彩版七，2）。G10：69，

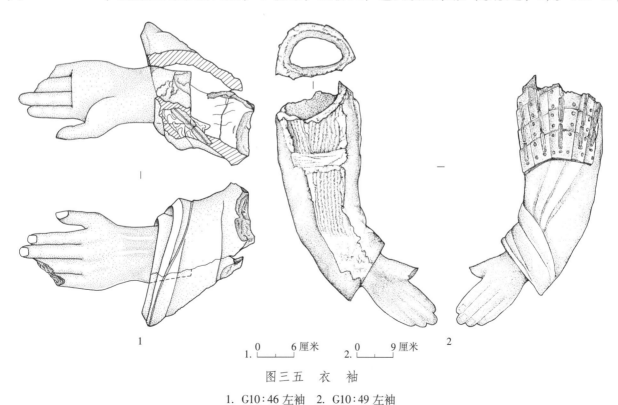

图三五　衣　袖
1. G10：46 左袖　2. G10：49 左袖

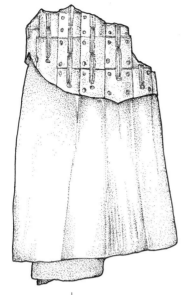

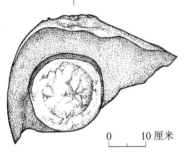

图三六　襦面形象图

（G10：69）

面起伏，后摆襞积塞绉，柔软、顺畅、色肉红，与朱红色组练、褐色甲札搭配，整体呈暖色系（图三六；彩版七，3）。G10：29，只在两侧有少量塞绉，黑色底漆，上有粉绿、天蓝色彩绘，襦底施天蓝色彩绘。G10：43，陶色深黑光亮，施褐色薄层底漆，复加一层较厚的天蓝色彩绘，整体色调明快、鲜亮（彩版七，4）。

祍立面、衣底全部使用与面不同的颜色，多不施加底漆，直接上色，色调暗，与面色对比强烈，应该是有意而为，如 G10：63（彩版七，5），也有少数如 G10：40 使用鲜亮的色彩（彩版七，6）。所见服装厚重，被认为是秋冬衣饰，两种用色或是为了表达现实中的夹层衣，也可能是为了表现受光不同的艺术效果。

3. 襦面阴线

为表现衣料织物的柔软质地，塑型中多有随身体变化形成的褶皱，但有 4 俑 6 处襦面见有阴刻线，3 处所见刻线很深，首束，尾散（附表一一）。G10：26，阴刻线 3 条，上紧密，下宽疏，整体作散逸状，线条走向与裾逆，类似散开的带端头（图版一四，3）。G10：78，浅刻划，线条纤细、潦草（图版一四，4）。阴刻线可能寓意或代表铠甲内腰际使用的绅带端头，或表现组带上悬挂的饰物，或仅表现襦部在腰部系扎形成的衣褶。

（四）下衣

1. A 型

类袴。见于 A 型、Ba 型陶俑，计 7 例。两股上宽下窄，臃肿，紧束脚踝，塑型取自腿胎。其中 6 例经细部雕琢，表现内外双重套合，1 例（G9：14）通过绘彩表现上、下材质的区别。外层又称"护腿"或"胫衣"，为短袴，围筒形。上口周长 44~64、下口周长 37~51、高 15~25.5、线刻表现的厚度约 0.1~0.15 厘米。外形光滑平整，无穿脱开口，无系结组带。部分短胫面有褶皱。内层两股或分或合，裆部情况不详，为大袴。G9：8，内大袴粉绿色，外短袴淡紫色，下长及踝，阴刻线宽 0.4 厘米，表现对内层袴的勒束感（彩版八，1）。其余 6 例短袴的色彩分别为 G9：9 白色、G9：10 粉绿、G9：11 深紫、G9：12 粉白、G9：13 粉绿、G9：14 粉红。

2. B 型

类裈。两段塑型，襦下至膝处二次覆泥做绔，一般长 10 余厘米。具体做法一是两股分别覆泥，左右腿胎的上端分别包裹一层泥片，各自绕胎一周，形成独立两股，泥片宽就是暴露的绔长（图版一五，1）。G10：49 左、右绔壁分别厚 2、1.8 厘米，周长 51.5、52.5 厘米，长 9.5、10.5 厘米，内壁可见绔与腿胫泥片包裹接茬（图三七，1）。G10：16 塑型泥片层厚约 2.6 厘米，与腿胫部胎泥粘接的端面有大量手指压槽、窝，边缘有横向粗绳纹两周，说明腿胎外采取过捆绑（参见图五六，3；图版一五，2）。另一做法是两股统一覆泥，整体泥片绕胎包裹一周，与襦摆截面呈上大下小两层台面，两股内侧有褶皱或起伏，缩泥相连。如 G10∶86，壁厚 2.5～7 厘米，胎截面似"∞"形（图三七，2；图版一五，3）。G9∶6、G10∶34 等塑造裈股的泥片局部已经脱落，可见内层有

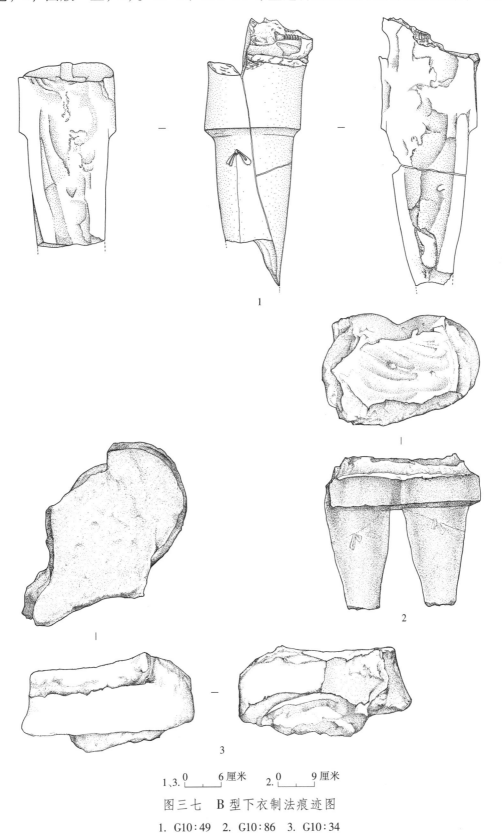

图三七　B 型下衣制法痕迹图

1. G10∶49　2. G10∶86　3. G10∶34

粗绳纹印痕（图三七，3；图版一五，4），类似做法还见于 G10：39、G10：7 等，应是表现两股绔随体变化的动势，而非连合的裆部（图版一五，5）。

绔下主要通过刮削胎泥做出胫肌，表面阴线绕胫自下而上为行縢。行縢"偪束其胫"，质地轻薄，束扎后胫部筋骨和肌肉的变化清晰可见，原物似为斜裁剪。表现方式是阴刻旋线以象征布帛缠扎环绕，从脚踝至裤，由下而上旋转三匝，两胫阴线走向或相背或相向，由内向外走向多见，少量由外向内，刻划较随意，无统一定式。有的在脚踝上略施减地雕刻一周，使行縢幅面略高出胫部肌体，而脚踝或履施色也止于浮凸处，以充分表现行縢织物包裹腿胫的起始，如 G9：16、G10：24 两例。行縢有组带和花结上下两组。下组带近踝，如 G10：54，与履綦带平行（图三八）；有的位置稍上，近胫。上组带近膝，紧贴裤股截面。组带宽约 0.8 厘米，带头于胫面绔单瓣花结。幅面线刻，组带彩绘勾勒或减地平雕，花结二次附加粘接或减地平雕。G10：50，减地平雕，带边棱切割欠规整，宽窄不一，单瓣绔结，淡紫色（彩版八，2）。G10：53、G10：79，彩绘勾勒一周红色行縢带，前者以涂色方法直接绘縢结，后者在胫面正中减地雕单瓣花结，再涂朱红色彩（彩版八，3）。G10：43，带结粘接后缺失，另行补绘。

绔面施色包括红、绿、白、蓝、雪青、黑等色，色层薄，尤其是底层漆，没有观察出用色与身份、排列位置的规律。隔墙坍塌土、淤土的壅滞，使得该部分残存色彩较多。G10：10，两绔彩绘一为暗红，一为紫色，不一定是原材质的模仿（彩版八，4）。同样的施色还见于 G10：4，其左绔紫红，右绔朱红。G10：43，面朱红，较少见（彩版八，5）。同襦衽、底施色的做法一样，一般绔底截面用色与绔面有异。G10：75，襦底见黄色"粉底"，表面肉红，裤绔面雪青，绔底粉白（彩版八，6）。G10：33，裤绔面天蓝，绔底粉白（彩版八，7）。G10：6，裤绔面天蓝，绔底为薄层褐色漆（彩版八，8）。

（五）履

均为圆或方的印角，浅帮、方口、薄底，外形挺括，施褐、黑色薄漆（图版一六，1～6、8～10）。因与踏板结合制作方法不同，外观略有区别，帮或高或低。原报告分三型。与踏板同体制作者，帮低，典型的例子如 G9：18 左足，沿帮高仅为 2 厘米；与踏板分别制作者，帮高，如

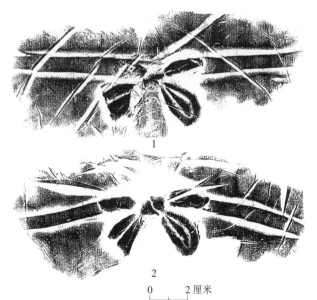

图三八　行縢带、綦带、花结拓片（G10：54）

1. 行縢带　2. 履綦带

0　　2厘米

G9：32，沿帮高约 5 厘米。帮的高低造型依据足面高低而变化，考虑了下部俑胎受压能力，无款式区别的意义，故此处不再划分类型。

据不完全统计，履平均通长 28.16、面宽 11.14、面长 8.06、沿帮高 3.32、后帮高 6.13、綦带宽 0.84 厘米，沿缘可见利刃割胎，帮厚平均在 0.2～0.3 厘米。统计 126 例（63 双）綦带，其中有 104 例为减地平雕或阴刻两道深槽，16 例为粘接制作，花结绝大多数为粘接、绘彩（附表一二）。后帮中部及左右两侧共有三纽鼻，一般为梯形，减地平雕手法表现，宽窄不一。后纽鼻最窄为 0.5～0.7、最宽达 2 厘米，如 G10：4 宽 0.8 厘米，G10：84 宽 2 厘米，G10：69 宽 0.6～0.7 厘米。G10：72 左后纽鼻甚至偏向一边，体现了手工塑造的多样性，也表现了生活中绑扎后拉扯綦带的动势。綦带穿纽鼻后系结于脚腕踝前，底与帮无分界刻划，上下一体。其中 G9：9 一例口缘边扁绪，宽近 1 厘米，绕方口一周，减地平雕表现包镶的质感，施粉白色与褐色面料区分（图版一六，7）。

履面施色均为黑或褐色。綦色有红、绿、雪青、白多种，部分綦结施色与綦带不一致，也有数量较多的綦色与足面肤色施彩一次完成。

（六）首服、发饰

通过 G9：7、G9：13 等残片看，冠系单独制作，在发丝制作完成后粘接。绥为粘接，垂绥背平，应为单模制作，施彩绘（图三九，1～3；参见彩版一三，1）。G9：7 可见 Aa 型首服的板部叠压在颅顶部，脸颊两侧只有依稀的绥带印痕。

发饰包括发绳和发笄，多为二次粘接于发髻表面，也有少量似在发丝上刻出。发绳或可称为"總"。總（总），从丝，恩声。丝是细丝，细丝常聚合成一束，故从丝。发绳系于扁髻上端，多两股捻合纹路，正"十"字或斜"十"字交叉，部分不见捻合，质地蓬松，鼓胀状，以束扎发梢，使反折发髻上部定型（图四〇，1～5）。发笄为长方形或正方形，四边规整，薄泥片状，有

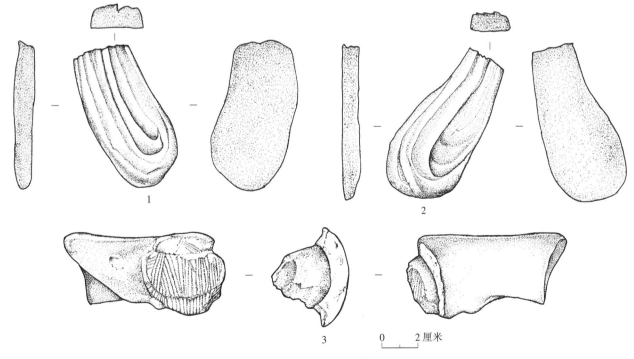

1　　　　　　　　　　　　　　　2

3　　　　0　　2厘米

图三九　首服绥与冠室制法痕迹图

1、2. G9：7 绥残片　3. G9：13 冠室残片

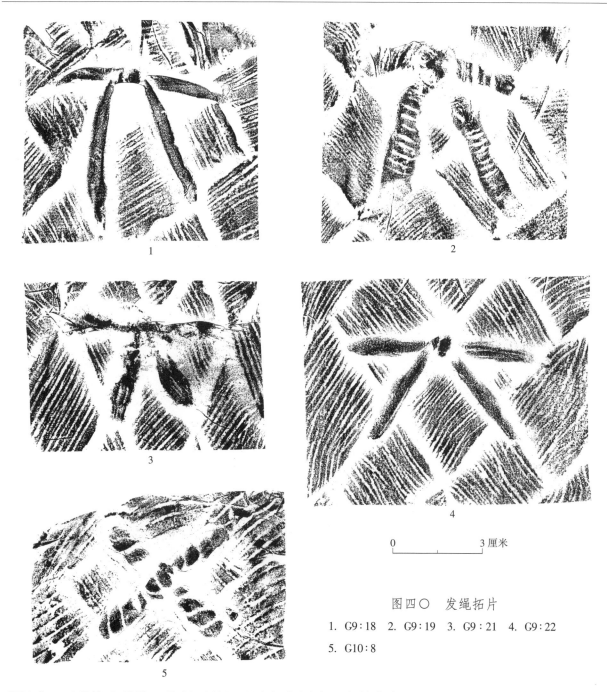

图四〇　发绳拓片

1. G9：18　2. G9：19　3. G9：21　4. G9：22
5. G10：8

质硬感。两者均有彩绘，发绳（总）以朱红色居多，发笄白色。

服色搭配绝无雷同，浓淡相宜，有朱红、暗红、粉绿、灰绿、草绿、翠绿、天蓝、湖蓝、粉紫、淡紫（雪青）、紫（桃）红、灰白、墨黑、黑褐等色，尤以朱红、粉绿两色最多（附表一三）。大量俑体表面彩绘脱落形成土块印痕，可窥当时彩绘原貌（彩版九～一三）。总体情况同原发掘，不再赘述。

四　体胎制法

对现阶段所能观察到的陶俑标本进行初步划分，确定体态外形基本为三型。

A 型　魁梧力士型。包括 G9：3、G9：15、G10：8、G10：40，此类陶俑胎壁厚，外形膀大腰圆，有的略显臃肿。A 型陶俑臂部造型比例失衡现象较多，似乎少了小臂部分。通高 180 厘米以上，肩宽 34～45、腹部最大周长约 110 厘米。

B 型 挺拔敏健型。包括 G9：2、G9：4、G9：5、G9：20、G9：21、G9：22、G9：31、G9：37、G10：22 等，此类陶俑宽腰板，微鼓腹，体态匀称，刚劲有力。较前体形略瘦，通高 175～183.5、平均肩宽 40、腹部最大周长约 100 厘米。

C 型 瘦弱精干型。包括 G9：7、G9：14、G9：17、G9：18、G9：23、G9：32、G9：36、G10：21、G10：47 等，此类陶俑胎壁很薄，体态清瘦。

体胎制作过程应包括分段塑型、分段组装及逐一细部修整等步骤。对此原报告叙述较详，又多有研究文章[1]，现只作补充，并附表说明俑体各部大致尺寸（附表一五）。

（一）制法

首先，有些部位胎芯分内外双重，内为骨，确定轮廓；外似皮，完成细部形态的雕琢。内胎外壁多见粗大绳纹，也许是使用了外模固型，也可加强内、外层连接面的摩擦，增大结合强度。其次，叠塑、组装套合无程序定式，不一定是由下而上逐步完成，具体操作受工匠个人风格影响。再次，以手制为主，极少部分为模制，标准化程度不高。最后，局部使用支架，如褌底多留宽板压痕，双侧腋下有前后贯穿方孔、圆孔，臂内侧有直向、斜向压槽，有的头顶有方形贯通孔。多例陶俑体腔内发现有来历不明的木条炭迹，经检测有 23 例为云杉属和铁杉属（参见附录一），与建筑用材相同。

1. 踏板

近方形，长 32～41、宽 31～45、厚 2～4.1 厘米，属于原报告"一型"，均髹褐色薄漆（附表一四）。规格极少完全一致，说明系手制[2]。利刃切胎，边棱整齐，四棱经刮抹，俗称"倒角"。目前已见 10 例踏板上刻划有陶文。

2. 足

初胎做法分两型，而后于外表雕刻履。

A 型 与踏板分开制作，烧成后粘接。与胫胎相连为一体，总段最长可及膝。踝部细，多断裂，断裂面可见胎泥走向为竖向纹理。两股胎高不齐，一至膝，一至胫间，上端面或凹或凸，与之衔接的上部反之，形成浅卯榫套合。足、踏板之间有褐色、青灰色粉末，为结合媒介。结合面空隙较大时还用碎小陶片填塞，如 G10：80，右足内侧边缘见有 3 块碎陶片，质地坚硬，表面磨光，与粉末混合，较难分辨。

B 型 两足与踏板同时制作。两足左右胎形不同，足跟一为圆形凹窝、一为圆形凸起，与之对应的踝、胫分别呈圆形凸起或凹窝，上下形成类似的榫卯套合。G9：6，左足跟部有深凹窝，窝内可见数道手指涂抹、压印痕，与之衔接的踝及胫为实心卷泥棒，截面呈高凸起；右足胎泥包括踝及部分胫，胎泥接茬位置高（图版一七，1）。G10：43，左足跟部呈圆形凹窝，右足及踝，

① 秦俑坑考古队：《秦始皇陵兵马俑坑出土的陶俑陶马的制作工艺》，《秦俑研究文集》，陕西人民美术出版社，1990 年；王望生：《秦俑足踏板再认识》，《考古与文物》1995 年第 2 期。

② 也有学者认为是模制。参见刘占成：《原大秦俑制作的考察与研究》，《考古与文物》1997 年第 5 期。

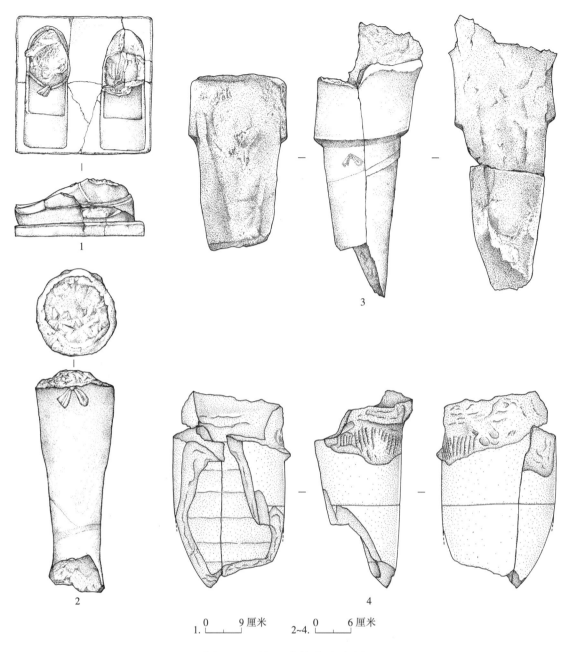

1.　0　　9厘米　　2～4.　0　　6厘米

图四一　足、腿制法痕迹图

1. B 型足（G10：43）　2. A 型腿（G10：41）　3. A 型腿（G10：49）　4. B 型腿（G9：13）

断面凸起，均有手指涂抹、压印痕（图四一，1；图版一七，2）。G10：16，高抵膝上，两股截面内层均凸起，外附加泥片为裤绲（参见图版一五，2）。

足面施色，与面部肤色相同，应无袜（彩版一四，6～8）。

3. 腿

原报告分有通腿实心、下实上空和通腿空心三种。现按照成胎方法，分两型。

A 型　即原分前两种，以竖向卷搓泥片成型。具体做法是厚泥片竖向搓卷，搓卷程度强者，泥片的上下端均呈棒状，形成通腿实心；或搓卷程度有意稍弱，并通过从内壁补贴泥块等方法，经过一定程度施力造成胎壁外扩，形成泥片上端空心外侈、下端实心收束的健壮腿肌。两种腿形外表均刻划 B 型下衣，断面可见泥层呈书页状，每层厚 1.5～2 厘米，上段内层多有竖长的手指涂抹痕迹。G10：41，通高 35、上部凸起高 2.8、胫粗 7.6、膝粗 13 厘米，膝部下段凸起似馒头状，手指反复涂抹、捺印（图四一，2）。G10：49，残高近 44 厘米，上接褥底盘，近踝关节处有一段为实心，残长约 6.6 厘米，向上渐为空心状，空腔逐渐增大，壁厚约 2.4～4 厘米，可见竖向的揿压痕迹（图四一，3）。G10：54，泥片卷搓成型，接荐处类似榫卯（图版一七，3）。

B 型　即原通腿空心，以泥条盘筑法成型。胎泥层层叠塑，内壁可见宽 4～6 厘米的泥条分界。此型腿外表均刻划 A 型下衣。G9：13，泥条盘筑宽约 4 厘米（图四一，4；图版一七，4）。

4. 躯干

第一步，根据腿形做出大小不同、平面近椭圆形的底盘。基本横长约 51、纵宽约 40 厘米。股间塞泥块把两腿连合在一起，也有的在两腿上部用绳进行围裹以辅助固型，并在腿端面划出宽窄不一的深槽以增加黏结力。如果是连属腿，沿缩上行并外侈扩张再铺泥片，底盘纵截面有下小上大两层台（参见图三七，3）；如果是两腿独立，上直接承担体腔胎泥，截面为一层台，台中央两腿分裆处空隙以杂乱泥块稍加填塞，如 G9：19（图版一八，1）。底盘外表下端面往往多见木板形成的直边、光滑压印痕迹，有的木丝纹理尚清晰可辨，宽约 2～3 厘米；边缘有重复的利刃切割、刮削痕迹，棱直、挺括。承接躯干的断面多有施压、涂抹的指痕，如 G10：4（图版一八，2）。

第二步，底盘阴干有一定承受力后，以此基础接塑躯干。躯干中空，壁下厚上薄，从腰部分为上下两节，泥条盘筑法分别制作，二层台状榫卯套合。泥条平均宽约 4 厘米，随人体曲线、服饰细部褶皱等外形张弛有度。躯干下段多见厚层二次覆泥，形成较上段更厚的胎壁，整体稳定性得到增强。为了消弭泥条接缝，内壁多有修胎痕迹，如下腹部至胸腔之间的整片麻点纹、直径约 3～4 厘米的浅夯具痕、竖向粗绳纹、管状硬物戳刺和碾压痕、细泥浆涂刷痕等，均为修胎工具所留（图版一八，3、4）。G10：47，襦摆表面大面积剥落，暴露内层外表的竖向绳纹（图版一八，5）。G10：3 上身残片，内层厚约 1.7、外层厚约 0.5 厘米，内层外表有竖向中粗绳纹（图四二，1）。G9：13 下腹残片，泥条宽度较一致，壁厚 5 厘米（图四二，3；图版一八，6）。G10：14/85，腰际隐约可见上下两节套合的缝隙，盘筑泥条下宽上窄，弧面最宽处近 39 厘米，壁厚 2.5 厘米（图四二，2）。

第三步，制作胸腔以上部分。泥条盘筑至胸腔、肩部，综合臂、瓮颈的制作，或加厚胎壁以塑瓮颈，或外张胎壁与大臂胎结合。G9：29 上腹及胸腔，盘筑泥条基本沿腰际直上，至腋下位置被臂胎包裹叠压，两者汇合后内缩以成肩、瓮颈，由此形成的瓮颈与体腔是连属的胎泥，壁厚薄基本一致。泥条宽度较规整，宽约 3～4、厚约 4 厘米，泥条之间的接荐处有手指施压的指窝（图四三，1）。G10：49，瓮颈泥胎单独制作，而后叠压与体腔组合，肩臂部位的胎泥从上至下逐渐变薄，腋下又补泥块以成臂窝，三部分的泥胎依次叠压，操作的先后顺序非常明显（图四三，2）。G10：15 胸腔泥胎至肩部处，胎壁内层再添加泥片，壁增厚，并反复从下至上涂抹、施压，为瓮颈塑造打下基础（图四三，3）。G10：68，内壁可见竖向由下至上四指抹痕，总长约 17、总宽约 4.8 厘米，位中抹痕最宽且长，应为中指痕（图四三，4）。G10：29，内壁可见宽 3～4.5 厘米的盘筑泥条三道，上接一整块胎泥，外壁二次覆泥以雕刻甲札，覆泥与原内胎泥之间有竖向和横向交叠绳纹（图四三，5）。G10：53 近肩部，内壁遍布竖向粗绳纹，绳纹长及近腋窝位置，最长近 16 厘米，说明使用编织物的宽度不短于 16 厘米，外壁二次贴泥以雕刻甲札（图四三，6）。

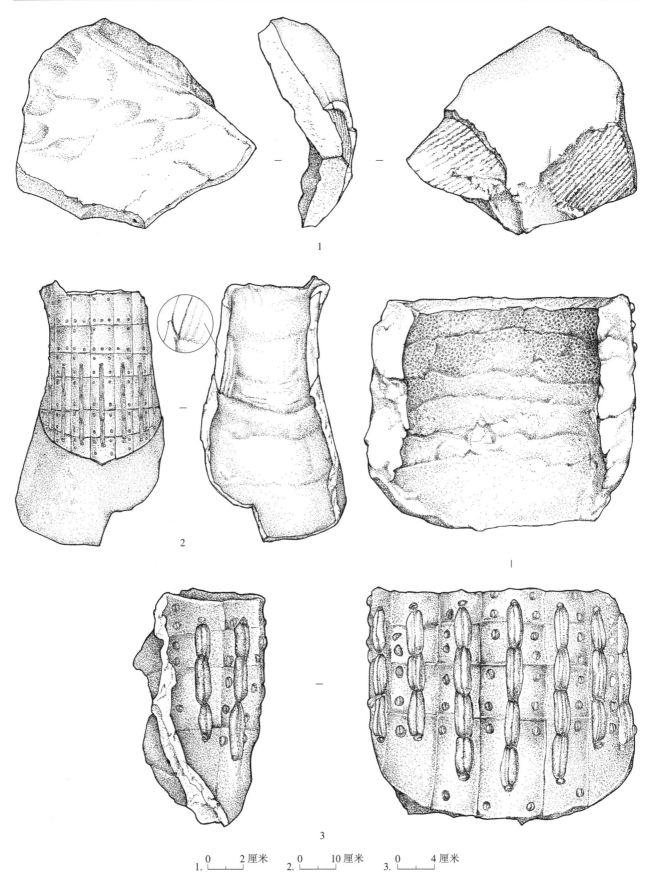

1. ___ 0 __ 2厘米　2. ___ 0 __ 10厘米　3. ___ 0 __ 4厘米

图四二　陶俑躯干制法痕迹图

1. G10：3 上身残片　2. G10：14/85 前身残片　3. G9：13 下腹残片

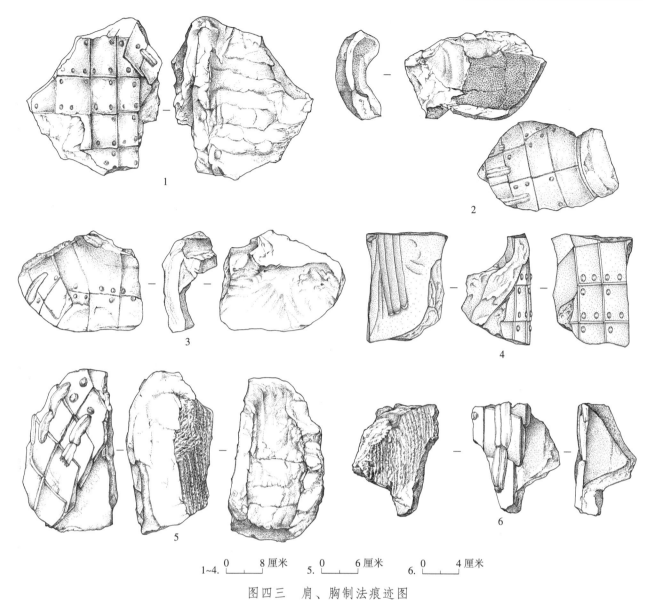

1~4. 0___8厘米   5. 0___6厘米   6. 0___4厘米

图四三　肩、胸制法痕迹图

1. G9:29 胸甲残片　2. G10:49 雍颈及后背甲残片　3. G10:15 左肩甲残片　4. 手指抹痕（G10:68）　5. 绳纹及盘筑泥条（G10:29）　6. 绳纹（G10:53）

　　从整体上看，由底盘至雍颈、肩部，中段上腹部分壁最薄，也是最多见麻点纹、绳纹的部位。第 2 或 3 层提取的陶俑体内仍发现有木条炭迹，如 G9:4、G9:37 内有多段来历不明，虽材质种属与建筑用材一致，但属焙烧前体腔内遗留的内支架木条的可能性也不是不存在。发现 1 例（G9:15）内腔有胎泥余料，1 例修胎废弃泥条。

5. 双臂

　　泥条盘筑法、卷泥片法制成直形或曲形臂，臂的接茬部位主要在肩臂关节、腋下、臂肘关节三处。大、小臂之间或内外层套合相接，或对接黏合。臂与体或直接黏合，或包裹叠合。

　　直接粘接者，臂与体不连属，即泥条盘筑体腔自胸部直通肩部、颈腔，肩臂关节处完全闭合或仅有很小的孔隙，整条臂都是独立制作，与体胎无关联，大臂上端呈马蹄形斜口，与肩、腋衔接，如 G10:10（图版一九，1）；叠合者，臂腔与体腔相通，肩部胎泥外扩，顺势而下成大臂的外侧胎壁，大臂部分和体部胸、肩连在一起，小臂部分另外制作，与大臂衔接，如 G10：4（图版一九，2）、G9：29 等。盘筑泥条宽窄不一，一般为宽 2.2～4、厚 2.6～3 厘米。直形臂的小臂与大臂多同批次制作，曲形臂的部分标本是分批次制作，不排除有的甚至是烧成后再"补接"组装。臂与体的组合时间不统一，有的标本内侧叠压侧身甲札上的 B 型组练，组练表面的褶皱纹理清晰地留在臂胎上，说明躯干部分的细部雕刻完成后才粘接臂部。

体侧多见竖向粗绳纹，或出于有利粘接的考虑有意而为，或是原本各自塑胎时的制作痕迹，比如固型模具等，粘接后这些区域被遮盖，因此没有必要采取覆泥修整。

G10：4 左臂，小段大臂为肩部扩张形成，大段是泥条盘筑的长筒状，外径近 18、壁厚 3、泥条宽 2.2～3.6 厘米；肘下接管状短内芯，上厚下薄似内衬，纳手腕余部，通长约 21.5 厘米，上部外径近 10、壁厚 2.6 厘米，与外筒结合的表面有大量竖向绳纹，与手腕结合的表面有手指压抹痕迹（图四四，1）。右臂抬臂屈肘近直角，盘筑泥条均匀，平均宽 4 厘米，总壁厚 3～7、外径 19 厘米，近体侧表面有竖向粗绳纹；内芯通至肘上部，上缩口，壁厚 1.8、内径 4.2 厘米，内表有大量的手指涂抹痕迹和指纹（图四四，4）。G10：25 左臂，抬臂微屈肘，腕部外径 12.5、内径

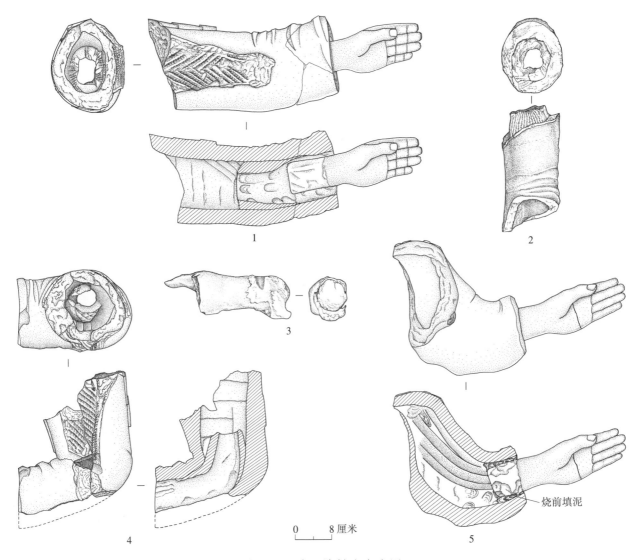

图四四　手、臂制法痕迹图

1. G10：4 左臂　2. G9：13 左臂　3. G10：24 手腕　4. G10：4 右臂　5. G10：25 左臂

8、壁厚2.4厘米，包纳手腕后的空隙以泥填缝涂抹，内壁有指纹以及自上而下的四指涂抹痕迹，为卷泥片法形成（图四四，5）。G9:13左臂，残长27、外径12、壁厚2~2.4厘米，内芯长约7、内径4.2厘米，内外套合后上端形成一圈台状凸起（图四四，2；图版一九，3）。G10:22大臂，上端的接口内低外高近槽状，肩部对应位置则呈内高外低凸起状，类似榫卯套合（图版一九，4）。

粘接后要解决固型的问题，使用的材料应有条状和板状两种支架。条状支架遗留的痕迹有两种，一是双臂腋下位置的对称透孔，方形或椭圆形，边长约2~3厘米。最典型者如G9:24、G10:47、G10:49、G10:67等俑臂孔痕（图版二〇，1~3），其中G10:49可见痕长9.5、截面边长2、深0.5~0.8厘米（参见图三五，2）。二是屈肘的臂部内侧有压痕，斜向如G10:4（图版二〇，4），竖向如G10:9（图版二〇，5）。板状痕迹一般多见于半屈肘臂形的肘部，浅平、三角形。支架压痕叠压于绳纹痕迹上，说明木条使用时间是在臂部独立塑造完成之后。条状支架应看成是架板的龙骨部分。

6. 手、腕

一体制作，未发现明显的模制痕迹。手掌根部胎泥厚实、凸起。食指等四指多自第二关节处断裂，断茬毛糙，可见泥片对折叠合。拇指与掌起自腕部，两者连属，掌心阴刻细致掌纹。指甲盖为阴刻。G10:26右手残片，陶色为黄褐色，可见白色石粒，四指自第二关节下断裂，泥片折叠后有缝隙（图版二一，1），拇指自虎口处断裂，掌丘肌肉厚实，与掌背、手腕胎泥为一体。G10:67右手残片，四指掌指关节处断裂，断茬处可见泥片层理，其余部分起自腕部，拇指第一关节微内屈，掌根、掌丘凸起、饱满，掌心阴线刻划四道掌纹（图版二一，2）。手部通体施加模拟肤色的彩绘，施彩后阴刻掌纹一般被遮盖（彩版一四，1~5）。

手腕实心，长短不一。插入臂筒，并利用板瓦、泥块等塞实，以细泥封堵或粘接粉黏合（图版二一，3~5）。连接的时间可以是烧前，也可以是烧后。G10:24手腕，整体毛糙，实心，长27.5厘米，填塞的泥块中夹杂A型组练的雏形，属烧前连接，同时也说明A型组练为预制（图四四，3）。G10:46左手腕插入部分较短，挤压小臂口部略向外侈，亦属烧前连接。未见原报告所称"为防止手腕从袖管内脱落，在袖管和手腕上挖一个径约1.5厘米的圆形或方形孔，贯以泥钉固定"的做法。

7. 头及五官

可见完整俑头20余例，部分未清洗，部分目前未能确定具体归属，另有数量较多的局部残片，无法完成拼对或进入色彩保护、修复等工作环节。有较多的颅形、面形相像，类似"孪生"。

原报告认为颅颈制作分为整体和分部两种方法。现所见绝大多数颅颈外表看不到制作痕迹，只有2例有自顶部至双耳根底部的裂缝，未见贯通至颈部的合缝痕迹，也没有发现制作模具。制作起自颈部，残片多为颅前、颅后和颈三大部分。颈腔为卷泥片法成型，中腔或空心，底面封堵近圆形泥片，壁厚薄不一，已见陶文刻划4例。颅内壁凹凸不平，上壁薄，下壁厚，有抹划和按压的指纹和指窝纹，泥块互有叠压。泥胎一定有外模限制，如此手指涂抹、挤压才不会变形。各部胎泥较软，结合强度较高时，其间裂缝不明显；反之，如果泥胎比较干燥，裂缝就会比较明

显。而头颅与颈的衔接，必然是待两部分泥胎稍干燥并具有了一定的强度和硬度之后，因此头颅
和颈部出土时多断裂。各部分的断面多呈一凸一凹的榫卯状，中厚，缘薄，一高一低对应扣合。

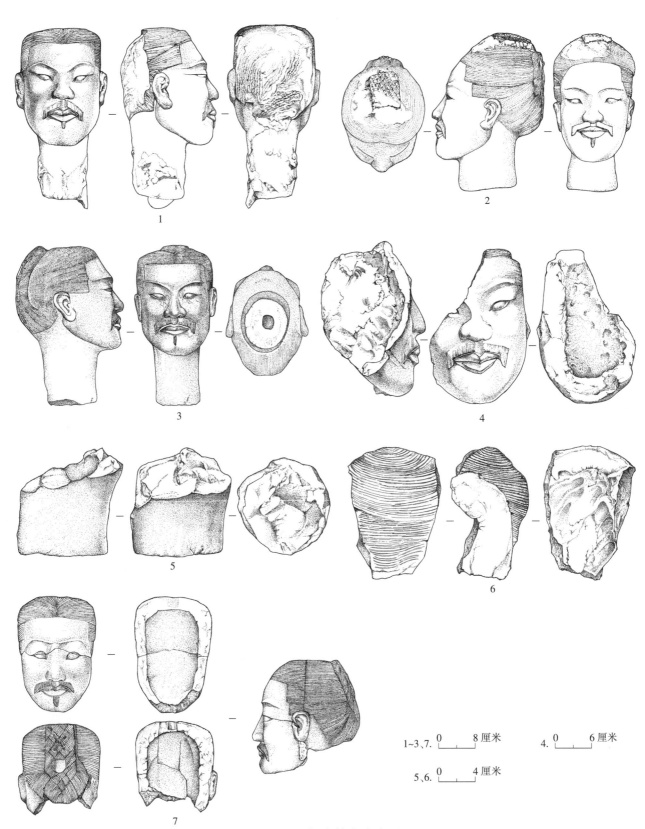

图四五　俑头制法痕迹图

1. G10:49　2. G10:23　3. G10:53　4. G10:47　5. G9:27 颈部　6. G9:27 颅腔　7. G10:54

G10：49，颈部毛糙不规整，上下基本等粗。枕部二次覆泥，厚 1 厘米，内层胎表面有杂乱中粗绳纹。通高 34、面长 22、面宽 16、颈长 11.5 厘米（图四五，1；图版二二，1）。G10：23，在完成塑型后，又在顶部覆盖陶器残片两层，其中上层为一块网格纹陶釜残片，修整成长条形，长 16、宽 12 厘米，随陶片的弧度扣合在头顶，表面涂抹青灰色粘接粉。通高 33.5、面长 24、面宽 14、颈长 11 厘米（图四五，2；图版二二，2）。类似的修补痕迹还见于 G10：31，补贴陶片系板瓦残块，饰粗绳纹，盖住头顶的方形透孔（图版二二，3）。下部发丝刻划完整，说明二次补贴陶片是在完成细部发丝刻划后甚至是烧制完成后进行。G10：53，整体浑然一体，无肉眼可辨接茬缝隙。通高 35、颅高 24、颅周长 59、面长 22、面宽 16、颈长 15、颈周长 35 厘米（图四五，3）。G10：47，泥片基本分为三大片，面部、枕部及顶部各一片，顶部泥片叠压在最上。面部壁厚上 1.5、下 4 厘米，内壁有杂乱的指纹（图四五，4；图版二二，4、5）。G10：54，分为前、后两大片。前片由两片形状不规则的小泥片组成，泥片结合处产生裂缝。通高 24、面宽 15、颌壁厚 2 厘米。后片自顶至颌角，高 19、两耳根间距 16、顶部壁厚 2、颌角处壁厚 2.8 厘米。顶部中心有方形孔，边长约 2 厘米，顶壁厚 2.5 厘米（图四五，7）。G9：27 颈部残片，泥片卷成实心泥棒，直径约 9.8 厘米，接颅腔端上可见泥胎断面（图四五，5）；枕部残片内壁有比较清晰的五指抹痕，近顶部泥胎较厚，约为 4.2 厘米（图四五，6）。这说明，由于颈部需要承受头颅的压力，故胎壁往往较厚，泥片往往卷制得非常紧密，并反复压摁。

俑头制作使用的外模形状如何，是否包括颈部、枕部，目前尚缺乏线索，不便推测。颅顶方形孔洞，形状、大小类同体侧腋下所见，两者似有关联，如 G10：6、G10：53、G10：54、G10：61 等（图版二〇，6）。颅部制胎完成后，通过雕、粘等技法完成五官和发丝、发髻等细部制作。

五官中耳的制法可分为两种：有的双耳根不见粘接痕迹，或系直接捏塑而成，类似圆雕技法，耳轮内有 2~3 层耳沟；有的系单模制作，平底，粘接于面侧。模制耳轮底面多见竖向刻划数道，对应的面部也有刻划。如 G10：8，面颊及耳胎底面均有阴刻线数道，以使耳部粘接牢固（图四六；图版二二，6）。一般耳轮长 7 厘米，有的钻出小孔象征外耳道。有耳道钻孔的个体一般也多钻有鼻孔。眉、鼻、眼、口等各部应在塑造面部大型时就有雏形，施色应是先总体通绘，再实施针对性的多层叠加补绘。眉峰隆起，或粗或细，或长及两鬓或与目眦齐；眉弓或直斜或弧弯，多数并不再刻划眉毛，G9：9（？）俑头残片、临头⑪（G10：13 体腔内出土）等标本有眉毛阴刻线。眉部施色与面部肤色相同。眼眦是以利器的刃斜切刻成，利刃切入从前至后、由深至浅，眦睑轮廓立体感强。圆雕眼仁凸出或弧圆，通过分别施色做出虹膜、瞳孔，外缘眼白同肤

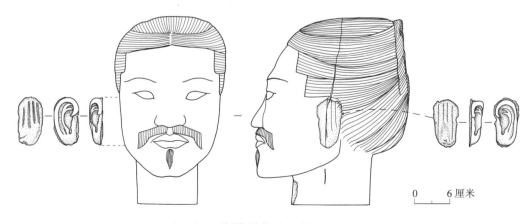

0   6 厘米

图四六　单模制作的耳轮（G10：8）

色，或粉白或肉红，虹膜棕褐或红褐，墨笔轻点为圆形瞳孔。鼻脊经修正、刮削，有凸起的侧鼻软骨、人中沟槽、鼻唇沟等细节塑造，两鼻翼呈唏嘘鼓起状，少量钻有鼻孔。双唇雕刻或厚或薄，唇缘棱角分明，唇珠圆润，施色以面部肤色为底，补绘红色。

　　唇上为髭，唇下为髹。髭大部分用尖细工具减地浮雕法成型，有的梢部似透雕，营造下垂、上跳等变化多样的须角。少量呈窄条状，须短、窄，整体似“八”字形向下斜垂，梢尖下端长（图四七，1、2）；少量呈横向短板状，首尾宽基本一致，梢尖上翘，较长，须下缘斜入刀刃，类似透雕剔出须毛扎起状态（图四七，4~7）；极少量为长须，梢尖上翘（图四七，3）；数量最多的是横向长板状，须宽，梢尖下垂，类似“╭╮”形，将双唇囊括在髭内（图四七，8~12）。以粘接或减地平雕法成髹，长条或水滴状，阴刻线表示须毛。总之，髭髹制作显示出了当时男士们髭髹修剪整齐的样貌，也反映了陶工们制作风格的多样化。髭、髹施色与面部肤色相同。

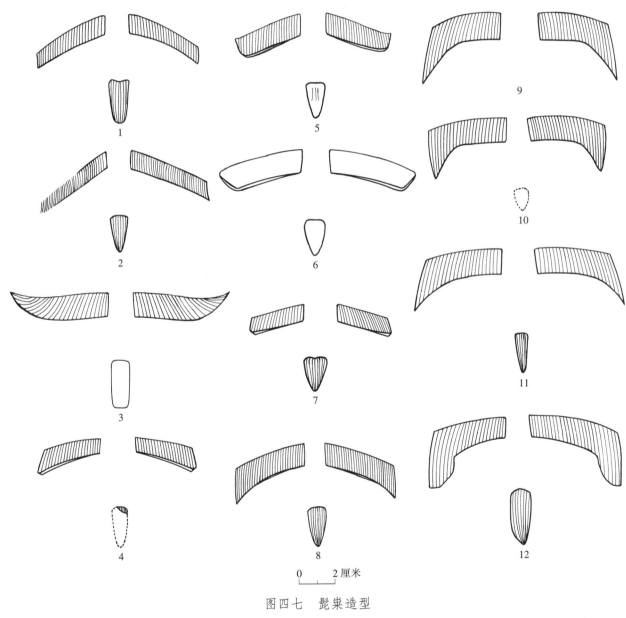

图四七　髭髹造型

1. G9：7　2. G9：14　3. G9：18　4. G9：4　5. G9：23　6. G9：22　7. G9：32　8. G9：31　9. G9：20　10. G10：47
11. G9：21　12. G10：8

头部毛发见 2 例（G10：49、G10：52）局部内胎外再覆泥刻划，其余均与颅腔胎泥连属。用篦状工具划出发丝，发丝细、浅，间距约 0.1、深约 0.05 厘米。如 G10：20，篦栉 8 齿，发丝成缕（图四八，1）。或用锋利、薄刃工具刻出稀疏的发丝，发丝粗、深，间距 0.2 ~ 0.3、深约 0.2 厘米。如 G10：8，头顶前部发丝间距约 0.2 厘米，脑后部发丝宽多见 0.5 ~ 0.8 厘米（图四八，4）。发髻未见单独制作，胎泥与颅枕部之间无分层，先用浅层切割划分菱形小块代表编股，然后逐次划或刻表示各股之间的叠压走势，如 G10：54（图四八，3）。鬓角整齐，有的自呈台阶状，G10：27 左鬓角还刻出一撮余发（图四八，2）。

颅部与体腔的连接有两种方法。一是分别焙烧，然后俑头插入体腔内。一般颈部较长约 10 ~ 16 厘米（自发髻线下 16、自下颌 10 厘米），下部刮削痕迹明显，颈插入腔内约 8 ~ 12 厘米，颈外用青灰色物质密封。此法连接的俑头出土时大多数都从体腔内脱落出来。大部分体腔内有台面一周，台宽 2 ~ 3、厚 3 厘米，如 G10：24 和 G10：39（图版二三，1、2）。由于台面的承托，显得颈部较长。有的无台面，颈部直接插入体腔，下颌抵瓮颈，显得缩头缩脑。二是烧前连接，一起入窑焙烧。颈部直接插入体腔内，结合处抹泥。以 G10：33 最为典型，外表看瓮颈和颈部无粘接痕迹，一气呵成；内壁可见颈腔，圆筒形，内径 10 余厘米，底面光滑规整，利刃切胎表现明

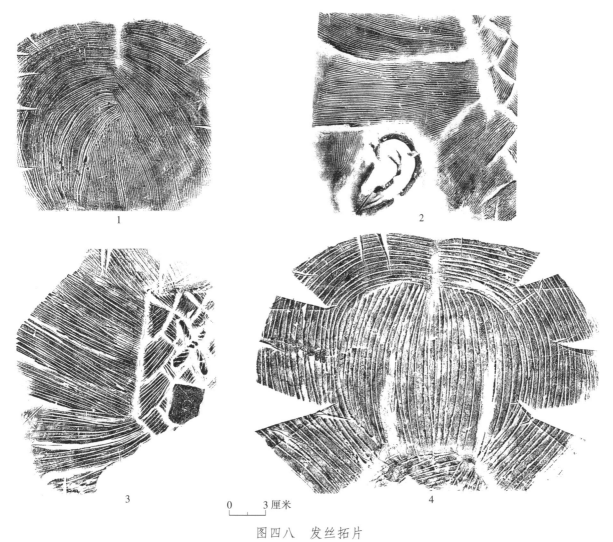

0   3厘米

图四八　发丝拓片

1. 篦栉发丝（G10：20）　2. 鬓发（G10：27）　3、4. 刀刻发丝（G10：54、8）

显。颈腔以外部分直下，向两侧肩部转折扩张（图四九；图版二三，3、4）。有的体腔空隙大，则以大块泥填补，泥块依照颈部的走向呈弧形，粗糙，多有指窝痕迹，与体一同入窑烧成垫圈陶块，出土时多脱落散失（图五〇）。

头部施彩可谓精细极致，一般有厚漆层，上复加红、白两色彩绘，双层结合，少数还有黄色"粉底"。肤色白里透红，胡须、眉崝多依靠圆雕、浅浮雕等手法实现"皮肉明备，骨骼暗全"的

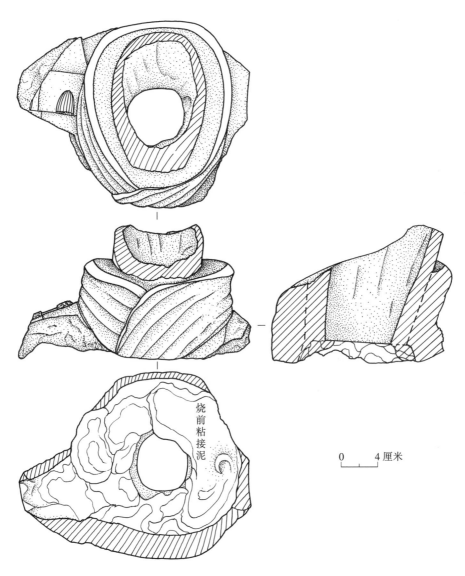

图四九　颈部制法痕迹图（G10：33）

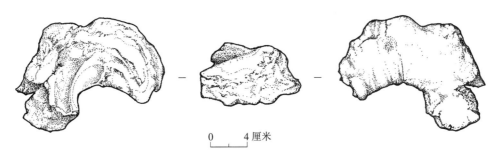

图五〇　G10出土颈部陶垫圈

要求，并不另行描绘。发色施加黑或褐色漆，发笄白色，发绳红色（彩版一五）。

（二）制作痕迹

陶俑体表、内壁有大量的制作痕迹，包括塑胎、修胎和安装组合、施彩等过程中使用的工具痕及陶工刻划痕、局部断裂后进行的修补痕等。

1. 刻文

初步查寻计 44 例，刻划位置包括踏板、臂、颈及体侧甲衣缝隙等处，其中 2 例不识[1]。截至目前，俑坑发现陶工人数已增至 106 人[2]。发掘区发现有"高""辰"两组陶工作品在 2 件以上；数字编号最小为 1，最大或为 80（表一）。随着残片清洗、修复工序的继续，陶文数量还会有所增加。按行文格式分三类。

表一　陶文统计表

俑号	位置	释文	俑号	位置	释文
G9：2	右披膊下	十（图五三，16）	G10：35	左臂	八十（图五三，5）
G9：15	右肘下	廿，另有白色书写"廿"	G10：35	踏板	申（图五一，3）
G9：17	右袖口	四	G10：35	颈左	木（图五一，11）
G9：18	右袖口	五	G10：36	右臂	六十四（图五三，7）
G9：19	右袖口	廿六（图五三，14）	G10：36	踏板	悲（图五一，6）
G9：20	右袖口	廿五	G10：38	左臂	十三仐四（图五三，8）
G9：21	右袖口	十三	G10：41	踏板	辰一（图五二，3）
G9：21	手腕	友二十八（图五二，4）	G10：45	右臂	七库（图五二，1）
G9：24	右袖	廿一（图五三，12）	G10：46	踏板	浅刻划，不识
G9：32	右袖口	卅五（图五三，15）	G10：46	右臂	十
G9：36	踏板左角	禾（图五一，14）	G10：57	右袖口	七（图五三，13）
G9：37	踏板	五	G10：57	左袖口	四（图五三，3）
G10：6	足尖	不识	G10：58	颈侧	勿（图五一，8）
G10：13	腋下	衞（图五一，10）	G10：66	袖口	一（图五三，10）
G10：14	右臂	十三（图五三，1）	G10：68	踏板	氏（图五一，12）
G10：15	左臂	十三仐四（图五三，9）	G10：78	履前	蟜（图五一，7）
G10：15	颈	米（图五一，1）	G10：79	踏板	高一（图五二，2）
G10：15	踏板	高（图五一，4）	G10：82	右臂	十一（图五三，11）
G10：20	右肘	十三（图五三，4）	G10：82	踏板	屈（图五一，2）
G10：27	左臂	七十一（图五三，2）	G10：86	襦右背	四
G10：28	襦	辰（图五一，9）	G10：87	襦	三十（图五三，6）
G10：28	发笄	马（图五一，13）	临头[13]	颈侧	訅（图五一，5）

---

① 本节释文根据袁仲一、刘钰：《秦文字类编》，陕西人民教育出版社，1993 年；袁仲一、刘钰：《秦陶文新编》，文物出版社，2009年。不再另注。

② 袁仲一：《秦兵马俑的考古发现与研究》，第 394 页，文物出版社，2009 年。据书中统计，此前已发现 92 个不同的陶工人名，加上本次新发现的陶工名，俑坑发现陶工人数已达 106 人。

　　工名类　14 例。释文包括蟜、申、木、米、高、訸、勿、衞、屈、氏、悲、辰、马、禾等（图五一）。

　　数字与工名复合类　4 例。工名释文分别为"友""辰""库""高"，其中 1 例（G10：45）数在上，名在下，上下通读（图五二，1），"库"的写法类似元年丞相斯戈①，走笔更加随意；1 例（G9：21）名在上，数在右及下，左右、上下通读（图五二，4）；2 例（G10：79、G10：41）名在右，数在左（图五二，2、3）。

0　　　2厘米

图五一　工名类陶文拓片

1. 米（G10：15）　2. 屈（G10：82）　3. 申（G10：35）　4. 高（G10：15）　5. 訸（临头⑬）　6. 悲（G10：36）　7. 蟜（G10：78）　8. 勿（G10：58）　9. 辰（G10：28）　10. 衞（G10：13）　11. 木（G10：35）　12. 氏（G10：68）　13. 马（G10：28）　14. 禾（G9：36）

---

① 许玉林、王连春：《辽宁宽甸县发现秦石邑戈》，《考古与文物》1983 年第 3 期。

0 ⊢⊢⊢⊣ 2 厘米

图五二　数字与工名复合类陶文拓片

1. 七库（G10：45）　2. 高一（G10：79）　3. 辰一（G10：41）
4. 友二十八（G9：21）

数字类　24 例（图五三）。出现十以上百以下的数字中夹"十"的编号方式。G9：32 右袖口刻文方法比较特殊，第一个字写作"卅"，释文"三十"，在秦汉钱范背铸的阳文编号中多见，为上下笔画①；其右有一竖道，可释为数字"一"，或许只是一种书写习惯，在标注完成后下意识地划以间隔；其下为"五"，却是左右笔画横写（图五三，15）。G10：38、G10：15 两例第三字，均为四笔，不应是笔误勘正，应为一独立字，不应释为"午"，俑坑所见所有"午"字的上部笔画均为一笔，现按字形释为"仐"，意通"今"；第四字"四"有不同写法，其一为"四"，其二为"亖"（图五三，8、9）。

2. 工具痕迹

箆栉痕　主要用于发丝的雕刻。细密，窄长条，等距，5 齿、6 齿或 8 齿一组。G10：20 发丝，首端整齐，随着箆齿的延展逐渐呈散开状，边侧轨迹变形，说明箆齿很长，局部有残损，有的齿可见开叉现象。股宽 0.7 厘米，8 齿，齿宽 0.1 厘米（参见图四八，1）。此类实物曾发现于山任窑址（03QLY：123），骨质，平面呈长方形，箆有细密的 9 齿。通长 8、宽 1.4 厘米，齿长 6.5 厘米②。

刀痕　主要见于襦摆、裈缩等部位下缘的切割处，以增强服饰质感和立体感；也广泛地用于泥胎塑型的修整，如腿部的竖向刮削，以显示出强健的肌肉或衣服的褶皱，刃宽较一致，一般约为 2 厘米；还有从下至上修整内壁塑胎形成的毛茬，以使胎壁更加规整。G9：6，痕宽约 1.4 厘米，叠压于麻点纹下，说明了工序的先后顺序（图五四）。另外也用于发丝刻划，刃薄、锋锐，痕深，三角形刃口，刃厚 0.2 厘米，间距疏密较随意，如 G10：54、G10：8 等（参见图四八，3、4）。

① 陕西省钱币学会：《秦汉钱范》，三秦出版社，1992 年。
② 陕西省考古研究院等：《秦始皇帝陵园考古报告（2001～2003）》，第 219 页，文物出版社，2007 年。

内壁修胎刀痕中夹杂大量的毛刺，刀具或许只是木质长条片；切胎和刻划发丝的刀痕刃面光滑整齐，推测是金属质地。

图五三　数字类陶文拓片

1、4. 十三（G10：14、20）2. 七十一（G10：27）3. 四（G10：57）5. 八十（G10：35）6. 三十（G10：87）7. 六十四（G10：36）8、9. 十三今四（G10：38、15）10. 一（G10：66）11. 十一（G10：82）12. 廿一（G9：24）13. 七（G10：57）14. 廿六（G9：19）15. 卅五（G9：32）16. 十（G9：2）

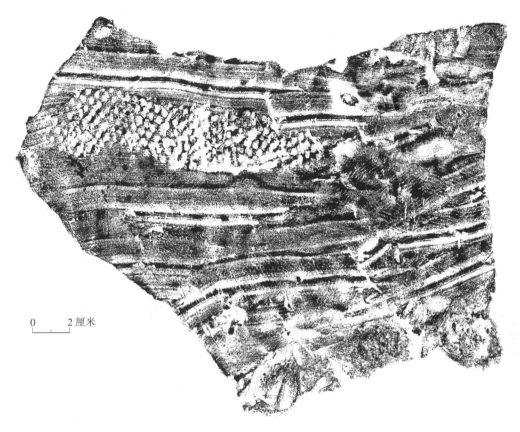

0 ___ 2厘米

图五四 修胎刀痕拓片（G9：6）

绳纹 内层外壁多见于襦下摆等处，竖向，是塑型固胎辅助材料的痕迹。内层内壁多见于腹腔部位，竖向。绳径粗细不一，相差较悬殊。依痕迹判断，有草帘、草绳之别。

草帘是强经弱纬编织物，成片分布。单经径大小区别很大，单股或多股合成，制作毛糙，结构松散，印痕有成片的特点。径粗者，如 G9：23－16，襦内层外壁残片，有经约 15 根/10 厘米，单经多股"S"形捻成，径粗细不一（图五五，1）；G9：6－11，右臂残片，似多股合成，但捻度小，组织松散，有经约 13 根/10 厘米（图五五，3）。中粗者，如 G9：8－58，腋下内层外壁残片，有经约 24 根/10 厘米，单经单束，粗细不一（图五五，4）；G9：21－1，体侧内层外壁残片，有经约 19 根/10 厘米，多股"S"形捻成，粗细较一致（图五五，2）。细者，如 G9：32－7，腋下内层外壁，印痕细密，类似陶砖表面痕迹，有经约 38 根/10 厘米（图五五，5），较少见。前两类似经搓拧的植物茎秆，如稻、麦秸秆，G9：8 似未经处理的秫秸或藤条；细者质地较柔软，接近麻纤维物，原料经过了进一步的加工处理。

草绳无纬，搓拧而成，缕缕成组排列分布，印痕个体外形似枣核状。腹部以上胸腔等处所见者，竖向；腿部膝盖所见者，胎外环绕。G9：22 胸腔残片，搓拧较松散，绳径约 1.2 厘米（图五六，1）。G10：46 背部残片，多股搓拧紧密，粗近 2 厘米（图五六，2）。G10：16 右腿，绕膝盖缠绕两周（图五六，3）。前两者应是捶胎工具表面附着物，后者是箍胎塑型所用。

麻点纹 形态各异，数量较多，发现于胎内壁，是一种有经有纬的织物痕迹，是为了避免捶具粘连而铺设的衬垫痕。G10：40 与 G9：6 等内壁麻点纹形态较接近，其中 G10：40 为单枚枣核形，直径约 0.5 厘米，平均密度 20 枚/4 平方厘米（图五七，1、2）。G9：13－64，襦内壁残片，盘筑泥条宽窄不一，近上腹部有大片密集小窝，单枚呈圆形，直径 0.3 厘米，平均密度 34～43

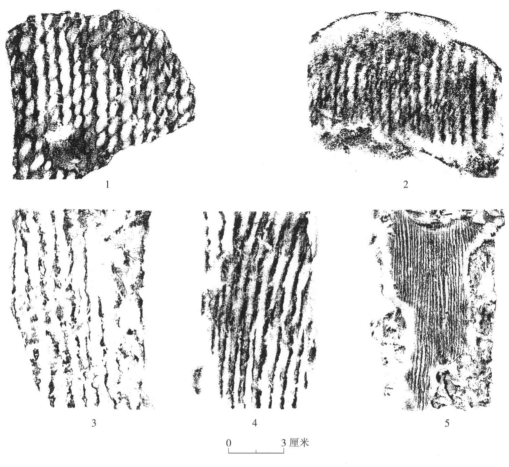

图五五　草帘编织痕拓片

1、3. 粗编织痕（G9：23－16、G9：6－11）　2、4. 中粗编织痕（G9：21－1、G9：8－58）

5. 细编织痕（G9：32－7）

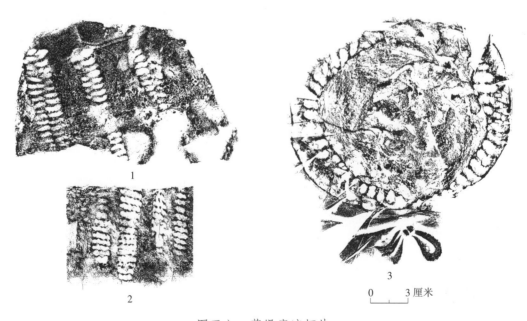

图五六　草绳痕迹拓片

1. G9：22　2. G10：46　3. G10：16

枚/4 平方厘米。有的区域因受夯具捶击的影响，个体排列杂乱，局部个体排列交错成行（图五七，3）。通过结构局部放大，可见单枚麻点边缘毛糙呈絮状，说明经纬丝结构比较松散，捻度弱，经粗纺。推测此类痕迹对应的是组织结构很粗疏的麻布。

夯具痕　为增加泥料聚合性能，在塑型过程中反复拍打、加压，形成不明显浅窝。如 G10∶26 残片内壁大量分布的麻点纹，局部可分出若干单元浅窝，外形近椭圆，中心窝较深，直径 7×6 厘米，应为捶胎槌杵痕迹。类似的情况也见于 G10∶12（参见图版一八，3）以及陶马内壁等处。

戳刺痕　较少见。分布于腹腔内壁下段，三角形，尖状。

指纹　多见，如在组练背部、颅腔及腹腔内壁等处均有发现。

毛刷痕　多见。彩绘表面常见板状刷彩工具痕迹，彩绘层稀薄、单色施彩面积较大部位尤为

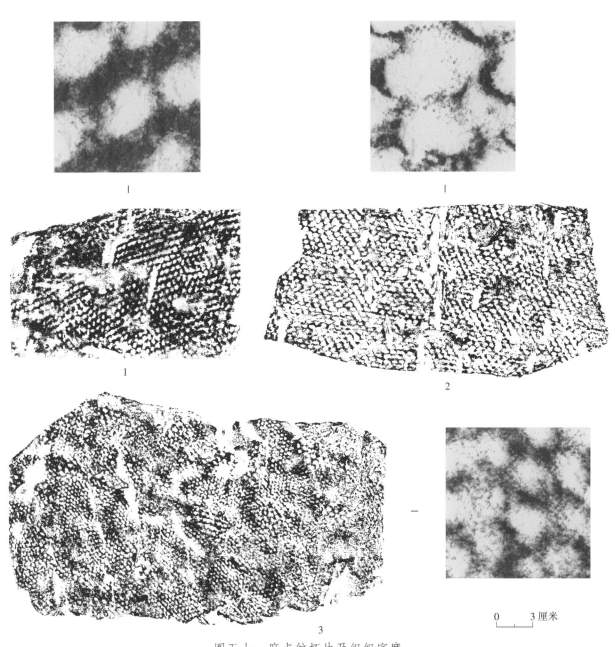

图五七　麻点纹拓片及组织密度

1. G10∶40　2. G9∶6　3. G9∶13－64

明显。如果要对细部描绘细致入微，如临头④下眦睑睫毛（参见彩版一七，4），则还要使用凝聚性很好的细笔。

3. 织物修补痕迹

多数陶俑有烧成后再粘接修补的现象。修补时使用了织物进行缠绑固定，多见于膝、踝、臂肘等处。做法是以青灰色粘接粉粘补，使断裂的两部分连合在一起，然后用粗疏的织物缠匝一周，外表再涂抹粘接粉，最后施彩覆盖。织物总宽约 12 厘米，长条状，腐朽后呈黑色或褐色印痕，平纹组织结构清晰，经纬线径不足 0.1 厘米，类似现代医用纱布，孔隙大于 0.1 厘米。G10：45 襦下、双腿等多处有修复痕迹，其右腿有明显裂缝，腿分裂成 3 块。"骨面"正中裂缝宽近 1 厘米，其内灌满青灰色粘接粉，并缠平纹粗织物（图版四三，1、2）。G10：26 右腿自膝下断裂，有青灰色粉末涂满断茬处。G9：15 右臂近肘部有板结漆层，呈黑色炭状，质硬成壳，剥离硬壳可见内层留有织物，局部壳外有青灰色粉状物，说明此臂为烧成后二次粘接。G9：18 腿胫有条带状织物缠扎痕迹，仅存黑色朽痕，宽约 12 厘米（图版四三，3）。G9：6、G9：21 等双腿胫部均有此类朽痕（图版四三，4）。

4. 制作遗物

模具　1 件。G10：070，陶质，色黑，质硬。出土于 G10 东段南侧，与 G10：62、G10：64 等陶片混杂在一起。外形似手指，系长泥条捏成。一端面下凹，凹面呈椭圆形，长径中贯穿两纵棱；另一端面为杂乱断茬。通长 6.5、截面直径 2 厘米（图五八，3；图版二三，5）。

泥坯棒　2 件。G9：0114，出土于 G10：79 体腔内，为胎泥余料。圆柱形，表面有指窝，断面毛茬。废弃后随俑入窑经火烧成陶质。通长 14.3、径 4.7～5.2 厘米（图五八，1；图版二三，6）。

泥片　1 片。G10：0110，出土于 G10：18 体腔内，为修胎刮削下的余物。长条片形，两端翻卷，侧边缘明显为利刃刀具切割，随俑入窑经火烧成陶质。通长 12.5、宽 2～2.6、厚 0.3 厘米（图五八，2；图版二三，7）。

板瓦　残片较多，2 片较完整，规格一致。G10：0111，表面饰有细绳纹，原塞在 G10 东段出土的一块袖口残片内。残长 19、弧宽 14.4、壁厚 1.5 厘米，唇经刮抹，宽 1 厘米（图五八，4）。

刷毛　G10：9 襦面下摆遗留刷毛一丝，已被染成红色。梢尖，至今仍有较强的硬度。通长 1.6、径细小于 0.5 厘米。

五　个体介绍

（一）头

陶俑制作，头部最精，表情传神，写实性强，各部比例基本符合"三庭五眼"的规律①。

---

① 　参见（美）乔治·伯里曼著，晓鸥等译：《伯里曼人体结构绘画教学》，广西美术出版社，2002 年；滕小松：《中国古代雕塑潜理论撮要》，《雕塑》2011 年第 2 期。

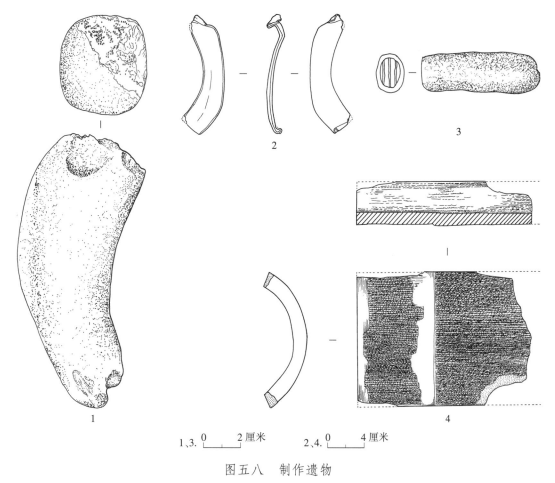

1、3. 0 ———— 2厘米　　2、4. 0 ———— 4厘米

图五八　制作遗物

1. 泥坯棒（G9∶0114）　2. 泥片（G10∶0110）　3. 陶模具（G10∶070）　4. 板瓦（G10∶0111）

"三庭"是指脸的长度，由发际线到下颌分为三等份：发际线至眉毛为一庭（天庭），眉毛至鼻底为一庭（中庭），鼻底至下颌为一庭（地阁），各占比例的三分之一。"五眼"是指脸的宽度，以眼睛为标准，把面部的宽分为五等份：两眼的内眼角之间的距离应该为一只眼睛的宽度，两眼的外眼角延伸至耳孔的距离又是一只眼睛的宽度。一般嘴裂的宽度与两只瞳孔之间的距离相等。从内眼角到鼻翼外侧边缘，再到嘴角处，常常成一条斜线。鼻梁直挺，颧骨略为凸出，前额与下颌水平，眼窝凹陷，额麟斜具有成年男子的生理特点。

如果按照传统的"国、风、用、目、田、由、申、甲"八种脸型概括，似以"目"字形占主体。蒙古人种的眼睛分型有杏眼、吊眼、细长眼、圆眼、丹凤眼、眯缝眼、垂眼、三角眼、深眼窝、肿眼泡、远心眼、近心眼、突眼、小圆眼十四类，现以前四类多见。大多数陶俑的眉峰处无眉毛的刻划，或刻划后又被表示肤色的颜料所覆盖，眉形不清，仅就隆起外形看，或平直，或斜上扬，或弧弯。有的细凸如流线，搭配的脸形多俊俏；有的粗凸如坡脊，衬托脸形硬朗、粗犷。但无论是脸形还是眼形抑或眉形，实际上个体特色非常明显，笼统归类较困难。

确定的测量取点标准是：颈长为颈底端至枕部发根，周长为绕中段一周；颅高为枕部发根至发顶最高处，周长为沿额部一周；眉峰长为眉头至眉尾的曲线长度；眼外眦与内眦高度差为单侧眼眦角横向水平差值；鼻长为眉间下凹处至鼻尖处直线数值，高为鼻柱至鼻尖数值，翼宽为两鼻翼根间距；口裂长为两唇角直线长度，唇长为唇内、外缘之间的横向曲线长度，唇厚为近唇珠凸起处（设为唇峰）的直线长度；髭长为单撇首端至须梢曲线长度，宽为单撇首端纵向最宽处；

梁长为纵向通长；耳轮长为外轮最高处至耳垂。

按照人体比例原则，东方人的内眦间距 3.329、外眦间距 8.89 厘米，外眦位置高于内眦约 0.15～0.2 厘米，呈外斜走向，称为蒙古样倾斜，较少见反蒙古样倾斜。现所见情况与此基本吻合。标准唇形上下唇的厚度比例应为 1∶2，现所见标本多数上唇厚于下唇，反之材料较少。

1. 临头①

出土于 G10 北柱 6 南、G10∶26 西南、G10∶57 东北角位置。脸近"甲"字形。天庭饱满。眉峰凸起呈细棱状，弧形微上扬。杏仁眼，眼球中眼白范围小，色同肤色，虹膜占多半，可见棕色，两色交界处颜料无晕染、漫延，显得飒爽、机灵。两颧微凸，丰满。鼻挺，鼻根深凹，鼻唇沟深，人中槽深。口裂短，唇珠凸起，造型近"～"形。下颌尖。"八"字形髭，须角弧折，尖梢，水滴状梁下及颌底。肤色肉红，笼罩包括眉、须、眼等整个面部。发丝篦栉刮划，6 股扁髻高于顶，根部蓬松状，正"十"字交叉发绳，发绳双股合成，长方形发笄，发色棕褐。整体造型立体感强，年少，骏雅，灵慧，表情严肃。通长 28 厘米。颅周长 57 厘米。"三庭"长度依次为 6.5、6.5、6.5 厘米，"五眼"宽度依次为 4、4、4.5、4、4 厘米。眼外眦与内眦高度差 1 厘米，鼻长 5.5、高 1.7、翼宽 4.5 厘米，口裂长 7、唇长 8.3 厘米，上下唇厚比值 1.2∶1。髭长 5.5、宽 1 厘米，梁长 2 厘米。耳轮长 7 厘米。发笄长 2.2、宽 2 厘米（彩版一七，1）。

2. 临头②

属于 G9∶23。头小，脸近"申"字形。粗眉峰凸起呈细棱状，斜弧微上挑，眉弓轻微凸起，眉毛阴刻细线。细长丹凤眼，眼仁近平，覆盖多层彩绘，眼角存眼白彩绘，色同肤色，由黑色底漆、粉红彩、白彩逐层平涂，虹膜棕色，瞳孔黑色。瘪腮，清瘦，鼻直脊，口裂近"⌒"形。板状髭短且宽，根部近透雕表现翘起，阴刻须毛；梁凸起，上抵下唇，厚彩覆盖。耳为直接雕刻，上下位置低于眼－鼻中心，双耳前后位置不对称，左侧偏前。颈空心，短促。肤色粉白，双色，粉红为内层，外复加白色。发丝篦栉刮划，6 股扁髻高于顶，根部蓬松状，未见发绳，长方形发笄，发色棕褐。表情倦怠、漠然。与体烧制前连接，体腔内补贴杂乱泥块，有承接颈部的环形台面，在颈部缺失对应部分补泥明显，说明颈部断裂发生在制胎前。通长 23 厘米。颅高 25、周长 54 厘米。"三庭"长度依次为 5、6.5、6.5 厘米，"五眼"宽度依次为 4.5、3.5、4.4、4、4 厘米。眉峰长 5 厘米，眼外眦与内眦高度差 0.9 厘米，鼻长 5.5、高 2、翼宽 5 厘米，口裂长 5.3 厘米，上唇长 6.5、下唇长 5 厘米，上下唇厚比值 0.9∶0.6。髭长 4.3、宽 1.5 厘米。两耳轮分别长 6、6.5 厘米。髻宽 6.5、厚 1 厘米，发笄长 2.2、宽 2 厘米。颈长 3、周长 32 厘米（彩版一七，2）。

3. 临头④

可能属于 G9∶15，出土于中部 G9∶13 踏板东北。脸近"田"字形。额宽，面阔丰腴。眉峰细，右斜高挑，左弧平较低，眦短。右眼大，近杏仁形，最宽处位于中段；左眼小，近三角形，最宽处位于前段。颧骨丰满。鼻梁短，鼻翼宽，鼻头丰满。口裂长，"一"字形，唇珠不明显，唇薄。平髭，须角直下折垂，长条状梁及下颌。面部表层彩绘脱落，内彩白色，额、脸颊右侧有较多残存，右眼下眦睑有细笔描绘的黑色睫毛，线条极细，宽不足 0.02 厘米。发丝中分，扁髻高过头顶，篦栉刮成，存褐色漆。表情敦朴、平和。与体烧前连接。通长 30.5 厘米。颅高 22、周长 55 厘米。"三庭"长度依次为 5、6.5、7 厘米，"五眼"宽度依次为 5.5、3.5、4、4、7 厘米。眉崤长 6.5 厘米，眼外眦与内眦高度差 0.6 厘米，鼻长 5.5、高 1.5、翼宽 5 厘米，口裂长 7.5 厘米，上下唇厚比值 1∶0.8。髭长 5、宽 1.1 厘米，枭长 1.5 厘米。耳轮长 7 厘米。颈残长 7.5、周长 35 厘米（彩版一七，3、4）。

4. 临头⑤

可能属于 G9∶13，出土于 G9∶②中部的两笼簸之间，残存局部 Ab 型首服。"风"字形脸。额部较窄、凸，额鳞面斜度小。眉崤短，凸起若无，眉间平、宽，外眦角上挑。长吊眼，鼻梁短，两腮丰满，有咬肌松弛下赘感。面部底层鬃褐色漆，其上覆盖黄色"粉底"，而后施加红、白两层彩绘。颈自颅底残断。颅顶压冠，冠室罩住发髻大部，可见顶发后背，梳扁髻，押长方形发笄，与其他无冠陶俑中分发式区别明显。整体造型显成年、狡黠之态，类似形象还见于第一次发掘出土的 T19G10∶25。通长 24 厘米。颅高 19、周长 59 厘米。"三庭"长度依次为 6、7.5、7 厘米，"五眼"宽度依次为 4、4.5、4.5、3.5、4.5 厘米。眉崤长 6 厘米，眼外眦与内眦高度差 1.1 厘米，鼻长 5.5、高 1.5、翼宽 4.5 厘米，口裂长 6.5 厘米，上下唇厚比值 1∶1.2。髭长 7、宽 1 厘米，枭长 2 厘米。耳轮长 7.7 厘米。余段扁髻宽 7.5、厚 1 厘米，发笄长 3、宽 2.5 厘米。颈残长约 6、周长 35 厘米（彩版一八，1）。

5. 临头⑥

属于 G10∶50，出土于 G10 西部，靠近 G10∶77 头南。脸近"国"字形。宽额，细眉崤弧弯，眉间相连。丹凤眼，眼眦宽。颧骨丰腴，略下垂。鼻根浅，下凹。口裂长，阔唇，口裂近"⌒"形，下唇尤显丰满，唇缘外翻。下颌短宽，上翘。板状髭长，梢下垂。面部肤色仅存部分，有底漆，彩绘两层，分别为肉红和白色。最精彩的是眼部施色：眼球通施粉白彩，虹膜部分再施暗红彩，黑色瞳孔。发色棕褐，有指纹。造型敦厚、淳朴。与体烧前连接。通长 24 厘米。颅高 20、周长 59 厘米。"三庭"长度依次为 6、6.5、6 厘米，"五眼"宽度依次为 4、4、4.5、4、4.5 厘米。眉崤长 7.5 厘米，眼外眦与内眦高度差 1 厘米，鼻长 5.5、高 1、翼宽 4.5 厘米，口裂长 8.8 厘米，上下唇厚比值 1.2∶1。髭长 7.8、宽 1 厘米，枭长 2.3 厘米。耳轮长 7 厘米。颈长 9、周长 37 厘米（彩版一八，2、3）。

6. 临头⑧

位于 G9∶36 与 G9∶37 之间，东有铜剑镡（G9∶0226），与临头⑦南北相隔约 0.4 米，附近有 G9∶① 右骖马头部残片、G9∶0177 铜环等遗物（图五九）。"目"字形脸。宽额，眉崤细长，略斜上挑，类似剑眉，眉间略蹙，窄、平。大眼圆睁，眼眦圆弧形，最宽处在眦睑前段。两颧平，瘪腮。鼻梁长且挺拔，鼻唇沟窄，鼻翼宽，似急促唏嘘状。口裂弧形下垂，双唇厚实，唇珠凸起。颌转角明显，圆弧形下颌。髭圆弧形下垂。肤色肉红，眼球白色，虹膜褐色，发笄白色。与体烧前连接。通长 26 厘米。颅高 18、周长 58.5 厘米。"三庭"长度依次为 5.5、6、6 厘米，"五眼"宽度依次为 3.5、3.5、3.7、3、4.5 厘米。眉崤长 6 厘米，眼外眦与内眦高度差 1 厘米，鼻长 5、高 1.5、翼宽 5 厘米，口裂长 5 厘米，上下唇厚比值 1.5∶1。髭长 5、宽 0.8 厘米，枭长

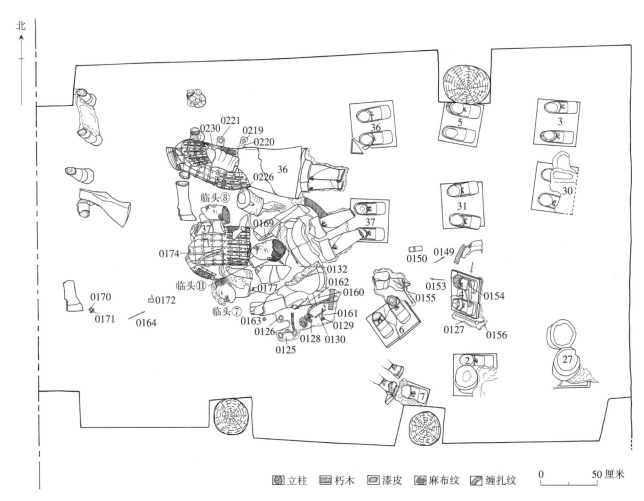

图五九　临头⑦、临头⑧、临头⑪出土位置图

0125. 铜衔　0126、0171、0221. Ab 型铜环　0127. 铜剑茎、首　0128、0129、0163、0177、0219. Aa 型铜环　0130、0161. 铜络饰管　0132、0149、0153～0156、0162、0164、0169、0174. 铜箭镞　0150. 铜镦　0160. 铜轧　0170. 亚腰形铜带扣　0172. 铜方策　0220、0230. 骨管　0226. 铜剑镡

1.8 厘米。耳轮长 6.5 厘米。颈残长 6、周长 31 厘米（彩版一八，4）。

7. 临头⑩

出土于 G10：7 后襦西侧下，与 G10：6 类似"孪生"。额鳞面斜度小，圆而饱满，细长眉峰，眉峰后段弧凸。睑眦细长，近似丹凤眼，蒙古样倾斜明显。腮略瘪，颧部凸出。上唇缘较长，下唇缘短厚、外翻，唇线圆润，下颌体部分似有赘肌。发丝篦栉刮划，6 股扁髻高于顶，根部蓬松状，正"十"字双股合成发绳，长方形发笄。髭减地雕刻而成，须梢用篦栉刮划。双耳二次粘接，颈部可见刀削痕迹。与体烧前连接。通长 29 厘米。颅高 18、周长 57.5 厘米。"三庭"长度依次为 6.5、6.5、6 厘米，"五眼"宽度依次为 4.5、4.5、4.7、3.5、5 厘米。眉峰长 7 厘米，眼外眦与内眦高度差 1 厘米，鼻长 5、高 1.7、翼宽 4.5 厘米，口裂长 6.5、上唇缘长 8 厘米，上下唇厚比值 1：1.3。髭长 6.5、宽 1 厘米，粜长 1.5 厘米。耳轮长 7.5 厘米。髻宽 7、厚 0.8 厘米，发笄长 4、宽 3 厘米，颈长 13、周长 32.5 厘米，实心（图版二四，1）。

8. 临头⑪

位于 G9 东段，出土于 G9：37 体腔内。近"国"字形方脸。弧形眉崤长，细棱状凸起，眉间窄近连，圆眼。鼻根略低凹，鼻翼窄，鼻唇沟位置较低、长，缓外撇，止于横髭转角处。嘴小，口裂短，唇线圆润，唇缘内收，下唇缘整体厚度一致，短且厚的唇部雕刻与眉崤造型形成反差。下颌转角处大钝角内收，至下颌底处骤急，形成尖下颌。髭长，尖梢下垂及颌体底缘，细长条枭贴于颌隆起处，与尖下颌、长梢髭等部分形成非常协调的组合搭配。面部存有大量粉红色彩绘。顶发微蓬松，发丝刀刻而成，6 股扁髻高于顶，根部紧束状，正"十"字双股合成发绳，长方形发笄。髭与枭为减地雕刻，须为刀刻而成，耳系粘接。颈部空心，直径 6.5 厘米，可见宽约 2.5 厘米的刀削痕迹。与体烧后连接。通长 29 厘米。颅高 18、周长 64 厘米。"三庭"长度依次为 7、7.5、7.5 厘米，"五眼"宽度依次为 4.3、4.3、5、4、4.3 厘米。眉崤长 8 厘米，眼外眦与内眦高度差 0.6 厘米，鼻长 6、高 1.7、翼宽 5 厘米，口裂长 7.5、唇长 9 厘米，上下唇厚比值 1.5：1.5。髭长 7.3、宽 1 厘米，枭长 3 厘米。耳轮长 6.5 厘米。发髻宽 7.5、厚 1.5 厘米，发笄长 3.5、宽 3 厘米。颈长 8.5、周长 38 厘米（图版二四，2）。

9. 临头⑫

出土于 G10：17 右腿上部。脸近鹅蛋形。额鳞面斜度小，额两侧略瘦，额结节凸出，有高、窄之感，显得天庭丰满凸出。眉心窄，粗眉崤凸起呈细棱状。右眼内外眦高度差大，近似吊眼。鼻梁直挺，鼻翼窄，鼻准前倾。口裂长，嘴形较阔，上唇外缘内收，唇线起棱，唇薄；下唇线柔和，外缘下翻，唇厚，唇沟明显。尖下颌。短板状横髭，梢宽。肤色粉红，见于面部、耳内郭，底漆褐色。顶两侧发丝蓬松状，侧鬓角二层台阶状，发丝箆栉刮划，发髻上有斜"十"字交叉发绳，长方形发笄。鼻钻孔，髭为减地雕刻，枭为粘贴制作，耳为圆雕。颈腔内可见手指抹痕，与体烧后连接，可见青灰色粉末。现残存少部分。残长 31.5 厘米。颅高 31.5、周长 65 厘米。"三庭"长度依次为 7、8、8 厘米，"五眼"宽度依次为 4、3.6、6、4、3.6 厘米。眉崤长 8 厘米，眼外眦与内眦高度差 1.3 厘米，鼻长 7、高 1.5、翼宽 5.3 厘米，口裂长 7.8 厘米，上下唇厚比值 1.2：1.5。髭长 8、宽 1 厘米，枭长 3 厘米。耳轮长 7 厘米。发笄长 4、宽 3 厘米（图版二四，3）。

10. 临头⑬

位于 G10 西段，甬道东，叠压 G10：43 右臂残片。"目"字形长脸。额鳞面斜度小，天庭两侧下陷。眉崤平长，凸起延近两鬓。鼻翼较窄，人中短，下垂。大嘴，长下颌，"八"字形板状髭细长。面颊整体左斜不对称，嘴角左低右高，为了弥补缺陷，在施彩前又有修补，最明显的是右上眦睑及上唇涂抹粘接粉。肤色肉红，髹黑色底漆，眼球肉红同肤色一体施彩，中心另施褐色为虹膜。梳六股扁髻，用发笄和发绳固定，发色黑。颈部左侧有陶文"訽"。整体塑型严重失误。与体烧前连接。通长 31 厘米。颅高 18、周长 60 厘米。"三庭"长度依次为 6、6.5、6.5 厘米，"五眼"宽度依次为 5.5、3.5、5、3.5、5 厘米。眉崤长 8 厘米，眼外眦与内眦高度差 1 厘米，鼻长 5.5、高 1.5、翼宽 5.3 厘米，口裂长 7.5 厘米，上下唇厚比值 1.1：0.9。髭长 8.5、宽 1 厘米，枭长 2 厘米。耳轮长 7 厘米。颈长 11、周长 32 厘米（彩版一九，1）。

11. 临头⑭

出土于 G10 中部偏东，位于 G10∶20 与 G10∶22 之间。"风"字形脸。下颌翘起与大额鳞面斜角相呼应，弧形眉峰。鼻根下凹，近眉心间，鼻梁挺拔，鼻唇沟短，急外撇。下颌转角部分弱钝角下收，有咬肌鼓胀感。发丝篦栉刮划，扁髻高于头顶，长方形发笄。陶色深蓝，面颊、眦眶、髭等部位有深褐色底漆。髭、髹为减地雕刻，耳为圆雕，耳、鼻钻孔。颈部空心，内塞满泥块。与体烧前连接。通长 30 厘米。颅高 26、周长 59.5 厘米。"三庭"长度依次为 6.5、6.5、8 厘米，"五眼"宽度依次为 7、4、4.5、4.3、3.6 厘米。眉峰长 7 厘米，眼外眦与内眦高度差 1 厘米，鼻长 6、高 1.8、翼宽 4 厘米，口裂长 7.2 厘米，上下唇厚比值 1∶0.9。髭长 5.8、宽 1.1 厘米，髹长 2.2 厘米。耳轮长 6.5 厘米。发笄长 3.2、宽 3.1 厘米。颈长 7、周长 36.5 厘米（图版二四，4）。

12. 临头⑮

出土于 G10 东部 G10∶5 体腔下，位于 G10∶6 腿南。脸近"甲"字形，较清瘦。天庭饱满，额圆丰满。细眉峰凸起呈棱状弧线，眉心窄，近连。杏仁眼，鼻根下凹深，口裂近"一"字形，上下唇缘近乎等长，唇峰不凸出。面部施有大量粉红色彩绘，另残存有少量粉白色彩绘。发丝篦栉刮划，6 股扁髻与顶平，根部紧束，正"十"字双股合成发绳，长方形发笄。髭为减地雕刻，耳为二次粘接，颈为实心。整体气质稳健、冷静。通长 32 厘米。颅高 18、周长 60 厘米。"三庭"长度依次为 6、7、7 厘米，"五眼"宽度依次为 4、4.5、4、4、4.5 厘米。眉峰长 8 厘米，眼外眦与内眦高度差 0.5 厘米，鼻长 5.5、高 1.5、翼宽 5 厘米，口裂长 7、唇长 8.5 厘米，上下唇厚比值 1∶1。髭长 5.8、宽 1 厘米，髹长 2 厘米。耳轮长 7 厘米。髻宽 7、厚 0.5 厘米，发笄长 3、宽 2.5 厘米。颈长 12、周长 35.5 厘米（图版二五，1）。

13. 临头⑯

位于 G10 东端，柲⑧朽痕南，临头⑮西北方，叠压于 G10∶6 下。脸长，整体略近"风"字形。额鳞面斜度小，两颧瘪塌，眉峰位于后段 1/3 处，尖耸状，与翘尖长髭一上一下、一低一高对称呼应。小圆眼，颧部及两腮丰满。口裂直，下唇短，缘近直，线条圆润，下颌体尤显赘肉感外侈。面部存有大量褐色漆皮，主要集中于额部，上存零星粉红色彩绘，眦眶内有零星彩绘，色同肤色，耳郭内可见零星粉白色彩绘。发丝篦栉刮划，顶部发丝特意以管状硬物压印浅槽，形成中分发式，斜"十"字交叉发绳，长方形发笄，发色褐色。髭梢透雕翘起，髹减地浮雕凸出，耳为圆雕。造型较年长。颈腔实心，从颅底断裂，腔内塞满泥片，外壁可见刀削痕，痕宽 1.5 厘米。与体烧前连接。残长 35 厘米。颅高 29、周长 57 厘米。"三庭"长度依次为 6、7、7 厘米，"五眼"宽度依次为 5、3.2、4.8、3.5、5 厘米。眉峰长 8 厘米，眼外眦与内眦高度差 1.2 厘米，鼻长 6、高 1.5、翼宽 4.5 厘米，口裂长 6.8 厘米，上下唇厚比值 1∶0.8。髭长 8、宽 1 厘米，髹长 3 厘米。耳轮长 7 厘米。发笄长 2.8、宽 2.5 厘米。颈长 14.5、周长 29 厘米（图版二五，2）。

14. 临头⑰

属于 G10∶88。陶色近橘红色，表蒙烧土结垢。脸近"国"字形。天庭饱满，额鳞面斜度大。

眉峰较短略弯曲，眉弓粗壮凸起，大眼圆睁。两颧间距宽阔，两腮丰腴，似"婴儿肥"。鼻与唇分布紧凑，人中短，双唇紧抿，下唇缘外翻。下颌浑圆微上翘，较长。颈短。面部残存少量粉白肤色。发丝刀刻而成，斜"十"字交叉发绳，长方形发笄，发色褐色。整体浓眉大眼，质朴憨厚，年少，稚气。髭、髹为粘贴，耳为圆雕，无耳孔。颈腔实心，粘泥块，可见刀削痕宽2.2厘米。与体烧前连接。通长31厘米。颅高26、周长65厘米。"三庭"长度依次为6.5、8、8厘米，"五眼"宽度依次为4.3、4.2、5.3、3.7、4.6厘米。眉峰长8厘米，眼外眦与内眦高度差1.2厘米，鼻长7、高1.5、翼宽5厘米，口裂长7厘米，上下唇厚比值1.4∶1。髭长7、宽1.2厘米，髹长2.8厘米。耳轮长7厘米。发笄长4、宽2.5厘米。颈长8.5、周长40厘米（彩版一九，2）。

15. 临头⑱

出土于G10中部，位于G10∶28、G10∶57之间。脸近"用"字形。天庭饱满，眉峰细弯。杏仁眼，上睑眦长，右睑眦上斜程度大。唇缘长，外翻，类似"冖"形围唇。下颌体部位显宽，下颌底骤尖。髭长，梢尖。发丝篦栉刮划而成，6股扁髻高于顶，根部紧束伏贴，正"十"字双股合成发绳，长方形发笄。颈部可见刀削痕迹，与体烧后连接。通长24厘米。颅高18、周长60厘米。"三庭"长度依次为6、6.5、7厘米，"五眼"宽度依次为4.5、3.5、5、4、3.5厘米。眉峰长7.5厘米，眼外眦与内眦高度差1.5厘米，鼻长5.5、高1.5、翼宽5厘米，口裂长7、唇长9厘米，上下唇厚比值1∶1。髭长6.5、宽1厘米，髹长2.5厘米。耳轮长7厘米。髻宽8、厚1厘米，发笄长3.5、宽3.3厘米。颈长6.5、周长34、空心直径6.8厘米（图版二五，3）。

16. 临头⑲

出土于G10∶13体腔内。脸近"甲"字形，或称"瓜子脸"。天庭宽阔。弧形眉峰，有阴刻线表示的眉毛。凤眼，目光有神如炬，眼角有眼白，棕色虹膜，黑色瞳孔。颧骨圆弧，两腮丰润，两侧鼻软骨明显，鼻翼鼓起。双唇紧抿，上唇近"冖"形，唇珠圆润，下唇短、厚。颌转角处弧圆，接长尖额。弧形髭，首窄尾宽，阴刻线表示胡须，水滴状髹。肤色依次为褐漆、粉白彩、粉红彩。发丝刀刻而成，6股扁髻高于顶，根部紧束伏贴，正"十"字双股合成发绳，长方形发笄，发色褐色。髭与髹为减地雕刻，须毛为刀刻而成，耳为粘接、圆雕。空心颈，直径6.5厘米，可见宽约2.5厘米的刀削痕迹。与体烧后连接。通长29厘米。颅高18、周长64厘米。"三庭"长度依次为7、7.5、7.5厘米，"五眼"宽度依次为4.3、4.3、5、4、4.3厘米。眉峰长8厘米，眼外眦与内眦高度差0.6厘米，鼻长6、高1.7、翼宽5厘米，口裂长7.5厘米，上下唇厚比值1.3∶1.4。髭长7.3、宽1厘米，髹长3厘米。耳轮长6.5厘米。髻宽7.5、厚1.5厘米，发笄长3.5、宽3厘米。颈长8.5、周长38厘米（彩版一九，3）。

17. G10∶6

造型与临头⑩类似"孪生"，应为同一工匠作品。较之额结节凸起稍大，眼眦略宽，髭梢、髹有细微差别，人中沟略短、宽，下唇短，而因额部凸起较大，下颌翘起程度更强烈。额鳞面斜度大，右眼眦小，左眼眦大。右耳郭大，左耳郭小，耳郭内可见零星白色彩绘，无耳道孔。发丝篦栉刮划，斜"十"字交叉发绳，长方形发笄。髭、桼为直接雕刻。颈实心，刀削痕宽 2.5 厘米，另有工具戳印痕迹。面部陶色橘红，难以理解的是面部有淡蓝色彩绘，几乎遍及右侧面颊，口裂、眼眦等较深的沟槽内也有发现，系后期污染所致的可能性较小。与体烧后连接。通长 41 厘米。颅高 25、周长 57.5 厘米。"三庭"长度依次为 6、7、7.5 厘米，"五眼"宽度依次为 3.5、3.8、5、3.8、3.8 厘米。眉峰长 7 厘米，眼外眦与内眦高度差 1 厘米，鼻长 6、高 1.5、翼宽 4 厘米，口裂长 6.8 厘米，上下唇厚比值 1.2∶0.9。髭长 5、宽 1 厘米，桼长 1.6 厘米。两耳轮分别长 7、7.2 厘米。发笄长 3.5、宽 3.2 厘米。颈长 16.5、周长 34 厘米（彩版一九，4）。

18. G10∶16

脸近"由"字形。额鳞面斜度大，杏仁眼，下睑眦较长。两颧紧凑，颊下段略宽，有丰腴感。下唇棱线凸出，缘外翻垂，下颌浑圆。长板状横髭，梢尖长，桼长下及颌缘。面部可见粉白色彩绘，主要集中于鼻周围、颞部、颈部，底漆褐色，左耳周围及耳郭内可见粉色彩绘及褐色漆皮。二层台阶状鬓角，发丝刀刻，斜"十"字交叉发绳，长方形发笄，发色褐色。髭、桼为直接雕刻。颈实心，内填塞小孔泥胎，外表可见 2.8 厘米宽刀削痕迹。与体烧后连接，可见青灰色粉末。通长 35 厘米。颅高 32、周长 64 厘米。"三庭"长度依次为 8.5、7.5、7 厘米，"五眼"宽度依次为 3.5、4、5.5、4、3.7 厘米。眉峰长 8 厘米，眼外眦与内眦高度差 1 厘米，鼻长 7、高 1.5、翼宽 4.5 厘米，口裂长 7 厘米，上下唇厚比值 1.2∶1。髭长 8、宽 1.3 厘米，桼长 2.7 厘米。两耳轮分别长 8、7 厘米。发笄长 4、宽 3 厘米。颈长 7、周长 39.5 厘米（图版二五，4）。

19. G10∶20

"目"字形脸。弧形眉峰，杏仁眼，鼻梁高挺，鼻唇沟急外撇。嘴阔，唇外缘呈细棱状凸起，下唇缘中段外翻，唇厚自峰部向两侧速减。近方形下颌，下颌底有凸起的结节。板状髭，尖梢长及口角边缘。耳郭内可见零星白色彩绘，耳垂圆。近太阳穴位置有整齐鬓发，发丝篦栉刮划，斜"十"字交叉发绳，长方形发笄。髭、桼为减地雕刻，耳为圆雕。颈为实心，中有 5×4.8 厘米小孔，孔内可见泥块、陶片，颈腔可见刀削痕迹，痕宽 2.5 厘米。与体烧后连接。通长 33 厘米。颅高 25、周长 59 厘米。"三庭"长度依次为 6.5、6.5、8.5 厘米，"五眼"宽度依次为 4.5、3.5、4.5、3.5、3.8 厘米。眉峰长 7 厘米，眼外眦与内眦高度差 0.8 厘米，鼻长 6、高 2、翼宽 4.3 厘米，口裂长 7 厘米，上下唇厚比值 1.1∶1。髭长 6、宽 1 厘米，桼长 1.8 厘米。耳轮长 7.2 厘米。发笄长 3、宽 2.3 厘米。颈长 8、周长 35、壁厚 1.5 厘米（图版二六，1）。

20. G10∶23

脸长近"目"字形。额鳞面斜度大，额窄、高。细眉峰弧形凸起，长及发鬓，眉与眼眦间距大。上睑缘前端高挑，近三角眼，左眼内外眦近平。鼻根近眉间，挺拔，两颧紧凑。人中部分较短，口裂短，唇线呈凸棱状，外缘略翻。下颌体略宽，下颌底角微收。宽板状髭较长，须角囊括唇，下垂较长。面部施白色彩绘，褐色漆皮，耳郭内可见白色彩绘及零星褐色漆皮。头发残留褐色漆皮，发丝篦栉刮划，侧鬓发丝靠前，台阶状，斜"十"字交叉发绳，长方形发笄。鼻钻孔，髭、桼为减地雕刻，耳为圆雕。颈近实心，中有小孔，且填补胎泥，孔径 6.5×5.5、深 11 厘米，颈表刀削痕迹宽约 2.3 厘米。与体烧后连接。长方形陶片叠合在顶部进行修补，陶片及粘接粉末下发丝完整。整体造型年长、成熟。通长 33.5 厘米。颅高 26、周长 60 厘米。"三庭"长度依次为 7、7.5、8 厘米，"五眼"宽度依次为 4、4、5.5、4.2、4 厘米。眉嵴长 7.5 厘米，眼外眦与内眦高度差 1 厘米，鼻长 7.5、高 2、翼宽 4.5 厘米，口裂长 7 厘米，上下唇厚比值 1.3∶1.1。髭长 7、宽 1.2 厘米，粜长 7 厘米。耳轮长 7 厘米。发笄长 4、宽 3 厘米。颈长 7.5、周长 37.5 厘米（图版二六，2）。

21. G10∶42

脸近"风"字形，整体略作右偏姿势。额鳞面斜度大。眉嵴略弧，呈细棱状，右眉略高挑。大圆眼，两腮丰满，口裂较短，下颌角宽，下颌底浑圆。宽板状髭，梢尖长，囊括双唇，水滴状粜。长方形发笄。面部布满褐色底漆，其上施加粉红色彩绘，双眼仁有褐色漆，施粉红色彩绘，耳蜗内见有粉色彩绘，后颞部肤色粉红，发丝存有零星褐色漆皮。略显稚幼、年少。髭、粜为减地雕刻，须毛为刀刻，耳为二次粘贴。颈近实心，中有 5×3.5 厘米小孔，内有手指抹痕，外表见有青灰色粉末，可见刀削痕迹，痕宽 1.8 厘米。与体烧后连接。通长 32 厘米。颅高 27、周长 66 厘米。"三庭"长度依次为 6.5、7.5、9 厘米，"五眼"宽度依次为 4、5.5、4.2、5.5、4.5 厘米。眉嵴长 7.5 厘米，眼外眦与内眦高度差 1.4 厘米，鼻长 7、高 1.5、翼宽 5 厘米，口裂长 7 厘米，上下唇厚比值 1∶1.4。髭长 7、宽 1 厘米，粜长 2 厘米。耳轮长 8 厘米。发笄长 4、宽 3 厘米。颈长 9.5、周长 37 厘米（图版二六，3）。

22. G10∶44

脸近"目"字形。低额，细眼，两颧近平，鼻短，翼圆鼓作唏嘘状。地阁部分长，口裂呈"一"字形，板状横髭仅及唇缘。下颌角明显，方直。面部底层为褐色，右上存有大片白色彩绘。发丝细密，篦栉刮划，长方形发笄。整体造型干练、成熟。髭为减地雕刻，粜为粘贴，耳为圆雕。颈腔空心，外壁可见刀削痕迹，痕宽 4 厘米，内壁有泥块填补，可见手指抹痕。与体烧前连接。通长 35 厘米。颅高 26、周长 59 厘米。"三庭"长度依次为 6、7、9 厘米，"五眼"宽度依次为 4.5、4.8、4.8、5、5.5 厘米。眉嵴长 8.5 厘米，眼外眦与内眦高度差 1.6 厘米，鼻长 6.5、高 2、翼宽 5 厘米，口裂长 7.5 厘米，上下唇厚比值 1∶0.7。髭长 6、宽 1.5 厘米。耳轮长 6.5 厘米。发笄长 2.8、宽 2.5 厘米。颈长 12、周长 38 厘米（图版二六，4）。

23. G10∶52

脸长近"目"字形。宽额较短，略显额鳞面斜度大，表面不圆。眉嵴弧弯，呈细棱状凸起；细眼，右眼睑眦上挑与眉呼应。鼻根下凹，较细，鼻准猛增大，类似蒜头状。口裂平直，近"一"字形，上唇缘外翻较甚，长且厚。板状宽髭较短，尖梢仅及口裂边缘。发际低平，顶部发丝蓬起，侧鬓发际靠后，台阶状，发丝篦栉刮划。扁髻与顶齐平，上段有正"十"字交叉发绳，长方形发笄。双眼存有零星白色彩绘。表情冷酷、木然。鼻有孔，髭、粜为减地雕刻，耳为圆雕。颈空心，内以泥胎塞实，内壁可见手指抹、摁痕，外表可见宽约 3 厘米的刀削痕。与体烧前连接。通长 36 厘米。颅高 24、周长 55.5 厘米。"三庭"长度依次为 5.5、7、7.5 厘米，"五眼"宽度依次为 4、4、5、4、4.5 厘米。眉嵴长 7 厘米，眼外眦与内眦高度差 1.2 厘米，鼻长 6.5、高 2、翼宽 4.5 厘米，口裂长 7.5 厘米，上下唇厚比值 1.2∶0.7。髭长 5.5、宽

1.2厘米，枲长1.8厘米。耳轮长6.5厘米。发笄长3.2、宽2.3厘米。颈长18.5、周长35.5厘米（图版二六，5）。

24. G10∶61

脸长近"目"字形。宽额饱满，弧形眉峰。杏仁眼，左眼上睑缘前段高挑，尾段奪，眦裂近三角形。鼻梁挺直，鼻翼窄，鼻唇沟微外撇，下垂及腮下。口裂呈"⌒"形，唇缘线呈细棱状，颔角圆弧，水滴状枲。发丝篦栉刮划，细密，纹理杂乱较浅，正"十"字交叉发绳，长方形发笄，发色褐色。面部有淡粉色彩绘、褐色漆皮，眼仁周围有白色彩绘，耳郭内有粉色彩绘。髭为减地雕刻，枲为粘贴而成，耳为圆雕。颈实心，颈与瓮颈连接处可见大量青灰色粉末，与体为烧后连接。通长33厘米。颅高26、周长59厘米。"三庭"长度依次为6.5、7、8.5厘米，"五眼"宽度依次为4、4.2、4.5、4、3.5厘米。眉峰长7厘米，眼外眦与内眦高度差1厘米，鼻残长6、高1.5、翼宽3.5厘米，口裂长7.5厘米，上下唇厚比值1.3∶1。髭长6.2、宽1.3厘米，枲长2厘米。耳轮长7厘米，耳垂厚1.5厘米。发笄长3.8、宽3.2厘米。颈长9、周长36厘米（图版二六，6）。

（二）已修复俑

陶俑身高一般在175～185厘米，线条有力，颈部较粗，肩幅较宽，胸部呈扇形，腰比肩窄，脚大，是青壮年男子的体魄造型。根据人体结构，头高与身长比例为1∶7，与胸腔的长度、肘到手指尖的长度、膝盖到脚底的长度比例均为1∶2，下垂的手臂指尖位置基本与大腿二分之一处平齐。所见标本基本符合规律，因臂多有动势，并不是完全下垂式，臂长均短于大腿二分之一处。陶俑整体以左右、上下对称为总原则，又根据运动重心平衡规则，有意识地做出了一些高低、长短的变化。

头、手等已粘接修复部位，一些尺寸已无法测知。测量取点主要按下列标准：臂长为肩部披膊中列上边线至腕处的弧长，腕周长为腕关节处一周，手长为中指至腕处，指长为掌指关节至指尖，指径为指中段缝隙之间的宽度，另有掌丘、掌根厚等尺寸，借鉴人体用语记录。

1. G9∶2

概况　Ba型俑（图六〇；图版二七，1、2）。位于Ⅰ-3-1，南邻Q8，北侧为G9∶4，东邻G9∶27，西邻G9∶7。残破严重，上半身残破倒塌乱成一堆，瓮颈及身甲的胸、腹残片叠压堆落于体腔之上，左手腕部及手掌散落四周，几乎无彩绘保存。下身站立状，体腔内淤塞倒塌土，质地坚硬，色杂乱，夹杂大量红土块和黑色木炭。襦下摆至裈缩以下部位埋于厚约0.5米的隔墙坍塌土中，彩绘保存较好。踏板保留在原位。陶色不一，上半部呈土黄色，下部尤其是腿部呈黑蓝色。残高162、肩宽37、腹部最大周长112厘米。

伤痕　可见人为破坏痕迹（图版二七，3～7）。包括：伤痕1，左侧衣面圆形伤痕，直径4.5厘米，中心深，放射状；伤痕2，左瓮颈由前向后斜向施力的直刃削斩痕，痕宽4、长2厘米，造成瓮颈在此处断裂；伤痕3，胸部钩斫痕，造成扇形创伤面，涉及范围约6×4厘米；伤痕4，右胸甲第2排第1列，三角形削斩痕，造成浅表伤，刃痕光滑；伤痕5，右披膊第4排甲札上见有直刃削斩痕，造成穿透伤，陶片散失；伤痕6，右小臂近肘部表面见有三角形深窝刃口，外形

图六〇 G9:2 正、侧、背视图

同伤痕4，应为同类器造成；伤痕7，右披膊第3排甲札表面，直刃削斩痕，宽近2、长4.5厘米，近处左邻有圆形钝器造成的浅表伤，为放射状表皮伤痕。

躯体 头与体烧后连接。手臂应为C型。左臂垂，四指并拢，掌心向内，指尖向下，小指长抵无名指第一关节上部，拇指残断，因保护彩绘未复接。手掌表面有细窄刮削痕，宽不及0.5厘米，掌心有三道交叉掌纹。臂长51、腕周长21、手长20.8、掌心厚2、掌根厚4厘米。拇指长5.5厘米，其余四指依次长8.5、10、9、7.5（残长）厘米，径2、2、2、2厘米。右臂肘近直角弯曲抬起，披膊下近肘处有陶文"十"，手残缺，情况不详。臂残长65厘米。腕与臂烧前连接，实心，泥胎长43厘米，后部削胎，以利插入。臂管泥条盘筑，肩部泥胎顺势而下形成左臂上端部分，下段内壁有凸起，用以堵接，外壁有宽逾4厘米的硬物压痕，应与制作架板有关。腹腔泥条盘筑，泥条宽窄不一，宽约2～5厘米，襦下摆部分有多层泥胎，最厚处20厘米。实心腿，足、腿一体制作，总长约44厘米，脚踝周长29厘米。一层底盘，底盘上端面泥片层层叠擦，外裹泥片一周，中心有圆形深窝与躯干底盘相接，底盘可见大量指窝压印。足与踏板接触面有粘接粉，系分别制作。踏板施褐漆，长39、宽35、厚3.1厘米。

服饰　壅颈左压右，多褶皱，乳白色，高 7、厚 4.5 厘米。Aa 型铠甲。褐色，按由右向左、由上至下的顺序，依次编号为列、排，分为前身甲、后背甲、侧身甲、肩甲、披膊五部分予以叙述。前身甲：8 排 5 列，计 40 片甲札。以第 3 列为中轴，逐次叠压第 2、1 和 4、5 列，通长 62.5 厘米；以第 5 排为上下旅的分界，第 1～5 排的上旅各排上压下，第 6～8 排的下旅各排下压上。第 8 排甲札底为斜弧边，边长依次递减，第 3 列甲札底边呈桃尖形，最大长 9.7、上宽 6.9、下宽 7.4 厘米。Ab 型组练，朱红色；B 型组练包括 BbⅡ 和 Ba 两型，乳白色，小，高凸，长椭圆形，甲札上有圆形钻孔或凹窝。斜向纽扣，已脱落，留有印痕。后背甲：7 排 5 列，计 35 片甲札。以第 3 列为中轴，依次侧压中，通长 58.5 厘米；以第 5 排为上下旅的分界，上旅各排上压下，下旅各排下压上。第 7 排为铠甲下缘，底边为圆弧形，边长由中至两侧递减，可见边长 9.4、宽 5.2 厘米。第 3 列中部上下有对称 BbⅡ 型组练 2 枚，其余各片有 3 枚，部分散失；第 5～7 排甲札中部有 Ab 型组练 2 枚，其上下各有 BbⅡ 型组练 1 枚。侧身甲：左右各有 2 排 3 列，始自腋下，形状不规则。肩甲：左右各 1 排 2 列，内片呈不规则形，外片呈长方形，叠压前身甲、后背甲，被披膊甲札叠压。披膊：4 排 5 列，以中列为轴，依次左、右压侧列，下排压上排。每片四角各有 BbⅡ 型组练 1 枚。每列中部贯通 Ab 型组练 3 枚，可见朱红色彩绘，单体长 8 厘米，其上下端各有 1 枚横向褶皱 B 型组练。左披膊长 26、上弧宽 35、下弧宽 27 厘米；右披膊长 25、上弧宽 29.5、下弧宽 29 厘米。袖肥瘦适中，粉白色，长 56、周长 49 厘米。绿襦，襦底紫色，局部白色。直衽，尖裾角，边棱直、规整。襦长 102、下摆周长 304 厘米。短裤底漆黑色，两股长度不一，左股白色，暴露长度约 9.5、周长 62 厘米；右股缩底白色，暴露长度约 11、周长 60 厘米。行縢阴刻细线由外向内缠绕，胫部有少量黄褐色物质，上下行縢结减地雕刻，施朱红彩。足履表面髹黑色漆，方形印角。左履通长 27.5、面宽 11、面长 8、沿帮高 3、后帮高 6 厘米；右履通长 27、面宽 11、面长 8、后帮高 5.5 厘米。綦带肉红色，粘贴制作，宽 0.5 厘米。左脚踝、右足面等处存有淡粉色，为肤色。

2. G9：3

概况　Ba 型俑（图六一；图版二八，1）。位于Ⅰ-2-4，南邻 G9：30，北侧为 Q9，东邻陶俑压于隔梁下，可见陶俑颈肩等残片，西邻 G9：31，体右侧压铜剑残段（G9：079），踏板前右侧有铜矛（G9：083），另有属于箙④或箙⑭的零散铜箭镞。头向西南、面向东南侧倾倒，几乎叠压 G9：29 全部、G9：30 襦部。俑体破裂多块但无严重移位，耳、眼等部位存有极少量粉白色彩绘，右半侧埋压于坍塌土里，仍保留有较多彩绘。双腿齐脚踝残断。陶色灰，头部近橘红色，体下被纯净土质堆积包裹部分陶色较深。整体敦厚、朴实，头大，身短，略有头重脚轻之感。通高 183.5、肩宽 34、腹部最大周长 111 厘米。

伤痕　可见多处破坏痕迹（图版二八，2～5）。包括：伤痕 1，左臂肘部有尖状利器钩斫形成的深窝，并造成一处范围约 5.2×4.8 厘米的近圆形剥落；伤痕 2，右臂大臂段背侧有横刃削、斫伤痕，痕宽 2 厘米，形成近三角形破坏，造成底边长 4、高约 3 厘米的剥落；伤痕 3，头部右鬓角沿发缕走向有一横刃自上而下削斩造成的穿透崩落；伤痕 4，右臂大臂段前侧有多处集中的横刃削斩痕，最长一处痕宽近 10 厘米，此臂的断裂与这些破坏有直接的关系；伤痕 6，左大臂尺侧有利器尖峰造成的深窝斫点。人为和自然造成的损毁痕迹区别比较明显，例如伤痕 11，后襦面所见的一处钝器浅表伤痕，近圆形，直径约 5.5×4 厘米。此痕迹形成于俑体断裂之后，因

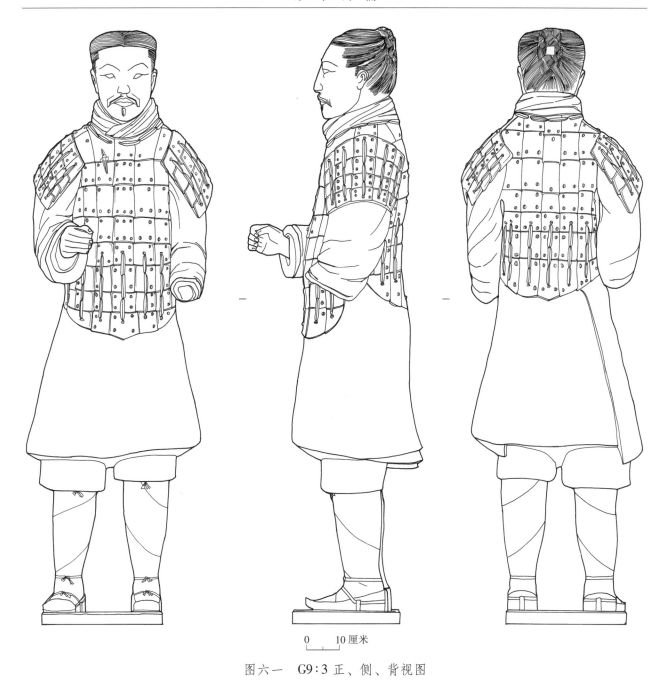

0   10厘米

图六一　G9：3 正、侧、背视图

此伤痕涉及范围未扩及断裂缝另一侧的俑体，而是截止于裂缝边缘，此处的断裂与稍上部位3处以上连续的砍斫有关。

躯体　头与体烧前连接。脸近"国"字形，五官周正，"三庭"比例适当。额鳞面斜度较小，眉间窄近"连心眉"，圆眼，眦角钝圆，鼻根平，无深凹陷。口裂近"⌒"形，唇厚，唇缘线棱角整齐，唇珠圆润凸起。唇上横髭下斜，髭宽，须角方折，尖梢下垂，减地平雕；水滴状枭，减地平雕。耳系粘贴，施淡粉色彩绘以示肤色。6股宽扁髻反折略高于顶，发丝刀刻，纹理稀疏较深，方形发笄。可见总长30.5厘米。颅高30、周长66厘米。"三庭"长度依次为6.9、7.4、7.7厘米，"五眼"宽度依次为4.6、5、5、4.4、4.2厘米。眉崤长6.3厘米，眼外眦与内眦高度差1.2厘米，鼻长6、高2、翼宽5.5厘米，口裂长6.2厘米，上下唇厚比值1.5：1.2。髭长7.4、宽1.3厘米，枭长2厘米。耳轮长8厘米。发笄边长5厘米。因双肩姿势不同，身体重心压于体右侧，以致所见右肩高于左肩约 2 厘米，襦摆、裤等均右侧长，右腿、足略带稍息姿势外撇，通过局部高低、长短的变化表现了站立静止状态下的动势。C 型手臂。左臂微屈肘，前抬势，手残缺，情况不详。左臂长 49 厘米。右臂肘近直角弯曲抬起，五指半握，拇指尖压于食指第一关节处，形成闭合拳眼，拳眼与拳轮上下垂直。右臂长 50、腕周长 24.5 厘米，手长 21.5、掌心厚 4、掌根厚 6 厘米，拇指长 7.5、周长 8.5 厘米，其余四指长 13、13.2、13、11.5 厘米，径 2.5、2、2、2 厘米。手、臂烧前连接。双腋下有近椭圆形缝隙，大小不一，左为 4×2、右为 3×2 厘米，为圆形硬物的压痕，说明此处有支架。圆形透气孔位于背左侧近臀下位置，烧成后封堵，径 7.7、厚 5.6 厘米。腹腔内壁盘筑泥条宽 4～6 厘米，有杂乱的手指抹痕以及竖向绳纹痕迹。宽臀。足与踏板一次制作，右脚踝断面上可见较硬的秸秆压痕。脚踝周长 30 厘米。踏板长 37.5、宽 33.5、厚 3 厘米。

　　服饰　壅颈左掩右，有紫红色彩绘，高 6.5～8.5 厘米。Aa 型铠甲，表现形式同 G9∶2。前身甲通长 61 厘米，第 8 排第 3 列甲札呈心形，长 8.8、宽 7.2 厘米。后背甲通长 59.3 厘米，第 7 排第 3 列甲札呈长方形，长 12、可见宽 5.7 厘米。侧身甲各 4 排 3 列。左披膊长 23、上弧宽 33、下弧宽 31 厘米；右披膊长 24.2、上弧宽 34、下弧宽 27 厘米。肩甲各 1 排 2 列。褐色甲札，朱红色组练。A 型斜向纽扣，上约下襟式，通长 6.5 厘米。B 型组练绝大多数属 Ba 型。襦面喇叭形外侈，两侧三角形裾角切割整齐，衽边自腰际外斜，面及底均为粉绿色。襦长 102、下摆周长 289 厘米。左袖长 56、口周长 50 厘米；右袖长 66、口周长 50 厘米。裤面及底均为粉绿色，暴露左股长 8、周长 60.5 厘米；右股长 11、周长 64 厘米。行縢绕胫，两组带及花结为减地平雕，带宽 1 厘米。履方口，褐色，卬角弱。通长 26、面宽 11、面长近 8、沿帮高 3、后帮高 5～5.5 厘米。綦带为减地平雕，施粉绿、粉白双层彩绘，足面可见粉白与肉红双色，说明整体先普遍施粉白色彩绘而后再二次补涂綦带色彩。带宽 1 厘米。

　　3. G9∶4

　　概况　Ba 型俑（图六二；图版二九）。位于 I - 3 - 2，南邻 G9∶2，北侧为 G9∶31，东邻 G9∶1，西邻 G9∶6，身下东南有散落铜箭镞，与箙⑭有关。原发掘已有部分涉及。整体似被"腰折"，断为两大截，上体压于 G9∶7 上，面上，头西，东西向仰卧，腿部保持原位。头下压原上层建筑棚木炭灰，体腔陶片虽残，但基本位于原位不缺失，尤其是胸、上腹及臂部完整无损。体腔揭开后发现有大截木炭，数量多而整齐，应不是水冲淤入，而应系烧制前存物，是否为内胎支撑不甚详。腿部残断，双小腿及足留存在踏板上，踏板保持原位。近襦底有厚约 6 厘米的坚硬黑淤泥。陶色深蓝。体形胖瘦适中，窄臀略翘。通高 183、肩宽 34、腹部最大周长 95 厘米。

　　伤痕　G9∶4 - 26 壅颈残片，可见钩斫类伤痕的圆窝，另外断面有一由上直下的"丁"字形伤痕。G9∶4 - 10 右披膊残片，可见三角形削斫痕，属横刃造成。

　　躯体　头烧成后与体连接。头略扬起，脸近"风"字形。额鳞面斜度小，额圆而丰满，眉间近连，小圆眼，塌鼻梁，鼻根平，唇厚，口裂形状呈"一"字形，两颌转角处间距宽，咬肌等部位丰满。横髭下斜，梢扬起近透雕，水滴状髁。耳捏塑如圆雕，耳钻孔。6 股宽扁髻反折与顶平，黑褐色发丝，篦栉划成，长方形发笄，上有"十"字形交叉发绳，双股合成纹路。粉红肤色。通长 30 厘米。颅高 27、周长 58 厘米。"三庭"长度依次为 6、5.7、7.2 厘米，"五眼"

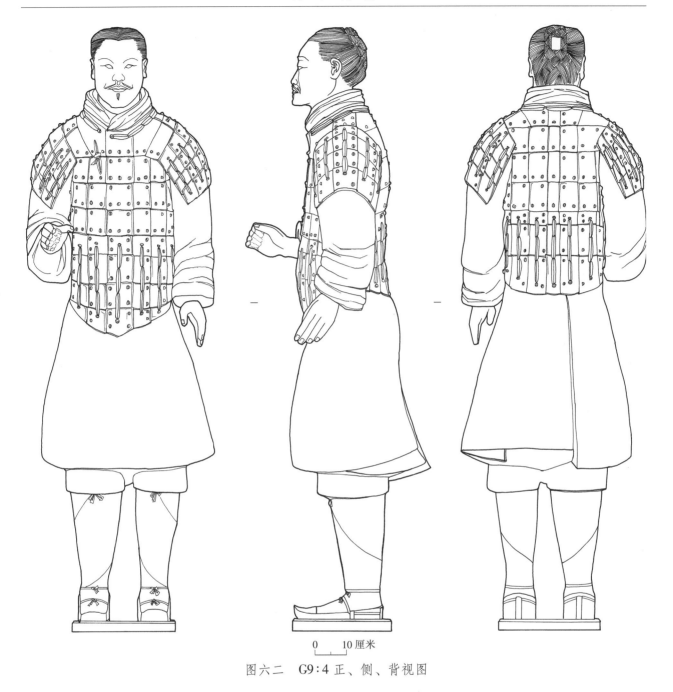

0　　10厘米

图六二　G9:4 正、侧、背视图

宽度依次为 5、4.5、4、4.3、5.5 厘米。眉峰长 6.3 厘米，眼外眦与内眦高度差 1.2 厘米，鼻长6、残高 1.5、翼宽 5 厘米，口裂长 6 厘米，上下唇厚比值 1.1∶0.8。髭长 3.4、宽 1 厘米，粜长 2厘米。耳轮长 8 厘米。扁髻宽 7.7 厘米，发笄长 4、宽 3 厘米。颈周长 44 厘米。面容和顺，似有笑意，属稍年长的造型。C 型手臂。左臂微屈肘，前抬势，四指并拢微屈，掌心向体内侧，拇指第一关节内屈。臂长 68、腕周长 21 厘米，手残长 15、掌心厚 4、掌根厚 6 厘米，拇指长 7、周长7.8 厘米，其余四指依次残长 5.5、7、7.5、6.5 厘米，径 2、2.5、2.3、2 厘米。右臂肘近直角弯曲抬起，五指半握，拇指外张，其余四指自第二关节残裂，形成开放拳眼，拳眼与轮上下垂直。臂长 59、腕周长 21 厘米，手长 19、掌心厚 4、掌根厚 6 厘米，拇指长 7、周长 8.5 厘米，其余四指自掌指关节至第二关节长 9、10、9、7 厘米，径 2、2.5、2、2 厘米。与臂烧前插入。体前视可见右尺侧有近椭圆形缝隙，说明此处有支架。襦底有圆形透气孔，直径 6 厘米。二层底盘，襦下两股连属，周长约95厘米，脚踝处周长31厘米。足面肉红色，与踏板一次成型。踏板长32.5、宽31、厚3厘米。

服饰　壅颈高5.5～7.5、厚3厘米。Aa型铠甲。前身甲通长62厘米，第8排第3列甲札呈心形，边长7.5、宽8.1厘米。后背甲通长60厘米，第7排第3列甲札呈长方形，边长11.7、可见宽3.7～4.2厘米。侧身甲各4排3列，肩甲各1排2列。左披膊长20.5、上弧宽33、下弧宽30厘米；右披膊长21、上弧宽32、下弧宽26厘米。组练朱红色，甲札褐色。甲札交叠处的A型组练下粘泥片，以弥补空隙，见有Ba型组练。B型斜向纽扣，上约下襟式，上至别棍处系结，余尾散开作飘带状，通长7.4厘米。袖面为黑褐色，宽肥筒，纯窄，色粉白，自肩至袖纯缘处弧长左袖63、右袖65厘米。襦面呈喇叭形外侈，两侧尖状裾角切割整齐，衽边自腰际垂下。襦上部为绿色，下部先施黑褐色漆再覆绿色，襦底为暗红色。襦长104、下摆周长287厘米。裤股残存零星粉绿彩，暴露股长7、周长95厘米。行縢绕胫，褐色底漆上罩黑色，两组带为阴刻，花结为减地雕刻，淡紫色，带宽0.5厘米。履方口，卬角方直，綦带为减地平雕，带色朱红。履通长25、面宽11、面长8、沿帮高2.5～3、后帮高5、綦带宽1厘米。

4. G9：5

概况　Ba型俑（图六三；图版三〇，1、5、6）。位于Ⅰ-3-4，南邻G9：31，北侧为Q9，东邻G9：3，西邻G9：36，下压G9：31，左腿外侧有箭箙云形柄残迹，见有零散铜箭镞，或与箙④有关。此俑头向东南，足西北，面下，俯卧。G9：4襦摆位置有一面下俑头，似为其属。双肩陶片移位较大，壅颈及胸腔部分的残片缺失较多，散落于体侧。腿自襦底至膝盖一段较完整，内有烧土块、炭灰。脚踝以下压于隔墙坍塌土中，色彩保存较好。踏板保持原位。陶色灰，前襦下局部呈橘红色。残高156.5、肩宽32、腹部最大周长93厘米。

伤痕　襦部、后背腰际、披膊、臂等残片上见有大量破坏痕迹，如后背甲第2排第5列的伤痕1、右臂后部伤痕8、右侧裾角伤痕9等，均为直线形削斩引起的浅表伤痕，痕宽4厘米，尤其是伤痕8系连续两次由上至下施力，涉及范围长近9、深0.4～2厘米（图版三〇，4）；伤痕3～5为钩斩痕，有小深窝，四周表皮剥落（图版三〇，2、3）。伤痕分布略有规律，体前下段多为俑体断裂时产生的自然破损，体后下段多为宽刃削斩和钝器砍砸，后背甲多为钩斩。

躯体　头与体腔烧前粘接。因缺失部分壅颈，头未能复位。"甲"字形脸。天庭饱满，弧形细眉峰，眉峰位于峰后段，眉间窄近连。眼眦与眉峰间距宽，小眼残存白彩，两颧部微凸。鼻脊细高、挺括，鼻翼鼓起，鼻钻孔，两侧软骨部分凸出，鼻唇沟短。双唇紧抿，上唇薄，下唇厚，唇缘线边棱整齐，唇珠凸起，下颌长。板状髭，尖梢下折，减地平雕制作，并阴刻线表现须毛。整体残存褐色底漆。鬓角齐，二层台阶状，发丝篦栉刮划，"十"字形交叉发绳，下段未押发笄。面容俊朗，干练。通长31厘米。颅高19、周长62厘米。"三庭"长度依次为6.9、7、7厘米，"五眼"宽度依次为4.5、4、5、4、4.5厘米。眉峰长7.2厘米，眼外眦与内眦高度差1.2厘米，鼻长6、残高1.5、翼宽4.5厘米，口裂长7厘米，上下唇厚比值1.3：1。髭长7.5、宽1.2厘米，梁长2厘米。发髻宽8.5、厚0.7厘米。颈实心，长12、周长36厘米。C型手臂。肩、壅颈两部分胎为一体，内短外长叠合胸腔，余部为大臂。左臂屈肘，前抬，四指并拢微屈，掌心向体内侧，拇指第一关节内屈。臂长43、腕周长20厘米，手长21、掌心厚4、掌根厚6厘米，拇指长7.5、周长7.5厘米，其余四指依次长10.5、12、11、10厘米，径2.2厘米。右臂肘

0 ___ 15厘米

图六三　G9：5 正、侧、背视图

近直角弯曲抬起，手缺失，情况不详，臂长 50 厘米。体前视臂尺侧与体无缝隙，但尺侧及体侧均有竖向粗绳纹，绳纹粗细一致。襦底无圆形透气孔，胎厚 6～10 厘米。双股分立，二层底盘。腿实心，左腿长 39 厘米，通过切割胎泥表现裤和肌腱，外踝处周长 30 厘米。足与踏板分别制作，断茬平，未见制作痕迹。足面肤色施法为先涂深褐色漆，再覆涂粉色彩绘。踏板边有倒棱，长 36、宽 33.5、厚 3.8 厘米。

　　服饰　壅颈缺。Aa 型铠甲，体前色彩保存较好，褐色，Ab 型组练为朱红色。前身甲通长 60、后背甲通长 58 厘米。左披膊长 19、上弧宽 36、下弧宽 24.5 厘米；右披膊长 20、上弧宽 36、下弧宽 27 厘米。Ba、BbⅠ 型组练兼用，朱红色。B 型纽扣，上下垂直，上约下襟式，上至别棍处系结，余尾散开作飘带状，通长 9.4 厘米。袖宽肥，下端多重褶皱，袖面为淡紫色，纯有翠绿与蓝色彩绘，口部截面呈马蹄形。肩至袖口处弧长左袖 41、右袖 48 厘米，周长分别为 50、49 厘米。襦面黑漆上施粉绿彩，喇叭形外侈，两侧尖状裾角切割整齐，衬边自腰际垂下。襦长 106、下摆周长 274 厘米。裤上色彩零星，似黑漆上施粉白彩，暴露左股长 9.5、右股长 8 厘米，股周长分别为 58、62 厘米。行縢自内向外绕胫，棕褐色漆，两阴刻组带涂朱红色，带宽 1 厘米，下组带位于脚踝上，朱红色花结为减地雕刻。履方口，卬角呈圆弧形，面褐色，綦带为减地雕刻，綦带颜色与足面一致。左履通长28、面宽11、面长9、沿帮高3、后帮高5.5、綦带宽0.5厘米；右履通长29、面宽11、面长8.5、沿帮高2、后帮高6、綦带宽1厘米。

5. G9：11

概况　Ab型俑（图六四；彩版四，8；彩版二〇）。属Ⅱ组，位于G9：②车舆后中间位置，左腰际出土铜镞1件（G9：0134）。头东北，足西南，斜向俯卧，倒卧方向与同组G9：12并列平行。整体及内腔几乎被倒塌土包裹、填塞，并夹杂烧土块、棚木炭灰，头部残片压于左骖马腹部、臀下，右手指与炭灰混杂，近襦下摆及双腿叠压车辕，膝下压车右軛及舆底炭迹，脚踝断裂，踏板残，未移位。陶色不匀，右手指乌黑发亮，下腹等部分有较大范围呈橘黄色。头残未复位，残高167、肩宽36.5、腹部最大周长101厘米。

伤痕　G9：11-20后襦残片、G9：11-54前襦右上残片可见钩斫引起的圆形和"丁"字形伤痕。

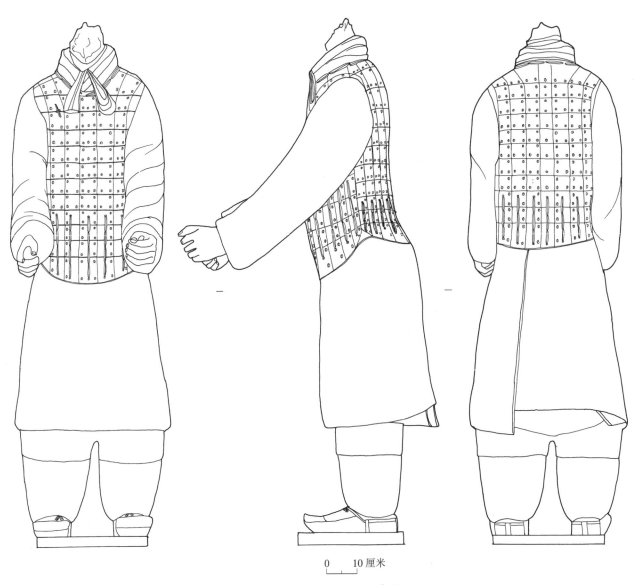

0　　10厘米

图六四　G9：11正、侧、背视图

躯体 头自颈部断裂，颈空心，断口毛茬，与体腔烧制前严密结合，制法应与 G10：33 相同。B 型手臂，一次塑型，手与臂烧前粘接。双臂向前直伸，抬起，双手半握，拳眼向上，掌心向内，拳轮垂下，肤色粉红偏白。左手腕部周长 27、食指至手腕长 9.5、掌厚 2 厘米；右手腕部周长 25、食指至手腕长 9、掌厚 2.8 厘米。体前视臂尺侧与体无缝隙。双股上部连属，空心，粗壮，膝下分立，一层底盘。腿外踝处周长 44 厘米，足顺踏板外沿直立，与踏板一次制作。踏板边有倒棱，长 36.3、宽 35.2、厚 3.3 厘米。

服饰 颈下有单结绥。壅颈上段为粉红色，下段为天蓝色，或称松石绿，高 6、厚 2.7 厘米。Ac 型铠甲。前身甲通长 62 厘米，共 12 排 7 列，从右向左编号，第 4 列为中轴，甲札列与列的叠压方式为左右依次内压外；第 9 排为上下旅的分界，上旅各排上压下，下旅各排下压上。第 4 列每片上均有 5 枚 B 型组练，四角各一，第 1～8、12 排的下部中心各有 1 枚，第 9 排的上部中心各有 1 枚，并有 A 型组练 4 枚上下相连，其余各列每片只有 B 型组练 3 枚，分别位于外侧上下和内侧下角。第 4 列第 1、12 排甲札形状不规则，前者呈凹形，宽 4.8 厘米；后者圆弧呈凸形，长 6.5、底边宽 6 厘米；其余各排均为长方形。后背甲通长 60 厘米，共 11 排 7 列，第 4 列为中轴，甲札列与列的叠压方式为左右依次外压内；第 8 排为上下旅的分界，上旅各排上压下，下旅各排下压上。第 4 列第 1～8 排每片下部中心各有 B 型组练 1 枚，第 9 排上部近中 1 枚，第 11 排下部中心 1 枚，其余各列每片均有 3 枚，分别位于内侧上下和外侧下角。组练色调清爽，Ab 型为天蓝色，Ba 型有白、天蓝、雪青三色。A 型纽扣右斜，上约下襟式，残长 10 厘米。袖宽肥适中，长恰达腕，褶皱少，横向较浅，面为紫色。纯分三段，自口至上依次为：粉红，宽 2.3 厘米；粉绿，宽 1.3 厘米；天蓝，宽 2.8 厘米。袖口截面呈圆形，周长 52 厘米。肩至袖口处总长 69.5 厘米，左臂长 65.5、右臂长 60 厘米。襦长过膝，襦面外侈程度较小，两侧尖状裾角切割整齐，衽边自腰际垂下，右侧衽边在外。襦面为绿色，底面为朱红色。襦长约 161.3 厘米。A 型下衣，大袴紧束脚踝下，暴露长 27、上周长 70、下周长 50 厘米；短袴为紫色，长 20.5 厘米。履方口，高印角直，綦带为减地雕刻，足面与綦带颜色一致，深褐色漆上涂粉红色。通长 28、面宽 12、面长 7.3、沿帮高 3、后帮高 6、綦带宽 0.6 厘米。

6. G9：14

概况 Ba 型俑（图六五；图版三一，1、4）。位于Ⅲ－1－1，南邻 Q8，北侧为 G9：15，东至砖铺地无遗物堆积，西邻 G9：18，西北有 G9：18 俑体左侧、G9：19 压襦下摆，左臂等与 G9：15 混杂在一起，踏板西与 G9：18 之间出土铜弩机 1 件（G9：0105），体北与 G9：15 之间有较大面积韬尖端边缘残迹（与弩④有关），右侧（南）立柱处有铜镦 1 件（G9：0240），与其关系较大。俑体完整，自腰际断裂为两大截，各部基本保持原位，头东脚西，面侧，扑前俯卧。体中段下压土质较纯净，含黑色淤泥层理。后背至踏板保持完整，双脚原位存于踏板上，踏板断裂，西南角残缺，下有淤土，西南高，东北低，抬起约 60°，西南部淤土最厚近 30 厘米。陶色大部分为深蓝色，右侧胸、肩、腹等部分为橘红色，对比明显，应与俑坑被毁再次受热有关。体形偏瘦，佝胸弯背，小腹鼓坠，窄胯，平臀。通高 182、肩宽 39、腹部最大周长 92、体最宽处周长 138 厘米。

伤痕 后背、右侧诸多残片可见破坏伤痕。如 G9：14－25 右袖缘部位明显有 2 处，一处近尺侧，横刀痕长 3.2 厘米，自外斜削入口（图版三一，2）；一处位于桡侧，尖锥状钩研痕，有小深

0 ____ 10厘米

图六五　G9：14 正、侧视图

窝砑点。G9:14-18 背部有圆形钝器撞击痕 2 处，一处直径约 5.5 厘米，另一处直径约 8 厘米。

躯体　头无彩绘保留，与体属烧后连接。昂首，"申"字形脸，略带笑意，额部有抬头纹。眉嵴细平，若有若无状，中后段眉峰微上弧，皮内隐骨质感明显，眉心微蹙。中庭稍长，杏仁眼，两腮肌肉松弛、下坠。枭浓密，粘接，阴线刻划表现须毛。双耳丰满，类似圆雕，耳垂厚。5 股扁髻，利刃刻划发丝，押发笄。面部肤色仅存零星白色，耳郭、眼眦内存零星白色彩绘。整体造型年龄较长，儒雅。通长 30 厘米。颅高 26、周长 60 厘米。"三庭"长度依次为 6、5.9、7.1 厘米，"五眼"宽度依次为 3.5、4.5、4.8、4.1、4.5 厘米。眉嵴长 5.5 厘米，眼外眦与内眦高度差 1.1 厘米，鼻长 6、高 1.5、翼宽 4.5 厘米，口裂长 5.6 厘米，上下唇厚比盾 1.5:0.8。髭长 4.5、宽 1.1 厘米，枭长 1.8 厘米。左耳轮长 7.5、右耳轮长 7.8 厘米。发笄长 3、宽 2.8 厘米。C 型手臂。左臂钝角屈肘，前抬，自大臂断裂，与体脱落，但较完整，胎体表层剥落，见竖向中粗绳纹印痕，内有泥条盘筑接茬，内侧有一排疙瘩状凸起，似为原陶坯开裂后用泥弥合所留。手斜下，掌心向体内侧，有掌纹，掌丘厚实，四指并拢微屈，掌指关节处略弯曲，拇指直，指尖向前。臂长 34、腕周长 20 厘米，手长 19、掌心厚 2、掌根厚 4 厘米，拇指长 6.5、周长 7 厘米，其余四指依次长 9.5、10.5、9、7.5 厘米，径 2、2、2、1.5 厘米。右臂肘近直角弯曲抬起，肘下有僵硬刮削或支撑板压印平面。手半握，拳眼向上，拳轮直向下，掌心向内，拇指关节微屈，其余四指并拢，自第二关节处直角弯曲，手指存厚层底漆及淡粉色彩，表面受炭迹污染严重。臂长 34、腕周长 21 厘米，手长 17、掌心厚 2、掌根厚 4 厘米，拇指长 7.5、周长 7.5 厘米，其余四指依次长 10、10.5、10、8 厘米，径 2、2、2、1.5 厘米。胎顺肩而下成大臂上端，手与臂烧前粘接，接茬处光滑，经涂抹修饰。体前视臂尺侧与体无缝隙。体腔为泥条盘筑，泥条宽 3.5~4 厘米，上腹有大面积绳纹。底有圆形透气孔。双股上连属，空心，下至近踝处分，间隙近无，一层底盘。足自脚踝断裂，平行直立，与踏板一次制作。踏板长 32、宽 32.5、厚 3 厘米。

服饰　Aa 型首服。梯形冠板，前起自前顶部，斜坡状后延后反折成室。冠板前有绥，压板后顺顶部至太阳穴上，与枕部绥节结于两鬓，沿颊而下至颔形成长垂绥，单结叠压于前身甲胸部，并覆盖纽扣局部。垂绥飘扬，绥带质感轻薄，应为模拟丝制品。与颅二次粘接结合。冠板前宽 7.5、斜长 11 厘米，垂直距颅顶最高 2.5 厘米，后宽 3、通长 6.8 厘米，绥带顶部宽 2、枕部宽 2.8 厘米（图版三一，3）。瓮颈高 5、厚 3 厘米。Ab 型铠甲，前身甲共 11 排 5 列，通长 65 厘米。后背甲共 11 排 5 列，通长 63 厘米。侧身甲前 5 排 2 列，后 1 排 2 列，通长分别为 20、21 厘米。甲札编缀形式基本与 G9:2 类似，身甲底边弧，边长由内向外逐次递减，形成圆弧状下摆。披膊底齐边，共 4 排 5 列，长 26 厘米，左右上弧宽分别为 26、28 厘米，下弧宽分别为 23、24 厘米。两甲札之间为 Ab 型组练，其下垫有泥片，长约 5.5、宽 2 厘米；Ba 型组练近圆形，较小，根部断裂毛茬，局部可见白彩上罩紫色，直径约 0.9、高 0.3 厘米。垂直纽扣，局部被绥覆盖，通长、扣合形式不详，宽 1.5 厘米。袖筒宽窄较适中，袖口堆簇有褶皱，以阴线表现纯。左袖长 61、口周长 46 厘米；右袖长 63、口周长 48 厘米。襦下摆外侈程度小，显紧束感，左衽边自腰际直垂下，双衽交掩，三角形裾角。襦面彩绘色彩斑驳，上段内黑外粉红，下段陶胎表面有细致青灰色粉末，而后施内黑外粉绿彩，似有意而为，襦底为粉红色。襦长 113、下摆周长 250、立面厚 1.2 厘米。A 型下衣，外袴仅以彩绘表现，未见表现紧束感的阴刻线，色粉红；大袴两股连合至踝，束脚踝，两股背面为粉绿色，正面为肉红色，施色有悖常理，寓意不详。暴露长 35、上周长 100、下周长 48 厘米。履方口，印角，面褐色，綦带为减地雕刻，足面肤色粉红，綦带为淡紫色，局部为朱红色。左履通长 28、面宽 11、面长 8、沿帮高 3、后帮高 4 厘米；右履通长 27、面宽 11.5、面长 8.8、沿帮高 2.5、后帮高 4、綦带宽 0.8 厘米。

7. G9：15

概况　Bb 型俑（图六六；图版三二，1、2）。位于Ⅲ－1－2，南邻 G9：14，北侧为 G9：16，西邻 G9：22，东有 G9：②所属之 G9：13，左肘碎陶片间出有铜璏（G9：0107），腿南（右）侧、西（后）侧有箙⑩散落的铜箭镞及弓干、弓韬朽痕。东西向俯卧，头、颈等部位与 G9：13 混为一体，右臂叠压于 G9：14 下，胸以下基本为一体，内腔上部较空，后背部分陶片下塌落入空腔内，下部填塞多层淤泥，包含有红烧土颗粒。腰际处稍有错位，自脚踝处断裂，足履、踏板等余部保持原位，被淤泥包围，淤泥纯净致密，其中夹杂黑色淤泥层理。腔内淤土约 20 层，土质细腻。右膝上腿腔内有一陶棒（G9：0114），近长条形，一端为人手揪断的毛茬，表面光滑，为陶胎余料。陶色深蓝，均匀一致。体形属魁梧、健壮力士型。腹部鼓起最大位置近上腹，宽胯，翘臀。临头④为其所属，未复位。残高 161.5、肩宽 36、腹部最大周长 112 厘米，体最宽处在肩部，周长 138.5 厘米。

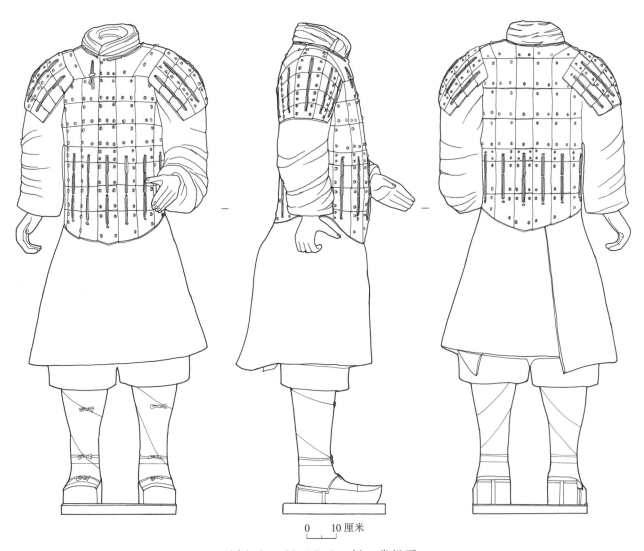

0　　10 厘米

图六六　G9：15 正、侧、背视图

躯体 颈与体腔烧前组合,体腔内有承接俑颈的圆台,系粘接的圆形泥条,缝隙处填补泥片。D 型手臂。手与臂烧前连接,骨节凸出。左臂近直角弯曲抬起,自腕内屈,掌心向内,拇指外张略上翘,四指并拢斜下,指尖向前,肤色弱粉红。臂长 61、腕周长 24 厘米,手长 17.5、掌心厚 2 厘米,拇指长 5.3、周长 9 厘米,其余四指长 9.5、10、9.5、8.5 厘米,径 2、1.5、1.3、1 厘米。尺侧与体无缝隙。右臂垂直,外撇,手掌根处断裂,掌心向内,拇指外张,指尖上翘,四指并拢,各关节弯曲呈钩状,拳眼前、拳轮后,肤色弱粉红。臂长 54 厘米,手长 21.5、掌心厚 2 厘米,拇指长 7、周长 9 厘米,其余四指依次长 11.2、12.5、13、12 厘米,径 1.7、2、2、1.5 厘米。右臂肘处上下两截烧成后粘接,用粗疏织物缠扎后,再涂抹粘接粉,陶胎表面制作痕迹不一致,陶色有别,复位后造型僵硬,内壁可见竖向自上而下四指涂抹痕迹。小臂外侧用白色颜料书写的倒置 "A",应为数字编号 "廿",相距约 2 厘米处,有刻划陶文 "廿"(图版三二,3)。襦底未见透气孔。一层底盘,上段二次覆泥包裹一周,空心。双股分立,粗壮似柱,实心,裤股分缝处间隙较小。无腓肠肌等凸起的肌腱,踝部粗肥,宽刃刮削,刃痕宽约 3 厘米。左右腿外踝处周长分别为 36、34.5 厘米,膝处周长分别为 45、46 厘米。两足分立踏板边沿,足面色层厚,深褐色漆上先涂粉红彩再涂粉白彩,白里透红,肤色自然。左足内踝关节隆起,局部内彩为朱红色。足与踏板分开制作,两者间有厚约 0.3 厘米的青灰色、褐色粉末,并见有毛刷类工具涂抹痕迹(图版三二,4)。踏板边有倒棱,长 39、宽 35、厚 3 厘米。

服饰 瓮颈上、下分别为暗红、粉绿双色,高 7、厚 4 厘米。Aa 型铠甲,编缀形式同 G9:2。前身甲甲色保存较多,褐色甲札,漆层厚,光亮,甲札边缘刮棱。前身甲通长 62、后背甲通长 63 厘米。左披膊长 24.5、上弧宽 27、下弧宽 27 厘米;右披膊长 24、上弧宽 36、下弧宽 27.5 厘米。A 型组练为朱红色,多道褶皱;Ba 型组练为紫红色,多自根部齐茬断裂。B 型纽扣,上约,余尾飘扬,下襻,自第 1 排第 2 列至第 2 排第 2 列上下垂直,朱红色非常鲜亮。通长 9 厘米,白色别棍长 1、径 1.1 厘米。袖筒宽肥,自肘多重横向褶皱,可见少量粉白彩,褐色底漆。纯为草绿色,宽约 1.8 厘米。襦面喇叭形外侈较甚,尤其是左侧襦摆有飘扬鼓动势,两侧尖状裾角切割整齐,衽边自腰际外斜垂下。襦面胎表有薄层细腻粘接粉,底漆为黑褐色,近下摆处有极少量粉绿彩,襦底为暗红色。襦长 103、下摆周长 310 厘米。B 型下衣,裤股截面切割痕迹明显,面色淡紫,黑色底漆,施色区域漫至胫。两股暴露长度分别为 9、8 厘米,周长分别为 75.5、73.5 厘米。行縢施棕褐色漆,右侧自内向外绕胫,左侧自外向内绕胫。上组带未表现,仅胫面有平直花结,减地平雕,朱红色。下组带位于脚踝处,与花结均为减地雕刻后施朱红彩,花结造型略显平直呆板。方口履,卬角直上翘,面褐色,綦带为减地雕刻,胎表有粘接粉末。花结色灰绿。左履通长 28、面宽 11、面长 8、沿帮高 4、后帮高 5.5、綦带宽 0.8 厘米;右履通长 27、面宽 11、面长 8.5、沿帮高 3.8、后帮高 6 、綦带宽 1 厘米。

8. G9:17

概况 Bb 型俑(图六七;图版三三,1)。位于甬道西,位于Ⅲ-1-4,南临 G9:16/26,西邻 G9:20,北侧隔墙土南低北高滑坡状涌至膝及腹左侧,东部与 G9:②之间无遗物,红烧土与棚木炭灰、较纯净土等堆积直至砖铺地。残损比较严重,临头②与其应有关联。体腔内淤塞杂乱烧土,胸、腹部位残片自上而下跌落于俑体东南侧或腔内烧土上,包括右臂、瓮颈、前胸等。左手自腕部断裂,跌落于右下腹。背部四分五裂,已移位。下半身陶片开裂,但保持原位呈站立状,

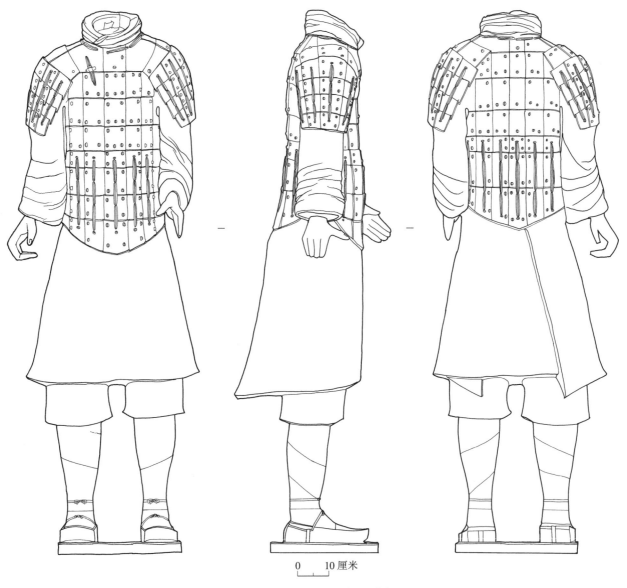

图六七　G9：17 正、侧、背视图

双腿膝处断裂，脚踝处断裂。踏板保持原位。红烧土等上层堆积包裹直至襦底，其余堆积土质纯净，色淡黄。陶色大部分为土黄色，陶质不一。左侧体表尤显粗糙，含砂极多，似经水蚀。相比之下，右侧体表光滑，右手经打磨。腿部为蓝灰色，右肩部小范围陶色骤变为橘红色。体形偏瘦，含胸，略驼背，窄胯，圆臀。头未复位，残高 167、肩宽 38、腹部最大周长 95 厘米。

伤痕　上体破碎的原因主要是受到来自上方的冲击，双腿断裂当为隔墙下坐挤压所致。其中伤痕 1，左肩部扇形浅表伤，直径约 2.5 厘米，为钝器伤（图版三三，3）；伤痕 2，位于左臂近肘部，直刃削斩痕，连续数次施力，浅伤痕密集，另有三次以上强力削砍行为，形成刃口宽 2.5～4.5 厘米的陶体剥落（图版三三，4）；伤痕 4、伤痕 7 两处为三角形创面，刃痕长近 3 厘米（图版三三，5）。

躯体　头与体烧前连接，体腔内壁有粘接的毛茬和承托的台面。弧肩，左肩高，右肩低，结合臂形、裤股动势，似有意而为。D 型手臂。左大臂紧贴体侧，有"紧挟"之感，屈肘大于 90°，前抬。掌心向体内侧，拇指直伸，四指并拢微屈，斜下，指尖向前。臂长 48、腕周长 19 厘米，手长 18、掌心厚 4、掌根厚 5.5 厘米，拇指长 6.5、周长 7.5 厘米，其余四指长 9、9.5、8、7 厘米，径 2、2、2、1.5 厘米。右臂自肘微屈前抬，手四指并拢，各关节弯曲呈钩状，拇指第一关节内弯，拳眼半闭合，拳眼在前，拳轮在后。臂长 53、腕周长 20 厘米，手长 23、掌心厚 4、掌根厚 6 厘米，拇指长 7.5、周长 8.5 厘米，其余四指依次长 11、14、13、12 厘米，径 2 厘米。袖口处有陶文"四"，近肘部塑型僵硬，下段尺侧有烧成后修整的砍砸痕迹，右手指见有青白色彩绘。大臂与肩部一次制作，手与臂烧前粘接。体前视臂尺侧与体有缝隙，左侧缝隙近半圆形，右侧缝隙呈长条状，臂侧可见硬物压槽，应是制胎使用的支架痕。襦底未见透气孔。双股分立，一层底盘。腿胫粗细不完全一致，左脚踝处周长 27、右脚踝处周长 26 厘米。近膝断茬处可见陶胎中心上端面略凹，下端面凸起，形成榫卯结合（图版三三，2）。足与踏板二次制作。足面色双层，内乳白外粉红，显粉白肤色。踏板厚薄不均，边有倒棱，长 39、宽 34、厚 2.5 厘米。

服饰 瓮颈左外右内交掩，高 8、厚 3.5 厘米。Aa 型铠甲，色无存。前身甲通长 62、后背甲通长 60 厘米。前身甲中列甲札呈方形，第 8 排甲札两侧边长 9、上宽 7 厘米。左披膊长 24、上弧宽 35、下弧宽 21 厘米，右残。A 型组练薄，较细，褶皱密。以前身甲第 1 列为例，第 5～8 排有 A 型组练 3 条，首尾连贯，由上至下长度分别为 5.6、10.2、5.8 厘米，宽为 1.2、1.7、1.2 厘米。披膊部分较此更窄。BbⅠ 型组练较小，凸，近圆形，断裂茬口处多有三角形深窝。A 型斜向纽扣，部分脱落，上约下襻方式扣合，可见残长 1.8 厘米，别棍长 2、径 1.2 厘米。袖筒上窄下宽肥，褶皱繁密，袖口左周长 40、右周长 46 厘米。襦面喇叭形外侈，体侧襦底扬起，两侧尖状裾角切割整齐，衽边自腰际大幅度向外斜垂，近底有 3 道横向阴刻线，表现衣料褶皱。襦面绿色，襦长 105、下摆周长 273 厘米。B 型下衣，裤绾呈喇叭状，横向多重阴刻表现褶皱，两侧底边扬起，动感强，色淡绿。裤暴露左股长 10、周长 60 厘米；右股长 10.5、周长 62 厘米。行縢面为褐色，自内向外绕胫，两阴刻组带涂灰绿色，下组带位于脚踝上，平直花结为朱红色，减地雕刻，组带宽 0.5 厘米。方口履，印方角上翘弱，面为褐色，綦带为灰绿色，减地雕刻。通长 26、面宽 11、面长 8、沿帮高 3、后帮高 6、綦带宽 0.5～1 厘米。

9. G9：18/34

概况 Bb 型俑（图六八；彩版一五，2；图版三四，1）。位于Ⅲ-2-1，南邻 Q8，北侧为 G9：22，东邻 G9：14，西部 G9：21 叠压襦摆，右（南）侧有弩⑤，包括铜弩机 1 件，左侧身下压有黑色朽痕和铜剑首 1 件（G9：087），应属其配备的武器。破损严重，上半身若干残片包括左臂等（原编号 G9：34）移位至东北侧约 2 米之外，一腹侧残片西—东向散落于俑体东南，可谓四分五裂，说明受到了相当大的外力冲击。冲力的方向推测以西南—东北向为主，击点位于背部腰际。右肩内侧（陶片编号 G9：18-10）表面有圆形崩落（图版三四，4）。另有伤痕 9，疤痕面见有 2 处三角形宽刃"削斩伤口"，为自内向外、自上向下施力（图版三四，3）。腹部以下陶片散裂，但基本保持原位，微向前（东）倾。襦摆以下为纯净土质堆积，以上及腔内堆积有杂土，包含红烧土、淤泥，表层有炭灰，堆积情况表明发生撞击的时间节点是在两种土质形成之间。双腿自脚踝处断裂，胫部可见织物缠匝朽痕一周，宽约 14 厘米（图版四三，3）。朽痕为黑色，组织稀疏，表面未见其他涂抹物质，系烧成后粘接。踏板基本保持原位。陶色深蓝，体左侧局部为橘红色或土黄色。体形偏瘦，下腹微凸，窄圆臀，上下匀称，各部分比例适宜，形体修长俊秀。

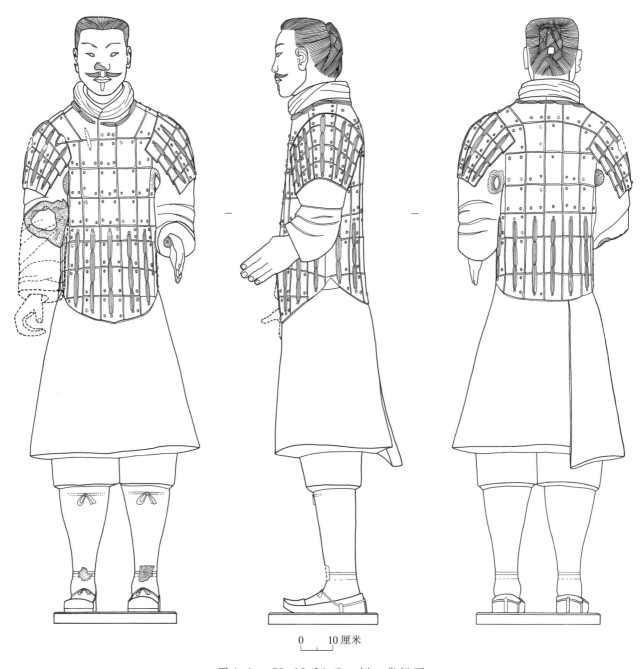

0　　　10 厘米

图六八　G9：18/34 正、侧、背视图

通高 179.5、肩宽 34、腹部最大周长 95 厘米。

　　躯体　头与体烧前连接，体腔内壁有粘接的毛茬。瓮颈胎与胸上端为二次覆泥粘接，贴于胸外。胸胎由小泥块组成，外表面可见手指压摁痕。俑头原编号临头③。五官端正，鸭蛋形脸。额鳞面斜度大，额高较短，眉心相连；杏仁眼，两颧骨浑圆，鼻梁挺拔、细凸起；地阁部分略长，口裂呈"一"字形，下颌圆润。须角翘起高，粜呈长条形。6 股扁髻，发丝篦栉刮划，发绳蝴蝶结，押发笄。颅高 26、周长 55 厘米。"三庭"长度依次为 5.5、6、7.5 厘米，"五眼"宽度依次为 5.5、3.7、4.6、3.5、5 厘米。眉崤长 7.5 厘米，眼外眦与内眦高度差 1.1 厘米，鼻长 5.1、高 1.5、翼宽 4.6 厘米，口裂长 6.6 厘米，上下唇厚比值 1.1：0.8。髭长 5.8、宽 1.5 厘米，粜长 1.8 厘米。耳轮长 6.5 厘米。发笄长 2、宽 1.7 厘米。颈周长 39 厘米。肩平。D 型手臂。左臂屈肘大于90°，前抬。掌心向体内侧，拇指自关节处残断，四指并拢微屈，斜下，指尖向前。臂长43、腕周长22厘米，手长19、掌根厚3、掌心厚2厘米，拇指残，其余四指依次长11、12、10、9厘米，径2、2、2、1.5厘米。右臂基本垂直，稍有前抬趋势，拇指第一关节稍内弯，前伸，四指并拢，各关节弯曲呈钩状，拳眼半闭合，前向，拳轮直向后。臂残长31、腕周长21厘米，手长21、掌根厚5、掌心厚4厘米，拇指长6、周长7厘米，其余四指依次长13、13.5、13、12厘米，径2、2、2、1.5厘米。大臂段可见胎泥自肩、腹外扩顺势而下至肘，下端内套空心小臂胎，结合处位于屈肘部位。手与臂烧后连接。右手肘部上下陶色、陶质略有区别，断裂处茬口不能完全吻合。臂尺侧腋窝处与体有空隙，空隙呈卵形，左径5×2、右径4×3厘米，应与制胎使用支架有关。襦底无圆形透气孔。双股上连属，空心，"∞"形起伏以示裈股之间的随意叠合；下分立，实心。二层底盘，下底盘周长145厘米。两足并列，距踏板外沿约5厘米，脚踝处周长26厘米。足面肤色粉红，自然条件下暴露后颜色渐淡，呈粉白色。踏板表面有褐漆，足与踏板一次制作。踏板厚薄不均，边有倒棱，长38、宽34.5、厚3.7厘米。

服饰　Aa型铠甲。甲札存色较多，尤其是散落于东南和东部的两残片表面保存较好，甲札棕褐或黑褐色，朱红色组练。前身甲通长62、后背甲通长63厘米。前身甲中列甲札呈方形，其中第8排甲札底边近心形，中有尖，两侧边长7、上宽7厘米。侧身甲下有腰带造型。左披膊长25.5、上弧宽36、下弧宽23.5厘米；右披膊长23、上弧宽36、下弧宽23.5厘米。BbⅡ型组练，甲札表面有三角形孔，组练背面有圆形乳突，以利铆合（图版三四，2）。斜向纽扣已脱落，仅留印痕。袖筒上下等宽，较肥，通体多重褶皱，色绿，右袖口处有陶文"五"。左袖口周长41.5、右袖口周长50厘米。襦面喇叭形外侈，平整，面暗红。右裾角未见，查底无断裂遗失痕迹；左裾角尖，切割整齐。衬边自腰际下垂，衬边粉绿。襦长105、下摆周长147.5、衬厚2.7厘米。B型下衣，两股叠合，两侧底边扬起，动感强，色淡绿。裤绾总周长97厘米，裤暴露长10.5厘米。行縢面为褐色，自内向外绕胫。两组带为阴刻。下组带近脚踝，阴刻线两道，"人"字形花结，朱红色。方口履，印角上翘弱，面为褐色，綦带减地雕刻，朱红色。左履通长26、面宽11、面长7.5、沿帮高2、后帮高5.5厘米；右履通长25、面宽11、面长8、沿帮高2.4、后帮高5.5厘米。组带宽0.7、綦带宽0.8厘米。

10. G9∶20

概况　Bb型俑（图六九；图版三五，1）。位于Ⅲ-2-4，南邻G9∶19，北侧为Q9，东邻G9∶17，西邻G9∶32。陶色不一，腿下为深蓝色，以上绝大部分为土黄或橘红色。此俑整体呈西北—东南向倾斜，并自腰间断裂为两大截，上部残片堆积于东南，与G9∶16、G9∶17、G9∶22等残片混杂，头部移位较远，压于西南G9∶21后襦摆，与G9∶21俑头紧邻，少量襦部残片跌落于体腔内，与烧土、炭灰、坍塌土混杂。下部站立状保持原位，双腿自脚踝处断裂，踏板发生南移，与砖铺地之间有厚0.1～0.2厘米的淤泥。通高183、肩宽57、腹部最大周长87、俑体最宽处周长181厘米。

伤痕　右臂后有钝器砸击痕，砸击造成四周放射状裂痕；腰部甲札上有钩斫痕，斫点成深窝，轨迹范围2×1.5、1.4×1厘米（图版三五，2）；背部有钝器砸击造成的浅表剥落，涉及范围7×4厘米（图版三五，3）；襦面后左部有钝器砸击痕，外形呈半圆形，连续砸击两次，涉及范围7×3厘米；左肩前部钩斫点为三角形深窝，陶体剥落范围4×2厘米；左臂钩斫痕形近三角

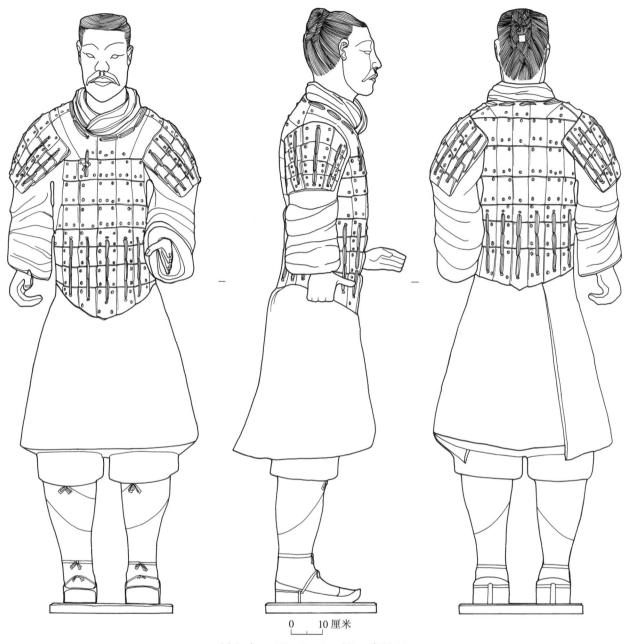

图六九　G9：20 正、侧、背视图

形，四周放射状剥落，涉及范围 5.5×1.5 厘米。

　　躯体　颅部与体腔烧后粘接。脸形与 G10：52 类似"孪生"。面狭长，粗犷。发际平直，天庭较短，额鳞面斜度大，粗眉峰，弧形如弯月，眉间宽；细长吊眼，眼仁微凸，两颧骨间距阔，两腮较丰满，鼻根下凹深，鼻梁挺，两侧软骨部分对称微凸；唇厚，上吻部凸出，人中沟深且长，口裂呈"一"字形，左侧嘴角上挑，鼻唇沟深，接髭尖；地阁下端较长，下颌翘起，颌转角明显。髭为弧形，梢尖，水滴状梥，阴线刻划表现须毛。两耳位置较高，愈显颧骨以下面颊过长，两耳丰满，类似圆雕，耳垂厚。利刃刻划发丝，押发笄。局部残余小面积白色彩绘。颅高26、周长 59 厘米。"三庭"长度依次为 6、5.2、7.1 厘米，"五眼"宽度依次为 4.5、4.5、5、5.5、4.1 厘米。眉峰长 7.6 厘米，眼外眦与内眦高度差 0.9 厘米，鼻长 5、高 2、翼宽 5 厘米，口裂长 6.5 厘米，上下唇厚比值 1.3∶0.5。髭长 6、宽 1.8 厘米，梥长 1.8 厘米。左耳轮长 7.5、右耳轮长 7.8 厘米。发笄长 3、宽 2.8 厘米。实心颈，周长 41 厘米。D 型手臂。肩右高左低，两肩水平差近 1 厘米。双手烧前粘接，插入部分长约 12 厘米。臂内壁多见竖向指抹痕。左臂直角抬肘，手张掌，拇指第一关节微屈，其余四指指尖向前，掌心向内，掌轮向下，尺侧贴体。腋窝下有半椭圆形缝隙，径分别为 8×3、9×2 厘米。小臂与体胎连属。臂长 62、腕周长 21 厘米，手长 17、掌心厚 5、掌根厚 3.5 厘米，拇指长 5.5、径 2 厘米，其余四指依次长 7.5、8.6、8.5、8 厘米，径 1.5~1.6 厘米。右臂近袖口处有陶文“廿五”，手作勾状，残存粉白色彩绘，拇指外张上翘，四指自掌指关节处向内弯曲，掌眼前，掌轮后。右臂尺侧与体有缝隙，两胎不连属。臂直下垂，近肘处至腕部不仅陶色骤变，而且制作痕迹上下不连贯，衣袖褶皱僵硬，疑烧后连接（图版三五，4），掌心断裂处可见胎分两层。臂长 50、腕周长 22.5 厘米，手长 21、掌心厚 4、掌根厚 3.5 厘米，拇指长 6、径 1.8 厘米，其余四指依次长 11、12、12、11 厘米，径 2 厘米。双股自裆下分，一层底盘，近踝处左腿周长 28、右腿周长 30 厘米。两足分立，与踏板分别制作，两者之间有粘接粉，足面为深褐色漆上涂粉白彩。踏板长 38.5、宽 35、厚 2.5 厘米，与左足对应处有近长方形浅凹槽。

服饰 瓮颈左掩右，有零星白彩，高 6、厚 5 厘米。Aa 型铠甲。前身甲通长 56.5 厘米，第 8 排第 3 列甲札呈心形，左边长 5.5、右边长 6.6 厘米，宽 7.5 厘米，最大长度偏右。后背甲通长 61 厘米，第 7 排第 3 列甲札底边呈心形，通长 10.5、可见宽 3.1 厘米，最长处位于中部。左披膊长 25、上弧宽 37.5、下弧宽 25.5 厘米；右披膊残，残长 24、下弧宽 22.5 厘米。BbI 型组练。前身甲第 2 列第 1、2 排之间有垂直 B 型纽扣，上约下襟式。通长 8.6、襟长 5.5、约长 5.5 厘米，别棍长 2.5、径 1.2 厘米。袖筒略宽肥，长簇拥腕，多褶皱，横向较深，口截面呈圆形。左袖长 59、周长 55 厘米；右袖长 50、周长 48.5 厘米。襦面外侈程度较小，两侧尖状裾角切割整齐，衽边自腰际垂下。襦长 107、下摆周长 267 厘米。B 型下衣，暴露左股长 10、周长 65 厘米；右股长 8、周长 64 厘米。行縢自内向外阴线刻划缠绕，縢面施黑色漆，下组带宽 0.5 厘米。履方口，印角方直翘甚，减地与阴刻表现綦带，带结均粘接而成，履面为褐色，而綦带是与足面一同施色后复加红彩。左履通长 27、面宽 11、面长 8.3、沿帮高 2.8、后帮高 6 厘米；右履通长 26.5、面宽 10.5、面长 8、沿帮高 2.5、后帮高 6 厘米。綦带宽 1 厘米。

11. G9∶21

概况 Bb 型俑（图七〇；图版三六，1；图版四三，4）。位于Ⅲ-3-1，东、北相邻的陶俑分别是 G9∶18、G9∶23，踏板前尖触簇⑤，后（西）部及右（南）侧有弩①、簇①等朽痕。残破程度较轻，计有 15 块残片，整体俯卧扑倒在前排 G9∶18 与 G9∶22 之间，左侧襦下摆被 G9∶32 头部枕压，头附带部分瓮颈断裂移位至南墙下，面向上，顶向西，被坍塌土叠压，右小臂残断。俑体空腔中塞满淤泥，淤泥层理自东向西分布，可见淤灌是在俑体倒塌后形成。襦摆以下为淤泥堆积，厚约 50 厘米。双腿自踝部断裂，踏板保持原位。陶色不一，头部、背部绝大部分和正面上半身为橘红色，瓮颈与周围部分截然有别，为青灰色。两臂及胸部有自然侵蚀，表面粗糙。低头，目光下视，额部有抬头纹，含胸，鼓腹，臀平，内“八”字腿形，造型较年长。通高 183.5、肩宽 43、腹部最大周长 96 厘米，俑体最宽处在肩部，周长 118 厘米。

伤痕 受损主要来自三种力量，其一是西—东向的冲击或推搡，受力点在右臂肘部，冲击时产生的惯性致三截右袖口失落在东部 G9∶15 两足附近；其二是接触点在瓮颈下针对头部实施的重点打

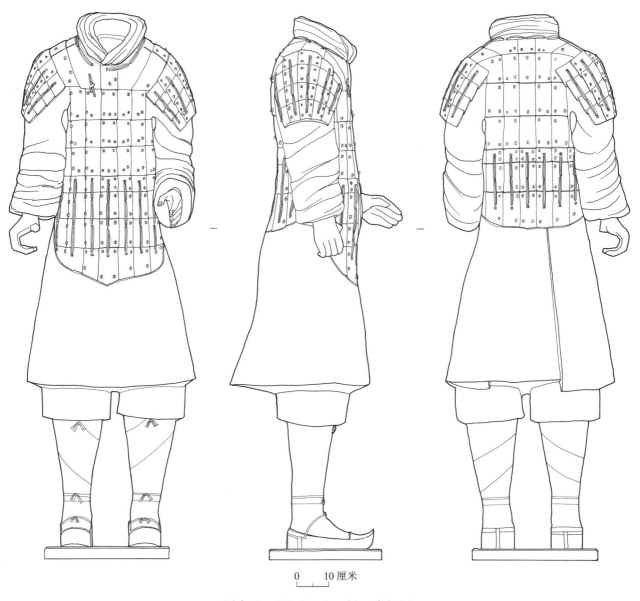

图七〇　G9：21 正、侧、背视图

击，施力来自前（东）方，左侧瓮颈滚落在南柱 9、10 间；其三是双膝下淤泥堆积产生时的阻力。

　　躯体　颅部与体腔烧前粘接。脸形粗犷，近“目”字形。窄额，发际平直，额鳞面斜度大，有抬头纹，眉嵴粗壮，高凸起，眉间下凹，有“川”字形纹。三角眼，左眦睑最宽处在眦眶前段，近弧形，眼仁低凸；右眦睑最宽处在眦眶首端，上睑缘近直折角，眼仁高凸。鼻准有鹰钩势，准头肥大但两翼窄，有鼻孔，鼻唇沟深，“八”字形外撇甚，总长近 4.5 厘米。人中宽近 2 厘米，口裂近“⌒”形，厚唇，下唇缘外翻，下颌翘。板状髭较宽，尖梢斜下垂，水滴状楘。两耳紧贴头部，似圆雕，相对位置较高，耳垂肥厚。实心颈，较粗。面部表情呈若有所思、心事重重状。颅高 25、周长 59 厘米。“三庭”长度依次为 6.1、7、8 厘米，“五眼”宽度依次为 4、5.5、5.5、5、3.6 厘米。眉嵴长 6 厘米，眼外眦与内眦高度差 1.3 厘米，鼻长 5.5、高 1.8、翼宽 5 厘米，口裂长 8 厘米，上下唇厚比值 1.4：0.4。髭长 6.8、宽 1.8、楘长 2 厘米。左、右耳轮长 8、8.5 厘米，耳垂厚 2 厘米。颈周长约 44 厘米。D 型手臂。手势同 G9：20，局部有白色彩绘。左肩低，溜肩，手、腕结合处有陶文“友二十八”。臂长 46、腕周长 18.5 厘米，手长 19、掌心厚5、掌根厚3厘米，拇指长5、径2.5厘米，其余四指依次长8、9、8.8、7.5厘米，径1.4～1.5厘米。右肩略高，平肩。臂残长55、腕周长18厘米，手长22、掌心厚4、掌根厚4.8厘米，拇指残缺，其余四指依次长11、12、11、10.8厘米，径2、2、2、1.6厘米。左臂尺侧粘体，腋窝下有半圆形缝隙，径约6×2厘米；右小臂内壁多见竖向指抹痕，尺侧粘体，腋窝下有半椭圆形缝隙，径5×3厘米。双手烧前粘接。双股分立，一层底盘，近踝处周长31厘米。左胫断面有沟槽、深窝等，茬口涂抹有粘接粉，其外缠绕织物（图版三六，2、3），应为烧制后再次粘接。两足分立，色粉红。踏板与足二次制作，两者之间有厚约0.2厘米的粉末。踏板表面有褐色漆，长38.5、宽36、厚3.2厘米。

服饰 瓮颈高5、厚5厘米，表面存红、草绿色彩绘，左掩右，腔接领口处有绳纹。Aa型铠甲。前身甲长，抵裆部，通长66.5厘米，第8排第3列甲札呈心形，最大边长10、宽6厘米。后背甲通长62.5厘米，第7排第3列甲札底边微凸出尖，通长11.5、可见宽5厘米，最长处居中。左披膊长21、上弧宽36、下弧宽24厘米；右披膊长21、上弧宽32.5、下弧宽22厘米。组练Ba型制作，A型朱红色，薄，褶皱多。第2列第1、2排之间有斜向B型纽扣，上约下襻式。通长9、襻长5.5、约长5.5厘米，别棍长2、径1厘米。左袖筒略宽肥，长簇拥腕，多褶皱，横向较深，口截面呈圆形。长60、口周长46.5厘米。右袖口有陶文"三十"，纯二重，粉绿色上接紫红色。长54厘米。襦面外侈程度较小，两侧尖状裾角切割短小整齐，衽边自腰际垂下。襦长108、下摆周长284厘米。襦底淡紫色。B型下衣，裤分两股，绾面为淡绿色，绾底为朱红色。暴露裤股左长10、右长9厘米，上周长分别为67、66厘米，下周长分别为66、65厘米。行縢自内向外阴线刻划缠绕，縢面施黑色漆，下组带宽1厘米。履方口，卬角圆弧，上翘较弱，减地与阴刻表现綦带，带结均粘接而成。面为褐色，带结为朱红色，綦带颜色同足，彩绘层较厚。通长27、面宽11、面长7.5、沿帮高2.5～3、后帮高5.5～6、綦带宽1厘米。

12. G9∶22

概况 Bb型俑（图七一；图版三七）。位于Ⅲ-2-2，俑体残断为上、中、下三大部分，腰腹以上基本完整，完全被G9∶19叠压，属第2层提取，踏板左（北）后（西）方出有骨片（G9∶0104）。头向东北，面下，斜卧，右臂自肘部残断，腰际至襦底残片散乱于四周，部分与西南部G9∶21混杂，少量襦部残片覆盖在襦底以下部分的空腔内，与红烧土和炭灰等杂土混杂，踏板保持原位，共107块残片。陶色不一，上部为青灰色，中部为土黄色，下部为深蓝色，说明俑坑起火时间在俑体已经残断、上部被其他陶俑叠压、下部被淤土包裹之后。此俑腰、腹部是受破坏的主要区域，外力来自西南方。体态胖瘦适中，体微前倾，含胸，腿肌发达，尤其是腓肠肌等部位尤其粗壮，近"O"形腿，翘臀浑圆，腰际线较低。通高183.5、肩宽32、腹部最大周长101厘米，俑体最宽处在肩部，周长135厘米。

伤痕 陶片表面可见"丁"字形钩斫痕、圆形放射状撞击痕等，尤以G9∶22-23右小臂等残片最为典型。

躯体 颅部与体腔烧前粘接。头较小，实心颈，"申"字形脸。天庭短，额鳞面斜度大，粗眉崤斜直，上长及鬓，似剑眉，眉间窄；中庭较宽，杏仁眼，微上挑，眼仁左圆凸，右微凸，颧骨近平，两腮较瘪，鼻形近鹰钩，鼻根深陷，鼻梁细挺，鼻翼窄，鼻唇沟短，"八"字形急外撇；人中沟深且短，薄唇，唇珠微凸，特地涂朱，口裂呈"一"字形，下颌翘。板形髭，梢平，

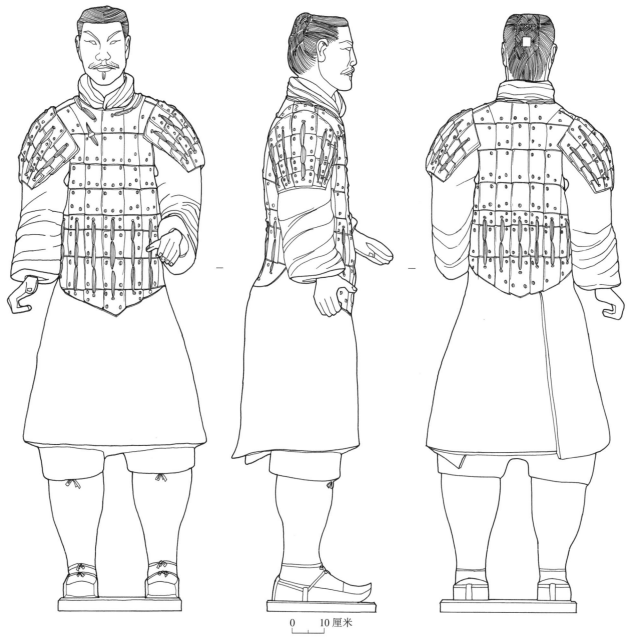

图七一   G9:22 正、侧、背视图

水滴状枭。耳圆雕，垂宽厚。6 股发辫梳成扁髻，发丝篦栉刮划，上束双股合成发绳，下押长方形发笄。实心颈。面部黑色底漆上可见粉白与肉红双层彩绘，肤色偏粉白。颅高 23.5、周长 55厘米。"三庭"长度依次为 5.6、6.5、7 厘米，"五眼"宽度依次为 4、5.7、5、5.7、3.7 厘米。眉峰长 7 厘米，眼外眦与内眦高度差 1 厘米，鼻长 5.2、高 2、翼宽 5 厘米，口裂长 7 厘米，上下唇厚比值 0.5:0.4。髭长 5、宽 1.5 厘米，枭长 2 厘米。耳轮长 7、垂厚 2 厘米。发笄长 3.5、宽2.5 厘米。颈周长约 44 厘米。平肩。双手烧前粘接，插入部分长约 6 厘米，内芯胎泥断面毛糙，外层利器切割。D 型手臂。左臂肘部微抬，腕反转向体侧下倾，四指并拢，指尖稍下斜，拇指外张且绷直。臂长 51、腕周长 19 厘米，手长 15、掌根厚 3 厘米，拇指长 5、径 2 厘米，其余四指依次长 8、9、8.5、7 厘米，径 1.5 厘米。右臂下垂，与体紧贴，掌心向体内侧，手外撇，拳眼前，拳轮后，拇指翘，作向内扣压状，其余四指并拢，关节弯曲呈钩状。臂长 54、腕周长 20 厘

米，手长 19.5、掌根厚 3.5 厘米，拇指长 6、径 2.5 厘米，其余四指依次长 10、11、11、10 厘米，径 1.5 厘米。掌心断裂处可见胎分两层。臂内壁多见竖向指抹痕，尺侧有粗绳纹。腋窝下有对称半椭圆形缝隙，径约 4×2.5、4×3 厘米，为制作支架压痕。右小臂与大臂连接僵硬。陶色、陶胎表面制作痕迹不连贯，局部断茬不能完全吻合。尺侧贴体处有 A 型组练压印褶皱，与对应位置组练外形一致，说明臂部与体腔结合时铠甲上的组练制作已经完成。二层底盘，腿上段空心、下段实心，腓肠肌等健壮凸起。两足分立于踏板边缘，足与踏板一次制成。踏板长 37、宽 33.5、厚 3.3 厘米。

服饰 瓮颈表面存有红色彩绘，左、右抵接，高 6.5、厚 4 厘米。Aa 型铠甲。前身甲通长 60.5 厘米，第 8 排第 3 列甲札底边尖凸，最大边长 7.5、宽 7.5 厘米，最大长度居中。后背甲通长 61 厘米，第 7 排第 3 列甲札底边微凸，通长 11、可见宽 5.5 厘米。左披膊长 25、上弧宽 37.5、下弧宽 24 厘米；右披膊长 27.5、上弧宽 38.5、下弧宽 21 厘米。部分 A 型组练很薄，残存朱红彩，Ba 型多自根部断裂。前身甲第 2 列第 1、2 排之间为斜向 A 型纽扣，上约下襻式。通长 9、襻长 4、约长 5.8 厘米，朱红色，别棍长 2.5、径 0.8 厘米，白色。左袖筒略宽肥，斜向褶皱，口截面呈圆形。筒为淡绿色，纯为暗红、粉红色。近右袖口彩绘下有陶文"卅"。左袖长 63、口周长 50 厘米；右袖长 55、口周长 52 厘米。襦面外侈程度较小，两侧尖状裾角切割整齐，衽边自腰际垂下，襦面为粉绿色。襦长 110、下摆周长 280 厘米。腰系带，可见宽 3 厘米。B 型下衣，裤暴露长左股 8、右股 9 厘米，上周长分别为 66、68 厘米，下周长分别为 65、66.5 厘米。未见行縢缠绕阴刻线，縢面为黑色，下组带宽 0.5 厘米。履方口，印角圆弧上翘，减地与阴刻表现綦带，带结均粘接而成，面为褐色，綦带为红色。左履通长 30、右履通长 29 厘米，面宽 11、面长 8、沿帮高 3、后帮高 6、綦带宽 0.8 厘米。

13. G9:31

概况 Ba 型俑（图七二；图版三八，1）。位于 Ⅰ-3-3，被 G9:5、G9:6 等陶俑叠压，第 2 层清理提取，体右（南）侧有铜镦（G9:0150）、箭镞（G9:0149）等遗物。整体无大移位，脚踝部断裂，右臂脱离较远，其余各部分在提取时裂为 50 余块。头向西南，仰身，体下、脚踝四周分布纯净淤土，说明残碎时淤土堆积已经形成。陶色深蓝。体形矮矬，挺胸，微鼓腹，臀宽，上身较长，几乎占据总体造型的一半。通高 179、肩宽 56.5、腹部最大周长 100 厘米，体最宽处在肩部，周长 130 厘米。

伤痕 受损痕迹主要集中在矢中线的瓮颈、腹、襦等处，可见施力者原处于俑体的前（东）方。其中瓮颈处多为三角形宽刃削斩痕，腹、襦等处多为深窝状的钩斫痕并造成上体分裂（图版三八，6）。后背甲左侧有钝器砸击痕，涉及范围 7×5.5 厘米；瓮颈左右三处钩斫痕，轨迹范围 2.5×0.2、2.5×1.5、2.5×2 厘米（图版三八，2、3）；左耳因连续砸击、钩斫造成耳轮部分缺失（图版三八，5）。

躯体 颅部与体腔烧前粘接。脸近"甲"字形。天庭长，额顶结节间距窄，额鳞面斜度甚小，颞部下陷，凸显天庭部分窄凸起。弧形眉峰尤细，近平，眉间窄。眼眦近三角形，眦睑深，睑厚，内层透雕，目圆睁，眦睑最宽处在前段，宽约 2 厘米，眼仁凸。中庭丰腴，颧骨弧凸，两腮丰满，鼻脊短，鼻翼窄，鼻唇沟长，"八"字形下垂。地阁与中庭等距，人中沟深且长，唇珠不明显，口裂近"⌒"形，嘴角下垂程度大。板形髭，须折角，梢平，水滴状朵。颔转角明显，尖下颔。耳圆雕，紧贴颞部，高低不一。肤色粉白。6 股发辫梳成扁髻，发髻根部紧束，发绳双

图七二　G9：31 正、侧、背视图

股合成，"十"字形交叉束绑，下押方形发笄，发丝刀刻，刃口细。颅高 25.5、周长 60 厘米。"三庭"长度依次为 6.5、6.6、6.6 厘米，"五眼"宽度依次为 4、4.6、4、5、4.2 厘米。眉峰长 5.2 厘米，眼外眦与内眦高度差 0.9 厘米，鼻长 5.5、高 2、翼宽 4.5 厘米，口裂长 6.5 厘米，上下唇厚比值 1.7：0.7。髭长 4.5、宽 1.5 厘米，柴长 1.8 厘米。耳轮长 7、垂厚 2 厘米。扁髻宽约 7.5 厘米，发笄边长 4 厘米。实心颈。C 型手臂。两肩近平，左臂略有抬起动式，右臂抬起。左臂长 57、腕周长 21 厘米，手长 22、掌心厚 5.5、掌根厚 7 厘米，拇指长 7.5、周长 8 厘米，其余四指依次长 12、14、13、11.5 厘米，径 2.5、2.5、2、2 厘米；右臂长 51、腕周长 23 厘米，手长 23.5、掌心厚 4.5、掌根厚 7 厘米，拇指长 7.5 厘米，其余四指依次长 12.5、13、13、11 厘米，径 2、2、2、2 厘米。手部系烧前粘接。实心腿，一层底盘，两足分立于踏板边缘，残存粉红肤色，左足略作稍息式，身体重心偏于右侧。两足跟部烧成后断裂再粘接，陶片间夹杂大量粘接粉（图版三八，4）。足与踏板分别制成。踏板长 38、宽 36、厚 3 厘米。

服饰 壅颈左上右下交抵，高10、厚4.5厘米。Aa型铠甲，底缘边弧形由内向外逐次递减，前身甲、后背甲通长均为61厘米。左披膊长25、上弧宽33、下弧宽30厘米；右披膊长27、上弧宽34、下弧宽29厘米。A型组练下有泥片弥补甲札之间的缝隙，Ba型组练椭圆形高凸。右胸部第2列甲札间A型纽扣斜下，已脱落，仅留印痕。袖筒横向褶皱少，口截面呈圆形，较窄，筒为暗红色，纯为草绿色。左袖长57、右袖长61厘米，袖口周长48、49厘米。襦面微外侈，两侧尖状裾角长，衽边自腰际外斜而下。襦长98、下摆周长280厘米。B型下衣，绾面为白色，削胎成型。裤暴露左股长9、上周长60.5、下周长61.5厘米；右股长8、上周长62、下周长63厘米。行縢阴刻线自外而内环绕，下组带宽1厘米。履齐头，印角上翘弱，减地、阴刻表现綦带，带结均粘接而成，面为褐色，綦带与足面肤色为整体涂施。通长27、面宽10、面长8、沿帮高3.5、后帮高6~6.5、綦带宽0.5厘米。

14. G9：36

概况 Ba型俑（图七三；彩版一一，1；图版三九，1）。位于Ⅰ-4-4，俑体大部分叠压于

0   10厘米

图七三 G9：36正、侧、背视图

G9：①两服马下，襦以下被 G9：6 等残片叠压，第 2 层清理提取。头西、面南侧卧，体无大移位，提取后分裂 40 余块，俑头或许为临头⑧，左手臂和腰侧缝隙中有骨管（G9：0230）与 Aa 型铜环（G9：0219）共出，另有铜节约（G9：0203）、络饰管（G9：0204）等散落周围，应为散失的两服马络具。体左侧有铜剑镡（G9：0226）、箭镞（G9：0209）等兵器，应与此俑有关。体内塞实细密淤泥，俑体与砖铺地之间淤泥层厚约 5 厘米，足与踏板保持原位。陶色深蓝。体形中等，略后仰，腆起小腹，胯窄，臀平。头暂未复位，残高 163、肩宽 43、腹部最大周长 95 厘米，俑体最宽处在肩部，周长 121 厘米。

伤痕　俑体表面散布多处利器伤痕（图版三九，2～4），如壅颈左内侧连续两次直刃削斩痕、背领宽刃三角形刃口削斩痕、右臂底部钩斫痕、大臂外侧连续四次钩斫痕等，钩斫造成的深窝直径约 0.1 厘米，面貌一致。

躯体　两肩不对称，左为溜肩，右近弧平，铠甲下缘向右斜，整体造型明显有重心压右态势。C 型手臂，手与臂烧前粘接严密，两大臂与体侧相连，右肘尺侧可见弧形凹槽，宽近 4 厘米，桡侧底面有两处三角形板状压痕，宽近 5 厘米。左小臂微抬向体内侧，右肘钝角弯曲，拇指搭于食指上，拳眼闭合在上，拳轮在下，手部彩绘层厚，粉红色，红色稍弱。左臂长 48、腕周长 22 厘米，手长 16、掌心厚 4.5、掌根厚 4 厘米，五指依次长 5.5、9、10、8.5、6 厘米；右臂长 48、腕周长 23 厘米，手长 16、掌心厚 4.5、掌根厚 4 厘米，五指依次长 6、13（残）、15、14、12 厘米。二层底盘，两腿分立，实心，两足并列于踏板中部，与肩同宽，与踏板一次制作。踏板左上角有陶文“禾”，长 38.5、宽 36、厚 3.5 厘米。

服饰　壅颈由上至下逐次为红、蓝、粉绿多段彩绘，高 6、厚 4 厘米。Aa 型铠甲，底边缘自内向外逐次弧形递减。前身甲通长 58 厘米，第 8 排第 3 列甲札近方形，长 7.5～8、宽 7.5 厘米。后背甲通长 58 厘米，第 7 排第 3 列甲札为长方形，长 10、宽 5 厘米。A 型组练为朱红色，Ba 型组练为白色，椭圆形，有外沿。右胸部有垂直 A 型纽扣，通长 9 厘米，朱红色。左袖筒与体侧组练粘连在一起（图版三九，5），说明臂部与体组装时间晚于身甲雕刻。袖肘部略收，面为淡绿色，筒管略臃至腕。左袖长 55、右袖长 65 厘米，袖口周长 45、47 厘米。襦面外侈，背有起伏以象征襞积，面色墨黑与褐色相杂，深色基调，底色灰白。B 型下衣，两股连属，色淡绿。裤暴露长度 6.5、周长 102 厘米。行縢黑色与褐色相杂，色调深，阴刻线由内至外刻划缠绕，带、花结均为朱红色。履方口，印角圆弧，微翘，减地与阴刻表现綦带，带结均粘接而成，面黑色，綦带及花结颜色均同足面，为粉红色。通长 27、面宽 11、面长 8、沿帮高 2.5～3、后帮高 5.5～6、綦带宽 1 厘米。

15. G10：18

概况　Ba 型俑（图七四；图版四〇，1、3）。位于 Ⅰ－7－4，G10：17 后仰抵于此俑胸下。上半身陶片残碎为数块，散落于胸腔内与身体周围，自胸部以下原位站立，并支撑后仰的 G10：17。双臂断裂跌落，左臂下叠压厚约 10 厘米的木炭、烧土堆积。体腔内填充杂质堆积，包括木炭、烧土、淤泥等。襦底至脚踝一段受挤压断裂，稍有移位，双脚保持原位站立于踏板上，踏板北、西部断裂，北偏西 15°～20°，下有厚 0.1～0.2 厘米的淤土。陶色不一，体前基本为蓝灰色，背部大部分为橘黄色，襦摆下为深蓝色。体形匀称，胖瘦适中，窄胯，翘臀。头未复位，残高 161.2、肩宽 40、腹部最大周长 96 厘米。

图七四　G10∶18 正、背视图

伤痕　损毁痕迹较少，背、颈左侧较集中，有 5 处。伤痕 1 位于后背甲第 2 排第 5 列附近，连续多次的削砍形成宽刃浅表伤和一处三棱形穿透伤，最终造成左臂断裂；伤痕 2 位于壅颈左侧，宽刃削斫痕，长约 4 厘米，造成三棱形陶片缺失；伤痕 5 位于右披膊第 1 排第 2 列甲札上，宽刃削斫痕，形成宽约 4、最深约 1.6 厘米的浅表伤，断面光滑、平整。另外在背部沿横切面有贯通裂缝和浅表伤痕，多属于倒塌时陶片之间磕碰造成，其中一处长近 12 厘米。

躯体　颅部与体腔烧前粘接。左肩稍低，右肩略抬，C 型手臂。左臂垂下，臂长 56.5 厘米，手部系烧前粘接，断面封堵密实（参见图版二一，5）。右臂呈 90° 屈肘，小臂抬起至脐上，手半握，拳眼向上，掌指关节处断裂，四指陶色深黑，指缝间见粉白及粉红彩。臂长 56.8、腕周长 22 厘米，手长 22.5、掌心厚 4.5、掌根厚 7 厘米。实心腿，胫部上端面可见制作时捆绑的绳痕，其外包裹泥片形成裤股（图版四〇，2）。体内多见制作痕迹，包括泥条盘筑、手指涂抹、外壁缠裹、胎泥叠合等痕迹。二层底盘，两足分立，左足略作稍息式，身体重心似在右足，足与踏板分别制作。踏板长 36、宽 35、厚 3.5 厘米。

服饰　壅颈左上右下交抵，翠绿色，高 5.5、厚 2.2 厘米。Aa 型铠甲。底边缘弧形由内向外逐次递减，前身甲通长 61.5、后背甲通长 51.5 厘米。侧身甲 4 排 5 列，臂叠压。肩甲共 2 片，外压内，并分别叠压前身甲、后背甲第 1 排边侧列，甲札近方形，内侧甲札上端有横向 Ab 型组练，底边有 BbⅠ 型组练 2 枚，外侧甲札上端分布 BbⅠ 型组练 3 枚。披膊长 24、上弧宽 28、下弧宽 25 厘米。A 型组练，朱红色，下有泥片弥补甲札之间的缝隙；BbⅠ 型组练，椭圆形，顶部弧凸较弱。右胸有 A 型斜向纽扣，局部脱落，残长 9.3 厘米。袖横向褶皱少，口截面呈圆形。左袖长 48、口周长 44 厘米，较窄，袖筒最宽处在腋部。襦面光滑，底微外侈，两侧尖状裾角长，衽边自腰际直下，面为翠绿色。襦长 103、下摆周长 282 厘米。体侧有减地平雕表现的襦外腰带。B 型下衣，裤股连属，中有起伏，截面呈 "∞" 形。裤股暴露长 7、截面厚 4.5 厘米。行縢阴刻线自内而外环绕，朱红色彩绘，带宽 0.5 厘米。履方口，薄帮，卬角方形，略翘，单瓣花结，粉白色，带结均粘接而成，面为褐色，綦带与足面肤色为整体涂施。左履通长 30、面宽 11、面长 7.7、沿帮高 2.3、后帮高 6.2 厘米；右履通长 30、面宽 11、面长 7.5、沿帮高 3、后帮高 7.5 厘米。綦带宽 0.5 厘米。

16. G10：47

概况　Ba 型俑（图七五；图版四一，1）。位于 Ⅱ-2-2，上半身残破严重，小碎片散落于东侧并与相邻陶俑混杂，前胸部掉落于体腔内（图版四一，2）。与小腿齐平位置的淤泥层内含有铜质车马器及皮条朽痕，应为西段左骖马络饰部件，踏板左侧有铜珵（G10：059）、箭镞（G10：061）等兵器，东南角被箭箙叠压。俑头掉落于身体西南侧，右半侧残缺，臂坠落于体侧，双脚存于踏板上，淤泥堆积漫盖至脚踝，体腔内有烧土和淤泥。踏板向南平移约 7 厘米，从中部断裂，下有厚 0.1~0.2 厘米的淤土。残碎为 80 余片，所受破坏力来自前（东）方。陶色不匀，体前为橘红或土黄色，背以青灰色为主。体形修长，双目下视，鼓腹，细腰，窄胯，臀平。通高 181、肩宽 39、腹部最大周长 91 厘米，俑体最宽处在肩部，周长 115 厘米。

躯体　颅部与体腔烧前粘接，体腔内未见承接颈的平台，插入体腔深，壅颈紧贴两颊。颅腔内壁可见顶、两颊、枕部等部位分别叠合泥片，并有大量指痕。脸近 "申" 字形，线条硬朗。天庭短，额鳞面斜度大，额结节间距较宽阔，粗眉峰高凸，细长吊眼上斜；中庭宽，高颧骨，鼻根处无下凹，塌鼻梁，鼻头肥硕，形如蒜；地阁长，下巴尖，小嘴，"⌣" 形口裂，唇厚，唇缘线短，硬棱状，唇珠尖凸，下唇近三角形。髭方折，梢尖，减地雕刻，枭粘接，已脱落。耳部为二次粘贴，背可见泥片折合缝隙，左耳出土时已脱落，圆雕技法，背平，泥胎折叠成型的痕迹清

0　　　10厘米

图七五　G10∶47 正、侧、背视图

晰可见（图版四一，3）。发丝细密，为 5 齿篦栉刮划，枕部发髻根处凸起呈蓬松状，扁髻反折
与顶平齐，长方形发笄，正"十"字交叉发绳，双股合成，有拎拧纹理。面肤色粉红。颅高 25、
周长 57 厘米。"三庭"长度依次为 6、6.7、8.8 厘米，"五眼"宽度依次为 2.7、5、5.3、5.3、
5.3 厘米。眉峰长 7.5 厘米，眼外眦与内眦高度差 1.3 厘米，鼻长 6、高 2、翼宽 5 厘米，口裂长
6 厘米，上下唇厚比值 1.3∶1。髭长 4.5、宽 1.3 厘米，粜迹模糊，长约 1.5 厘米。耳轮长 7～
7.5、垂厚 1.5～1.6 厘米。发笄长 3、宽 2.5 厘米。空心颈，壁厚。C 型手臂。溜肩，双臂紧贴
体侧，关节曲度僵硬不流畅，尺侧有硬物压痕，左臂处高 2、宽 1.5 厘米，右臂处高 3、宽 1 厘
米。左臂自肘抬起，掌心斜下向内，指尖向前，四指并拢，拇指第一关节屈起作叩压状；右臂屈
肘抬起近直角，右手施粉白色彩绘。臂长 50、左腕周长 27、右腕周长 23 厘米。左手残长 18、掌

心厚 4.5、掌根厚 5.5 厘米，拇指长 7、周长 8 厘米，其余四指依次长 7（残）、8（残）、9.5、8 厘米，径 2、2、2、1.5 厘米；右手残长 13、掌心厚 5、掌根厚 6.5 厘米，拇指长 7、周长 9 厘米，其余四指依次长 2（残）、1.7（残）、6（残）、4（残）厘米，径 2、2.5、2、2 厘米。手、臂烧前粘接，端面封堵密实。体内多见制作痕迹，包括泥条盘筑、手指涂抹、麻点状织物窝等痕迹。襦下摆外表二次贴覆，绳纹竖线整齐致密。实心腿，二层底盘，两足分立，与踏板一次制成。踏板长 38、宽 35、厚 3.5 厘米。

服饰　壅颈左右相抵，面褶皱多，高 6、厚 4 厘米。Aa 型铠甲。底边缘弧形由内向外逐次递减，前身甲通长 60、后背甲通长 57.5 厘米。左披膊长 20.5、上弧宽 31、下弧宽 25 厘米；右披膊长 20、上弧宽 32、下弧宽 26 厘米。A 型组练为朱红色，下有泥垫片；BbI 型组练呈椭圆形，顶部弧凸较弱。右胸 A 型纽扣垂直，已脱落。袖筒近口处最宽，口截面呈马蹄形，粉绿色。周长 44～45 厘米。襦面呈喇叭形，左衽边自腰际直线下垂，边薄，裾角短，后摆可见褶皱起伏，粉绿色。襦长 101、下摆周长 135 厘米。B 型下衣，两股连属，面为翠绿色。裤股暴露长 8、9 厘米，上周长 100、下周长 92 厘米。行滕自内向外缠绕，组带为彩绘，未见刻线，朱红色带结，粘接，现存右胫面一处。履齐头，印角近方，面为黑色，帮略高。通长 28、面宽 11、面长 8、沿帮高 3.5、后帮高 6.5～7 厘米。綦带为红色，宽 1.3 厘米。

17. G9:9

概况　Aa 型俑（彩版二一）。位于 G9：①左车辀后侧，属此车配置的车左俑。整体移位非常严重，原位置依踏板大部分残片确定。腰至膝为一大段，面上，后（西）仰。头部残破严重，冠等残片四散，部分压于 G9：②右骖马躯干前部的淤泥下，后背甲、右臂等散落于西部，与 G9：②马头残片、车马器和 G9：8 等残片混杂在一起，头部残片位于 G9：②右骖马躯干前部淤泥下，衣领陶片在残碎俑头西南。可见破坏力来自前方，打击重点在胸部以上，尤其是头部遭受的重创非自然力可为，散落的残片多被其他遗物、遗迹叠压，可见整体遭受破坏的时间在此区域内亦属最早（参见图二六）。陶色深蓝，表面光。身体粗壮，腹部残片壁厚 4.09 厘米。因尚在修复中，故只能根据虚拟复原得到部分尺寸数据，残高 156.36、肩宽 45.26、腹部最大周长 119.13、体最大周长 199.02 厘米。肩部有明显的圆形击打痕迹，直径约 3.5 厘米。

躯体　"国"字形方脸，两颊各有一撮浓髭，面容严肃，气质威武。A 型手臂交垂于腹前，左手在上，右手在下，肤色粉红，腕周长 25.16 厘米。左臂腋下侧有一宽约 5.5 厘米的压槽，边界圆滑但欠整齐，斜向，有刮削痕迹，或与佩剑有关，或为制作支架的压痕。

服饰　B 型首服。壅颈高 7.21、厚 2.4 厘米。Bb 型铠甲，双肩有短小的披膊，仅盖住肩部，上弧宽 34.35、下弧宽 31.09 厘米。右背及右肩有飘带花结，上绘纹饰，包括星云纹、磬纹以及多重套合的几何纹等，几何纹中有变形耳杯纹、三角纹，多方连续。铠甲包边，包边宽约 5.45 厘米，底色为雪青色，再绘繁复的红、白彩色几何纹样（图七六，1～4）。腹部甲札细小，长 3.61、宽 2.57 厘米。Aa 型组练呈"人"字形，交错淡紫、朱红两色，淡紫色中还夹有红色细线，制作精细，长 1.27～1.62 厘米（参见彩版四，1、2）。袖长 38.71、周长 57.13 厘米。双重襦，襦外白色，外层薄，内层厚同其他俑，粉紫色，长与其他俑类差别不大，臃肿厚实，外层长约 106.37 厘米，内层长约 121.23 厘米。A 型下衣，双层裤，紧束脚踝，大裤为天蓝色，短裤为白色。履方口，印角翘尖高，挺括，扁绪阴划，色粉红略淡，宽约 1 厘米。

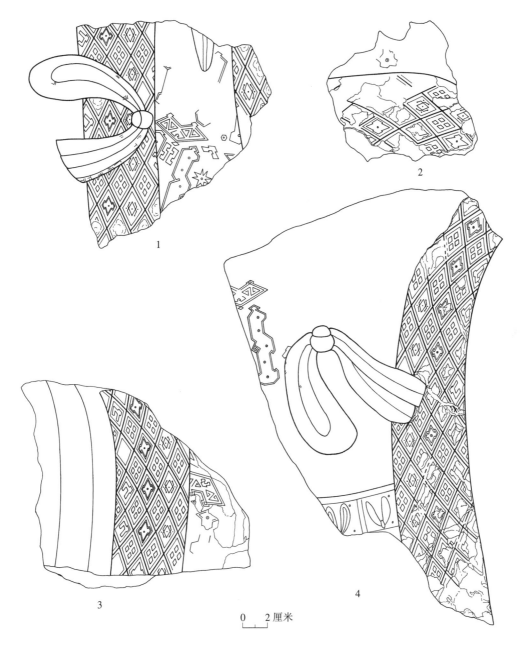

图七六　G9：9 铠甲纹饰

1. 右肩　2、3. 肩部　4. 右背

18. G9：7/35

概况　Ba 型俑（图版四二，1、2）。位于 I－4－1。第 2 层提取，整体较完整，头向西北，足向东南，面向上仰倒，头枕于 G9：①右骖马颈部，北侧襦部被 G9：6 叠压。头部完整，首服绥带残缺，板前端压发顶。右臂残断，编号 G9：35，叠压鼓②。腿部以下残断，两足、踏板保持原位。陶色斑驳，俑体上段多见土黄色，中段为灰蓝色，下段为深蓝色。体形高大匀称，微鼓腹，宽臀，各部比例协调，体态胖瘦适中。通高 181、肩宽 49.5、腹部最大周长 96 厘米。

伤痕　俑体可见人为破坏痕迹，破坏力来自前方。伤痕 1 位于额部，钩斫痕，形成 1.3×1 厘米深窝（图版四二，3）；伤痕 2、3 位于瓮颈左右，削斩痕，涉及范围 3×3、1.5×0.8 厘米

（图版四二，4）；伤痕 4 位于胸甲左，钩斫痕，三角形，四周呈放射状，涉及范围 7×2.5 厘米；伤痕 5 位于襦右衽，削斩痕，涉及范围 3×1.5 厘米；伤痕 6 位于肩甲左，钩斫痕，形成 3.2×2.5 厘米深窝；伤痕 7 位于胸甲前，钩斫痕，三角形，四周呈放射状，涉及范围 2.3×2.2 厘米；伤痕 8 位于后背甲右侧，钩斫痕，三角形，四周呈放射状，涉及范围 5.5×4 厘米；伤痕 12、13 位于肩甲至右披膊，钩斫痕，形状不规则，形成 3.5×1、4×2 厘米三角形裂缝；伤痕 14 位于襦前，钝器撞击痕，半圆形，涉及范围 6×3.3 厘米（图版四二，5）；伤痕 15 位于襦右，钝器撞击痕，半圆形，四周呈放射状，涉及范围 4.5×1.5 厘米。

躯体　颅部与体烧前连接，颈部均匀分布竖向刀具刮削痕迹。脸近"目"字形，较清瘦，三庭比例基本一致。额顶结节凸出，额鳞面斜度较小，颞部下陷，眉峰微凸，形如弯月；眼眦短，目光向下斜视，杏仁眼，塌鼻；口裂近"冖"形，双唇厚，紧抿。板状髭，减地雕刻；水滴状枭，粘接制作。双耳圆雕。实心颈。表情轻松，淡然自若。6 股扁髻反折与顶平，押长方形发笄，斜"十"字交叉发绳已残，发丝箆栉刮划。面部残存零星粉白彩。颅高 27、周长 56 厘米。"三庭"长度依次为 7.7、7.1、7.2 厘米，"五眼"宽度依次为 2、4.8、5、4.5、2.8 厘米。眉峰长 6.2 厘米，眼外眦与内眦高度差 0.9 厘米，鼻长 5.5、高 1.5、翼宽 5 厘米，口裂长 5.6 厘米，上下唇厚比值 1∶0.9。髭长 5、宽 1.1 厘米，枭长 2 厘米。耳轮长 7.5、垂厚 0.5 厘米。发笄长 3.5、宽 3 厘米。颈长 12 厘米。C 型手臂。左臂垂直向下，五指残断，四指可见并拢微握势，掌心向内。手掌宽 9.2、腕周长 20 厘米。右肘直角弯曲抬起，手半握拳状，拳眼向上。手长 24、掌宽 8.5、腕周长 20.5 厘米。手背有大量褐色漆皮，手心残存粉红彩。体侧近尺侧完全闭合，臂尺侧有粗绳纹印痕，体侧绳纹细。手、臂烧前粘接，插入部分长约 28 厘米，直达肘上近腋窝处。体腔底段壁厚近 7 厘米。实心腿，二层底盘，足与踏板一次成型。踏板长 33、宽 31、厚 3.3 厘米。

服饰　Ab 型首服，脸颊及额下绶缺失，尾部冠室不全，与头部二次粘接而成。瓮颈左压右，多褶皱，高 6、厚 2 厘米。Aa 型铠甲。前身甲通长 64 厘米，甲札 8 排 5 列。后背甲通长 60 厘米，甲札 7 排 5 列。侧身甲各 2 排 3 列。肩甲各 1 排 3 列，横长 23 厘米。左披膊长 27.2、上弧宽 32.5、下弧宽 24 厘米；右披膊长 28、上弧宽 26、下弧宽 26.4 厘米。甲札表面施褐色漆，Ab 型组练为朱红色，BbⅡ 型组练有铆合钻孔，淡绿色。B 型斜向纽扣，上约下襻，带尾作飘扬状。通长 9.3、约长 5.2、襻长 6.2 厘米、别棍长 2、径 1 厘米。袖纯双重，分别为翠绿和蓝色，右袖长 67、周长 50 厘米。襦面外侈，多褶皱，裾角 2 个，衽边自腰际垂下，面有淡粉彩。襦长 114.5、下摆周长 283 厘米。B 型下衣，裤双股连属，色翠绿，绲底为紫色。裤暴露长 4.5、上周长 92、下周长 93.5 厘米。行縢由内向外绕胫，带结粘贴，淡紫色。履方口，卬角，右脚自踝处断裂，带结粘贴，可见粉白及黄色彩绘，复加红色。左履通长 28.5、面宽 12.3、面长 8、沿帮高 3、后帮高 7 厘米；右履残长 14、后帮高 6.5 厘米。綦带宽 0.8 厘米。

陶俑出土数量较多，另有部分尚在修复，不便详述，故附录部分陶俑简状以备查（附录一〇）。

六　小　结

（一）陶俑残损

陶俑多数自脚踝部断裂，以下至踏板被致密的土质堆积包裹，以致陶色呈深黑色面貌。在

G10：47 等个体的清理中，可见俑体移位后，残段立于淤泥堆积上。第 1 层提取陶片多呈橘黄色，甬道位置分布的陶片甚至近烧土色。陶俑个体表面陶色有局部骤变的现象，同一个体相邻残片的陶色可能截然不同。第 2 层陶片多呈深蓝色。综合分析可以得出以下结论：第一，腿下部分被淤泥堆积包裹时间较早；第二，陶俑人为损坏的时间晚于砖铺地上淤泥层形成的时间；第三，俑坑被焚烧时，大量陶俑已有破碎；第四，受火程度以甬道位置最为强烈。

人为破坏痕迹是本次发掘的一项重要收获。其分布位置多位于俑体上段，被淤土和下层隔墙坍塌土包裹的部位不见，这就印证了上述有关堆积形成时间的推断。例如前述 G9：3，该俑面向东南侧倾倒，说明受到的破坏力来自西北侧，这与钩斫、削斩形成的刃口情况吻合；右半侧下段被隔墙坍塌土掩埋，表面多见彩绘，伤痕涉及范围集中在大臂段，说明伤痕形成时间晚于隔墙坍塌上限，也正因为隔墙坍塌造成的掩埋，空间上破坏者所处位置只能是北部和西部。

需要指出的是，钝器痕有些可确定为人为砸击，有些仍需多角度分析，建筑坍塌以及本体陶片之间、客体陶俑之间的砸击、磕碰也会造成类似的痕迹。目前仅据目测初步记录了伤痕的形貌，并做初步推理，认为破坏工具包括直径 3.5 ~ 5 厘米的圆形钝器、带有尖锋的宽刃利器，对此问题的深入研究仍在继续。

（二）陶文与物勒工名

俑坑及陵园地面建筑中出土秦代陶文较多，已有相关著作予以深入研究，且多数得到辨识①。本次发掘收获的陶文中，同字勒名笔迹不同，如"高""辰"连续出现 2 例，但笔迹明显有别（参见图五一，4、9；五二，2、3），不是一人所写。其中 G10：15 踏板"高"字似同秦陶俑四六一②；2 例"辰"字不仅彼此走笔区别明显，且与秦陶俑四六〇、四六二③所见均不同，与原发掘 T2G3：116 相比，G10：28 左长撇，"山"上一横为斜笔，"山"右最后一笔省略笔画（图七七，1 ~ 3），应是不同书写者所为。这一现象还见于原发掘出土陶文"屈"（图七七，4 ~ 6）④，而且其笔迹与本次发掘出土陶文"屈"（参见图五一，2）也存在差异。同一个体勒名不同，如 G10：35，踏板刻文"申"，颈部刻文"木"，左臂编号"八十"；G10：15，踏板刻文"高"，颈部刻文"米"，左臂编号"十三个四"。类似现象在原发掘中也曾出现，如 T2G1：33 有 4 组陶文，分别是"咸阳高""栎阳重""临晋莤""安邑□"；T19G9：18 有 3 例陶文，分别是"阳""□""亦"⑤。另外还有数字出现概率不均、刻文潦草随意等现象。这些现象不仅为秦代文字研究提供了资料，也对"物勒工名"的管理制度提出了一些新疑问⑥。

（三）制作风格

1. 基本特点

由于陶俑工艺特点是分部制作、组装结合，如果分解每个部位逐一比对，可见完全相同者少

---

① 袁仲一、刘钰：《秦陶文新编·考释》，文物出版社，2009 年；袁仲一、刘钰：《秦文字类编》，第 418 页，陕西人民教育出版社，1993 年。

② 袁仲一、刘钰：《秦文字类编》，第 418 页，陕西人民教育出版社，1993 年。

③ 袁仲一、刘钰：《秦文字类编》，第 378 页，陕西人民教育出版社，1993 年。

④ 袁仲一、刘钰：《秦陶文新编》，上编第 19、363 页，下编第 47 页，文物出版社，2009 年。

⑤ 袁仲一、刘钰：《秦陶文新编·考释》，第 366 页，文物出版社，2009 年。

⑥ 秦始皇帝陵博物院：《秦兵马俑一号坑新出陶文与"物勒工名"》，《秦始皇帝陵博物院》总贰辑，三秦出版社，2012 年。

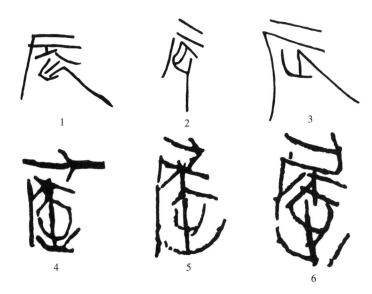

图七七　陶文笔画对比

1～3. 辰（T23G10：41、T2G3：116、T23G10：28）　　4～6. 屈（T2G3：117、T19G8：60、T19G8：56）

之又少，加之又有施色彩绘，更是"千人千面"。但其中也不乏类似"孪生"的标本，不仅有面形一致者，如出土于 G10：7 后襦西侧下的临头⑩与 G10：6 俑头；还有部分陶俑的体形塑造非常类似，就连比例失当的缺憾也有雷同之处，如 G9：3 与 G10：8。这种现象反映了陶工的作品风格，可作为确定陶工具体生产数量的借鉴。

　　作为艺术作品，秦始皇帝陵兵马俑的形体美得到颇多赞誉，其各部比例基本符合人体解剖结构，动态造型更是传神，极具风韵。例如，因臂抬起的"动"和垂直的"静"，人体骨关节和服饰会有变化，因此 C 型手臂的陶俑，右肩常比左肩要高，披膊上部甲札高翘。有些陶俑重心偏于一侧，此侧足必为直线"一"字形，呈立正状，另一足则略外撇，呈稍息式，与足相对应的肩部也会有平肩和弧肩甚至是溜肩的区别。人物造型个性鲜明。五官刻画细致入微，三庭、五眼的比例在大原则下，根据表现对象的年龄又有细微调整：如额鳞面倾斜度小者，与之呼应的下颌部分必上翘；长吊眼对应倒三角的唇形，以求面部整体协调；年长者，天庭部分稍短，有的还有抬头纹，内外眦高度差较小，两腮咬肌部分松弛，似有下赘感；年少者，天庭光洁，额鳞面近直角，大眼圆睁，内外眦高度差较大，一副年少懵懂的神情。

　　所见标本，总体的艺术风格有严格写实的共性，具体制作手法很大程度上反映了工匠个人（组）的习性，个性更加突出。仅就组装方法而言，足与踏板或一次性制作或烧后粘接，不排除个例为分开制作但烧前粘接，有的踏板与足对应的位置有浅凹槽，或许就属于这种情况。手与臂、颅与体的组合可烧前、可烧后，同一俑体这两段的粘接方式基本一致。服饰的表现手法，如襦身的长短、褶皱起伏及袖管的宽窄、鞋帮的高低等，也是在一定格式下各有不同。从这个角度上说，秦代工匠的创作环境比较宽松，在整体设计思路的条框下，他们能按照自己对作品的理解，充分发挥想象，"模塑"结合，更加注重"塑"、"捏"和"刻"，这应是导致"千人千面"的主要原因。加之烧成后再经过施彩描绘，异彩纷呈的特点加大了个性的比重。

　　施彩是陶俑制作的重要手段，犹如画龙点睛，为雕塑增添了活力。事实上，很多色彩随着清理时间的延续，深浅会逐渐发生变化。如灰绿和粉绿，发掘初期灰绿中黄色的感觉稍强，随着时间的推延，逐渐偏白绿。肤色中常见的肉红、粉红等色，在清理的后期，也常常成为粉白色的视觉。有时色彩保存厚度不一致也会造成视觉误差，比如黑色，如果表层脱落较多，甚至暴露褐色底漆，就会有淡黑或黑褐色的感觉。总之，施彩的具体操作同塑胎一样，特色、个性明显，用色搭配并无固定的规律，在写实风格的前提下，工匠们自由发挥的特点比较鲜明，颜料稀稠、色调深浅等调制比例比较随意。为清晰说明彩绘用色，特附颜色称谓与俑体残存颜色的照片截图予以对照（彩版一六）。

2. 制作缺陷

大量标本存在的制作缺陷问题也不能忽视。缺陷始于制胎，多例腿胫粗细不一，裤股厚薄、长短、肥瘦不一；临头⑬面部左右不对称，嘴角歪斜，涂抹青灰色物质以校正。

相当数量的标本存在烧成后再修补的现象。有的是先以织物缠匝，然后涂青灰色物质，最后施彩遮盖，主要修补位置有腿部、右下臂部等（图版四三）。最严重的是 G10:45，裂缝将右小腿分裂成 3 块，骨面正中裂缝宽逾 1 厘米，裂缝内灌满青灰色物质；躯干裂缝自襦底两腿分裆处直至后背，最宽处 0.4 厘米，均以同样物质填塞。G9:31 及其附近的多例陶俑足跟断裂，以粘接粉粘补。还有的是将其他器形的陶片如筒瓦、容器等，按残缺部位的大小、形状进行加工，敷贴于需修补的俑体表面，可见头顶部 2 例、衣袖 2 例。此现象还见于 1999 年秦始皇帝陵 K9901 出土陶俑①。用于粘接媒介的青灰色物质，以往称为"焊泥"或"陶粉"，除了用于修补残断以外，也用于烧成后组装部分的粘接，如手腕与臂部、头颈部与体腔。经 XRD 检测，其成分主要为石英、钾长石和钠长石等，与陶俑背景土壤中含有的云母和碳酸钙有所不同，而与陶俑的主要物相一致，且与陶俑的 XRD 图谱相似。

残断部位的修补有些与陶俑运输搬运中出现的意外情况有关。意外可能存在于生产的各个阶段，但未烧制前的修补痕迹比较容易与分段制胎的手法相混淆，烧成后则比较容易甄别。

数量较多的标本存在右臂的大小臂两段陶色不一、制作痕迹有别、复位勉强、断茬不能完全吻合的问题。G9:15 现场清理时，两段残片之间曾见粘接粉和缠匝的织物痕迹，说明烧成后又经粘接。但这种粘接不同于前述，可以称为"异体修补"。对于修补痕迹，在修复环节中尤其要多加注意，不能把粘接粉和织物朽痕当作余物剔除。

（四）A 型俑的分布位置及身份

根据铠甲和首服，可知 G9:10、G9:11 为御手，G9:8、G9:13 为车右，G9:9、G9:12 为车左。根据踏板出土位置，推测车左位于左后方，御手居中，车右在舆后右角，以车左身份高，又以 G9:9 高于 G9:12。

G9:9 着 B 型首服、Bb 型铠甲。在 20 世纪 80 年代进行的两次发掘中，着同样首服的陶俑一号坑先后出土了 7 件，分别位于 T1G3、T10G5、T19G9、T2G2、T20G10 等诸多区域的车后以及 T12、T21 等位置中，其中 1 件由于发掘中途停止尚未得到最终确认。而后在二号坑试掘中又曾分别在弓弩俑群和车步骑混编俑群的西端北角各出土了 1 件②。目前，见于公布的有 5 件，即一号坑 3 件、

---

① 张益：《从战国和秦代漆器的发展看秦俑彩绘用漆的原因》，《中国生漆》2008 年第 1 期；刘江卫：《浅议秦陵百戏俑的夹纻工艺》，《秦文化论丛》第十辑，三秦出版社，2003 年。

② 始皇陵秦俑坑考古发掘队：《秦始皇陵东侧第二号兵马俑坑钻探试掘简报》，《文物》1978 年第 5 期。

二号坑 2 件。一号坑中另有与 G9：12 同装束陶俑 3 件，分别是 T19G10：14（位于 T19G10 车后）、T10G7：14（位于 T10G7 车后）、T1G2：14（位于 T1G2 车后）；二号坑有 1 件（T4：2），位于弩兵方阵后部。三号坑有 1 件，编号 44，位于车后①。可见此俑类与木车配置有密切关系。

有文章分析认为，首服有可能是确立秦人爵位高低的标尺，铠甲则为辨识军人的标尺。据此说推测，G9：9 身份对应校尉或都尉，G9：12 对应司马，其余 4 俑则与屯长或伍长有关②。按照陈孟东、王学理等先生对秦俑衔级进行的推论，G9：9 为都尉，G9：12 为军侯，G9：8、G9：10、G9：11、G9：13 为卒长③。还有文章推论一号坑中出土的两两相连布置战车的性质，认为前车属于后车的前导车或护卫车④，这与本次发掘情况有悖，根据两车所属车左使用的冠、甲，前车级别较高。

（五）服饰考释

1. 命名

襦，《说文》："短衣也。"《急就篇》颜师古注："短衣曰襦，自膝以上"，"外曰表，内曰里"。由此，襦是一种及于膝上的绵夹衣。陶俑所着外层衣，原报告称"袍"，有学者认为是秦代军服的一种，有粗丝、粗麻类物质，能起到防御箭镞穿射的作用⑤。《中国全史·习俗卷·秦汉分卷》言："作为军服的袍服在秦代的特点是：衣内夹絮，下摆齐膝，腰间束带，交衽紧袖"，军袍"源于春秋，行于战国，定于秦时，相沿于汉，东汉以后逐渐走向颓废，至晋代已彻底被淘汰。在敦煌二八五窟壁画看到的南北朝时期的军服已为单衣，步卒挽袖，与秦汉时期作为军服的袍服完全不同"⑥。目前有关秦代军服配给问题尚有争论，云梦秦简所出家书中有名为黑夫的士兵向家中索要衣服的记载，说明当时有服装自备的情况⑦。从彩绘情况看，外衣色彩多样，与统一配给的军服尚有难以理解之处。与秦始皇帝陵六号陪葬坑⑧等出土的其他非军事人员身份的俑类所着服装款式比较，现所出形象与文献中对襦的释义最为吻合，为民用常服之一，"战袍"称谓比较勉强。

裤，《释名·释衣服》："贯也，贯两脚上系腰中也。"秦汉时期下衣有裤、袴、裙、蔽膝等。袴，《汉书·上官皇后传》："虽宫人使令皆为穷绔，多其带。"颜师古曰："绔，古袴字也。穷绔，即今之绲裆袴也。"黄现璠先生考证："然依'绲裆裤'观之，又与今日之裤异，按'绲'，《诗经·小戎》：'竹闭绲縢。'传云：'绲，绳也。'绲裆裤之腰下前后，施之以裆，唯裆之当私处，仍加开折，而用绳带约束，以便溺溲，与今西装裤，前面开折，加之以扣略同，绝非如今唐装裤也。"⑨ 所以，绲裆不同于合裆，合裆又称为满裆。《急就篇》颜师古注："袴合裆谓之裈，最亲身者也。"《说文》段注："今之满裆裤，古之裈也，自其浑合近身言曰幝，自其两袿孔穴言

① 秦俑坑考古队：《秦始皇陵东侧第三号兵马俑坑清理简报》，《文物》1979 年第 12 期。
② 申茂盛：《秦始皇帝陵园兵俑军衔与兵俑冠式、甲衣》，《秦始皇帝陵博物院》总贰辑，三秦出版社，2012 年。
③ 陈孟东：《秦陵兵俑衔级试解》，《文博》1984 年创刊号；王学理：《秦俑专题研究》，三秦出版社，1994 年。
④ 邵文斌：《秦兵马俑一号坑军队指挥系统试析》，《秦始皇帝陵博物院》总贰辑，三秦出版社，2012 年。
⑤ 刘占成：《秦俑战袍考》，《文博》1990 年第 5 期。
⑥ 史仲文、胡晓林：《中国全史·习俗卷·秦汉分卷》，第 250～251 页，中国书籍出版社，2011 年。
⑦ 湖北孝感地区第二期亦工亦农文物考古训练班：《湖北云梦睡虎地十一座秦墓发掘简报》，《文物》1976 年第 9 期。
⑧ 陕西省考古研究所等：《秦始皇帝陵园考古报告（2000）》，文物出版社，2006 年。
⑨ 黄现璠：《我国服装演变之研究》，《古书解读初探——黄现璠学术论文选》，广西师范大学出版社，2004 年。

曰幒。《方言》：无裆之袴谓之襣。"由此可知，裈是现今所称的合裆款。西汉空心砖上出现的武士穿短襦，与之相组合的下衣或为合裆有绲的裈，只不过绲未抵踝①。

胫衣，又称为袴、绔、襗、襄。袴同绔，裤的古字。《说文·系部》："绔，胫衣也。"《广雅·释亲》王念孙疏证："凡对文则膝以上为股，膝以下为胫。"《释名·释衣服》："绔，跨也，两股各跨别也。"《礼记》："暑毋褰裳"，"不涉不撅"。《墨子·公孟篇》："是犹裸者谓撅者不恭也。"这说明绔不合裆，仅着于腿部，甚至只着于膝以下的小腿部分，故不能揭开长衣。袴有长短之别，长袴即倒顿，短袴为校口。汉简中袴的单位名"两"，和履、妺（袜）相同，而与袍以领计、裙以腰计者不同。《汉书·广川惠王越传》："其殿门有成庆画，短衣，大绔，长剑。"而画像石上所见大袴则常与长襦相配合②，与 G9：8、G9：9 等 6 件车属俑及 1 件独立编组俑 G9：14 形象比较吻合。有学者称为"跗注"，认为是韦弁服的一类③。

俑坑发掘出土的着袴者皆为车兵或军吏俑（参考原报告，介帻甲俑也全着长袴），与着裈者可能有等级或军种上的区别。本次发掘中除 6 件车兵俑和 1 件军吏俑外，其余陶俑皆着短裈与行縢。

组练，因暴露形状不一，又称"长针脚"和"细针脚"、"连甲带"和"甲钉"④。《左传·襄公三年》："（楚子重）使邓廖帅组甲三百、被练三千以侵吴。"孔颖达疏引贾逵曰："组甲，以组缀甲，车士服之；被练，帛也，以帛缀甲，步卒服之。"这说明连缀缝合铠甲的媒介依质地名"组"或"练"。本次出土车属俑仅 1 件（Aa 型俑）所着 Bb 型铠甲使用 Aa 型组练，特点是细小、精致，多色线丝掺和组成，类似编结的组带，或为"组"。其余 5 件所着铠甲均使用 Ab 型和 B 型诸种，与 B 型俑类相同，纯色原料，或为"练"，即生丝、麻或布帛。

履，翘尖的外形可称为印角，按《急就篇》，印角是古代一种翘头鞋。按制作的原料质地，《左传·僖公四年》疏："丝作之曰履，麻作之曰扉，粗者谓之屦。"履，单底鞋。《急就篇》颜师古注："单底谓之履。"《方言》："丝做者谓之履。"秦代限制一般平民穿丝履，《睡虎地秦墓竹简·法律答问》中有"毋敢履锦履"的禁令⑤。屦，常用多股的粗线编成。《荀子·富国篇》："布衣紃屦之士。"杨注："紃，绦也。谓编麻为之，粗绳之屦也。"类似今日的编制草鞋，《说文》段注："今时所谓履者，自汉以前皆名屦。"所以俑坑所出履，难以确定质地是麻是丝，称"履""屦"不如"扉"贴切。另外，今人研究秦俑所着服装，对质地的推测似有局限，反映在履中似乎从来无人思忖过秦代除了带勒靴外，还有以皮革制成的"薄革小履"鞮，又有鞎。《说文》释靴为"鞮属"，说明靴是鞮中的一类，与之配套的是袴褶服，《隋书·礼仪志》"惟褶服以靴"，如二号坑中的骑兵俑所用。本次发掘所见履施色与甲札同，为褐、黑色漆，帮面光整，口沿切割平齐，质感挺括。据二号坑所出跪射俑，足底有象征纳缝针脚的戳痕，结合帮面造型，也许是以织物为底、薄皮为帮的复合面料，或者就是皮质的鞮。其优势不仅轻便，而且耐磨性好，适合远行跋涉。二号坑出土的骑马俑和咸阳杨家湾⑥、徐州狮子山⑦出土的大量汉代军俑也多着

---

① 也有文章认为是袴，见史仲文、胡晓林：《中国全史·习俗卷·秦汉分卷》，第 253 页，中国书籍出版社，2011 年。

② 参见周汛等：《中国古代服饰习俗》，陕西人民出版社，1988 年；周锡保：《中国古代服饰史》，中国戏剧出版社，1984 年；史仲文、胡晓林：《中国全史·习俗卷·秦汉分卷》，中国书籍出版社，2011 年。

③ 李秀珍、郭宝发：《韦弁服考》，《秦文化论丛》第二辑，西北大学出版社，1993 年。

④ 聂新民：《秦俑铠甲的编缀及秦甲的初步研究》，《文博》1985 年第 1 期。

⑤ 睡虎地秦墓竹简整理小组：《睡虎地秦墓竹简·法律答问》，第 131 页，文物出版社，1990 年。

⑥ 陕西省文管会等：《咸阳杨家湾汉墓发掘简报》，《文物》1977 年第 10 期。

⑦ 徐州博物馆：《徐州狮子山兵马俑坑第一次发掘简报》，《文物》1986 年第 12 期。

长筒皮靴，印证了"取便于事，施于戎服"（《隋书·礼仪志》）的文献所释，说明了皮质履在军旅使用中的优势。因尚难定位，暂笼统称为"履"。

2. 服色与印染工艺

陶俑所着服饰，均施色，以红、绿、蓝、紫为基本色。如绿色衣袖，基本对应绿色襦摆，说明衣服的颜色以绿色为主。但也有施杂色的现象，因袖等存色面积较小，容易被忽视，腰际以下襦摆部位表现得相对突出。常见的杂色有灰白杂黑，淡蓝中杂绿，整体呈斑驳、混沌状。目前对此问题有两种认识：一是认为陶俑施彩毕竟是美术作品，虽整体有较强的写实风格，但不能和真实生活完全画等号，杂色或是在纯色颜料暂缺的时间内工匠们无意识的行为；二是认为是为了表现色中套色、似是而非的面料，工匠们特意为之。

服装的施色，源于衣料织品的染色。中国古代用于织物的着色材料可分为矿物颜料和植物染料，其中以后者为主。染料品种和工艺方法的多样性使古代印染行业的色谱十分丰富，古籍中见于记载的就有几百种，特别是在一种色调中明确地分出几十种近似色，这就需要熟练地掌握各种染料的组合、配方及改变工艺条件方能达到，因此杂色现象在所难免。同时，文献中关于服装衣料的记载，常有色中色的词汇。如黑中扬赤即为"玄"，赤与黄（合）即是"纁"，一种色调有十几种近似色，往往很难区分，有时还专门在一块衣料上通过蜡染、夹结等方法染出图案。秦代工匠们用几种基调比较一致的颜料涂抹，或许就是为了表现这种近似色或色中套色的印染工艺。

俑体、衣装各部分尺寸的测量，选点定位难以精准，取得的数据存在一定误差。有关制作使用的支架形式、C型手臂右臂上下两段组合时间等问题仍悬而待解。

第三章　车、马及车马器

车、马三组，分布于 G9 中段 2 乘、G10 西端 1 乘（图版四四）。后者只暴露陶马局部，其余尚压在西部隔梁下，因此车迹主要清理了 G9 中的 2 乘，按由东向西的顺序编号为 G9：①、G9：②，附属遗迹有鼓 2 处、盾 1 处、笼箙 3 处（图七八）。经火焚毁、扰乱，车体支离破碎，仅存零星炭迹，分布杂乱，人为扰动造成的移位情况明显。材质涉及木、竹、皮等。每乘车前驾陶马 4 匹，原为面东而立，骖马位于服马后（西）约 1 米的外（南、北）侧。牡马造型，剪鬃，尾缩结成疙瘩状，通体彩绘。均残碎、倒塌，尚无完成修复的标本，通高、身长等情况应与原发掘情况相同。陶马系配鞁具，现所见辔具少有连贯，基本已失原位，涉及材质有皮、木、麻等。车马器数量、种类均缺，材质有骨、铜、皮、木等。第一次正式发掘中清理木质车迹 8 处，结合秦始皇帝陵两乘铜车马的发掘和修复情况，有关秦代车制结构及马具配备的情况已基本清楚。因此本次发掘中，针对遗迹所反映的问题，局部采取"舍卒保车"而予以取舍，为保留如笼箙、盾等新出现遗存，对车体尤其是舆底情况未作全面探及。

一　车　迹

（一）G9：①

1. 车结构

车衡、右轵、右伏兔等保存基本完整，车辀、轮牙、左轵等仅存零星炭迹，车舆中有方形笼箙残迹一处（图版四五）。

衡　出土于距砖铺地 30~60 厘米的淤泥层上，已移位，呈东北—西南斜向纵置，局部叠压右骖马右前腿，前段被一俑头叠压。圆柱体，中间粗，端渐细，体表可见缠匝细密的单向朽痕。髹漆层厚，漆皮空囊内可见三股扁形朽痕，本体似多股合成。残长 145、径 2.5~7.5 厘米。车衡近中有半圆形朽痕，或为轭环，两端未见衡饰（图七九；图版四六，1、2）。

辀　左侧较明显，出土于砖铺地以上约 28~32 厘米的淤泥层上。横木残长 107、宽约 6 厘米。立向木有 3 根，其中一组为两根并列，间距 10~12 厘米，径 4 厘米，以插入式榫卯与辀连接（图版四六，3）。局部褐色漆膜表面有红色铁线描勒的菱形图案，菱形边长 0.8~1 厘米，内填红色圆点，线与圆点之间渲染粉绿色（彩版二二，1）。

轮　出土于砖铺地以上 10 厘米的淤泥层上，仅见部分轮牙和轮辐朽痕，位于陶马残片中部。牙弧残长 50、厚 9 厘米。残存 3 根辐，近牙处为圆形，残长 25~27、径 2.5 厘米。牙处辐与辐的间距为 10 厘米。辐与牙以插入式榫卯结合。

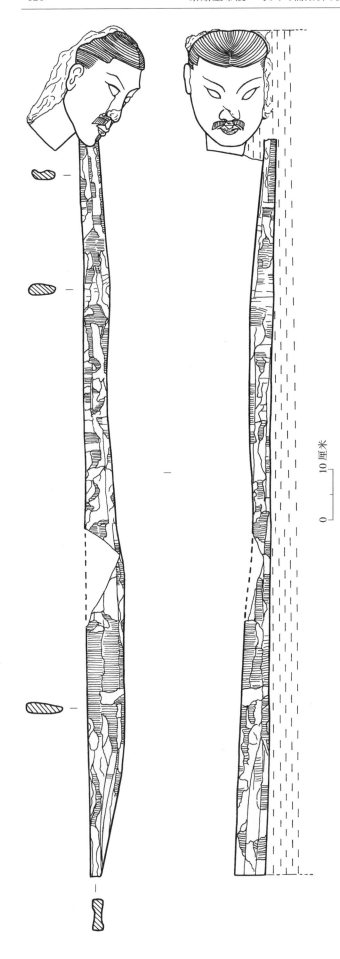

图七九 G9：①车衡平、剖面图

0　　　10厘米

轫　出土于砖铺地表面，为木质朽痕。位于南北两侧，左、右两轫中心间距 183 厘米。近方形木框，右轫内宽 21×18、长 29 厘米，东西向木条宽 3 厘米，插入宽 4 厘米的南北向木条中（图版四六，4）；左轫残，西框木条缺失，南北内宽为 18 厘米。两轫内间距应为车距宽。

舆底　车迹西北角的 G9：10 体侧下，有 4 根窄竹片残迹，宽 2 厘米。其中，东西向 2 根，残长 25、间距 1 厘米；南北向 1 根，残长 20 厘米。两者"十"字相交，南北向竹片叠压于东西向竹片上，另有 1 根同宽竹片夹于两者之间（图版四六，5）。

伏兔　近右轫北侧，褐色朽痕，表面髹漆。长 32～34、高 10、现存宽度约 8 厘米。内端呈圆弧状，外端齐头，下压 B 型铜锏 1 件（G9：041）。

2. 车属配置

有鼓、笼箙朽痕各 1 处。鉴于 G9：①右轫是可以肯定未被扰动的遗迹，故两处遗迹的相对位置以右轫中心点为参照。

鼓　1 处。鼓②，位于车迹右前方距砖铺地 9～20 厘米的淤泥层表面，遗迹中心点与右轫之间的直线距离近 3.7 米。扁圆形，外径 69×67、内径近 50×45、残高 9、壁厚 5～6 厘米。鼓面皮质，上压隔墙坍塌土，呈"凹"字形下陷，绘彩。鼓壁圆弧形，周长 210 厘米，薄胎，髹漆近无，绘彩。夹纻胎，有漆灰，织物经检测为平纹组织，经丝密度 20 根/厘米，纬丝密度 18 根/厘米（附录四）。壁面上层有三排等距交错分布的枣核形孔，孔内残存黑色朽渣，类似竹纤维纹理，应为竹质鼓钉。钉长 0.8、最宽

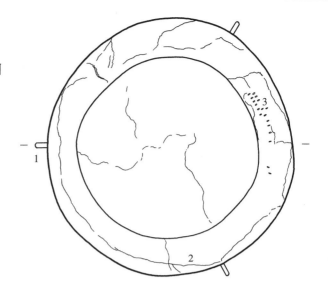

图八〇　鼓②及铜环钉平、剖面图
1. 铜环钉
2. 鼓面压条
3. 竹质鼓钉

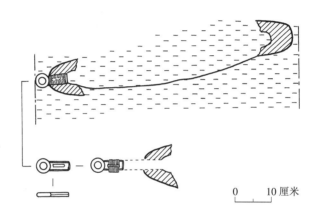

处 0.4、间距 1.5 厘米。铜环钉 3 枚，等距离分布，通长 9.5、宽 2.5 厘米，环外径 4、内径 2 厘米。铜环钉柄中有长方形孔，长 3.5、宽 0.7、厚 1 厘米，孔内穿线丝捆绑，经检测线丝为苎麻质地（附录四）。铜环钉薄刃穿透壁面，环体两侧与壁间楔木条、织物以确保牢固。彩绘图案以枝蔓、卷云等曲线为主，主基调偏深重，多为绿彩，另有白、红、粉蓝彩等（图八〇；彩版二三）。鼓迹北侧有条状漆皮朽痕，似为鼓槌，尾粗首细，残长 37、最宽 0.6 厘米。首端压于 G9：35 臂部残片下，槌头部分未见。

笼箙　1 处。笼箙③，位于车舆内东南侧，右侧边壁距右轫中心 0.6 米。平面呈长方形，长 88～91、宽 50、残高 25 厘米。口沿边框呈黑色细条状炭迹，宽 0.8 厘米，框条短边抵长边。框内有大量的黑色木条炭迹，与边框之间无交接关系，宽为 8、4 厘米，其中或有车轴、车轮残段，杂乱无章。局部器壁上段可见黑色漆膜加红漆铁线描绘图案，对顶菱形纹内套三角纹（彩版二二，2）。器内底层为质地纯净的淤土，呈淡黄色，未见包含物（图版四六，6）。

（二）G9：②

仅存残碎的木炭灰迹。舆底南高北低，东南—西北向倾斜，车轴断裂，车轮散落于炭迹偏后（西）部，遗迹涉及范围长 493、宽 238 厘米［图八一、八二；参见图二五（A）、（B）］。

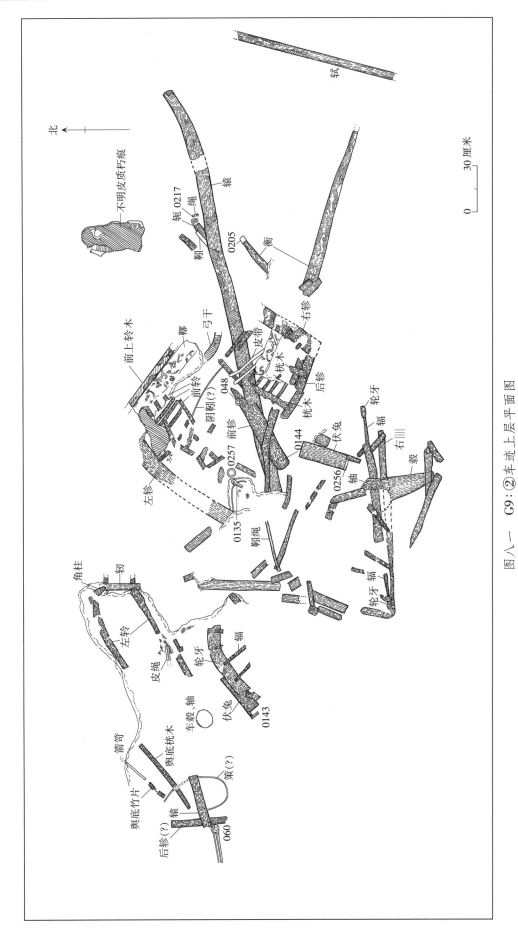

图八一　G9：②车迹上层平面图

048、0144、0217、0257. 铜环　060. 铜构件　0135. 带柄铜销钉　0143、0256. 铜铜　0205. 骨管

1. 车结构

辕　东西向，基本未移位，两截，截面上弧下直。首端与砖铺地之间有厚 10 ~ 18 厘米的淤泥，弯曲上扬，正面有条状红色彩绘 4 个单元，个体单元长 4、宽 1 厘米（彩版二二，3）。可见总残长 265、径 7 ~ 10、残厚约 3 ~ 5 厘米。

衡、轭　车辕前段右侧有车衡的炭迹、朽痕多截。其中最长者残长 100、径 3 ~ 9 厘米，有杂乱朽痕，应为轭、衡捆绑痕迹；另一处首端套 A 型骨管（G9：0205），残长 29、径 3 ~ 5 厘米。近辕左侧朽痕，表面有缠匝线痕，最宽处径约 5 厘米，其上叠压宽约 2、残长 15 厘米的齐头皮条，前接径约 1 厘米的麻绳，绳环内有 Ab 型铜环（G9：0217），推测为轭与服马靷绳连接处，齐头皮条为靷绳的残段（图版四七，1）。右骖马前腿倒塌位置上有残长近 8、中宽近 5、尾宽 4 厘米的褐色漆皮朽痕，边缘整齐，其北东部有宽约 1 厘米的皮质朽痕及铜环等物，或为轭首，或为矛韬。

轵　位于车辕东部右侧，东北—西南向。截面呈圆形，残长 109、径 5 厘米。朽渣呈褐色，纹理细，髹漆。

轮　3 处。右轮位于 G9 南侧砖铺地表面，基本为原位，上部残，表面散布红色细线纹。残高约 50 厘米，轮牙最完整的一截直长约 90、宽 4 ~ 4.5、牙厚 8 厘米，截面略呈腰鼓形。可见辐条 9 根，可见长度为 35 厘米（入毂、牙部分未计在内），下部辐条变形，近牙处直径 2、最大径 2.5 厘米，近牙部分为圆形，近毂处逐渐变成扁圆形。牙部辐与辐的间距为 11 厘米。复原轮径 131 厘米，辐条 30 根（图八三；图版四七，2）。左轮位于北侧西部，仅见极少量辐条漆皮，与右轮直线距离 183 厘米，下有轵，由此可知右轮已移位。另有一段轮牙的炭迹，叠压炭框（笼箙②）上层，弧长约 43 厘米，有辐条 4 根，间距约 10 厘米。

毂、轴　右轮牙朽痕南有南北向木质朽痕，或为毂及轴残断。其中毂残长 33、贤端径 22、轵端径 7 厘米；毂中至轮内有残长近 70、宽约 5 ~ 6.8 厘

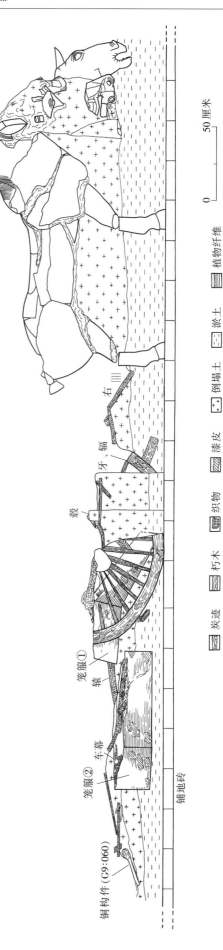

图八二　G9：②右侧视图

炭迹　朽木　织物　漆皮　倒塌土　淤土　植物纤维

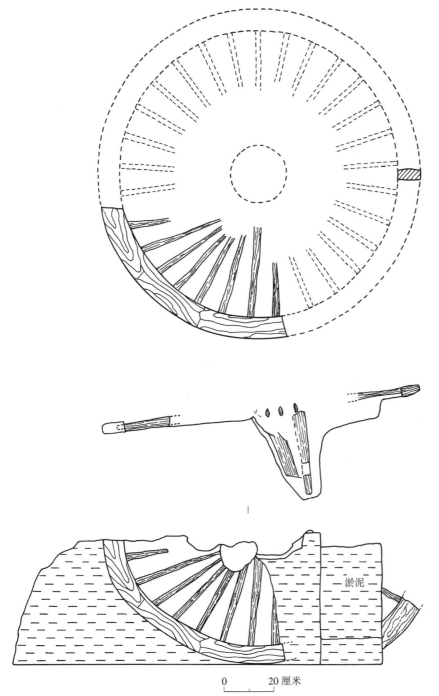

　　　　　　　　0　　　　　　20 厘米

米的炭迹，轵端截面呈圆形，贤端截面上弧下方，为车轴残段。笼箙②西北有左毂及轴的残段，
为立向朽痕，残长 29、径 10～13 厘米，漆皮空囊内被淤土塞实（图版四七，3）。

　　伏兔　2 处。近似长方体，上窄下宽，有半圆形凹口，内端圆弧形，外端平齐，其上边连有
一出檐式盖板，盖板覆盖于舆、毂之间，以防泥土落入毂穿影响车速。一处位于笼箙②器内堆积
层下部，仅存朽木、漆皮，现长 34、宽 5、高 13 厘米，出檐盖板现长 6、宽 8、厚 2 厘米，朽痕
下压 A 型铜锏（G9：0143）；另一处近右侧轮辐内侧，现长 33、宽 8、高 13 厘米，出檐盖板现长
9、宽 10.5、厚 2 厘米，盖板下有 A 型铜锏（G9：0256）（图八四；图版四七，4、5）。这种盖板
实际上是周代车器中画辄的变形。画辄由单独为一器变成伏兔的一个附件，这种新变化自秦始

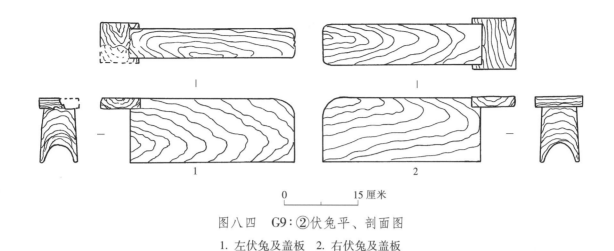

0 ————— 15厘米

图八四　G9：②伏兔平、剖面图

1. 左伏兔及盖板　2. 右伏兔及盖板

皇帝陵铜车马出土后方为人知①。此处出土的伏兔顺轴放置，与铜车马形制相同。

轫　左轫，褐色，髹漆。残存横边框长 27、径 3.5 厘米；竖边框内距 15、残长 3 厘米（图版四七，6）。

轸　有多处，不连贯，可确定的炭迹有 4 处。轸木宽 10 厘米，横桄木宽 4、纵桄木宽 2 厘米。左轸残长 75、右轸残长 44、外间距近 135 厘米，有以榫卯插入式结合的横桄木。后轸残长 45 厘米，与右侧轸木接合处断裂，结合关系不详，炭迹明显为外宽 6、内宽 4 厘米的 2 根并列状木条，有纵向桄木 2 根，宽近 3、间距 20 厘米，其中一根存榫头 3 厘米伸入轸木内。右轸和后轸之间有横向桄木，清晰的有 5 根，宽 2、间距 5 厘米，桄木间局部有彩绘条带。前轸一段移位至东部，叠压于 G9：11 下，轸木与桄木结合的榫卯局部较清晰，但整体边界不清，呈一团炭迹状（图版四八，1）。另有炭迹一段，为两木条并列状，残长 62、总宽 10 厘米。有两铜环（G9：048、G9：0144），铜环间距约为 48 厘米，疑为前轸木残迹，铜环为两骖马靷绳吊环。

轹　横轹木最上层宽 4.5 厘米，中层为圆木，径有粗细不同，为 2.5～4 厘米；纵轹木为圆形，径 3.5 厘米。横轹与下轸、上纵轹以榫卯插入方式结合，中层纵轹和横轹为叠压关系，纵轹被围挡在横轹内侧。保存较好的有三处：右轹上部，位于车迹中部右侧，距砖铺地约 54 厘米，其下叠压右轮牙，残长 119 厘米。白色朽木状，表面髹褐色漆，局部施曲线红彩，漆膜下有横向细密夹经丝及青灰色漆灰（彩版二二，4）。榫卯结合的纵轹木 5 根，径 2～3.5 厘米，间距 3～5 厘米不等。左轹局部，位于车迹中部左侧，与左轫之间隔有厚 23 厘米的淤泥。可见清晰横轹木 2 根：一根残长 70、宽 4.5 厘米，为上层横轹木；一根残长 53、径 4 厘米，为中层横轹木；两木间距近 25 厘米。中层横轹木前端局部有不同纹理方向的炭迹，其中横轹木本身纹理东西向，另有南北、上下两个方向的炭丝（图版四八，3）。南北向纹理炭迹应为纵轹木局部，径 3.5 厘米，深入横轹木内 2 厘米形成榫卯结合；上下炭迹纹理宽、厚均为 3.5 厘米，倚靠在横、纵轹木夹角内侧，疑似角柱（图版四八，4）。前轹左侧局部，上层横轹木残长 45、宽 4.5 厘米；中层横轹为两根并列圆木，径 2.5 厘米；下层横轹两根，圆木，径 2～2.5 厘米；各层弧形间距由上至下分别为 18、1、3、8 厘米。纵轹总残高 64 厘米，可见 3～4 根，径 3.5 厘米，间距 4.5～5

① 张长寿、张孝光：《说伏兔与画轭》，《考古》1980 年第 4 期；袁仲一、程学华：《秦陵二号铜车马》，《考古与文物丛刊》第一号，1983 年。

厘米；纵轮与中、下层横轮为叠压关系，位于横轮内侧。上部三层横轮之间有彩绘。

　　舆底　车迹下层有大片炭灰，桄木上有竹条炭迹叠压，均为不连续短截，竹皮清晰。竹条宽 1.5～2、厚 0.5 厘米。

　　幕帘　可见多处，为黑色织物朽痕。以车迹前部 G9∶11、G9∶12 两俑踏板间保存面积较大，涉及范围约 57×17 厘米。麦粒状粗纹路，平纹组织，密度约 15 根/平方厘米，苎麻质地。属性不确定，推测使用部位在前輀（图版四八，2、6）。

　　车迹中多见彩绘，条状纹饰带中分布有雷纹、云纹等图案。桄木之间的纹饰带残长 30、宽 6 厘米（图八五，4；彩版二四，4、5）；左輀前侧部分纹饰面积较大，残长 56、宽 10 厘米（图八五，1；彩版二四，1～3）；后轸木左侧残存纹饰宽 10 厘米（图八五，2；彩版二四，6）。彩绘下均有青色漆灰层。

　　可见一些圆管形的朽痕和宽约 2 厘米的皮条夹杂于炭迹中。皮条多数是靷绳残段，边缘整齐，宽近 2、厚 0.3 厘米。圆管形朽痕直径 0.8 厘米，有的或为箭笴残段，一处残弧长约 42 厘米，穿过舆底，应与阴靷关系较大。侧车轮残迹中有弓干、箭箙等残段。铜箭镞散布无序。另有带柄铜销钉 1 件（G9∶0135）、铜鸭嘴钩 1 件（G9∶036）、骨弭 2 件（G9∶011）及 Ac 型铜环 1 件（G9∶0257）。Ac 型铜环应与阴靷有关。

　　另有性质尚不明确的遗迹多处。如左服马后腿下发现皮质朽痕一处，鬃褐色漆，双层叠压，一缘直，一缘局部有曲折钩状弧角。长 43、宽近 14 厘米（图版四八，5）。为马具之属？车輀局部？还是盾箙残迹？不详。

　　车迹后（西）部另有面积较大的薄层炭灰（图版四九，1），包括：两根并列的木条，可见长约 50、宽约 3 厘米，似为舆底桄木；策（？）叠压于车辕下，弧长 44、径 1 厘米，藤或皮质，或与靷绳有关（图版四九，2）；后轸（？）叠压于车辕下，可见长 36、宽 4.5 厘米；铜构件 1 组（G9∶060），经火焚烧，铜质本体基本无存，可见形状为“L”形，有小铆孔，使用于车轸等部位，以加固木条的强度（图版四九，3）；舆底（？）竹片多段，内壁弧形，每片宽 2、单节竹节长 20 厘米（图版四九，4）；炭迹中散落众多铜箭镞，箭笴完整者长近 70 厘米。

　　右侧中部底层近笼箙①处，有一桃心形皮质朽痕，通长 7.5、宽 5、残厚 0.12 厘米（图版四九，5）。

2. 车属配置

　　主要有 4 处，即鼓 1 处、盾 1 处、笼箙 2 处。现以基本保存于原位的左轫为参照点，分别叙述其相对位置。

　　鼓　1 处。鼓①，位于车迹右侧前方距砖铺地 3～10 厘米的淤土上，距左轫直线距离约 2.4 米。皮质朽痕，上下鼓面叠压在一起，凹面内有隔墙坍塌土叠压。平面呈圆形，剖面呈“凹”字形，外径 73×68、内径 52×48、残高 8 厘米。与壁交接处有极细压条，条径约 0.1 厘米。鼓壁圆弧，中段凸出部分的周长为 221 厘米，内层夹纻并有青灰色漆灰，夹纻经检测为平纹织物。等距分布 3 枚带柄铜环钉，其中一环中穿系织物组带，外缘曲线周长 80、宽 1.5～4 厘米。从面貌上看，原物质地柔软，黄白色，组织结构致密，外缘有极细黑色缝合线。鼓面、鼓壁均施彩绘，色彩基调以红为重，鲜艳、浓烈（图八六；彩版二五）。铜环钉通长 11.05、外环径 4.85、柄宽 1.4 厘米（图八七）。

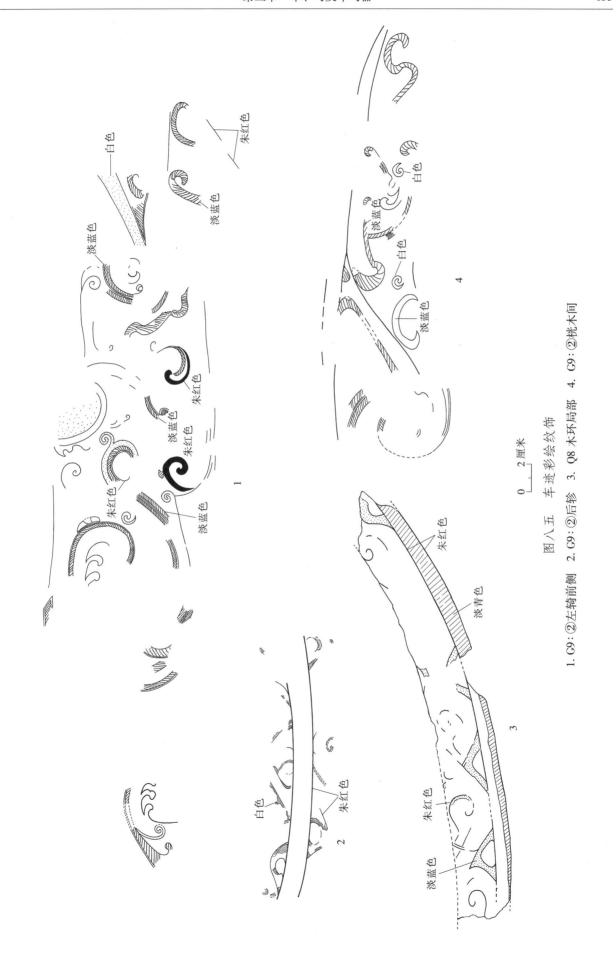

白色

浓蓝色

朱红色

朱红色

浓蓝色

朱红色

浓蓝色

朱红色

1

白色

白色

浓蓝色

浓蓝色

4

白色

朱红色

2

朱红色

浓青色

浓蓝色

3

0　　2厘米

图八五　车迹彩绘纹饰

1. G9：②左辀前侧　2. G9：②后辀　3. Q8 木环局部　4. G9：②枕木间

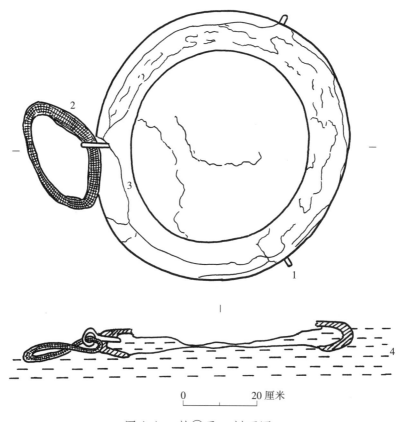

图八六　鼓①平、剖面图

1. 铜环钉　2. 织物组带　3. 鼓面压条　4. 淤泥

笼箙　共 2 处。

笼箙①，位于 G9：②右轮辐北侧，东北角边壁距左轫直线距离约 0.5 米，呈西南—东北向略斜，平面南高北低，与砖铺地之间有厚约 4（北）～33（南）厘米的淤土。平面呈长方形，长98、宽 50、高 23 厘米，壁厚 0.2～0.51 厘米（图八八；图版五〇，1、2）。口沿镶边一周，边条宽、厚 0.8～1 厘米，黑色炭迹状，炭条纤维丝有光泽，质细腻，长边抵短边。夹纻胎，多层，有厚层漆灰，内表面有白色朽痕，薄如蝉翼。其中器东壁保存完整，近直，只有中段稍受挤压而变形内陷，高 23 厘米；北壁东北角完整高度为 23 厘米，至西北角残迹呈浑然一体拐折，平面宽18、立面高 5、合计 23 厘米；西壁西南由于紧贴车毂，朽痕很难分离，壁内倾，超薄，平铺状，宽

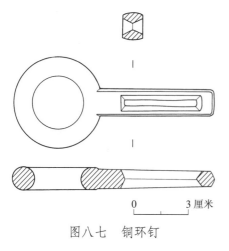

图八七　铜环钉

23 厘米（图版五〇，3）。漆层、内衬织物浑然无断茬。器底层与四壁衔接连贯，褐色，层薄近无，南北向白色朽丝纹理，整体呈长方形，四缘包镶，相邻缘边 45°交接，包边宽 11.5 厘米（图版五〇，4），类似被褥缝制的方法。相同情况亦见于秦始皇帝陵两乘铜车马中的茵、窗、辎等诸多部件表面，被认为是模仿纺织车蔽之属。器内有俑冠、手指等残陶片，堆积纯净淡黄色土，局部有箭镞。笼箙底与淤泥之间有宽约 2 厘米的皮质褐色朽痕，未完全清理，或为马具类的靳属。

笼箙②，位于车迹中段偏后位置，西北角边壁距左轫直线距离 0.85 米，基本呈东北—西南向斜，与砖铺地之间有厚 8～9

厘米的淤土。平面呈长方形，长 92、宽 50、残高 20～25 厘米，壁厚 0.8～1 厘米（图八九；图版
五一，1、2）。西南角表层被 G9：13 上半截俑体叠压。胎内层呈褐色压痕，每股宽度不等，平均
约 2.5 厘米，横向条状排列，似竹条（图版五一，6），此种工艺被称为"垒胎"。内壁可见织物
痕迹，经检测每平方厘米约有 30 根经线和 30 根纬线，丝线由几十根茧丝合成一股，平均直径约
0.38 毫米，外观呈细鳞状，织物表面呈皱褶纹状。根据这些特点，估计可能是绉纱，或者是比
纱较重的縠（附录一）。器底有龙骨横向 2 根，对称分布于两侧；竖向条状 1 根，宽 0.8、厚
0.3 厘米，褐色夹白色朽丝。口沿情况与前述笼箴①相同（图版五一，4）。上层表面有大量炭
灰，有的属于棚木，有的属于车的轮辐。器内堆积以淤土为主，夹杂数量较多的植物朽痕，以箭
笥为多，通长 47 厘米。笥腔灌满黑色淤泥，外表面髹褐色漆，直径约 1 厘米，有的与笼箴壁长
边平行顺放。箭笥附近有宽 1～1.5 厘米竹条多段，残长 72.5、30、23 厘米，竹皮光滑，最长者
径明显由粗渐细，有白色竹节。东北部分有残长 36、径 3.5×2 厘米左右的木环一段，饰有云纹
状图案等，用色有朱红、白、浅蓝等。环迹下压伏兔木迹一段、A 型铜铜 1 件（G9：0143），应
为左侧伏兔及附件。朽痕中还混杂有一些织物残迹，包括一片"亚"字形褐色织物朽痕，上边长
10、下边长 15、高 4 厘米，或为某部分的衣蔽织物（图版五一，3）；黑色粗线径的织物痕迹，类
似麦粒状，多层叠压，层理之间夹杂淤土，可见范围 3×3 厘米，同以前发掘中见到的车幕有

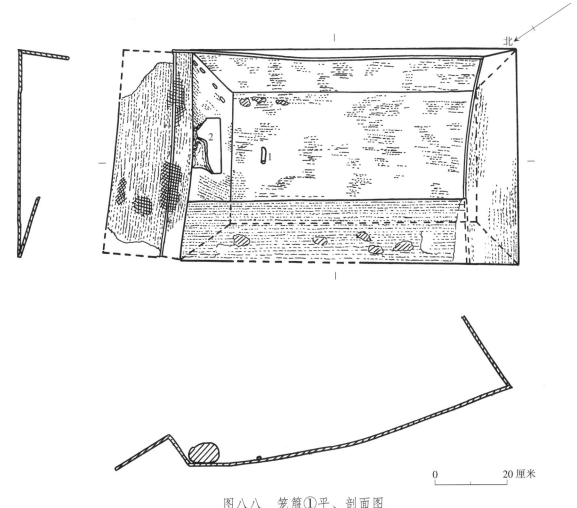

图八八　笼箴①平、剖面图

1. 手指残片　2. 板冠残片

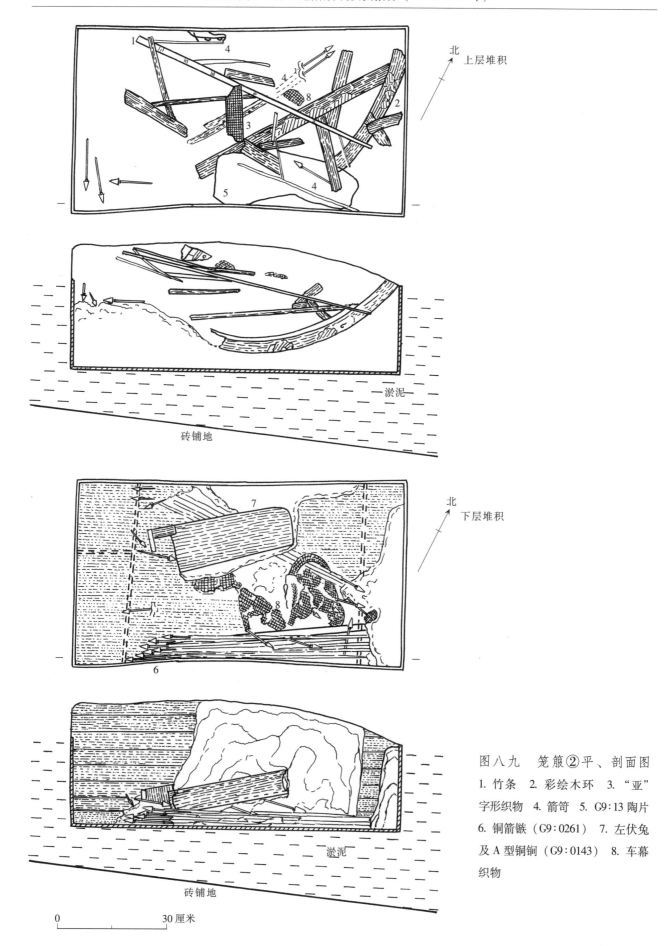

图八九　笼箙②平、剖面图
1. 竹条　2. 彩绘木环　3. "亚"
字形织物　4. 箭笥　5. G9：13 陶片
6. 铜箭镞（G9：0261）　7. 左伏兔
及 A 型铜锏（G9：0143）　8. 车幕
织物

相同之处，应为同属（图版五一，5）。织物从印痕可辨组织结构为平纹，前者经纬交织粗疏，线径粗细不一，但质地柔软；后者经纬交织紧密，线径均匀。另外还有很多小截朽木、散乱无序铜箭镞、陶俑 G9：13 襦衣残片等，这些遗迹、遗物有些应是后期混入，有些如器内底层顺壁摆放整齐的 7 件带笴铜箭镞（G9：0261）应未经扰动。箭总长 67 厘米，笴尾端抵东壁，距西壁 14 厘米。箭间夹杂大量的黑色织物，类似车幕组织密度。

　　盾　残。位于 G9 中部，边缘距左轵直线距离 2.15 米，局部叠堆于 G9：②右服马后腿及腹部，西南为鼓①遗迹，与砖铺地间有厚约 16 厘米的淤土，遗迹涉及范围约 66×40 厘米。盾正面朝下，首向西北，方向 320°。盾形齐首、弧肩、曲腰、平底，西侧的轮廓线作曲折的流云状，皮胎。通高 66 厘米，盾首高 2～2.5、宽 8.4 厘米，肩宽 39.8 厘米，西半部分至中部纵梁的腰宽 15、底宽 18.5 厘米，东侧残，形状、尺寸应与西侧相同。背有一贯通上下的木质纵梁，梁中部鼓起一桥状纽鼻形握手，方柱形，下侧有长方形孔。纵梁通高 65 厘米，握手部分的桥形纽长 15、宽 2、高 3.5 厘米，孔长 12、宽 2、高 2.5 厘米（图九〇，1）。盾的背面、纵梁及握手上均髹褐色素漆，未见彩绘。正面外缘包边，内夹均匀的青灰色漆灰，厚约 0.5 厘米。盾边缘绘彩，纹饰残留于淤土表面，西半部分保存较好，东半部分基本不存。按照盾的流云状造型勾勒纹饰带，带宽约 4.6 厘米，纹饰带内外两侧用宽约 1.2 厘米的淡绿色彩勾勒；以朱红色的细线勾画出菱形或不规则形的边栏，栏内分别用白色与褐色造成的间隔画出不规则的卷云纹、雷纹、三角对顶几何纹等，并用同样的颜色填充，其间点缀以浅蓝色。彩绘整体色彩鲜亮，纹样多变，随意性强，曲线勾连折散。朱红色线条纤细，宽不过 0.1 厘米，属铁线描。其他色彩或绕朱红线平涂渲染，或曲卷勾连。主体区域为褐色素漆，未见进一步修饰（图九〇，2；彩版二六）。

　　其他　G9：15、G9：16 体下有勺形凹痕，只见半圆形凹窝，未见织物等痕迹。压痕下层为棕色漆皮，内为浅黄色细淤泥。残长约 14、最宽处 6 厘米。是否为鼓槌朽痕，不详。

二　陶　马

　　G9：①、G9：②两组陶马完成清理，G10 西端仅清理部分。已清理的两组陶马整体均呈南北向倒卧，左骖马基本原位站立，腿以下部位被北侧 Q9 坍塌土掩埋，整体与南侧 Q8 之间有较大的间隙。推测在遭受人为捣毁之前，Q9 局部坍塌已经发生，主要破坏力包括推击和砸击，施力方向以来自南侧为主。

　　提取的 8 匹陶马现均未完成修复。整体情况可参照原发掘材料，马身通长（头至尾）210、通首高 162、至鬐胛高 124、腰围 159、腿高 75 厘米。昂首嘶鸣站立状，剪鬃，额部有"人"字形门鬃，马头近长方形，肉少，线条雕刻直、硬，立耳尖耸如削竹，间距小，眼近"臣"字形，眼皮有多道褶皱，眼眶位置较高，鼻翼张鼓，口腔内多存肉红色彩，膺宽阔，腹圆鼓，四肢健壮修长，前腿直，后腿作蹬起势，髀浑圆，膝骨凸起，筋紧绷，尾缩结，阴筒部分未见睾丸，为阉割过的公马造型，符合《相马经》中良马的标准①。

---

　　① 《相马经》："马头为王欲得方，目为丞相欲得明，脊为将军欲得强，腹为城郭欲得张，四下为令欲得长。眼欲得高巨……鼻孔欲得大，鼻头有王火字。口中欲得赤，膝骨圆而张，耳欲相近而坚、小而厚……凡相马之法，先观三羸五驽，乃相其余。大头小颈一羸也，弱脊大腹二羸也，小胫大蹄三羸也。谓五驽者，大头缓耳一驽也，长颈不折二驽也，短上长下三驽也，大骼短胁四驽也，浅宽薄膞五驽也。"（宋）李昉等：《太平御览·兽部八》，第 3978 页，中华书局，1960 年。

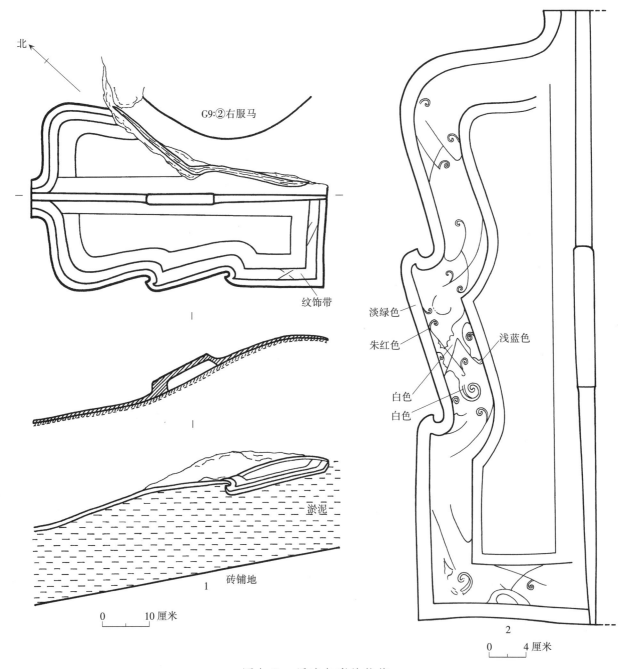

图九〇　盾迹与彩绘纹饰
1. 盾迹平、剖面图　2. 彩绘纹饰

马体主要区域的毛色以暗红为主，接近所谓的"骝色"，也有黑白相间的杂色，类似"青色"，白蹄管，粉红舌，白牙齿。内层以黑漆作底，彩绘颜料层很薄。"骝色"马又多见淡绿色，如马体内侧、颏下等部位，类似施色风格见于此前发掘出土的 T20G10 右服马、右骖马，因刻勒"畚"字陶文，被认为是此工长带领陶工制作的产品。

陶马表面多见人为破坏痕迹，尤其是左、右两骖马，伤痕数量较多，现选择部分个体重点予以介绍。每组陶马的出土位置可见明显的规律，即两骖马位置稍后，两服马位前，基本符合《左传·定公九年》记载的"如骖之有靳"。由于目前尚未完成修复，有关陶马的详细资料暂缺，部分个体的局部尺寸通过三维扫描虚拟复原测得。

伴随陶马残体出土有铜、骨质车马器，以铜络饰管为大宗，其中有2处络饰基本保持原位，另有1件脱位的铆钉（G9：0160），或为轧。

（一）G9：①所属

马头均残，脱离马体，四马躯干拥挤成一团。隔墙坍塌堆积南高北低，马腹完全被填实。右侧两马依次南北向侧卧，侧卧程度递减，有叠压。右骖马自蹄整体完全卧倒，残碎最为严重；右服马络具串联较完整，马首倒转近180°。左服马基本原位站立，头跌落，承受了来自右（南）侧的压力，残破严重；左骖马保存较好，唯有头部残碎，躯干部分斜倚在隔墙缓坡上，明显受到隔墙滑坡堆积的挤压，虽裂成数片，但陶片无移动，四蹄基本保持在原位，蹄呈直立状。从整体现状看，此组陶马主要受到两种外力的破坏，一是躯干部分受到来自右（南）侧的冲击，二是头部受到来自上方高处的撞击。右服马头部残片被叠压在陶俑、右骖马残片最下层，方向倒置，局部受力方向来自东北，时间较早，人为破坏因素明显（图版五二，1）。

1. 右骖马

头向东，脊北腹南侧卧，颈及前腹下压G9：37。马头断裂，残片碎，马具散落于躯干的东南方；腹部因右服马躯体支撑，基本呈半侧卧，腹腔虽碎裂，但陶片未失位，其内有淤泥、木炭块。腹底叠压堆积上部为厚约20厘米的红烧土块、木炭等杂土；下部为厚30厘米的淡黄色纯质淤土。右侧前后两腿压于南侧木衡下，色彩有褐、白、红三层，下关节至蹄腕部均有织物及青灰色粉末修补痕迹（彩版二七，1）。左前腿下压皮迹一处，绘有菱形几何纹样，或为鞦带（轭垫）之类。左侧腹部残片上的彩绘脱印于土层中，淡粉色，底漆色褐、黑，毛色杂，口腔内有肉红色彩绘（彩版二七，2）。马背上有黑色炭迹，宽约7～10厘米，疑为车辕局部，连贯性不强。马后腿下出土有亚腰形带扣和Ab型铜环组合（G9：0170、G9：0171）。马尾绾双层结（图九一，2）。

整体残碎成146片。多见人为利器钩斫、削斩痕迹，刃面宽度不超过0.2厘米，中心点四周引起不同形状的浅表崩落。如鬐甲前侧，连续有四处伤痕，利器沿表面自后上方斜下滑行，有的刃尖停顿处形成小深窝，刃口似"丁"字形，有的刃口斜削，形成近三角形创面（图版五二，2）；又如立鬃分披处的钩斫痕，圆形深窝状的斫点径约0.2厘米，形成圆形放射状浅表崩裂（图版五二，3）。

2. 右服马

整体随地基变形有下陷，脊北腹南微侧卧，马头西向错位近180°。躯干大部分被右骖马叠压，余物剔除后，与东部G9：37上半身及头部残片混杂，两后腿均有烧后修补痕迹。颈北侧有车辕首端木迹，见有B型铜环（G9：0192），为衡与辀交接处系用，环西有断续条状炭迹，为辀两侧捆绑穿过的鞗绳。腹部白色，面部枣红色，彩绘压印于土上，右侧面颊部的络饰部分保存原位（彩版二七，3、4）。其南有多处皮条朽痕，以及铜方策、Aa型铜环和A、B型铜络饰管等鞗辔用具。皮条走向杂乱，宽约2厘米。头部出土有成组络具，包括鼻革、颊革等。马头顶部与耳对接处有深窝，与耳根凸起以榫卯结合衔接。整体残碎成115片。

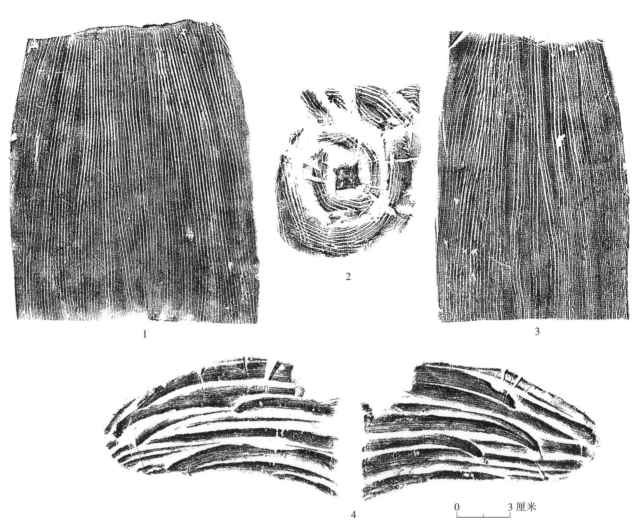

图九一　马尾、门鬃篦栉痕及马尾绾结拓片

1. G9：①右服马尾　2. G9：①右骖马马尾绾结　3. G9：②右骖马尾　4. G9：①右服马门鬃

3. 左服马

马体局部随砖铺地下陷，陶片略有错位。马体倚靠在左骖马腹部，马蹄基本原位站立，自膝因淤泥堆积的挤压而断裂，马蹄与砖铺地之间有厚 2～3 厘米的淤土，四周有铜马衔、络饰管等伴出。毛色浅暗红，彩绘层薄，毛刷痕迹明显。共计残裂为 114 片。马左后腿有织物修补痕迹，黄褐色；腹、尾残片亦见有烧成后断裂再粘接的痕迹。前腿根部厚近 18、背脊部分厚 5、腹下底厚 15 厘米。

4. 左骖马

外形较完整，基本原位站立，头跌落，有木质马镳等伴出（图版五二，4）。提取时陶片多开裂，共计有 167 片。白色蹄管，暗红色马腿，躯体多显黑色，额部有白色彩绘，耳部彩绘为肉红色。腹下压 3 片 G9：30 瓮颈等残片，内腔填充层理状淤泥。门鬃、双耳与马头为一次成型，断裂处呈毛茬状。立耳残长 16.5、根部直径约 5.5 厘米，尾部残长 78 厘米。

（二）G9：②所属

均残，头部残片与前车车属陶俑混杂。马脊等保存位置较高部分原已清理，上层填土、棚木炭迹情况不清。依现状判断，此组陶马主要是受到来自南（右）侧的冲击和来自上部对马头部的砸击。左骖马站立状，除头部损坏外，体腔各部位碎裂但未失位，马蹄几乎完全包裹于隔墙缓坡状堆积中，堆积发挥了极大的支撑作用。G9：11、G9：12两俑面下扑倒在马臀等部位，尤其是G9：11，头部已伸入左服马腹下。相对于两骖马，两服马位置前（东）移明显，残片后（西）形成较大空隙，有车轸木、桃木组合的炭迹及车幕织物朽痕等混入（图版五三，1）。

1. 右骖马

头跌落，南向与颈呈近90°位移，体南北向微侧卧，叠压于右服马上，体腔下分布红烧土、炭迹、淡黄色纯净土，红烧土色由下至上渐变。炭丝纹理较乱，且南北向炭丝并不占主体，说明炭迹的来源不是燃烧跌落的棚木，应该包括一些马的鞶具。颈下堆积土层中夹杂带冠俑头（G9：9）局部。背部破裂成多片，跌落于腹腔。腹腔内烧土、炭迹及淤泥充盈。腿部彩绘为暗红色，口腔内肉红色彩绘保存较好（彩版二八，1）。整体残碎成130余片，有多处利刃钩斫痕迹，集中于颈、腹、腰等部位的上段（图版五三，2）。

胎壁厚度不一，颈部最薄处胎厚不足2厘米，腹壁一般厚约5厘米。壁厚依据马体部位变化较大，胸、臀等需要壁厚的部位，采取内层贴覆的方法。例如腹底对应腿根处，两层泥胎接茬处明显可见缝隙，内壁补贴泥片，内外两层泥胎依厚度相错叠合，即外层泥胎厚的地方贴覆薄的内层泥片，外层泥胎薄的地方贴覆厚的泥片，这样形成的泥胎结合类似榫卯，可以使结合更加牢固，使胎壁不易开裂（图版五三，3）。腹壁的最大厚度近13厘米，两层胎泥，内层外壁有竖向粗绳纹，内层内壁多见竖向手指涂抹痕迹，外层覆泥较薄，现已脱落（图九二，1）。腹壁内可见竖向粗绳纹，单体呈枣核状，经向长1.2、宽约0.5厘米，纬向近无。绳纹上叠压圆形槌窝，有平纹织物痕迹（图版五四，1）。马腿根部与腹壁接茬类似榫卯状，腹底壁为卯，外为浅圆形，内为长方形深槽，腿根为榫，插入连接（图版五三，4）。胸、颈、臀等部位的下表面毛糙，有板状压痕，应为制胎支撑点，架板形成的豁口以青灰色粉末填补。

2. 右服马

此段地基略下陷。马体保存较好，局部陶片向前移位，颈东北、臀西南，完全侧卧于近地砖面上（图版五四，2）。提取后残碎80余片。面部有铜络饰管、马衔与木质马镳、橛组合（图版五四，3）。脸颊及耳部有两组络饰，一组包括Aa型铜环1件、B型络饰管9件；一组绕耳根，包括B型络饰管7件。颈南有B型骨管（G9：0118），残，类似胁驱、靷辔所属。马脊北侧与左服马之间有车辕炭迹，腹南有多处皮条朽痕，背部有较大面积炭灰，为许多大块断节无序状堆积，最大者宽近7厘米，可能包括车衡、植物绞结的颈鞶局部、辔、靷等残段。马尾陶片局部有皮条叠压，皮条宽约0.8厘米，褐色，为靽残段，另有部分盾迹。右后腿近根部有修补痕迹，织物经纬粗疏。右腹体侧有透气圆孔，大量陶片表皮剥离，有的局部酥粉。内腔淤泥层理清晰，上层色黑多气孔，下层细腻色淡黄。此马毛色主要有：枣红色，分布于体表、脸颊至鼻根；粉绿色，分

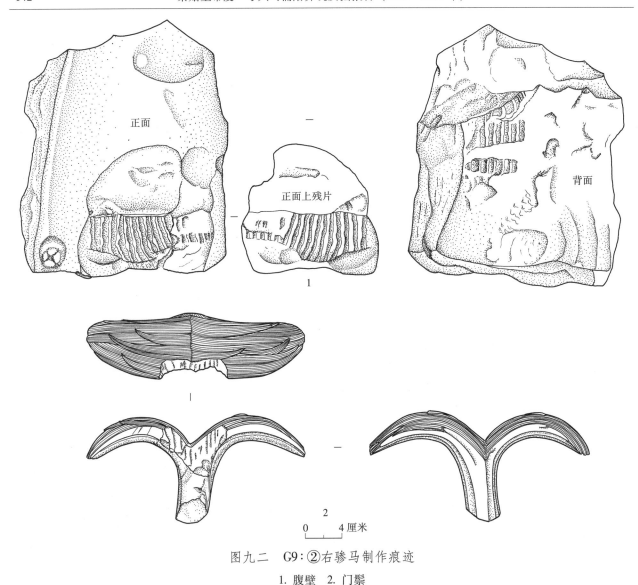

图九二　G9∶②右骖马制作痕迹

1. 腹壁　2. 门鬃

布于颈下、腹下、鼻梁至嘴；粉红色，分布于嘴角、口内；白色，分布于蹄管（彩版二九）。底漆为褐色，稀薄，可见涂刷毛丝痕迹。

3. 左服马

前（东北）"扑"倒栽状，马蹄基本保持原位，体下与砖铺地间淤土堆积薄。前段被左骖马叠压，臀后有车轸炭迹，体腔内烧土块、炭迹、淤泥混杂。躯干前段内腔左、右壁及右前腿有多处织物修补痕迹（彩版二八，2）。右腹侧有透气孔。共残碎为 85 片，其中马右耳残长 21 厘米，根部有青灰色粉末，系一处烧成后粘接修补痕迹。上下颚及牙齿有零星白色彩绘，蹄管部分有零星天蓝色彩绘，蹄底有细绳纹压痕。马头部总长约 62 厘米，门鬃残长近 35.5、宽 3～6 厘米，立鬃可见长约 49、宽 6、厚 3.5～4.5 厘米。

4. 左骖马

基本原位站立，头部只有双耳、门髦缺失（压于 Q9 坍塌土下），体大片碎裂，蹄、腿多从细处断裂，断茬齐平，仍保持原位，尾断遗失，可见残片约百片。体外侧与隔墙夹缝间有沙状黑色堆积，疏松，应为自然渗漏而成。体腔内充盈纯净红烧土、淤土，干燥、坚硬。腹下堆积有纹理混乱的木炭以及夹有淤泥的淡黄色隔墙坍塌土，炭迹的属性难以判断。马腹下层有淤泥沉积，层内夹宽带状褐色杇痕，性质不明。近口处有白色木质马镳、铜马衔以及铜络饰管组成的络具。后体残片与陶俑左脸颊、箭筈杇痕等混杂在一起，西邻位置有车前辀局部。后腿根部见有制胎支架的压痕，施彩前以青灰色粉末填平。腿全部包裹于隔墙坍塌土中，左后腿叠压 G9：12 俑头。马颈、脸颊等部位残片见有白色彩绘；尾毛以篦栉类工具刮划，黑色，漆层开裂翘起；蹄管为白色，腿毛色暗红。

全身伤痕计有 28 处，可以确定是人为伤痕者 17 处（图版五五，1～3）。多数集中于头部，创面特点同 G9：①右骖马，成组的痕迹带有连贯性动作的特点。另有钝器砸击痕 4 处，尚难确定与人为破坏有直接关系（表二）。

表二　G9：②左骖马伤痕登记表　　　　　　　　　（单位：厘米）

位置	编号	类型	伤痕		中心面貌	
			范围	形状	轨迹	斫点
右面颊	1	钩斫	4×3.5	圆形	4.2×0.6	0.2
	2	钩斫	4.3×3.5	不规则形	2×0.5	0.2
	3	钩斫	1.8×1.6	圆形	2.5×0.4	0.2
	4	削斩	1.9×1.5	不规则形		0.2
颈根部与马鬃交接处	5	钩斫	3×2	不规则形	3×0.4	
马鬃上	6	钩斫	2.5×2	三角形缺失	1.2×0.5	
左侧鬐甲	7	削斩	4×2	不规则形		0.2
腰部左侧	8	钩斫			3×0.6	
	9	削斩	1.3×1.3	圆形		0.2
臀部左侧	10	削斩	1.2×1	半圆形		0.2
臀部右侧	11	削斩	1.7×1	不规则形		0.15
	12	砸击	5×3.5	不规则形		
	13	削斩	1×1			0.4
	14	削斩	4×3.5	扇形		0.3
	15	钩斫	3×2.5	不规则形	1	0.2
右侧鬐甲	16	削斩	4×3.5	三角形		0.2
	17	砸击	17×9	表层不规则脱落		
背部	18	削斩	2×1	不规则形		0.2
背部右侧	19	削斩	1×1	不规则形		0.2
鬐甲右侧	20	削斩		破碎成数块		0.3
	21	砸击	18×11	表层不规则脱落		
鬐甲正中	22	钩斫	3×1.3	不规则形	2×0.2	0.2
鬐甲右侧	23	钩斫	3.5×2	不规则形	2×0.5－0.1	
颈部右侧根部	24	砸击	11×8.5	表层近方形脱落		

续表二

位置	编号	类型	伤痕		中心面貌	
			范围	形状	轨迹	斫点
左面颊 （相距7）	25	削斩		表皮脱落较轻微		0.5
	26	削斩		表皮脱落较轻微		0.7
左面颊	27	钩斫	2.6×1.5	不规则形	2.5×0.2	
鼻根部	28	钩斫	3×2	不规则形	2×0.5	

右面颊上的 4 处伤痕，由上至下的施力方向一致，痕迹面貌相近，利刃滑行轨迹细长，较深，圆形小深窝斫点，四周有不同形状的崩裂。其中伤痕 1、2 相距 6 厘米，伤痕 2、3 相距 5.5 厘米，伤痕 3、4 相距 4.5 厘米，伤痕 1、4 相距 8 厘米，为数次连贯施力（图版五五，4、5）。钝器砸击痕涉及表皮脱落面积较大，可见内层胎泥叠合的接茬，可能与陶胎本身的接茬有关（图版五五，6）。

经过虚拟复原，测得此马通长 199.4、高 173.4 厘米，鬐甲至蹄高 137.6 厘米，臀部周长 139.4 厘米，腹部周长 168.5 厘米，前腿左长 76.3、右长 76.46 厘米，后腿左长 76.17、右长 76.07 厘米，马尾长 48.39、尾根部周长 28.35 厘米，蹄管高 5.97 厘米，麦角处周长 35.61 厘米（图九三）。

（三）G10 陶马

G10 西端见有第三组车马配置，因大部分叠压于隔梁下未能进一步清理。右骖马腹南背北压于右服马腹部；两服马基本呈站立状，背脊开裂，上有薄层棚木炭迹，内有红烧土堆积；左骖马压于西隔梁下，暴露部分少（图版五六，1）。左骖马的前腿保持在原位置，与左服马立鬃前端直线距离约 1.2 米，说明骖马平面位置亦较服马稍后（西）（图版五六，2）。两骖马腿为枣红色，马蹄为白色（彩版二八，3）。两服马东部若干残片压于前排陶俑 G10：49 等残片之下。右骖马后部躯干下的陶片夹缝中有朽木痕一处，断为两截，直径约 3.8 厘米，褐色圆腔朽痕，原编号秘①，应是马具。前段陶俑残片堆积中发现有铜络饰管、铜方策、朽木痕等，应与此组陶马有关。如右骖马南，出土一组车马器，包括 Aa 型铜环（G10：020）、铜络饰管 7 件一组（G10：023），马颈部下有 A 型骨管（G10：026）与 Ab 型铜环组合。A 型骨管与 Ab 型铜环组合在本次发掘中出现 2 例，G9：①左骖马也见类似情况，值得注意。

（四）制胎

制作细节尚有许多不详，泥条盘筑痕迹较陶俑少见。根据 G9：②右骖马内壁制作痕迹，

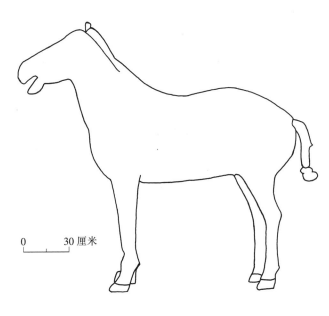

0　　30 厘米

图九三　G9：②左骖马三维扫描渲染图

可知胎泥为多层摺合，细部雕刻，通体磨光，腹侧有圆形透孔，二次封堵，俗称"透气孔"。推测制胎大致可分为六段。

第一段：前胸至近腰窝的底部，分别向四周拓展塑型。平铺整块长条舟形泥片，壁厚约 5 厘米（图版五七，1）。此泥片为整体制胎的基础和中心，外设架板支撑。

第二段：腹侧壁以及背、腰顶部，自舟形泥片弧圆外张，再合拢闭合。壁厚 3～5 厘米。

第三段：臀部和腿髀，外形圆弧，采取多层大块泥片补贴方法增加壁厚，最厚处可达 13～15 厘米。单独制作马尾部分，烧后插入臀部圆孔内。

第四段：颈项处，外形似对折的扁泥筒，向上起势处使用较小泥块堆垒叠塑的方法，厚度约 5 厘米。侧壁是通体器壁最薄区域，平均厚约 2 厘米，顶部合拢中心厚度近 7 厘米，切割出立鬃。昂首起势处有内、外支架，内壁胎泥褶皱，显示出胎泥柔软走势（图版五七，2）。

第五段：前、后腿，与体腔或从根部或从近膝处采用类似木构中的榫卯连接。外表上下几近贯通刮削，突显筋骨质感，尤其是在麦角侧形成一道立棱，类似用力时绷起的筋带，即《相马经》所言"阑筋竖"状，显得腿部格外劲健。马蹄底面平，多见植物秸秆印痕。

第六段：头部，垒泥叠塑。泥块体形较小，近方形，较规整。外形刮削高峻、方正状，并细部雕刻五官，耳直接捏塑成型或留圆窝卯合插装（图版五七，3）。门鬃根部分叉处均有半弧形豁口，系利器上下敲击痕迹，形成于烧成后，推测与系结络具有关（图九二，2）。

内腔多见制作痕迹，如绳纹压痕、捶打痕、篦栉痕、抹痕、刮削痕、支架压痕等，多处马腿有烧成后断裂修补的痕迹。

1. 绳纹压痕

敷泥处的内腔或胎内层有绳纹深压痕，竖条状或横向。绳径 1.2×0.5 厘米，平均 12 根/4 平方厘米（图九四，1～4），较陶俑绳纹明显粗大。

2. 捶打痕

腹壁底捶打痕较多，呈圆窝状，直径近 5 厘米，深浅不一，窝底较平，表面有织物痕迹（参见图版五七，1）。

3. 篦栉痕

在陶马的鬃、尾等部位分布有篦栉刮划痕。篦状工具刮划的齿径为 0.1 厘米，四齿一组（图九一，1、3），纹路较陶俑发丝细致。其中门鬃的纹理是先浅浮雕做成缕，然后再刮划毛丝（图九一，4）。

4. 抹痕

分布于腹腔上部，近腹底处多横向，腹侧上部多竖向，局部有深指窝。

5. 刮削痕

分布于胸、臀、腿、腿麦角侧。窄刃刀具，刀痕宽约 1.3 厘米。

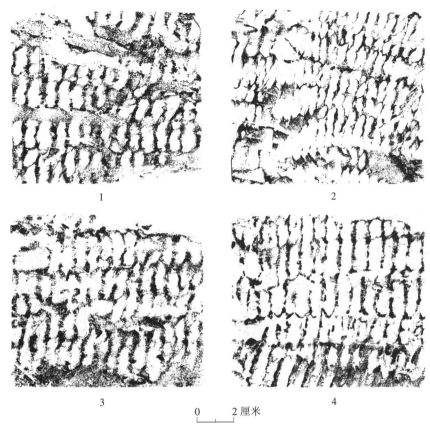

图九四　绳纹压痕拓片

1. G9：①右服马　2. G9：①右骖马　3. G9：②左骖马　4. G9：②左服马

6. 支架压痕

为防止泥胎变形，腹底有架板，臀下、颈下有架板。一种见于马臀、前胸两处与腿根平齐处的体表，为锐角压痕，烧成后用青灰色物质填涂（图版五七，4）；另一种见于马颈部昂首起势处内壁，呈近方形凹窝，边长约12厘米，两侧对称，胎泥在此处形成褶皱（图版五七，5）。

三　鞁　具

《左传·僖公二十八年》："晋车七百乘，韅、靷、鞅、靽。"韅、靷、鞅、靽均为装备于马身的皮革，韅在马腋下，靷在马胸前，鞅在马颈，靽在马臀、后腿部位。四字连用以显现晋军军容的肃整，意指装备好鞁具，做好了作战准备。鞁具另有靳，是服马当胸的皮带。古代驾车骖马略后于服马，骖马之首与服马胸齐，《左传·定公九年》"如骖之靳"即如骖马随着服马的胸前皮带而前进。杜预注："靳，车中马也。"则是以靳借代服马。根据《说文》《释名》等古籍，另有鞶、当膺、靻等词。鞶为笼统称谓，代表马缰绳，常与辔并称，如段玉裁注："辔鞶，盖古语，辔亦名鞶也。"鞶的具体位置有腹部或背部两种说法，横向的为"韅"；"箸亦鞶也"，经向，箸在腋下，"箸亦谓直者"；"当膺，谓横者"。勒是整套的络头，《孔子家语·执辔》："夫德法者，御民之具，犹御马之有衔勒也。"本次清理的两组陶马均残碎，马体之间有叠压，鞁具混杂，除部分络头外，大多数残迹难以甄别具体所属。原配置的络头出土时大部分失位、散乱，包括铜质络饰管、节约、环、衔以及木质镳、橛，各部件之间系连的皮带朽痕也有断续残存。

(一) G9：①

1. 鞦鞊

残存短截的皮条，宽2、厚0.3厘米。如G9：①右服马腹下有多件铜环、络饰管及1处较长皮条朽痕，朽痕残长近30、宽2厘米，褐色漆皮状，其南侧有一堆条状炭迹。

2. 鞯带

条带状，断成两截，西北端受压变形，压痕自然皱曲。出土于右服马左后腿旁，距砖铺地上淤泥层表面约5厘米，残长24、中宽6.8厘米。彩绘菱形套合图案，外菱形边长1.8厘米，内菱形边长1.25厘米；两侧以朱红细线勾勒，线径0.05厘米，粉绿彩涂抹填充宽约1厘米的内空间；芯填旗帜样朱红色纹样，"竿"部长0.55厘米，"帜"部长0.3厘米。菱形图案的外围有三重套合磬纹，磬纹上下均作倨句形。外层鼓长4.3、股长3.8厘米，鼓博长2、股博长2厘米；中层鼓长3.6、股长3厘米，鼓博长1.1、股博长1.2厘米；内层鼓长3、股长2.5厘米，鼓博长0.4、股博长0.4厘米。朽痕四周及上层有较多宽约2厘米的炭条及漆皮朽痕，其中尤以一短边（西南）的两侧较清晰，上下各有两根皮条的端头，皮条宽2厘米，一为齐端，另一为舌形。两段断茬参差不齐，叠压于漆层彩绘花纹之下。此遗迹也可能是轭肢衬垫（图九五，1；彩版三○，1）。

3. 胁驱

右骖马前腿后部陶片下叠压，可见残长12、宽3厘米的木迹，首端套合有B型骨管（G9：073），近处有宽2厘米的皮条残迹。

4. 络头

右服马头与砖铺地之间有厚约1～5厘米淤泥，络头包括鼻革、颊革、额革等，残留有A、B型铜节约5件（G9：0198、G9：0199、G9：0202、G9：0210、G9：0212），Aa型铜环3件（G9：0186、G9：0223、G9：0229），9件B型铜络饰管1组（G9：0228），7件B型铜络饰管2组（G9：0185、G9：0222），12件B型铜络饰管1组（G9：0211），B型铜络饰管与A型铜络饰管组合2组（G9：0197、G9：0201），以宽1.5、残厚0.3厘米的皮条连缀（图九六；参见彩版二七，4）。南侧地面上散落铜马衔1件，马衔两侧各有长条形木质马镳1件。

(二) G9：②

1. 鞦鞊

马头及腹部常见，多不连贯。躯干部分包括鞦、鞊、鞲等。褐色朽痕，宽2、厚0.3～0.5厘米。鞦鞊皮具与铜环、带扣等构成组合。如G9：②笼嘴①下叠压一处，残长75厘米，为阴鞦（图版五八，1）；右骖马腹内侧一处，残长分别为23、18、20厘米，其中残长18厘米者，近东西

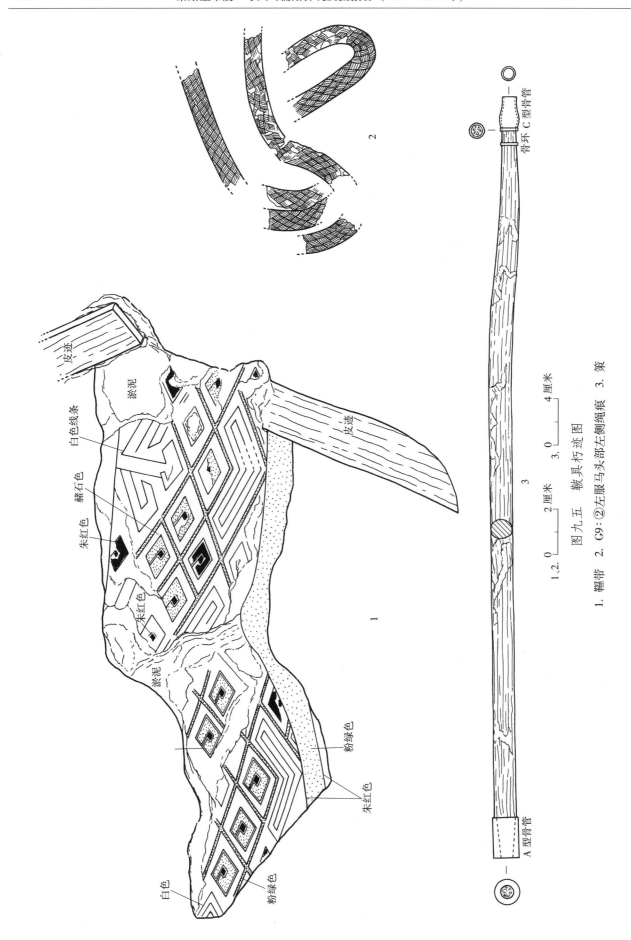

白色线条

赭石色

朱红色

朱红色

淤泥

皮迹

淤泥

皮迹

粉绿色

朱红色

白色

粉绿色

1

2

骨环 C 型骨管

A 型骨管

3

1,2.　0　　2厘米

0　　2厘米　　3.

0　　4厘米

图九五　G9：②左服马头部左侧朽迹图

1. 镳带　2. 鞁具朽迹痕　3. 策

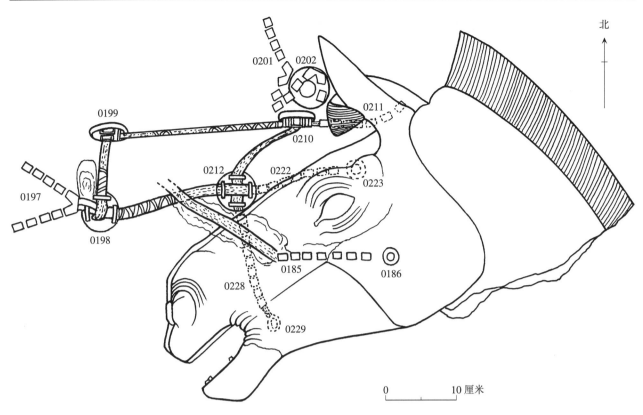

图九六　G9：①右服马络头出土状况

0185、0197、0201、0211、0222、0228. 铜络饰管　0186、0223、0229. 铜环　0198、0199、0202、0210、0212. 铜节约

向，与带扣（G9：0236）组合，为右骖马之靷（图版五八，2）。右服马近尾部有皮迹，残长21、宽0.8厘米，较一般靷带窄，为鞅残段。

马头附近有麻绳多段，常见为三股扭结。有2例较特殊，为几股麻丝编结成组带状，单丝宽0.3、绳径0.9厘米。其一位于左服马头部左侧，黑褐色朽灰，残长共29厘米（图九五，2）；其二位于G10甬道西侧箙⑪东南，白色绳痕残段，三股以上分支绞结而成，残长近4厘米，或许是后部陶马的靷绳（图版五八，3）。

2. 络头

右服马头未移位的络头包括9件B型铜络饰管1组、7件B型铜络饰管1组、4件B型铜络饰管2组、A型铜节约2件，木镳插入铜马衔环内，各部之间有皮条串联，皮条宽1.5、厚0.5厘米（参见彩版二九，2）。

3. 鞅带

右服马腹下前部，残存皮迹多段。较完整的一处呈淡蓝色，舌形，长22、最宽处3厘米；上有三小孔，近端的孔眼最为清晰，长6、宽4厘米，似为鞅带末端（图九七；彩版三〇，2）。

4. 胁驱

右服马腹下前部右侧，残存皮条痕迹及条状朽木一处。尾细渐粗，边棱直，形近"𠃌"。残长11、径2.5厘米。端套合B型骨管（G9：0168），推测为胁驱及相关系结皮条的残迹。

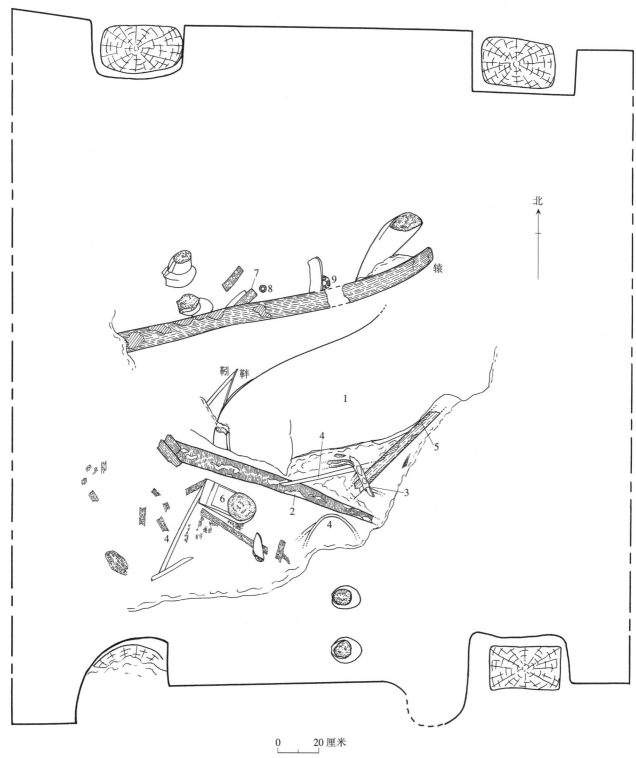

0　　　　20厘米

图九七　G9：②马具局部图

1. 右服马　2. 衡　3. 靷　4. 靭　5. 积竹杆　6. G9:9 足履　7. 轭（？）　8. Ab 型铜环（G9:0217）　9. B 型铜节约（G9:0216）

5. 策

两处遗迹或与策有关。

右服马腹部南，靭绳内侧，东西向。竹质，朽丝局部有交扭，表面髹漆。全长 67、朽痕厚 0.3 厘米。首径 2 厘米，端有 A 型骨管（G9：0237）；至尾渐细，端梢为 C 型菌杆状骨管

（G9：0238）和垫片形骨环（G9：0239），两者之间有 1 厘米的空隙。中段朽痕下叠压有管状朽痕，空腔内填满淤泥，曲线长约 15、径 0.8 厘米，不确定是否为同一体（图九五，3；参见图版五八，2）。

此类遗迹原报告中未见明确报道，查原报告第四章兵器分布介绍，T20G10 车前兵器遗迹分布图中右服马残片下有类似迹象，混杂于辔具和兵器中，东西向，首粗尾细，近首端有横挡，总长度近 100 厘米，原报告称为"十字形朽木"。另湖北包山楚墓、枣阳九连墩楚墓和陕西凤翔秦墓也有类似遗物出土。包山 M2：350，木质，截面呈圆形，一端套一八棱体骨管，另一端套一圆柱体骨管，柱中间凿一周浅槽，通长 66.5 厘米[1]。出土于南室车马器中，用途不详。九连墩楚墓出土者被认为是鼓槌[2]。凤翔八旗屯车马坑 BS26 的车舆前填土中，发现一处直径 0.9、残高 70 厘米的竖直空腔，空腔底部有骨环和细腰骨管，形象与今俑坑中所见者完全相同。发掘者推测是马策朽痕，套有骨环、骨管的一端为策柄，质料是藤、木或青竹[3]。

笼箙②内上层朽痕中有宽 1～1.5 厘米竹条多段，残长分别为 72.5、30、23 厘米。竹皮光滑，最长者明显呈一端粗一端细状，局部可见横向白色竹节（图版五八，4）。

四　车马器

铜质共计 121 件（组），种类包括络饰管、节约、马衔、带扣、方策、环、辖、铜、鸭嘴钩、构件、轵等；木质主要有镳、橛等朽痕 5 处；皮质朽痕 1 处；骨器 11 件；银质络饰管 1 件。出土时多已偏离原位，散布于车、马附近。现分别予以介绍。

（一）铜质

1. 环

41 件。大小有别，横截面多为圆形或椭圆形，按截面形状分为两型（附表一六）。

A 型　40 件。截面呈圆形或椭圆形。按直径大小分为三亚型。

Aa 型　21 件。外径 2.3～2.5、内径 1.3～1.5、截面径 0.4～0.5 厘米。多见于马头部，与络具组合使用，体表光洁明亮。G9：0116，外径 2.3、内径 1.5、截面径 0.4 厘米（图九八，7）。

Ab 型　18 件。外径 4.1～4.7、内径 2.6～3.1、截面径 0.6～0.8 厘米。多见于马腹部、两腿间等部位，与鞦辔组合使用。使用部位不同，器表光洁度有别，尤以出土于两腿间者较弱。G9：0181，外径 4.3、内径 3、截面径 0.8 厘米（图九八，8；图版五九，1）。

Ac 型　1 件。出土于车舆底后部，与阴靷有关。G9：0257，外径 7.7、内径 5.9、截面径 0.95 厘米（图九八，14）。

B 型　1 件。环体扁径，截面外薄内厚，为辀、衡连接两侧系绑使用，原称为 Ⅲ 式。G9：0192，表面透亮，少锈蚀，光洁度强。外径 11.6、内径 7.4、体厚 0.1～0.8 厘米（图九八，13；图版五九，2）。

① 湖北省荆沙铁路考古队：《包山楚墓》，第 234 页，文物出版社，1991 年。
② 湖北省博物馆：《九连墩——长江中游的楚国贵族大墓》，第 114 页，文物出版社，2007 年。
③ 陕西省雍城考古工作队：《陕西凤翔八旗屯秦国墓葬发掘简报》，《文物资料丛刊》（第 3 集），文物出版社，1980 年。

2. 辖

1 件。枘作方键形，首作羊首形，羊首下和枘的下端各有一圆孔。G9：013，通高 7.6、羊首宽 3.7、枘高 1.6、枘厚 0.7 厘米（图九八，20；图版五九，3）。

3. 铜

3 件。分两型。

A 型　2 件。原报告定为 I 式。出土于 G9：②左右伏兔盖板朽痕下。长方形，正面鼓起呈圆弧形，背面光平。G9：0143，侧缘有制作时截断的痕迹，可能是一次性铸造成型为长条形铜坯，然后根据需要进行切割；背面有对称、大小误差仅为 0.1 厘米的长方形浅戳印，或为某种标记。通长 6.8、宽 2.9、厚 0.8~1.1 厘米（图九八，2；图版五九，4）。

B 型　1 件。原报告定为 III 式。G9：041，出土于 G9：①中部右侧伏兔朽痕下。长方形，长 6.9、宽 2.3、厚 1 厘米。正面微鼓，背面正中有一凸起的蓥脊，长 5.4、宽 0.6、厚 0.8 厘米，嵌入毂内，防止滑落（图九八，5；图版五九，5）。

4. 络饰管

37 件（组）。勒的主要连接构件，内贯皮革或绳。其中 5 组随马头彩绘印痕进入实验室进行文保处理，未能提取详细资料，其余 32 组共 218 件按外形分为两型，截面为圆形或椭圆形（图版五九，6）。详见统计表（附表一七、一八）。

A 型　9 件。三通形。通高 1.9~2.2、壁厚 0.1 厘米。G10：048-1，上口外径 2.5×1.3、下口外径 1.55×1.2、通高 2.1 厘米（图九八，11）。

B 型　209 件。截面圆形或椭圆形。保持原位者以 4、7、8 件数量与 A 型结合成一组。通高 1.3~1.6、外径 1.1~1.6、壁厚 0.1~0.15 厘米。G9：0211-2，通高 1.5、外径 1.5×1.3、壁厚 0.1 厘米（图九八，12）。

5. 节约

19 件。其中 3 件随马头彩绘印痕进入实验室进行文保处理，未能提取详细资料，其余 16 件可分为两型（附表一九）。

A 型　8 件。圆环三纽，表面平整，背面为"U"形凹槽，凹槽内排列三个长方形铜纽鼻，纽鼻或作等距离排列，或其中一对左右相对。G9：0198、G9：0199、G9：0212 等出土时，尚可见从纽鼻穿过的皮条朽痕（图版六〇，1）。G9：0203，凹槽内纽鼻其中一对左右相对，为 B 型改造而成。通高 2.3、环高 1.2、外径 5.5 厘米（图九八，19；图版六〇，2）。G10：047，凹槽内等距离排列三纽鼻，有合范线。通高 2.4、环高 1.3、外径 5.7 厘米（图版六〇，3）。

B 型　8 件。圆环四纽，凹槽内等距离排列四个长方形铜纽鼻，两两相对。G10：024，纽梁处合范，并可见加工打磨痕迹。通高 2.7、环高 1.3、外径 6 厘米（图九八，16；图版六〇，4）。

6. 马衔

3 件。形制相同。体形粗大，两节相扣，外端为椭圆形环，内端为近圆形环，轴为圆柱形。

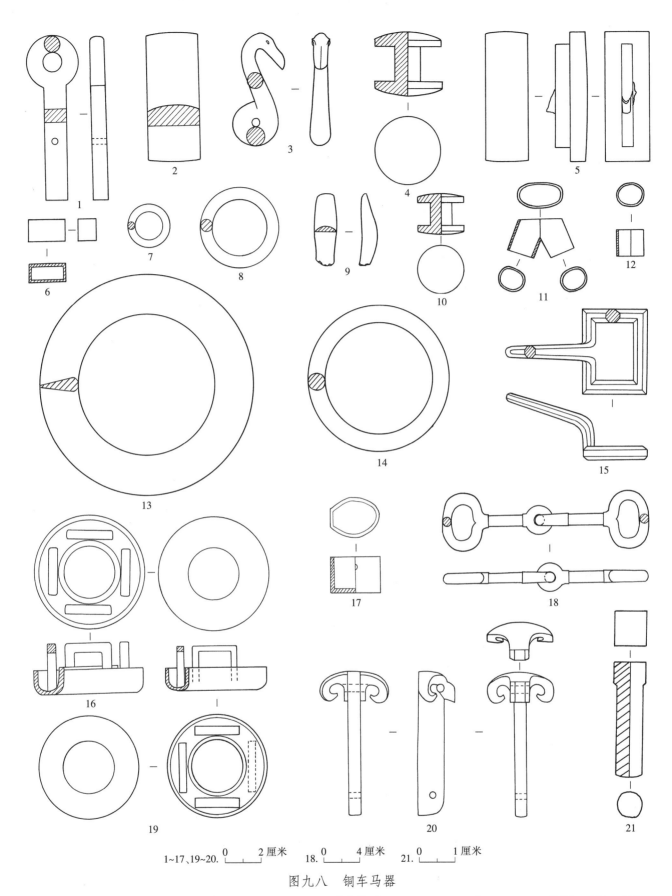

图九八　铜车马器

1. 带柄销钉（G9：0135）　2. A 型铜（G9：0143）　3、9. 鸭嘴钩（G9：036、G9：0136）　4、10. A 型带扣（G10：065、G10：032）　5. B 型铜（G9：041）　6. B 型带扣（G9：0123）　7. Aa 型环（G9：0116）　8. Ab 型环（G9：0181）　11. A 型络饰管（G10：048－1）　12. B 型络饰管（G9：0211－2）　13. B 型环（G9：0192）　14. Ac 型环（G9：0257）　15. 方策（G9：072）　16. B 型节约（G10：024）　17. 轭帽（G9：0117）　18. 马衔（G9：093）　19. A 型节约（G9：0203）　20. 辖（G9：013）　21. 軏（G9：0160）

G9：093，属于 G9：②配置。通长 22.6、轴长 3.9、轴径 1.2、外环径 6.1×5、内环径 3.2×3.1、环截面径 1 厘米，重 341.4 克（图九八，18；图版六〇，5）。G9：0100，属于 G9：②配置。通长 22.3、轴长 4.1、轴径 1.3、外环径 6.05×4.3、内环径 3×2.7 厘米，重 427.4 克。G9：0125，属于 G9：①配置，移位至 G9：7 残片附近。通长 22.1、轴长 4.2、轴径 1.4、外环径 6.1×4.3、内环径 2.95×2.8 厘米，重 416 克。

7. 带扣

7 件。分两型。

A 型　6 件。形制形同，均为亚腰形，大小有别（附表二〇）。有的出土于马腹侧，并与 Ab 型铜环构成组合关系（图版六〇，6）。两端为圆帽，圆帽外侧鼓起，内侧平，轴横截面呈圆形。通高 2.2～3.4、帽径 2.6～3.6、帽厚 0.3～0.8、轴长 1.05～1.85、轴径 1.15～1.6 厘米。G10：032，通高 2.2、帽径 2.6、帽厚 0.3～0.5、轴长 1.2、轴径 1.2 厘米（图九八，10；图版六〇，7）。G10：065，通高 3.4、帽径 3.6、帽厚 0.3～0.8、轴长 1.8、轴径 1.5 厘米（图九八，4）。

B 型　1 件。长方筒形。G9：0123，通高 1.2、宽 2、壁厚 0.1～0.2 厘米（图九八，6）。

8. 带柄销钉

1 件。出土于 G9：②中部。G9：0135，圆环首，长条形扁体销柄。通长 8.6 厘米，环首外径 2.8、内径 1.1、截面径 0.9 厘米，柄长 6.1、宽 1.2、厚 0.8 厘米。柄中部有一圆形小孔，孔径 0.35 厘米（图九八，1；图版六〇，9）。

9. 方策

4 件。形制相同。多出土于马腹侧。体为横长方框，框边截面呈八棱形；钩钉弯曲上扬，上窄下宽，截面呈八棱形。体长 3.6、宽 4.4～4.5、边径 0.7～0.9 厘米，钉长 4.1～5.6、径 0.4～1.3 厘米（附表二一）。G9：072，通长 7.7 厘米，体长 3.6、宽 4.5、边径 0.9 厘米，钉长 4.1、径 0.6～1.3 厘米（图九八，15；图版六〇，8）。

10. 构件

1 件。质地酥碎，保存状况极差。G9：060，残，出土于 G9：②车舆后端，火烧结节，沾满炭灰。可见直角形转角，外形似"L"形，体截面呈长方形，有铆钉圆孔。残长约 26、宽 1.5、厚 0.55 厘米（参见图版四九，3）。应为轸木转角处加固件。

11. 鸭嘴钩

2 件。G9：036，钩首扁平作鸭嘴形，末端作圆环形。通长 5.9 厘米（图九八，3；图版五九，7）。G9：0136，残长 3.8 厘米（图九八，9）。

12. 軛帽

1 件。G9：0117，椭圆筒形，底部封堵。通高 1.9、口外径 2.7×2.2、壁厚 0.2、底厚 0.2 厘米（图九八，17）。

13. 轫

1件。G9：0160，出土位置靠近G9：①衡部。通长3、径0.7、方形首端边长0.9厘米（图九八：21）。

（二）骨质

1. 环

1件。G9：0239，直径1.6、壁厚0.2厘米。

2. 管

10件。分三型，分别对应原报告划分的Ⅰ、Ⅲ、Ⅳ式。

A型 3件。圆筒形，光素无纹，原报告称Ⅰ式。G9：0205，出土于两服马之间近车辕位置，体大壁厚，骨壁均匀。通长5.1、外径3、内径1.8、壁厚0.45厘米，近尾端有孔，孔径0.3厘米。与原发掘T1G2：01198外径相近，为衡末饰。G9：0230，通长2.7、外径1.7、内径0.9、壁厚0.45厘米，近尾端有孔，孔径0.3厘米（图版六一，1）。G9：0237，通长3.6、外径2.3、内径1～1.7厘米。

B型 4件。三齿筒形，为胁驱部件，原报告称Ⅲ式。G9：073，残缺，通长4.7、齿长1.7、口外径2.65、口内径2、壁厚0.3厘米（图版六一，2）。G9：0118，残，利器切割端面，外表经刮削，系动物肢骨制作。通长5.1、齿长3.37、口外径3×2.5、壁厚0.3～0.6厘米，齿端有小圆孔，孔径0.7厘米（图版六一，4～6）

C型 3件。原报告称Ⅳ式。束颈，鼓腹，类似菌杆状。G9：0115，通长3、粗端径1.7、细端径1.6、壁厚0.2厘米（图版六一，3）。

本次发掘出土的骨管中，C型G9：0238、A型G9：0237与骨环G9：0239组合使用，出土于右服马外侧腹部。原发掘曾出土C型骨管3件，其中T10G5：01249出土于T10G5（三号车）右服马右腿附近，与本次发掘的出土位置和组合情况非常相似，说明遗迹属性一致。

（三）银质

络饰管 1件。G9：0267，出土于G9：②右骖马腹旁。外形同铜质B型，截面近圆形。通高2.2、外径1.57、内径1.38～1.4、壁厚0.11厘米，重7.8克，含银量高于80%。

（四）其他

1. 镳

4处3组。木质，残存白色朽痕，截面呈长方形。G9：②右服马所属一组，一处长18、宽约2.5厘米，另一处部分叠压于马下颌处，残缺，余长10、宽2厘米，中间贯穿铜马衔（G9：0100）。G9：②右骖马所属，残长12、宽2厘米。G9：①左骖马所属，长约13、宽2厘米，同出铜马衔

（G9：0125）。

2. 檋

1 处。木质朽痕，较镳窄长。长条形，有卯口。G9：②右骖马头部附近，东西向白色朽痕，长约 29、宽约 1.5 厘米，长方形卯口长约 2 厘米（彩版三〇，3）。

3. 遮汗

1 处。皮质朽痕，位于 G9：②右骖马头部左侧，与木质镳、檋以及 G9：8、G9：9 等残片混杂在一起，与砖铺地之间有厚 15～18 厘米的淤泥。主体为圆形，径 14、厚 0.3 厘米。外缘有一周淡蓝色彩绘，宽约 2 厘米。中心有一径约 4 厘米的圆孔，圆孔的下侧又有一径约 0.5 厘米的小孔，两孔之间直到边沿呈开口状。外缘与舌形飘带状朽痕叠压在一起。应为右骖马嘴内侧使用（彩版三〇，4）。

五　小　结

（一）车结构的补充说明

本次发掘的两乘木车，被火焚烧前均有较大程度的扰乱，很多部件已经脱离原位。轮、牙、辕、轫、舆底等情况基本与原发掘类似，现有以下几点需补充说明。

首先，车迹平面图中所体现的尺寸为平面、直线数值，因朽痕、炭迹的变形，实际数值应沿遗迹曲线测量。因此，所列尺寸仅就舆广而言，应大于 140 厘米。除了因保存状况和发掘水平造成的误差之外，每车各部位的实际尺寸有的与《考工记》等文献记载相符，有的略有出入。如按"兵车之轮六尺有六寸，田车之轮六尺有三寸，乘车之轮六尺有六寸"的规定，若按照齐尺（每尺 19.7 厘米）计算，兵（乘）车的轮径约为 130 厘米，衡长也应为 130 厘米左右。一号坑中原发掘报道的衡长为 140 厘米，一条完整衡木的末端还各有长 4.35 厘米的骨管，总长应在 145 厘米左右，现发掘的 G9：①衡长为 145 厘米，可见车衡尺寸与文献记载不合。又，"舆人为车，轮崇、车广、衡长叁如一，谓之叁称"，即衡长和轮高尺寸一致，但 G9：②轮径 131 厘米，与原发掘三例（4、5、7 号车）基本相同，与衡长并不"如一"，有轮小的特点。

"书同文、车同轨、货同币"是秦始皇统一全国后所采取的重要政治措施。根据车轫朽痕的直线距离，其车距应在 183 厘米左右，这个数值大于考古清理出的秦汉时期车辙宽度。据报道，陕西富县秦直道发现的轮距有 3 种，即 110、130、140 厘米[①]。河南陕县崤函古道车距有 106、115 厘米等不同数值，2007 年清理的灵宝函谷关内汉代至春秋战国路土层中亦发现有宽 160～180 厘米的车辙轨迹[②]。因此，有关秦代车距统一的问题尚需重新认识。

《周礼·春官·巾车》："巾车掌公车之政令，辨其用与其旗物而等叙之，以治其出入"，

---

① 张在明：《陕西富县秦直道考古取得突破性成果》，《中国文物报》2010 年 1 月 1 日。

② 李久昌：《崤函古道交通线路的形成与变迁》，《丝绸之路》2009 年第 6 期；三门峡市文物考古研究所：《崤函古道石壕段遗址考古调查述略》，《洛阳考古》2014 年第 2 期；胡小平、郭九行：《灵宝函谷关发现古道遗迹》，《三门峡职业技术学院学报》2009 年第 3 期。

"（王）服车五乘"，"凡良车、散车不在等者，其用无常"。周秦时期，凡是不符合制度的车，均称为"奇车"。《释文》："奇车，奇邪不正之车。"《礼记·曲礼上》："国君不乘奇车。"这些文献记载说明两点，一是车中的配置可以"其用无常"，二是古时存在一些不合制度的"奇车"。有关秦代车距的具体数据，应该尊重考古发掘的实际情况。

其次，车舆四面纵横交结的矮木栏，通称为轸。若细分，则横木为轸，纵木为轵。车左右两旁之栏谓辂，辂最上面有横木为较。G9：①左侧炭迹木条应属于较的残段。原发掘车辂残高30厘米，参考乘者身高，显然不是原有高度。车辂的高度应接近人体腰部，才能实现站立状的围挡安全。《六韬·武车士》："选车士之法，取年四十以下，长七尺五寸以上，走能逐奔马，及驰而乘之，前后、左右、上下周旋，能缚束旌旗，力能彀八石弩，射前后左右皆便习者。"[1] 经实际测量，二号坑出土车兵俑从足底至手部最下端的高度为83.5厘米；对身高在175厘米左右的今人进行测量，从脚底到手部最下端的高度最少为85厘米。出土车左、车右有些是以手撑车辂。有研究推测车轵高约70厘米，车辂高度约为55厘米[2]。G9：②前轵高近56厘米，接近原值。

再次，原发掘三号车（T10G5：③）车辂有花纹，位于外髹黑漆的麻布纹上，图案为对顶套合的菱形几何纹组合，属于二方连续图案（图九九）。本次发掘情况有所不同，G9：②残迹中的多处彩绘多为宽10厘米的带状，纹样随意、灵动，手法有铁线描和平涂，未见织物痕迹，漆膜下有漆灰层，含石英颗粒，厚0.2厘米以上，风格类似秦始皇帝陵铜车马軨部纹饰。

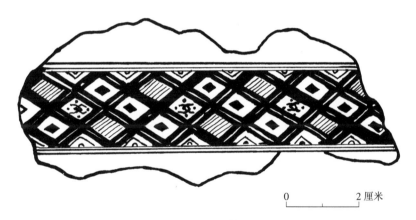

图九九　T10G5：③彩绘纹饰

车中用革，有"鞎""鞃""鞈"等字，说法笼统。《尔雅·释器》："舆革前谓之鞎。"郭璞注："以韦鞎车轼。"鞎的本义是拉伸皮张以覆蒙。李巡作疏曰："舆前以革为车饰曰鞎，不言轼。"《毛传》："韦鞎轼自名鞃不名鞎。"《诗经·大雅·韩奕》有"鞹鞃浅幭"。《毛传》："鞃，革也；鞃，轼中也。"车轼上段裹上皮革以便人倚的部分是为鞃，车舆前蒙革部分为鞎，四周围裹的似可称为"鞈"。G9：②车迹的彩绘部分，直接绘在漆膜上，漆膜基体是否为皮质，清理中未能做出明确判断，但肯定不是织物。

最后，三处车轵出土位置均在砖面之上，且被淤泥包裹，因此砖铺地上淤泥层的形成要晚于车的放置。原发掘8车中，7例车轵（T1G2：①、T10G5：③、T10G7：④、T20G10：⑧）与砖铺地

①　唐书文：《六韬·三略译注》，上海古籍出版社，2012年。
②　郭向东：《一组陶俑手势释义及其他》，《秦文化论丛》第十二辑，三秦出版社，2005年。

之间的淤泥厚为 3～4.5 厘米，3 例（T19G10：⑥、T2G2：⑦）与 T23G9 情况相同。

舆底与砖铺地之间的淤泥厚者达 70 厘米，这一数值当接近车舆原高。据《周礼·冬官·考工记》等，兵车、乘车是"车之高者也"，"六尺有六寸之轮，轵崇三尺有三寸也，加轸与馋焉四尺也"；田车是"车之下者也"，"又宜减焉"，"车轸崇三尺一寸半，减乘车寸半，加轸与馋，亦减乘车寸半，为五寸半也"。兵车、乘车驾国马，田车驾田马，轮与车舆的高度要"以马大小为节也"，"马高则车亦高，马下则车亦下，一以马之高下为车之节度"。《周礼》所说这几种车的轮高约合今 60～80 厘米，俑坑出土陶马通高 133 厘米，体形略小，系驾车舆的高度当接近制度规范的最低值。

（二）车属遗迹

1. 鼓

据《左传·哀公二年》晋郑铁之战记载，战车上由主帅击鼓，车右搏杀，御手驾驭马车。按 G9：①所属陶俑，排列形式由左向右为高级军吏、御手、低级军吏；G9：②所属陶俑，排列形式由左向右为高级军吏、御手、低级军吏。从所着铠甲级别上看，位左者地位高，应为指挥者。但截至目前，一号坑共计出土鼓迹 4 处，均出土于车舆右侧，反映车右承担着具体指挥号令的落实工作（图一〇〇）。

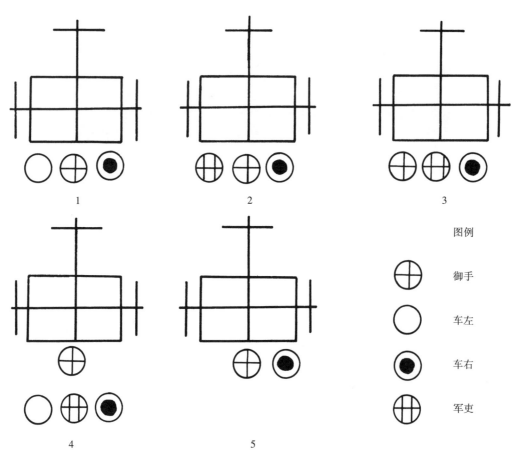

图一〇〇　各类战车上的乘员所处位置示意图

（引自袁仲一《秦始皇陵兵马俑研究》，图五五，文物出版社，1990 年）

由《礼记·明堂位》"夏后氏之鼓足，殷楹鼓，周县鼓"推测，先秦时期的鼓有加四足的节鼓、鼓身贯杆的楹鼓、用鼓架悬挂的悬鼓。三者鼓身都为横放，以鼓槌前后敲击，如湖北江陵望山 1 号楚墓出土的虎座鸟架悬鼓[①]。唐以前大多沿用这种习惯，至五代的绘画和壁画中才见到鼓身竖立、鼓面向上、上下敲击的形象。本次清理的鼓迹，环中穿有织带，说明原本也是悬挂使用，但车上一直未见鼓架残迹，且鼓面又都是向上平放于砖铺地上，尤其是 G9：①所属之鼓，与右轸直线距离 3.7 米，故是否为车上横放的悬鼓，尚需斟酌。

2. 笼箴

笼箴应为一种竹木夹纻胎漆容器，长约 95、宽约 50、高约 25 厘米。一号坑中类似的遗迹有文献可查的共计 5 处。其中原报告予以定名记录的有 1 处（T1G3：②），出土于距车后軨 1.45 米处的淤泥中，长 86、宽 58.5、残高 13～30 厘米，无盖，内外髹漆，没有遗物；另 1 处（T10G7：④）出土于左前角桃木上，报告中没有定名。另有相关研究文章补充说明 T1G3：② "板厚约 3 厘米"；T10G7：④漆下有厚 0.25 厘米的板灰；G6 有 2 处，其一出土于车东侧，另一出土位置未提及；G10 有 1 处，距车约 6.3 米，这些遗迹被研究者认为是木车上携带的木质马槽[②]。

马槽通体髹漆，又细致包边或装饰纹样，似小题大做。此类容器或同于南方汉墓中常有出土的笥、箧。箧，是古代使用较为普遍的一种盛物器具，形状如同今日的长方形小箱，用途广泛，凡鲜干食物、日常用品乃至衣着巾饰等都可以盛放。《左传·哀公十一年》："公使大史固归国子之元，寘之新箧，褽之以玄纁，加组带焉。"《说文》："褽，衽也。"这说明新箧以丝织物为"衽"，垫在下边。《左传·昭公十三年》："卫人使屠伯馈叔向羹与一箧锦。"《说文》："笥，盛食器也。"《韩非子·内储说上》："不见辒车，见有奉笥而与李氏语者。"《后汉书·酷吏传》："晔为市吏，馈饵一笥，帝德之不忘。"《庄子·秋水》："王以巾笥而藏之庙堂之上。"笥多以竹篾、藤皮、苇皮编织，也兼用荆条。制作有精有粗，或髹漆或素面。讲究的笥，还用夹纻胎，外髹漆彩绘，内衬绫罗为里。一般人家都为粗篾编织，杂放什物。竹笥出土的实物，以湖南长沙马王堆一号汉墓为首，共计 48 个[③]。古人用竹、藤编织的笥，有盖。一般笥外要用绳索捆紧，打结时加上封检，并在绳上穿挂木牌，写明笥内盛放的物品内容。从考古材料看，放置一般物品的容器箧、笥，形体都不大。

遗迹底层出土的遗物对于器物定性非常重要。上层遗物有可能是后期扰入，而底层遗物有可能是原来盛放。经过对笼箴②底层的清理，发现数量最多、摆放最整齐的遗物、遗迹为箭镞、弓韬类残迹。据《后汉书·舆服志》《通典》等文献记载，戎车饰如耕车，蕃以矛麾金鼓羽析幢翳，韊胄甲弩之藏；戎车，即立车，以征伐。这说明戎车上配置有装纳杂物之器。"笼"，古今通用，即为竹条编织的容器。因此，本次清理的 3 处遗迹和原发掘的 5 处共 8 处均为戎车上的笼箴。

秦始皇帝陵铜车马配置有铜质笼箴，长方盒状，有盖。笼箴左右两端的中部各铸接一环首

---

①　湖北省文物考古研究所：《江陵望山沙冢楚墓》，第 91 页，文物出版社，1996 年。

②　刘占成：《秦俑坑发现的"木箱"》，《考古与文物》1993 年第 2 期。

③　湖南省博物馆等：《长沙马王堆一号汉墓》，第 111～118 页，文物出版社，1973 年。

形纽鼻，纽鼻外径 0.8、内径 0.2 厘米。两个纽鼻上套接一长 51 厘米的铜丝扭结鎏金链条。另外，车属箭箙也可固定于车厢体外。例如，甘肃张家川马家塬出土箭箙，箭箙呈长条形，左右两边以错金银铁条为箭箙骨干，中间有 4 组银箔饰"十""S"字形镂空，长 74、宽 13.2 厘米①。一号坑出土木车与军吏身份陶俑以及指挥进退的铙鼓构成组合，故随车配置盛物器具笼箙具有一定的合理性。本次清理的 3 处笼箙，表层均有薄层炭灰，因建筑棚木焚烧后下塌，炭迹混淆，是否有盖有待以后甄别。

笼箙胎质材料的检测是本次发掘的一大亮点。其中夹纻胎中的织物为蚕丝制品，木材的解板为径锯板，详见附录一。

3. 盾

属于秦文化遗物的盾，曾在凤翔八旗屯秦墓中出土，为皮条和藤条编成②。另有楚盾出土，皮胎，通体髹漆彩绘③。此外，曾侯乙墓共出 49 件漆盾，盾面可能为皮质做成，正面均为黑漆素面，背面有的有繁复精细的彩绘图案，其中 E.161 保存最好，盾面通高 92.5、下部最宽 55 厘米，盾柄全长 94、高 8.1、握手径 2.4～2.7 厘米④。秦始皇帝陵铜车马坑出土铜盾，齐首，弧肩，双曲腰，平底。通高 35.6、底宽 23.5、肩最宽 20、腰宽 16.4～21.3、胎厚 0.4 厘米。正面中间有一条纵脊，脊左右两侧均衡对称，中部隆起，上下及两侧渐下凹，至顶端和底端边沿处又微微向上翘起，形成四个弧形曲面。背面中轴线上有一纵梁，梁中部鼓起成桥状的纽鼻形作为握手。握手部分为方柱体，其余部分为圆柱体。握手上面铸有皮条缠扎纹，通体彩绘云龙纹（彩版二六，3）。几例相较，可见盾之造型统一。现出土者形体较曾侯乙墓 E.161 小，较铜车马坑铜盾尺寸大近一倍，因使用者级别不同，纹饰图案、施色范围较逊色，为当时车属人员（车右）的防护装备，可名"子盾"。

车、盾、鼓等遗迹中出现的彩绘，经检测，其漆层近无，单纯以颜料彩绘，色彩附着力低，或许是有机质的黏合剂老化失效所致。

4. 策镦

秦始皇帝陵铜车马发现铜策 3 件，均为竹棍形，上细下粗。直径 0.5～0.8 厘米，长度分别为 81、75、74.6 厘米。握手部位上方横贯短棒格挡，包括端装刺、无刺齐头两型。党士学先生认为，"有刺之策是古策的常规形制，是秦汉及以前时代普遍使用的器具"，策的"总长似应在 150 厘米左右"，策顶尖针为"镦"；也有观点认为，顶端有刺者为镦，无刺者为策⑤。袁仲一先生认为，"兵马俑坑内曾出土策镦下端的铜饰件（握手），而未见完整的策镦"⑥，然铜"握手"的具体资料无籍可查，具体形状不解。截至目前，"策顶尖针"的镦难觅踪迹，或许更支持了

① 甘肃省文物考古研究所等：《2006 年度甘肃张家川回族自治县马家塬战国墓地发掘简报》，《文物》2008 年第 9 期。
② 陕西省雍城考古工作队：《陕西凤翔八旗屯秦国墓葬发掘简报》，《文物参考资料》第三辑，文物出版社，1980 年。
③ 湖南省博物馆：《长沙浏城桥一号墓》，《考古学报》1972 年第 1 期；《中国大百科全书·文物博物馆》，中国大百科全书出版社，1993 年。
④ 湖北省博物馆：《曾侯乙墓》，第 303～306 页，文物出版社，1989 年。
⑤ 党士学：《谈策释镦》，《秦陵秦俑研究动态》2010 年第 3 期；秦始皇兵马俑博物馆等：《秦始皇陵铜车马发掘报告》，第 360 页，文物出版社，1998 年。
⑥ 袁仲一：《秦始皇陵兵马俑研究》，第 87 页，文物出版社，1990 年。

"顶端有刺者为锲，无刺者为策"之说。

（三）金属车马器成分及制造工艺

金属车马器分别经不同单位检测，有 5 件（G9∶097 铜络饰管、G9∶0117 铜軏帽、G9∶0143 铜铜、G10∶045 铜方策、G10∶047 铜节约）表面均有铸成后打磨加工痕迹，痕迹方向一致，基本上平行等距，有序排列。其中 3 件器物的材质为铜锡二元合金，2 件器物为铜锡铅三元合金（G10∶045 铜方策、G10∶047 铜节约）。G10∶045 铜方策表面分布有岛屿状的（$\alpha + \delta$）共析组织，微区能谱分析显示表面含锡量较高；外表状态观察发现，G9∶0143 铜铜、G10∶047 铜节约也有类似的锡含量〔附录二（1）〕。

另据实测，同类遗物的重量不等，如所测 A 型铜节约重量相差约 83 克。

第四章 兵 器

共出土铜质剑（鞘）附件 40 件、矛 5 件、镦 17 件、弩机 5 件，箭镞约 12 束，另有零散箭镞 251 件；铁铤铜首箭镞 1 件；弭等骨质弓弩附件 8 件 ［图一○一（A）、（B）］。铜兵器刃口锋利，加工纹路清晰，未见使用痕迹。兵器的竹木质部分均已腐朽或被焚毁。如长兵器的柲、箭笴、剑柄上的削缑、鞘、弓弩等，仅留下印痕、炭迹或泥土填充的残迹；而箭箙、弓韬、矛韬等，仅存编织纹印痕残迹。同类器之间鲜有时代早晚依据，故未沿袭原报告式别划分。

现按短兵器、长兵器和远射程兵器三类分别叙述如下。

一 短兵器

（一）剑体

未见完整者，仅有首、茎、镡等部分。

1. 首

7 件。截面呈菱形，以钉固定。分两型（附表二二）。

A 型　4 件。原报告定为 II 式。口套于剑茎的末端固定。G9：079 - 2，首、茎组合在一起，残长 25 厘米，首通高 2.2、底面径 3×1.3、口外径 3.1×1.4、壁厚 0.15～0.2 厘米（图一○二，1；图版六二，1）。G9：084，通高 2.2、底面径 3×1.3、口外径 3.1×1.4、壁厚 0.15～0.2 厘米（图一○二，2；图版六二，2）。G10：017，通高 2.1、底面径 3×1.2、口外径 3.1×1.3、壁厚 0.1～0.3 厘米。G10：059，通高 3.2、底面径 2.95×1.2、口外径 3.05×1.2、壁厚 0.2～0.4 厘米。

B 型　3 件。原报告定为 III 式。口部有对称的梯形双耳，有的耳部还见有铆孔。G9：080 - 1，通高 3.2、底面径 2.8×1.3、口外径 3×1.4、壁厚 0.2 厘米，耳高 0.9、宽 1.1 厘米，有直径 0.3 厘米的铆孔接茎（图版六二，3）。G9：087，通高 3.1、底面径 2.8×0.9、口外径 3×1.1、壁厚 0.15 厘米，耳高 1、宽 0.65～0.9 厘米，有直径 0.2 厘米的铆孔接茎（图一○二，6；图版六二，4）。G9：0127 - 1，通高 3.2、底面径 2.8×1.2、口外径 3.1×1.3、壁厚 0.2～0.4 厘米，耳高 1、宽 0.5～0.8 厘米（图一○三，5）。

2. 茎

4 件。出土于 G9。通体近似长方形，中部起脊，截面呈扁圆形。G9：079 - 1，残长 13.5、宽 0.95～1.35、厚 0.4～0.6 厘米。茎身距顶约 3.3 厘米处起脊，脊厚 0.6 厘米。剑茎顶部正中有铆

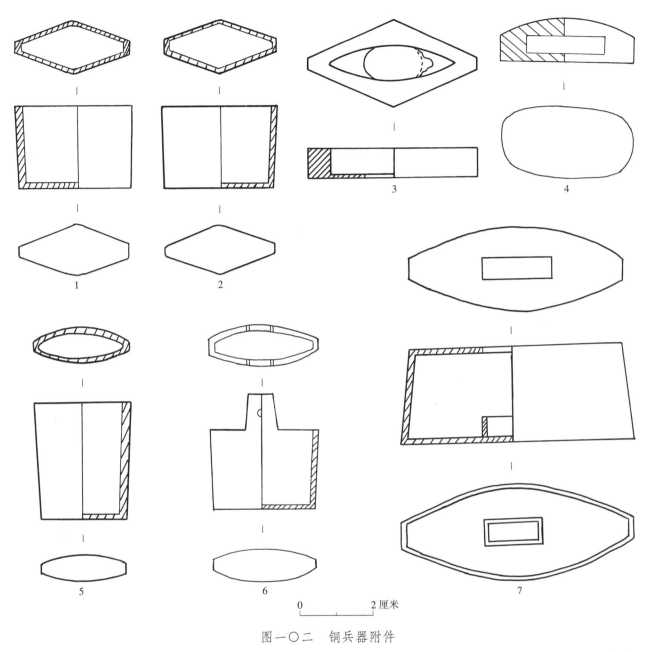

图一〇二　铜兵器附件

1、2. A 型剑首（G9：079 - 2、G9：084）　3. 镡（G9：0226）　4. 璏（G9：0146）　5. B 型珌（G9：086）　6. B 型剑首
（G9：087）　7. A 型珌（G10：014）

孔，孔径 0.3 厘米（图一〇三，8；图版六二，1）。G9：080 - 2，有接铸痕迹，接铸的前后两段宽窄不一。残长 19、宽 1.6、厚 0.6 厘米（图版六二，3）。G9：088，残长 14.8、宽 1.4 ~ 1.6、厚 0.8 厘米。顶部有铆孔，孔径 0.4 厘米。G9：0127 - 2，宽 1.4、厚 0.55 厘米（参见图一〇三，5）。

3. 镡

1 件。原划分为 I 式，即菱形"一"字格。G9：0226，俯视呈"一"字形，侧视呈菱形。长 4.6、宽 2.3、厚 0.8 厘米。中心有椭圆形透孔用以贯茎，孔径 1.6×0.9 厘米。透孔左右两侧各有凹槽，用以承纳剑叶（图一〇二，3；图版六二，5）。

图一〇三　铜兵器

1. 弩机（G9：0106）　2、3. A 型矛（G10：067、G10：083）　4. B 型镦（G9：0240）　5. B 型剑首及剑茎（G9：0127）

6. A 型镦（G9：0150）　7. B 型矛（G9：028）　8. 剑茎（G9：079-1）

（二）鞘

附件有琕 19 件、璏 9 件，另有鞘体朽痕 3 处。

1. 琕

19 件。G9 出土 4 件，G10 出土 15 件。正视呈梯形，截面呈扁圆形。分两型（附表二三）。

A 型 1 件。宽扁圆筒形，底部内侧有凸起凹槽以纳剑叶，面径大。G10：014，内含木片，为梯形褐色朽木，纹理纤细，外端茬口平齐，内端为二层台状，为鞘质残留。通高 2.55、上面径 5.8×2.2、底面径 6.4×2.6、口内径 1.9×0.6、深 2.4、壁厚 0.1～0.2、底厚 0.15 厘米（图一〇二，7；图版六二，6）。

B 型 18 件。长扁圆筒形，底部无凹槽。G9：086，通高 3.1、上面径 2.6×0.9、底面径 2.3×0.7、口内径 2.3×0.7、深 2.9、壁厚 0.15～0.2、底厚 0.1 厘米（图一〇二，5；图版六二，7）。

2. 璏

9 件。G9 出土 2 件，G10 出土 7 件。正视呈椭圆形，平底，上部鼓起，横向有长方形穿孔，用以贯带悬剑，原报告划分为Ⅱ式（附表二四）。G9：0146，孔形弧长。直径 3.6×1.9、厚 0.7～1.1、孔径 2.1×0.5、进深 1.9 厘米（图一〇二，4；图版六二，8）。

3. 鞘体朽痕

3 处。G10：50 背侧残片印痕上留有凹槽，槽内为长条状黑色朽灰，上端内嵌铜璏（G10：029），下端散落 B 型铜琕（G10：030）。植物朽痕，双层，残长 51、宽 4、深 0.8 厘米。G9：4 腿东部有附鞘朽痕，内有 B 型剑首及残茎（G9：0127），鞘宽于剑茎 0.5 厘米。

（三）织物剑带

4 处。G10：50 北间隔 G10：77 处有 G10：58，此俑踏板上层堆积有淤泥，淤泥上有一处蜿蜒曲折的织物朽痕，总长逾 100、宽 1.5～2 厘米。夹层，截面近椭圆形（图一〇四；彩版三一，1）。推测是一条织物组带，或与 G10：50 携带剑鞘有关，但此类遗迹鲜见报道，与剑鞘附件共出关系不能完全肯定。类似的织物痕迹还见于 G9：13、G10：46、G10：79 等襦摆下部，其中 G9：13 襦摆下发现的织物痕迹呈白色带状，宽 2 厘米，为平纹组织（彩版三一，2）。

二 长兵器

主要有矛、镦及秘残段。矛制作规整，刃部打磨锋利，通体呈青黑色，数量较少，出土时已偏离原位，后部均未见秘迹。镦一般位于竹、木秘的尾端，出土时有的銎内还残存植物朽丝。秘径一般为 3.5～4 厘米，制法略有不同。

（一）矛

5 件。分两型（附表二五）。

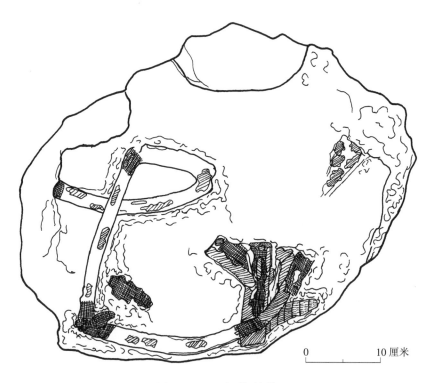

图一〇四　织物剑带

　　A 型　3 件。出土于 G10。通体扁长且直，中部起脊，两侧各有一道风槽，直刃前聚成锋，下为椭圆筒形骹，骹两侧有棱，与刃锋相对，通体中空，仅顶端有一段为实心。整体制作规整，打磨光滑，刃部锋利，未见使用痕迹。G10：067，通长 15.3、叶长 10.6、叶宽 3.4、骹长 4.7、口径 2.9×2.4 厘米，骹内距口沿 1.2 厘米处有高 0.1、径 0.5 厘米的铆钉 2 枚，韬长 10、宽 5 厘米（图一〇三，2）。G10：083，出土于陶俑腹前位置，骹上刻有"寺工"两字，内距口沿 1.3 厘米处有高 0.2、径 0.2 厘米的铆钉 2 枚。通长 15.5、叶长 10.5、叶宽 3.3、骹长 5、口径 3×2.6 厘米（图一〇三，3；彩版三二，1；参见彩版三，4）。同型器物原出土有 2 件（T19K：079、T19G8：0205）。

　　B 型　2 件。出土于 G9。通体扁长且直，中部起脊，两侧为叶，不见风槽，刃部锋锐，下为椭圆筒形骹，骹两棱与刃锋相对。G9：028，骹部有"寺工"两字，字体同 A 型 G10：083。通长 15.4、叶长 10.7、叶宽 3.3、骹长 4.7、口径 2.9×2.4 厘米（图一〇三，7；彩版三二，3、4）。G9：083，残存有韬的朽痕。矛头东向，器体近前部表面有裂痕。骹内塞满细腻、纯净的黄色淤泥，未发现柲类朽痕，说明矛体与柲脱落的时间很早。通长 17.8、叶长 12、叶宽 3.7、骹长 5.8、口径 3×2.3 厘米（彩版三二，2）。原发掘中此型器物出土有 3 件（T2G3：0451、T10G7：0639、T10G7：0703）。

　　（二）镦

　　17 件。有的骹内或附近有柲的残迹。分两型（附表二六）。

　　A 型　15 件。其中 G9 出土 2 件，G10 出土 13 件。通体呈口大底小的椭圆筒形，腰部有一周凸起的弦纹，在此弦纹上下又各有一周阳弦纹。G9：0150，通高 10.7、口径 4.3×3.4、底径 3.8×3.2、壁厚 0.2、底厚 0.4 厘米；三周弦纹分别宽 0.6、0.5、0.6 厘米，高 0.1、0.2、0.1

厘米（图一○三，6；图版六三，1）。G10：066，距口沿5.1厘米处有铆钉2枚。通高11.3、口径4.1×3.5、底径3.7×2.7、壁厚0.2、底厚0.4厘米；三周弦纹分别宽0.4、0.6、0.4厘米，高0.1、0.2、0.1厘米。

B型　2件。均出土于G9。通体呈圆筒形，口大底小，素面。G9：0240，通高9.8、口径3.6、底径3.1、壁厚0.3、底厚0.6厘米（图一○三，4；图版六三，2）。

（三）柲

较完整者12处，G9有1处，G10有11处，其中10处可见彩绘。柲是被丝线密集缠绕使竹木质部分不可见的器柄，发掘中所见柲表均有横向缠绕线丝的朽痕。按照原材料的不同，可分为三型（表三）。

A型　3处。木质。

柲②　位于G10中部南侧，G10：59东南。东北—西南向，折后向南，与砖铺地之间有厚0.6~19厘米的淤泥。残长116、径3.5厘米。近尾端4.5厘米始有彩绘一段，总长44、两端纯红色均长7厘米，中段有宽、窄不同的流畅红线条，具体纹样不清。尾端2.5厘米处有铆钉一枚，齐头，截面近圆形，长1.5、径0.5~0.65厘米（图版六三，3）。

柲⑥　位于G10中部南侧，G10：19东南。近东西向，东部被柲②叠压，左侧为G10：83，与砖铺地之间有厚3.5~13.5厘米的淤泥。可见长度为51、径3.5厘米。红彩一段，长度约为7厘米，图案不清。褐色漆膜下有一层青灰色漆灰。其南有略呈圆形的黑色朽渣，属性不详（参见图版六三，3）。

柲⑭　位于G10中部南侧，G10：27右前方，为此俑配备的兵器。A型铜镦（G10：0106）距砖铺地13厘米，堆积分两层：下层为黄色隔墙坍塌土，厚4厘米；上层为黑色淤泥，至镦底厚9厘米，与柲腔淤泥连成一体。镦下的黄色隔墙坍塌土形成时间早于黑色淤泥堆积，淤泥形成较晚，系柲杆在腐朽过程中逐渐淤积而成。推测柲杆在腐朽前有人为提拔扰动，整体拔高了9厘米，形成了铜镦与坍塌土之间的缝隙。柲残长39、径4厘米，红彩长40厘米（图版六三，4）。

表三　柲迹一览表　　　　　　　　　　　　（单位：厘米）

序号	编号	位置	类型	残长	径	组合铜镦	彩绘长	其他
1	2	G10中部南侧	A	116	3.5	/	44	
2	3	G10东段南侧	B	81	3.8~4	A型（G10：066）	44	
3	5	G10东段北侧	C	70	3.6~3.7	/	残13	
4	6	G10中部南侧	A	51	3.5	/	残7	
5	7	G10东段北侧	C	110	3.5	/	未见	圆黑朽痕
6	8	G10东端北侧	C	185	3.9	/	44	圆黑朽痕
7	9	G10西段东侧	B	103	3.5	A型（G10：028）	残11	
8	10	G9东段中部	B	110	4	A型（G9：0145）	有	
9	11	G10中西段南柱8	B	76	3.5	A型（G10：0107）	45	
10	13	G10东中部	B	17	3.5	A型（G10：084）	未见	
11	14	G10中部南侧	A	39	4	A型（G10：0106）	40	
12	15	G10中部南侧	B	163	3.9	A型（G10：0105）	40	

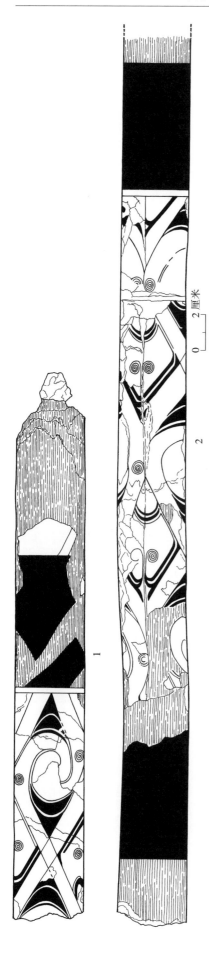

图一〇五　柲部彩绘纹饰
1. 柲③　2. 柲⑧

B 型　6 处。复合材质，由木质内芯和外包竹片组成。

柲③　位于 G10 东段南侧，G10：65 东南，G10：10/63 与 G10：66 残片之北。东西向。残长 81、径 3.8～4 厘米。截面为黑色渣状圆芯，外有片状朽痕包裹，表缠经丝。彩绘总长 44 厘米，两端均为长 7 厘米的纯红色，其间长 30 厘米的范围内有用粗细不一的红线勾勒的二方连续菱形边框，内填左右对称涡纹和上下对应目纹。彩绘部分的表层漆膜为黑色，底层为褐色，其余部分的漆膜为单层褐色。西侧有 A 型铜镦（G10：066），銎部向东，内有半腔黑色淤泥（图一〇五，1；彩版三三，1、2）。

柲⑨　位于 G10 西段东侧，与 G10：53 或 G10：75/77 关系较大。南北向略斜。尾部与 A 型铜镦（G10：028）组合，中段被陶俑右手虎口握持，下距铜镦约 85 厘米。残长 103、径 3.5 厘米。内芯呈椭圆形，径 1×0.4 厘米。其外多股攒积，缠宽 0.3～0.5 厘米的皮条。涂青色漆灰，髹褐色漆膜。柲的末端有残长约 11 厘米的红色彩绘，部分彩绘颜色脱落（参见彩版三，3；图版六四，1）。

柲⑩　位于 G9 东段中部，位于 G9：29 右臂陶片内侧，西部叠压 G9：31 襦摆，东部有箭箙⑭，与 A 型铜镦（G9：0145）组合。东西向。残长 110、径约 4 厘米。漆膜很薄，可见红色彩绘斑点。漆皮内腔有黑色内芯，外围是管状浅黄色淤泥细条，径 0.5 厘米（图一〇六；图版六四，2）。

柲⑪　位于 G10 中西段南柱 8 侧，G10：39 右腿前方，应属于此俑配备的武器。立向，下与 A 型铜镦（G10：0107）组合。镦底接砖铺地，柲杆四周被隔墙坍塌土包裹并受力内倾。朽成空腔，外皮髹褐色漆，漆膜厚，漆灰细腻，有横向细密经丝。柲芯木质，纹较粗，质软；外裹竹片，纹细，质硬。分段彩绘，自镦口长 45 厘米为红色彩绘，两端各有长 10 厘米的纯红彩，中段长 25 厘米的范围内以红细线描绘花纹，纹样同柲③，为对顶菱形加曲卷线条构成的目纹。残长 76、径 3.5 厘米（彩版三三，3、4）。

柲⑬　位于 G10 东中部，与 A 型铜镦（G10：084）组合。铜镦在 G10：80 两足之间，柲向东延伸约 17 厘

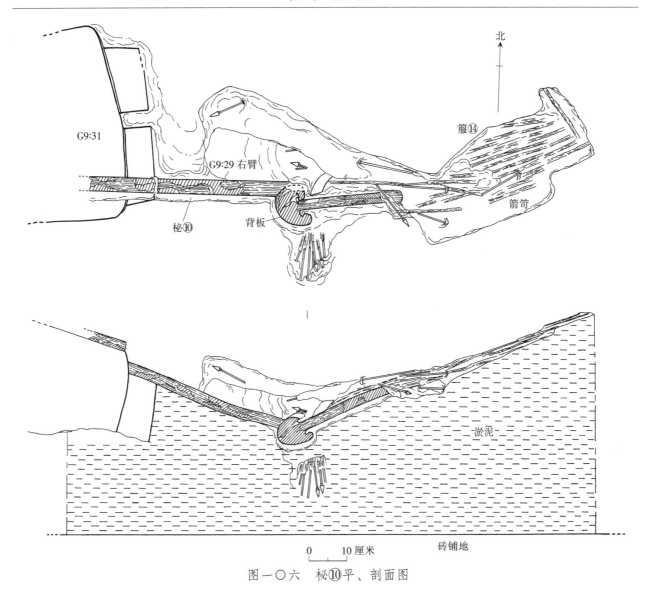

图一〇六 秘⑩平、剖面图

米，压于 G10：80 身下，余段走向不明。秘径约 3.5 厘米，芯径 3 厘米，外裹厚 0.3 厘米的竹片。髹漆，漆膜下有漆灰（图版六四，3）。

秘⑮ 位于 G10 中部南侧，G10：29 右侧。此俑右腕部断裂，手指自第一关节处残断，与秘关系明显。秘立稍东倾斜倚靠在隔墙坍塌土中，尾接 A 型铜镦（G10：0105）触砖铺地。残长 163、径 3.9 厘米。铜镦銎内有径 1.8 厘米的黑色内芯，外裹宽 0.3～0.5 厘米的竹片。铜镦上接 40 余厘米长的红色彩绘，图案只辨有红色曲线，局部似为卷云，两端为纯红彩。漆膜薄，膜下为细密横向朽丝，线径不足 0.1 厘米。缠丝下为土黄色的漆灰，质纯净，不见石英颗粒（参见彩版三，2；彩版三三，5）。

C 型 3 处。竹质，细条攒积。

秘⑤ 位于 G10 东段北侧，G10：13 右侧，与 G10：13 关系密切。东西向略斜，局部有断裂，延伸至 G10：72，并被其头部叠压。残长约 70、径 3.6～3.7 厘米。可见残长约 13 厘米的纯红色彩绘。

秘⑦ 位于 G10 东段北侧，西段压在 G10：70 腿下。东北—西南向。残长 110、径 3.5 厘米。朽痕中段北侧有近圆形黑色朽痕，属性不明。

秘⑧ 位于 G10 东端 G10：5 之西，近 G10 北墙，附近有俑头枕部残片。残长 185、径 3.9 厘米，为多股径不足 0.5 厘米的圆形细杆攒积。有褐色漆膜，上绘红彩，全长 44 厘米。图案同柲③，不同的是柲③彩绘部分的漆膜为双层，即底层髹褐漆，上层髹黑漆，而柲⑧为单层漆膜（图一〇五，2；彩版三三，6、7）。

（四）韬

4 处。包括 G9：028、G10：067 两处，另外一处叠压于 G10：79 镈部残片下，也应为矛韬，鋬部在北，印痕长 19、前宽 4、后宽 5.5 厘米，骹部略收缩。还有一处为 G9：083，韬长 19、宽 6 厘米，自锋至骹部，外表为褐黑色漆皮，近体表面附着细末状褐色朽丝，当为韬骨朽质，尖部朽痕略长于矛体。

三　远射程兵器

包括铜箭镞、铜弩机、骨弭等遗物，另有箭笴、箭箙、弓弩、弓韬等残迹。

（一）遗物

1. 铜箭镞

箭镞为出土兵器的大宗。零散箭镞一般仅存铜质部分，箭笴脱落遗失，分布无规律，始见于距现地表约 3.3 米。总计 252 件，G9 内 201 件，G10 内 51 件。整束较完整者包括 G9 西段 6 束（箙①、箙②、箙⑤、箙⑥、箙⑦、箙⑧）及 G10 东端 1 束（箙③）；余不完整，具体镞数不确定（表四；附表二七）。结合零散镞数，箭镞出土总量近 1050 件，说明有整束箭镞不少于 11 束。G9 西部箙内箭镞排列整齐，首端向下盛放，尾端有箭笴、括羽等残迹，与弩、韬混杂共出，反映了此段陶俑兵器配置的面貌。

箭镞绝大多数为铜质，铁铤铜首箭镞仅见 1 件（G9：0241），均为原报告中所称的"一型 I 式"三棱形。通长 6.5～22.6 厘米；锋直长 1.9～2.5、弧长 2～2.6 厘米，一般同首锋直长小于弧长约 0.1 厘米，少数标本锋直长等于弧长；关长 0.6～0.95、高 0.4～0.7 厘米；本宽 0.85～1.5 厘米。箭镞关、铤结合处常见薄铜片，可暂称为"垫片"。垫片为弧形，长 0.2～7、厚约 0.1 厘米。铤粗细、长短不一，可见长 6.4～16.3 厘米。单件箭镞的重量为 7.4～17.5 克。G9：01，铤截面呈四边形，尾端面呈半球形，关边棱两侧经修整。通长 13.4、锋直长 2.32、锋弧长 2.4、本宽 1.5、关长 0.81、关高 0.6、铤径 0.3～0.4 厘米，垫片长 0.6、宽 0.3 厘米（图一〇七，1）。G9：06，铤截面呈圆形，尾端薄平，近尾端约 1 厘米处突扁、尖，铤有少量缑丝，范线断续。通长 14.4、锋直长 2.25、锋弧长 2.3、本宽 1、关长 0.8、关高 0.5、铤径 0.08～0.35 厘米（图一〇七，2）。G9：015，铤截面呈椭圆形，尾端薄平，断口毛茬，近尾端有少量缑丝。铤范线高，错缝。通长 15.6、锋直长 2.2、锋弧长 2.3、本宽 0.9、关长 0.65、关高 0.55、铤径 0.3～0.35 厘米（图一〇七，4）。G9：020，铤截面呈椭圆形，尾端厚平，近尾处有少量缑丝。范线贯通，有垫片，铤首经锉磨。通长 13.1、锋直长 2.2、锋弧长 2.3、本宽 1、关长 0.8、关高 0.6、铤径 0.4 厘米（图一〇七，5）。G9：025，铤截面呈圆形，尾端呈半球形，铤上部有砂眼。通长 12.8、锋直长 2.3、锋弧长 2.35、本宽 1、关长 0.8、关高 0.6、铤径 0.15～0.3 厘米（图一〇七，6）。

表四　整束箭镞尺寸统计表　　　　　　　　　　（单位：厘米）

镞号	数值	通长	首					铤		重量（克）
			锋直长	锋弧长	本宽	关长	关高	径	垫片长	
镞①	最大值	19	2.4	2.5	1.4	0.8	0.67	0.4	1.6	17.5
	最小值	6.5	2.1	2.2	0.95	0.7	0.5	0.2	0.2	9.8
	平均值	15.43	2.23	2.32	1.00	0.75	0.57	0.31	0.65	14.00
镞②	最大值	13.6	2.2	2.4	1.08	0.85	0.7	0.55	4.5	14.5
	最小值	6.9	1.9	2	0.9	0.7	0.45	0.15	3.2	7.4
	平均值	9.62	2.09	2.24	0.99	0.78	0.58	0.34	4.07	11.72
镞③	最大值	19.1	2.3	2.4	1.05	0.85	0.65	0.4	2	17.5
	最小值	9.4	2.05	2.2	0.9	0.7	0.45	0.2	0.5	9.6
	平均值	15.79	2.15	2.30	0.99	0.78	0.56	0.33	1.09	14.57
镞⑥	最大值	11.9	2.4	2.45	1.1	0.85	0.6	0.5		14.1
	最小值	6.8	2.1	2.1	1	0.7	0.4	0.2		9.6
	平均值	10.19	2.21	2.27	1.00	0.80	0.54	0.36		12.20
镞⑦	最大值	15.7	2.35	2.5	1.05	0.95	0.65	0.4	1.8	
	最小值	8.5	2	2.1	0.85	0.65	0.45	0.2	0.3	
	平均值	13.14	2.18	2.31	0.95	0.76	0.55	0.29	0.92	
镞⑧	最大值	18.2	2.25	2.35	1.1	0.8	0.6	0.5	2.5	
	最小值	8.4	2	2.1	0.9	0.7	0.5	0.1	0.6	
	平均值	15.44	2.15	2.24	0.99	0.77	0.55	0.33	1.48	
镞⑨	最大值	16.1	2.5	2.6	1.1	0.8	0.6	0.6	6.95	
	最小值	10	2.1	2.2	0.9	0.6	0.4	0.2	0.5	
	平均值	14.25	2.32	2.40	0.99	0.71	0.53	0.36	1.99	
镞⑩	最大值	15.5	2.3	2.4	1.1	0.9	0.5	0.4		
	最小值	13.1	2.1	2.2	0.9	0.7	0.5	0.2		
	平均值	14.10	2.16	2.28	0.99	0.76	0.50	0.31		

注：本表根据附表二七统计，平均值保留小数点后两位。

G9：081-2，铤截面呈椭圆形，尾端呈圆锥形，光滑，尖长0.23厘米，有垫片。通长18.4、锋直长2.25、锋弧长2.3、本宽0.98、关长0.75、关高0.5、铤径0.43厘米（图一〇七，8）。

G9：0124-1，铤截面呈椭圆形，尾端厚平，铤直，渐细。范线明显，有垫片。通长19、锋直长2.25、锋弧长2.4、本宽1.05、关长0.8、关高0.6、铤径0.3～0.4厘米（图一〇七，9）。

每束箭镞铤表面均有程度不一的锉磨痕迹，主要有横平向和横斜向两种，镞首锋部、铤前段多为横平向，其余部位多为横斜向。

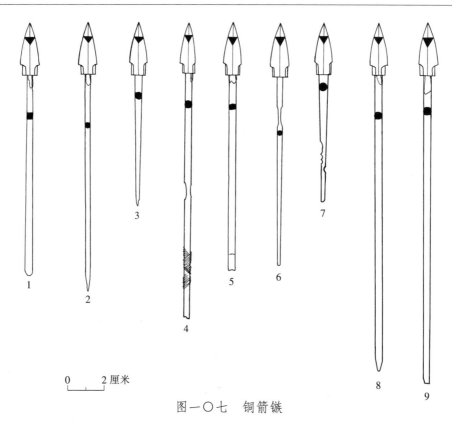

图一〇七　铜箭镞

1. G9：01　2. G9：06　3. G9：014　4. G9：015　5. G9：020　6. G9：025　7. G9：049　8. G9：081－2　9. G9：0124－1

　　铤截面形状包括圆形、椭圆形、多边形、三角形等多种，可见 2～3 条范线。一般来说，两条对称范线者，其截面形状为圆形、椭圆形、四边形；三条范线者，其截面形状一般为近三角形，也有部分为多边形。前端范线比较规整，中段至尾端模糊不清，可见重点锉磨痕迹，说明铸造完成后有些进行了消除毛刺的修整。打磨程度较重者，范线弱，其截面形状接近圆形；打磨程度较轻者，范线明显，其截面形状不规则。另外，铤截面形状也应与铜液的流动及其对范腔填灌的盈歉程度有关。极少量铤部有铸造砂眼缺陷存在，如 G9：0152－9，铤部长 1.3 厘米的砂眼致使镞铤断裂。可分析的 239 件零散标本中，铤尾形状主要有锥形、齐平和圆弧三型（表五）。

　　锥形　主要特征是尾部渐细，铤短。其中有部分标本的外表呈圆锥形，可见锉磨痕迹，系二次加工修整成型；有些标本的边棱范线明显，说明原范腔的铤尾即为棱锥形。G9：0111－2，截面呈圆形，近尾端长 1.6 厘米一段渐细成尖锥状。残长约 6.3、铤前端径 0.2 厘米（图版六五，1）。G9：014，铤截面呈椭圆形，尾端渐变为尖锥形。通长 9.75、锋直长 2.15、锋弧长 2.2、本宽 0.95、关长 0.75、关高 0.65、铤径 0.15～0.3 厘米（图一〇七，3）。簇②大部分镞铤呈棱锥状，在所出整束箭镞中特点鲜明。簇②－8，铤有缑丝缠绕，可见 3 条范线，范腔渐细，尾呈棱锥形。通长 11、锋直长 2.1、铤径 0.15～0.4 厘米（图版六五，2）。

表五　零散箭镞尾端形状统计表

形状	齐平		圆弧		锥形		其他	合计
	厚平	薄平	半球	乳突	棱锥	圆锥		
数量	123	38	28	2	16	12	20	239
百分比（%）	51.5	15.9	11.7	0.84	6.7	5	8.4	100

齐平形 包括厚平和薄平两亚型，特点是尾端齐茬断裂，铤径前、后段基本一致。其中，厚平的数量共计 123 件，厚度基本同铤径中段，截面有圆形、四边形、多边形等不同情况，断口毛茬。整束标本也多见此亚型（图版六五，3）。簇①－31，铤截面呈圆形，范线 2 条，尾端截面毛茬，圆形平面。通长 17、锋直长 2.2、铤径 0.3 厘米。簇①－36，范线 2 条，尾端截面呈椭圆形，毛茬状齐平。通长 16.1、锋直长 2.3、铤径 0.2～0.3 厘米。薄平的数量共计 38 件，厚度较铤径中段骤变薄，制造工具的入口或直或斜，形成了扁斜平或扁薄平的区别。簇①－58，尾端扁、薄，断口直。通长 17、锋直长 2.2、铤径 0.4 厘米。簇⑩－5，截面呈圆形，尾端扁、薄，斜茬口。通长 13.5、锋直长 2.1、铤径 0.3 厘米（图版六五，4）。有时由于铤尾材质过薄，剪斫后会形成曲卷。簇⑨－59，铤有范线 2 条，至尾部交汇重合，尾端卷翘。通长 15.3、锋直长 2.3、铤径 0.55 厘米。造成两亚型不同状况的原因，一方面是剪、斩工具的锋利程度或制作者施力大小有别，另一方面是前者使用利器实施剁、斫，后者利用剪钳夹断，这反映了箭镞制作的一些细节。

圆弧形 包括半球弧形和乳突状弧形两亚型，表面不见加工痕迹，是由铜液在范中自然形成，反映了范腔尾端为圆弧状。G9:049，铤截面呈圆形，尾端呈半球弧形。通长 9.45、锋直长 2.15、锋弧长 2.2、本宽 0.95、关长 0.8、关高 0.6、铤径 0.2～0.45 厘米（图一〇七，7）。整束标本中也见有此型（图版六五，5）。簇①－32，铤截面呈圆形，尾端呈半球弧形。通长 15.8、锋直长 2.2、铤径 0.3 厘米。

总之，通过对诸件箭镞的统计，我们发现镞首规格比较一致，存在小数值的误差；镞铤铸范不甚规范，后期修整缺乏严格统一的标准。有关其制作工艺问题详见附录二。

2. 弩机

5 件。素面，无郭。均出土于弩残臂关内，形制、大小基本相同（附表二八）。悬刀为长方体，上端稍向前弯，下端平齐，原报告称为 I 式。G9:0106，通高 16 厘米，悬刀长 10.2、宽 2.05、厚 1 厘米，望山高 8.2、牛长 5.2、牙高 4.8 厘米，键长 3、3.2 厘米，径 0.9 厘米（图一〇三，1；图版六六，1）。

3. 骨弭

6 件。弓箫端的骨饰。多数酥脆、残。长条形，近一端有弪口。G9:0268，出土于弩①一箫端（图版六八，3）。残长 3.5、底宽 1.4、厚 1.2 厘米，尾端有圆形透孔，孔径 0.3 厘米（图一〇八，1）。G10:073，通长 6.2、底宽 1.5、厚 1.1 厘米，弪口长 1.2、深 0.6～1 厘米（图一〇八，2；图版六六，2）。G9:011，为 2 件同出，形状略有别（图版六六，3）。G9:011－1，长条形，弧角边，近一端凸出呈鸟喙状。通长 5.8、最宽 1.8、厚 0.6 厘米（图一〇八，3）。G9:011－2，残为多片，长条形，近中部有月牙形豁口。通长 6.3、宽 1.9、厚 0.5 厘米（图一〇八，4）。

4. 骨片

2 件。弓弣部附件。窄长条形片状。G9:0104，长 5.35、残宽 0.6～1、厚 0.3 厘米（图一〇八，5；图版六六，4）。

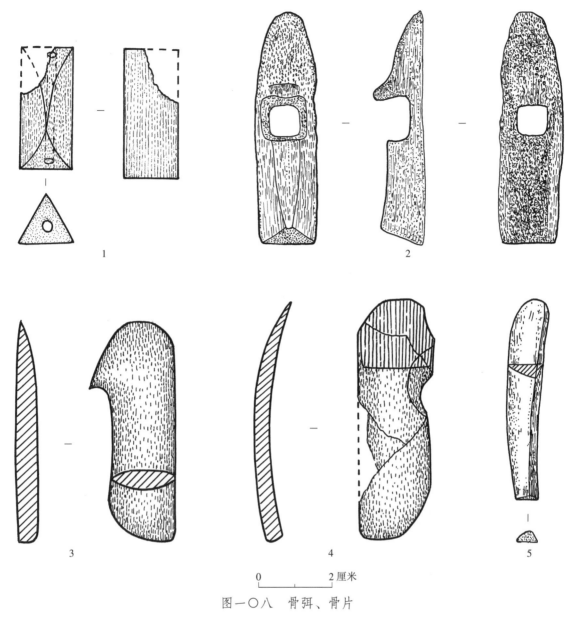

图一〇八　骨弭、骨片

1. 弭（G9：0268）　2. 弭（G10：073）　3. 弭（G9：011－1）　4. 弭（G9：011－2）　5. 骨片（G9：0104）

（二）遗迹

1. 箭笥

散落的箭镞均不见箭笥，但发掘区尤其是 G9 内有多处管状朽痕，应为脱落的笥迹。箭箙及笼箙②内的箭笥较完整。箭笥为圆管形朽痕，最长达 70、径 0.5～1 厘米。有的彩绘分两段，首端朱红，长约 50 厘米，尾端褐色；有的彩绘分三段，自首至尾为褐、红、褐，分别长12、38、17 厘米。两者所安装箭镞的首部没有明显区别。G10：080 箭笥的材质为竹亚科，提取的箙①袋囊下压箭笥朱红色颜料，颜料元素成分包括 Hg、S、Al、Si、O、C、Fe 等，主要是朱砂。

箭笥后部括中的尾羽均已朽，仅见少量残迹。箙⑦尾羽长约 9 厘米，一厘米范围内有羽丝13 丝（彩版三四，2）。箙⑧括与笥连接的方式是以宽 0.3 厘米的皮（竹）条捆绑。

2. 箭箙

与箭箙有关的迹象共 15 处，按遗迹独立编号 14 处，以 G9 西段分布较为集中（彩版三四，1）。一件完整的箭箙包括箙袋、背板、箙条、背绳、圆轴等部分。其中，编织的袋囊盛装箭镞为箙袋，内层底部有上下两根圆形垫木作为支撑；背绳压于背板、箭笴之间，穿箙沿缘纽环，起到将箙袋与身体连接的媒介作用；箙袋质软，需背板固形，以使箙袋挺括，矫正袋囊，背板为植物类薄板材质，顶端圆弧，凹形顶截面；凹槽内并列嵌 2 条圆管状植物箙条，箙条沿箙侧绕圆轴至箙底，分系两垫木端头，以连接背板与箙袋；圆轴位于背板 1/2 长的箙袋一侧，以固定藤条防止左右移位，并可调节箙在体侧的高度。箭箙与砖铺地之间均有淤泥，淤泥厚度为 5~58 厘米。

按照单体箭箙的组成部分，箙③与箙⑬、箙④与箙⑭、箙⑨与箙⑩极有可能是同一个体。G9：②车舆左侧虽只有少量背板残迹，未给予编号，但没有可以组合的归属，故也应代表一件个体。因此，本次发掘所出箭箙个体数量应为 12 件，以 103 件箭镞为完整一束。

箙①　位于 G9 西段南侧，弩①北侧，叠压弩①近弓干箫段和 G9：21 踏板，西接 G9：33，北临箙⑦。南北向略斜，口南，面下。遗迹通长 74、宽 17.5~19.5、最厚处 6 厘米，包括背板、箙条、圆轴、背绳、成束箭镞、箭笴等（图版六七，1）。背板保存较完整，通长约 53、杆宽 3、最厚 2、底端长出箙底 5.5 厘米，云形板头宽 15、高 7 厘米。细长箙条曲线长 18、径 0.5~0.8 厘米，沿背板云头部分顺箙侧直下至近中部绕圆轴，轴内芯方孔，边长 2 厘米，外径 4 厘米；至箙底缠绕垫木，情况不详。背绳从背板与箭笴之间穿过（彩版三四，4），两侧打结后顺势而下，宽 1.5 厘米，"人"字纹，三组两股"S"形扭结。箙内装有成束的箭镞 103 件，箭通长约 68 厘米。箭镞通长 6.5~19 厘米，镞首向北，铤部细长，少数略有收分，多数铤部可见对称的两条范线，截面呈圆形或椭圆形，有打磨痕迹，部分铤上有缑丝朽痕。箭笴为竹木质，保存较差，残长约 47、径 0.5~0.8 厘米。箭笴上施有朱红色和褐色两种彩绘，前段朱红色残长约 35 厘米，后端褐色残长约 12 厘米。箭笴末端已朽，括、羽等情况不详。经检测，箙内部分箭笴漆膜分 3 层，总厚度约为 0.1 毫米。从出土位置判断，箙①与 G9：21、弩①关系密切，或为 G9：21 所配备（图一〇九）。背绳属绞编，双股并合制成，红色颜料成分包括 Hg、S、Al、Si、C，即以朱砂为主。

箙②　G9 西端北侧，南邻弩⑨，东、西介于 G9：25 与 G9：32 之间，北至 Q9 下。略呈南北向，口南，底北，背上，包括背板、箙条、成束箭镞、箭笴等。背板残长约 39、杆宽 3 厘米，云头宽 13.5、高 8 厘米。箙条曲线残长约 75、径约 1 厘米，嵌绕云头左右，至中部环绕圆轴后再下延，轴芯边长 2、外径 4 厘米。箙袋长 34 厘米，沿缘宽 6 厘米，侧有环纽。箙底有长方形垫木，长 21、宽 2、残厚 1 厘米。箙内装有成束的箭镞 103 件，箭通长约 68 厘米。箭镞通长 6.9~13.6 厘米，铤部较短，多数自上而下略有收分，铤部有三条范线，截面呈三角形，多数铤部经打磨，少数铤部残留有缑丝朽痕。箭笴黑色纤维朽痕较细，残长约 60、径 0.8~1 厘米，施朱红色彩绘部分长约 41 厘米，施褐色彩绘部分长约 19 厘米。箭笴尾端叠压弓干朽痕，或许属于弩⑥残失部分，弓箫端有骨弭 1 件（G9：0264）。从出土位置判断，箙②与 G9：25 关系密切（图一一〇）。云形板头和杆部均有 2 层漆膜，即漆灰层和褐色漆层。箭笴漆膜为 2~3 层，说明同箙内箭笴个体髹漆工序略有别。

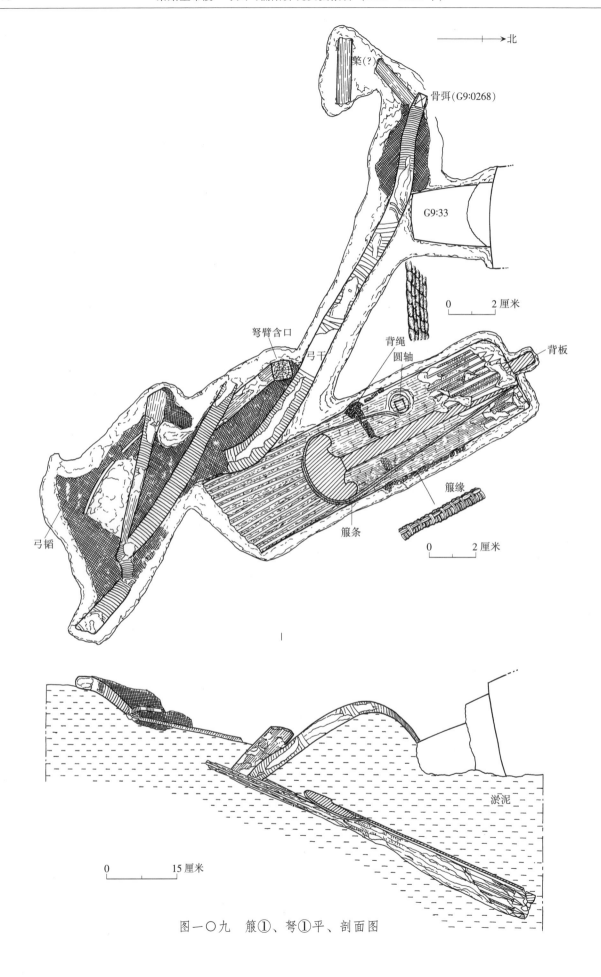

北

檠（?）

骨弭（G9:0268）

G9:33

0　　　　　2厘米

弩臂含口

弓干

背绳
圆轴

背板

箙缘

弓韬

箙条

0　　　　　2厘米

淤泥

0　　　　15厘米

图一〇九　箙①、弩①平、剖面图

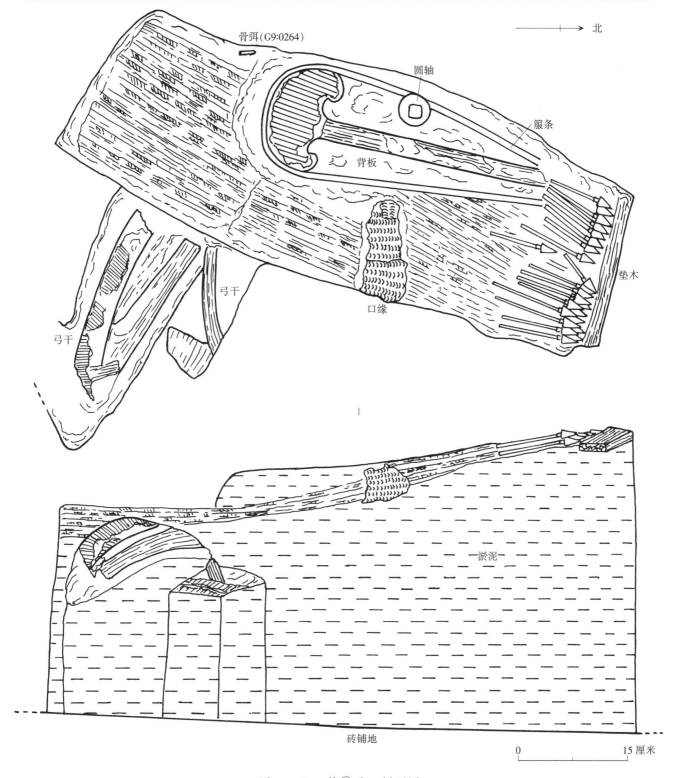

图一一〇　箙②平、剖面图

箙③　位于 G10 东端北侧，紧邻北柱 1 和 G10∶6 左侧。南北向，底北，口南，面下，包括背板、箙条、箙袋、垫木、成束箭镞、箭笥等。背板残，仅见长杆部分，残长 37、宽 2.5、厚 1 厘米。局部有细长箙条，宽约 1 厘米。箙袋叠压于背板下，残长 30、宽 18、厚 5 厘米。垫木径 1.5 厘米，伸出箙侧各 0.5 厘米。箙内装有成束箭镞 100 件，箭残长 31 厘米。箭镞通长 9.4～19.1 厘米，镞首向北，铤部细长，多数铤部可见对称的两条范线，截面呈圆形或椭圆形，大部分铤上有缑丝朽痕。箭笴径 0.8～1 厘米，前端长约 10 厘米施朱红色彩绘，后端残缺，形制不详。

箙④　位于 G9 东端北侧，北柱 1 南，G9∶30 背侧，G9∶3 右侧部分残片叠压其上。口上，底下，体表呈弧形。箙袋内仅有几件箭镞，残高 20、宽 17 厘米。表面黑色朽痕只见单向纹路，髹漆不明显，密度为 4 股/厘米。箙底垫木为圆形，残长 18、径 2.5 厘米。未见云形板头，箙侧有残存的背绳痕迹。因实施加固实验，箭镞内层未做进一步解剖，箭镞数量不详（图版六七，2）。

箙⑤　位于 G9 西段南，弩①、箙①东侧，被 G9∶32 南端所压。口东南，面上。背板残断，仅剩云形板头和小段杆部，云形板头宽 13、高 7 厘米，杆残长 3、宽 3 厘米，厚度不详。表面黑色漆膜经火焚后成硬壳，可见单向纹路炭痕，宽约 0.5 厘米，均匀、规则（图版六七，3）。箙袋残长 39、宽 14～21 厘米。内盛箭镞一束，因实施加固实验，具体件数不详。可见缑丝和箭笴，总残长 33 厘米，镞首向西，箭笴残长 7～20、径约 1 厘米。

箙⑥　位于 G9 西段偏北。底略向南，面上。整体残长近 72、宽约 20 厘米，局部可见双层口沿，距箙底垫木高 40 厘米。垫木残长 12、宽 2.5、厚 3 厘米。其余部分因陶俑倒塌叠压，迹象无存。内盛一束箭镞 102 件。箭镞通长 6.8～11.9 厘米，镞首向南，铤部较短，多数铤部可见对称的三条范线，截面呈三角形或圆形，铤部自上而下略有收分，大部分铤上有缑丝朽痕。箭笴残长 53、径约 1 厘米。箭笴上施有朱红色和褐色两种彩绘，前段朱红色长约 33 厘米，后端褐色残长约 20 厘米。

箙⑦　位于 G9 西段中部，与箙①、箙⑥、箙②南北向一字排开，表面有弩臂朽痕叠压。口南，背上，包括背板、圆轴、成束箭镞、箭笴等。背板散落一边，通长 62.5、杆宽 2.5 厘米。首尾均有云形板头，首端宽 13.5、高近 8 厘米，近尾端宽 8.5、高 4 厘米（图版六七，4）。背板两侧有细长箙条，上部绕过云形板头而下，可见曲线长约 65、径 1 厘米。圆轴散落，外径 5、内径 3.5 厘米，箙条绕轴一周。箙内有箭镞 99 件，箭通长约 69 厘米。箭镞通长约 8.5～15.7 厘米，镞首向北，铤部有对称的两条范线，少数铤部截面呈圆形或椭圆形，多数铤部经打磨，并残留有缑丝朽痕。箭笴大部分仅存压痕，残长约 54、最宽处约 19、单径约 1 厘米。箭笴上施有朱红色和黑褐色两种彩绘，前段朱红色长约 34 厘米，后端褐色残长约 20 厘米。箭笴末端多数已朽，个别可见尾羽（图一一一；彩版三四，2）。背板杆部漆膜经检测仅有 1 层，厚度为 0.07 毫米。

箙⑧　叠压于 G9∶23 下，与 G9∶24 关系较大。箙底南偏西，面上，西北部有弓干残迹叠压。背板移位至箭镞西侧，上部的云形板头已失，杆断为两截，可见残长共约 43、宽 2.5～3、最厚 1.5 厘米。箙表见有韬残迹，其中一片长 12、宽 2.5、残厚 0.5 厘米。箙袋内圆形垫木长 23.5、径 3.5 厘米，口沿纽环宽近 3.5 厘米。内有箭镞 90 件，另有散落箭镞 13 件、残铤 21 件，个体长 8.4～18.2 厘米。铤部有对称的两条范线，截面呈圆形或椭圆形，多数铤部经打磨，并残留有缑丝朽痕。箭笴朽痕残长约 61、最宽处约 2.2、单径约 0.8 厘米。箭笴上施有朱红色和黑色两种彩绘，前段朱红色长约 44～48 厘米，后端黑褐色残长约 13～17 厘米。箭笴末端多数已朽，未见括及尾羽痕迹（图一一二）。

箙⑨　位于箙⑧东，G9∶16、G9∶19 两俑踏板之间，与 G9∶19 关系大。面上，口偏西南。箙底垫木残长 19、宽 3.5、残厚 1.5 厘米。在距垫木 3.5 厘米处，箙侧有卵形圆轴，环外径 4.5×3、高 2.5 厘米（图版六七，5）。背板通长 17 厘米，杆残长约 7、宽 2.5 厘米，云形板头残宽

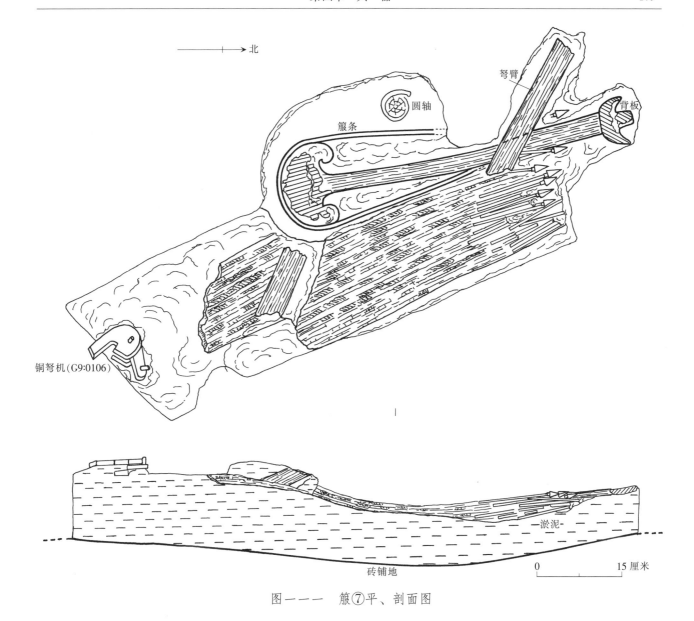

图——— 箙⑦平、剖面图

11、高10厘米。未见箙条痕迹。有箭镞72件，通长10～16.1厘米。镞铤细长，少数略有收分，多数铤部可见对称的两条范线，截面呈圆形或椭圆形，有打磨痕迹，部分铤上有缑丝朽痕。箭笴残长约65、单径1厘米。箭笴上施有朱红色彩绘，后端已朽，仅留凹槽压痕。

箙⑩　位于G9西端南侧G9：15、G9：22两俑之间，北临箙⑨，同出弩⑥残段。残长50厘米，有箭镞19件。箭镞通长13.1～15.5厘米，镞首向东，大致呈东西向分布，铤部细长，部分铤部可见对称的两条范线，多数范线不明显，截面呈圆形或椭圆形，部分铤上有缑丝朽痕。箭笴残长22～30、单径0.8厘米。

箙⑪　位于G10西段北侧。朽痕被淤泥分隔成上下两截，上部残口在北，残长6、宽17厘米。仅见云形板头、圆轴、箙条及箙袋、垫木等局部朽痕。垫木被上、下编织物包裹，直径2厘米，内腔灌满淤泥。箙袋为单向纹路，密度4股/厘米。箙条仅存局部，圆管空心状，直径1.8厘米，与箙表间有厚0.4厘米的淤土。北侧紧邻一段多股编结成的绳痕，纹路似麦穗状，残长不足8、总径约1.3厘米。或与箭箙有关，或为俑后紧随的马头辔具（参见图版五八，3）。箙袋下部呈竖立状，袋宽17、残长11厘米，内有箭镞2件。

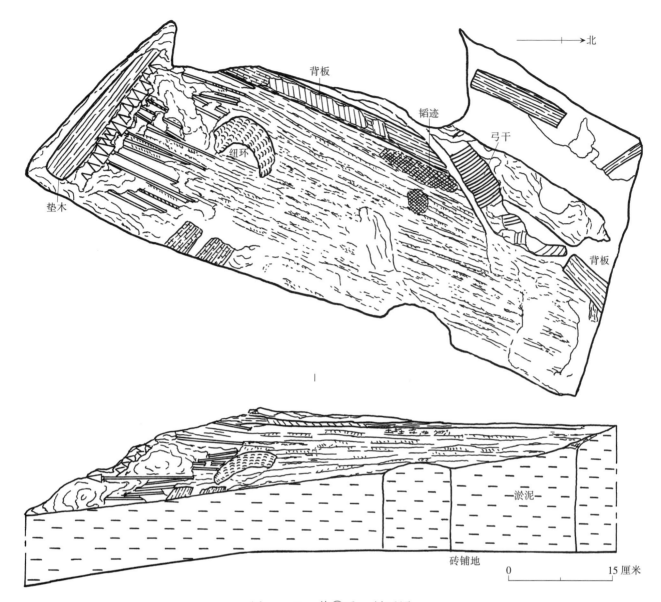

图一一二　箙⑧平、剖面图

箙⑫　位于弩⑧北，南临 G10：54，夹在淤泥与坍塌土层中，与弩⑧、箙⑪关系比较密切。云形板头残，杆近尾端有小云朵。箙条仅见于一边。板下有箭笴痕迹，但未见箭镞。箙表口沿一侧有半圆形纽环 3 个，环径 1、间距 1 厘米（图版六七，6）。环内有背绳穿过，绳宽 1.5 厘米，"人"字形扭结。箙底垫木已移位，圆形，长 17、径约 1.5 厘米。

箙⑬　位于 G10：80 北。云形板头向西，残长 9.5、宽 13.5 厘米。未见箭镞。

箙⑭　位于 G9 东端，G9：4 与 G9：30 之间，与弩②、箙④关系大。底向东北，箭镞散失，遍布周边，按零散箭镞编号统计，数量失察。背板移位，漆膜厚而光亮，总长近 35 厘米。

另外，二号车南侧右服马身下，有宽 19～20 厘米的朽痕两段，分别长约 59、57 厘米，南、北两侧朽痕边缘直，东、西两端参差不齐。其中西端残段南缘有多股圆杆状红色压痕，股与股之间边界清楚，每股压痕径约 0.5 厘米。依痕迹推测，压痕应为箭笴遗留，但未见箙表织物痕迹，也未见背板。两段朽痕之间有弧形边缘木质腐朽物，直径约 1.5 厘米，或为箙底圆木。整片残迹中未见箭镞。此车西南有云形板头残迹，说明车迹附近确实是有箭箙配置，但车舆中发现有笼箙遗迹 2 处，如此，与车迹伴生的箭箙是否属于车上兵俑配置，尚不能确定。

3. 弓弩、韬

清理出与弓弩有关的遗迹 10 处，弩、韬多伴出。利用机械力量将箭射出的古代弓箭为弩，一件完整的弩应包括弓干、弩臂、弦、檠、韬、弩机等部分，如未见弩臂、弩机与弓干部分共出，仅判断为弓。总体而言，G9 西段弩迹较集中，弩①、弩④、弩⑤残存大部或基本完整，可作为单独件；弩③大部分已失，唯有弩机、托等，与弩①似有关系；弩⑥、弩⑨是不同个体的弩臂短截；另箙②下压部分弓干，其箫端有骨弭（G9：0264）。因此，此段计有不少于 5 处弩迹，弓弩残迹大部分为原位保存，一般位于俑体右侧。G9 东段有完整弩迹 1 处（弩②）；G9：②车迹左侧可见弓干局部朽痕，叠压于前辀左下，未见弩机，附近有骨弭（G9：011）出土，虽不确定为弩或弓，但配置弓弩的数量应不少于 1 处。G10 内弩、韬分布于东西两端，东段原编号柲④等，仅见弓干部分，未见弩机，为弓或弩不确定，数量不少于 1 处；西段弩⑦、弩⑧应属于同弩的不同部分。因此，本次发掘区域现存弓弩总数量应不少于 9 件。

弩①　位于 G9 西段南侧，叠压于隔墙坍塌土下，紧邻 Q8 北壁，西抵西隔梁下，同出有箙①，与 G9：33 关系较大。弓干残为三段，西段较完整，弧长约 85、箫径 2.5、渊径 3.5、弣径 5 厘米。箫端附骨弭 1 件（G9：0268）。东端箫部叠压于织物韬迹下，横向缠匝皮（竹）条，皮（竹）条宽约 1 厘米，髹黑漆，质地较硬。另有圆形朽木多截，宽约 3 厘米，残长 10、13.5 厘米，部分被韬迹叠压，或为檠。韬迹为织物片状，形状不规则，表面髹双层漆，中部最宽处约 26.5 厘米。弓迹中间位置有立向木丝纹理的方形凹口，应为弩臂上承弓之含口，宽约 4 厘米。现弓干和含口已脱离，朽痕下行后折向北，为弩臂残段，未见弩机（参见图一〇九；图版六八，1、3）。

弩②　位于 G9 东端南侧，Q8 北壁下，G9：27 与 G9：2 两俑之间。包括弓干、弩臂、弩机、韬及骨弭等部分。弓干在北，弩臂位于东南，均被 Q8 北侧隔墙坍塌土叠压。弓干置于弩臂上端的含口内，东西弧长残约 56 ~ 60、箫径 2.5、渊径 3.5、弣径 5 厘米。弣部有长约 19 厘米的皮（竹）条缠扎痕迹，条宽 0.5 厘米，表面髹漆。渊部有宽 0.5 厘米的红彩一道。弦与檠朽痕混杂在一起，弦残长近 42 厘米，其中局部可见弦径约 1 厘米，檠木宽约 3 厘米。弦、檠与弩臂有叠压关系。弩臂向东南倾斜，下接砖铺地，残长 58.5、宽 5.5、残厚 2 厘米，中有矢道浅槽，槽宽约 1 厘米。弩臂末端有关和托，内置弩机（G9：0265）。韬已残，仅存部分残朽的黑色麻织物包裹于弓干西侧，残长 33.5、最宽 27.5 厘米。末端为弧形圆角，压于弓干之上，沿边缘有较连贯的黑色细丝及断续的白色朽痕，其中白色应为缝合线痕迹。织物朽痕内有骨弭 1 件（G9：0266），应为弓干箫端附件（图一一三；图版六八，2）。

弩③　位于 G9 西端南侧，东接 G9：23，南为 G9：21，西临箙①，北接箙⑦，局部与箙⑦朽痕混杂在一起，或与弩①有关系。仅存弩臂局部，有关，纵径残长约 4、宽不足 2 厘米，厚近无。有弩机 1 件（G9：0106）。

弩④　位于 G9 西端南侧，G9 南柱 11 以北，南有弩⑤和 G9：14，北临箙⑩与 G9：15。弩臂东西向，包括弓干、弩臂、弩机、韬等部分。弓下、臂上叠压。弓干残损严重，西段残长 25 厘米，东段残长 16、宽 3 厘米，其上缠扎有宽 0.3 ~ 0.5 厘米的皮条。弣部及箫部残。弦仅存一小截，为白色管状遗迹，直径 0.8 厘米。弩臂东西残长 53、宽 4 厘米，上端有含口，下唇清晰，长

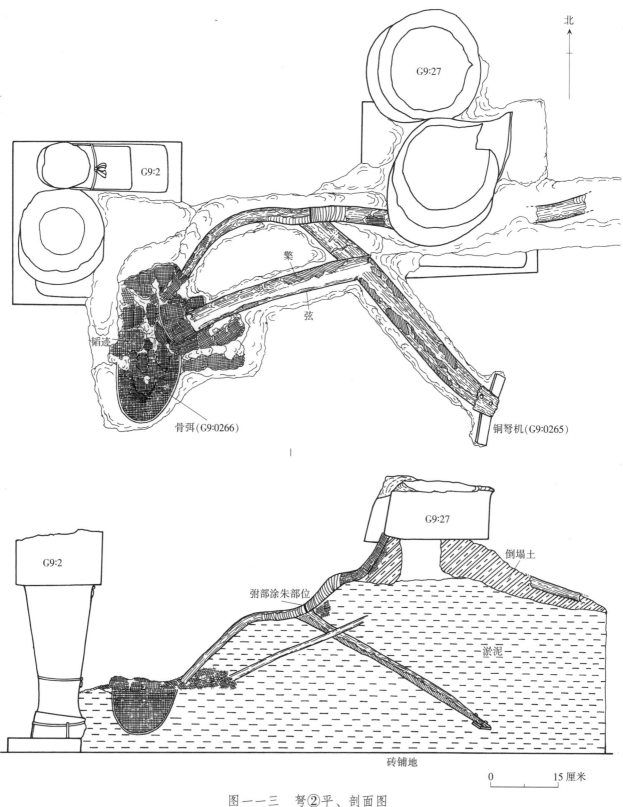

图一一三　弩②平、剖面图

近 5、距上唇残间距 3 厘米。臂面有一矢道浅槽，直通望山处，宽 0.8、深 0.3 厘米。臂末有弩屋，内置弩机（G9：0105），关外径约为 15×6、厚 1.3 厘米。有托，尾呈圆弧形，残长 5.5、厚近 2.4 厘米。韬分布于 G9：15 右侧下，涉及范围 20×17 厘米，双层织物，有缝合的边缘，端为弧形圆角，残宽约 14 厘米（图版六八，4）。

弩⑤　位于 G9 西端南侧，压于 G9 南柱 11 下与 Q8 夹缝中，与 G9∶18 有密切关系。包括弩臂、弩机和弓干等部分。臂西、弓东，呈东西向分布。弓干残长 58、宽 4、残厚 1.5 厘米，其上用宽约 1 厘米的皮条缠扎，皮条髹黑褐色漆。弩臂侧面朝上，东西残长 69 厘米，宽度不详，厚度前后不同，前端含口处最厚约 6、后部厚 4 厘米。弩臂前端略呈弧形，其后收杀束颈，表面髹漆。前端含口部分呈半圆形，已残损，可见上唇残长 1、下唇残长 3、口径 4 厘米。臂侧有置一横耳的卯，长方形，长 2、宽 1、深约 0.5 厘米。弩屋各部残缺，关外径 11×9、残宽 4、残厚 1 厘米，内有弩机 1 件（G9∶0108）。关后有木托，残长 10.5、厚 3 厘米，宽度不详。

弩⑥　位于 G9 西端北侧，G9∶16 与 G9∶17 之间。未见弓干等部分，西南杂落织造细密的韬迹。弩臂炭迹东西向，侧面朝上，东西残长 57 厘米。前端含口呈半圆形，上唇残长 1、下唇残长 3、口径 4 厘米。臂侧有一横耳置于卯内，残长 3、宽 1.5、厚 1 厘米（图版六八，5）。弩臂前端略呈弧形，后至 18 厘米处收杀成束颈，前端最厚处约 6、尾厚 4.5 厘米，表面髹漆。经检测，弩臂材质为栎木，栎木强度大，耐冲击，富于弹性，适合制作弓弩。

弩⑦　抵于 G10 南柱 10 以北，位于 G10∶52 踏板前（东），南接 Q9 北壁，北端西侧接 G10∶44。仅见弓韬朽痕，纳入弓弩编号。略呈东南—西北向，蚌形，髹漆。南北两端稍残，锐角。残长 121、中段宽 26.5、两端宽小于 10 厘米。边侧略有弧度，形状与弓背相似。弓韬表面黑，其上有零星褐色彩绘。织物痕迹纹理清晰，经纬细密，经检测织物属于平纹织物，边缘缝合线为白色（彩版三四，3）。

弩⑧　位于 G10 西段南侧，南柱 11、12 间，南贴 Q9 北壁。包括弩机、弩臂、弓干、檠、骨弭等。弓干在南，弩臂位北，斜立状。因 G10 南柱内倾，弓干东西两端分别被压，清理立柱局部后，遗迹得以完全暴露。弓干东西直长残 135 厘米，皮条缠扎并髹漆，皮条宽约 0.5 厘米。弣部置于弩臂上端含口内，含口残长 3、宽 1 厘米。弓干内侧有竹木痕迹两段，叠压于一箫端下，并与弣、渊段略平行。东段残长 30、宽 1.5、厚 1.5 厘米；西段残长 45、宽 2、厚 1.5 厘米。两段朽痕在接近弩臂处有缺失。由于未见韬迹织物痕迹，加之对朽痕厚度的分析，或为檠。西段朽痕上另叠压一长 30、宽 4、厚 1 厘米的朽木遗迹，与弩⑧似无关联。弓干以北残存弦一段，直径约 1 厘米，至弩臂附近断为两截，东段残长 24、西段残长 16 厘米。弩臂北斜接砖铺地，长 60、宽 3.5、残厚 1.5 厘米。弩臂正面有矢道槽，宽约 1、深不足 0.5 厘米。后部弩屋有关，呈扁长条形，前端与弩臂相连，后部与托连接，内径 12.5×8、宽 3、厚 0.5 厘米。关内有弩机（G10∶058），望山和钩牙露出壁面，悬刀置于关内。托长 13.5、厚 3 厘米，宽不详。弩迹附近有骨弭（G10∶073）、骨片（G10∶063）等附件散落（图一一四；彩版三五）。

弩⑦与弩⑧，骨片（G10∶063）、骨弭（G10∶073）、箙⑪、箙⑫，位于同一区域，应有密切的关系。

原编号柲④与柲⑫，应为弓干残迹，位于 G10 东段中部，南北向，南压于 G10∶66 西。截面圆形，可见长度为 37、径 4.5～5 厘米。表面有褐色横向条纹，条宽 0.3～0.4 厘米。其上可见红彩线条，长约 1.6 厘米。南段被柲③叠压。与箙⑬关系密切。

四　兵器分布与组合

G9、G10 出土兵器种类各有特点。G9 共计出土兵器类遗物 42 件（组），以远射程兵器数量

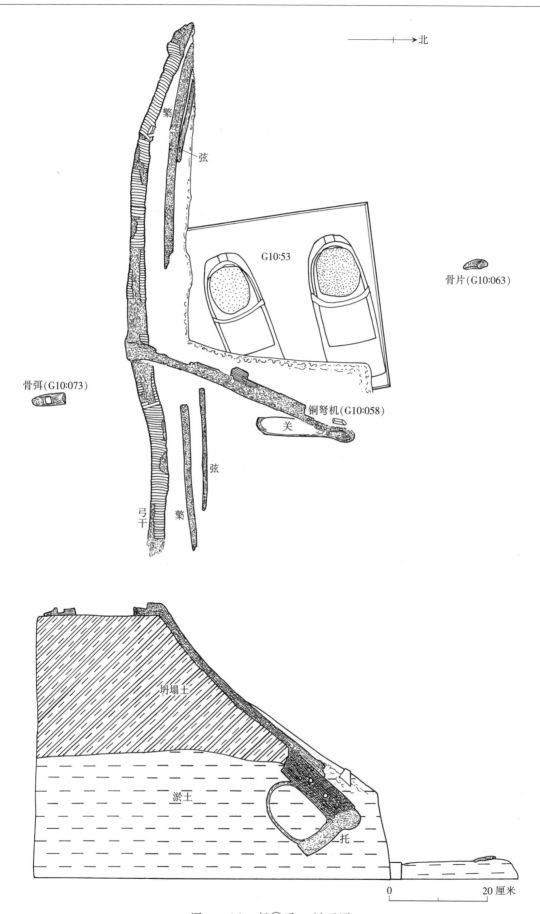

图一一四　弩⑧平、剖面图

居多；G10 共计出土兵器类遗物 57 件（组），长兵器数量占主要地位（表六）。

表六　兵器类型统计表

类型\地点	璏	琕		镡	剑首		剑茎	镞 束	矛		镦		柲			弩机	骨弭（片）	合计
		A	B		A	B			A	B	A	B	A	B	C			
G9	2		4	1	2	3	4	≥9		2	2	2		1		4	6	42
G10	7	1	14		2			≥3	3		13		3	5	3	1	2	57
小计	9	1	18	1	4	3	4	≥12	3	2	15	2	3	6	3	5	8	99
共计	9	19		1	7		4	≥12	5		17		12			5	8	99

（一）短兵器

仅见铜剑。完整铜剑应包括镡、首、茎三部分，鞘包括琕、璏两部分，由于遗物失位，大部分剑、鞘难以确定具体整合数据。G9 可提取陶俑数量为 30 件，有剑首 5 件，其中 3 件接茎，镡 1 件，铜剑单体数量不少于 5 件，与陶俑比例为 1∶6；G10 可提取陶俑数量为 68 件，有剑首 2 件，未见剑茎，铜剑单体数量不少于 2 件，与陶俑比例为 1∶34。G9 有剑鞘附件 6 件，包括璏 2 件、B 型琕 4 件，剑鞘数量应不少于 4 件，与陶俑比例为 1∶7.5；G10 有剑鞘附件 22 件，包括璏 7 件、A 型琕 1 件、B 型琕 14 件，虽然只有一组可明确同体，但剑鞘总数不少于 15 件，与陶俑比例约为 1∶4.5。由此看来，G9 配置的铜剑数量较多，G9∶0134 琕出土于二号车迹中，说明车属陶俑亦有佩剑；G9 剑与俑数、鞘与俑数比例基本一致，G10 则相差悬殊，因此 G9 剑的配置与鞘的数量基本吻合，而 G10 则鞘的数量更多，原鞘内是否有剑不可探究，其背后更深刻的含义有待深入探讨。

本次发掘的 G10∶50，位于 G10－Ⅰ－16－1，剑鞘朽痕尚存原位，居体左背侧；G10∶60，位于 G10－Ⅰ－6－1，剑鞘朽痕尚存原位，居体左背侧，另有 B 型琕（G10∶0102）被襦左侧的右裾角残片叠压；G9∶4，位于 G9－Ⅰ－3－2，剑鞘朽痕失位，现居体东侧，另有 B 型剑首（G9∶0127－1）；G9∶33，位于 G9－Ⅲ－4－1，A 型剑首（G9∶084）出土于体左侧；G9∶23，位于 G9－Ⅲ－3－2，B 型剑首（G9∶087）与 B 型琕（G9∶086）出土于体左（北）侧；G10∶21，位于 G10－Ⅰ－8－4，B 型琕（G10∶02）出土于左上（东北）位置；G10∶69，位于 G10－Ⅰ－3－4，B 型琕（G10∶078）出土于襦下左侧；G10∶52，位于 G10－Ⅱ－1－1，A 型剑首（G10∶017）叠压于体左侧襦摆下。此类情况说明，铜剑配备位置在俑体背部左侧，符合《礼记·曲礼》所言"进剑者左首"。

（二）长兵器

长兵器的类别应包括戈、戟、矛、铍四类。本次发掘未见戈，也未见矛、戈组合，但不能排除矛可能是戟的一部分，因此不能确定是否有戟，未见铍镦、铍身，可确定无铍。

《周礼·考工记》云："粤无镈，燕无函，秦无庐，胡无弓、车。"秦人以擅长制作柲柄著名。《周礼·考工记·庐人》："凡兵，勾兵欲无弹，刺兵欲无蜎，是故勾兵椑，刺兵抟。"郑注："椑，椭圆也"，"抟，圆也"。因此，镦的型别和柲的截面形状是判断矛、戟的主要依据，进而反映刺兵和勾兵的区别。椭圆形（椑）镦、柲对应的是戈、戟，为勾兵；圆形（抟）镦、柲对应的是矛，为刺兵。按以往说法，矛柲直径较小，近 3.5 厘米；戈、戟柲直径较大，为 4～4.5 厘米[①]。但由于柲腐朽变形，截面形状、直径大小都已经产生了变化，无法作为区别的标准，故戈、戟的判断只能参照镦的尺寸规格和镦口截面形状。本次发掘出土镦 17 件。G9 出土 4 件，其中 B 型 2 件，说明 G9 中配有刺兵矛的数量不少于 2 件；A 型 2 件，1 件（G9：0145）与 B 型柲（柲⑩）结合，说明勾兵类戈（戟）的数量不少于 2 件。G10 出土 13 件，均为 A 型，说明 G10 中勾兵类总数量不少于 13 件，其中 6 件镦与柲组合，尤其是 1 处 A 型柲（柲⑭）与 A 型镦（G10：0106）组合，说明 A 型柲也可使用于勾兵类，即柲制作材料无勾兵和刺兵的区别（表七）。柲迹多出土于单个陶俑的右上角。柲⑨被一只右手残片紧握，证明了 C 型手臂与长兵器的关系。

表七　矛、镦、柲类型、数量对照表

项目　区域	矛		镦		柲			刺兵（矛）		勾兵（戈、戟）	
	A	B	A	B	A	B	C	组合	数量	组合	数量
G9	0	2	2	2	0	1	0	0	2	1	2
G10	3	0	13	0	3	5	3	0	3	6	13

（三）远射程兵器

弓弩、箭箙、韬为远射程兵器的完整组合，12 件箭箙数量可以看作是现存总数，箭箙现存数量和弓弩数量不能吻合。弓弩朽痕有 9 处以上，弩机共 5 件，弓干与弩臂、弩机单体不能完全对应，不见弩臂者有可能为弓迹。G9 车前独立编排兵俑右侧 1 件、左位 1 件；G9：②左毂、笼箙②内出现的织物痕迹同于其他弩迹中韬的织物结构，另外还出现有大量箭镞，说明此组车俑原有远射程兵器配置，因此车属兵俑配弓弩 1 件以上；车后独立编排兵俑 3 排计 12 件，现存远射程兵器 8 件。根据出土位置分析，G9 陶俑配置兵器以车为界，车前两侧有弩兵配置，车后跟随弩兵组合。G10 均为独立编排兵俑，前段中（左）位 1 件，后段右位 1 件，说明 G10 武器配置不以远射程兵器为主。单个俑体侧右位配备弓弩。

五　小　结

（一）剑

古人腰束带，佩剑即以带穿璏而系之腰间。陶俑雕塑腰带，与铜璏之间无法穿系，剑的悬挂无法完成。即使右手提弩，左手掌剑，其鞘也应有媒介以悬于体侧。G9：9 左腋下与躯体之间有压印沟槽，形状不规整，斜向，槽缘光滑，有刮削、挤压痕迹，宽约 5.5 厘米（参见彩版二一，5）。如为插放剑鞘位置，虽孔宽窄尚可，但剑不为悬挂而为"夹"，缺乏庄重、稳定。但徐州狮

① 兰德省等：《秦俑坑出土铜镦的修复保护及相关问题研究》，《秦文化论丛》第十五辑，三秦出版社，2008 年。

子山兵马俑坑指挥车中发现的官吏俑形象，似乎说明这种方式也有存在的可能，此俑左肋下有一长 2、宽 0.6 厘米的斜孔，发掘者认为可能原佩有木质长剑①，俑坑的年代为西汉文景之际。本次发掘出土的四处带状织物朽痕，或许与剑带有关。

腰间束带，礼服中分大带和革带。革带以系佩韨，又为鞶带，《礼记·玉藻》："肩革带，博二寸。"郑玄注："凡佩系于革带。"《易经·讼上九》："或锡之鞶带，终朝三褫之。"用素或练制成大带，加于革带之上，又名绅带，其中用以系玉的丝带为组绶。《礼记·玉藻》："天子佩白玉而玄组绶。"郑玄注："绶者，所以贯佩玉相承受者也。"秦始皇帝陵铜车马两件御手俑均有剑带，佩带的方法是把剑带穿过剑鞘正面中部的璏孔而结于腰际，踞坐俑的剑带上缀有组带绾的花结，立俑的剑带质地显得较软，其上彩绘纹样。剑带首尾对接后系绾成花结，带尾分披飘垂，显然不是革带，而是丝织大带（图一一五）。湖南省博物馆藏战国组带，长 72.6、宽 3.2 厘米，用褐色粗丝线编织而成，厚实致密，可能为着深衣类长衣用带。组带一端的圆形扣眼，恰好可以嵌入铜带钩背面的圆扣；另一端有 3 个可钩住带钩头的钩眼，可因腰围的粗细变化使用。另外，还附有由三股粗丝线织成的辫状褐色圆丝带 1 根及带钩 3 个。古人腰间多挂有佩饰之类，这种圆形长丝带和 2 个小带钩可能是穿挂佩饰之用②。与文献及出土物相比，G10 发现的组带制作简单，如果正如推测为系剑所用，则应是当时生活中普遍使用的一种丝织带的类型。

古人佩剑，一是表示佩带者的等级身份，属于一种礼仪，以剑的做工、质地显现佩带者的身份。《陌上桑》有诗句："使君从南来……腰中鹿卢剑，可值千万余。"即太守所佩之剑的剑首用玉制作，如井上汲水的辘轳形，这是玉具剑的一种，表明佩剑之人地位不低。二是用以健身防身。春秋晚期，已兴剑术。击剑、舞剑，逐渐普及。项羽困在垓下，虞姬舞剑，以振楚王，说明不仅男子，女人也善舞剑。古剑有长剑和短剑之分。长剑，一般长约 50~60 厘米，始于春秋战国；短剑，仅长 24 厘米左右，也称匕首，商代、西周多为短剑。原发掘出土完整的铜剑 17 件、残段 8 件、剑茎 12 件，完整者长度超过 80 厘米，属长剑类。原报告显示，部分步兵"兼"佩剑，说明佩剑不是陶俑武器配备常式，只有部分身份特殊者才腰间悬剑。其中 T1G3：0481，原编 I 型，首、茎、镡以及鞘附件与铜车马御手所佩完全一致。此型剑等级较高，显示了佩剑者身份高贵，应为将军或更为显贵的人士所使用。本次发掘未见类似材料，使用者身份较低，略高于不佩者。

（二）长兵器

17 件铜镦中，勾兵类镦 15 件，口部横径在 4 厘米以上者有 14 件，最大为 4.3 厘米，未见有4.5 厘米；刺兵类镦 2 件，直径分别为 3.2、3.6 厘米。这些数据说明：第一，此类器物的制作规格，存在一定范围的误差，缺乏严格意义上的标准化规范。第二，矛镦和戈（戟）镦的具体区别是截面形状，圆形截面为矛镦，直径小；椭圆形截面为戈（戟）镦，直径大。G9 出土 B 型镦 2件，其内又有 B 型矛 2 件；G10 出土 13 件 A 型镦，出土的 3 件矛均是 A 型。不同型别的矛头是否可以作为矛、戟的区别，尚待进一步验证。

B、C 型柲，以往都称为积竹柲，两者均可使柄坚韧而富有弹性。以木为芯加若干竹篾者如

---

① 徐州博物馆：《徐州狮子山兵马俑坑第一次发掘简报》，《文物》1986 年第 12 期。
② 组带据传为 1949 年出土于长沙陈家大山楚墓，未见有相关简报或报告发表。本报告中涉及的相关描述和尺寸，均沿用湖南省博物馆藏品说明。

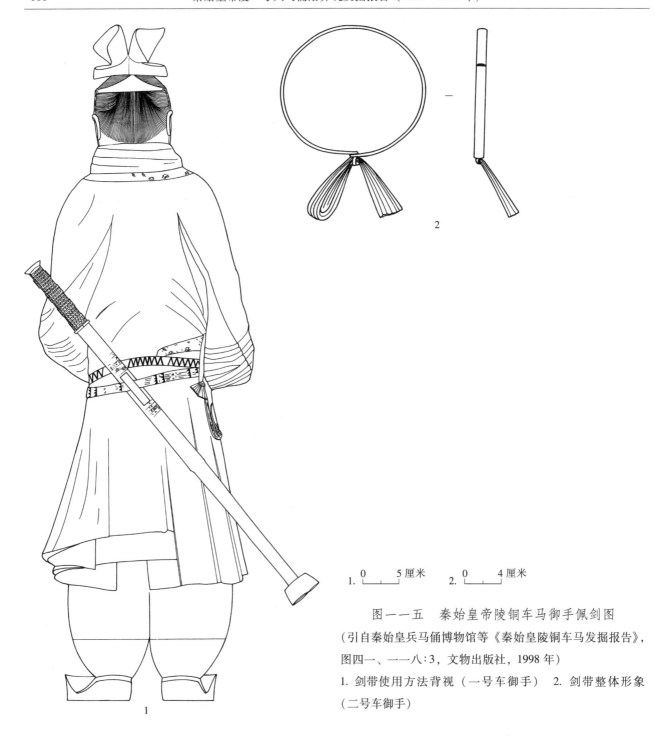

1. ⎣0　　5厘米⎦　　2. ⎣0　　4厘米⎦

图一一五　秦始皇帝陵铜车马御手佩剑图
（引自秦始皇兵马俑博物馆等《秦始皇陵铜车马发掘报告》，
图四一、一一八：3，文物出版社，1998年）
1. 剑带使用方法背视（一号车御手）　2. 剑带整体形象
（二号车御手）

秘⑮，刚柔相济更强；以若干细竹竿积攒如秘⑧，弹性更佳。据《周礼·考工记》，秘长短因兵种、器别而异，步兵用酋矛长二丈（4.5米），车兵用夷矛长二丈四尺（5.4米）。原发掘出土铜戟1件，复原后通长288厘米。本次发掘秘迹均为残截，完整秘长不详。通过对镦内植物材质鉴定，B型内芯有阔叶材和壳斗科（Fagaceae）青冈栎属（*Cyclobalanopsis* spp.）两类，C型为竹亚科（Bambusoideae），不排除为禾本科（Gramineae）①，A型木科属不详。

---

① 兰德省等：《秦俑坑出土铜镦的修复保护及相关问题研究》，《秦文化论丛》第十五辑，三秦出版社，2008年。但Gramineae拉丁文同Poaceae，为禾本科而非竹木科。禾本科包括竹亚科（Bambusoideae）和禾亚科（Agrostidoideae）。鉴定报告提示的信息透露似乎有其他禾本科植物即俗称"秸秆"的可能。

两处柲迹与近圆形黑色朽痕共出，其中柲⑦属于 C 型，柲⑥属于 A 型。此种柲是否属于兵器所用，尚不能确定。《诗经·郑风·清人》："二矛重英，河上乎翱翔"，"二矛重乔，河上乎逍遥"。毛传："重英，矛有英饰也。"郑笺："二矛，酋矛、夷矛也，各有画饰。"又言："乔，矛矜近上及室题，所以悬毛羽。"这说明酋矛、夷矛上有乔、英两种装饰。扬之水先生在《诗经名物新证》中说，乔即雉羽，矛有英饰，"即此饰矛之'英'"①。此说似将两种装饰混为一体，如是，则《诗经》中的"重英"和"重乔"两句诗文完全重复，也不符合毛传和郑笺文意。湖北荆门包山二号楚墓出土实物，画饰上端有一组或三组羽毛装饰，羽毛呈朱红色，上杂以黑斑，羽尖向上，根部向下，异常艳丽。发掘者根据《礼记·杂记下》考释，认为是葬前朝祖、葬时行道匠人所执的羽葆②，可和《诗经》所言之"乔"对应。现发掘的 10 例柲有彩绘，符合郑笺所言"画饰"，与柲迹同出的黑色朽痕，是否也是一种"乔"的腐朽物，有待今后更多的发掘材料证实。

（三）远射程兵器

1. 箭镞铸造

统计的 8 束 688 件箭镞中，单件箙中箭镞形态特征大致相同，推断箭镞有以箙为单位范制而成的总趋势，但也有少量镞首或镞铤系其他首范或铤范铸成，在首、铤铆合时随机性强烈。在铤部形态可知的 679 件箭镞中，铤径首尾相同者 443 件，占 65%；首细尾粗者 21 件，约占 3%；首粗尾细者 215 件，约占 32%。箙①中的 103 件，首尾相同者 94 件，约占 91%；首细尾粗者 5 件，约占 5%；首粗尾细者 4 件，约占 4%。而箙②中的 103 件，除 1 件残损形制不明外，首尾相同者 29 件，约占 28%；首细尾粗者 3 件，约占 3%；首粗尾细者 70 件，约占 68%。这说明铤范形状以腔径相同者稍多，也有相当数量的腔径一端粗、一端细，且细端多使用于铤尾部，这样可以避免箭镞整体头轻尾重，也利于箭笴的安插。

关于铤、关之间的"垫片"，有观点认为这是首、铤嵌铸法的溢流铜液③，也有观点认为是镞首与铤分铸组装法的加固片④。在零散箭镞统计中，垫片对铤径的包裹面积并不一致，最多者近乎完全包裹铤径，最小者不到 1/5。如第二种观点正确，则涉及"垫片"原材料的制作、加工、"楔入"方法等细节的考证。研究者对镞铤的分割问题也有探讨，但因目前未发现铸造模范，一根裁剪成数根之说是否正确尚有待考证。不过可以肯定当时已有钳剪之类的工具⑤，这种工具实际上可以完成对铜杆的裁剪，也可用于一模多器铸件的分割。所以，根据镞铤尾端形状尚无法确定铜杆裁剪的具体段数，也无法对一根铤范的完整长度做出推测。

为了探明箭镞铸造工艺的细节，特进行了金属材质及工艺的检测和分析［附录二（2）］。通过对 2 件单独镞铤和 3 件较完整箭镞的成分检测和金相组织观察可知，2 件带铤铜镞的镞头和镞铤的合金成分差别很大，铤部合金中的锡含量明显低于镞头。尤其重要的是，箭镞的具体铸造方

---

① 扬之水：《诗经名物新证》，第 281 页，北京古籍出版社，2000 年。
② 湖北省荆沙铁路考古队：《包山楚墓》，第 475 页，文物出版社，1991 年。
③ 侯介仁等：《秦俑坑出土铜镞制造工艺方法的分析》，《西北农林科技大学学报》（自然科学版）1995 年第 S1 期；王学理：《秦俑兵器刍论》，《考古与文物》1983 年第 4 期。
④ 蒋文孝、邵文斌：《秦俑坑出土铜箭镞初步研究》，《秦文化论丛》第十三辑，三秦出版社，2006 年。
⑤ 雍城考古队：《陕西凤翔西村战国秦墓发掘简报》，《考古与文物》1986 年第 1 期。

法实际上有两种：一种为镞铤和镞头整体浇铸而成；另一种为先铸好铤，然后把铸好的铤一头置入镞头部范中，再浇注铜液连接而成，即嵌铸法。另外，镞头和镞铤接触面还因加热出现一圈氧化组织，但 X 光片却未发现有空隙。科技分析对箭镞"分铸组装"的观点不予支持，对"嵌铸法"的观点也做了修正。

2. 箭箙质地、编制和背系方式

箭箙是用竹木或兽皮制成的盛箭器。《周礼·夏官司马·司弓矢》："中春献弓弩，中秋献矢箙。"郑玄注："箙，盛矢器也，以兽皮为之。"《诗经·小雅·采芑》："方叔率止，乘其四骐，四骐翼翼。路车有奭，簟茀鱼服，钩膺鞗革。"鱼服，以鲛鱼皮为矢服。《诗经·小雅·采薇》："四牡翼翼，象弭鱼服。"毛传："鱼服，鱼皮也。"秦陵一号铜车马车舆内出土有箭箙，呈长方盒状，原物应为皮革制成，然后在其表面髹漆、彩绘。此次出土箭箙较完整者 7 件，箙袋质软，除箙⑤表面呈硬壳状之外，其余诸件都显示原料具有一定的柔软性，且单股粗细有区别。原报告认为箭箙是"麻质"，或还有可能是植物编织物，材质与文献记载和铜车马出土物均不合，推测是使用者身份高低之故，应是当时最普及的承镞器。

对于以绳索将箭箙缚于俑体何处，有不同说法。系于陶俑背后陶环上的说法，已有刘占成等学者予以纠正①，现 G9 西段箭箙、弩迹伴出的三排陶俑背甲均无环，可作补证。考古资料中的一些持弩图、刻纹铜器负箙图也可作为补证，箭箙斜负于身体右侧腰际，方便右手抽取而且也不会造成"挟短兵很不方便"②。绳索穿过沿纽将箙袋缚于腋下腰侧，因此背板顶弧呈云头形状，以保证腋下身体的舒适。

3. 檠、弭

《说文》云"弓之有臂者"为弩，弓的各部分可分为弓弣、弓渊、弓弭、弓弦四大部分。通过以往发掘，俑坑中弩的形制已基本清晰，唯独关于檠及骨弭，或有争议，或有不识。

檠，有时称为弩之"辅助杆"，有时称为韬之"撑木"③。为"辅助杆"，有学者因"看不出两节'辅助杆'与弓背之间的结合关系"、实用时弓背无法随拉力的施加而屈缩等问题而提出质疑④；为"撑木"，韬为蚌形布袋，又是如何予以固定连接？

《诗经·秦风·小戎》："交韔二弓，竹闭绲縢。"孔疏："其未用之时，备其折坏，交二弓于韔之中，以竹为闭，置于弓隈，然后以绳约之。"《仪礼·既夕礼》郑注："柲，弓檠。弛则缚之于弓里，备损伤，以竹为之。"朱熹《诗经集传》："以竹为闭，而以绳约之于弛弓之里，檠弓体使正也。"系檠曰绁，《淮南子·修务训》曰"弓待檠而后能调"，《说文》云"绁檠巧用"。可见，文献中关于弓檠、弓柲的记载非常清楚，即弓弛的状态下，以绳带缚绑于弓隈的竹片。一号坑陶俑持剑入鞘，执弩入韬，弓弩为"弛"而非"张"，缚绑檠，合情合理。从弩的朽痕中可以看出，檠迹一般自弓箫端始，尤其是弩②、弩⑧，自箫端始并基本保持与弦平行状态。至于缚绑的痕迹，由于弓干多有缠匝痕迹，发掘中往往又没有"檠"的概念，忽视或混淆也有可能。另

---

① 刘占成：《秦俑"陶环"考》，《秦文化论丛》第十四辑，三秦出版社，2006 年。
② 王学理：《秦俑兵器刍论》，《考古与文物》1983 年第 4 期。
③ 参见原报告；始皇陵秦俑坑考古发掘队：《临潼县秦俑坑试掘第一号简报》，《文物》1975 年第 11 期。
④ 刘占成：《秦俑坑弓弩试探》，《文博》1986 年第 4 期。

外，秦始皇帝陵铜车马所用绳索状檠，说明檠也用竹片以外的材料为之，只要在松弛状态下能起到对弓弩的约束要求即可，与弓结合的方式也不仅仅是缚绑一种。

如是韬之撑木，必然是在韬角部位和织物相连，受损或腐朽时织物硬度显然弱于植物，韬角应有明显破损残缺。但事实并非如此，发掘材料显示韬角呈圆弧状，甚至缝合线也历历在目。

弭是在弓弰细挺的弓体左右两侧粘贴的骨片、角或耐摩擦铜、玉石类的材料，以增强弓弰部的强度，有的或者是直接嵌入弓体末端。为了系结弓弦，在弓弭所用的骨、角或石片上，刻出半月形勾弦楔口为弦槽，也就是"弻"之楔口。《陈书·萧摩诃列传》："明彻乃召降人有识胡者，云胡著绛衣，桦皮装弓，两端骨弭。"考古发现的两周至秦汉时期弓弭，主要有两型：第一型为片状或条状，在弓弰左右两侧粘贴，一弓使用 2 或 4 件；第二型为管状，也有一端封口呈帽状，在弓体末端套入，一弓使用 2 件，器铭自称为"距末"，是"距来之末"或"距黍之末"的简称。片状或条状弓弭，见于安阳殷墟小屯 C 区 M20 车马坑[1]，玉质或铜质，但两周时期大量出现于北方草原文化因素遗址，如甘肃永昌蛤蟆墩沙井文化墓地男性墓葬[2]、内蒙古崞县窑子墓地[3]、宁夏固原杨郎文化墓地[4]等。管状弓弭，见于湖南常德德山寨子岭战国楚大夫墓葬[5]、河南新蔡葛陵楚墓[6]、河北易县燕下都遗址及武士丛葬坑[7]等。山东临淄汉齐王墓随葬坑中两型共出，分别为骨质和铜质[8]。特别要提及的是甘肃出土的弓弭，均为第一型，有礼县大堡子山ⅢM1：15[9]、张家川马家塬M12：2[10]、毛家坪遗址 T1③：8[11]，与一号坑出土物关系更加密切。上述几件骨器，片状的均已移位，可能是贴附于弓弣部位使用，以黏结剂粘贴；三棱形的骨弭明确出土于弓弰端，有小孔，与弰端应有绑束。

弓弭器虽小，但文化意义不可小觑。正因为如此，弓弭作为秦军武器的附件现身于秦始皇帝陵兵马俑陪葬坑中，为秦代弓弩完整面貌的复原提供了细节材料，而这恰恰被以往诸多讨论者所忽略。其实，这种忽略并不偶然，因为弓弭出土时多脱离原位，弻部又极易残断，在发掘伊始常不为人所识，所以才出现"骨匕""骨铲""弧形骨片"等诸多称呼。

（四）其他

本次发掘提取陶俑 96 件，由于修复工作尚在进行中，陶俑手形、臂形等信息不详，具体配备情况还有待进一步确定。对比陶俑和兵器数量，二者显然不相吻合，这种现象在原发掘中也普

---

① 转引自杨泓：《中国古兵器论丛》，第 199~200 页，文物出版社，1985 年。
② 甘肃省文物考古研究所：《永昌三角城与蛤蟆墩沙井文化遗存》，《考古学报》1990 年第 2 期。
③ 内蒙古文物考古研究所：《凉城崞县窑子墓地》，《考古学报》1989 年第 1 期。
④ 宁夏文物考古研究所等：《宁夏固原杨郎青铜文化墓地》，《考古学报》1993 年第 1 期。
⑤ 陈松长：《湖南常德新出土铜距末铭文小考》，《文物》2002 年第 10 期。
⑥ 河南省文物考古研究所：《新蔡葛陵楚墓》，第 127 页，大象出版社，2003 年。
⑦ 河北省文物管理处：《河北易县燕下都 44 号墓发掘报告》，《考古》1975 年第 4 期。
⑧ 山东省淄博市博物馆：《西汉齐王墓随葬器物坑》，《考古学报》1985 年第 2 期。
⑨ 早期秦文化联合考古队：《2006 年甘肃礼县大堡子山东周墓葬发掘简报》，《文物》2008 年第 11 期。
⑩ 早期秦文化联合考古队等：《张家川马家塬战国墓地 2007~2008 年发掘简报》，《文物》2009 年第 10 期。原称"骨刀鞘"，但骨弭出土于左臂，与铁饰件同出，铜刀出土于手部，而且图片显示骨弭的长度与铜刀不符，一端带有明显弻口，应为 2 件弓弭。
⑪ 甘肃省文物工作队等：《甘肃甘谷毛家坪遗址发掘报告》，《考古学报》1987 年第 3 期。T1③：8 形同本次发掘出土的 G10：073，发掘者认为是"锸头"，其孔"可安柄"，从外形和质地看，名"锸头"非常牵强。

遍存在，被认为是因后期盗扰破坏所致。从 G10 出土兵器平面位置上看，四列陶俑中，两侧陶俑踏板旁兵器残存数量多于同排中部两列。如铜镦共计 13 件，有 8 件出土于过洞南侧墙基下，从地层堆积剖面看，这 8 件长兵器均被隔墙倒塌土包裹。保存相对完整的弩迹也位于同排陶俑的侧列，如 G9 弩①、弩②、弩⑤。这证明原发掘关于兵器缺失原因的推测无误，并进一步说明盗扰发生于隔墙较大范围坍塌之后。因隔墙坍塌较早，故位于边侧的兵器因被掩埋而避免了焚烧和遗失。但本次发掘出土兵器的数量，明显少于原发掘的东部开间及第 1、11 两条边过洞。后期人为扰动是不是兵器数量与俑数不对等的唯一原因？是否当初俑坑修建埋葬时，边侧位置的兵器配置较齐备，而内侧有疏减？具体情况有待更多发掘材料予以辨析。

第五章 结 语

本次发掘共计出土了 200 余件（组）车马器、兵器及生产工具，另有零散箭镞 252 件，清理陶俑 102 件、陶马 8 件，另有大量的建筑、兵器、木车等遗迹。通过对遗迹、遗物的解读，本次发掘取得了比较重要的成果，形成了一些新的认识，现归纳如下。

一 主要收获

（一）建筑堆积

土构部分有：3 条隔墙、1 条甬道、2 条过洞。梁柱结构包括：棚木 163 根，现存最长 310、最大宽度 60 厘米；枋木 19 根，现存最长 490、最大宽度 30 厘米；立柱 48 根，其中方形 6 根、圆形或椭圆形 38 根，半圆形 4 根，最大直径 40 厘米。地栿均为朽痕，外围是青灰泥硬壳，壳内上层堆积淤泥、淤沙，下层有大量暗红色朽渣，其用料规格、加工情况并无定式。建筑辅材有编织席 8 处、铺地砖 2500 余块。另外有夯具、窄刃镢、宽刃锸等建筑工具痕迹。发现一处扰坑遗迹（H1），其形成时代不晚于秦末汉初。局部地基下陷严重，这是以往未见的新情况。

（二）陶俑堆积

分为车属俑和独立编排俑两类。车属俑有车左 2 件、车御 2 件、车右 2 件，其中有着四缘包边、小甲片札铠甲的高级军吏俑 1 件；独立编排俑有右臂直角屈肘、半握拳式俑 79 件，右臂垂、四指呈钩状俑 11 件，前者与持秘有关，后者多与弓弩、箭箙同出。90 件独立编排俑中有 2 件着板状首服，为军吏身份。陶俑表面均施彩，用色包括绿、红、蓝、雪青、紫、白等，无论是"塑"还是"绘"，个体特点明显，但也不乏"孪生"。发现 40 余例刻划陶文、1 例白色题记数字编号，刻划陶文内容为陶工名和数字编号。陶俑烧成后再进行粘接修补的现象多见。体表多见利器或钝器造成的"浅表伤"和"穿透伤"，应存在人为的削斩、钩斫、砍砸等破坏行为。

（三）车迹、陶马及车马器堆积

车、马三组，提取的 8 匹陶马均为牡马，附属遗迹有鼓 2 处、盾 1 处、笼箙 3 处。盾是三座俑坑发掘中第一次出现的防护装备，为车右配置使用的"子盾"。本次发掘首次确定了笼箙遗迹的属性，并在一件笼箙夹纻胎壁中发现蚕丝原料的绉纱织物。

（四）兵器堆积

多数为铜质，另有铁铤箭镞 1 件及骨质弓弩附件 8 件。短兵器仅见长剑附件及鞘迹，多数位于俑体左侧腰际。长兵器主要有矛、镦及柲残段。柲包括三种质地，一是圆形木质，一是圆形竹质积攒，一是芯木外竹合成，原位保存的柲迹均在俑体右侧上方，明确与右臂抬肘、手掌半握拳状的俑类有关。远射程兵器包括箭镞、弩机、骨弭、弓弣、箭箙、弓韬等遗迹、遗物，第一次确认了檠、骨弭、弣部骨片的属性和使用位置，证明了箭箙由箙袋、背板、箙条、背绳、圆轴等部分构成，内盛箭镞 103 件，明确了弓弩与右臂垂下、手掌作勾状的俑类有关。

二　初步认识

（一）修建

根据原发掘出土的纪年铜兵器，关于俑坑修建时间已形成比较统一的认识，即上限不早于公元前 228 年，下限不晚于公元前 209 年。本次发掘未发现纪年遗物，但可断代的遗物与以往发现无异，因此对此问题遵循已有结论。

（二）损毁

关于俑坑损毁问题，涉及坑内遗迹、遗物以及土层堆积的层位。本次发掘再次证明俑坑的损毁与秦末军事行为有关，也获得了一些与原发掘不同的材料和认识。

1. 红土层

原发掘地层堆积中有"红土层"的划分，属于第 3 层堆积。土质较细，有黏性，认为"红土层并非纯系火烧形成，而应是自然红土"，对此层不均匀分布的原因未作结论。试掘报告提到这层红土时，叙述的文字是："在所有的枋木上面复压一层厚约 20～30 厘米的胶泥，泥内含细沙和石灰，凝结坚硬……胶泥土上面覆盖红土、黄土及黑褐色土交错叠压的一层厚约 1.5～2 米的封土。"①

本次发掘区域内的"红土层"分布不规律，主要分布于两过洞部分，隔墙尤其是凸起最高点很薄甚至无存。堆积的厚度与烧土密切关联，两者之间界限模糊，颜色渐变。凡是焚烧彻底的棚木，其上、下都有淡红和深红两种土色，愈接近棚木，土色越红，不仅是棚木上层如此，棚木下层也是如此。例如 Q10 西段，棚木燃烧成炭块，其上没有深红色的烧土，也就没有淡红色"红土层"，而是炭块与黄色填土形成直接的叠压关系；棚木下层墙体则有一定厚度的由深红到淡红的土色变化。

一号坑使用"自然红土"回填，属于秦始皇帝陵众多陪葬坑中的孤例。二号坑普遍存在的地层有耕土层、洪积土层以及包括五花土、席子棚木朽迹、文物及铺地砖、夯土等 4 亚层的秦文化层②。K0006 是陵区少见的未被焚毁的陪葬坑，地层堆积是：第 1 层耕土、第 2 层冲积土、第 3

---

①　始皇陵秦俑坑考古发掘队：《临潼县秦俑坑试掘第一号简报》，《文物》1975 年第 11 期。

②　秦始皇兵马俑博物馆：《秦始皇陵二号兵马俑坑发掘报告》，第 15 页，科学出版社，2009 年。

层五花土、第 4 层坍塌土、第 5 层夯土基础[①]。K0007 分三区，Ⅰ区的地层堆积是：第 1 层耕土、第 2 层扰土、第 3 层冲积土、第 4 层粗夯土、第 5 层淤积土、第 6 层坍塌土（包含烧土）、第 7 层青膏泥、第 8 层夯土基础，其他两区情况基本类似[②]。一号坑使用自然红土回填不符合已发掘的秦始皇帝陵陪葬坑土层堆积惯例。

通过对 G10 西壁呈红色的土样按照 5 厘米的间距依次提取土样 5 份，利用多种方法测得其主要成分无差别，只有水含量和烧成温度略有不同，铝的含量几乎为零，类似的结果在原报告的附录一中也有反映。

由于没有全面发掘，只知在 T1 与 T2 间、T17 与 T18 间、T19 等区域红土堆积现象突出，均属比较靠近建筑边缘的部位。例如 T1 二层台的东段，长 2.8、宽 2.3、高 0.5～1 米；T1 与 T2 南壁交界处，长 3.9、宽 2、高 1 米。此段属于一号坑南边壁，坑壁因火烧，已变成橘红色，局部呈青灰色，上部已变成坚硬的红烧土。红土与烧土共生关系密切。类似焚烧情况，也见于二号坑。从 T1 与 T2 南部红土台所处位置的堆积状况看，与二号坑焚烧口的情况有相似点，如距地表的深度、处于建筑边缘的位置、木结构残断缺失、过洞和隔墙明显高于其他区域等，这些相似点应该有共同的成因。

对于一号坑"红土"土色的变化，借鉴黏土烧砖时的烧制理论，燃料燃烧完全时窑内为氧化气氛，黏土中的铁化物被氧化成高价的 Fe_2O_3，呈红色，欠火砖色淡，过火砖色深。坑内土质堆积与木质建材距离的远近，使得受热温度有高低之别，填土、隔墙夯土的土色分别产生淡红、深红变化。在窑内烧至 900℃ 以上，进行喷水闷窑为还原气氛时，黏土中的铁化物还原成低价铁的 Fe_3O_4，而呈青灰色。秦始皇帝陵被焚烧的陪葬坑所见到的青灰色烧土，形成原因类似喷水闷窑原理，反映了焚毁时间段内有雨水冲灌。对于封闭的陪葬坑来说，黄色填土的土质、土色产生变化的原因，完全可以从自然科学的角度得到合理解释。黄土在水、压力的作用下，增加了黏性和硬度，由于距离燃烧棚木的远近导致的受热程度的差别，造成了填土局部土色的渐变，呈现淡红、暗红甚至是青灰色的区别。另外，一号坑中所见到的红色土，距地表较深处多呈坚硬的块状，反之则呈粉末状，结构松散。其原因与土层含水量的反复变化、日晒雨淋程度不同有关。

二号坑发掘中清理了三处焚烧口，主要分布于坑的东南角、东北角、西北角等建筑边缘，涉及面积约 2000 平方米。焚烧口 1 开口于俑坑堆积顶层，距地表 1 米左右，形成长 2.8、宽 2.4、深 2 米的不规则小坑。其中，在打破棚木席子层时，移动了位于其范围内过洞顶部的棚木，个别棚木残断，棚木旁有扰动痕迹。此区域的过洞堆积和隔墙都明显高于其他区域。焚烧口 2 距地表 1 米左右，紧贴北壁，坑口位置的壁面经焚烧呈橘红色。一号坑建筑边缘焚烧程度强烈，可见的红烧土几乎遍布整个遗址。从原报告描述的三处"红土"堆积范围看，南壁东段一处长 2.8、宽 2.3、高 0.5～1 米，T1 与 T2 南壁交界处长 3.9、宽 2、高 1 米，东壁南段长 2.2、宽 0.5、高 0.8 米。其所处建筑边缘的位置、木结构残断缺失、涉及范围大小等，均与二号坑的焚烧口有相似性。

实际上，在原报告图九中所看到的南壁东段的扰土堆积，包含非常重要的考古信息。提及的

---

① 陕西省考古研究所等：《秦始皇帝陵园考古报告（2000）》，第 67 页，文物出版社，2006 年。
② 陕西省考古研究院等：《秦始皇帝陵园考古报告（2001～2003）》，第 113～114 页，文物出版社，2007 年。

三处红土台的层位高度，正是此类堆积与深处红烧土表象差异的原因，其堆积位置近于地表，日晒雨淋程度尤甚。剖析所谓"自然红土"的真正成因，寻找土色异常变化的规律，或许能找到另一把揭开俑坑被毁之谜的钥匙。在以后的不断发掘中，应充分重视土色变化尤其是上层堆积的土色变化。

2. 人为破坏的直接线索

一直以来，由于受发掘面积限制等各种原因，关于一号坑焚烧的原因有沼气自燃说、项羽焚毁说、葬仪说。焚毁说的见解已被国内外许多学者接受，但对于军队是如何进入俑坑实施破坏的问题，一直没有很好的解释。因此有学者指出，不仅俑坑门道封闭，而且也未发现坑顶的破坏痕迹，"从已清理的俑坑看，每个俑坑门道的封门木遗存保存完好，没有发现项羽大军进坑的入口"[①]。

如果把一号坑内侧塌下去的厚 2～3.8 米的封土加以复原置于与边墙的二层台等高的梁枋之上，那么俑坑的顶部即高出秦代地表约 2 米。因此，在秦末至少是项羽入关时，俑坑的边界仍非常清楚、明确，斜坡门道均以土填实，不论谁是破坏俑坑的"疑犯"，从门而入更费时费力，在边界十分清楚的情况下，不如从边或顶部揭开一定的范围直接进入更便捷[②]。因此，H1 的发现为俑坑顶部的破坏找到了一些线索。

H1 是目前为止一号坑中时代最早的人为扰乱遗迹。由于前期发掘的遗漏，开口层的具体高度已不详，堆积中和俑坑有关的遗物来自 G8。此遗迹的发现，提前了一号坑被毁的年代上限，以往一号坑中发现的墓葬、扰坑等遗迹都晚于秦汉时期。

关于一号坑门道是否全部完整的问题，实际上也有很多疑点，尤其是西部门道。西部五处门道均是以土填实，"红土"堆积非常明显，其中一、三、五门道东段部分较为狭窄，形成"甬道"，而且一、五甬道上口西南隅无棚木遗痕，但在此处下部堆积层中，有几块完整的细绳纹砖，从而使这里略高于其他棚木，成为空隙洞口。各甬道清理出土的遗物、遗迹有：第一甬道上层的红烧土中，有零散的俑头残块、甲俑残片、砖 10 余块；第三甬道上层的红烧土中出土有铁锸、铜镆、三棱铜镞各 1 件；第五甬道上层的烧土中出土有俑头残片 3 块、甲俑残片 6 件、三棱铜镞 7 件、铁铤铜镞 1 件。各甬道内均没有放置陶俑、陶马或车舆的迹象，仅在第一、三甬道底层砖面上有铜铰页的构件以及被焚毁后的大片灰烬、炭块，这些灰烬、炭块明显不同于棚木或立柱被烧炭化的迹象。各甬道底层的砖面上，见有烧成板结状的淤泥层，厚 1～2 厘米。尽管有学者认为此现象因葬仪使然[③]，但西门道所谓的"甬道"以及棚木的缺失情况，类似二号坑北部 7 号门道，其描述的情况更适合解读一号坑曾遭人为破坏。

本次发掘，发现了大量早期人为破坏现象，包括三方面内容。

第一，陶俑移位。陶俑、陶马残碎的原因之一是坑顶下塌，但这绝不是唯一的原因。从发掘现场看，俑体残片的分布有两种情况：一是俑体虽四分五裂但残片基本为上下叠压；二是残片散布，严重移位。第一种情况的成因包括建筑坍塌所产生的冲力，第二种情况则掺杂了人为因素，

① 刘占成：《"项羽焚烧秦俑坑"说质疑》，《秦文化论丛》第十二辑，三秦出版社，2005 年；蒋文孝：《秦始皇陵陪葬坑焚烧原因再认识》，《文博》2009 年第 5 期。
② 陈治国：《秦始皇帝陵园陪葬坑破坏现象解析》，《咸阳师范学院学报》2011 年第 3 期。
③ 程学华、王育龙：《秦始皇帝陵陪葬坑综述》，《考古与文物》1998 年第 1 期。

如 G9：9、G9：①右服马、G10：47、G9：18/34 等。尤其是作为本次发掘身份最高的 G9：9，残碎情况尤为异常，可以说是身首异处，综合其身份加以考量，不禁令人产生"擒贼先擒王"之类的遐想。

第二，无论陶俑还是陶马，大量残片的表面都有形貌较统一的破坏痕迹。钝器砸击痕中，单体打击点直径约为 3～4 厘米的痕迹，与秘柄、镦等器的直径有可比性。综合而言，应是一群来自军队的人员，带着泄愤的心情，实施了破坏行为。从俑体伤痕分布位置看，一般头、腹、背较集中，踏板、膝盖以下等部位较稀疏，反映了破坏人员入坑的时间稍晚于最早的隔墙坍塌。当然，这种情况只是针对目前发掘区内能观察到的陶俑而言，秦始皇帝陵园中其他被毁俑坑的破坏情况也许会有具体使用工具的不同。如百戏俑坑出土一例陶俑，其胸部圆形的破裂痕迹，也应是人为的钝器捶击痕。总之，俑坑被毁缘于秦末战争之说，应属无误的推断。对破坏使用的具体工具的认定，需借鉴科技检测和痕迹显微分析，展开进一步甄别、研究。

第三，可疑遗物。出土于坍塌土层中的一些遗物，不一定与俑坑修建使用的工具有关。如 G10 东段坍塌土下层出土的残石片（G10：0109），是一件来历不明的遗物。填土中会混杂一些秦代的遗物残骸，如陶片；会出现与俑坑修建有关的生产工具，如铁锸；会出现修建工人的随身物品，如铜半两钱、削刀等。但绝不见如此形制且形体较大的石片。

（三）生产管理

1. 陶文与"物勒工名"

《礼记·月令》有"物勒工名，以考其诚，功有不当，必行其罪，以穷其情"的记载，三座俑坑出土的陶俑（马）身上都发现了刻文或戳印，被认为是秦代"物勒工名，以考其诚"制度的体现，是秦政府管理官府手工业、控制和监督工人生产的一种手段。很多学者认为，此种手段运用到兵马俑制作上，以便稽核陶工产品的数量和质量，其作用一方面是加强对工匠的控制，另一方面也有利于作品质量的提高[①]。

本次发掘出土的陶文有人名和数字两类。将这些勒刻的"名""数"内涵与"物勒工名，以考其诚"的手工业管理制度完全挂钩，尚存在一些抵牾。实际上，目前考古所见秦陶文，都不能完全视为手工业管理制度的体现。如秦都咸阳出土的陶文中有"咸郦里段"，袁仲一先生认为"印于制陶工具上，当是陶工随意押印"，"属于制陶作坊的印记，而非官府市亭机构的人员检查产品合格后盖的官印"，此类陶文说明的是某些"民营作坊的产品到市场上销售已获得官方批准，是合法经营，并按时向官府纳税"[②]。可见陶文勒名更多的是出于对进入流通环节的商品的控制。即使是秦始皇帝陵园建筑遗址中出现的刻文器物，也具备实用性和流通性。

"物勒工名"内容最完备的实物见于兵器，如原发掘中出土的相邦吕不韦戟、王八年内史操戈、秦始皇十二年铜戈等[③]，其内容包括具体制作时间以及上至相邦、下至冶工等各个环节的参

① 袁仲一：《秦始皇陵兵马俑研究》，第 363 页，文物出版社，1990 年。

② 袁仲一、刘钰：《秦陶文新编·考释》，第 115～116 页，文物出版社，2009 年。

③ 梁云：《秦戈铭文考释》，《中国历史文物》2009 年第 2 期；王辉、萧春源：《珍秦斋藏王八年内史操戈考》，《故宫博物院院刊》2005 年第 3 期；彭适凡：《秦始皇十二年铜戈铭文考》，《文物》2008 年第 5 期。

与者，这些兵器无论是否用于墓中陪葬，原本都是实用器。秦始皇帝陵兵马俑陪葬坑出土的陶俑（马）首先是明器，根本不具备流通性，其上出现的陶文属陶工个人（组）的标识，和"物勒工名"的政府行为不能挂钩。

大量陶工刻划不论是数字编号还是工匠名，都是在未烧成之前留于陶胎表面，烧成、施彩后，陶文完全被遮盖，这样就涉及了陶俑制作的管理时效问题，考核的具体阶段应该是始于制胎、止于施彩。陶俑个体巨大，烧制工艺存在一定的难度，难免会出现残次品，加之数量如此之大的烧制任务肯定不是一窑、一工所能承担，烧制阶段如何进行考核管理？遮盖陶文后的施彩产品质量该如何进行考核管理？从生产地至俑坑定位摆放的运输过程又该如何进行考核管理？由于考核的时效截止于施彩前，面对各工组数量众多的产品，管理者实际上难以在后续工序的各个环节中按勒名对陶工进行控制，尤其是从塑造场地到入窑、出窑，再从施彩到入坑，失误始终存在，如有些陶俑摆放位置出错（一号坑T19G11出土的立射俑、二号坑东南角T17出现的跪射俑等），大量产品断裂后再修补粘接等。

无论是制胎塑型的缺陷，还是烧成后再修补的补救，严格意义上都属"功有不当"的行为。姑且不论最终对人——工匠怎样，是不是"必行其罪，以穷其情"，但事实上对"物"——残次品并没有弃之不用，说明对"不当"的结果是默认和接受的，这实际上仍缘于陶俑（马）的明器本质。

秦人重功利，重实用[1]，重结果的文化特色使得他们常常为了取得结果达到目的，可以不择手段。事实上，有些政策律令的制定也是从实际出发，如《秦律十八种·厩苑律》："叚（假）铁器，销敝不胜而毁者，为用书，受勿责。"[2] 本来按照秦律的规定，百姓损坏官府器物要照价赔偿，但为了提高生产力，推广铁制农具，有益于国，无害于人，铁器损坏只需呈交书面报告说明情况就可以免于赔偿。同理，陶俑（马）的具体制作，只要产品能满足设计上的一般要求，可作"事死如事生"的明器，也就是"可用"。

2. 制作标准化

一号坑随葬的兵器，被广泛认为属高度"标准化"的产品。甚至有学者提出制陶业也采用了标准化生产，主要内容有工序的系列化、部件的可换性、彩绘的标准化等。通过对本次发掘出土的一百余件陶俑制作工艺的观察，可知参与工匠人数众多，各部位捏、塑的痕迹突出，模制的部件很少。

（四）漆器

1. 一般特点

不同的胎质，漆膜制作略有区别，制作工艺比较简单，有素漆和色漆两种。素漆为褐色和黑色，使用范围极为广泛，另有少量红漆。彩绘以红、绿、蓝、白色为主，红色多属于铁线描，绿

---

① 参阅林剑鸣：《从秦人价值观看秦文化的特点》，《秦文化论丛》第一集，西北大学出版社，1993年；黄留珠：《秦文化概说》，《秦文化论丛》第一集，西北大学出版社，1993年；龙显昭：《论秦的主流文化与非主流文化》，《秦文化论丛》第三辑，西北大学出版社，1994年。

② 睡虎地秦墓竹简整理小组：《睡虎地秦墓竹简》，释文第23～24页，文物出版社，1990年。

色为宽边框，白色和蓝色平涂填充以渲染，除红色外多属于漆膜粉彩工艺。彩绘图案以变形云纹和几何纹为主，以连续菱纹或三角形纹构成图案的边框。盾、笼箙及木环的纹饰与甘肃武威磨嘴子六十二号汉墓漆耳杯腹部的凤鸟纹（图一一六）[①] 等具有高度一致的风格，符合使用者的身份。

图一一六　甘肃武威磨嘴子 M62 漆耳杯纹样

2. 彩绘陶器、陶胎漆器

以陶为胎髹漆彩绘的彩绘陶俑，属于陶胎漆器制作工艺。彩绘陶俑是多年来学界研究的重点，成果颇多，此不赘述。略加漆层的做法较多，陶俑外襦面、陶马躯干通体漆膜多呈稀薄状，甲片表面漆膜较厚，以突出表现"玄色"皮料质感。80% 以上的俑体襦底、衽缘、袖口、裤管等部位的立面和少数陶俑通体是直接上彩，如 G10：34，此俑襦面没有髹漆，而是直接施涂暗红色彩，属于彩绘陶器工艺。这种做法有利于色彩的保存，成为汉以后彩绘陶俑的习惯制法。这反映了始自原始社会的彩绘陶器和至少起源于夏代的陶胎漆器工艺一直延续至秦代，且一直有着共存的关系。

3. 漆灰

柲、车辖、皮胎漆器等遗迹中，很多漆膜底层有肉眼可见的青灰色漆灰。器物上施漆灰称为垸漆。据《髹饰录·坤集·质法》，在器物的漆灰上面施灰漆及漆使其光而厚的一道工序为糙漆。《辍耕录》："细灰车磨方漆之，谓之糙漆"，糙漆可分"灰糙""生漆糙""煎糙"[②]。孙机先生经过考证发现，汉代的垸漆有时还在漆液内添加了骨灰[③]。使用漆灰的现象见于报道的有绵阳汉代漆盘，木胎表面涂有数层底子，其上又髹饰了一层厚约 2~3 微米的漆衣[④]。本次发掘出土的漆膜下漆灰的主要成分是人为加工的石英颗粒和云母类黏土矿物，也存在骨质成分，应属灰糙，这是目前为止可知的成分明确的秦代漆灰资料。

4. 夹纻胎、布胎及夹经工艺

笼箙、盾、鼓属于夹纻胎漆器。漆膜下有织物纤维组织，一经一纬平畦纹。盾、鼓类夹纻线径最细，笼箙内甚至使用了蚕丝绉纱。弓韬属于布胎漆器。布胎也称为絓胎，为粗麻布之意。弓韬体形大，长约 150 厘米，施以髹漆，一方面可以增强防腐性，另一方面也可增加硬度，便于弓弩的取、放，属于实用器。柲、弓干、车辖等部位只见单向线丝密集缠匝，线径不足 0.1 厘米，属夹经工艺。《周礼·考工记》记载："弓人为弓……丝也者，以为固也。"这说明夹经是对胎骨

① 曾明：《秦汉西部漆器艺术研究——甘肃、宁夏地区漆器艺术》，西安理工大学硕士学位论文，2010 年。
② 王世襄：《髹饰录解说——中国传统漆工艺研究》（修订版），第 174 页，文物出版社，1998 年。
③ 孙机：《关于汉代漆器的几个问题》，《文物》2004 年第 12 期。
④ 李映福、唐光孝：《绵阳双包山一、二号西汉木椁墓出土漆器的检测报告》，《四川文物》2005 年第 3 期。

进行封固。

夹经工艺和夹纻胎漆器，略有不同。单从原料上说，夹经可以是单股"经"的纤维丝，也可以是经纬组织的织料；夹纻只能是经纬组织的织料。从功用上说，夹经是对器物的"胎骨封固"，所起的作用是辅助原胎，至于陶俑"补丁式"修补也是借鉴了此种方法；夹纻是胎原料的一部分，失则可能造成原胎达不到器物所需的硬度。

三　工作方法探索

（一）数字化信息提取技术的实践

三维技术在考古上的应用，目前比较常见的是博物馆中对文物进行数字化管理。本次发掘利用数字化信息提取技术，开展了信息提取、数字资料保存、考古绘图、编写考古发掘报告等方面的探索。通过两年多的努力，西北大学可视化技术研究所的信息技术团队完成了考古现场全景与G9、G10 现场局部等内容的信息采集，提取扫描线图 6 份，并对部分陶俑、陶马个体信息进行了数字化采集，虚拟复原陶俑 20 件，完成碎片的扫描线图约 2000 片（份）。

（二）多学科联合拓宽研究领域

在中国社会科学院考古研究所、中国丝绸博物馆、陕西师范大学、西北大学、北京科技大学等单位的支持下，通过织物、植物、金属、漆器等各方面的科技检测，确定建筑木材包括铁杉和云杉两类树种，车构件的木材有青檀属、榆属、栎属和香椿属，笼箙②是梓树属；笼箙中漆灰的P 元素含量占到了 2% 左右，高含量的 P 元素对应着较高含量的 Ca 元素，说明漆灰中很可能是添加了磷酸钙类物质，或是人为添加了骨灰；韬为苎麻质，平纹组织，经密 8～16 根/厘米，纬密6～13 根/厘米；三处笼箙器壁均见蚕丝织物，通过金相显微镜观察其结构，纺织物由清晰交织的经纬线织成，呈平纹组织，每平方厘米约有 30 根经线和 30 根纬线，丝线由几十根茧丝合成一股，平均直径 0.38 毫米。这些科技考古的材料，无疑对全方位研究遗址所包含的秦代物质文化面貌提供了新材料，在一定意义上填补了以往发掘的资料缺环。

（三）公共考古活动的开展

一号坑第三次发掘中采取了"发掘与展出同步"的模式，这种模式包括了科研成果向普及、应用转化的两个阶段，转化过程尽量缩短时间差，完成"过去"与"现代"的衔接，是一种公共考古学的实践。

发掘与展出同步模式是三十余年来秦俑陪葬坑发掘一贯坚持的特色。本次发掘借助各种媒体，阶段性向外界发布工作进展，展厅完全正常开放。在这次"高调"的考古发掘中，数万公众直接或间接地接受了遗产保护的理念。

高调宣传的效果有目共睹。一号坑第三次发掘区域成为展厅最具吸引力的参观点。2010 年10 月，以一号坑为代表的秦俑陪葬坑发掘荣获"2010 年西班牙阿斯图里亚斯王子奖·社会科学奖"，这是秦俑陪葬坑发掘近三十六年来第一次获得国际荣誉。尽管早在 1985 年和 1995 年，西班牙首相费利佩·冈萨雷斯·马尔克斯（Felipe González Márquez）和国王胡安·卡洛斯一世

（Juan Carlos I）曾先后参观过博物馆，但恰逢此时项目获得提名并在 27 个候选名单中最终角逐成功，不能否认一定程度上应归功于高调式的宣传。

秦俑陪葬坑的考古发掘在国内行政管理体制上比较特殊，它隶属于遗址博物馆的业务范畴之一，而公共考古实践活动更多的是由博物馆其他职能部门所分担。有学者在研究博物馆学与考古学间的辩证关系时将两者寓为"一对冲突的孪生胞（the Conflict Between the Museum and Archaeology）"，如何把公共考古和博物馆融合在一起，是有待正确认识的问题。完成秦俑陪葬坑遗址保护由发掘到展示的完美结合，建立"同时"模式下的桥梁，公共考古的具体实践可谓任重道远。

附　表

附表一　Q8 棚木统计表　　　　　　　　　　　　　　　　（单位：厘米）

编号	残长	直径	现状	复原长
1	160	20	炭迹。东斜向延伸，Q9 之 1 为木端	625
2	185	45	炭迹。Q9 之 3 为木端	690
3	185	45	炭迹。Q9 之 5 为木端	760
4	195	40	凹槽，存白色朽痕。Q9 之 6 为木端	650
5	200	40	凹槽，存白色朽痕。Q9 之 8 为木端	700
6	185	50	南段呈炭状，有硬度，年轮宽 0.1 ~ 0.4 厘米。止 Q9 之 10 为木端，径渐细	675
7	207	45	南端为有一定硬度的黑色炭块，年轮宽 0.1 ~ 0.4 厘米。接 Q9 之 11，直至 Q11，未见明显木端	1610
8	224	45	凹槽，存黑色炭迹，见年轮。止 Q9 之 12	750
9	195	35	凹槽，存黑色炭迹，见年轮。止 Q9 之 13	710
10	225	45	凹槽，存黑色炭迹，见年轮。止 Q9 之 15	600
11	235	40	凹槽，存黑色炭迹，见年轮。止 Q9 之 17	730
12	230	35	北端有黑色炭迹，见年轮。下有枋木 1，止 Q9 之 18	725
13	225	40	北端有少量黑色炭迹，余为凹槽。下有枋木 1，止 Q9 之 19	650
14	225	45	凹槽，白色朽痕。至 Q9 之 21，止 Q11，未见明显木端	1650
15	20	50	墙南，凹槽，黑色炭迹。西侧压部分 17，北接 16	
16	180	40	墙北，凹槽，黑色炭迹。南与 15 相对，间距约 10 厘米，止 Q9 之 22	630
17	140	20	墙南，凹槽，朽痕。东侧被 15 下压，情况不详，西贴 19，北接 18	
18	85	55	凹槽，朽痕。南为 17、19，间距分别为 10、60 厘米，或与 Q9 之 24 有关	550
19	85	40	墙南。西南角压于 21、18 下，北距 20 约 30 厘米	
20	115	45	墙北，南端有少量黑色炭迹。与 21 南北相对，间距约 80 厘米，与 Q9 之 26 关系大	600
21	30	50	墙南，凹槽内仅剩少量黑色炭迹。东侧压住部分 19	
22	70	45	墙北，凹槽内仅剩黑色炭迹。与 23 相对，间距约 30 厘米，与 Q9 之 28、30 关系大	470
23	105	40	墙南，凹槽内仅剩朽痕。与 22 相对	
24	75	30	墙北，凹槽内仅剩朽痕。与 25 相对，间距约 25 厘米，止 Q9 之 32	525
25	85	35	墙南，凹槽内仅剩朽痕。与 24 相对	
26	215	45	凹槽内仅剩朽痕。与 Q9 之 34 关系大，至 Q10、Q11 未见木端	1650
27	245	45	凹槽内仅剩黑色炭迹。东侧紧临 25，北侧有枋木 2 炭迹，止 Q9 之 35	710

编号	残长	直径	现状	复原长
28	265	40	凹槽内仅剩黑色炭迹。止 Q9 之 36	690
29	250	40	凹槽内仅剩黑色炭迹。止 Q9 之 38	700
30	230	40	凹槽内仅剩朽痕。至 Q9 之 40，止 Q11	1675
31	215	40	凹槽内有大量黑色炭迹，见年轮。止 Q9 之 41	750
32	215	40	凹槽内有大量黑色炭迹，见年轮。止 Q9 之 43	685
33	100	55	墙南，凹槽内有大量黑色炭迹。上压大量席痕	
34	115	40	墙北，凹槽内仅剩黑色炭迹。南端有大量席痕，止 Q9 之 45	680
35	225	45	凹槽内仅剩朽痕。止 Q9 之 47	710
36	210	40	凹槽内仅剩朽痕。止 Q9 之 49	725
37	225	35	凹槽内仅剩朽痕。止 Q9 之 50	700
38	225	45	凹槽内仅剩黑色炭迹，炭块有一定的硬度，见年轮。至 Q9 之 52，止 Q11	1675
39	225	50	凹槽内仅剩黑色炭迹。止 Q9 之 53	630
40	220	55	凹槽内仅剩黑色炭迹。中部压有大量席痕，与 Q9 之 55、57 有关	620
41	215	40	凹槽内仅剩黑色炭迹。压有大量席痕，止 Q9 之 59	600
42	220	35	中部残存部分黑色炭迹。止 Q9 之 62	610
43	220	25	凹槽内仅剩黑色炭迹。中部压有席痕，至 Q9 之 64，止 Q11	1700
44	225	35	凹槽内仅剩黑色炭迹。北侧有枋木 3，止 Q9 之 65	715
45	220	35	凹槽内仅剩黑色炭迹。南端有大量席痕，北侧有枋木 3，止 Q9 之 67	675
46	215	45	凹槽内仅剩黑色炭迹。南端有大量席痕，北侧有枋木 3，至 Q9 之 69，止 Q11	1700
47	210	35	凹槽内仅剩黑色炭迹。南端有大量席痕，北侧有枋木 3，止 Q9 之 70	710

附表二　Q9 棚木统计表 　　　　　　（单位：厘米）

编号	残长	直径	现状
1	100	40	墙南，凹槽内余黑色炭迹
2	55	35	墙北，凹槽内余黑色炭迹。与 1 相对，间距约 70 厘米
3	145	35	墙南，凹槽内余黑色炭迹
4	55	45	墙北，凹槽内余黑色炭迹。与 3 相对，间距约 30 厘米
5	185	30	凹槽内余黑色炭迹
6	85	40	墙南，凹槽内余黑色炭迹
7	70	40	墙北，凹槽内余黑色炭迹。与 6 相对，间距约 70 厘米
8	155	30	墙南，南端略细，凹槽内余黑色炭迹
9	25	30	墙北。与 8 相对，间距约 25 厘米。北侧有枋木 11
10	150	30	凹槽内余少量黑色炭迹。北侧有枋木 11
11	205	35	凹槽内余少量黑色炭迹。北侧有枋木 11
12	210	40	凹槽内余少量黑色炭迹。北侧有枋木 11，似有一处炭迹与之相对
13	170	40	墙南，凹槽内余黑色炭迹

编号	残长	直径	现状
14	50	35	墙北，凹槽内余黑色炭迹。与13相对，间距约15厘米。东侧有炭迹，与之关系不详，北侧有枋木12
15	65	40	墙南，凹槽内余黑色炭迹
16	165	40	墙北，凹槽内余黑色炭迹。与15相对，间距约15厘米。北侧有枋木12
17	180	40	墙南，凹槽内余黑色炭迹
18	155	40	墙南，凹槽内余黑色炭迹。南有枋木5，北为枋木13，北侧有炭迹，关系不详
19	65	30	墙南，凹槽内余黑色炭迹。北侧与20相对，南侧有枋木6
20	140	35	墙北，凹槽内余黑色炭迹。南距19约10厘米，北侧有枋木13
21	195	40	凹槽内残存部分黑色炭迹和朽木痕迹。南侧有枋木6
22	95	35	墙南，凹槽内残存朽痕。北与23相对，南侧有枋木6
23	85	30	墙北，凹槽内余黑色炭迹。东被25下压，南距22约15厘米，北侧有枋木
24	110	30	墙南，凹槽内残存朽痕。北与25相对，南侧有枋木6
25	80	45	墙北，凹槽内残存朽痕。西侧压部分23，南距24约5厘米，北侧有枋木
26	100	35	墙南，凹槽内残存部分朽痕。北与27相对，南侧有枋木6
27	85	35	墙北，凹槽内残存部分朽痕和少量黑色炭迹。南距26约20厘米
28	40	25	墙南，凹槽内残存少量黑色炭迹。北与29相对，南侧有枋木6
29	170	30	墙北，残为两段，凹槽内余黑色炭迹。南距28约20厘米
30	115	35	墙南，凹槽内残存少量黑色炭迹。北与31相对，南侧有枋木6
31	105	35	墙北，凹槽内余黑色炭迹。南距30约15厘米
32	80	15	墙南，凹槽内余黑色炭迹。北与33相对，南侧有枋木6
33	45	30	墙北，凹槽内余黑色炭迹。南距32约70厘米，北侧有枋木14
34	200	33	凹槽内残存部分黑色炭迹和朽木痕迹。南侧有枋木6，北侧有枋木14
35	130	45	墙南，凹槽内余少量黑色炭迹。西北端卯宽15、深17厘米。南侧有枋木6
36	105	37	墙南，凹槽内余黑色炭迹。北与37相对，南侧有枋木6
37	40	35	墙北，凹槽内余黑色炭迹。南距36约30厘米，北侧有枋木15，南侧有枋木6
38	120	25	墙南，凹槽内余黑色炭迹。北与39相对，南侧有枋木6
39	45	40	墙北，凹槽内余少量黑色炭迹。南距38约25厘米，北侧有枋木15
40	175	30	凹槽内残存部分黑色炭迹。南有枋木7，北为枋木15
41	140	35	墙南，凹槽内余黑色炭迹。北与42相对，南侧有枋木7
42	35	35	墙北，凹槽内余黑色炭迹。南距41约10厘米，北侧有枋木15
43	80	25	墙南，凹槽内余黑色炭迹。压在41上，南侧有枋木7
44	45	33	墙北，凹槽内余黑色炭迹。北侧有枋木15
45	130	30	墙南，凹槽内余黑色炭迹。北端卯口呈"L"形，宽20、深17厘米。北与46相对，南侧有枋木7
46	40	30	墙北，凹槽内余黑色炭迹。南距45约40厘米，北侧有枋木15

编号	残长	直径	现状
47	105	35	墙南，凹槽内余黑色炭迹。北端有宽 15、长 10 厘米的榫头，平面呈"凸"字形。北与 48 相对，南侧有枋木 7
48	55	30	墙北，凹槽内余黑色炭迹。南距 47 约 50 厘米，北侧有枋木 15
49	130	30	墙南，凹槽内余黑色炭迹。南侧有枋木 7
50	60	40	墙南，凹槽内余少量黑色炭迹。北距 51 约 30 厘米，北侧有枋木 15
51	100	35	墙北，凹槽内余黑色炭迹。南与 50 相对
52	215	40	凹槽内余黑色炭迹及朽痕。北侧有枋木 15
53	60	40	墙南，凹槽内余黑色炭迹。北与 54 相对
54	135	35	墙北，凹槽内余黑色炭迹。南距 53 约 15 厘米，北侧有枋木 15
55	45	45	墙南，凹槽内余黑色炭迹。南侧有枋木 8，西侧压 57，北与 58 相对
56	85	35	墙北，凹槽内余黑色炭迹。南距 55、57 约 20 厘米，北侧有枋木 15，上压斜木
57	25		墙南，凹槽内余黑色炭迹。东侧压于 55 下，北与 56 相对，南侧有枋木 8
58	125	50	凹槽内余黑色炭迹。北侧有枋木 15，上压斜木，似为两根并列，边界不清
59	17	25	墙南，凹槽内余黑色炭迹
60	50	25	墙北，凹槽内余黑色炭迹。北端压 62 部分
61	35	40	墙北，凹槽内余黑色炭迹。与 62、63 相对，间距约 22 厘米
62	55		墙南，凹槽内余黑色炭迹。西侧压于 63 下，直径不详
63	195	45	墙北，凹槽内余黑色炭迹。东侧压 62 部分，北侧有枋木 16
64	245	35	凹槽内余黑色炭迹。东北部压于 63 下，南端压有少量的残碎砖块，北侧有枋木 16
65	150	30	墙南，凹槽内余黑色炭迹。北与 66 相对，南端压有少量残碎砖块
66	95	40	墙北，凹槽内余黑色炭迹。南距 65 约 5 厘米，北侧有枋木 16
67	105	45	墙南，凹槽内余黑色炭迹。北与 68 相对，南侧有枋木 9
68	95	35	墙北，凹槽内余黑色炭迹。南距 67 约 40 厘米，北侧有枋木 16
69	240	40	凹槽内余黑色炭迹及朽痕。南侧有枋木 9，北为枋木 16
70	125	40	墙南，凹槽内余黑色炭迹。北与 71 相对，南侧有枋木 9
71	110	35	墙北，凹槽内余黑色炭迹。南距 70 约 17 厘米，北侧有枋木 16

附表三　Q10 棚木统计表　　　　　　　　（单位：厘米）

编号	残长	直径	现状	复原长
1	195	35	凹槽，余朽痕和少量黑色炭迹。南为 Q10 南侧立柱 1，与 Q9 之 5 北侧相对，朽痕不甚清晰，止 Q11	825
2	205	50	凹槽，余朽痕和黑色炭迹。自 Q9 之 7，止 Q11	875
3	175	35	凹槽，余朽痕和黑色炭迹。自 Q9 之 9，止 Q11	900
4	160	30	凹槽，余朽痕和少量黑色炭迹。自 Q9 之 10，止 Q11	925
5	145	30	凹槽，余朽痕和黑色炭迹。自 Q8 之 7、Q9 之 11，止 Q11	1610
6	170	35	凹槽，余朽痕和黑色炭迹。与 Q9 之 11 关系大，止 Q11	460

编号	残长	直径	现状	复原长
7	200	40	凹槽，余朽痕和黑色炭迹。南侧有枋木 17，与 Q9 之 14 东侧炭迹相对，止 Q11	970
8	195	33	凹槽，余朽痕和黑色炭迹。自 Q9 之 14，止 Q11	1030
9	235	40	凹槽，余朽痕和黑色炭迹。自 Q9 之 16，止 Q11	1150
10	165	33	凹槽，余朽痕和黑色炭迹。自 Q9 之 17 北侧朽痕，止 Q11	1020
11	190	38	凹槽，余朽痕和黑色炭迹。自 Q9 之 18 北侧炭迹，止 Q11	960
12	180	35	凹槽，余朽痕和少量黑色炭迹、红烧土。南侧有枋木 18，自 Q9 之 20，止 Q11	1070
13	200	30	凹槽，余朽痕、黑色炭迹及少量红烧土。南侧有枋木 18，自 Q8 之 14、Q9 之 21，止 Q11	1650
14	180	40	凹槽，余朽痕和少量黑色炭迹、红烧土。南侧有枋木 18，自 Q9 之 23，止 Q11	1030
15	180	35	凹槽，余朽痕和少量黑色炭迹。南侧有枋木 18，自 Q9 之 25，止 Q11	980
16	190	30	凹槽，余朽痕和黑色炭迹。南侧有枋木 18，自 Q9 之 27，止 Q11	935
17	195	25	凹槽，余朽痕。自 Q9 之 29，止 Q11	1075
18	200	60	凹槽，余朽痕和少量黑色炭迹。南侧有长 35、宽 35 厘米的东西向炭迹，自 Q9 之 31，止 Q11	1025
19	190	35	凹槽，余朽痕和少量黑色炭迹。自 Q9 之 33，止 Q11	900
20	180	40	凹槽，余黑色炭迹。自 Q8 之 26、Q9 之 34，止 Q11	1650
21	200	30	凹槽，余朽痕和黑色炭迹。自 Q9 之 37，止 Q11	915
22	195	35	凹槽，余黑色炭迹。自 Q9 之 39，止 Q11	900
23	165	35	凹槽，余黑色炭迹。自 Q8 之 30、Q9 之 40，止 Q11	1675
24	205	45	凹槽，余黑色炭迹。自 Q9 之 42，止 Q11	925
25	190	40	凹槽，余黑色炭迹。自 Q9 之 44，止 Q11	900
26	185	35	凹槽，余黑色炭迹。南侧为枋木 19，自 Q9 之 46，止 Q11	930
27	40	30	墙南，凹槽，余黑色炭迹。北与 28 相对，南侧为枋木 19，自 Q9 之 48，止 Q11	465
28	45	30	墙北，凹槽，余黑色炭迹。南距 27 约 35 厘米，止 Q11	415
29		25	墙南，凹槽，余黑色炭迹和少量红烧土。北邻 30，与 Q9 之 49 北侧炭迹有关，止 Q11	500
30	30	35	墙北，凹槽，余大量黑色炭迹。南距 29 约 5 厘米，止 Q11	420
31			损毁严重，形状与尺寸不详。与 Q9 之 51 关系大，止 Q11	950
32	205	30	凹槽，余黑色炭迹。自 Q8 之 38、Q9 之 52，止 Q11	1675
33	115	25	墙南，凹槽，余黑色炭迹。压在 34 上，自 Q9 之 54，止 Q11	530
34	35	50	墙北，凹槽，余黑色炭迹。南侧局部压于 33 下，北与 35 并列，止 Q11	580
35	65	30	墙北，凹槽，余黑色炭迹。南距 34 约 25 厘米，自 Q9 之 56，止 Q11	1130
36	125	35	凹槽，余黑色炭迹。自 Q9 之 58，止 Q11	990
37	130	35	凹槽，余黑色炭迹。西侧压住部分 38，与 Q9 之 58 有关，止 Q11	1010
38	130	20	凹槽，余黑色炭迹。东侧压于 37 下，自 Q9 之 61，止 Q11	1025
39			墙南，炭迹，形状与尺寸不详。与 40 关系不清	

编号	残长	直径	现状	复原长
40	90	40	墙北，凹槽，余黑色炭迹。自 Q9 之 63，止 Q11	1085
41	80	30	凹槽，余黑色炭迹和朽痕。自 Q8 之 43、Q9 之 64，止 Q11	1700
42	85	25	凹槽，余黑色炭迹。向西南倾斜，压住部分 43 的东侧，自 Q9 之 66，止 Q11	980
43	90	25	凹槽，余黑色炭迹。东侧压于 42 下，自 Q9 之 68，止 Q11	975
44	310	50	凹槽，余黑色炭迹和朽痕。自 Q8 之 46、Q9 之 69，止 Q11	1700
45	305	40	凹槽，余黑色炭迹和朽痕。自 Q9 之 71，止 Q11	930

附表四　枋木统计表　　　　　　　　　　　　　　　　（单位：厘米）

编号	位置编号	位置	残长	宽	说明
1	1	Q8 北	50	15	黑色炭迹，南侧为 Q8 棚木 12、13
2	2	Q8 北	40	20	黑色炭迹，南侧为 Q8 棚木 27
3	3	Q8 北	180	25	黑色炭迹和朽痕，南侧为 Q8 棚木 44～47
4	4	Q8 北	175	20	白色灰烬，移位至 G9
5	1	Q9 南	30	15	黑色炭迹，北侧为 Q9 棚木 18
6	2	Q9 南	490	20	黑色炭迹，北侧为 Q9 棚木 19、21、22、24、26、28、30、32、34～38
7	3	Q9 南	230	15	黑色炭迹，北侧为 Q9 棚木 40、41、43、45、47、49
8	4	Q9 南	95	20	黑色炭迹，北侧为 Q9 棚木 55、57
9	5	Q9 南	110	15	黑色炭迹，北侧为 Q9 棚木 67、69、70
10	1	Q9 北	95	20	黑色炭迹，南侧未见棚木遗迹
11	2	Q9 北	155	20	黑色炭迹，中部压有少量棚木炭迹，南侧为 Q9 棚木 9～12
12	3	Q9 北	60	20	仅剩黑色炭迹，南侧为 Q9 棚木 14、16
13	4	Q9 北	85	20	仅剩黑色炭迹，南侧为 Q9 棚木 18、20
14	5	Q9 北	100	25	焚毁严重，仅剩黑色炭迹，南侧为 Q9 棚木 33、34
15	6	Q9 北	290	22	仅剩黑色炭迹，南侧为 Q9 棚木 37、39、40、42、44、46、48
16	7	Q9 北	235	30	仅剩黑色炭迹，南侧为 Q9 棚木 63、64、66、68、69、71
17	1	Q10 南	55	10	仅剩黑色炭迹，北侧为 Q10 棚木 7
18	2	Q10 南	150	30	仅剩黑色炭迹，北侧为 Q10 棚木 12～16
19	3	Q10 南	80	30	仅剩黑色炭迹，北侧为 Q10 棚木 26、27

附表五　立柱统计表　　　　　　　　　　　　　　　　（单位：厘米）

序号	编号	位置	形状	规格	中心间距	现高	内斜宽度	燃烧高度	说明
1	1	G9 南	半圆	19×12	东隔梁	110	10	36	部分压于东隔梁下，南为 Q8 棚木 2
2	2	G9 南	圆	28×27	135	110	8	30	南为 Q8 棚木 5
3	3	G9 南	圆	31×28	125	126	17	25	南为 Q8 棚木 8
4	4	G9 南	椭圆	30×17	112	110	36	35	南为 Q8 棚木 12
5	5	G9 南	圆	25×22	105	88	40	20	南为 Q8 棚木 18

序号	编号	位置	形状	规格	中心间距	现高	内斜宽度	燃烧高度	说明
6	6	G9 南	方	34×20	146	77	26	20	南为 Q8 棚木 24
7	7	G9 南	半圆	30×10	148	122	20	50	南为 Q8 棚木 30
8	8	G9 南	圆	36×36	142	135	26	37	南为 Q8 棚木 35
9	9	G9 南	椭圆	26×21	112	95	8	95	内芯腐朽，南为 Q8 棚木 38
10	10	G9 南	方	30×26	49	72	9	10	甬道东柱，南为 Q8 棚木 40
11	11	G9 南	圆	19×19	44	75	28	13	甬道西柱，南为 Q8 棚木 42
12	12	G9 南	圆	35×35	43	60	26	20	南为 Q8 棚木 44
13	1	G9 北	椭圆	40×33	东隔梁	88	29	15	
14	2	G9 北	方	31×14	130	150	0	33	北为 Q9 棚木 11
15	3	G9 北	方	36×28	46	122	27	33	北为 Q9 棚木 17
16	4	G9 北	椭圆	32×25	111	87	30	23	北为 Q9 棚木 21、22
17	5	G9 北	椭圆	30×23	125	92	26	33	北为 Q9 棚木 34
18	6	G9 北	椭圆	40×26	168	112	20	32	北为 Q9 棚木 40、41
19	7	G9 北	方	28×23	150	94	24	15	北为 Q9 棚木 49
20	8	G9 北	圆	40×40	122	43	0	0	南为 Q9 棚木 11，北为 Q9 棚木 53、55
21	9	G9 北	椭圆	30×22	32	70	11	40	甬道东柱，北为 Q9 棚木 58
22	10	G9 北	圆	25×20	43	66	22	20	甬道西柱，北为 Q9 棚木 59
23	11	G9 北	圆	27×27	41	65	25	8	北为 Q9 棚木 64、65
24	1	G10 南	椭圆	35×21	东隔梁	115	9	30	南为 Q9 棚木 7
25	2	G10 南	椭圆	31×18	137	147	1	43	南为 Q9 棚木 14
26	3	G10 南	圆	33×32	147	120	33	24	
27	4	G10 南	椭圆	39×28	153	121	42	30	南为 Q9 棚木 23
28	5	G10 南	椭圆	34×28	148	120	33	34	南为 Q9 棚木 31
29	6	G10 南	圆	40×40	157	190	18	84	
30	7	G10 南	圆	40×35	149	118	21	25	南为 Q9 棚木 42
31	8	G10 南	圆	30×29	136	125	23	38	南为 Q9 棚木 51
32	9	G10 南	方	30×30	104	75	37	7	南为 Q9 棚木 56
33	10	G10 南	半圆	29×12	69	80	19	11	甬道东柱，南为 Q9 棚木 63
34	11	G10 南	圆	25×20	80	60	25	0	甬道西柱，南为 Q9 棚木 64
35	12	G10 南	半圆	30×12	72	50	25	0	南为 Q9 棚木 66
36	13	G10 南	圆	28×25	82	100	31	26	南为 Q9 棚木 69
37	1	G10 北	圆	33×28	东隔梁	120	0	42	北为 Q10 棚木 1、2
38	2	G10 北	圆	30×25	143	105	10	30	北为 Q10 棚木 5
39	3	G10 北	椭圆	35×29	178	90	13	30	北为 Q10 棚木 10
40	4	G10 北	椭圆	30×23	164	124	14	43	北为 Q10 棚木 13、14

序号	编号	位置	形状	规格	中心间距	现高	内斜宽度	燃烧高度	说明
41	5	G10 北	圆	26×25	147	100	26	33	北为 Q10 棚木 17、18
42	6	G10 北	椭圆	34×27	168	100	20	35	北为 Q10 棚木 21、22
43	7	G10 北	圆	24×24	143	108	17	30	北为 Q10 棚木 25
44	8	G10 北	圆	26×24	169	87	20	14	
45	9	G10 北	椭圆	34×25	160	87	3	34	北为 Q10 棚木 33
46	10	G10 北	圆	30×28	103.5	90	3	36	北为 Q10 棚木 37、38
47	11	G10 北	椭圆	29×23	79	103	2	35	甬道东柱
48	12	G10 北	椭圆	24×18	51	120	0	30	甬道西柱，北为 Q10 棚木 43

附表六　浮选结果统计表

（单位：克）

编号	浮选样品	遗迹/层位	土量	炭化物	种子	螺壳	备注
1	轻	D6①	20	2.53		21	
1	重	D6①		3.362			
2	轻	A7②		0.028		187	
2	重	A7②					
3	轻	A6①	18	0.231		124	
3	重	A6①				4	
4	轻	A7①	18	0.641		128	
4	重	A7①				3	
5	轻	A6②	18			210	图版五，4
5	重	A6②				5	
6	轻	B7①	14				
6	重	B7①				2	
7	轻	B13②	18		田紫草 8	155	
7	重	B13②				4	
8	轻	A11①	16				
8	重	A11①					
9	轻	A9①	16			190	
9	重	A9①				4	
10	轻	A14②	20			230	
10	重	A14②				1	
11	轻	B8①	20		田紫草 1	222	

续附表六

编号	浮选样品	遗迹/层位	土量	炭化物	种子	螺壳	备注
11	重	B8①				4	
12	轻	B12①	22	0.16		216	
12	重	B12①			田紫草 1	3	
13	轻	A13①	20	2.099		280	
13	重	A13①				1	
14	轻	A5①				122	G9：①骖马东 4 米，砖上 0.4 米
14	重	A5①				2	G9：①骖马东 4 米，砖上 0.4 米
15	轻	A15②				94	G9 距东隔梁 14 米，砖上 0.1 米
15	重	A15②				7	G9 距东隔梁 14 米，砖上 0.1 米
16	轻	B15①		0.095		177	G9 距东隔梁 14.5 米，砖上 0.5 米
16	重	B15①					G9 距东隔梁 14.5 米，砖上 0.5 米
17	轻	B12②				91	G9：②车辕东 12 米北侧
17	重	B12②				5	G9：②车辕东 12 米北侧
18	轻	A18①			田紫草 1	281	G9 西端南侧距东隔梁 17 米处
18	重	A18①				2	G9 西端南侧距东隔梁 17 米处
19	轻	B14②				177	G9 距东隔梁 13 米北侧
19	重	B14②				3	G9 距东隔梁 13 米北侧
20	轻	A15①			接骨木 1	102	G9 距东隔梁 15 米，砖上约 0.4 米。图版五，5
20	重	A15①				11	G9 距东隔梁 15 米，砖上约 0.4 米
21	轻	B15②				119	G9：②后北侧，距东隔梁 14 米，砖上 0.05 米
21	重	B15②				1	G9：②后北侧，距东隔梁 14 米，砖上 0.05 米
22	轻	A5②				144	G9：①右骖马附近，距东隔梁 4 米，砖上 0.1 米
22	重	A5②				2	G9：①右骖马附近，距东隔梁 4 米，砖上 0.1 米
23	轻			0.004	田紫草 91		G10 西部甬道北。图版五，3
24	轻	C3①	16	0.57		94	
24	重	C3①				1	
25	轻	B8②	16			50	
25	重	B8②					

附表七　G9 出土陶俑编号及排列位置对照表

序号	编号	组	排	列	序号	编号	组	位置	序号	编号	组	排	列
1	G9：28	I	1	1	15	G9：8	II	右后	21	G9：14	III	1	1
2	G9：29	I	1	4	16	G9：9	II	左后	22	G9：15	III	1	2
3	G9：27	I	2	1	17	G9：10	II	中	23	G9：16/26	III	1	3
4	G9：1	I	2	2	18	G9：11	II	中	24	G9：17	III	1	4
5	G9：30	I	2	3	19	G9：12	II	左	25	G9：18/34	III	2	1
6	G9：3	I	2	4	20	G9：13	II	右后	26	G9：22	III	2	2
7	G9：2	I	3	1					27	G9：19	III	2	3
8	G9：4	I	3	2					28	G9：20	III	2	4
9	G9：31	I	3	3					29	G9：21	III	3	1
10	G9：5	I	3	4					30	G9：23	III	3	2
11	G9：7/35	I	4	1					31	G9：24	III	3	3
12	G9：6	I	4	2					32	G9：32	III	3	4
13	G9：37	I	4	3					33	G9：33	III	4	1
14	G9：36	I	4	4					34	G9：25	III	4	4

附表八　G10 出土陶俑编号及排列位置对照表

序号	编号	组	排	列	序号	编号	组	排	列	序号	编号	组	排	列
1	G10：1	I	1	1	25	G10：87	I	7	1	49	G10：33	I	13	1
2	G10：5	I	1	2	26	G10：14/85	I	7	2	50	G10：34	I	13	2
3	G10：2	I	1	3	27	G10：15	I	7	3	51	G10：37	I	13	3
4	G10：3	I	1	4	28	G10：18	I	7	4	52	G10：79	I	13	4
5	G10：4	I	2	1	29	G10：82	I	8	1	53	G10：35	I	14	1
6	G10：7	I	2	2	30	G10：59/83	I	8	2	54	G10：36	I	14	2
7	G10：72	I	2	3	31	G10：20	I	8	3	55	G10：78	I	14	3
8	G10：6	I	2	4	32	G10：21	I	8	4	56	G10：38	I	14	4
9	G10：8	I	3	1	33	G10：19	I	9	1	57	G10：39	I	15	1
10	G10：80	I	3	2	34	G10：22	I	9	2	58	G10：40	I	15	2
11	G10：9/81	I	3	3	35	G10：23	I	9	3	59	G10：41	I	15	3

续附表八

序号	编号	组	排	列	序号	编号	组	排	列	序号	编号	组	排	列
12	G10：69/70/71	I	3	4	36	G10：24	I	9	4	60	G10：42	I	15	4
13	G10：66/81/84	I	4	1	37	G10：73/88	I	10	1	61	G10：50	I	16	1
14	G10：67	I	4	2	38	G10：57	I	10	2	62	G10：75/77	I	16	2
15	G10：10/63/68	I	4	3	39	G10：25	I	10	3	63	G10：58	I	16	3
16	G10：13	I	4	4	40	G10：26	I	10	4	64	G10：43/76	I	16	4
17	G10：62/74	I	5	1	41	G10：27/56	I	11	1	65	G10：52	II	1	1
18	G10：64	I	5	2	42	G10：30	I	11	2	66	G10：44	II	1	2
19	G10：11	I	5	3	43	G10：28	I	11	3	67	G10：46/51	II	1	3
20	G10：16	I	5	4	44	G10：54/55	I	11	4	68	G10：45	II	1	4
21	G10：60	I	6	1	45	G10：29	I	12	1	69	G10：53	II	2	1
22	G10：61	I	6	2	46	G10：31	I	12	2	70	G10：47	II	2	2
23	G10：12	I	6	3	47	G10：32	I	12	3	71	G10：49	II	2	3
24	G10：17	I	6	4	48	G10：86	I	12	4	72	G10：48	II	2	4

附表九　纽扣统计表　　　　　　　　（单位：厘米）

序号	俑号	通长	带长 上	带长 下	别棍 长	别棍 径	扣合方式	类型	备注
1	G9：2		3.3	6				A	下残留印痕
2	G9：3	6.5	5.5	3.2	2	1	上约，下襻	A	下残留印痕
3	G9：4	7.4	3	6.1	2	1	上约，下襻	B	
4	G9：5	9.4	5	5.8	2	0.7	上约，下襻	B	
5	G9：7/35	9.3	5.2	6.2	2	1	上约，下襻	B	
6	G9：9						上约，下襻	B	
7	G9：14			3.8					部分被冠绥遮盖
8	G9：15	9	5.5	5.7	1	1.1	上约，下襻	B	
9	G9：17	残1.8	残3	残4	2	1.2	上约，下襻	A	残留印痕
10	G9：18/34	9							残留印痕
11	G9：19	9.4	5	6	2	1.1	上约，下襻	B	
12	G9：20	8.6	5.5	5.5	2.5	1.2	上约，下襻	B	

序号	俑号	通长	带长		别棍		扣合方式	类型	备注
			上	下	长	径			
13	G9：21	9	5.5	5.5	2	1	上约，下襻	B	
14	G9：22	9	5.8	4	2.5	0.8	上约，下襻	A	下残留印痕
15	G9：23	3	3	4					下残留印痕
16	G9：31		5.5					A	残留印痕
17	G9：32	11	6.5	6.5	2.5	0.5	上约，下襻	A	
18	G9：36	9	5	5.8			上约，下襻	A	
19	G9：37	9.3	5.2	6	2	0.5	上约，下襻	B	
20	G10：7	9		6	2.2	1	上约，下襻	B	
21	G10：8		4.5	3.5					上残留印痕
22	G10：12	9	5.1	6.4	2.6	1.3	上约，下襻	A	
23	G10：15	9	6.1	5.4	2.1	1.1	上襻，下约	A	
24	G10：18	残9.3	7	3.3				A	上残留印痕
25	G10：20	9.1	5.5	6.2	2.2	1.2	上约，下襻	A	
26	G10：21	9	5.5	5.5			上约，下襻	A	
27	G10：22	8.9	5.2	4.5	1.5	0.8	上襻，下约	A	
28	G10：24	9.2	6	5	1.8	1.3	上襻，下约	A	
29	G10：28	9.4	5.1	5.5	2.2	1.2	上襻，下约	A	
30	G10：31	8.2	5.3	4.6	1.6	1.1	上襻，下约	A	
31	G10：34	9.5	6	5	2	1.2	上约，下襻	A	
32	G10：36	8.2	4.8	5.6	2.5	1.2	上约，下襻	A	
33	G10：40	9.3	6.6	5.6	1.8	1.1	上襻，下约	A	
34	G10：46/51	9.3	5.4	5.9	2.7	1.1	上约，下襻	A	
35	G10：67	8.6	6	5.1	2.1	1.1	上襻，下约	A	
36	G10：78	8.7	6.1	5.2	2.3	1.1	上襻，下约	A	
37	G10：82	9.2	5.5	6.4	2.3	1.4	上约，下襻	A	
38	G10：85/14	9.4	6.7	5.7	2.4	1.2	上襻，下约	A	
39	G10：88/73	8.7	5.4	5.2	2	1.1	上襻，下约	A	
平均值（保留小数点后两位）		8.77	5.36	5.31	2.10	1.06	22例上约下襻 10例上襻下约	25例A型 10例B型	

附表一〇　铠甲、襦、裈尺寸统计表

（单位：厘米）

序号	俑号	身甲前（通长）	身甲后（通长）	侧身甲札数（排－列）	肩甲札数（排－列）	披膊左长	披膊左弧宽	披膊右长	披膊右弧宽	襦长	襦下摆周长	裈股长	裈绾周长	袖长	袖口周长（平均值）
1	G9:2	62.5	58.5	2－3	1－2	26	上35、下27	25	上29.5、下29	102	304	9.5、11	62、60	56	49
2	G9:3	61	59.3	4－3	1－2	23	上35、下31	24.2	上34、下27	102	289	8、11	60.5、64	61	50
3	G9:4	62	60	4－3	1－2	20.5	上33、下30	21	上32、下26	104	287	7	95	64	51.3
4	G9:5	60	58	4－2	1－1	19	上36、下24.5	20	上36、下27	106	274	9.5、8	58、62	44.5	49.5
5	G9:7/35	64	60	2－3	1－3	27.2	上32.5、下24	28	上26、下26.4	114.5	283	4.5	上92、下93.5	64.5	49
6	G9:9						上34.35、下31.09			106.37				38.71	57.13
7	G9:11	62	60	4－1		26	上26、下23	26	上28、下24	161.3				69.5	52
8	G9:14	65	63	前5－2 后1－2	1－2	26	上27、下27	24	上36、下27.5	113	250			62	47
9	G9:15	62	63	1－2	2－2	24.5	上35、下21	23	上36、下23.5	103	310	9、8	75.5、73.5	59.7	53.3
10	G9:17	62	60		2－1	24	上35、下21	24		105	273	10、10.5	60、62	56	43
11	G9:18/34	62	63	4－2	2－1	25.5	上36、下23.5	23	上33、下23	105	147.5	10.5	97	52	45.8
12	G9:19	64	61	2－2		26	上32、下22.5	28	下22.5	101	267	11、11	上67、64 下66、66		46
13	G9:20	56.5	61	1－2	1－1	25	上37.5、下25.5	残24	上32.5、下22	107	267	10、8	65、64	54.5	51.8
14	G9:21	66.5	62.5		1－1	21	上36、下24	21	上38.5、下21	108	284	10、9	67、66	57	46.5
15	G9:22	60.5	61	1－1	1－1	25	上37.5、下24	27.5	上32、下23	110	280	8、9	66、68	59	51
16	G9:23	64	62	4－3		25	上34、下22	24	上34、下29	103	267	10.5、11	上61、65 下62、64	47	48
17	G9:31	61	61	4－2	1－1	25	上33、下30	27	上28、下21	98	280	9、8	60.5、62	59	48.5
18	G9:32	64	60	3－3		22.5	上26、下21.5	23		101	132	10、11	上51、50.5 下51.5、51		49
19	G9:36	58	58	4－2	1－1	25	上30.3、下23	25	上33、下23	110	280	6.5	102	60	46

续附表一〇

序号	编号	身甲前(通长)	身甲后(通长)	侧身甲札数(排-列)	肩甲札数(排-列)	披膊左长	披膊左弧宽	披膊右长	披膊右弧宽	襦长	襦下摆周长	裈股长	裈绾周长	袖长	袖口周长(平均值)
20	G9:37	61	59	2-3		27	上31、下25	25	上31、下25	102	269	10.5、10	上61、下65		49.8
21	G10:4	63	58	4-3							148				
22	G10:8	63.5	62	4-2		22.5	上32、下27	24	上28.5、下24	111	279.5	9.5、8.5			47.3
23	G10:9/81	60	56	4-3		26	上33、下26	25	上33	102	188				47.5
24	G10:12	62		4-3	2-1	24.5	上22.3、下21	26	上26.7、下21.2	102	164	5.2、6	121	60.8	41.3
25	G10:13	65	56			28	上34、下29.5	25	上34、下32		155				46
26	G10:14/85	60	58	4-2		24	上29、下25			102.5	280				43
27	G10:18	61.5	51.5	4-5	2片	24	上28、下25	24	上28、下25	103	282	7	110	49.3	51.3
28	G10:21	59	61	4-3		24	上31、下26.5	22.5	上26.5、下25	95	247	5	113	48.5	43.8
29	G10:22	63	52	5-3		23.5	上30、下24	24	上29、下25	101	275	9、9	上65、65 下67、69		48.5
30	G10:24	57	59	4-3			下28	22	上27、下29		156				37
31	G10:28	64	62			23.5	上30.5	30.5			262				
32	G10:29	64	62	4-3						100	148				35.8
33	G10:31	66	60.5	3-4						104	251.5				41
34	G10:33	60	60.5	3-4							251.5				41
35	G10:34	61	60	3-3		24	上34、下27	24	上31.5、下27		151				44
36	G10:35	60	61	3-3		26	上29.5	25.5	上33、下23		150				
37	G10:36	59.5	57	5-3、3-3						102	243	7.5、8	右106	47.5	40
38	G10:37	60	60								267			32	43
39	G10:38			4-3							159				42.5
40	G10:39	60	60	4-3		26	上27、下22.5				146.5			19	38.4

续附表一〇

序号	俑号	身甲 前（通长）	身甲 后（通长）	侧身甲 札数（排-列）	肩甲 札数（排-列）	披膊 左 长	披膊 左 弧宽	披膊 右 长	披膊 右 弧宽	襦 长	襦 下摆周长	裈 股长	裈 绔周长	袖 长	袖 袖口周长（平均值）
41	G10:40	64.5	59.5	5-3		24	上32、下28.5	24	上31、下26	107	276	9、8	上61,62 下63,64		46
42	G10:41		55	4-3		23	下26	22.5	上30、下25	107	151				45
43	G10:46/51	59									137.5				
44	G10:47	60	57.5		1-1	20.5	上33、下25	20	上32、下26	101	135	8、9	100,92	54.8	44.5
45	G10:49										140	9.5、10.5	51.5、52.5	40	
46	G10:53	61	54	4-3		24	上30、下19	23.5	上32、下22	106	140				
47	G10:59/83	61	57.5	3-3		26	上36.5、下26.5	24	上36.5、下26.5	92	272				
48	G10:67	63	60	3-4、3-3		24	上33、下28.5	23	上25.5、下24.8		160				47
49	G10:73/88	62	59	3-3						93	262				47
50	G10:78			4-3、5-3							136				44
51	G10:86	63		5-2		22	上33、下23	22	上33、下26.5	103	269			28.3	43

附表一一　襦面阴线刻划统计表

（单位：厘米）

序号	俑号	组-排-列	刻划位置	刻线数（条）	长	上宽	下宽
1	G10:20	I-8-3	后背甲缘下右侧襦面	3	14.4	1.5	2.6
2	G10:26	I-10-4	后背甲缘下右侧襦面	3	15	1.4	4.5
3	G10:54/55	I-11-4	前身甲缘下中左襦面	2	6.5	1	3
4	G10:54/55	I-11-4	前身甲缘下中右襦面	2	6.5	1	3
5	G10:54/55	I-11-4	后背甲缘下右侧襦面	3	11	2.6	3.2
6	G10:78	I-14-3	后背甲缘下右侧襦面	3	18	2	3

附表一二　履统计表

（单位：厘米）

序号	备号	左/右	通长	面宽	面长	沿帮高	后帮高	綦带宽	綦带制法
1	G9∶16	左		9.8	7.3	2.5		0.7	阴刻
		右	27.5	9.8	7.2	2.4	5.9	0.5	阴刻
2	G9∶19	左	27	11	7	5.5	7	0.5	阴刻
		右	27	11.5	8.5	3.5	6.5	0.5	阴刻
3	G9∶24	左	28.5	10.5	8.1	3.1	5.2	0.7	阴刻
		右	27.5	10.7	7.8	3.1		0.8	阴刻
4	G9∶30	左	26.7	10.5	8	3.6	6.5	0.7	阴刻
		右				2.8	5.5	0.5	阴刻
5	G9∶32	左	27	11	7	5.5	7	0.9	阴刻
		右	28	11	7.5	5	7.5	0.9	阴刻
6	G10∶4	左	残27	11	8	3	7	0.9	粘贴
		右	27	11	8	3	7	1	粘贴
7	G10∶6	左		11.7	8.1	3.6		1	阴刻
		右	27	12.2	8.2	3.3	6.1	0.4	阴刻
8	G10∶9/81	左	残26	11	8	2	6	1	阴刻
		右	残27	11	8	2	6	1	阴刻
9	G10∶10	左	25	11.9	8.3	4.5	6.1	1	阴刻
		右	24.5	11.3	8.3	4.5	6.4	0.9	阴刻
10	G10∶11	左	25.8	11.1	8.3	4.6	6.6	0.9	阴刻
		右	26.3	11.3	8.3	4.5	6.3	0.9	阴刻
11	G10∶12	左	残29	10.5	7.5	2	6		粘贴
		右	29	11	8	2	6	1.3	粘贴
12	G10∶13	左	27	11	8	4	6.5	0.9	阴刻
		右	残28	11	8	4	6.5	0.6	阴刻
13	G10∶15	左	28.9	11.2	8.9	2.9	6.1	1	阴刻
		右	28.6	11.3	8.5	3.1	6	0.5	阴刻
14	G10∶16	左	29	12.3	9.3	4.3	7.3	0.7	阴刻
		右	31	12.3	9.8	4	7.1	0.6	阴刻
15	G10∶17	左	27.8	11.9	8.3	4.4	5.8	0.7	阴刻
		右	28	11.8	8.5	4.3	6.2	0.7	阴刻
16	G10∶18	左	30	11	7.7	2.3	6.2	0.5	粘贴
		右	30	11	7.5	3	7.5	0.5	粘贴
17	G10∶19	左	27	10.7	7.2	2.8	5.4	0.6	阴刻
		右	26.4	10.8	7.1	2.8	5.5	0.7	阴刻
18	G10∶20	左	30.5	12.5	8.1	4.1	6.3	0.9	阴刻
		右	31	12.3	7.7	3.7	6.2	1	阴刻
19	G10∶21	左	28.5	13	8.5	3.5	5.5	0.5	阴刻
		右	28	12.5	8	3.5	5.5	0.5	阴刻
20	G10∶23	左	27.5	11.6	8.8	4.1	6.3	0.9	阴刻
		右	27	11.6	8.3	4.1	6.2	1.1	阴刻

续附表一二

序号	俑号	左/右	通长	面宽	面长	沿帮高	后帮高	綦带宽	綦带制法
21	G10:24	左	28	11	7	3	残5	1.2	阴刻
		右	28	10.5	7	3	6	1	阴刻
22	G10:25	左	27.6	11.8	7.6	3.2	5.9	0.9	粘贴
		右	27.5	11.8	7.7	3.2	6.5	0.8	粘贴
23	G10:26	左	28	11.7	7.8	4	7	0.6	阴刻
		右	28.2	11.7	7.4	4	6.4	0.8	阴刻
24	G10:27/56	左	29.5	9.6	7.4	2.5	6.3	0.9	粘贴
		右	30	10	7.8	2.5	6.2	0.8	粘贴
25	G10:28	左	27.5	12.5	8.5	3	6	0.6	阴刻
		右	27.5	12.5	9	3.3	6	0.7	阴刻
26	G10:29	左	30	10.5	8.5	2.2	5.5	0.6	阴刻
		右	30	10.5	8.5	3	6	1	阴刻
27	G10:30	左	30	10.8	7.9	2.6	6.6	0.7	阴刻
		右	30	10.9	8	3	6.5	0.6	阴刻
28	G10:31	左	27	9.8	8	2	5.5	0.9	阴刻
		右	27	10.4	8	2.5	5.5	1	阴刻
29	G10:32	左	30	12.2	8.9	4.3	6.2	0.8	阴刻
		右	30	11.6	9.1	4	6.2	0.9	阴刻
30	G10:33	左	27	9.8	8	2	5.5	0.9	阴刻
		右	27	10.4	8	2.5	5.5	1	阴刻
31	G10:34	左	29	11	8	3	6.5	1	阴刻
		右	29	11.5	8	3	6	1.3	阴刻
32	G10:35	左	30.5	10.5	7.5	3	6.5	1	阴刻
		右	30	11	7.5	3	6	1	阴刻
33	G10:36	左	28	11.3	7.5	2	4	0.7	阴刻
		右	28.5	11	7	2.3	5	0.7	阴刻
34	G10:37	左	30	10.5	7.5	2.5	7	1	阴刻
		右	28	11	7.2	2	5.5	0.8	阴刻
35	G10:38	左	31	11	7.5	3	6.5	0.6	阴刻
		右	30	10.4	7.8	2.5	6	0.5	阴刻
36	G10:39	左	26	10.5	8	3	5	0.7	阴刻
		右	27	10	8	3	5	1	阴刻
37	G10:41	左	28.5	10.5	7.5	3	6	1	阴刻
		右	27.5	11	7.5	3	6.5	1	阴刻
38	G10:42	左	28.7	11.6	8.1	3.3	6.4	0.6	阴刻
		右	28.6	11.5	7.6	3.8	6	0.8	阴刻
39	G10:43	左		11	8.3	3.8	6.9	0.8	
		右	29	10.3	8.5	3.6	5.8	0.8	阴刻
40	G10:44	左	27	10.5	7.4	3.7	6.7	1	阴刻
		右	27	10.3	8	3.7			阴刻

续附表一二

序号	编号	左右	通长	面宽	面长	沿帮高	后帮高	綦带宽	綦带制法
41	G10:45	左	27.7	9.8	7.7	3.1	5.7	0.6	阴刻
		右	27.5	10	7.8	3.3	5.7	0.7	阴刻
42	G10:46/51	左	残27	10	8	3	6.5	1	阴刻
		右	27	10	8	3	6	0.9	阴刻
43	G10:47	左	28	11	8	3.5	6.5	1.3	
		右	28	11	8	3.5	7	1.3	
44	G10:48	左		11	7.4	3.7		0.9	粘贴
		右		11.2	7.5	4	5.3	1	粘贴
45	G10:49	左	28	10.2	8.2	2	6	1	阴刻
		右	28	10	8	2	6.3	1	阴刻
46	G10:52	左	27	10.3	9.2	3.9	6.3	0.8	阴刻
		右	27.2	10.5	8.9	3.4	6.6	0.9	阴刻
47	G10:54/55	左	25	11	7.8	4.4	6.3	0.8	阴刻
		右	25.5	10.9	7.8	4.2	6.1		阴刻
48	G10:57	左	27	11.8	8.1	4	6.6	0.6	阴刻
		右	27	11.9	7.8	4	6.4	0.6	阴刻
49	G10:58	左		12.7	9.6	5	6.3	0.6	阴刻
		右	31.5	12.3	10	5.2	7	0.6	阴刻
50	G10:59/83	左	27.5	12	8.2	3.4	6	1	阴刻
		右	27	12.3	8	3	5.5	1	阴刻
51	G10:60	左	28	11.4	7.5	5	5.8	0.8	粘贴
		右	28	11.4	7	3.7	5.8	0.7	粘贴
52	G10:62	左	27	11.8	8.2	3.7	5.8	0.8	阴刻
		右							
53	G10:64	左	28.7	11.3	7.6	3.9	7	0.8	阴刻
		右							
54	G10:66/84	左	29	11.3	8.7	3.8	5.9	0.8	阴刻
		右	29	11.9	8.8	4.1	5.8	0.8	阴刻
55	G10:69	左	28.4	11.1	8.7	3.3	6.4	0.6	阴刻
		右	30	11.3	8.6	3	6.2	0.6	阴刻
56	G10:72	左	28	11.3	9.1	2.8	5.3	0.5	阴刻
		右	27.9	11.4	9.2	3.1	5.3	0.4	阴刻
57	G10:78	左	31.5	13	8.5	3.6	7	1	阴刻
		右	30	13.3	9.5	3.5	7	1.4	阴刻
58	G10:79	左	28.4	11	9	3	5.8	1	阴刻
		右	29	11.5	9	2.6	5.9	0.9	阴刻
59	G10:80	左		10.8	8.6	3.6		0.9	粘贴
		右	28	11.2	8.5	3.4	7.3	0.9	粘贴
60	G10:82	左		11		3.2	5.6	0.9	阴刻
		右		11	8.1	3	6.2	1	阴刻
61	G10:85/14	左	27.8	10.6	8	2.9	5.6	1	阴刻
		右	27.8	10.4	7.5	2.9	6.1	0.5	阴刻
62	G10:86	左	30	10.5	7.5	2.5	6.3	0.4	阴刻
		右	30.5	11	7.8	2.6	6	0.4	阴刻
63	G10:87	左	26	11.8	7.7	2.7	4.2	0.8	阴刻
		右	26.3	11.6		2.8	5.1	0.7	阴刻
平均值			28.16	11.14	8.06	3.32	6.13	0.84	

附表一三　服色彩绘统计表

序号	编号	组练		袖		裈（袴）		襦		襜颈	素带	行縢面	縢带（结）
		A型	B型	纯	筒	股面	底	面	底				
1	G9：2	红	白	白	白	白	黑、白	绿	紫	白	红		红
2	G9：3	红	白			绿	绿	绿	绿	紫	绿、白		
3	G9：4	红	红	白	紫	绿	红	黑、绿	红		红		紫
4	G9：5	红	红	绿、蓝	紫	白		黑、绿			红		红
5	G9：6	红	绿	绿、蓝	绿	绿	红			绿			红
6	G9：7/35	红	绿	红、蓝		绿	紫	红			红		紫、黄
7	G9：8	紫	紫			蓝（大袴）、白（短袴）	紫	绿					
8	G9：9	红、紫	白		紫	蓝（大袴）		白（外）、紫（内）	红	白	红（扁绪）		
9	G9：10	紫	蓝	绿	绿	紫（短袴）	白	绿	红	红、蓝			
10	G9：11	蓝	紫、蓝、白	红、绿、蓝		绿（短袴）		绿			红		
11	G9：12		白	白				黑			红		
12	G9：13	红	白	红		红（大袴）、绿（大袴）、红（短袴）		红、绿					
13	G9：14	紫	紫、白		白	绿（大袴）、红	紫	黑、绿、红	红	红、绿	红、紫		
14	G9：15	红	紫	绿		紫	红	绿	红	绿	红		绿、红
15	G9：16	红	红	绿、红	绿	紫、绿	绿	绿	绿		绿	褐	红
16	G9：17	红	红		绿	绿		绿			红	褐	绿、红
17	G9：18/34	红	红		绿	白（左）、红、绿（右）	红	红	绿		红	褐	红
18	G9：19	红		绿、红	绿	绿				白	红		红
19	G9：20	红		红							红、白	黑	
20	G9：21	红		白		紫	紫	绿	紫	红、绿	红	黑	红
21	G9：22	红		绿、红	白	蓝				绿	红	黑	红
22	G9：23	红		红		紫		红			红	褐	红
23	G9：24	红		白					紫		红		红
24	G9：27				紫						红	褐	红

续附表一三

序号	编号	组练 A型	组练 B型	袖 纯	袖 筒	绔（袴） 股面	绔（袴） 底	襦 面	襦 底	罋颈	綦带	行滕面	滕带（结）
25	G9:29	红	红	白			红		绿	紫			红
26	G9:30	红	红	绿		红				红、白	红	褐	
27	G9:31	红		绿	绿	白	绿						
28	G9:32		白			白、绿		黑、褐	紫	绿、红、蓝	红		红
29	G9:36	红	红	绿、蓝	绿	绿			灰	绿	红	黑、褐	红
30	G9:37	红		红	红	绿		红	紫		红		红
31	G10:4	红				紫（左）、红（右）							
32	G10:6					蓝			红				红
33	G10:7	红		红	绿	绿	白	绿	红	绿			
34	G10:8	红		紫		紫				蓝			
35	G10:9/81	红	红		绿	绿	绿	绿	紫	紫	绿	白	白
36	G10:10/63/68	红	红、白			紫（左）、红（右）	紫		蓝		红		
37	G10:11	红		蓝				蓝	红	紫	红		
38	G10:12	红	红	紫	绿	绿、白		紫	红		红		红
39	G10:13	红	红	绿、白	蓝	白				绿			红
40	G10:14/85	红		蓝		绿	褐	绿、红	黑	绿			红
41	G10:15	红、黑				红		绿	红	绿			
42	G10:16					白		绿	红				
43	G10:17	红		紫	绿	绿、红		紫	红	紫	红		红
44	G10:18	红				绿		绿		绿			
45	G10:19	红		蓝		白		绿	蓝				
46	G10:20	红			绿	白		绿	红	绿	绿		
47	G10:21	红								绿	红		绿
48	G10:22	红	白	紫、绿	绿	白、红	紫	蓝	红	绿	红	褐	红
49	G10:23	红		紫	绿	绿		绿			红		红、白

续附表一三

序号	编号	组练		袖		裤（袴）		襦		缠颈	紫带	行縢面	滕带（结）
		A型	B型	纯	筒	股面	底	面	底				
50	G10:24	红	白	紫	绿	绿	紫	蓝	红	绿	红		红
51	G10:25	红	红		绿	白		绿	紫	紫	红	褐	紫
52	G10:26	红	红		绿	白		绿	紫		红		紫
53	G10:27	红	红	绿、蓝	黑	白		蓝	紫		红	褐	紫
54	G10:28	红	红	白	蓝、紫	红		绿	蓝		红	褐	红
55	G10:29	红		绿、蓝	红、绿、蓝			绿	蓝			褐	红
56	G10:30	红	红	绿	红	绿		绿	紫	绿	红		紫
57	G10:31	红	紫			绿		绿	红	紫、红	白	褐	白
58	G10:32					绿、红		绿、灰、蓝			红		
59	G10:33	红		红、绿、蓝	绿	蓝		红		绿	红	褐	红
60	G10:34			绿	绿	红、蓝		蓝			红		红
61	G10:35	红		白、黑、蓝			蓝	绿	蓝		红		
62	G10:36	红		蓝	绿	红		绿	蓝	紫	红	褐	红
63	G10:37	红			红	绿		蓝		绿	红		红
64	G10:38	红		红	紫、绿	绿		绿	蓝	紫	红	褐	红
65	G10:39	红				紫		红	黑、红	紫	红	黑	红
66	G10:40	红				绿		紫	红		红		红
67	G10:41	红		红	绿	红		绿			红	褐	红
68	G10:42	红		红	蓝、绿	绿		绿		绿	红	褐	绿
69	G10:43	红				红		蓝、绿	红	绿	红		红
70	G10:44	红		绿	绿	红		紫、绿			红	褐	红
71	G10:45	红		绿	绿			红	红		红	褐	红
72	G10:46/51	红				绿		紫	红	红、蓝	红		红
73	G10:47	红						绿			红	褐	红

续附表一三

序号	编号	组练 A型	组练 B型	袖 纯	袖 筒	裈(袴) 股面	裈(袴) 底	襦 面	襦 底	缠颈	紫带	行縢面	縢带(结)
74	G10:48	红		紫	绿			绿		绿	绿		
75	G10:49	红		紫	绿			绿			红		红
76	G10:50	紫				白		绿		紫	紫		紫
77	G10:51	红											
78	G10:52	红		绿	蓝	绿		绿	红		红		白、绿
79	G10:53	红		绿		红		绿、红	红	绿、红	红		红
80	G10:54	红	紫、绿	紫、绿	绿、紫	绿		绿	紫	紫、红	红		
81	G10:57	红	白	红	绿		紫	白、褐	紫	绿、紫、红	红	紫	紫
82	G10:58	红			绿	红		绿	红	绿	红		
83	G10:59/83	红				白		绿	红	绿	红		红
84	G10:60					白		白、红	红		红		
85	G10:61					绿		紫	红		红		红
86	G10:62				绿	红		绿	红	蓝、绿		褐	红
87	G10:66	红		紫、白	绿	白		白、蓝	红	白	红		红
88	G10:67	红		红		绿		蓝	蓝	蓝、红	红		
89	G10:69/70/71	红	白	紫	绿	白		红	绿		红		红
90	G10:72	红	白、红	红	绿	绿、红		绿	紫、红	红、绿	红		红
91	G10:73/88	红			绿	绿		黑、蓝	黄		红		红
92	G10:75	红		紫	绿	紫		红	蓝	紫	红		红
93	G10:78	红		蓝	红、紫		蓝	绿		紫	绿		
94	G10:79	红		绿	绿	红		蓝		红	红		红
95	G10:80			绿	红	红		褐			红		绿
96	G10:82	红	红	绿	绿	绿				绿	红		红
97	G10:86	红				绿、红		绿			红		
98	G10:87									绿	红		

注：本表内彩绘颜色为基准色调。

附表一四　踏板（部分）统计表

（单位：厘米）

序号	编号	长	宽	厚	分开	一体	备注
1	G9:2	39	35	3.1	√		边抹棱窄
2	G9:4	32.5	31	3		√	边抹棱宽
3	G9:5	36	33.5	3.8	√		边抹棱
4	G9:7/35	33	31	3.3		√	边抹棱
5	G9:14	32	32.5	3		√	边抹棱
6	G9:16	34.9	34.5	3.4		√	边抹棱
7	G9:18/34	38	34.5	3.7		√	边抹棱
8	G9:19	37.5	35	2	√		边抹棱
9	G9:21	38.5	36	3.2	√		边抹棱
10	G9:22	37	33.5	3.3		√	
11	G9:23	37	35	2.8	√		
12	G9:24	35	38	3.1	√		
13	G9:30	34.9	45	3.7	√		
14	G9:31	38	36	3	√		
15	G9:32	34.5	37	3.1	√		
16	G9:36	38.5	36	3.5		√	陶文"禾"
17	G9:37	35.5	33	3	√		陶文"五"
18	G10:4	36	35	3.7		√	边抹棱
19	G10:6	35	35.5	3.9	√		边抹棱
20	G10:8	36.5	35	4.1	√		边抹棱
21	G10:9/81	34	32	3.6		√	边抹棱
22	G10:10	36	35	3.6	√		边抹棱
23	G10:11	36	35	3.6	√		边抹棱
24	G10:12	39	36	3.7		√	边抹棱
25	G10:13	38	36	3	√		边抹棱
26	G10:16	38	36	3	√		边抹棱
27	G10:17	41	35	3.1	√		边抹棱
28	G10:20	37	35	3.9	√		边抹棱
29	G10:21	37	35	4.1	√		边抹棱
30	G10:22	36	35	3.5	√		边抹棱
31	G10:23	41	35	3.5	√		边抹棱
32	G10:24	36.5	32	3.5	√		边抹棱
33	G10:25	36	35	3.9	√		边抹棱
34	G10:26	36	35	4			边抹棱
35	G10:27	35	36	2.9		√	边抹棱
36	G10:28	36.5	34.2	4		√	边抹棱
37	G10:29	38.5	34.5	2.5	√		边抹棱
38	G10:30	36	34	3.6		√	边抹棱
39	G10:31	38.5	35.5	4		√	边抹棱
40	G10:32	36	35	2.7	√		边抹棱
41	G10:33	38.5	35.5	4		√	边抹棱
42	G10:34	37	34.5	3		√	边抹棱
43	G10:35	37	34	3		√	刻文"申"
44	G10:36	38	35	2.5		√	刻文"悲"
45	G10:37	36.7	34.2	3		√	
46	G10:38	36.6	37.4	3		√	

续附表一四

序号	编号	长	宽	厚	与足制作关系 分开	与足制作关系 一体	备注
47	G10:39	37	35	4		√	
48	G10:40	38	37	3	√		
49	G10:41	38	36	3.4		√	刻文"辰一"
50	G10:42	36	33	3.3		√	
51	G10:43	35	34	2.7		√	
52	G10:45	38	35	3.2		√	陶文不识
53	G10:46/51	36.5	34.8	3.5		√	
54	G10:49	36	36	3.5		√	
55	G10:54	41	35	3	√		
56	G10:57	36	35	3.8	√		
57	G10:60	37	34	3.5	√		
58	G10:61	38	37	2.5	√		
59	G10:62	36	35	3	√		
60	G10:64	36	34.5	3.5	√		
61	G10:66	36	34	3.8	√		
62	G10:69	38	36	3.1	√		
63	G10:72	34	31	3.2		√	
平均值		36.69	34.94	3.32	34例	29例	

附表一五　完成修复陶俑尺寸统计表

（单位：厘米）

序号	编号	通高	肩宽	腹部最大周长	臂长 左	臂长 右	手长 左	手长 右	颅高	颜 三庭	颜 五眼	履长 左	履长 右
1	G9:2	残162	37	112	51	残65	20.8	21.5	30	6.9、7.4、7.7	4.6、5、5、4.4、4.2	27.5	27
2	G9:3	183.5	34	111	49	50		19	27	6、5.7、7.2	5、4.5、4、4.3、5.5	26	26
3	G9:4	183	34	95	68	59	残15		19	6.9、5.7、7	4.5、4、5、4、4.5	25	25
4	G9:5	残156.5	32	93	43	50	21	24	27	7.7、7.1、7.2	2、4.8、5、4.5、2.8	28	29
5	G9:7/35	181	49.5	96	63	64	残18	9				28.5	残14
6	G9:11	残167	36.5	101	65.5	60	9.5	17	26	6、5.9、7.1	3.5、4.5、4.8、4.1、4.5	28	28
7	G9:14	182	39	92	34	34	19	21.5	22	5、6.5、7	5.5、3.5、5、4、7	28	27
8	G9:15	残161.5	36	112	61	54	17.5	23				28	27
9	G9:17	残167	38	95	48	53	18	21	26	5.5、6、7.5	5.5、3.7、4.6、3.5、5	26	26
10	G9:18/34	179.5	34	95	43	残31	19	22	22	6.5、6.5、7.5	4、4.5、4.5、4.5、4	26	25
11	G9:19	182	44.5		53	60	18					27	27

续附表一五

序号	编号	通高	肩宽	腹部最大周长	臂长 左	臂长 右	手长 左	手长 右	颅高	颅 三庭	颅 五眼	履长 左	履长 右
12	G9:20	183	57	87	62	50	17	21	26	6、5.2、7.1	4.5、4.5、5、5.5、4.1	27	26.5
13	G9:21	183.5	43	96	46	残55	19	22	25	6.1、7、8	4、5.5、5.5、5、3.6	27	27
14	G9:22	183.5	32	101	51	54	15	19.5	23.5	5.6、6.5、7	4、5.7、5、5.7、3.7	30	29
15	G9:23	180	45	93	50	51	20	21	25	5、6.3、6.5	4.8、3.5、4、3.5、4.3	27	26
16	G9:31	179	56.5	100	57	51	22	23.5	25.5	6.5、6.6、6.6	4、4.6、4、5、4.2	27	27
17	G9:32	175	43.5		残34	52		22.5	20	7、8、8	5.4、4.5、4.5、6、4	27	28
18	G9:36	残163	43	95	48	48	16	16				27	27
19	G9:37	残163	43	95	59	58	20	22				27	27
20	G10:8	181	45	117.5	51.5	55	21	残14	29	6.5、7.2、7.5	4.5、3.8、5、4.5、4.3	27.5	28
21	G10:18	残161.2	40	96	56.5	56.8		22.5				30	30
22	G10:21	180	44.5	93	49.5	47.5	20	20	24	6、7、7	3.5、4、4.5、4.5、3.5	28.5	28
23	G10:22	残175	40	105	50	50	20	23				29	29
24	G10:40	残159	44.5		53	56	20	22	25			26	26
25	G10:47	181	39	91	50	50	残18	残13	25	6、6.7、8.8	2.7、5、5.3、5.3、5.3	28	28
平均值		181.1	41.2	98.7	52.6	52.9	18.5	20.6	24.8			27.4	27.2

附表一六　铜环统计表

序号	编号	坐标位置（米）	类型	环径（厘米）外	环径（厘米）内	截面直径（厘米）	重量（克）	备注
1	G9:035	5.25×6.62－3.55	Ab	4.6	3.1	0.7	44.5	G9:①右骖马两腿间
2	G9:048	11×7.39－3.3	Ab	4.3	2.7	0.8	40.3	G9:②前段
3	G9:089	8.53×6.83－3.66	Aa	2.3	1.3	0.5	9.4	G9:②前，与铜络饰管同出
4	G9:0102	8.95×6.84－3.63	Aa	2.3	1.4	0.5	8.5	G9:②右骖马颈下
5	G9:0116	9.05×6.85－3.65	Aa	2.3	1.5	0.4	8.5	G9:②右骖马颈东部。图九八、7

续附表一六

序号	编号	坐标位置（米）	类型	环径（厘米） 外	环径（厘米） 内	截面直径（厘米）	重量（克）	备注
6	G9:0121	8.64×6.95-3.7	Ab	4.2	2.6	0.7	38.4	G9:②右骖马颈部东
7	G9:0126	3.35×6.7-3.73	Ab	4.1	2.7	0.7	37.8	G9:7身下
8	G9:0128	3.1×6.67-3.77	Aa	2.4	1.5	0.5	8.2	G9:7身下
9	G9:0129	3.02×6.69-3.77	Aa	2.4	1.5	0.5	8.2	G9:7身下
10	G9:0144	11.42×7.08-3.42	Ab	4.2	2.6	0.8	34.9	G9:②车舆内
11	G9:0159	3.13×8.11-3.4	Aa	2.4	1.5	0.5	8.7	G9:36犄角上
12	G9:0163	3.37×6.8-3.84	Aa	2.4	1.5	0.4	7.9	G9:①右骖马鼻南
13	G9:0166	8.42×8.05-3.45	Ab	4.3	2.9	0.7	35.3	G9:②左骖马嘴边
14	G9:0167	4.52×6.75-3.65	Ab	4.2	2.8	0.7	39.5	G9:②右骖马腹部南
15	G9:0171	4.86×6.89-3.79	Ab	4.2	2.8	0.7	37.8	G9:①右骖马后腿
16	G9:0177	3.49×7.07-3.83	Aa	2.4	1.5	0.5	9.7	Q8柱3，G9:37南
17	G9:0181	9.36×7.97-3.73	Ab	4.3	3	0.8	37	G9:②左骖马两前腿间。图九八，8；图版五九，1
18	G9:0186	3.09×7.5-3.7	Aa	2.4	1.4	0.5	8.5	G9:37糯下
19	G9:0187	3.29×7.25-3.86	Aa	2.4	1.4	0.5	9	G9:37后背甲下
20	G9:0188	3.41×6.99-3.94	Aa	2.4	1.5	0.5	9.1	G9:①右服马腹下
21	G9:0189	3.21×7.08-3.89	Aa	2.4	1.5	0.5	8.7	G9:①右服马腹下
22	G9:0192	4.1×7.44-3.85	B	11.6	7.4	0.1~0.8	296	G9:①右服马前腿外。图九八，13；图版五九，2
23	G9:0195	8.66×8.36-3.56	Aa	2.3	1.4	0.5	8.1	G9:②右骖马两耳间
24	G9:0213	3.67×7.22-3.89	Aa	2.4	1.4	0.5	9	G9:①右骖马腹下
25	G9:0215	3.25×8.55-3.35	Aa	2.5	1.5	0.5	9.1	G9:①右骖马前
26	G9:0217	9.86×7.67-3.81	Ab	4.7	3	0.8	51.4	G9:②两服马间，辕北
27	G9:0219	3.5×8.26-3.52	Aa	2.4	1.5	0.5	8.7	G9:①右骖马颈下
28	G9:0221	3.69×8.28-3.54	Ab	4.2	2.9	0.6	32.2	G9:①左骖马前胫下

续附表一六

序号	编号	坐标位置（米）	类型	环径（厘米）外	环径（厘米）内	截面直径（厘米）	重量（克）	备注
29	G9:0223	3.12×7.66-3.93	Aa	2.4	1.4	0.4		
30	G9:0224	9.25×6.46-3.74	Ab	4.3	2.8	0.7	42.6	G9:②右骖马左前腿北
31	G9:0229	3.26×7.39-3.9	Aa	2.4	1.4	0.5		
32	G9:0233	8.78×8.23-3.56	Aa	2.4	1.5	0.5	8.4	G9:②右服马分鬃旁
33	G9:0234	8.62×8.24-3.58	Ab	4.2	2.8	0.7	8.6	G9:②右服马分鬃旁
34	G9:0257		Ac	7.7	5.9	0.95	121	G9:②舆底后部。图九八，14
35	G10:07	12.55×14.08-3.98	Ab	4.7	3	0.8	56.9	G10北柱8南侧
36	G10:019	14.25×13.36-3.92	Ab	4.2	2.6	0.75	44.1	G10西部与动物骨骼同出
37	G10:020	16.87×12.6-3.98	Aa	2.4	1.4	0.5	9.7	G10右骖马前腔下
38	G10:025	16.5×12.45-4.04	Ab	4.2	2.8	0.7	38.7	G10右骖马颈部南
39	G10:035	15.25×13.02-4.08	Ab	4.4	2.9	0.7	39.1	G10:46糒下南
40	G10:050	15.7×13.7-3.97	Ab	4.2	2.9	0.7	33.9	G10:49左腿前
41	G10:077	16×13.15-4.05	Aa	2.4	1.4	0.5	9.2	G10:48南

注：另G9:0245、G9:0249、G9:0251在彩绘土块中，未提取。

附表一七　铜络饰管统计表

序号	编号	坐标位置（米）	通高（厘米）	截面形状	口外径（厘米）	壁厚（厘米）	数量	类型	备注
1	G9:024	8.5×8.95-3.4	1.4	椭圆	1.5×1.2	0.1	4	B	G9:②右骖马头下
2	G9:089	8.53×6.83-3.66	1.45	椭圆	1.5×1.3	0.1	6	B	G9:②车前
3	G9:091	8.95×6.83-3.55	1.4	椭圆	1.5×1.3	0.1	6	B	G9:②前马颈下
4	G9:092	8.9×6.85-3.71	1.45	圆	1.4	0.1	2	B	G9中部
5	G9:094	8.58×7-3.69	1.35	圆	1.5	0.1	1	B	G9:②前
6	G9:097	8.34×7-3.76	1.4	圆	1.5	0.1	3	B	G9:096铜箭镞同出
7	G9:098		1.4	椭圆	1.5×1.3	0.1	2	B	G9:②右骖马腿处
8	G9:099	8.52×8.15-3.45	1.4	椭圆	1.5×1.3	0.1	6	B	G9:②右服马脸颊右侧

续附表一七

序号	编号	坐标位置（米）	通高（厘米）	截面形状	口外径（厘米）	壁厚（厘米）	数量	类型	备注
9	G9:0110	7.82×6.66－3.67	1.4	椭圆	1.5×1.3	0.1	6	B	
10	G9:0120	9×6.63－3.69	1.4	椭圆	1.5×1.3	0.1	9	B	G9:②右骖马颈部东
11	G9:0130	2.96×6.88－3.78	1.4	椭圆	1.5×1.3	0.1	9	B	G9:7身下
12	G9:0161	2.98×6.75－3.83	1.4	椭圆	1.6×1.25	0.1	7	B	G9:0129铜环下
13	G9:0175	8.38×7.08－3.73	2.05	椭圆	上口2.15×1.25 下口长1.9, 外径1.5×1.4		1	A	G9:②右骖马前
			1.3	椭圆	1.5×1.3	0.1	7	B	
14	G9:0176	3.23×7.04－3.84	2.1	椭圆	上口外径2.4×1.4 下口长2.1, 外径1.6×1.3	0.1	1	A	G9:①右骖马头下
			1.4	椭圆	1.5×1.2	0.1~0.12	4	B	
15	G9:0178	3.73×6.93－3.91	1.3	椭圆	1.4×1.3	0.1	9	B	G9:①前, 南立柱以北, G9:37旁
16	G9:0182	3.54×7.09－3.85	1.3	椭圆	1.5×1.3	0.1	7	B	G9:37背下, 紧连G9:0177铜环
17	G9:0183	3.7×7.15－3.84	1.3	椭圆	1.6×1.3	0.1	9	B	G9:37右手臂下
18	G9:0185	3.17×7.47－3.71	1.4	椭圆	1.5×1.2	0.1	7	B	G9:①前, G9:37镳下
19	G9:0191	8.6×8.3－3.54	1.4	椭圆	1.6×1.2	0.1	7	B	G9:②右骖马头部, 北立柱5
20	G9:0196	3.47×7.28－3.84	1.5	椭圆	1.5×1.25	0.1	4	B	G9:①右服马前, G9:37后背甲下
21	G9:0197	3.55×7.56－3.81	1.9	椭圆	上口2.4×1.3 下口长1.4, 1.5, 外径1.4×1.3	0.1	1	A	G9:①右服马前, G9:37腰下
			1.5	椭圆	1.4×1.2	0.1~0.12	8	B	
22	G9:0201	3.21×7.67－3.66	1.9	椭圆	上口长1.7, 外径1.5×1.1	0.1	2	A	G9:①左服马鼻孔下, 与A型铜节约（G9:0202）组合
			2.2	椭圆	上口2.3×1.2 下口长2, 外径1.5×1.2	0.1~0.12	15	B	
			1.5						
			1.4		1.5×1.2		1		
23	G9:0204	3.25×7.86－3.58	1.4	椭圆	1.5×1.2	0.1	3	B	G9:①右服马鼻孔旁

续附表一七

序号	编号	坐标位置（米）	通高（厘米）	截面形状	口外径（厘米）	壁厚（厘米）	数量	类型	备注
24	G9:0211	3.18×7.66－3.77	1.9	椭圆	上口2.2×1.3 下口长1.6、1.5，外径1.3×1.2，1.4×1.2	0.1	1	A	属G9：①右服马，G9：36犄角旁
25	G9:0222	3.2×7.61－3.92	1.5	椭圆	1.5×1.3	0.1～0.12	12	B	图九八，12
26	G9:0227	9.13×6.88－3.63	1.4	椭圆	1.5×1.3	0.1	7	B	整体提取
27	G9:0228	3.27×7.47－3.87	1.4	椭圆		0.1～0.15	7	B	G9：②右骖马前腔下
28	G9:0232	10.12×6.86－3.53	1.4	椭圆	1.5×1.1	0.1	9	B	整体提取
29	G9:0235	8.59×8.24－3.59	2.1	椭圆	上口2.3×1.3 下口长1.7，外径1.5×1.2	0.1	1	A	
30	G9:0246	8.71×8.19－3.59	1.4	椭圆	1.5×1.2	0.1	8	B	整体提取
31	G9:0248	8.65×8.2－3.63					7	B	整体提取
32	G9:0250	8.68×8.06－3.68					3	B	整体提取
33	G10:023	16.8×12.22－3.99	1.3	椭圆	1.6×1.3	0.1	9	B	
34	G10:039	13.1×13.7－3.85	1.9	椭圆	上口2.6×1.4 下口长1.6、1.5，外径1.5×1.4	0.1	1	A	G10：13两腿之间
35	G10:048	15.4×13.4－3.93	2.1	椭圆	上口2.5×1.3 下口长1.7，外径1.55×1.2	0.1～0.15	8	B	距G10：047铜节约约2厘米。图九八，11
36	G10:062	16.45×12.5－4	1.6	椭圆	1.5×1.3	0.1	1	A	G10右骖马颈部南
37	G10:076	16.08×13.22－4.05	1.4	椭圆	1.6×1.3	0.1	7	B	G10：48与G10：49之间

附表一八　铜络饰管重量抽样统计表

序号	编号	重量（克） B型												A型
1	G9:024	6.4	5.5	5.9	5.3									
2	G9:089	5	6.1	5.8	5.7	5.6	6.4							
3	G9:091	5.4	5.5	5.7	5.2	6.2	5							
4	G9:092	5.1	4.8											
5	G9:094	4.4												
6	G9:097	5.2												
7	G9:098	3.8	7.4											
8	G9:099	6	6.2	5.5	4.7	5	4.5							
9	G9:0110	4.6	5.2	6	5.5	6.2	5.2							
10	G9:0120	5.8	5.6	5.7	6.7	6.5	4.8	4.6	5.6	6.1				
11	G9:0130	4.8	5	4.6	5.4	4.8	5.2	4.8	5.8	4.5				
12	G9:0161	4.7	4.9	5.4	4.7	4.8	4.8	5.1						
13	G9:0175	4.8	4.3	4.3	3.4	5.3	5.2	5						13.8
14	G9:0176	4.1	4.9	5.6	5.1									12.9
15	G9:0178	5.1	5	5.2	4.9	5.3	4	5.7	5.1	4.8				
16	G9:0182	5	4.3	5.6	5.8	5.5	5.6	5.3						
17	G9:0183	5.3	5.6	5.3	5.5	5.5	5.2	5.7	5.7					
18	G9:0185	5	4.9	5.2	5.5	5.1	5.6	4.9						
19	G9:0191	5.1	3.9	4	3.5	4.9	5.6	7.4						
20	G9:0196	4.7	4.5	4.4	5.3									
21	G9:0197	4.9	4.8	1.7	5.1	4.9	4.6	5.3	5.4					18.2
22	G9:0201	5.4												19.8
23	G9:0204	5.4	5.3	5.5										
24	G9:0211	5.3	5.5	5.8	5.7	5.3	5.4	5.1	5.2	5.3	5.2	5.2	5.1	19
25	G9:0227	5.5	5.5	5.1	4.9	5	5.7	4.2						
26	G9:0232	5.7	4.8	4.9	5.6	5.8	4.8	4.4	5.6	4.7				
27	G9:0235	5.7	5.6	6.8	6.4	6	6.1	6.5	6.2					12.8
28	G10:039	5.9	6	6.1	5.3	6	4.9	5.5	5.5					16
29	G10:048	3.1	3.1	5.3	3.7	5.4	6.4	4.8	3.5					16.8
30	G10:062	5.6												
31	G10:076	6.9	6.6	5.8	5.6	5.6	6	5.8						
平均值		5.5												16.16

附表一八　铜络饰管重量抽样统计表

附表一九　铜节约统计表

序号	编号	坐标位置（米）	类型	通高（厘米）	环（厘米）体高	外径	内径	纽鼻（厘米）高	宽	厚	重量（克）	备注
1	G9:090	8.3×6.89-3.58	B	2.6	1.3	5.7	2.9	2.1	0.9	0.4~0.8		
2	G9:0119	8.7×6.78-3.78	A	2.5	1.4	5.8	2.6	2.2	0.7	0.3~0.5	172.1	G9:②右骖马颈部东。纽等分
3	G9:0198	3.52×7.56-3.81	A	2.4	1.2	5.8	2.8	2.2	0.5	0.3	95	G9:37 腰部铠甲下，与G9:0197铜络饰管同出。B型改成
4	G9:0199	3.46×7.65-3.79	A	2.3	1.3	5.8	2.8	2	0.6	0.3	89.1	G9:37 腰左侧。B型改成
5	G9:0200	3.21×7.78-3.67	B	2.4	1.3	5.7	2.8	2.1	0.5	0.4	101.2	G9 右服马嘴南
6	G9:0202	3.18×7.67-3.67	A	2.4	1.4	5.7	2.6	2.1	0.5	0.3	95.7	G9:①左服马鼻侧，与G9:0201铜络饰管同出。B型改成
7	G9:0203	3.21×7.78-3.67	A	2.3	1.2	5.5	2.8	2.15	0.4	0.3	93.4	G9:36 稿南。B型改成。图九八，19；图版六○，2
8	G9:0210	3.23×7.66-3.77	B	2.4	1.3	5.8	2.8	2.1	0.6	0.3	98.2	与G9:0203铜节约同出
9	G9:0212	3.27×7.6-3.87										未提取
10	G9:0216	9.52×7.74-3.75	B	2.5	1.3	5.7	2.7	2.2	0.5	0.3	105.2	G9:②服马之间，车辕北
11	G9:0247	8.66×8.15-3.65	A									未提取
12	G9:0252	8.39×8.02-3.64										未提取
13	G10:024	16.65×12.2-4	B	2.7	1.3	6	2.8	2.5	0.5	0.5	161	图九八，16；图版六○，4
14	G10:027	16.47×12.7-4	A								128.6	G10:53 西
15	G10:041	15.91×12.4-3.94	B	2.4	1.3	5.4	2.4	2.1	0.3	0.3	114.6	
16	G10:047	15.35×13.34-3.96	A	2.4	1.3	5.7	2.7	2.1	0.5	0.35	121.8	G10:46与G10:49之间。图版六○，3
17	G10:064	15.6×13.37-3.98	B	2.6	1.3	5.6	2.7	2.4	0.4	0.3	121.3	
18	G10:074	15.94×13.52-4.01	B	2.8	1.4	5.8	2.6	2.8	0.3	0.4	163.1	G10 西端，G10:48南，G10:49西
19	G10:075	16.08×13.04-4.01	A	2.8	1.4	6	2.7	2.4	0.3	0.3	122.5	同上

附表二〇　亚腰形铜带扣统计表

序号	编号	坐标位置（米）	通高（厘米）	帽径（厘米）	帽厚（厘米）	轴长（厘米）	轴径（厘米）	重量（克）	备注
1	G9：0170	4.86×6.89－3.37	3.4	3.6	0.35～0.75	1.85	1.4	1.4	G9：①右骖马右后腿下
2	G9：0190	3.86×7.1－3.91	2.3	2.65	0.3～0.6	1.05	1.15	1.15	G9：①右骖马右腹下，G9：37披膊旁
3	G9：0236	9.56×6.61－3.67	3	3.45	0.4～0.7	1.55	1.6	1.6	G9：②右服马右后腿下旁
4	G9：0242	9.51×6.93－3.65	2.3	2.6	0.3～0.5	1.3	1.2	1.2	G9：②右服马右后腿北
5	G10：032	15.1×13.25－3.97	2.2	2.6	0.3～0.5	1.2	1.2	1.2	G10：46右腿北。图九八，10；图版六〇，7
6	G10：065	15.67×13.25－3.97	3.4	3.6	0.3～0.8	1.8	1.5	1.1	G10：49右腿旁。图九八，4

附表二一　铜方策统计表

序号	编号	坐标位置（米）	体长（厘米）	体宽（厘米）	边径（厘米）	钉长（厘米）	钉径（厘米）	重量（克）	备注
1	G9：072	4.15×8.5－3.19	3.6	4.5	0.9	4.1	0.6～1.3	90.6	G9：①东。图九八，15；图版六〇，8
2	G9：0172	4.34×6.96－3.81	3.6	4.4	0.7	4.5	0.5～0.9	75.2	G9：①右骖马右后腹下
3	G9：0225	9.49×6.6－3.62	3.6	4.5	0.7	4.4	0.6～1	90.5	G9：②右服马右后腿旁
4	G10：045	15.33×13.8－3.97	3.6	4.5	0.7	5.6	0.4～0.6	88.2	G10：48东，G10：45踏板西

附表二二　铜剑首统计表

序号	编号	坐标位置（米）	类型	通高（厘米）	底面径（厘米）	口外径（厘米）	口内径（厘米）	深（厘米）	壁厚（厘米）	底厚（厘米）	重量（克）	备注
1	G9：079－2	0.97×7.55－3.45	A	2.2	3×1.3	3.1×1.4	2.6×1	2	0.15～0.2	0.2	25.4	G9东部，与G9：078同出。剑茎重54.4克。图一〇二，1；图版六〇，1
2	G9：080－1	1.6×6.81－3.88	B	3.2	2.8×1.3	3×1.4	2.6×1		0.2		117.7	G9近东端梁处。耳高0.9，宽1.1厘米，有直径0.3厘米的铆孔接茎。图版六二，3
3	G9：084	17.1×7.5－3.47	A	2.2	3×1.3	3.1×1.4	2.5×1	2	0.15～0.2	0.2	24.5	G9西端G9：33体左侧。图一〇二，2；图版六二，2
4	G9：087	15.87×7.44－3.85	B	3.1	2.8×0.9	3×1.1	2.7×0.8	2	0.15	0.1	33	G9西段G9：23体下压。耳高1，宽0.65～0.9厘米，有直径0.2厘米的铆孔接茎。图一〇二，6；图版六二，4
5	G9：0127－1	0.55×7.6－3.62	B	3.2	2.8×1.2	3.1×1.3	2.3×0.8		0.2～0.4		126.4	G9东部G9：4踏板上。耳高1，宽0.5～0.8厘米。图一〇二，5
6	G10：017	15.2×2.14－3.85	A	2.1	3×1.2	3.1×1.3	2.8×1	1.8	0.1～0.3	0.3	21	G10西段G10：52襦右摆下压
7	G10：059	15.33×13.1－4.07	A	2.2	2.95×1.2	3.05×1.2	2.8×1	1.8	0.2～0.4	0.4	23.3	G10西端G10：46与G10：44踏板之间

附表二三　铜镞统计表

序号	编号	坐标位置（米）	类型	通高（厘米）	上面径（厘米）	底面径（厘米）	口内径（厘米）	深（厘米）	壁厚（厘米）	底厚（厘米）	重量（克）	备注
1	G9：074	1.2×8.7-3.55	B	3.2	2.6×0.9	2.5×0.7	2×0.7	2.9	0.1~0.3	0.3	17.9	
2	G9：086	16.58×7.28-3.69	B	3.1	2.6×0.9	2.3×0.7	2.3×0.7	2.9	0.15~0.2	0.1	27.5	G9：23 叠压。图一〇二，5；图版六二，7
3	G9：0134	10.97×7.79-3.49	B	3.3	2.3×0.7	1.8×0.6	1.8×0.6	2.3	0.2~0.4	0.9	30.4	G9：②车舆内，G9：11 西
4	G9：0147	2.34×7.28-3.85	B	3.2	2.6×0.9	2.5×0.8	2.1×0.7	3	0.1~0.2	0.2	21.8	G9：31 右臂袖口南
5	G10：02	5.35×12.85-3.33	B	3.1	2.4×0.9	2.3×0.7	1.8×0.6	2.4	0.15~0.4	0.7	26	G10：21 东北下
6	G10：08	15.8×14.46-3.77	B	3.1	2.5×0.9	2.3×0.7	2.1×0.7	2.9	0.1	0.2	23.7	G10：48 以北，G10 北立柱下
7	G10：014	14.7×11.86-3.69	A	2.55	5.8×2.2	6.4×2.6	1.9×0.6	2.4	0.1~0.2	0.15	72.5	G10：52 东。体内有木质残留。图一〇二，7；图版六二，6
8	G10：030	13.9×12.22-4.12	B	3.3	2.5×1	2.4×0.5	2.3×0.8	2.8	0.1	0.5	21.3	G10：50 腿下
9	G10：033	15.5×13.71-3.79	B	3.3	2.8×1	2.5×0.8	2.5×0.8	3.1	0.15	0.2	23.5	G10：48 与 G10：45 之间
10	G10：068	3.5×12.23-3.93	B	3.1	2.6×0.9	2.4×0.8	2.4×0.8	2.9	0.1~0.2	0.2	17.8	G10：64 踏板北（左）
11	G10：072	15.5×13.25-4.02	B	3.2	2.6×0.9	2.4×0.8	2×0.6	2.9	0.2~0.4	0.3	21.7	G10：46 与 G10：49 残片间
12	G10：078	1.75×13.72-3.9	B	3.3	2.5×1	2.3×0.6	2.2×0.8	2.5	0.2~0.4	0.8	27.3	G10：69 左侧襦下
13	G10：088	4.66×14.08-3.82	B	3.1	2.4×1	2.3×0.7	2.2×0.7	2.6	0.1~0.3	0.5	21.8	G10：17 左腿外侧与北柱 3 之间
14	G10：089	12×12.77-3.96	B	3.1	2.5×1	2.3×0.7	2.2×0.8	2.5	0.1~0.4	0.6	29.8	G10：36 左侧，G10：78 后背甲下
15	G10：091	0.92×12.66-3.81	B	3.2	2.34×1	2.3×0.7	2.1×0.7	2.3	0.15~0.4	0.9	32.9	G10：7 襦下叠压
16	G10：092	4.97×13.53-4	B	3.2	2.6×0.9	2.4×0.6	2.2×0.7	2	0.1~0.5	1.3	28.8	G10：15 与 G10：17 之间
17	G10：0102	4.68×12.05-4.07	B	3.2	2.5×1	2.3×0.85	2×0.7	2.7	0.1~0.3	0.5	24.9	G10：60 右裾角下压
18	G10：0103	10.35×13.2-3.95	B	3.2	2.7×1	2.4×0.7	2×0.7	2.8	0.1~0.3	0.4	22.4	G10：86 襦南，G10：37 东
19	G10：0104	9.88×13.05-4.01	B	3.2	2.6×0.9	2.3×0.7	2.1×0.6		0.2~0.4		24.8	G10：32 脚踝处

附表二四　铜镮统计表

序号	编号	坐标位置（米）	直径（厘米）	厚（厘米）	孔形	孔径（厘米）	进深（厘米）	重量（克）	备注
1	G9:0107	14.15×7.23-3.58	3.7×2	0.8~1.4	弧长	2.4×0.6	2	39.5	G9西部，G9:15左臂碎片间
2	G9:0146	1.67×7.58-3.73	3.6×1.9	0.7~1.1	弧长	2.1×0.5	1.9	34.4	G9东部，G9:31两腿间。图一〇三，4；图版六二，8
3	G10:029	14×12.78-3.96	3.7×1.9	0.6~1.3	扁圆	2.1×0.5	1.9	36.3	G10西段，属于G10:50佩鞘，与G10:030铜镮同出
4	G10:036	13.36×14.02-3.76	3.8×2	0.7~1.4	弧长	2.4×0.5	2	34.6	G10西端，G10:76后背甲头与相接处稍西
5	G10:038	3.7×14-3.75	3.8×2	0.6~1.3	弧长	2.2×0.5	2	35.1	G10东段，G10:13左臂中段
6	G10:086	1.8×13-3.94	3.7×1.9	0.8~1.4	弧长	2.4×0.4	1.9	35	G10东段，G10:72椁右侧，G10:9踏板，椁②间
7	G10:090	5.53×12.2-3.92	3.7×1.9	0.8~1.4	弧长	2.4×0.4	1.9	41	G10中部，G10:82椁北
8	G10:099	10.51×13.02-3.93	3.8×2	0.7~1.6	弧长	2.1×0.6	2	42	G10:54西，G10:37踏板东北淤泥堆积中
9	G10:0100	4.16×12.14-3.93	3.8×1.9	0.7~1.4	弧长	2.2×0.5	1.9	35.1	G10:60椁下叠压

附表二五　铜矛统计表

序号	编号	坐标位置（米）	类型	通长（厘米）	叶		骹		风槽			铭文	重量（克）	备注
					长（厘米）	宽（厘米）	长（厘米）	口径（厘米）	长（厘米）	宽（厘米）	深（厘米）			
1	G9:028	9×5.7-3.26	B	15.4	10.7	3.3	4.7	2.9×2.4				寺工	129.8	G9:②右骖马南侧Q8坍塌土中。图一〇三，7；彩版三三，3、4
2	G9:083	0.85×7.96-3.65	B	17.8	12	3.7	5.8	3×2.3						G9:3踏板东侧有韬迹。彩版三三，2
3	G10:037	1.75×11.25-4	A	15.3	10.5	3.4	4.8	3.1×2.4	8.6	0.9~1.1	0.1		132.3	G10:67右胸部残片下
4	G10:067	3.93×12.5-3.9	A	15.3	10.6	3.4	4.7	2.9×2.4	9	0.5~0.8	0.1		114.4	G10:64与G10:60北部之间，G10:61残片叠压，韬长10，宽5厘米。图一〇三，2
5	G10:083	6.81×12.5-3.9	A	15.5	10.5	3.3	5	3×2.6	8.6	0.3~0.75	0.1	寺工	133	图一〇三，3；彩版三三，4；彩版三三，1

附表二六　铜镞统计表

序号	编号	坐标位置（米）	类型	通高（厘米）	径（厘米）口	径（厘米）底	厚（厘米）壁	厚（厘米）底	弦纹宽（厘米）	弦纹高（厘米）	重量（克）	备注
1	G10:04	13.2×12.1-3.55	A	11.2	4×3.3	3.6×3	0.2	0.4	0.5	0.1、0.2、0.1	246.1	G10西段甬道东南，G10:74西南。孔向东北，内充淤土。距口5厘米处有铆钉2枚，高0.3厘米
2	G10:028	13.15×12.25-4.11	A	11.5	4×3.3	3.9×3	0.3		0.6、0.5、0.6	0.1、0.2、0.1		G10西段甬道中，G10:51西。与秘⑨组合，内残留秘
3	G10:066	3.7×12-4.1	A	11.3	4.1×3.5	3.7×2.7	0.2	0.4	0.4、0.6、0.4	0.1、0.2、0.1	279	G10东段。距口5.1厘米处有铆钉2枚，高0.7厘米，与秘③组合
4	G10:069	7.87×12.2-3.92	A	11.4	4×3.5	3.8×3	0.2	0.4	0.4、0.7、0.4	0.1、0.5、0.1	218	G10中段，G10:13与G10:22之间。距口5厘米处有铆钉2枚，高0.5厘米
5	G10:071	2.85×11.58-3.97	A	11.2	4×3.3	3.8×3.2	0.2	0.4	0.4、0.7、0.4	0.1、0.15、0.1	308.3	G10东段，G10:66踏板东，与秘。内有铆钉2枚，送检
6	G10:082	1.75×11.36-4.08	A	11.3	3.9×3.2	3.8×3.1	0.1	0.2	0.6、0.5、0.6	0.1、0.2、0.1	195.5	G10东段G10:8踏板东南。距口5.8厘米处有铆钉2枚，高0.5厘米
7	G10:084	2×12.24-4.04	A	11.3	4.2×3.4	3.8×3.5	0.15	0.3	0.3、0.5、0.3	0.1、0.2、0.1		G10东段G10:80两足之间。有铆孔，直径0.6厘米，与秘⑬组合
8	G10:095	4.4×13.5-3.96	A	11.2	4×3.3	3.8×3.2	0.1	0.4	0.3、0.7、0.3	0.2、0.1、0.2	298	G10:12稍左（北），插于淤土中，压于秘⑧下。距口4.9厘米处有铆钉2枚，高0.7，径0.5厘米
9	G10:0101	4.02×11.98-4.18	A	11.2	4×3.4	3.6×3	0.2		0.5、0.7、0.5	0.1、0.2、0.1	259	G10:60踏板东，斜插于砖铺地上的淤泥堆积中

续附表二六

序号	编号	坐标位置（米）	类型	通高（厘米）	径（厘米）		厚（厘米）		弦纹		重量（克）	备注
					口	底	壁	底	宽（厘米）	高（厘米）		
10	G10：0105	8.73×11.64－3.99	A	11.3	4×3.3	3.65×3.3	0.2	0.6	0.5、0.7、0.5	0.1、0.25、0.1	308	G10中段南侧Q9坍塌土内，G10：27/56东南。距口5.2厘米处有对称铆钉2枚，高0.4、0.9厘米，与秘⑮组合
11	G10：0106	9.62×11.8－4.06	A	11.2	4×3.4	3.6×3	0.25		0.5、0.6、0.5	0.1、0.2、0.1		G10中段南侧，G10：29东。与秘⑭组合，内有朽秘
12	G10：0107	12.37×11.58－3.98	A	11.3	4×3.3	3.6×3.1	0.2		0.6、0.6、0.6	0.05、0.15、0.05		G10中段南侧，嵌于Q9坍塌土内，与立柱8紧邻，G10：39南。与秘⑪组合，内有残秘
13	G10：0108	10.58×11.82－3.96	A	11.7	4.3×3.7	3.95×3.2	0.25	0.3	0.6、0.45、0.65	0.1、0.2、0.1	260	G10：23踏板东南，被G10南立柱7斜压，G10：33东南。距口6.3厘米处有对称铆钉，高0.5厘米
14	G9：0122	13.95×5.82－3.9	B	10	3.2	3.1	0.3	0.1			213.3	G9西部南立柱9炭迹下
15	G9：0145	1.6×7.5－3.74	A	11.7	4.3×3.4	3.8×3.1	0.2		0.5、0.6、0.5	0.1、0.3、0.1		G9东部，G9：31右腿附近。与秘⑩组合，内有黑褐色植物朽丝
16	G9：0150	2.08×7.43－3.88	A	10.7	4.3×3.4	3.8×3.2	0.2	0.4	0.6、0.5、0.6	0.1、0.2、0.1	248.5	与G9：31关系较大，存少量秘迹。图一〇三，6；图版六三，1
17	G9：0240	14.8×6.09－3.63	B	9.8	3.6	3.1	0.3	0.6			22.5	G9西部南立柱10旁，G9：14南。图一〇三，4；图版六三，2

附表二七　整束箭镞统计表

箙号	序号	通长（厘米）	首（厘米）					镞		缑丝	垫片长（厘米）	重量（克）	备注
			锋直长	锋弧长	本宽	关长	关高	径（厘米）	范线数				
箙①	1	14	2.3	2.4	1	0.76	0.5	0.36	2	有		14.1	铤首磨，范线弱，尾呈半球形
箙①	2	16.5	2.2	2.3	0.98	0.78	0.6	0.3	2	无		14.4	铤尾呈半球形
箙①	3	13.4	2.2	2.3	0.98	0.77	0.6	0.3	2	无		12.7	铤尾呈半球形
箙①	4	14.5	2.2	2.3	1	0.75	0.55	0.3－0.2	2	无		13.5	铤尾呈半球形，毛糙
箙①	5	13.6	2.2	2.3	1	0.74	0.58	0.3	2	无	0.4	13	铤尾厚平，首端经打磨
箙①	6	16.7	2.3	2.4	1	0.8	0.55	0.4－0.3	2	无		17	铤尾平甚，首端经打磨
箙①	7	17.65	2.3	2.4	1	0.76	0.55	0.4×0.2	2	无	0.7	15.1	铤尾厚平
箙①	8	16.65	2.2	2.2	0.95	0.75	0.6	0.3	2	无		13.6	铤尾厚平
箙①	9	14.9	2.3	2.4	0.98	0.77	0.6	0.3	2	无	0.9	13.9	铤尾平甚
箙①	10	15.4	2.2	2.3	1	0.8	0.55	0.3	2	无		16.2	铤尾平甚，首端经打磨
箙①	11	16.76	2.3	2.4	1	0.7	0.55	0.3	2	无	0.8	14	铤尾平甚
箙①	12	14.7	2.3	2.4	0.97	0.75	0.6	0.3	2	有		14.5	铤尾呈半球形，首端经打磨
箙①	13	16.7	2.3	2.4	1	0.78	0.5	0.3	2	有		16.5	铤尾平甚，遍布缑丝
箙①	14	15.6	2.2	2.3	0.98	0.7	0.65	0.3	2	有	0.9	13.1	铤尾平甚
箙①	15	17.8	2.2	2.3	0.96	0.7	0.57	0.3	2	有		15.5	铤尾厚平，毛糙
箙①	16	13.9	2.3	2.3	1	0.8	0.55	0.3	2	有		13.2	铤尾平甚，遍布缑丝
箙①	17	18.3	2.3	2.4	0.97	0.7	0.6	0.3	2	有	0.4	17.5	铤尾平甚，遍布缑丝
箙①	18	17	2.2	2.2	1	0.8	0.67	0.3	2	有		16.8	铤尾呈棱锥形
箙①	19	16.4	2.3	2.4	1	0.8	0.5	0.3	2	有	0.7	13.9	铤尾毛糙
箙①	20	15.8	2.2	2.2	1	0.8	0.55	0.3	2	有		15.1	铤尾呈棱锥形，渐细头
箙①	21	16.35	2.3	2.35	1	0.75	0.6	0.3	2	有		13.7	铤尾呈棱锥形，渐细头
箙①	22	14.8	2.3	2.4	1	0.76	0.5	0.3	2	有		14.7	铤尾厚平甚，渐细头
箙①	23	16.9	2.2	2.3	1	0.8	0.57	0.3	2	有		15.7	铤尾毛糙

续附表二七

簇号	序号	通长（厘米）	锋直长	锋弧长	首（厘米）本宽	关长	关高	铤 径（厘米）	铤 范线数	镞丝	垫片长（厘米）	重量（克）	备注
簇①	24	15.35	2.2	2.3	1	0.75	0.6	0.3	2	有		13	铤尾毛糙
簇①	25	14.5	2.3	2.4	1	0.8	0.5	0.3	2	有		13.5	铤尾厚平甚
簇①	26	9.6	2.2	2.3	1	0.7	0.6	0.3	2	有		9.8	铤尾厚平甚
簇①	27	15.4	2.2	2.3	1	0.8	0.6	0.3	2	有	0.6	13.7	铤尾厚平甚
簇①	28	17.9	2.2	2.2	1	0.8	0.57	0.3	2	有	0.6	13.8	铤尾厚平甚
簇①	29	15.35	2.2	2.3	1	0.75	0.55	0.3	2	有	1.1	15	铤尾棱尖
簇①	30	15.8	2.2	2.3	1	0.7	0.6	0.3	2	有		15.1	铤尾毛糙
簇①	31	17	2.2	2.3	1	0.75	0.6	0.3	2	有		12.7	铤尾毛糙
簇①	32	15.8	2.2	2.3	0.97	0.75	0.6	0.3	2	无	0.4	14.5	铤尾呈半球形
簇①	33	17.4	2.2	2.3	1	0.73	0.55	0.3	2	无	0.8	16	
簇①	34	18.1	2.2	2.3	1	0.75	0.55	0.3	2	有	1.2	14.1	铤尾范线重合，毛糙
簇①	35	15.1	2.3	2.4	0.98	0.74	0.55	0.3	2	有	0.7	13.8	铤尾厚平甚
簇①	36	16.1	2.3	2.4	1	0.75	0.55	0.3－0.2	2	有	0.5	14.1	铤尾毛糙
簇①	37	17.9	2.2	2.3	0.98	0.75	0.55	0.3	2	有		11.9	铤尾毛糙
簇①	38	16.85	2.2	2.3	0.96	0.7	0.5	0.3	2	有	0.9	15.6	铤尾毛糙
簇①	39	13	2.2	2.3	1	0.78	0.55	0.3	2	有	1	13.9	铤尾厚平甚
簇①	40	13	2.2	2.3	1	0.8	0.55	0.4	2	有		12	铤尾厚平甚
簇①	41	14.2	2.3	2.4	1	0.75	0.55	0.3	2	有		15.6	铤尾厚平甚
簇①	42	15.9	2.2	2.3	1	0.8	0.6	0.4－0.2	2	有		11.9	铤尾呈棱锥形
簇①	43	15.8	2.2	2.2	1	0.8	0.55	0.3	2	有		14.9	铤尾呈棱锥形
簇①	44	16.5	2.2	2.3	0.98	0.7	0.6	0.3	2	有	0.5	14.6	铤尾厚平，毛糙
簇①	45	12.5	2.2	2.3	0.96	0.7	0.6	0.3	2	有	0.8	13.4	铤尾厚平甚
簇①	46	14.9	2.3	2.4	0.96	0.8	0.55	0.3	2	有		11.8	铤尾厚平

续附表二七

镞号	序号	通长（厘米）	锋直长	锋弧长	首（厘米）			铤		缑丝	垫片长（厘米）	重量（克）	备注
					本宽	关长	关高	径（厘米）	范线数				
镞①	47	14.8	2.2	2.3	1	0.7	0.6	0.3	2	有	1.4	13.1	铤尾厚平
镞①	48	14.4	2.2	2.3	1	0.75	0.55	0.3	2	有		13.2	铤尾厚平
镞①	49	14	2.2	2.3	1	0.8	0.55	0.3	2	有		12.6	铤尾呈半球形
镞①	50	12.3	2.2	2.3	1	0.8	0.55	0.3	2	有		13.9	铤尾平甚
镞①	51	13.9	2.3	2.4	1	0.7	0.6	0.3	2	有		12.2	铤尾呈半球形
镞①	52	13	2.3	2.4	1	0.75	0.6	0.3	2	有		12.1	铤尾厚平甚
镞①	53	13.5	2.2	2.3	1	0.75	0.6	0.3	2	无	0.3	14.6	铤尾厚平甚
镞①	54	13	2.2	2.3	1	0.8	0.5	0.3	2	无	0.3	14.1	铤尾厚平甚
镞①	55	13	2.2	2.2	1	0.7	0.6	0.3	2	无	0.4	12.9	铤尾厚平甚
镞①	56	15.4	2.2	2.3	1	0.7	0.6	0.3	2	无	0.4	15.5	铤尾厚平
镞①	57	16	2.2	2.3	1	0.75	0.6	0.3	2	无	0.7	12.6	铤尾平甚
镞①	58	17	2.2	2.3	1	0.75	0.6	0.4	2	无	0.4	14.9	铤尾薄平
镞①	59	17.8	2.2	2.3	1	0.7	0.6	0.35	2	无	0.5	13.9	铤尾厚平
镞①	60	9.4	2.2	2.3	0.96	0.75	0.5	0.3	2	无		13.4	铤尾厚平甚
镞①	61	14.8	2.3	2.3	1	0.8	0.6	0.3	2	无	0.2	14.4	铤尾厚平甚
镞①	62	13.1	2.2	2.3	1	0.7	0.5	0.3	2	无	0.2	14.8	铤尾厚平甚
镞①	63	17.2	2.3	2.3	1	0.8	0.5	0.3	2	无	0.7	12.1	铤尾平甚
镞①	64	17.3	2.3	2.3	1	0.75	0.55	0.3	2	无		14.9	铤尾厚平，范线重合
镞①	65	18.3	2.2	2.3	1	0.7	0.6	0.25	2	无	1.1	11.7	铤尾厚平，范线重合
镞①	66	16.6	2.2	2.3	1	0.75	0.6	0.3	2	无		13.5	铤尾厚平，范线重合
镞①	67	14.2	2.2	2.3	1	0.8	0.6	0.3	2	无	0.7	13.8	铤尾平甚
镞①	68	15.1	2.25	2.3	1	0.78	0.6	0.3	2	无	0.4	15	铤尾厚平甚
镞①	69	16.5	2.2	2.3	0.95	0.7	0.5	0.2	2	无	1.6	14.6	铤尾厚平甚

续附表二七

镞号	序号	通长(厘米)	锋直长	锋弧长	首(厘米) 本宽	关长	关高	铤 径(厘米)	铤 范线数	镞丝	垫片长(厘米)	重量(克)	备注
镞①	70	16.3	2.3	2.3	1	0.7	0.55	0.35	2	无		13.7	铤尾厚，略呈棱锥形
镞①	71	14.8	2.2	2.4	0.98	0.7	0.6	0.3	2	无	0.4	14.1	铤尾厚平，范线重合
镞①	72	16.2	2.3	2.4	1	0.76	0.5	0.3	2	无	0.7	15.1	铤尾厚平，范线重合
镞①	73	17.35	2.2	2.3	1	0.75	0.55	0.3	2	无	1.5	12	铤尾厚平，毛糙
镞①	74	13.2	2.2	2.3	0.96	0.8	0.55	0.35	2	有		11	铤尾厚平，毛糙
镞①	75	15.4	2.2	2.3	1	0.75	0.6	0.35	2	有		15.7	铤尾厚平，毛糙
镞①	76	17	2.2	2.3	1	0.8	0.5	0.35	2	有	0.7	15.6	铤尾厚平甚，毛糙
镞①	77	17.5	2.3	2.4	1	0.8	0.55	0.3	2	有	0.7	15.7	铤尾范线重合
镞①	78	14.25	2.3	2.3	1	0.7	0.6	0.3	2	有		14.7	铤尾呈半球形
镞①	79	17	2.2	2.3	0.96	0.75	0.6	0.3	2	无		11.5	铤尾略呈棱锥形
镞①	80	13.7	2.3	2.4	1	0.75	0.55	0.3	2	无		15.8	铤尾厚平甚
镞①	81	18	2.3	2.4	1.4	0.8	0.5	0.35	2	无		12.9	铤尾厚平，毛糙
镞①	82	15.5	2.3	2.4	1	0.7	0.55	0.3	2	无	0.4	15.1	铤尾厚平甚，首端打磨
镞①	83	17.2	2.2	2.3	1	0.8	0.55	0.3	2	无	0.7	13.9	铤尾毛糙，范线重合
镞①	84	15.4	2.2	2.3	1	0.76	0.6	0.25	2	无	0.4	14.4	铤尾范线重合
镞①	85	15	2.2	2.3	1	0.75	0.6	0.3	2	无	0.5	15.8	铤尾范线重合
镞①	86	12.9	2.3	2.4	1	0.75	0.55	0.3-0.4	2	无	0.4	10	铤尾呈半球形
镞①	87	17	2.2	2.3	1	0.8	0.56	0.35	2	无		14.8	铤尾范线重合
镞①	88	6.5	2.4	2.5	1.4	0.75	0.6	0.4	2	无	0.5	13	铤锈蚀严重
镞①	89	16.7	2.1	2.2	1	0.8	0.6	0.3-0.4	2	无		16.4	铤尾范线重合
镞①	90	13.7	2.2	2.3	1	0.75	0.6	0.35	2	无		14.1	铤尾范线重合
镞①	91	18.4	2.3	2.4	1.2	0.8	0.6	0.3	2	无	0.6	12.2	铤尾呈半球形
镞①	92	16	2.2	2.3	1	0.75	0.55	0.3	2	无	1.1	12.7	铤尾毛糙，范线重合

续附表二七

镞号	序号	通长（厘米）	首（厘米）					铤（厘米）		镞丝	垫片长（厘米）	重量（克）	备注
			锋直长	锋弧长	本宽	关长	关高	径	范线数				
镞①	93	16.9	2.2	2.3	0.98	0.76	0.5	0.3－0.4	2	无	0.5	15.4	铤尾范线重合
镞①	94	14.4	2.2	2.3	0.96	0.7	0.6	0.3	2	无	0.4	13.7	铤尾范线重合
镞①	95	18.2	2.2	2.2	1	0.75	0.6	0.3－0.4	2	无		13.7	铤尾厚平
镞①	96	13.9	2.3	2.4	1	0.75	0.6	0.3	2	无	0.7	12.5	铤尾范线重合
镞①	97	15.7	2.3	2.4	1	0.75	0.55	0.3	2	无		13.9	铤尾范线重合，棱锥形
镞①	98	16.9	2.2	2.3	0.96	0.75	0.5	0.3	2	无	0.4	14	
镞①	99	17.1	2.3	2.3	1	0.7	0.6	0.3	2	无	0.5	13.2	铤尾呈半球形
镞①	100	15.8	2.2	2.3	1	0.75	0.6	0.35	2	无		14	铤尾毛糙
镞①	101	13.85	2.2	2.3	1	0.7	0.6	0.3	2	无		15.1	铤尾厚平甚
镞①	102	13.5	2.2	2.3	1	0.75	0.65	0.3	2	无	0.6	15.1	铤尾毛糙，范线重合
镞①	103	19	2.2	2.3	0.95	0.75	0.65	0.25－0.4	2	无	0.4	14.9	铤尾毛糙
镞②	1	11.5	2.1	2.2	1	0.8	0.55	0.35	3	有		12.1	铤尾呈棱锥形，上部有镞丝，经打磨
镞②	2	10.3	2.1	2.25	1	0.8	0.55	0.35－0.25		有		12.4	铤尾呈棱锥形，经打磨
镞②	3	10.2	2	2.2	1	0.8	0.55	0.4－0.3		有		12.4	铤尾呈棱锥形，经打磨
镞②	4	10	2.1	2.3	1	0.8	0.6	0.4－0.25	3	有		13.1	铤尾呈棱锥形，毛糙
镞②	5	10.6	2.1	2.25	0.95	0.75	0.6	0.4－0.25	3	有		13.7	铤尾薄平
镞②	6	8	2	2.2	1	0.8	0.6	0.4－0.25	3	有		11.4	铤尾呈半球形
镞②	7	11.1	2.1	2.3	1.05	0.8	0.55	0.45－0.25	3	有		13.6	
镞②	8	11	2.1	2.25	1	0.8	0.6	0.4－0.15	3	有		13.1	铤尾呈棱锥形
镞②	9	9.1	2.1	2.2	1	0.75	0.55	0.4－0.2		有		11.9	铤尾呈棱锥形
镞②	10	9.6	2.1	2.2	0.95	0.75	0.55	0.4		有		11.2	铤尾呈厚平形，经打磨，铤径等粗
镞②	11	9.7	2.1	2.2	1	0.8	0.6	0.4－0.25	3	有		12.4	铤尾呈棱锥形，经打磨，中锋稍改歉
镞②	12	9.8	2.1	2.2	1	0.8	0.65	0.35－0.15		有	4.5	11.7	铤尾呈棱锥形

续附表二七

簇号	序号	通长（厘米）	首（厘米）					铤		猴丝	垫片长（厘米）	重量（克）	备注
			锋直长	锋弧长	本宽	关长	关高	径（厘米）	范线数				
簇②	13	9.3	2.1	2.25	1	0.8	0.55	0.35－0.25	3	有		12.2	链尾薄平，范线经打磨修整
簇②	14	8	2.1	2.25	1	0.75	0.55	0.4		有		11	链尾呈半球形，末端铜液欠盈
簇②	15	10.6	2.1	2.2	1	0.8	0.65	0.4－0.15	3	有	4.5	10.9	链尾呈棱锥形
簇②	16	7.3	2.1	2.2	0.95	0.75	0.55	0.4		有		11.3	链尾呈半球形，末端铜液缺失
簇②	17	9.9	2.1	2.25	1	0.8	0.65	0.4－0.3	3	有		10.8	链尾薄平
簇②	18	9.8	2.1	2.25	1	0.8	0.6	0.4	3	有		12.5	链尾呈锥形
簇②	19	10.1	2.1	2.3	0.95	0.75	0.7	0.35－0.2	3	有		12.2	链尾呈棱锥形
簇②	20	8.9	2.1	2.25	1	0.8	0.55	0.35－0.25	3	有		10.6	链尾薄平
簇②	21	10.7	2.1	2.25	1	0.8	0.5	0.35－0.15	3	有		10.1	链尾呈棱锥形，经打磨修整
簇②	22	10.2	2.1	2.2	1	0.75	0.55	0.4－0.25	3	有		11.1	链尾薄平，近末端铜液缺失
簇②	23	10	2.1	2.2	1	0.8	0.6	0.4－0.25	3	有		12.3	链尾呈棱锥形，有少量猴丝
簇②	24	10.5	2.2	2.3	1	0.75	0.6	0.4－0.2	3	有		10.2	链尾呈棱锥形，有少量猴丝
簇②	25	9.5	2.1	2.2	0.95	0.75	0.55	0.3－0.4	3	有		11.7	链尾薄平，有少量猴丝
簇②	26	9.4	2.1	2.2	1	0.8	0.6	0.35－0.25		有		11.9	链尾薄平，有少量猴丝
簇②	27	9.8	2.1	2.4	1	0.8	0.6	0.4－0.2	3	有		11.5	链尾呈棱锥形，猴丝分布较广
簇②	28	10.2	2.1	2.25	0.95	0.75	0.55	0.4－0.2	3	有		10.1	链尾呈棱锥形，猴丝分布较广
簇②	29	9.5	1.9	2.3	1	0.8	0.6	0.4		有		13.2	链尾呈半球形，有少量猴丝
簇②	30	7.9	2.1	2	0.9	0.7	0.65	0.4		有		10.1	链尾呈半球形，有少量猴丝
簇②	31	8.6	2.1	2.3	1	0.8	0.6	0.4－0.2		有		10.2	链尾呈半球形，末端铜液缺1厘米
簇②	32	8.1	2.1	2.3	1	0.8	0.5	0.4－0.25		有		11.1	链尾薄平，末端铜液缺0.6厘米
簇②	33	8	2.1	2.15	1	0.8	0.6	0.4		有		11.9	链尾呈半球形
簇②	34	9.9	2	2.2	1	0.8	0.65	0.4－0.2	3	有		11.6	链尾呈棱锥形
簇②	35	9.2	2.1	2.3	1	0.75	0.55	0.35		有		11.2	链尾薄平，末端铜液缺失

续附表二七

镞号	序号	通长(厘米)	锋直长	锋弧长	本宽	关长	关高	铤径(厘米)	范线数	猴丝	垫片长(厘米)	重量(克)	备注
镞②	36	8.9	2.2	2.3	1	0.8	0.5	0.35		有		13.5	铤尾呈棱锥形，近末端铜液缺失
镞②	37	10.5	2.1	2.2	1	0.8	0.65	0.4-0.25	3	有		11.3	铤尾呈棱锥形
镞②	38	10.2	2.1	2.2	1	0.85	0.55	0.4-0.3	3	有		10.2	铤尾呈半球形
镞②	39	7.5	2	2.2	1	0.8	0.6	0.35		有		12.3	铤尾呈半球形
镞②	40	9.3	2.1	2.3	1	0.8	0.65	0.4-0.25	3	有		13	铤尾呈棱锥形
镞②	41	10.6	2.1	2.2	1	0.8	0.6	0.45-0.25	3	有		12.2	铤尾呈棱锥形
镞②	42	9.1	2	2.3	1	0.8	0.6	0.45-0.3		有		12.3	铤尾呈半球形，猴丝较少
镞②	43	13.6	2.2	2.3	1	0.75	0.45	0.25-0.35	2	有	3.2	13.4	铤尾薄平，末端铜液缺失0.5厘米
镞②	44	8.8	2.1	2.3	1	0.8	0.7	0.45-0.3	3	有		11.7	铤尾呈棱锥形
镞②	45	9.8	2.1	2.35	0.95	0.8	0.6	0.45		有		11.2	铤尾呈半球形
镞②	46	10.5	2.1	2.2	0.95	0.75	0.55	0.35		有		11.9	铤尾厚平
镞②	47	9.3	2	2.2	0.95	0.7	0.55	0.4		有		11.6	铤尾末端铜液缺失
镞②	48	10.5	2.1	2.3	1	0.8	0.6	0.4-0.3	3	有		12.9	铤尾呈棱锥形
镞②	49	8.7	2.1	2.2	1	0.75	0.55	0.35		有		11.7	铤尾厚平
镞②	50	10	2.1	2.3	1	0.8	0.55	0.4	1	有		11.9	铤尾厚平
镞②	51	9.8	2.1	2.25	1.05	0.8	0.6	0.35-0.25		有		13	铤尾呈半球形，末端铜液缺失
镞②	52	10.6	2	2.1	1	0.75	0.65	0.45-0.25	3	无		12.4	铤尾呈半球形
镞②	53	11.8	2.1	2.2	1	0.8	0.6	0.4-0.25	3	无		11.3	铤尾薄平
镞②	54	10.3	2.1	2.2	1	0.75	0.65	0.35-0.3	3	无		12	铤尾呈棱锥形
镞②	55	9.2	2.1	2.2	0.95	0.75	0.6	0.45-0.25	3	无		13.8	铤尾呈棱锥形
镞②	56	11	2.2	2.3	1.08	0.85	0.6	0.4-0.3	3	无		12.7	铤尾薄平，经打磨修整
镞②	57	9.6	2.1	2.3	1	0.8	0.55	0.4-0.35	3	无		14.5	铤尾呈半球形，经打磨修整
镞②	58	10.8	2	2.3	1.05	0.8	0.55	0.45-0.3	3	无		13.1	铤中部有砂眼

续附二七

簇号	序号	通长（厘米）	首（厘米）					铤		猴丝	垫片长（厘米）	重量（克）	备注
			锋直长	锋弧长	本宽	关长	关高	径（厘米）	范线数				
簇②	59	8.55	2.1	2.3	1	0.8	0.6	0.55－0.3	3	无		13	铤经打磨
簇②	60	8.5	2.2	2.3	1	0.8	0.65	0.4－0.5	3	无		11.7	
簇②	61	7.4	2.1	2.3	0.95	0.75	0.6	0.35		无		11.1	铤尾厚平，通体打磨
簇②	62	9.1	2.1	2.2	1.05	0.8	0.55	0.35		无		10.2	铤尾呈半球形，通体打磨
簇②	63	6.9	2.2	2.25	0.95	0.75	0.6	0.4		无		12.1	铤尾呈半球形，通体打磨
簇②	64	9.15	2.2	2.25	0.95	0.75	0.55	0.4		无		9.4	铤尾呈半球形，通体打磨
簇②	65	6.9	2	2.1	1	0.75	0.6	0.35		无		11	铤尾呈半球形，通体打磨
簇②	66	9.15	1.9	2.1	1	0.75	0.6	0.35	3	无		12.8	铤尾呈半球形，局部打磨
簇②	67	9.4	2.1	2.2	1	0.8	0.55	0.4－0.35		无		10.5	铤尾呈半球形，铜液缺失
簇②	68	8.4	2.05	2.3	0.95	0.75	0.55	0.35－0.25		无		9.7	铤尾呈半球形，末端铜液缺失
簇②	69	7.6	2.05	2.2	1	0.75	0.55	0.35		无		11	铤尾呈半球形，末端铜液缺失 1.5厘米
簇②	70	8.9	2	2.1	1	0.8	0.6	0.35－0.3		无		11.1	铤尾呈半球形，末端铜液缺失
簇②	71	9.4	2.1	2.2	1	0.85	0.55	0.4－0.3		无		12.9	铤尾呈半球形，近末端铜液缺失
簇②	72	9.1	2.15	2.35	0.95	0.8	0.55	0.35		无		11.6	铤尾厚平
簇②	73	8.9	2.15	2.3	0.95	0.75	0.6	0.4		无		10.2	铤尾厚平
簇②	74	9.6	2	2.15	0.95	0.75	0.55	0.3	3	无		11.6	铤尾厚平，通体打磨
簇②	75	8.9	2.1	2.2	1	0.8	0.55	0.4－0.3	3	无		8.9	铤尾厚平，通体打磨
簇②	76	8.3	2.1	2.2	1.05	0.8	0.6	0.4－0.25	3	无		10.9	铤经打磨，尾呈半球形
簇②	77	9.9	2.1	2.25	1	0.8	0.55	0.35－0.25	3	无		11.4	铤尾薄平
簇②	78	8	2.1	2.2	0.95	0.75	0.6	0.4－0.3	3	无		10	铤尾厚平，通体打磨
簇②	79	10.1	2.1	2.25	1.05	0.85	0.6	0.45－0.2	3	无		12.9	铤尾薄平，经打磨
簇②	80	10.4	2.05	2.15	0.95	0.75	0.55	0.45－0.25	3	无		11.1	铤尾薄平，中段有砂眼
簇②	81	9.8	2.05	2.2	1	0.75	0.6	0.45－0.25	3	无		12.1	

续附表二七

簇号	序号	通长（厘米）	首（厘米）					铤		缑丝	垫片长（厘米）	重量（克）	备注
			锋直长	锋弧长	本宽	关长	关高	径（厘米）	范线数				
簇②	82	9.9	2	2.15	0.95	0.75	0.55	0.4		无		12.1	
簇②	83	10	2.1	2.3	1	0.8	0.6	0.4		无		12.8	通体打磨
簇②	84	8.6	2.2	2.35	1	0.8	0.65	0.5－0.3	3	无		12.6	范线高凸明显
簇②	85	10.1	2.1	2.3	0.95	0.75	0.6	0.4－0.25	3	无		12.2	
簇②	86	10.4	2	2.25	1	0.8	0.6	0.45－0.25	3	无		11.6	
簇②	87	10.7	2.15	2.3	1	0.8	0.55	0.35－0.3	3	无		11.8	铤尾呈棱锥形
簇②	88	10.8	2.1	2.3	1	0.8	0.55	0.45－0.3	3	无		12.1	铤尾呈棱锥形
簇②	89	10.8	2.1	2.2	1	0.8	0.55	0.4－0.25	3	无		11.7	铤尾呈棱锥形
簇②	90	10.2	2.1	2.3	1	0.8	0.6	0.4－0.2	3	无		10.8	铤尾呈棱锥形
簇②	91	9.8	2.1	2.2	1	0.8	0.6	0.4－0.25	3	无		10.6	铤尾呈棱锥形，打磨至近末端
簇②	92	10.5	2.2	2.4	1	0.8	0.6	0.4－0.25	3	无		10.6	铤尾呈棱锥形，打磨至近末端
簇②	93	10.4	2.1	2.2	1	0.8	0.6	0.35－0.2	3	无		11.7	铤尾呈棱锥形，打磨至近末端
簇②	94	10.1	2.1	2.2	0.95	0.75	0.6	0.35－0.2	3	无		12.5	铤尾呈棱锥形，打磨至近末端
簇②	95	10.05	2	2.15	1	0.8	0.6	0.4－0.25	3	无		12.8	铤尾呈棱锥形，打磨至近末端
簇②	96	10	2.1	2.25	1	0.8	0.65	0.4－0.25	3	无		12	铤尾薄平，打磨至近末端
簇②	97	9.75	2.15	2.3	0.95	0.8	0.6	0.35－0.25	3	无		10.7	残。铤尾呈棱锥形，打磨至尾
簇②	98	9.6	2.1	2.3	0.95	0.8	0.55	0.4－0.25	3	无		7.4	铤尾呈棱锥形，打磨至近末端
簇②	99	10	2	2.2	1.05	0.8	0.6	0.4－0.25	3	无		12.4	铤尾薄平，打磨至近末端
簇②	100	10.1	2.05	2.2	1	0.8	0.65	0.45－0.25	3	无		12.7	铤尾呈棱锥形，打磨至近末端
簇②	101	10.8	2.15	2.3	1.05	0.8	0.55	0.45－0.2	3	无		12.9	铤尾呈棱锥形，打磨至近末端
簇②	102	残3.9								无			残，锈蚀严重
簇②	103	残5.3	2.05	2.2	1	0.75	0.55	0.35		无		10.8	铤残，有打磨痕
簇③	1	17	2.2	2.35	0.95	0.75	0.55	0.3－0.25	2	有	1.1	13.8	铤尾薄平，垫片包铤近1/2

续附表二七

簇号	序号	通长(厘米)	锋直长	锋弧长	本宽	关长	关高	径(厘米)	范线数	猴丝	垫片长(厘米)	重量(克)	备注
					首(厘米)			铤					
簇③	2	13.8	2.1	2.3	1	0.75	0.55	0.4-0.3		有		13	铤尾厚平，猴丝交叉缠
簇③	3	14.5	2.2	2.3	1	0.75	0.55	0.35	2	有	1.45	13.3	铤尾厚平，猴丝交叉缠
簇③	4	16.7	2.1	2.2	0.95	0.75	0.5	0.3	2	有		14.6	铤尾薄平，猴丝交叉缠
簇③	5	16.9	2.1	2.2	1	0.8	0.5	0.35	2	有		16.3	铤尾薄平，猴丝交叉缠
簇③	6	16.2	2.2	2.4	1	0.75	0.55	0.4-0.3	2	有		13.8	铤尾薄平，猴丝交叉缠
簇③	7	16	2.1	2.3	1	0.75	0.5	0.35-0.25	2	有		14.8	铤尾薄平，猴丝交叉缠
簇③	8	17.75	2.2	2.3	1	0.8	0.6	0.35-0.25	2	有		16.8	铤尾薄平，猴丝交叉缠
簇③	9	16.5	2.1	2.3	1	0.8	0.55	0.35-0.25	2	有		14.4	铤尾薄平，猴丝交叉缠
簇③	10	14.8	2.2	2.35	1.05	0.8	0.6	0.35	2	有		13.5	铤尾薄平，猴丝交叉缠
簇③	11	16.9	2.2	2.3	1	0.75	0.55	0.35×0.25	2	有		14.2	铤尾薄平，猴丝交叉缠
簇③	12	16.2	2.2	2.3	1	0.85	0.6	0.3		有	1.2	13.2	垫片包全铤。铤尾呈半球形
簇③	13	17	2.1	2.3	1	0.8	0.6	0.35		有		16.6	猴丝交叉缠
簇③	14	15.8	2.1	2.3	1	0.75	0.6	0.35-0.2	2	有		14	铤截面近椭圆形，猴丝交叉缠
簇③	15	18.25	2.2	2.4	1.05	0.75	0.6	0.35-0.25	2	有		16.1	铤尾呈棱锥形，截面近椭圆形
簇③	16	16.75	2.2	2.2	1	0.8	0.65	0.3	2	有		14.9	铤尾厚平，截面近椭圆形
簇③	17	18.4	2.15	2.35	1	0.75	0.6	0.35	2	有		16	铤截面近椭圆形
簇③	18	14.2	2.1	2.3	1	0.75	0.5	0.3	2	有	2	12.8	尾端范线清晰、高凸
簇③	19	16.4	2.2	2.2	1	0.75	0.55	0.3	2	有	1.55	12.7	铤尾薄平
簇③	20	18.1	2.2	2.3	1.05	0.75	0.6	0.35	2	有		17.1	铤尾薄平，猴丝交叉缠
簇③	21	15.5	2.2	2.3	1	0.75	0.55	0.3	2	有	0.5	13.6	铤尾薄平，猴丝交叉缠
簇③	22	15.9	2.2	2.25	1.05	0.75	0.6	0.35	2	有		15.1	铤尾呈半球形
簇③	23	14	2.2	2.3	1	0.8	0.55	0.35		有		14.2	铤尾薄平
簇③	24	17.5	2.1	2.3	1	0.8	0.5	0.35	2	有		15.9	铤尾薄平，近末端截面呈椭圆形

续附表二七

镞号	序号	通长（厘米）	首（厘米）					铤		镞丝	垫片长（厘米）	重量（克）	备注
			锋直长	锋弧长	本宽	关长	关高	径（厘米）	范线数				
镞③	25	17.5	2.1	2.3	1	0.75	0.6	0.35	2	有		15.8	铤尾厚平，中部铜液缺失
镞③	26	16.3	2.2	2.35	1	0.75	0.55	0.35	2	有		15.9	铤尾厚平
镞③	27	14.3	2.1	2.25	0.95	0.75	0.55	0.3		有		14.7	铤尾薄平
镞③	28	17.2	2.1	2.3	0.95	0.8	0.55	0.3	2	有		14.6	铤尾薄平
镞③	29	17.4	2.1	2.3	1	0.8	0.55	0.35	2	有		14	
镞③	30	18.2	2.1	2.3	1	0.8	0.55	0.35	2	有		16.4	
镞③	31	15.5	2.2	2.4	0.95	0.75	0.55	0.35	2	有	0.9	14.6	铤尾薄平
镞③	32	11	2.2	2.3	1	0.8	0.55	0.35×0.25	2	有		13.9	铤尾呈棱锥形
镞③	33	17.11	2.15	2.3	1	0.8	0.6	0.3	2	有		15.8	铤尾呈半球形
镞③	34	16.9	2.1	2.2	1	0.8	0.6	0.35	2	有		15.8	截面呈椭圆形
镞③	35	14	2.15	2.3	0.95	0.75	0.55	0.3		有		13	铤尾薄平
镞③	36	13	2.1	2.3	1	0.8	0.55	0.3		有		13.3	铤尾薄平
镞③	37	17.1	2.15	2.4	0.95	0.85	0.6	0.4	2	有		16.9	铤尾呈棱锥形
镞③	38	16.9	2.15	2.3	1.05	0.75	0.6	0.3	2	有		14.8	铤尾呈棱锥形
镞③	39	15.1	2.2	2.2	0.95	0.75	0.6	0.3		有		13.5	铤尾厚平
镞③	40	17.3	2.15	2.3	1	0.75	0.6	0.3	2	有		14.9	铤尾薄平
镞③	41	17.4	2.2	2.3	1	0.75	0.55	0.33	2	有		16	铤尾呈棱锥形
镞③	42	12.9	2.15	2.3	0.95	0.8	0.55	0.3		有		15.3	铤尾厚平
镞③	43	残	2.2	2.4	1.05	0.8	0.6	0.35	2	有		12.2	铤尾薄平
镞③	44	残	2.1	2.3	1.05	0.8	0.6	0.35		有		14.2	铤尾呈半球形
镞③	45	17.2	2.2	2.3	0.95	0.75	0.55	0.35	2	有		14.8	铤尾薄平
镞③	46	12	2.1	2.3	1	0.75	0.55	0.3	2	无		13.1	铤尾厚平
镞③	47	13.5	2.15	2.3	1	0.8	0.6	0.35	2	无		13.7	铤尾厚平

续附表二七

簠号	序号	通长（厘米）	首（厘米）					铤		猴丝	垫片长（厘米）	重量（克）	备注
			锋直长	锋弧长	本宽	关长	关高	径（厘米）	范线数				
簠③	48	17.1	2.1	2.3	1	0.75	0.55	0.3		无		14.9	铤尾厚平
簠③	49	17.2	2.1	2.3	0.95	0.8	0.55	0.35		无		15.4	铤尾厚平
簠③	50	15.7	2.1	2.2	0.95	0.85	0.6	0.35		无		15.2	铤尾呈半球形
簠③	51	12.9	2.1	2.3	1	0.8	0.6	0.35		无		13.7	铤尾厚平
簠③	52	13.2	2.2	2.2	1	0.8	0.55	0.3		无		13.5	铤尾厚平
簠③	53	残			1	0.75	0.6	0.4	1	无		13.9	铤尾厚平
簠③	54	残			1	0.75	0.55	0.3	2	无	0.95	11.4	铤尾呈半球形，垫片包铤近2/3
簠③	55	残16.9			0.95	0.75	0.5	0.35	2	无	0.5	15	铤尾呈半球形
簠③	56	18.3	2.1	2.3	1.05	0.75	0.55	0.35		无		16.3	铤尾厚平
簠③	57	13.6	2.1	2.25	0.95	0.75	0.6	0.35		无		14.3	铤尾厚平
簠③	58	11.4	2.15	2.4	0.95	0.8	0.55	0.35		无		12.6	铤尾厚平
簠③	59	12.7	2.1	2.3	0.95	0.85	0.6	0.35		无		12.1	铤尾厚平
簠③	60	14.3	2.1	2.25	1	0.85	0.5	0.35		无		14.6	铤尾厚平
簠③	61	13.7	2.1	2.2	1	0.75	0.55	0.35		无		13.1	铤尾厚平
簠③	62	12.9	2.1	2.3	0.95	0.75	0.55	0.3		无		13.6	铤尾厚平
簠③	63	15.35	2.15	2.3	1	0.7	0.55	0.3		无		14.1	铤尾厚平
簠③	64	13.6	2.2	2.3	1.05	0.75	0.5	0.3		无		12.9	铤尾厚平
簠③	65	9.4	2.1	2.25	0.9	0.7	0.55	0.4		无		11.6	铤尾厚平
簠③	66	12.6	2.1	2.3	1	0.75	0.55	0.35		无		12.7	铤尾呈半球形
簠③	67	13.1	2.1	2.35	1	0.8	0.6	0.3	2	无	0.5	12	铤尾呈半球形
簠③	68	13.2	2.15	2.3	1	0.8	0.45	0.35		无		14.8	铤尾呈半球形
簠③	69	14.8	2.1	2.3	1	0.75	0.6	0.3	2	有	1.5	13	铤尾呈半球形
簠③	70	16.1	2.2	2.35	1	0.8	0.55	0.35		无		16.2	铤尾厚平

续附表二七

镞号	序号	通长（厘米）	首（厘米）					铤		猴丝	垫片长（厘米）	重量（克）	备注
			锋直长	锋弧长	本宽	关长	关高	径（厘米）	范线数				
镞③	71	19	2.15	2.3	1	0.8	0.55	0.3	2	无		16.5	铤尾薄平，范线重合
镞③	72	19	2.2	2.3	1.05	0.75	0.5	0.35	2	无		16.8	铤尾薄平，范线重合
镞③	73	17.7	2.3	2.3	1	0.8	0.55	0.35	2	无		16.9	铤尾薄平，范线重合
镞③	74	17	2.2	2.3	1	0.8	0.55	0.35	2	无		15.8	铤尾薄平，范线重合
镞③	75	15.5	2.2	2.35	1	0.75	0.55	0.35	2	无		16.4	铤尾薄平，范线重合
镞③	76	15.7	2.2	2.4	1	0.75	0.6	0.3	2	无		14.6	铤尾薄平，范线重合
镞③	77	16.5	2.1	2.3	1	0.8	0.55	0.35	2	有		15.1	铤尾薄平，范线重合
镞③	78	16.4	2.1	2.3	1	0.8	0.55	0.25	2	无		12.9	铤尾薄平，范线重合
镞③	79	15.8	2.2	2.35	1	0.75	0.55	0.35	2	无		14.7	铤尾薄平，范线重合
镞③	80	15.6	2.15	2.3	1	0.8	0.55	0.3		无		14.8	铤尾薄平，范线重合
镞③	81	19.1	2.15	2.3	0.95	0.75	0.55	0.35	2	无		17.5	铤尾薄平
镞③	82	18.1	2.2	2.3	1	0.8	0.6	0.35	2	无	1.7	9.6	铤尾薄平
镞③	83	14.2	锈蚀	锈蚀	1	0.75	0.55	0.3		无		14.6	铤尾薄平
镞③	84	14.8	2.2	2.4	0.95	0.75	0.55	0.3	2	无		15.4	铤尾厚平
镞③	85	18.8	2.2	2.3	0.95	0.8	0.6	0.4	2	无		16.1	铤尾斜，薄平
镞③	86	18.6	2.1	2.35	1	0.8	0.55	0.3	2	无		12.9	铤尾薄平
镞③	87	16.5	2.2	2.35	1	0.8	0.55	0.3		无		16.6	铤尾薄平
镞③	88	15.9	2.15	2.3	0.95	0.75	0.6	0.3	2	无		15.7	铤尾薄平
镞③	89	15.3	2.15	2.35	1	0.75	0.6	0.3	2	无		12.8	铤尾薄平，范线重合
镞③	90	16	2.1	2.3	0.95	0.75	0.6	锈蚀	2	无		12.6	铤尾薄平，范线缺失，尾呈棱锥形
镞③	91	18.1	2.2	2.3	1	0.8	0.6	锈蚀	2	无		15.3	铤多处铜液缺失，尾呈棱锥形
镞③	92	16.7	2.1	2.3	1	0.8	0.55	0.3	2	无		17.2	铤尾呈棱锥形
镞③	93	15.5	2.1	2.3	0.95	0.75	0.5	0.3	2	无		13.7	铤尾呈棱锥形

续附表二七

镞号	序号	通长（厘米）	首（厘米）					铤		猴丝	垫片长（厘米）	重量（克）	备注
			锋直长	锋弧长	本宽	关长	关高	径（厘米）	范线数				
镞③	94	16.8	2.15	2.4	0.95	0.85	0.55	0.35	2	无		13.4	铤尾斜，薄平
镞③	95	14.7	2.1	2.3	1	0.85	0.5	0.35－0.25		无		14.1	铤尾呈棱锥形
镞③	96	15.9	2.1	2.4	0.95	0.8	0.6	0.3	2	无	0.5	16	铤尾厚平
镞③	97	16.9	2.15	2.2	1	0.8	0.55	0.4		无		15.2	铤尾厚平
镞③	98	16.8	2.05	2.2	0.95	0.75	0.55	0.25	2	无	0.9	16.4	铤尾厚平，范线重合
镞③	99	17.5	2.1	2.3	1	0.75	0.6	0.35	2	无		12.1	铤尾厚平，范线重合
镞③	100	残8	2.1	2.3	1	0.8	0.5	0.35		无		12.5	铤残
镞⑥	1	11.2	2.2	2.3	1	0.75	0.5	0.35	3	有		11.6	铤尾呈棱锥形
镞⑥	2	11.2	2.2	2.25	1	0.8	0.6	0.35－0.3	3	有		12.7	铤尾呈棱锥形
镞⑥	3	11.5	2.2	2.25	1	0.8	0.5	0.4－0.2	3	有		12.3	铤尾呈棱锥形
镞⑥	4	11.4	2.2	2.25	1	0.8	0.6	0.4－0.3	3	有		12.1	铤尾呈棱锥形
镞⑥	5	11.7	2.25	2.3	1	0.8	0.6	0.45－0.35	3	有		13	铤尾呈棱锥形
镞⑥	6	11.1	2.2	2.3	1	0.8	0.5	0.45－0.3	3	有		12.9	铤尾呈棱锥形
镞⑥	7	10.6	2.2	2.25	1	0.8	0.5	0.4－0.3	3	有		11.9	铤尾呈棱锥形
镞⑥	8	11	2.2	2.25	1	0.8	0.6	0.45－0.3	3	有		12	铤尾呈棱锥形
镞⑥	9	11.1	2.2	2.3	1	0.8	0.6	0.35	3	有		12.6	铤尾呈棱锥形
镞⑥	10	11	2.25	2.3	1	0.8	0.55	0.4－0.3	3	有		13.6	铤尾呈棱锥形
镞⑥	11	10.9	2.3	2.3	1.05	0.8	0.55	0.4－0.3	3	有		14	铤尾呈棱锥形
镞⑥	12	10.3	2.2	2.3	1	0.8	0.55	0.4－0.3	3	有		11.6	铤尾呈棱锥形
镞⑥	13	11.1	2.1	2.2	1	0.8	0.6	0.5－0.3	3	有		12.5	铤尾呈棱锥形
镞⑥	14	10.7	2.2	2.3	1	0.8	0.55	0.4－0.3	3	有		12	铤尾呈棱锥形
镞⑥	15	10.8	2.2	2.3	1	0.8	0.5	0.35－0.3	2	有		13	铤尾呈圆锥形
镞⑥	16	10.9	2.1	2.2	1	0.8	0.6	0.45－0.25	3	有		12.9	铤尾呈棱锥形

续附表二七

镞号	序号	通长（厘米）	首（厘米）					铤		镞丝	垫片长（厘米）	重量（克）	备注
			锋直长	锋弧长	本宽	关长	关高	径（厘米）	范线数				
镞⑥	17	10.8	2.15	2.2	1	0.8	0.6	0.4－0.3	3	有		11.5	铤尾呈棱锥形
镞⑥	18	10.9	2.3	2.3	1	0.8	0.5	0.4－0.3	3	有		12.9	铤尾呈棱锥形
镞⑥	19	10.4	2.15	2.2	1	0.8	0.6	0.5－0.3	3	有		10.9	铤尾呈棱锥形
镞⑥	20	10.7	2.3	2.3	1	0.8	0.5	0.4－0.3	3	有		12.1	铤尾呈棱锥形
镞⑥	21	10.8	2.2	2.2	1	0.8	0.5	0.5－0.35	3	有		13.8	铤尾薄平，毛茬
镞⑥	22	10.7	2.25	2.25	1.05	0.8	0.5	0.4－0.3	3	有		13.6	铤尾呈棱锥形
镞⑥	23	10	2.2	2.2	1	0.8	0.55	0.45－0.3	3	有		11.8	铤尾薄平，毛茬
镞⑥	24	11	2.3	2.3	1	0.8	0.55	0.4－0.3	3	有		12.4	铤尾呈棱锥形
镞⑥	25	10.4	2.2	2.2	1	0.8	0.55	0.4－0.2	3	有		12	铤尾呈棱锥形
镞⑥	26	10	2.1	2.2	1.05	0.8	0.6	0.4－0.3	3	有		11.4	铤尾呈棱锥形
镞⑥	27	10.7	2.2	2.3	1.05	0.8	0.55	0.35－0.3	3	有		11.9	铤尾呈棱锥形
镞⑥	28	11.1	2.25	2.25	1.05	0.8	0.6	0.4－0.3	3	无		12.1	铤尾呈棱锥形
镞⑥	29	10.5	2.25	2.3		0.8	0.55	0.4－0.25	3	无		12.4	铤尾呈棱锥形
镞⑥	30	10.3	2.2	2.3	1	0.8	0.6	0.4－0.35	3	有		11.5	铤尾呈棱锥形，毛茬
镞⑥	31	10.2	2.1	2.2	1	0.85	0.6	0.4－0.2	3	有		10.9	铤尾呈半球形
镞⑥	32	10.6	2.2	2.3	1	0.8	0.6	0.4－0.3	3	有		11.9	铤尾呈棱锥形，毛茬
镞⑥	33	10.8	2.3	2.3	1	0.8	0.5	0.4－0.25	3	无		12.4	铤尾薄平，毛茬
镞⑥	34	11.5	2.2	2.3	1	0.8	0.6	0.4－0.25	3	有		12.8	铤尾薄平，毛茬
镞⑥	35	10.75	2.25	2.3	1.05	0.8	0.5	0.4	3	有		12.9	铤尾薄平，毛茬
镞⑥	36	10.9	2.2	2.25	1	0.8	0.5	0.4－0.3	3	有		11.9	铤尾呈棱锥形，毛茬
镞⑥	37	10.4	2.1	2.2	1	0.8	0.55	0.4－0.2	3	有		11.2	铤尾呈半球形
镞⑥	38	9.9	2.1	2.2	1	0.8	0.5	0.4－0.3	3	无		11.2	铤尾呈棱锥形，毛茬
镞⑥	39	10.8	2.25	2.3	1	0.8	0.6	0.5－0.2	3	有		12.5	铤尾呈半球形

续附表二七

簇号	序号	通长（厘米）	首（厘米）					铤		镶丝	垫片长（厘米）	重量（克）	备注
			锋直长	锋弧长	本宽	关长	关高	径（厘米）	范线数				
簇⑥	40	10.6	2.2	2.2	1.05	0.8	0.55	0.5－0.25	3	有		13	铤尾薄平，毛茬
簇⑥	41	8.7	2.2	2.3	1	0.8	0.5	0.4－0.25		无		11.8	铤尾呈半球形
簇⑥	42	9.4	2.2	2.25	1	0.8	0.55	0.4	3	有		12.9	铤尾薄平，毛茬
簇⑥	43	10.6	2.3	2.3	1	0.8	0.6	0.4－0.3	3	无		14	铤尾薄平，毛茬
簇⑥	44	10.4	2.3	2.3	1	0.8	0.5	0.4	3	有		12.6	铤尾薄平，毛茬
簇⑥	45	8.1	2.3	2.3	1	0.8	0.5	0.4－0.3	3	有		11.8	铤尾厚平，毛茬
簇⑥	46	10.3	2.1	2.2	1	0.8	0.6	0.4	3	无		11.5	铤尾呈棱锥形，毛茬
簇⑥	47	9.8	2.3	2.3	1	0.8	0.5	0.4－0.3	3	有		11.8	铤尾呈棱锥形，毛茬
簇⑥	48	9.1	2.2	2.2	1	0.8	0.5	0.4－0.3		有		11.1	铤尾厚平，毛茬
簇⑥	49	8.9	2.2	2.3	1	0.8	0.6	0.4－0.3	3	有		10.5	铤尾厚平，毛茬
簇⑥	50	10.3	2.3	2.3	1	0.8	0.6	0.3	3	无		12	铤尾呈半球形
簇⑥	51	9.9	2.1	2.2	1	0.8	0.6	0.4－0.2	3	无		11	铤尾呈半球形
簇⑥	52	9.7	2.2	2.25	1	0.8	0.6	0.4－0.3	3	无		11.1	铤尾呈半球形
簇⑥	53	10	2.3	2.3	1	0.75	0.5	0.4－0.25	3	有		10.8	铤尾薄平，毛茬
簇⑥	54	9.3	2.2	2.3	1	0.8	0.55	0.35		无		11.1	铤尾呈半球形
簇⑥	55	10.7	2.2	2.3	1	0.8	0.55	0.4	3	无		13.3	铤尾薄平，毛茬
簇⑥	56	10.6	2.1	2.2	1	0.8	0.6	0.4	3	有		13.2	铤尾薄平，毛茬
簇⑥	57	9.5	2.2	2.3	1	0.8	0.5	0.45－0.3	3	有		11.5	铤尾呈棱锥形，毛茬
簇⑥	58	9.5	2.3	2.4	1	0.8	0.55	0.4－0.3	3	有		12.3	铤尾呈棱锥形，毛茬
簇⑥	59	9.2	2.3	2.4	1	0.8	0.5	0.3	3	有		13.1	铤尾厚平
簇⑥	60	9.4	2.25	2.3	1	0.8	0.55	0.4	3	有		12.4	铤尾厚平，毛茬
簇⑥	61	9.9	2.2	2.3	1.05	0.8	0.55	0.4	3	有		12.7	铤尾厚平，毛茬
簇⑥	62	10.3	2.25	2.35	1	0.8	0.6	0.4	3	有		12.5	铤尾薄平，茬口斜

续附表二七

簇号	序号	通长（厘米）	首（厘米）						铤		缑丝	垫片长（厘米）	重量（克）	备注
			锋直长	锋弧长	本宽	关长	关高	径（厘米）	范线数					
簇⑥	63	10.6	2.15	2.2	1	0.8	0.5	0.4－0.25		有		11.2	铤尾呈半球形，范线重合
簇⑥	64	10.7	2.2	2.2	1	0.8	0.5	0.4	3	有		12	铤尾薄平，茬口斜
簇⑥	65	9.1	2.2	2.3	1	0.85	0.55	0.5－0.35	3	有		10.3	铤尾薄平，茬口斜
簇⑥	66	10.9	2.2	2.3	1	0.8	0.6	0.4－0.3	3	有		12.9	铤尾呈棱锥形，毛茬
簇⑥	67	9.7	2.3	2.3	1	0.8	0.5	0.5－0.3	3	有		13	铤尾呈半球形，范线重合
簇⑥	68	10	2.2	2.3	1	0.8	0.5	0.4	3	有		13.5	铤尾呈棱锥形，毛茬
簇⑥	69	8.6	2.1	2.1	1	0.8	0.55	0.45－0.3	3	有		11.8	铤尾厚平
簇⑥	70	10.5	2.15	2.2	1	0.8	0.55	0.4－0.3	3	有		14.1	铤尾范线重合
簇⑥	71	10.1	2.1	2.2	1	0.8	0.6	0.45－0.3	3	有		12.3	铤尾厚平，范线重合
簇⑥	72	9.8	2.25	2.3	1	0.8	0.5	0.4－0.3	3	有		13	铤尾呈半球形
簇⑥	73	10.6	2.2	2.2	1	0.8	0.55	0.4－0.3	3	无		13.6	铤尾呈半球形，范线重合
簇⑥	74	10.1	2.2	2.3	1	0.8	0.5	0.4－0.3	3	无		11.7	铤尾厚平，毛茬
簇⑥	75	10	2.2	2.25	1	0.8	0.5	0.4－0.3	3	无		10.6	铤尾厚平，毛茬
簇⑥	76	10	2.2	2.25	1	0.8	0.5	0.4－0.3	3	无		12.7	铤尾呈半球形
簇⑥	77	11.9	2.3	2.4	1	0.8	0.5	0.35	3	无		12.3	铤尾厚平，毛茬
簇⑥	78	9.7	2.1	2.2	1	0.8	0.55	0.4	3	有		12.5	铤尾厚平，毛茬
簇⑥	79	9.8	2.1	2.25	1	0.8	0.55	0.4	3	有		14	铤尾厚平，毛茬
簇⑥	80	10.1	2.1	2.2	1	0.8	0.6	0.35	3	有		13.3	铤尾厚平，毛茬
簇⑥	81	9.7	2.3	2.3	1	0.8	0.6	0.4－0.2	3	有		12.7	铤尾呈半球形，范线重合
簇⑥	82	8.2	2.1	2.15	1	0.8	0.6	0.4－0.3	3	有		11.9	铤尾呈半球形，范线重合
簇⑥	83	10.5	2.2	2.3	1	0.8	0.5	0.4	3	有		11.2	铤尾呈半球形，范线重合
簇⑥	84	9.2	2.3	2.3	1	0.8	0.5	0.4－0.3	3	有		13.6	铤尾呈半球形
簇⑥	85	10.7	2.3	2.3	1	0.8	0.5	0.35	3	有		11.4	铤尾呈圆弧形，范线重合

续附表二七

簇号	序号	通长(厘米)	首(厘米)						铤		猴丝	垫片长(厘米)	重量(克)	备注
			锋直长	锋弧长	本宽	关长	关高	径(厘米)	范线数				
簇⑥	86	9.6	2.2	2.25	1	0.8	0.55	0.4	3	有		13.3	铤尾呈半球锥形
簇⑥	87	10.7	2.2	2.2	1	0.8	0.5	0.4−0.3	3	有		12.4	铤尾呈棱锥形，范线重合
簇⑥	88	9.1	2.2	2.25	1	0.8	0.55	0.4−0.3	3	有		11.8	铤尾呈半球锥形
簇⑥	89	10.5	2.25	2.3	1	0.8	0.55	0.4	3	有		13.1	铤尾呈半球形
簇⑥	90	9.5	2.2	2.3	1	0.8	0.6	0.4	3	有		10.5	铤尾厚平，毛茬
簇⑥	91	10.4	2.2	2.25	1	0.8	0.5	0.35	3	有		12.2	铤尾呈棱锥形，毛茬
簇⑥	92	11.1	2.3	2.3	1	0.8	0.6	0.4	3	有		12.3	铤尾呈棱锥形，毛茬
簇⑥	93	11.5	2.2	2.3	1	0.8	0.6	0.5−0.2	3	有		11.7	铤尾呈棱锥形，毛茬
簇⑥	94	8.8	2.2	2.2	1	0.85	0.55	0.35−0.3	3	无		12.4	铤尾呈半球形
簇⑥	95	10.4	2.3	2.4	1	0.8	0.45	0.4−0.35	3	有		10.1	铤尾薄平，断口斜茬
簇⑥	96	10	2.2	2.2	1	0.8	0.5	0.4	3	有		13	铤尾薄平，斜茬口
簇⑥	97	8	2.3	2.35	1	0.8	0.5	0.4−0.3	3	有		12.8	铤尾毛茬
簇⑥	98	10.6	2.3	2.4	1	0.8	0.5	0.4−0.35	3	有		10.3	铤尾薄平，斜茬口
簇⑥	99	9.7	2.3	2.4	1	0.75	0.5	0.3	3	有		14.1	铤尾呈半球形
簇⑥	100	8.6	2.25	2.25	1	0.8	0.55	0.4−0.35	3	无		12.2	铤尾薄平，斜茬口
簇⑥	101	6.8	2.2	2.25	1	0.8	0.5	0.4−0.35		无		10.8	铤尾厚平
簇⑥	102	8.8	2.4	2.45	1.1	0.7	0.4	0.4−0.35	2	无		9.6	铤尾厚平，毛茬
簇⑦	1	11.1	2.1	2.2	0.9	0.7	0.6	0.3	2	有			铤尾呈棱锥形
簇⑦	2	10.2	2.2	2.3	0.9	0.75	0.65	0.3		有			铤铜液有缺失，尾呈棱锥形
簇⑦	3	11.15	2.05	2.1	0.95	0.75	0.55	0.25		有			铤尾薄平，毛茬
簇⑦	4	11.6	2.05	2.1	1	0.8	0.55	0.35	2	有			铤尾薄平，毛茬
簇⑦	5	15.1	2.1	2.2	0.9	0.8	0.6	0.3×0.2	2	有			铤尾薄平，毛茬
簇⑦	6	12.3	2.2	2.4	0.9	0.7	0.5	0.3×0.25	2	有			铤尾范线重合

续附表二七

簇号	序号	通长（厘米）	首（厘米）					铤		镞丝	垫片长（厘米）	重量（克）	备注
			锋直长	锋弧长	本宽	关长	关高	径（厘米）	范线数				
簇⑦	7	13.5	2.2	2.25	0.95	0.8	0.6	0.25	2	有			铤尾呈半球形
簇⑦	8	13.2	2.1	2.25	1	0.75	0.6	0.3	2	有			铤尾范线重合
簇⑦	9	12.1	2.1	2.3	0.85	0.75	0.5	0.3	2	有			铤尾呈半球形
簇⑦	10	15	2.2	2.4	0.95	0.95	0.6	0.35	2	有			铤尾范线重合，断茬状
簇⑦	11	12.1	2.2	2.3	0.95	0.95	0.55	0.25	2	有			铤尾呈半球形
簇⑦	12	10.6	2.1	2.2	0.85	0.7	0.5	0.35－0.25	2	有			铤尾呈半球形
簇⑦	13	10.5	2.1	2.35	1	0.75	0.55	0.4－0.25	2	有			铤尾毛茬，范线弱
簇⑦	14	11.9	2.1	2.3	1	0.75	0.5	0.3	2	有	1.3		铤尾毛茬
簇⑦	15	14.5	2.1	2.2	1	0.75	0.5	0.3	2	有	0.8		铤尾毛糙，范线重合
簇⑦	16	14.9	2.2	2.3	1	0.75	0.5	0.3	2	有			铤尾呈半球形
簇⑦	17	14.5	2.05	2.1	0.95	0.8	0.55	0.3－0.2	2	有			铤尾薄平
簇⑦	18	13	2.05	2.1	0.95	0.75	0.55	0.3－0.25	2	有	0.3		铤尾薄平
簇⑦	19	14.4	2.1	2.2	1	0.75	0.55	0.25	2	有			铤尾薄平，毛糙，范线重合
簇⑦	20	13.4	2.2	2.4	0.95	0.75	0.5	0.35	2	有			铤尾薄平，毛糙
簇⑦	21	13.9	2.2	2.3	1	0.8	0.6	0.3	2	有			铤尾薄平，范线重合
簇⑦	22	15	2.2	2.3	1	0.75	0.6	0.2－0.3		有			铤尾薄平，范线重合
簇⑦	23	14.9	2.1	2.5	0.9	0.75	0.5	0.4	2	有			铤尾呈棱尖状，范线重合
簇⑦	24	13.2	2.2	2.4	0.85	0.75	0.45	0.3	2	有			铤尾薄平
簇⑦	25	12.8	2.1	2.3	0.9	0.75	0.6	0.3	2	有	0.5		铤尾呈半球形
簇⑦	26	13.5	2.1	2.3	0.9	0.75	0.5	0.3	2	有			铤尾薄平，毛糙
簇⑦	27	12.8	2.1	2.25	0.95	0.75	0.55	0.25	2	有			铤尾呈半球形
簇⑦	28	13.7	2.1	2.35	0.9	0.7	0.5	0.35－0.2	2	有	1.3		铤尾范线重合，棱尖状
簇⑦	29	13.7	2	2.3	0.9	0.75	0.6	0.35		有			铤尾薄平

续附表二七

簇号	序号	通长（厘米）	首（厘米）					铤		镞丝	垫片长（厘米）	重量（克）	备注
			锋直长	锋弧长	本宽	关长	关高	径（厘米）	范线数				
簇⑦	30	14.1	2.1	2.3	1	0.8	0.55	0.25	2	有			铤尾毛糙，范线重合
簇⑦	31	13.3	2.2	2.3	0.95	0.75	0.5	0.4-0.3		有			铤尾呈半球形
簇⑦	32	12.4	2.1	2.3	0.9	0.75	0.55	0.3		有			铤尾呈半球形
簇⑦	33	12	2.2	2.35	0.95	0.8	0.6	0.3		有			铤尾薄平
簇⑦	34	13.5	2.2	2.3	0.95	0.7	0.6	0.35-0.25	2	有			铤尾薄平，范线重合
簇⑦	35	14.3	2.2	2.25	1	0.8	0.65	0.25	2	有			铤弯，范线重合
簇⑦	36	11.1	2.25	2.3	0.95	0.75	0.6	0.35	4（?）	有			铤尾呈半球形，范线错位
簇⑦	37	13	2.2	2.3	1	0.8	0.6	0.25		有			
簇⑦	38	12.4	2.2	2.3	0.95	0.75	0.6	0.25	2	有			
簇⑦	39	14.6	2.1	2.3	0.95	0.75	0.6	0.3-0.2	2	有			铤尾呈棱锥形，尖细
簇⑦	40	12.4	2.2	2.3	0.95	0.75	0.65	0.25	2	有	0.8		铤尾范线重合
簇⑦	41	15.5	2.2	2.3	0.95	0.75	0.6	0.3	2	有			铤尾范线重合
簇⑦	42	12.8	2.2	2.3	0.9	0.8	0.6	0.35-0.2	2	有			铤尾薄平，范线重合
簇⑦	43	13.6	2.2	2.35	0.95	0.75	0.5	0.25	2	有	0.8		铤尾薄平，范线重合
簇⑦	44	15.7	2.2	2.3	0.9	0.75	0.55	0.25	2	有			铤尾薄平，范线重合
簇⑦	45	13.6	2.2	2.3	1	0.8	0.6	0.3	2	有			铤尾薄平，范线重合
簇⑦	46	10.5	2.2	2.3	0.9	0.7	0.6	0.3	2	有			铤尾薄平，范线重合
簇⑦	47	12.5	2.2	2.25	0.95	0.7	0.5	0.3	2	有			铤尾薄平，范线重合
簇⑦	48	13.8	2.1	2.3	0.9	0.7	0.5	0.3-0.25	2	有			铤尾薄平，范线重合
簇⑦	49	14.8	2.2	2.4	1	0.75	0.5	0.3	2	有			铤尾薄平，范线重合
簇⑦	50	12.5	2.2	2.3	0.9	0.65	0.55	0.35		有	0.5		铤尾薄平，范线重合
簇⑦	51	14.5	2.1	2.2	1	0.75	0.6	0.3	2	有			铤尾薄平，范线重合
簇⑦	52	12.8	2.1	2.3	0.95	0.7	0.5	0.25	2	有			铤尾薄平，范线重合

续附表二七

镞号	序号	通长（厘米）	首（厘米）					铤		缑丝	垫片长（厘米）	重量（克）	备注
			锋直长	锋弧长	本宽	关长	关高	径（厘米）	范线数				
镞⑦	53	15.7	2.1	2.3	0.9	0.8	0.5	0.25	2	有			铤尾呈棱锥形，头细
镞⑦	54	13.6	2.1	2.25	0.85	0.7	0.5	0.3	2	有	0.95		铤尾薄平，范线重合
镞⑦	55	15	2.2	2.3	0.9	0.7	0.55	0.25		有			铤尾呈棱锥形，头细
镞⑦	56	11.9	2.1	2.25	0.95	0.7	0.6	0.35		有			铤尾薄平，范线重合
镞⑦	57	10.3	2.2	2.3	1	0.75	0.5	0.3		有			铤尾薄平，范线重合
镞⑦	58	11.5	2.05	2.1	1	0.75	0.5	0.4－0.3		有			铤尾薄平，范线重合
镞⑦	59	10.4	2.25	2.4	0.9	0.75	0.5	0.4－0.25	2	有			铤尾呈球形
镞⑦	60	12.7	2.2	2.4	0.9	0.8	0.65	0.3×0.2	2	有			铤尾呈半球形
镞⑦	61	13.4	2.2	2.3	1	0.8	0.5	0.3－0.2	2	有			
镞⑦	62	13.6	2.1	2.3	0.95	0.75	0.55	0.35－0.2	2	有			
镞⑦	63	15.3	2.2	2.3	1	0.7	0.6	0.25	2	有	0.8		
镞⑦	64	11.3	2.1	2.3	1	0.75	0.55	0.35		有			铤尾厚平，扁圆形
镞⑦	65	12.6	2.3	2.5	1.05	0.8	0.6	0.3	2	有			铤尾薄平，范线重合
镞⑦	66	12.9	2.25	2.3	1	0.75	0.5	0.25－0.3	2	有			铤尾薄平，范线重合
镞⑦	67	12.5	2.3	2.4	0.9	0.75	0.55	0.3	2	有			铤尾薄平，范线重合
镞⑦	68	13.8	2.3	2.4	0.95	0.8	0.55	0.25	2	有			铤尾薄平，范线重合
镞⑦	69	14.4	2.25	2.4	0.9	0.7	0.55	0.2	2	无			铤尾薄平，范线重合
镞⑦	70	15.3	2.2	2.4	1	0.8	0.6	0.3	2	无	1.8		铤尾薄平，范线重合
镞⑦	71	15.4	2.2	2.3	1	0.75	0.55	0.35	2	无			铤尾薄平，范线重合
镞⑦	72	14.4	2.2	2.3	0.95	0.75	0.55	0.2－0.3	2	有			铤尾薄平，范线重合
镞⑦	73	13.6	2.25	2.3	0.95	0.8	0.6	0.3	2	有	0.4		铤尾薄平，范线重合
镞⑦	74	12.8	2.25	2.3	0.95	0.8	0.6	0.3	2	有			铤尾薄平，范线重合
镞⑦	75	11.3	2.3	2.4	0.95	0.8	0.5	0.3	2	有			铤尾薄平，范线重合

续附表二七

簇号	序号	通长（厘米）	锋直长	锋弧长	本宽	关长	关高	径（厘米）	范线数	猴丝	垫片长（厘米）	重量（克）	备注
簇⑦	76	12.4	2.25	2.3	1	0.8	0.5	0.3		无	1.4		
簇⑦	77	14.6	2.25	2.3	1	0.8	0.55	0.25		有	1		
簇⑦	78	13.4	2.2	2.3	1	0.75	0.5	0.3		有			铤尾呈半球形
簇⑦	79	14.8	2.15	2.25	1	0.75	0.65	0.3－0.2		有			铤尾呈半球形，毛糙
簇⑦	80	10.5	2.3	2.5	1	0.7	0.5	0.3－0.2	2	有			铤尾薄平，毛糙，范线重合
簇⑦	81	15.3	2.35	2.5	1	0.75	0.55	0.3	2	无	1.4		铤尾薄平，毛糙，范线重合
簇⑦	82	14.5	2.3	2.4	1	0.8	0.5	0.3－0.2	2	无	0.9		铤尾薄平，毛糙，范线重合
簇⑦	83	14.5	2.2	2.4	1	0.8	0.5	0.3－0.2	2	无			铤尾薄平，毛糙，范线重合
簇⑦	84	15.6	2.2	2.4	0.95	0.7	0.5	0.3	2	无			铤尾薄平，毛糙，范线重合
簇⑦	85	13.5	2.1	2.3	0.9	0.7	0.55	0.4	2	无			铤尾薄平，毛糙，范线重合
簇⑦	86	13.5	2.3	2.4	1	0.75	0.55	0.3	2	无			铤尾薄平，毛糙，范线重合
簇⑦	87	14.6	2.3	2.3	1	0.75	0.5	0.3－0.4		无			铤尾薄平，毛糙，范线重合
簇⑦	88	15	2.2	2.3	0.95	0.7	0.5	0.2		无			铤尾呈棱锥形，尖细
簇⑦	89	12.3	2.2	2.3	0.95	0.75	0.55	0.3	2	无	1.1		铤尾呈半球形，毛糙
簇⑦	90	10.8	2.3	2.4	1	0.8	0.55	0.3	2	无			铤尾呈棱锥形，尖细，毛糙
簇⑦	91	11.7	2.2	2.3	1	0.75	0.5	0.25	2	有	0.5		铤尾薄平，毛糙，范线重合
簇⑦	92	10.9	2.3	2.4	1	0.75	0.55	0.25	2	有			铤尾薄平，毛糙
簇⑦	93	13.7	2.3	2.35	1	0.7	0.6	0.25	2	有	0.7		
簇⑦	94	8.5	2.3	2.4	0.9	0.7	0.5	0.2	2	有			
簇⑦	95	残3.8	2.3	2.35	0.95	0.75	0.6			无	1.1		
簇⑦	96	11.2	2.1	2.25	0.95	0.75	0.5	0.3		有			
簇⑦	97	12.3	2.3	2.4	1	0.75	0.5	0.3	2	有			铤尾呈半球形，猴丝较多
簇⑦	98	10.8	2.15	2.3	0.9	0.7	0.5	0.25	2	有			铤尾薄平，可见少量锻迹

续附表二七

镞号	序号	通长（厘米）	首（厘米）					铤		镞丝	垫片长（厘米）	重量（克）	备注
			锋直长	锋弧长	本宽	关长	关高	径（厘米）	范线数				
镞⑦	99	15.4	2.35	2.4	1	0.75	0.55	0.25	2	有			铤尾薄平，范线重合，铜液有缺失
镞⑧	1	15.7	2.1	2.2	1	0.75	0.55	0.35		有			铤尾薄平，范线弱
镞⑧	2	16.4	2.2	2.3	1	0.75	0.6	0.4-0.3		有	1		铤尾薄平，范线弱
镞⑧	3	16.8	2.05	2.2	1	0.75	0.5	0.4-0.25		有			铤尾薄平，范线弱
镞⑧	4	16.1	2.2	2.35	1.05	0.8	0.5	0.4		有			铤尾薄平，范线弱
镞⑧	5	16.6	2.2	2.25	1	0.75	0.5	0.35		有	1.1		铤尾薄平，范线弱
镞⑧	6	15.4	2.1	2.25	1	0.8	0.55	0.35	2	有	1.4		铤尾薄平，毛糙
镞⑧	7	15.7	2.15	2.3	1.05	0.8	0.55	0.3		有			铤尾薄平，毛糙
镞⑧	8	16.7	2.2	2.3	1	0.75	0.5	0.3		有	1.8		铤尾薄平，毛糙
镞⑧	9	16.7	2.1	2.2	1	0.75	0.6	0.4-0.3		有			铤尾薄平，毛糙，范线弱
镞⑧	10	16.4	2.2	2.25	1	0.75	0.6	0.4-0.3		有			铤尾薄平，毛糙，范线弱
镞⑧	11	16.5	2.05	2.2	0.95	0.7	0.5	0.4	2	有			铤尾薄平
镞⑧	12	16.4	2.2	2.3	1	0.75	0.55	0.35-0.2	2	有	1.8		铤尾呈棱锥形，多处铜液缺失
镞⑧	13	16.8	2.15	2.2	1	0.75	0.55	0.35-0.3		有			铤尾呈半球形，范线弱
镞⑧	14	13.3	2.2	2.2	1	0.75	0.55	0.3-0.2	2				铤尾呈棱锥形，尖细
镞⑧	15	15.7	2.2	2.3	1	0.8	0.5	0.4-0.25		有			铤尾呈半球形，存笥
镞⑧	16	15.1	2.1	2.2	1	0.8	0.55	0.3		有			铤尾薄平，存笥，范线弱
镞⑧	17	17.2	2.1	2.15	1	0.75	0.6	0.35		有			铤尾薄平，存笥，范线弱
镞⑧	18	13	2.2	2.3	1	0.8	0.55	0.4		有			铤尾薄平，存笥，范线弱
镞⑧	19	16	2.1	2.2	1	0.75	0.5	0.35-0.3	2	有			铤尾薄平，毛糙
镞⑧	20	16.6	2.1	2.25	0.95	0.75	0.5	0.4-0.3	2	有			铤尾薄平，毛糙
镞⑧	21	16.9	2.1	2.2	0.95	0.75	0.55	0.35-0.3		有			铤尾薄平，毛糙
镞⑧	22	16.6	2.1	2.2	1	0.75	0.55	0.3	2	有			铤尾薄平，毛糙

续附表二七

镞号	序号	通长（厘米）	锋直长	锋弧长	本宽	关长	关高	径（厘米）	范线数	猴丝	垫片长（厘米）	重量（克）	备注
镞⑧	23	15.1	2.1	2.2	1	0.7	0.55	0.5×0.25	2	有			铤尾薄平，毛糙
镞⑧	24	16.8	2.1	2.3	1	0.8	0.55	0.4－0.3		有			铤尾薄平，毛糙
镞⑧	25	16.4	2.15	2.3	0.95	0.8	0.5	0.4－0.3		有			铤尾薄平，毛糙
镞⑧	26	16.8	2.1	2.2	0.9	0.75	0.5	0.4－0.3		有	1.2		铤尾薄平，毛糙
镞⑧	27	14.9	2.1	2.2	0.9	0.8	0.55	0.3	2	有			铤尾薄平，毛糙
镞⑧	28	16.3	2.2	2.3	0.9	0.75	0.5	0.35－0.3	2	有			铤尾薄平，毛糙
镞⑧	29	16.3	2.1	2.3	1	0.7	0.5	0.35－0.2	2	有			铤尾薄平，毛糙
镞⑧	30	14.2	2	2.1	0.95	0.8	0.6	0.35－0.2	2	有	2.1		铤尾呈半球形，渐细
镞⑧	31	15.5	2.1	2.2	0.95	0.75	0.5	0.4	2	有			铤尾薄平，毛糙
镞⑧	32	14.7	2.2	2.3	1	0.7	0.5	0.35－0.25		有			铤尾薄平，范线弱
镞⑧	33	16.8	2.2	2.2	1	0.8	0.55	0.4－0.3	2	有			铤尾厚平，毛糙
镞⑧	34	14.3	2.25	2.3	1.1	0.75	0.6	0.35		有	2.3		铤残
镞⑧	35	残2.9	2.2	2.3	0.95	0.75	0.55	0.4－0.3					铤尾薄平，范线弱
镞⑧	36	15.4	2.1	2.2	0.95	0.7	0.6	0.4－0.3		有			铤尾薄平，范线弱
镞⑧	37	15.4	2.2	2.3	0.95	0.75	0.55	0.4－0.3		有			铤尾薄平，范线弱
镞⑧	38	15.4	2.25	2.35	1	0.8	0.55	0.35－0.3		有			铤尾薄平，范线弱
镞⑧	39	12.5	2.2	2.25	1	0.8	0.5	0.4		有			铤尾薄平，范线弱
镞⑧	40	13.8	2.1	2.2	0.95	0.75	0.55	0.4－0.3		有			铤尾薄平，范线弱
镞⑧	41	16.5	2.15	2.25	1	0.8	0.55	0.3		有			铤尾薄平，范线弱
镞⑧	42	16.6	2.2	2.3	1.05	0.8	0.6	0.4－0.3		有			铤尾薄平，范线弱
镞⑧	43	15.5	2.1	2.25	1	0.8	0.5	0.4－0.3		有			铤尾呈半球形，范线弱
镞⑧	44	16.7	2.1	2.25	1	0.75	0.55	0.35		有			铤尾薄平，范线弱
镞⑧	45	14	2.2	2.3	0.95	0.75	0.5	0.35		有			铤尾薄平，范线弱

续附表二七

镞号	序号	通长（厘米）	锋直长	锋弧长	本宽	关长	关高	径（厘米）	范线数	镞丝	垫片长（厘米）	重量（克）	备注
镞⑧	46	14.7	2.15	2.25	1	0.8	0.55	0.35－0.3		有	0.6		铤尾薄平，范线弱
镞⑧	47	16.3	2.1	2.2	1	0.75	0.55	0.4－0.1		有	0.7		铤尾呈棱锥形，范线弱
镞⑧	48	16.2	2.1	2.25	1	0.8	0.6	0.4					铤尾薄平，范线弱
镞⑧	49	15.3	2.1	2.25	1	0.75	0.55	0.35－0.2					铤尾厚平，范线弱
镞⑧	50	16.3	2.2	2.3	1	0.8	0.55	0.35		有			铤尾呈棱锥形，范线弱
镞⑧	51	15.9	2.2	2.2	1	0.8	0.5	0.35			1.1		铤尾薄平，范线弱
镞⑧	52	16.1	2.1	2.2	1	0.75	0.6	0.35－0.3			1.1		铤尾薄平，简保存较好
镞⑧	53	16.9	2.2	2.25	1	0.8	0.55	0.4－0.3	2	有	1.5		镞丝仅见于铤首端
镞⑧	54	16.1	2.2	2.3	1.05	0.8	0.6	0.4					铤尾薄平，范线弱
镞⑧	55	16.4	2.1	2.2	1	0.8	0.55	0.35					铤尾薄平，范线弱
镞⑧	56	16.8	2.05	2.15	1	0.75	0.5	0.3			1.2		铤尾薄平，范线弱
镞⑧	57	13.8	2.1	2.2	0.95	0.8	0.5	0.3					铤尾薄平，范线弱
镞⑧	58	15.3	2.1	2.2	0.95	0.75	0.6	0.3					铤尾薄平，范线弱
镞⑧	59	15.6	2.2	2.3	1	0.8	0.55	0.4－0.3					铤尾薄平，范线弱
镞⑧	60	17	2.2	2.3	1	0.8	0.6	0.35					铤尾薄平，范线弱
镞⑧	61	16.4	2.2	2.3	1.05	0.8	0.6	0.3					铤尾厚平，范线弱
镞⑧	62	17.2	2.1	2.15	0.95	0.7	0.6	0.35－0.3					铤中段铜液缺失
镞⑧	63	16.7	2.1	2.2	0.95	0.75	0.55	0.35					铤尾薄平，范线弱
镞⑧	64	10.7	2.1	2.2	1	0.8	0.55	0.4－0.3					
镞⑧	65	9.9	2.2	2.2	1	0.75	0.55	0.4					铤残为两段
镞⑧	66	残6.7	2.2	2.2	1	0.75	0.55	0.4					铤残
镞⑧	67	16.4	2.15	2.3	0.95	0.75	0.55	0.4	2	有			有垫片
镞⑧	68	18.2	2.15	2.25	1	0.8	0.55	0.35	2	有			铤尾厚平，有垫片

续附表二七

簇号	序号	通长（厘米）	首（厘米）					铤		猴丝	垫片长（厘米）	重量（克）	备注
			锋直长	锋弧长	本宽	关长	关高	径（厘米）	范线数				
簇⑧	69	13.5	2.2	2.3	1	0.8	0.55	0.3		有			铤尾厚平，范线弱
簇⑧	70	13.8	2.2	2.25	1	0.75	0.55	0.4－0.3		有			铤尾厚平，范线弱
簇⑧	71	16.2	2.25	2.3	1	0.8	0.55	0.35－0.2		有			铤尾呈球形
簇⑧	72	16.8	2.1	2.2	1	0.8	0.55	0.3			2.5		铤尾薄平，范线弱
簇⑧	73	15.3	2.1	2.2	1	0.8	0.6	0.35		有			铤尾厚平，范线弱
簇⑧	74	残3	2.2	2.25	1	0.8	0.6	0.3					
簇⑧	75	残3.6	2.2	2.3	1	0.8	0.6	0.3					
簇⑧	76	残2.9	2.1	2.15	0.95	0.75	0.55	0.35					范线弱
簇⑧	77	残3.8	2.2	2.3	1	0.75	0.55	0.3					范线弱
簇⑧	78	残3.1	2.1	2.2	1	0.75	0.6						铤残
簇⑧	79	残5.7	2.1	2.2	1	0.75	0.6	0.3		有			铤残
簇⑧	80	残7.4	2.2	2.25	1	0.8	0.55	0.3		有			铤残
簇⑧	81	残6.4	2.1	2.2	1	0.75	0.5	0.3		有.			铤残
簇⑧	82	8.4	2.1	2.2	0.95	0.75	0.55	0.35					铤残
簇⑧	83	12.3	2.2	2.25	1	0.7	0.5	0.35－0.3					范线弱
簇⑧	84	残3.3	2.1	2.2	1	0.8	0.55	0.3×0.2					铤残
簇⑧	85	17.7	2.25	2.3	1	0.8	0.55	0.3					范线弱
簇⑧	86	8.8	2.15	2.2	1	0.75	0.55	0.3					笥保存好
簇⑧	87	15	2.15	2.25	1	0.75	0.5	0.4－0.3		有			铤尾厚平
簇⑧	88	14.5	2.2	2.25	1	0.75	0.55	0.3－0.25		有	2.3		铤尾薄平，范线弱
簇⑧	89	15.6	2.2	2.3	0.95	0.7	0.55	0.35		有			铤尾薄平，范线弱
簇⑧	90	15	2.2	2.2	1	0.75	0.6	0.35－0.3		有			铤尾薄平，范线弱
簇⑨	1	16	2.5	2.5	1	0.75	0.5	0.35	2	有			铤尾厚平

续附表二七

簇号	序号	通长(厘米)	首(厘米)					铤		镞丝	垫片长(厘米)	重量(克)	备注
			锋直长	锋弧长	本宽	关长	关高	径(厘米)	范线数				
簇⑨	2	14.1	2.4	2.5	0.94	0.7	0.5	0.3－0.5	2	有	6.95		垫片 2 处，局部重叠
簇⑨	3	14.1	2.3	2.4	1	0.7	0.55	0.3	2	有			
簇⑨	4	残	2.2	2.3	1.1	0.8	0.55						铤残
簇⑨	5	14.5	2.3	2.4	0.95	0.7	0.5	0.35	2	有			铤首锈重
簇⑨	6	15.4	2.3	2.4	1	0.75	0.5	0.4－0.5	2	有			铤尾厚平，铤首锈重
簇⑨	7	15.3	2.4	2.5	1.1	0.75	0.5	0.4	2	有			铤尾厚平，范线重合，铤首锈蚀
簇⑨	8	13.4	2.2	2.4	1	0.8	0.5	0.3－0.4	2	有			铤尾呈半球形，首部锈蚀严重
簇⑨	9	15.5	2.5	2.6	1	0.8	0.5	0.3－0.4	2	有			铤尾厚平
簇⑨	10	12	2.4	2.5	1	0.7	0.5	最大径0.4	2	有	2		铤尾厚平
簇⑨	11	14.2	2.5	2.6	1.1	0.8	0.5	0.35－0.5	1	有	2.1		铤尾厚平
簇⑨	12	残 2.7								有			仅存铤
簇⑨	13	15.2	2.3	2.3	0.95	0.75	0.5	最大径0.4	2	有			铤尾厚平
簇⑨	14	12.6	2.25	2.25	0.94	0.73	0.6	0.4－0.25	2	有			铤尾厚平
簇⑨	15	12.3	2.4	2.5	0.95	0.7	0.6	0.42	2	有	0.5		铤尾厚平
簇⑨	16	15.6	2.25	2.35	0.95	0.65	0.5	0.3	2	有	1.5		铤尾厚平
簇⑨	17	15.3	2.5	2.5	0.9	0.7	0.55	0.25－0.4	2	有	2.9		铤满布镞丝
簇⑨	18	14.3	2.3	2.4	0.9	0.7	0.55	0.35		有	2.5		
簇⑨	19	12	2.4	2.5	0.95	0.7	0.5	0.3	2	有			铤尾骤然尖细，呈棱锥形
簇⑨	20	15.5	2.2	2.3	0.9	0.75	0.6	0.3－0.4	2	有			
簇⑨	21	10	2.4	2.5	0.95	0.6	0.5	0.3－0.35	2	有			
簇⑨	22	14.6	2.5	2.6	1	0.7	0.55	0.35	2	有			
簇⑨	23	13	2.3	2.5	1	0.6	0.6	0.3	2	有			
簇⑨	24	12.1	2.2	2.4	0.95	0.7	0.55	0.3	2	有			铤尾范线重合

续附表二七

簇号	序号	通长（厘米）	锋直长	锋弧长	首（厘米）			铤		猴丝	垫片长（厘米）	重量（克）	备注
					本宽	关长	关高	径（厘米）	范线数				
簇⑨	25	14.5	2.5	2.5	1	0.8	0.6	0.3	2	有			铤尾范线重合
簇⑨	26	14.1	2.2	2.3	0.9	0.7	0.5	0.35	2	有			铤尾范线重合，关横磨
簇⑨	27	11.3	2.5	2.5	1	0.7	0.6	0.3	2	有			铤尾范线重合
簇⑨	28	15.2	2.5	2.5	1	0.7	0.6	0.2	2	有			铤尾范线重合
簇⑨	29	13.9	2.4	2.5	1	0.7	0.5	0.2	2	有			铤尾范线重合
簇⑨	30	13.6	2.3	2.4	1	0.7	0.5	0.35	2	有			
簇⑨	31	15.2	2.2	2.2	1	0.7	0.5	0.2–0.3	2	有	1.9		铤尾薄平，卷曲
簇⑨	32	15.8	2.4	2.5	1	0.7	0.5	0.3	2	有			
簇⑨	33	15.5	2.2	2.3	1	0.7	0.5	0.4	2	有			铤尾呈棱锥形，范线重合
簇⑨	34	15.3	2.2	2.3	1	0.7	0.5	0.45	2	有			铤尾范线重合
簇⑨	35	14	2.3	2.4	1	0.7	0.5	0.35	2	有	0.5		
簇⑨	36	15.7	2.3	2.4	1	0.7	0.5	0.35	2	有			铤尾范线重合
簇⑨	37	14.8	2.4	2.5	1	0.7	0.6	0.3	2	有			铤尾范线重合
簇⑨	38	15	2.2	2.3	1	0.7	0.5	0.3	2	有			铤尾范线重合
簇⑨	39	14.3	2.4	2.5	0.9	0.7	0.55	0.3	2	有			铤尾范线重合
簇⑨	40	14.2	2.1	2.2	1	0.7	0.5	0.35	2	有			铤尾范线重合
簇⑨	41	15.6	2.1	2.2	1.1	0.7	0.4	0.3	2	有			铤尾尖，范线重合
簇⑨	42	13.5	2.3	2.3	1	0.7	0.5	0.3	2	有			铤尾范线重合
簇⑨	43	15.7	2.4	2.5	1.1	0.7	0.5	0.35	2	有			铤由厚平骤然尖细
簇⑨	44	11.7	2.3	2.3	1	0.7	0.6	0.3	2	有			
簇⑨	45	13.2	2.4	2.5	1	0.7	0.5	0.35	2	有	1.35		
簇⑨	46	14.6	2.5	2.5	1	0.7	0.45	0.3	2	有			铤尾呈半球形，存笥
簇⑨	47	14.7	2.3	2.4	1	0.7	0.6	0.35	2	有			铤尾呈半球形

续附表二七

簇号	序号	通长（厘米）	首（厘米）					铤		缑丝	垫片长（厘米）	重量（克）	备注
			锋直长	锋弧长	本宽	关长	关高	径（厘米）	范线数				
镞⑨	48	15.3	2.2	2.3	1	0.7	0.5	0.3	2	有			铤尾呈半球形
镞⑨	49	16.1	2.2	2.3	1	0.7	0.55	0.35	2	有	0.7		铤尾呈半球形
镞⑨	50	15.2	2.2	2.3	0.95	0.7	0.5	0.4	2	有			铤尾呈半球形
镞⑨	51	13.6	2.2	2.3	0.9	0.7	0.5	0.3		有			范线错位
镞⑨	52	13.1	2.2	2.2	1	0.7	0.6	0.3	2	有			铤尾呈半球形
镞⑨	53	13.4	2.2	2.2	1	0.7	0.6	0.3	2	有			铤尾厚平
镞⑨	54	13.4	2.3	2.5	1.05	0.7	0.5	0.35	2	有	1.2		铤尾厚平
镞⑨	55	14.2	2.4	2.5	1	0.7	0.5	0.3	2	有	0.5		铤尾厚平
镞⑨	56	13.9	2.4	2.5	1	0.7	0.55	0.55	2	有			铤尾厚平
镞⑨	57	15.1	2.15	2.25	0.95	0.7	0.55	0.55	2	有			铤尾厚平，断口齐
镞⑨	58	16	2.3	2.4	0.9	0.7	0.5	0.5	2	有			铤尾呈半球形
镞⑨	59	15.3	2.3	2.3	1	0.7	0.55	0.55	2	有			铤尾薄平，卷曲
镞⑨	60	14.3	2.4	2.5	1	0.7	0.5	0.5	2	有			铤尾斜，薄平
镞⑨	61	15.7	2.4	2.5	1	0.7	0.5	0.5	2	有	1.4		铤尾斜，薄平
镞⑨	62	16	2.4	2.4	1	0.7	0.6	0.6	2	有			铤尾厚平
镞⑨	63	14.8	2.3	2.3	0.9	0.7	0.5	0.5	2	有			铤尾厚平，范线弱
镞⑨	64	12.5	2.2	2.3	1	0.7	0.55	0.55	2	有			铤布满缑丝
镞⑨	65	12	2.3	2.4	1	0.7	0.5	0.5		有	3.4		铤布满缑丝
镞⑨	66	13.4	2.2	2.3	1.1	0.7	0.6	0.3	2	有			铤尾呈半球形，布满缑丝
镞⑨	67	14	2.3	2.4	1	0.7	0.5	0.3	2	有			铤尾厚平，范线重合
镞⑨	68	14	2.4	2.4	1	0.7	0.5	0.3	2	有	2.4		铤残，尾呈棱锥形
镞⑨	69	14.6	2.2	2.3	1	0.7	0.5	0.3	2	有			铤尾薄平，范线重合
镞⑨	70	14.3	2.4	2.5	1.1	0.7	0.5	0.4	2	有			铤尾呈半球形

续附表二七

簇号	序号	通长（厘米）	首（厘米）						铤			猴丝	垫片长（厘米）	重量（克）	备注
			锋直长	锋弧长	本宽	关长	关高	径（厘米）	范线数					
簇⑨	71	14.4	2.2	2.3	0.9	0.7	0.55	0.3	2	有			存部分猴丝，筒
簇⑨	72	14.4	2.4	2.4	1	0.7	0.5	0.35	2	有			铤尾骤然薄平，布满猴丝
簇⑩	1	13.6	2.1	2.3	1	0.75	0.5	0.3	2	有			
簇⑩	2	14	2.2	2.3	1	0.7	0.5	0.3	2	有			
簇⑩	3	13.1	2.2	2.3	1	0.8	0.5	0.3	2	有			铤尾呈半球形，范线重合
簇⑩	4	13.5	2.2	2.4	1.1	0.7	0.5	0.4	2	有			
簇⑩	5	13.5	2.1	2.2	1	0.8	0.5	0.3	2	有			铤尾骤薄，斜尖，范线弱
簇⑩	6	14.5	2.1	2.3	0.9	0.8	0.5	0.3	2	有			铤尾厚平，范线弱
簇⑩	7	14	2.1	2.2	1	0.7	0.5	0.3	2	有			铤尾厚平，范线弱
簇⑩	8	14	2.2	2.2	1	0.7	0.5	0.2	1	有			铤尾厚平
簇⑩	9	14.6	2.1	2.2	0.9	0.75	0.5	0.35	1	有			铤尾厚平
簇⑩	10	14.6	2.2	2.2	1	0.8	0.5	0.3	2	有			铤尾厚平
簇⑩	11	14.8	2.1	2.2	1	0.8	0.5	0.3		有			铤尾厚平
簇⑩	12	15.5	2.1	2.3	1	0.9	0.5	0.3	2	有			范线弱
簇⑩	13	14.9	2.3	2.4	1	0.8	0.5	0.3	2	有			铤尾呈半球形，范线明显
簇⑩	14	14	2.1	2.2	1	0.7	0.5	0.3		有			铤尾厚平，范线弱
簇⑩	15	13.7	2.2	2.3	1	0.7	0.5	0.3		有			铤尾厚平，范线弱
簇⑩	16	14	2.2	2.3	1	0.7	0.5	0.3		有			铤尾厚平，铤弯
簇⑩	17	14.2	2.15	2.25	1	0.8	0.5	0.3	2	有			铤尾厚平
簇⑩	18	14.2	2.2	2.3	1	0.8	0.5	0.3		有			铤尾厚平，范线弱
簇⑩	19	13.2	2.2	2.4	1	0.8	0.5	0.4		有			铤尾呈半球形，范线弱

附表二八　铜弩机统计表

序号	编号	坐标位置（米）	通高（厘米）	悬刀（厘米）			望山高（厘米）	牛长（厘米）	牙高（厘米）	键（厘米）		重量（克）	备注
				长	宽	厚				长	径		
1	G9：0105	15.5×6.54－3.69	16.2	10.1	2.1	1	8.3	5.2	4.8	3.2、3.4	0.9	469.9	弩④组合
2	G9：0106	16.5×6.59－3.78	16	10.2	2.05	1	8.2	5.2	4.8	3、3.2	0.9	453.7	弩③组合。图一○三，1；图版六六，1
3	G9：0108	15.9×5.9－3.7	16.15	9.8	1.9	1	8.2	5.3	4.85	3.2、3.4	0.9		牙下有径 0.9、深 0.3 厘米的小窝，键横向打磨。弩⑤组合
4	G9：0265	0.95×5.99－3.81	16.05	9.7	2.05	0.9	8.2	5.4	4.7	3.15、3.35	0.9	445.5	弩②组合
5	G10：058	15.38×12－3.04											因保护需要，整体提取。弩⑧组合

附录

附录一 炭迹鉴定和分析报告

王树芝 赵志军

（中国社会科学院考古研究所）

伴随考古发掘，系统地采集了不同考古出土背景的各种炭迹样品 61 份，其中采自棚木和枋木等建筑材料遗存 14 份，采自木车 14 份，采自兵器 3 份，另外还有 30 份与陶俑或陶马相关。首先将采集到的样品按不同采集背景分类、登记；然后按照材料的横、径、弦三个方向切出三个面的显微镜切片，使用具有反射光源、明暗场以及物镜放大倍数为 5~50 倍的 Nikon LV150 金相显微镜对样品切片进行观察，结合现代炭化木材图谱和《中国木材志》对树种木材特征的描述[①]，进行出土木炭的树种鉴定；最后在 Quanta650 扫描电子显微镜下进行拍照。

一 鉴定结果

经鉴定，从一号兵马俑陪葬坑 T23G9、G10 中采集的 61 份木炭样品分别属于铁杉属、云杉属、榆属、栎属、梓树属、香椿属、青檀属、阔叶树和竹亚科（竹）等 9 个植物科属（表一）。

表一 木炭鉴定结果统计表

	棚木/枋木	木车遗迹	陶马	兵器遗迹	陶俑	总量
铁杉属（*Tsuga* sp.）	8				13	21
云杉属（*Picea* sp.）	6		2		10	18
榆属（*Ulmus* sp.）		1			1	2
栎属（*Quercus* sp.）		1		1		2
梓树属（*Catalpa* sp.）		2		1		3
香椿属（*Toona* sp.）		1	1			2
青檀属（*Pteroceltis* sp.）		3			1	4
竹亚科（Bambusoideae）				1	2	3
阔叶树		6				6

从表一的统计结果可以看出，61 份木炭样品中，属于松科的铁杉属和云杉属的木材所占百分比最高，分别为 34.4% 和 29.5%；属于其他树种的木材所占比例相对较低，其中青檀属为

---

① 成俊卿等：《中国木材志》，中国林业出版社，1992 年。

6.6%，梓树属和竹亚科均为 4.9%，榆属、栎属和香椿属均为 3.3%。另外，还有 6 份样品由于采集的木炭尺寸太小，只能鉴定为阔叶树，无法进一步鉴定到科属。这些树木种属的细胞和组织构造特征不同，下面择要分别给予介绍。

（一）铁杉属（*Tsuga* sp.）

横切面特征包括：生长轮明显，早、晚材略急变至急变，轴向薄壁组织甚少，树脂道正常者缺如，有创伤树脂道出现；径切面特征包括：射线薄壁细胞与早材管胞间交叉场纹孔式为柏木型，早材管胞径壁具缘纹孔 1～2 列，纹孔塞缘具辐射或弦向棒状加厚，眉条偶见，薄壁细胞端壁节状加厚明显，常含深色树脂；弦切面特征包括：木射线通常单列，高 1～20 个细胞或以上，多数 5～15 个细胞，射线管胞通常存在于射线细胞上下边缘 1～2（通常 1）列，内壁无锯齿，外缘波浪形（图版七二，1～3）。

（二）云杉属（*Picea* sp.）

横切面特征包括：早材至晚材渐变，有轴向树脂道，数少；径切面特征包括：射线薄壁细胞与早材管胞间交叉场纹孔式为云杉型，射线管胞内壁具有锯齿和加厚；弦切面特征包括：有横向树脂道，管胞有螺纹加厚（图版七二，4～6）。

（三）榆属（*Ulmus* sp.）

横切面特征包括：生长轮明显，环孔材，早材管孔略大，导管横切面为圆形或卵圆形，连续排列成早材带，多宽 1～3 列管孔，具侵填体，早材至晚材急变，晚材管孔略小，导管横切面上为不规则多角形，多呈管孔团，轴向薄壁组织多为傍管状，常与晚材导管一起排列成弦向带或波浪形，木射线密度稀至中，极细至中；径切面特征包括：螺纹加厚仅存在于小导管管壁上，单穿孔，射线组织为同形单列及多列；弦切面特征包括：单列射线高 1～23 个细胞或以上，多列射线通常宽 2～9 列细胞，多高 5～50 个细胞，同一射线内偶见 2 次多列部分（图版七三）。

（四）栎属（*Quercus* sp.）

横切面特征包括：生长轮明显，环孔材，早材管孔略大，在肉眼下明显，连续排列成早材带，早材带一列管孔，早材至晚材急变，晚材管孔极小，在显微镜下才能看见；径切面特征包括：单穿孔，射线组织同形；弦切面特征包括：木射线非叠生，窄木射线通常单列，宽木射线最宽处宽至许多细胞（图版七四）。

（五）梓树属（*Catalpa* sp.）

横切面特征包括：生长轮明显，环孔材，早材管孔中至甚大，在肉眼下可见至略明显，连续排列成早材带，有侵填体，早材至晚材急变或略急变，晚材管孔在肉眼下略见，导管在早材带横切面上为卵圆形或圆形，在晚材带上略具多角形，组成管孔团；径切面特征包括：单穿孔，管间纹孔式互列，射线组织异形Ⅲ型与同形单列及多列，螺纹加厚有时见于小导管管壁上；弦切面特征包括：木射线非叠生，单列射线甚少，多列射线通常宽 2～5 列细胞（图版七五，1～3）。

（六）香椿属（*Toona* sp.）

横切面特征包括：生长轮明显，环孔材，导管横切面为圆形或卵圆形，早材管孔中至略大，连续排列成早材带，宽 2～4 列管孔，侵填体未见，早材至晚材略急变，晚材管孔略小至甚小，单管孔，短径列复管孔（2～4 个）或少数管孔团，散生，轴向薄壁组织略多，环管束状、轮界状及少数星散状，木射线稀至中，甚细至略细；径切面特征包括：螺纹加厚未见，单穿孔，射线组织异形Ⅲ型；弦切面特征包括：单列射线数少，高 1～8 个细胞及以上，多列射线宽 2～5 个细胞，多高 5～18 个细胞（图版七五，4～6）。

（七）青檀属（*Pteroceltis* sp.）

横切面特征包括：散孔材，导管在横切面上为卵圆形，单管孔及短径列复管孔；径切面特征包括：螺纹加厚未见，单穿孔，射线组织异形Ⅱ型；弦切面特征包括：多列射线通常宽 2～4 列细胞（图版七六）。

（八）竹亚科（**Bambusoideae**）

横切面特征包括：维管束为开放型和半开放型维管束，维管束仅由一部分组成，没有纤维股的中心维管束，支撑组织仅由硬质细胞鞘承担，细胞间隙中有侵填体；径切面和弦切面薄壁细胞结构相似（图版七七）。

二 讨 论

（一）棚木和枋木的木材

从鉴定结果可以看出，采自棚木和枋木遗存的木炭都属于松科木材，包括铁杉和云杉两个属的树种。铁杉属和云杉属的树木都很高大，树干笔直、少节。其木材的纹理直，有适当的抗拉、抗剪及抗压强度，不发脆，干缩小，这些特点使铁杉和云杉木材适合作为建筑材料。

（二）与陶俑相关的木材

陶俑自身本质与木材无关，但在发掘现场陶俑残片多与炭块共存。炭块有的在俑体四周，和烧土块、上层坍塌填土混杂，长短不一，较厚，块状；有的发现于俑体内腔，较短，较薄细，条状。通过树种鉴定，与陶俑相关的 27 份木炭样品中属于松科木材的有 23 份，而且也都是铁杉属和云杉属，与棚木和枋木遗存的鉴定结果完全相同。由此推测，这些木炭大部分源自坍塌的棚木和枋木。

然而，与 G9：15 相关的两份木炭样品的鉴定结果有所不同，属于榆属和青檀属，分别采自此俑腹、腰下叠压的木炭。据清理现场迹象之间的关系，G9：15 所在队列属于远射程兵器类的弩兵阵，其襦下摆、腿部有大量的弓韬朽痕，与北部 G9：16 之间尚存大量弩臂残段，其中包括形状较完整的耳部，发掘者曾推测这两处木炭应该源自兵器弓弩。但此俑东部与第二组木车后舆炭迹距离不远，根据对车木材的鉴定和分析，也不能排除样品与车构件的关系。

采自 G9∶9 高级军吏俑左腿旁和右腋下的两份木炭样品为竹。人类利用竹子的历史非常悠久，自古以来竹子在人们日常生活中有着重要作用，利用竹子可以制作或编织各种器具，包括日常用具、工具、乐器、兵器等。此俑左腋体侧有可能用于佩剑的斜槽，推测竹样品与剑鞘关系较大，也有可能是长兵器中的积竹柲。

采自 G10∶37 体腔内的木炭样品经鉴定为铁杉属。此俑体残为三段，陶片之间均属细小裂缝，无大错位、移动，腰下连同双腿向后（西）倾倒，几乎呈水平状，右腿及双脚存于踏板上。躯干出土面貌基本浑然密闭，因俑头断裂、跌落，外界物质通过颈部能达到内腔，建筑原材形成的木炭伴随积水淤灌的可能性小却不能完全排除，建材跌落的可能性不存在，此样品是否与陶俑制作过程中使用的支架残留的炭迹有关值得探讨。

（三）与陶马相关的木材

与陶俑样品相同，3 份与陶马相关的木炭样品采自其附近。通过树种鉴定，采自 G9 第二组右骖马脖颈下部和腹部下方的 2 份木炭样品为云杉属，可能与坍塌的棚木有关。取点处炭迹与烧土和坍塌填土混杂，说明在俑坑遭受焚毁时，马脖颈下和腹下均有充足空间，陶马倒卧时间稍晚于俑坑被燃引起的建材坍塌。

采自 G9 第二组左骖马臀部下方的木炭样品经鉴定为香椿属，发掘者认为是前车辀或车辕残段。通过与采自车材炭迹样品的检测结果进行比对，与一号车右辀同属，说明应为二号车前车辀木，应系木车被损毁时造成的移位，与陶马制作、马具配系用材无关。

（四）车构件的木材

此次炭迹的研究，采自车各种构件的样品最值得关注，鉴定结果丰富（表二）。

表二　车木材的鉴定结果

出土部位	树种	备注
G9∶①东北部	阔叶树	
G9∶①西南角（棕色）	阔叶树	
笼箙③	梓树属	发现丝织物
G9∶①右辀木	香椿属	
G9∶①辕木	青檀属	
笼箙③南壁中部夹层	阔叶树	发现丝织物
笼箙③东内壁	阔叶树	发现丝织物
G9∶①北车辀内壁	阔叶树	
G9∶①左骖马和服马之间后 2.75 米	阔叶树	发现麻纤维
笼箙②	梓树属	发现丝织物
G9∶②右车轴	青檀属	
G9∶②车辕	榆属	
G9∶②轮辐	栎属	
G9∶②辕木	青檀属	

通过显微镜观察，从 G9 一号车遗存采集的 5 份木炭样品中有 2 份经鉴定为青檀属和香椿属，其他无法鉴定到科属，仅能判断为阔叶树种，主要原因是木炭样品的尺寸太小，可鉴定的结构不清楚。

从 G9 二号车遗存采集的 4 份木炭样品的尺寸较大，通过显微镜观察，木材结构特征清晰。经鉴定，分别为青檀属、榆属和栎属。

一号车和二号车所属笼箵炭迹遗存的鉴定结果都是梓树属。梓树属各树种的木材特征差异微小，统称梓木。梓木木材容易干燥，无翘曲和开裂现象，尺寸性稳定，耐腐性强，抗蚁蛀，切削容易，切面光滑，纹理通直，花纹美观，是一种优良的木材。

一号车右轸木木炭遗存的鉴定结果为香椿属，属于楝科，落叶乔木，材色美丽，光泽好，纹理直，重量轻至中，耐腐朽，刨面的光泽性强，油漆后更为光亮，干缩小，干后尺寸性稳定，不变形，抗蚁蛀，是造船、车和家具的好材料。

二号车车轴和一号车轸木木炭遗存的鉴定结果为青檀属，二号车车辕为榆属。青檀属和榆属木材都属于榆科。榆科大多数树种的木材材质优良，坚硬、细致，耐磨损，韧性强。清人揭暄《璇玑遗述》记载："……如榆则取心一段为钻，柳则取心方尺为盘，中凿眼，钻头大，旁开寸许。用绳力牵如车钻，则火星飞爆出窐，薄煤成火矣。"这说明了榆木质硬。青檀又名翼朴，是我国特产的单种属多用途珍贵树种，为落叶乔木，高达 20 米。青檀木材结构细至甚细，均匀，材质硬重，强度高，坚韧，富有弹性，耐冲击。车轴和车辕都是古代车构件中最承重、耐磨损的部件，所以选用了属于榆科的木质坚硬、强度高的木材。

二号车车辐木炭遗存的鉴定结果为栎属。栎木木材抗冲击，有弹性，抗劈裂，抗弯曲，也是造车的优良木材。

大量的考古发现与研究证实，古代先民经常选用梓木、榆木和栎木制作车的部件。例如满城汉墓出土的车，其车轴箍内残存圈木和轭木经鉴定为梓木，车辕和车门经鉴定为榆木，车衡为青檀和朴树，青檀和朴树均属于榆科[1]。再如安徽六安一号汉墓出土的车，其中 1 号、2 号和 3 号车的车辐条为青檀，2 号车车辕和 4 号车车辐条为麻栎属，3 号车车辕和车伞柱为榆科的榆属，4 号车车轭首、车衡和车伞柱为榆科的糙叶树属，4 号车车轭为榆科的朴树属，西外藏椁 1 室车辕为榆科的榉属[2]。

（五）丝织物和麻纤维

丝织物发现于笼箵器壁朽痕中。笼箵为车载容器，《后汉书·舆服志》"轥胄甲弩之箵"，提到戎车中的轥车要配置装纳杂物之器。截至目前，一号坑共计出土笼箵 8 处，平面均为长方形，属夹纻胎漆器类。第三次发掘出土 3 处，属于一号车的笼箵③长 88～91、宽 50、残高 25 厘米，壁厚不足 0.8 厘米，主材属于径锯板；属于二号车的笼箵②长 92、宽 50、残高 20～25 厘米，壁厚 0.8～1 厘米，主材条形垒胎。在对笼箵③南壁中部夹层、东内壁炭迹进行显微镜观察时，发现一层非常薄的漆膜。在显微镜下用双片刀将漆皮轻轻剥离后，可见炭块上贴着一层规则的纵横交叉织痕，初步判断是纺织物。通过金相显微镜观察其结构，纺织物由清晰交织的经纬线织成，呈平纹组织，每平方厘米约有 30 根经线和 30 根纬线。丝线由几十根茧丝合成一股，平均直径约 0.38 毫米（彩版三六）。

---

① 中国社会科学院考古研究所等：《满城汉墓发掘报告》，第 404～407 页，文物出版社，1980 年。
② 王树芝：《安徽六安一号汉墓出土木材的研究》，《六安双墩汉墓》，上海古籍出版社，待出版。

炭迹夹层的丝织物是夹纻胎质组成部分，内壁发现的丝织物应属里衬。在金相显微镜下，可见丝织物内、外面分别有一层细腻漆灰，外髹漆膜。笼箙③有两层漆层，较厚，而笼箙②只有薄漆一层。笼箙③内壁和外壁附着的丝织物炭化都很严重，笼箙②外壁附着的丝织物比内壁附着的丝织物炭化严重。这些材料是本次鉴定与分析的意外收获，对研究秦代漆器工艺弥足珍贵。

按常理，丝织物原料是蚕吐出的有机质，很容易燃烧殆尽。然而，在一些考古发现中，仍然见到有关炭化丝织物的报道。例如：早在1958年钱山漾遗址中就发现了距今4000多年的丝织物，大部分已经炭化[①]；秦都咸阳第一号宫殿建筑遗址曾出土一包已经炭化的丝绸衣物[②]；北京大葆台汉墓出土的丝织物也已炭化[③]。现出土的木车笼箙丝织物之所以炭化，可能是因为丝织物的里面是竹木材，外面是一层或两层漆膜和漆灰，具有很好的封闭功能，导致丝织物不完全燃烧所致。在丝织物上髹漆，是纺织品加工处理的一种比较特殊的方法。古人在丝织物上髹漆，使丝织物硬度增大，变得较为坚挺，易于定形，并提高制品的坚牢度和耐磨性，增加使用的耐久性[④]。另外，涂漆层既隔绝了空气，又隔绝了水分，提高了丝织物和木材的耐腐性。

另外，在左骖马和服马之间后2.75米处还发现了麻纤维。样品保存好，未炭化，色浅黄，有一定的韧性。通过显微镜观察，这些纤维呈圆管状，少量呈扁平带状，粗细不均匀，有明显清晰的横节，属于典型的麻类纤维的特点。麻类纤维来自苎麻、亚麻和大麻，其纤维的主要差异体现在粗细、是否有扭曲等细微特征上。此次发现的麻类纤维究竟属于哪一种，还有待于进一步考证[⑤]。发掘现场出土了大量铜质箭镞，其铤部多缠绕缑丝，外形与鉴定样品相同，应属同物，样品应系脱落的箭镞缑丝。

显微镜下茧丝与麻类纤维的特征差异十分明显。茧丝粗细均匀，没有横节。通过进一步观察，还发现一、二号车笼箙木炭表面附着的丝织物的经纬线都经过捻，外观呈细鳞状，织物表面呈皱褶纹理状。根据这些特点，估计可能是绉纱，或者是比纱较重的縠。纱是一种平纹组织丝织物。组织稀疏，有均匀的方孔，俗称“方孔纱”，经纬线极纤细，是丝织物中最纤细、稀疏的品种。《汉书·江充传》记载：“充衣纱、縠、禅衣。”颜师古注：“纱縠，纺丝而织之也。轻者为纱，绉者为縠。”绉纱是经纬都加强捻，使纱表面形成均匀的鳞形皱纹[⑥]。縠是经纬丝均加强捻，且捻向相反，外观呈细鳞状，质地略比纱重。由生丝织成，再经漂练处理，使加强捻的丝线在其内应力的作用下退捻、收缩、弯曲，这样便在织物表面呈皱褶纹状[⑦]。

（六）笼箙壁的木材加工

通过测量，笼箙③器壁木炭厚度只有约2.5毫米。在显微镜下可见，笼箙壁面相当于现代木材工业中所谓的径锯板，主材板面与年轮方向成60°角，属于径锯板。径锯板是指与年轮方向成45°～90°角的板面，这样加工有两种好处，一是较容易劈成超薄的板材，二是可以降低木材的干缩和湿胀。生材或湿材在气干过程中，从开始至纤维饱和度时止，蒸发的水是胞腔里的自由水，

---

① 徐辉等：《对钱山漾出土丝织品的验证》，《丝绸》1981年第2期。

② 秦都咸阳考古工作站：《秦都咸阳第一号宫殿建筑遗址简报》，《文物》1976年第11期。

③ 大葆台汉墓发掘组等：《北京大葆台汉墓》，第56～60、111～114页，文物出版社，1989年。

④ 王厉冰：《我国古代漆艺及丝织品的髹漆整理技术》，《丝绸》2008年第8期。

⑤ 徐嵘等：《苎麻亚麻和大麻的鉴别方法》，《现代商检科技》1995年第5卷第6期。

⑥ 李砚卓：《战国秦汉时期丝织品的发现与研究》，第15页，吉林大学硕士学位论文，2010年。

⑦ 姜淑媛：《中国历代丝织品种发展简史》，《丹东纺专学报》1996年第3期。

对木材的形状、尺寸和性质无影响，但从纤维饱和度起，继续干燥下去，木材细胞壁内的吸着水开始蒸发，木材就开始收缩，直到木材达到绝干为止，这种现象叫干缩。同理，木材从绝干状态起，可以吸湿或吸水，木材就开始膨胀，至纤维饱和度时为止，这种现象叫湿胀。笼箙板材沿径锯板面劈锯，加工出的板材薄，仅为2.5毫米，成品轻巧，利用夹纻胎工艺，以涂灰、缠绕或粘贴织物固形，以保证器物坚固不变形。

三 结 语

本次鉴定和分析表明，秦代先民是根据不同的使用目的选用不同的原材。例如棚木和枋木等建材类选用树木高大、树干笔直少节且抗拉、抗剪及抗压强度大的松科木材，不发脆，干缩小，铁杉和云杉木材符合要求；制作车的部件选用木质坚硬、耐磨且尺寸稳定的梓木、榆木和栎木；兵器构件选用竹。容器笼箙制成夹纻器，采用干缩和湿胀作用小的径锯板，尽量减少器壁厚度，提高美观性和便携性，内层使用丝织物强化了坚固耐用性。这些结果对研究秦代树种、木材加工方法、漆器制作工艺和纺织技术发展水平大有裨益，极大地扩展了考古学的研究领域，达到了全面揭示古代遗存文化内涵的发掘目的。同时，遗迹材质的客观结果与主观发掘判断相互印证，提高了考古材料的可信程度。

附录二（1）　金属器物检测分析报告

凌　雪

（西北大学文化遗产学院）

一　概　况

此次分析检测的出土金属样品共21件，其中铜器15件，铁器6件（表一）。

表一　金属样品登记表

序号	编号	名称	材质	出土相对位置	备注
1	G10：080	镞	铜	G10 中部 G10：26 右腿旁北侧	
2	G10：081	镞	铜	G10 西段 G10：58 后背甲向北 35 厘米处	
3	G10：033	剑珥	铜	G10 西部 G10：45 南	
4	G9：097	络饰管	铜	G9 中部 G9：096 镞铤旁下	
5	G9：0111－1	镞	铜	G9 中部 G9：8 襦北，G9：10 右臂与 G9：9 襦间	
6	G9：0111－2	铤	铜	G9 中部 G9：9 体侧南	
7	G9：0117	軏帽	铜	G9 中部 G9：② 右骖马颈东	
8	G9：0173	镞	铜	G9 中部 G9：① 马前，G9：37 襦右	残断
9	G9：0143	铜	铜	G9：② 左伏兔内	
10	G10：038	剑璏	铜	G10 东中部 G10：13 左臂中部向北 6 厘米处	
11	G10：045	方策	铜	G10 西部 G10：48 东、G10：45 踏板西	
12	G10：047	节约	铜	G10 西段 G10：46 身后	
13	G10：037	矛	铜	G10 东段 G10：8 左前与 G10：67 右前胸下	
14	G10：071	镦	铜	G10 东段 G10：66 踏板前、右脚内侧	
15	H1：03	锤	铁	Q8 中西部 H1 表层堆积	残断
16	G10：03	银柄铁削刀	银、铁	G10 西部甬道北侧上层填土	断裂
17	G9：0241	铁铤铜镞	铁、铜	G9 中部鼓① 壁杇痕内	残断
18	H1：04	錾	铁	Q8 中西部 H1 表层堆积	
19	G10：010	削刀	铁	G10 西段甬道中部上层填土	
20	H1：05	栓板	铁	Q8 中西部 H1 表层堆积	
21	G9：075	锤	铁	G9 东端南侧淤泥上	

二 铜器分析

(一) 实验观察结果

表面显微结构观察结果:为了解铜器表面加工处理情况,首先利用日本浩视公司生产的 KH-7700型超景深三维视频显微系统对其进行了无损观察和测量,提取了显微观察照片(彩版三七~三九)。由于宽窄稍有差别,最后取其平均宽度,结果见表二。

表二 铜器表面痕迹平均宽度表

序号	样品编号	样品名称	测量部位	痕迹平均宽度（μm）
1	G10:080	镞	翼	/
			铤	23.3
2	G10:081	镞	翼	/
			铤	27
3	G9:0111-1	镞	关	20
			铤	72.5
4	G9:0173	镞	翼	/
			铤	114
5	G9:0111-2	铤	细铤	21.7
			粗铤	150
6	G10:033	剑珥	表面	20
7	G10:038	剑璏	表面	/
8	G10:037	矛	表面	20
			脊	10
			刃部表面	20
9	G10:071	镦	外表面	20
			内表面	/
10	G9:097	络饰管	外表面	25
			内表面	/
11	G9:0117	轭帽	外表面	20
			内表面	/
12	G9:0143	铜	正面	40
13	G10:045	方策	尾	13.3
			棱	18
14	G10:047	节约	外表面	21.7
			内表面	20

注:"/"表示器物表面有锈层覆盖,未能对痕迹进行测量。

（二）化学组成测试结果

利用德国 Bruker 公司生产的型号为 ARTAX - 400 可移动式微区 X 射线荧光光谱仪对铜器基体、表面的化学组成进行了测试分析，结果见表三。

表三　铜器化学组成测试结果（wt%）

样品编号	测试点	Cr	Fe	Ni	Cu	As	Sn	Pb	其他元素
G10：045	表面	0.66	0.86	0.4	55.14	0.85	32.07	9.62	0.16Zn、0.24Sb
	基体	/	0.29	0.27	82.56	/	13.51	3.37	
G10：047	表面	0.53	0.26	0.48	56.29	1.22	31.46	9.77	
	基体	0.04	0.14	0.3	83.94	0.48	12.66	2.44	
G9：0143	表面	/	3.77	0.23	73.44	0.86	20.71	0.99	
	基体	/	0.1	0.21	81.29	0.82	16.81	0.76	
G10：038	表面	0.12	1.41	0.1	77.42	/	8.63	12.2	0.13Ti
	基体	0.05	0.12	0.12	79.67	0.37	9.21	10.46	
G10：071	表面	0.48	3.67	0.24	44.05	1.23	34.31	15.9	0.13Bi
	基体	0.03	0.77	0.19	80.05	0.52	11.64	6.78	0.03Bi
G10：037	矛脊表面	0.7	0.08	0.26	71.53	/	26.2	1.18	0.05Ag
	基体	0.08	0.05	0.25	74.64	/	23.63	1.35	
G10：081	粗铤表面	0.02	0.23	0.19	85.81	1.69	11.75	0.3	
	基体	0.02	0.09	0.21	88.22	1.47	9.76	0.24	
G10：080	基体	0.06	0.15	0.35	81.74	0.46	16.41	0.83	
G9：0117	表面	0.24	0.25	0.23	52.66	0.68	44.45	1.46	0.03Bi
	基体	/	0.11	0.14	75.86	0.35	22.99	0.55	
G10：033	表面	0.42	0.51	0.31	78.52	1.59	18.03	0.48	0.13Au
	基体	0.18	0.14	0.32	82.74	2.03	13.98	0.48	0.12Au
G9：097	表面	0.08	0.18	0.24	66.69	1.22	29.39	2.21	
	基体	0.02	0.1	0.23	79.14	0.77	18.52	1.22	
G9：0111－1	表面	0.02	1.34	0.38	65.39	1.3	26.93	4.6	0.04Bi
	基体	0.02	0.16	0.21	83.76	1.71	13.86	0.27	
G9：0111－2	表面	0.02	1.34	0.38	65.39	1.3	26.93	4.6	0.04Bi
	基体	/	0.1	0.2	85.64	0.44	11.68	1.93	
G9：0173	表面	0.02	0.12	/	95.5	0.37	2.71	1.24	0.04Ti
	基体	0.03	0.05	/	93.73	0.67	4.28	1.24	
G9：0241	铜基体	/	0.64	0.35	76.49	0.35	17.5	4.63	0.04Bi

注："/"表示元素未检测出。下同。

（三）扫描电镜能谱分析结果

根据初步观察，大部分铜器保存良好，个别铜器表面甚至未见明显锈蚀。为了进一步了解铜器表面的信息，利用 Tescan 公司生产的 VEGA3XM 钨灯丝型扫描电子显微镜对其中没有明显锈蚀的 2 件铜器进行了更细致的观察。为保证文物的完整性，未对文物取样，而是直接将其放置在样品台上。

1. G9∶0111 - 2 **镦铤**

扫描电镜背散射形貌观察和微区能谱分析位置参见图版七八，1 ～ 4，分析结果见表四、五。

表四　G9∶0111 - 2 铤前段能谱分析结果（wt%）

测试点	元素组成											
	C	O	As	Si	P	Hg	Pb	Cl	Sn	Ca	Cu	Cr
1	4.48	21.79	3.79	1.09	2.54	0.61	1.63	1.53	36.54	2.72	23.15	0.12
2	1.02	15.61	1.93	0.61	1.26	0.67	1.35	1.78	48.64	3.89	22.96	0.27
3	/	13.13	2.82	/	3.91	0.3	/	0.53	31.26	2.71	45.28	0.05
4	/	25.59	4.07	/	6.17	0.7	2.42	1.21	31.07	2.35	26.34	0.07

表五　G9∶0111 - 2 铤尾段能谱分析结果（wt%）

测试点	元素组成													
	C	O	As	K	Br	Si	S	P	Pb	Cl	Sn	Ca	Fe	Cu	Cr
1	4.04	13.35	/	/	6.95	7.3	/	1.19	0.9	0.6	6.85	4.19	1.59	52.76	0.28
2	/	5.11	/	3.6	12.8	17.03	0.58	0.51	/	0.78	/	9.77	6.01	43.53	0.27
3	2.59	11.67	2.86	/	/	2.58	/	1.19	8.61	/	32.97	2.72	1.73	32.89	0.2
4	0.92	3.05	1.01	/	/	/	/	/	0.54	/	25.13	2.25	/	66.94	0.17

2. G10∶045 **方策**

扫描电镜背散射形貌观察和微区能谱分析位置分别见图版七八，5、6，分析结果见表六。

表六　G10∶045 样品能谱分析结果（wt%）

测试点	元素组成												
	C	O	As	Si	P	Hg	Pb	Cl	Sn	Mn	Cu	Cr	Fe
1	2.49	19.01	1.02	3.32	0.84	0.69	11.57	1.52	43.15	0.19	15.34	0.85	/
2	2.83	18.08	0.85	5.02	0.81	0.78	15.28	1.33	39.76	/	13.12	0.73	1.4
3	2.68	19.15	2.74	4.26	0.68	0.24	12.37	0.9	40.62	/	14.42	0.81	0.97
4	2.34	12.4	/	2.45	0.61	0.69	7.8	0.79	38.53	/	33.17	0.57	0.65

（四）讨论

由彩版三七～三九和表二可见，铜器表面痕迹方向一致，基本上平行等距，有序排列。因此，这些痕迹应该是器物铸造完成后表面打磨加工的痕迹。总体上看，表面打磨痕迹宽度一般在 20μm 左右，但是在一些特殊部位痕迹宽度存在一定差异，如箭镞铤部打磨稀疏，磨痕宽度大。

从表三铜基体化学组成分析结果来看，所分析的铜器材质以铜锡二元合金为主，少量为铜锡铅三元合金（G10：045 方策、G10：047 节约、G10：038 剑璏、G10：071 镦、G9：0241 铁铤铜镞）。

由表三还可发现，大部分铜器表面的锡含量高于铜基体，有些甚至是基体的 3 倍左右。此外，G9：0111－2 镞铤扫描电镜的观察结果显示，器物表面形成了偏析明显的 α 固溶体树枝晶，表四的微区能谱分析结果显示表面含锡量较高；G10：045 方策扫描电镜的观察结果显示，器物表面分布岛屿状的（α+δ）共析组织，表六的微区能谱分析显示表面含锡量较高。上述综合分析结果表明，此次分析的铜器表面可能经过镀锡或其他特殊处理，这可能也是造成金属器物整体保存较好的缘故。

三　铁器分析

（一）实验结果

1. X 光照相结果

此次分析的铁质器物表面覆盖大量的土锈和锈蚀产物，在超景深三维视频显微系统下无法观察到器物表面情况。为了解锈层下铁器的保存情况，利用比利时生产的 Flatscan27 便携式 X 光机对其保存状况进行了观察，结果见图一。

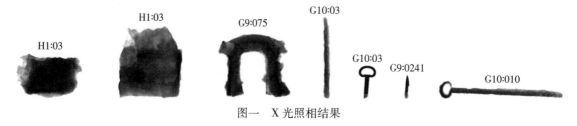

图一　X 光照相结果

2. 化学成分测试结果

利用德国 Bruker 公司生产的型号为 ARTAX－400 可移动式微区 X 射线荧光光谱仪对铁器残留基体进行了测试，结果见表七。

表七　铁器残留基体化学成分测试结果（wt%）

编号	样品名称	测试点	元素组成							
			Fe	Ni	Cu	Sn	Pb	Bi	Ag	Au
G10：03	银柄削刀	银柄	0.13	0.09	11.76	/	0.38	0.06	85.57	2.02
H1：03	锸	基体	99.41	0.09	0.36	0.09	0.05	/	/	/
G9：075	锸	基体	99.82	/	0.07	0.07	0.04	/	/	/
H1：04	錾	基体	99.82		0.08	0.07	0.03	/	/	/

续表七

编号	样品名称	测试点	元素组成							
			Fe	Ni	Cu	Sn	Pb	Bi	Ag	Au
G10：010	削刀	基体	99.73	/	0.18	0.05	0.04	/	/	/
H1：05	栓板	基体	99.4	0.13	0.41	/	0.06	/	/	/

3. XRD 测试结果

为了解铁器的锈蚀状况，对其中 3 个样品的铁锈部分进行取样，研磨成粉末后，利用日本理学公司生产的 D/Max 2400 型 X 射线衍射仪进行了测试，结果见图二～四。

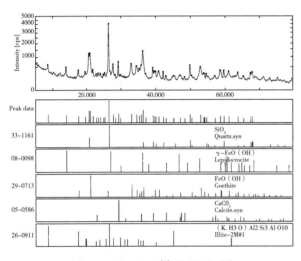

图二　G9：075 样品 XRD 图

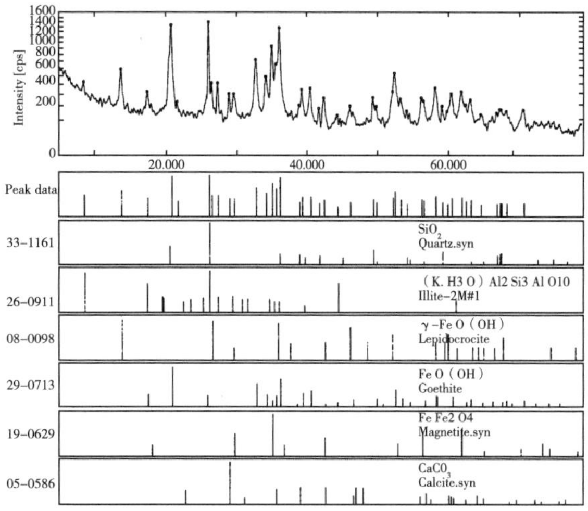

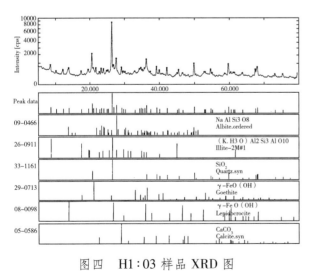

图四　H1：03 样品 XRD 图

图三　G10：03 样品 XRD 图

（二）结果讨论

由图一和表七可知，铁器文物表面锈蚀极为严重，但是尚残留有部分基体，基体中 99% 以上都是铁元素，杂质元素含量极少。需要说明的是，样品 G10：03 银柄铁削刀由于铁质残存部分表面覆盖较厚的矿化产物，因而无法测量其残留基体的化学组成，仅对其银柄部分进行了元素分析。测试结果表明，银柄部分以银元素为主，另含有铜、金等其他元素。

由样品的 XRD 分析结果可知，铁器表面覆盖有大量埋葬土壤中的矿物成分，如石英、长石、伊利石等，而铁器锈蚀的产物主要是 $\alpha-FeO(OH)$ 和少量的 $\gamma-FeO(OH)$。以往的研究表明，铁器在潮湿环境中的腐蚀首先形成 $\gamma-FeO(OH)$，以后再逐渐转变成 $\alpha-FeO(OH)$。$\gamma-FeO(OH)$ 具有很大的危害性，建议在后期处理中，将这种疏松的有害锈去除干净，并对器物进行干燥处理，以防止这种锈蚀产物在铁器表面继续生长而对文物造成进一步破坏。

附录二(2) 铜器的初步科学分析

郁永彬 陈坤龙 梅建军

(北京科技大学冶金与材料史研究所)

受秦始皇帝陵博物院委托,北京科技大学冶金与材料史研究所于 2012 年对一号兵马俑陪葬坑第三次发掘出土的铜器进行了科学检测分析。

一 样品情况

2012 年 7 月,研究人员对铜器样品进行了现场观察、便携式 XRF 无损分析,并获取了部分器物的金属样品,本文即是此次取样分析的结果。为了不破坏器体完整性,大部分样品取自器物残破处或器物残片,在满足分析条件的情况下所取样品尽可能小。尽量选取不同种类的器物,以增强样品代表性;同一种类器物尽量选多件取样,以增加可比性。

本次分析共对 20 件器物进行了取样,获取金属样品 21 个,其中镞 3 件、络饰管 5 件、剑茎 4 件(G9:080 取样 2 个)、节约 2 件、残镞铤 2 件、带扣 1 件、鸭嘴钩 1 件、轵 1 件、车构件 1 件,详情见表一。

表一 铜器取样数量统计表

名称	器物编号	实验室编号	取样信息	取样数量
剑茎	G9:080	QY102	后端处(有铸接痕迹)	5
		QY103	前端处(有铸接痕迹)	
	G9:088	QY104	残断处	
	G9:0127	QY106	残断处	
	G9:079	QY108	残断处	
镞铤	G9:0169	QY105	残断处	2
	G9:0231	QY110		
络饰管	G9:098	QY111	残断处	5
	G9:0175	QY112		
	G9:0161	QY113		
	G9:0183	QY114		
	G9:0227	QY115		
镞	G9:0141	QY119		3
	G9:0151	QY120		
	G9:0152	QY121		

续表一

名称	器物编号	实验室编号	取样信息	取样数量
带扣	G9：0123	QY118	残角处	1
鸭嘴钩	G9：0136	QY101	颈断头处	1
节约	G9：0202	QY107	纽边缘	2
	G9：0199	QY109	环体边缘	
轧	G9：0160	QY116	背部一角	1
车构件	G9：060	QY117	断口处	1

二　化学成分检测和金相组织观察

在对样品进行整理、分类的基础上，选择器物的适当部位进行切割取样。金相样品均按照标准的金相试样制作方法，选取合适的分析面（一般为样品的横切面），使用镶样树脂冷镶，再用金相砂纸按粒度从大到小的顺序进行手工打磨，最后进行抛光处理，抛光介质为 0.1μm 金刚石抛光膏与水性润滑剂。先在金相显微镜下观察样品中的夹杂物和锈蚀情况，再用 3% 三氯化铁盐酸酒精溶液浸蚀，然后观察金相组织，结果见表二。金相组织观察、照相所用仪器为德国 Leica（莱卡）DM4000 M 金相显微镜及其配备的光学显微组织分析系统。

在金相组织观察结果的基础上，对 20 件器物的 21 个样品的基体与夹杂物元素组成进行 SEM - EDS 分析。金相样品经打磨、抛光后，在未浸蚀状态下对样品进行喷碳处理，使之导电，置于扫描电子显微镜中观察其组织形貌，扫描电镜的背散射电子（BSE）图像可以直观地反映古代铜器样品中合金元素的偏析情况以及铅颗粒、夹杂物等分布状态；同时利用 X 射线能谱分析仪（EDS），采用无标样定量分析法（ZAF），对样品的基体和夹杂物等进行微区化学成分分析；在 X 射线能谱曲线上扣除背底，将待分析元素的特征 X 射线峰面积与显示的所有元素特征射线峰面积和之比归一化处理后，定为此元素的质量分数。

本次分析所用扫描电子显微镜为德国 Zeiss EVO18 高分辨扫描电镜，能谱仪采用 Bruker X Flash Detector 5010，分析条件设定为加速电压 20kV，工作距离 7~10mm，激发时间 ≥ 60s。根据仪器特点，对原子序数小于 30 的元素选择 K 系进行能谱分析，原子序数在 30~74 之间的选择 L 系，原子序数大于 74 的选择 M 系。另外，有的元素 X 射线能谱峰有重峰，遇到具体问题需结合各方面信息进行比较，以获得准确的数据。考虑到样品成分偏析和组织结构的不同会引起成分的波动，在分析时尽量选取不同的部位进行扫描，取平均值为基体成分分析结果。对于某些样品中所含的微小夹杂物颗粒，由于只做定性，故通常只做一次测定。分析结果见表二和表三（分析数据经归一化处理）。

表二　铜器化学成分和金相组织鉴定结果

名称	器物编号	实验室编号	取样信息	扫描方式	Cu	Sn	Pb	其他	金相显微组织	材质与制作技术
剑茎	G9：080	QY102	后端处（有铸接痕迹）	区域面扫	81.7	18.3			α固溶体和（α+δ）共析体铸态组织，（α+δ）共析体粗大，互连成网状，有极少量铅颗粒弥散分布	Cu-Sn合金，铸造
				区域面扫	79.3	20.7				
				区域面扫	80.7	18.8	0.5			
				平均成分	80.6	19.3	0.2			
	G9：080	QY103	前端处（有铸接痕迹）	区域面扫	81.7	18.3			α固溶体和（α+δ）共析体铸态组织，偏析明显，（α+δ）共析体粗大，互连成网状，基体部分腐蚀（彩版四〇，1）	Cu-Sn合金，铸造
				区域面扫	81.3	18.7				
				区域面扫	81.9	18.1				
				平均成分	81.6	18.4				
	G9：088	QY104	残断处	区域面扫	80.3	18.5	1.2		α固溶体和（α+δ）共析体铸态组织，偏析明显，（α+δ）共析体粗大，互连成网状，有铸造孔洞（彩版四〇，2）	Cu-Sn（Pb）合金，铸造
				区域面扫	81.4	17.6	1			
				区域面扫	81.1	17.6	1.3			
				平均成分	80.9	17.9	1.2			
	G9：0127	QY106	残断处	区域面扫	80	20			α固溶体和（α+δ）共析体铸态组织，偏析明显，（α+δ）共析体量较多，有铸造缩孔（彩版四〇，3）	Cu-Sn合金，铸造
				区域面扫	81.1	18.9				
				区域面扫	79.2	20.8				
				平均成分	80.1	19.9				
	G9：079	QY108	残断处	区域面扫	82	18			α固溶体和（α+δ）共析体铸态组织，（α+δ）共析体量多，粗大，连接成网状，有较多铸造缩孔（彩版四〇，4）	Cu-Sn合金，铸造
				区域面扫	81.1	18.9				
				区域面扫	82.3	17.7				
				平均成分	81.8	18.2				
镞铤	G9：0169	QY105	残断处	区域面扫	89.2	10.8			α固溶体树枝晶铸态组织，晶内残存少δ相，基体锈蚀（彩版四〇，5）	Cu-Sn合金，铸造
				区域面扫	91.7	8.3				
				区域面扫	89.9	10.1				
				平均成分	90.3	9.7				
	G9：0231	QY110		区域面扫	94.4	5.6			α固溶体树枝晶及（α+δ）共析体呈岛屿状分布，有较多铸造缩孔及少量硫化物夹杂（彩版四〇，6）	Cu-Sn合金，铸造
				区域面扫	94.5	5.5				
				区域面扫	95.2	4.8				
				平均成分	94.7	5.3				

续表二

名称	器物编号	实验室编号	取样信息	扫描方式	元素成分（wt%）				金相显微组织	材质与制作技术
					Cu	Sn	Pb	其他		
络饰管	G9:098	QY111	残断处	区域面扫	83.7	14.6	1.7		α+（α+δ）树枝晶组织，偏析明显，大量粗大多角花斑状（α+δ）共析组织互连成网状，少量硫化物夹杂沿共析体分布（彩版四一，1）	Cu-Sn合金，铸造
				区域面扫	85	15				
				区域面扫	84.4	15.6				
				平均成分	84.4	15.1	0.6			
	G9:0175	QY112		区域面扫	83.2	15.3	1.5		α+（α+δ）树枝晶组织，偏析明显，（α+δ）共析组织数量多，形态细小，沿枝晶组织均匀分布，硫化物夹杂呈颗粒状，沿共析组织分布（彩版四一，2）	Cu-Sn（Pb）合金，铸造
				区域面扫	83.8	14.3	1.9			
				区域面扫	84.9	13.6	1.5			
				平均成分	84	14.4	1.6			
	G9:0161	QY113		区域面扫	92.4	7.6			α固溶体铸态组织，晶内偏析明显，（α+δ）共析组织数量较少，基体可见少量硫化物夹杂（彩版四一，3）	Cu-Sn合金，铸造
				区域面扫	92.6	7.4				
				区域面扫	90.9	9.1				
				平均成分	92	8				
	G9:0183	QY114		区域面扫	91.3	8.7			α固溶体晶粒粗大，晶内偏析明显，残存少量δ相，细小硫化物夹杂和铅颗粒散散分布（彩版四一，4）	Cu-Sn合金，铸造
				区域面扫	90.5	9.5				
				区域面扫	92	8				
				平均成分	91.3	8.7				
	G9:0227	QY115		区域面扫	83.9	14.1	2		α+（α+δ）树枝晶组织，偏析明显，（α+δ）相较多，形态细小，硫化物夹杂呈颗粒状，沿共析组织分布（彩版四一，5）	Cu-Sn（Pb）合金，铸造
				区域面扫	85.1	13.2	1.7			
				区域面扫	84.1	14	1.9			
				平均成分	84.4	13.8	1.9			

续表二

名称	器物编号	实验室编号	取样信息	扫描方式	Cu	Sn	Pb	其他	金相显微组织	材质与制作技术
镞	G9：0141	QY119	镞铤部	区域面扫	91.5	6.8	1.7		镞头部分为α+（α+δ）树枝晶组织，而镞铤为α固溶体铸态组织，铤有铸后受热组织不完全均匀化特征，有细小（α+δ）相残留，少量硫化物圆颗粒散弥分布（彩版四一，6）	Cu－Sn（Pb）合金，铸后受热
				区域面扫	92.8	5.6	1.6			
				平均成分	92.2	6.2	1.7			
			镞头部	区域面扫	89.5	9.3	1.1			Cu－Sn（Pb）合金，铸造
				区域面扫	88.5	10.5	1			
				平均成分	89	9.9	1.1			
	G9：0151	QY120	横截面	区域面扫	84.7	10.2	5.1	Sb：0.7	α固溶体树枝晶及（α+δ）共析体组织，共析体较多，连接成网状，较多铅颗粒与少量硫化物夹杂散弥分布（彩版四一，7）	Cu－Sn－Pb合金，铸造（图版七九，1）
				区域面扫	85.2	10.5	4.3	Sb：0.6		
				区域面扫	85.1	10.3	4.6	Sb：0.7		
				平均成分	85	10.3	4.7			
	G9：0152	QY121	镞铤部	区域面扫	94.2	4.4	0.7	Sb：0.5 As：0.5	镞头部分为α+（α+δ）树枝晶铸态组织，而镞铤部为α固溶体铸态组织，铤部不完全均匀化特征，有少量硫化物夹杂（彩版四一，8）	Cu－Sn合金，铸后受热（图版七九，2）
				区域面扫	94.8	3.9	0.8	Sb：0.3 Bi：0.2		
				平均成分	94.5	4.2	0.8			
			镞头部	区域面扫	87.5	10.9	0.6	Sb：0.5		
				区域面扫	88.2	11	0.3	Sb：0.4		
				区域面扫	86.2	12.6	0.7			
				平均成分	87.3	11.5	0.5			
带扣	G9：0123	QY118	残角处	区域面扫	86.1	11.8	2.1		α固溶体铸态组织，锈蚀严重，仍可见明显枝晶痕迹，少量（α+δ）相分布晶间，细小硫化物和铅颗粒连续分布（彩版四二，1）	Cu－Sn（Pb）合金，铸造
				区域面扫	88.4	10.4	1.3			
				平均成分	87.3	11.1	1.7			

续表二

名称	器物编号	实验室编号	取样信息	扫描方式	元素成分（wt%）				金相显微组织	材质与制作技术
					Cu	Sn	Pb	其他		
鸭嘴钩	G9:0136	QY101	颈断头处	区域面扫	84.8	12.6	2.6		α固溶体树枝晶偏析铸态组织，偏析明显，（α+δ）共析组织数量较多，均匀分布于枝晶间隙，有少量铝颗粒和夹杂物沿共析体分布（彩版四二，2）	Cu－Sn－Pb合金（图版七儿，3）铸造
				区域面扫	83.2	13.3	3.4			
				区域面扫	84.5	11.8	3.7			
				平均成分	84.2	12.6	3.2			
节约	G9:0202	QY107	纽边缘	区域面扫	86.2	13	0.8		铸后受热，α固溶体晶粒，晶内残存极少（α+δ）相，有较多硫化物夹杂颗粒弥散分布（彩版四二，3）	Cu－Sn（Pb）合金，铸后受热
				区域面扫	87.2	11	1.8			
				区域面扫	88.5	10.2	1.3			
				平均成分	87.3	11.4	1.3			
	G9:0199	QY109	环体边缘	区域面扫	87.2	11.2	1.6		α固溶体铸态组织，晶内残存少量（α+δ）共析体，有少量硫化物夹杂（彩版四二，4）	Cu－Sn（Pb）合金，铸造（图版七儿，4）
				区域面扫	88.9	9.5	1.6			
				区域面扫	88	10.5	1.5			
				平均成分	88	10.4	1.6			
轭	G9:0160	QY116	背部一角	区域面扫	92.4	6.3	1.3		铸后受热，α固溶体晶粒粗大，晶内偏析明显，有少量（α+δ）相，细小硫化物夹杂沿晶界分布（彩版四二，5）	Cu－Sn（Pb）合金，铸后受热
				区域面扫	92.7	6.3	1			
				区域面扫	91.7	6.9	1.4			
				平均成分	92.3	6.5	1.2			
车构件	G9:060	QY117	断口处	区域面扫	85.1	14.5	0.4		铸后受热，基体锈蚀严重，但清晰可见α固溶体大晶粒，晶内有硫化物夹杂，并残存细小δ相（彩版四二，6）	Cu－Sn合金，铸后受热
				区域面扫	85.6	14.1	0.3			
				平均成分	85.4	14.3	0.4			

三　分析与讨论

（一）铜器的显微组织及特征

此次分析的 20 件铜器样品均为铸造组织，除 1 件残镞铤（G9∶0169）、1 件带扣（G9∶0123）和 1 件车构件（G9∶060）锈蚀严重只剩部分基体外，其余均完整，组织清晰可见。一般都是树枝状偏析的 α 固溶体，部分样品则为 α 固溶体加（α＋δ）共析体，共析体或较多连接成网状，或孤立成岛屿状，部分样品基体中残留极少量 δ 或（α＋δ）相，有些样品金相显微能看到硫化物夹杂和铅颗粒弥散分布，或沿共析体分布。值得注意的是，有 5 件样品显示铸后受热的迹象，组织呈现不完全均匀化的特征。

1. 铜锡二元合金的铸造组织

铜锡二元合金是指在熔炼过程中没有加入第三种元素，当合金含锡量小于 6% 时，其显微组织显示为 α 固溶体，并存在明显的树枝晶偏析；若含锡量大于 6% 时，且冷却速度较快，会有（α＋δ）共析体生成，并随着锡含量的增加，（α＋δ）共析体数量也随之增多[1]。总体上，α 树枝状晶及（α＋δ）共析组织形态大致有如下三种类型：铸造偏析明显的 α 树枝晶及较小的（α＋δ）共析体金相组织；α 枝晶间分布有较大形态的（α＋δ）共析体的金相组织；（α＋δ）共析体数量多且连成网络状的金相组织[2]。

除带铤镞（G9∶0151）和鸭嘴钩（G9∶0136）外，其他器物全部是铜锡二元合金，显微组织也都呈现与锡含量相吻合的特征。4 件剑茎锡含量在 17.9%～19.9% 之间，基本都呈 α 固溶体和（α＋δ）共析体铸态组织，偏析明显，（α＋δ）共析体粗大，互连成网状，部分有铸造孔洞（彩版四〇，1～4）。5 件络饰管锡含量有高低两类，3 件（G9∶098、G9∶0175 和 G9∶0227）锡含量高的金相显微呈 α＋（α＋δ）树枝晶组织，共析体形态细小并连接成网状，硫化物夹杂呈颗粒状，沿共析组织分布（彩版四一，1、2、5）；另外 2 件（G9∶0161、G9∶0183）的基体为明显的 α 固溶体偏析组织，但共析体不明显，仅 G9∶0183 晶内残存少量 δ 相，显微组织也都呈现与锡含量相适应的特征（彩版四一，3、4）。2 件残镞铤，其中 G9∶0169 锈蚀严重，但清晰可见树枝晶铸态组织，未锈蚀基体中残留细小 δ 相；G9∶0231 呈现较多铸造孔洞，基体为 α 固溶体树枝晶及（α＋δ）共析体（彩版四〇，5、6）。2 件镞头和镞铤（G9∶0141、G9∶0152）均为锡青铜铸造组织（彩版四一，6、8）。2 件节约（G9∶0202、G9∶0199）为 α 固溶体晶粒，晶内残存极少（α＋δ）相，有较多硫化物夹杂颗粒弥散分布（彩版四二，3、4）。带扣、轵和车构件也均为铸态组织，其中带扣（G9∶0123）锈蚀严重，和轵（G9∶0160）一样，α 固溶体中残留有少量（α＋δ）共析体；车构件（G9∶060）基体也锈蚀严重，仍可见部分 α 固溶体大晶粒（彩版四二，1、5、6）。

---

① 李秀辉等：《虢国墓出土青铜器材质分析》，《三门峡虢国墓》，文物出版社，1999 年。
② 韩汝玢等：《中国古代铜器的显微组织》，《北京科技大学学报》2002 年第 24 卷第 2 期。

2. 铜锡铅三元合金的铸造组织

在铜锡合金体系中，铅既不溶于铜形成固溶体，也不会与之结合形成新的化合物，而是以独立相的形式存在。合金组织中铅相的尺寸、形状以及分布情况对合金的性能有很大影响，一般来讲，铅以细小的颗粒状均匀分布较为理想。

本次所分析的样品，铜锡铅三元合金有 2 件，1 件为带铤镞（G9：0151），1 件为鸭嘴钩（G9：0136）。2 件器物的铅含量均在5%以下，多以铅颗粒存在，分布也较为均匀。但由于制作工艺条件的影响，2 件器物的铅颗粒分布状态还是有一些差别：镞的铅含量较高为4.7%，铅颗粒形态较小且多，沿共析体分布（彩版四一，7）；而鸭嘴钩铅含量较少为3.2%，但铅颗粒较大，数量较少（彩版四二，2）。

3. 铸后受热组织

节约（G9：0202）纽边缘（彩版四二，3）、轭（G9：0160）背部一角（彩版四二，5）、车构件（G9：060）断口处（彩版四二，6）、带铤镞（G9：0141、G9：0152）的镞铤部分（彩版四一，6、8）等 5 件样品均显示出铸后受热的金相显微组织，局部或大部分显示有经过加热均匀化的组织。例如节约（G9：0202），部分 α 固溶体枝状晶偏析依然存在，而大部分是 α 固溶体，共析组织已均匀化。样品仍保留有铸造偏析组织，局部还残留有 δ 或 (α + δ) 相，表明样品受热温度较低，受热时间较短。

（二）铜器合金工艺的探讨

本次分析的 20 件器物占出土铜器的比例不大，很难反映一号坑铜器制作技术的全貌。但从分析结果看，有 18 件是铜锡二元合金，占鉴定样品总数的90%，部分锡青铜中含有少量的铅；只有 2 件为铜锡铅三元合金。表二显示 20 件器物样品中，有 3 件器物（G9：0161、G9：0183、G9：0160）和 4 件镞铤（G9：0169、G9：0231、G9：0141、G9：0152）的合金元素含量之和小于10%。值得注意的是，2 件带铤镞的镞头和镞铤的合金成分差别很大，铤部合金中的锡含量明显低于镞头。

4 件剑茎均为锡青铜，锡含量在17.9% ~ 19.9%之间，其中 1 件（G9：088）含有1.2%的铅，另外 3 件均不含或含极少量铅。鉴于兵器要求较高的机械性能（主要指抗拉强度和硬度等），锡含量适当的合金能够保证较高的机械性能。布氏硬度大于80，一般多在150 ~ 200 之间，抗拉强度大于17（吨/平方英寸），一般多在19 ~ 20（吨/平方英寸）之间，适合于制造用于刺杀、射击及切削等用途的剑、矛、镞之类锋刃器[①]。4 件剑茎的锡含量使合金符合这种要求。以上分析表明，秦代铸铜工匠已经认识到器物种类与合金材料选择之间的对应关系。

5 件络饰管均为铜锡合金，锡含量在8% ~ 15.1%之间，其中 3 件锡含量高且含有少量铅，另外 2 件锡含量低一些，但不含铅。分析结果表明，5 件络饰管均为锡青铜，但可分为两类。其中 3 件（G9：098、G9：0175 和 G9：0227）的锡含量在13.8% ~ 15.1%之间，同时含有少量铅，其金相显微呈α + (α + δ)树枝晶组织，共析体形态细小并连接成网状。而另外 2 件（G9：0161、

---

① 孙淑云：《当阳赵家湖楚墓金属器的鉴定》，《中国冶金史论文集（二）》，北京科技大学，1994 年。

G9∶0183）的锡含量为 8% 多一点，基体为明显的 α 固溶体偏析组织，但共析体不明显，仅 G9∶0183晶内残存少量 δ 相。1 件鸭嘴钩（G9∶0136）为铜锡铅合金，其含量分别为 84.2%、12.6% 和 3.2%。带扣、轵和车构件各 1 件，锡含量分别为 11.1%、6.5% 和 14.3%，可见这 3 件器物的合金配比明显不同。

（三）铜器夹杂物的分析

夹杂物是指在合金的冶铸过程中形成的在组织中以独立相存在的杂质。古代青铜样品中的夹杂，多是在冶炼过程中形成的高熔点的化合物，一般呈颗粒状弥散分布。铜的硫化物熔点较低，在浇注铜液冷凝过程中，它属于凝固较晚的相，多呈小颗粒状分散于基体上；若在含铅的样品中，先凝固的夹杂物会为铅等低熔点相凝固形核提供固态表面，因此铜硫化物夹杂一般多与铅共生存在，金相显微镜下观察其颜色呈蓝色，很容易识别[①]。

本次分析的一号坑新出铜器的夹杂物以硫化物为主，硫化物呈小颗粒状，多与铅或（α + δ）共析体共存，或存在于晶粒界面上。扫描电子显微镜对样品的硫化物夹杂进行能谱分析的结果表明，除铜镞夹杂物含硫量较低外，其他铜器含硫量多大于20%，最高达 26.5%，接近于 Cu_2S 的含硫量（表三）。硫化物夹杂的存在表明，冶炼所用矿石不是纯净的氧化矿，其中有少量硫化矿存在，说明这几件铜器的冶炼工艺具有青铜时代晚期的特征。多数样品的硫化物夹杂中含有一定量的铁，有学者就古代铜器中的铁含量做过研究，认为铁含量的变化能够反映铜矿冶炼技术的某种改变[②]。

表三　铜器所含夹杂物成分分析

名称	器物编号	实验室编号	取样部位	夹杂物主要成分（wt%）				备注
				S	Cu	Sn	Fe	
剑茎	G9∶0127	QY106	残断处	20.2	77.7		2.1	铜硫化物（含铁）
络饰管	G9∶0161	QY113	残断处	20.2	79.8			铜硫化物
	G9∶0183	QY114	残断处	18.4	80.9		0.7	铜硫化物（含铁）
镞	G9∶0141	QY119	镞铤部	12.6	87.4			铜硫化物
	G9∶0151	QY120	镞头部	9.6	75.6	12.3	2.5	铜硫化物（含铁）
带扣	G9∶0123	QY118	残角处	23.1	74.7		2.2	铜硫化物（含铁）
鸭嘴钩	G9∶0136	QY101	颈断头处	26.5	61.3		12.2	铜硫化物（含铁）
节约	G9∶0199	QY109	环体边缘	18.4	81.6			铜硫化物
轵	G9∶0160	QY116	背部一角	23.1	71.9		5	铜硫化物（含铁）
车构件	G9∶060	QY117	断口处	20.6	79.4			铜硫化物

（四）关于铜镞的制作工艺

3 件带铤镞和 2 件残镞铤中，整体铸造的 1 件带铤镞（G9∶0151）为铜锡铅三元合金，

[①]　孙淑云：《当阳赵家湖楚墓金属器的鉴定》，《中国冶金史论文集（二）》，北京科技大学，1994 年。

[②]　P. T. Craddock, N. D. Meeks, Iron in Ancient Copper, *Archaeometry*, 1987, 29 (2)：187 - 204.

其铅含量为 4.7%，另外 2 件带链镞为铜锡合金，其镞头和镞链都含有 1% 左右的铅；而 2 件镞链基体均不含铅，为铜锡二元合金。5 件器物的镞头和镞链的锡含量有较大差异，含量在 4.2% ~ 11.5% 之间。

为了全面揭示 3 件铜镞的制作工艺，分别对它们进行体视显微观察和 X 光照相，同时采用线切割方式对其进行横截面切割，以直观反映其内部结构。体视显微发现 3 件镞头棱角末端凹陷部位为排列整齐的平行凸凹痕迹（图版八○，3），表明可能为切割或砂轮打磨而成，而非整体浇铸而成；同时 3 件铜镞表面都可以观察到呈一个方向的打磨痕迹（图版八○，1、2），显然铜镞铸好以后，为了使其光亮锋利，对其进行了打磨加工处理，其他学者也对秦俑坑出土铜镞表面做过分析[1]。

这 3 件铜镞的镞头相似，链部粗细稍微不同，制作工艺应大体相同，但分析结果却出乎意料，不但它们的合金配比有明显差别，而且在浇铸工艺上也有很大不同（图版八○，5、6）。3 件铜镞有 1 件（G9∶0151）是整体浇铸而成（图版八○，6），且为铜锡铅三元合金，其铅含量为 4.7%，金相显微呈 α + （α + δ）树枝晶组织，共析体形态细小并连接成网状，硫化物夹杂呈颗粒状，沿共析组织分布。锡青铜中加入一定量的铅可以提高满流率，镞链比较细，加入铅目的是提高充型能力。另外 2 件（G9∶0141、G9∶0152）是先铸好链部，然后把铸好的链一头置入镞头部范中，再浇注铜液连接而成（彩版四一，6、8；图版八○，5）；合金配比不同，2 件铜镞链部合金的锡含量较镞头部要低一些；镞头的显微组织均为 α 树枝晶加（α + δ）共析组织，而镞链为锡青铜 α 固溶体铸态组织，有铸后受热的特征，受热可能为浇铸镞头时产生的热量；另外，镞头和镞链接触面还因加热出现一圈氧化组织，但 X 光片却未发现有空隙（图版八○，4）。

另外，通过便携 X 射线荧光分析仪测试的 1 件银柄铁刀柄部的成分是 1.3% Cu、0.1% Pb、94.9% Ag、2.6% Au，由于刀身部分未取样，目前只能确定其柄部含银量很高。

通过以上对一号坑出土的部分青铜器制作工艺特征的分析可以看出，秦代工匠已经具有较高的冶炼技术，同时比较熟练地掌握了青铜合金配比、制作工艺与器形、器类之间的关系，能够根据需要配比青铜合金并采用多种工艺铸造所需要的器物。

四　结　论

本文通过对一号坑出土的 20 件铜器的科学分析和研究，可得出如下结论。

这批铜器中有 18 件是用铜锡二元合金铸造而成的，仅有 2 件为铜锡铅三元合金铸造。可以推断，这一制作技术和材料上的选择倾向，在相当程度上反映了铜器制作的工艺特征。这为以后深入探讨俑坑出土铜器的技术发展特征提供了具有重要价值的基础资料。

从本次分析的结果来看，秦代工匠可能已在有意识地根据铜器的用途来选择合适的制作材料，比如选择铜锡二元合金来制作兵器；同时对合金性能也有清晰认识，比如用铜锡铅三元合金整体浇铸带链镞，以提高其充型能力。

本次分析发现，铜镞有两种铸造方式：一种为镞链和镞头整体浇铸而成；另一种为先铸好

---

[1]　Xiuzhen Janice Li *et al*., Inscriptions, Filing, Grinding and Polishing Marks on the Bronze Weapons from the Qin Terracotta Army in China, *Journal of Archaeological Science*, 2011, 38∶492 – 501.

铤，然后把铸好的铤一头置入镞头部范中，再浇注铜液连接而成。铜镞制作工艺上的这种差异是值得注意的现象，就目前掌握的资料而言，分铸法似乎是一种控制成品率的手段，且铜镞的铤部与头部的合金成分也有差别，应是有意识的选择。

　　附记：本文的写作得到了北京科技大学冶金与材料史研究所韩汝玢教授的悉心指导和帮助，在此谨致谢忱。

附录三　漆器遗存的检测与分析

金普军（陕西师范大学材料科学与工程学院）

刘春华（秦 始 皇 帝 陵 博 物 院）

朱君孝（陕 西 师 范 大 学 历 史 文 化 学 院）

杨小刚（重 庆 市 文 化 遗 产 研 究 院）

秦始皇帝陵一号兵马俑陪葬坑第三次发掘出土遗存中有数量较多的漆器朽痕，包括弓弩、箭笴、箭箙、笼箙、盾、鼓、车等器类。迄今为止，战国秦汉漆器虽有大量出土，但对其进行的科技研究却非常少。出土漆器虽然已经腐朽，但是大部分还残留有部分漆膜，这些残存漆膜是漆器的核心部分，蕴藏着古代髹漆工艺的丰富信息，不仅能够反映出当时的漆化学特点，还可以揭示漆膜原料加工和髹制过程。此外，漆灰是古代漆器制作工艺中的一项重要发明，漆器上肉眼观察到的漆灰，与后世漆灰层制作工艺有着显著的差别，外观呈粉末状，体现了较为原始的工艺特点。

秦作为中国历史上的第一个帝国，有机遇和能力将战国诸国的科技成果汇集起来，客观上为汉代科技大发展夯实了必要的基础。秦代漆器铭文揭示，秦代已经出现了具有严格管理制度及分工协作模式的官营漆器手工业，漆器产品也开始走向大众[①]。这为中国漆器步入其第一个全盛期奠定了坚实的基础。为强化发掘资料的信息提取，了解具有代表性的秦代漆器的髹漆工艺特点，本次研究对提取的 52 例漆器样品进行了漆膜、漆灰层、彩绘颜料的检测（表一）。现报告如下。

一　实验仪器

为了解秦始皇帝陵一号兵马俑陪葬坑近期出土漆器的漆膜制作工艺特点，采用光学显微镜（OM）、傅立叶转换红外光谱（FTIR）扫描电子显微镜/能谱仪（SEM/EDAX）、X 射线衍射仪（XRD）和激光拉曼光谱仪（RS），分析了漆膜、漆灰及土壤样品（表二）。另外，盾、鼓等漆器表面有彩绘纹饰，对其也一并分析。

傅立叶转换红外光谱仪为德国 Bruker 公司生产的 Tensor 27 型，分辨率优于 $0.5cm^{-1}$，光谱范围 $400 \sim 4000cm^{-1}$。环境扫描电子显微镜为 FEI 公司生产的 Quanta 200 型，装备有 EDAX 公司能谱仪，测试条件为高真空模式，加速电压 20kV，工作距离 10mm，Spot Size：$4.0 \sim 5.0$，样品进行喷金预处理。利用全自动 X 射线衍射仪 D/Max - 3c 型 X 射线衍射仪（XRD）对样品进行了物相研究，衍射角扫描范围为 $5° \sim 75°$，工作电压和电流分别为 40kV、30mA，连续扫描。利用 Renishaw 公司生产的 inVia 拉曼光谱分析仪，采用氩离子激光器，激发光波长为 514nm，物镜放大倍数为 100，信息采集时间为 10s，累加次数 $3 \sim 5$ 次，激光功率 $5\% \sim 10\%$。

①　肖亢达：《云梦睡虎地秦墓漆器针刻铭记探析——兼谈秦代"亭"、"市"地方官营手工业》，《江汉考古》1984 年第 2 期；朱学文：《秦漆器手工业研究》，《文博》2012 年第 1 期。

表一　样品目录表

编号	内容	取样地点	取样部位	编号	内容	取样地点	取样部位
1	植物、漆片	箭箙①	箭笴尾部	27	漆皮	弩⑧	弓干表面
2	漆皮	箭箙①	背板杆部	28	漆灰、漆皮	柲⑪	表面
3	漆皮	箭箙⑦	背板杆部	29	植物朽痕、漆皮	G9：①	车衡表面
4	漆皮	箭箙②	箭笴尾部	30	漆皮	G9：①	车衡下层
5	漆皮	箭箙②	箭笴尾部	31	漆皮	笼箙③	器壁
6	漆皮	箭箙②	箭笴尾部	32	颜色土块	鼓①	鼓面
7	漆片	箭箙②	背板云头	33	漆皮	笼箙③	器壁
8	漆片	箭箙②	背板云头	34	漆灰	笼箙②	器壁夹层
9	漆片	箭箙②	背板杆部	35	漆灰	G9：②	车辀内壁
10	漆片	箭箙②	背板杆部	36	漆皮	盾	盾缘正面
11	颜料土块	箭箙⑦	箭笴中部	37	漆皮	笼箙③	器壁内层
12	织物	箭箙②	箙绳	38	漆皮	笼箙③	器壁外层
13	颜料土块	箭箙②	箭笴中部	39	漆灰	盾	背面中部
14	植物朽痕	箭箙①内	箭笴尾部	40	漆皮	弩②	弓干
15	土块、红颜料、生漆	箭箙①	背板杆部、箭笴	41	漆皮	箭箙尾端	箭笴（？）
16	朽痕	箭箙①	底层箭笴尾部	42	漆皮	弩⑤	弓干
17	漆末	鼓②	器壁	43	颜料	鼓①	器壁
18	土块、朽痕	G9东部南侧	鼓②、弩②之间	44	皮条（？）漆皮	弩①	弓干
19	土块	笼箙①	器内	45	皮条（？）漆皮	弩④	弓干
20	土块	笼箙①	西北壁	46	漆皮	G9：②	车辀尾端
21	漆灰土块	G9：②	前车辀	47	漆皮、漆灰	笼箙②	器壁转角
22	土块	笼箙③	器内	48	漆灰、漆皮	G9：②北	车辀
23	朽痕土块	G9箭箙	箭笴	49	漆皮	G9：5褥面	底漆
24	土块	鼓①		50	颜料	G9：012箭笴	印痕
25	皮条（？）	弩⑤	弓干	51	鼓壁	鼓①	外壁表面
26	土块	盾	表层中部	52	木环漆皮	木环东侧	杂土堆积

二　漆　膜

（一）漆膜切片观察

通过漆膜断面切片显微照片可知：髹漆层数最多者为采自 G9 东南侧的弩②弓干，达 7 道；同一箭箙内不同箭笴个体髹漆层不同；髹漆层最厚者为盾，厚约 0.4 毫米（彩版四三、四四；表二）。

表二　漆膜检测登记表

编号	名称	漆膜层	漆膜厚度（毫米）	备注
1	箭筲尾部	2	底 0.054、面 0.051	
3	箭箙⑦背板杆部	1	0.07	
4	箭箙②内箭筲尾部	2	底 0.05、面 0.03	
6	箭箙②内箭筲尾部	3	底 0.03、中 0.07、面 0.03	箭箙②内不同个体
8	箭箙②背板云头	2	底 0.12、面 0.08	褐色分层不明显
9	箭箙②背板杆部	2	0.07	褐色漆液分层不明显
10	箭箙②背板杆部	4	面 0.039，底 0.028、0.041、0.053	
15	箭箙①背板杆部、箭筲	3	底 0.03、中 0.02、面 0.05	
25	弩⑤弓干	2	底 0.078~0.105、面 0.076~0.084	
30	G9：①车衡下层	3	底 0.036、中 0.037、面 0.043	衡上漆膜
33	笼箙③器壁	3	底 0.02、中 0.03、面 0.04	
36	盾缘正面	1	0.4	髹漆厚
38	笼箙③器壁外层	3	底 0.06、中 0.03、面 0.03	底漆膜厚
40	弩②弓干	7	底至面分别为 0.09、0.06、0.02、0.03、0.01、0.02、0.02	底层不规整，漆液填补胎体局部孔洞
46	G9：②车辕尾端	1	0.065~0.089	车辕上漆膜
48	G9：②车辐	3	底 0.03、中 0.06、面 0.06	髹漆较厚，髹漆 3 道

（二）漆膜红外光谱分析

古代漆膜主要是由生漆固化后形成的复杂天然高分子材料，生漆为白色黏稠液体，主要成分是漆酚、含氮物质、漆酶、漆胶质和水分。相关研究表明，我国古代生漆中常常会加入一些改性天然有机物，如桐油等[①]。本次鉴定的漆器漆膜腐蚀严重，利用红外光谱初步研究了漆膜的结构特点，样品的红外光谱图非常一致（图一）。3439cm^{-1} 处出现了一个宽大的吸收峰，为漆酚苯环上羟基的对称伸缩红外吸收峰 ν_{OH}[②]；在 2927cm^{-1} 和 2853cm^{-1} 左右的峰分别属于亚甲基（CH$_2$—）的不对称伸缩振动峰 νas 和对称伸缩振动峰 νs，这两个峰在相关研究的文献中都有报道[③]。在 465cm^{-1}、527cm^{-1}、695cm^{-1}、778cm^{-1}、799cm^{-1} 和 1034cm^{-1} 左右存在石英的系列吸收峰[④]。

---

① 郑佳宝等：《古代漆器的红外光谱》，《复旦学报》（自然科学版）1992 年第 31 卷第 3 期。
② 金章岩、陈天佑：《中国生漆的红外光谱分析》，《中国生漆》1985 年第 1 期。
③ 金普军等：《盱眙东阳汉墓两件木胎漆器髹漆工艺探讨》，《文物保护与考古科学》2009 年第 21 卷第 3 期；孙红燕等：《湖南长沙风篷岭汉墓漆器漆膜测试分析与髹漆工艺研究》，《江汉考古》2014 年 S1 期。
④ 彭文世、刘高魁：《矿物红外光谱图集》，第 112 页，科学出版社，1982 年。

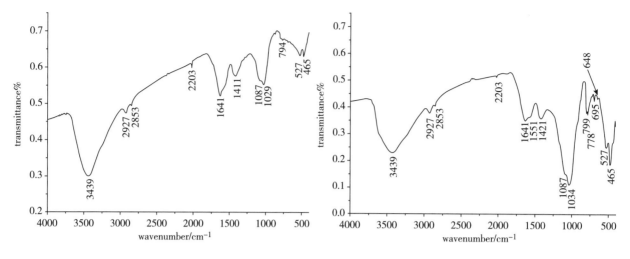

1. 箭箙背板杆部（No. 2）　　　　2. 箭箙背板杆部（No. 10）

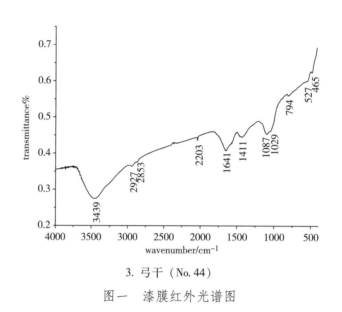

3. 弓干（No. 44）

图一　漆膜红外光谱图

三　漆灰与遗址土样

（一）漆灰检测

1. 柲⑪（No. 28）

漆器胎体已经腐朽，漆灰层呈白色片状，其上面漆龟裂脱落殆尽。显微照片显示，漆灰层比较细密，其间夹杂着一些透明和暗红色的颗粒（彩版四五，1、2）。样品扫描电镜形貌图显示，样品由细小颗粒团聚而成，颗粒之间结合紧密（图二，1）。能谱数据表明，样品元素组成以 Si、Al、O、Ca 和 Fe 等为主，这与土壤基本类似。漆灰层中大颗粒的能谱分析数据显示，大颗粒的物质含有高含量的 Si 和 O，为石英（SiO_2）（图二，2；表三）。XRD 分析数据也说明，漆灰层以石英（SiO_2）、碳酸钙（$CaCO_3$）和白云母（$KAl_2Si_3AlO_{10}(OH)_2$）为主，还包括一些其他未能解析出来的物质（图二，3）。

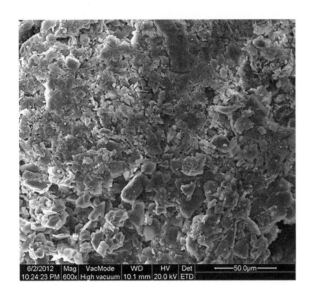

1. 形貌图

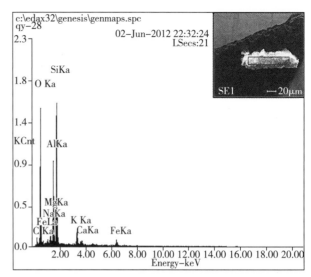

2. 能谱图

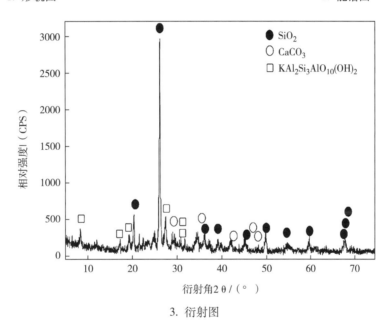

3. 衍射图

图二　祕⑪（No. 28）漆灰形貌、能谱及衍射图

表三　祕⑪（No. 28）漆灰元素成分含量（wt%）

Element	C	O	Na	Mg	Al	Si	K	Ca	Fe
wt%	10. 41	48. 11	0. 81	1. 37	10. 26	21. 91	2. 88	0. 8	3. 4

2. 笼箄③（No. 33）

漆器胎体已经腐朽，漆灰层呈松散土状，位于漆膜之下。显微照片显示，漆灰层中夹杂有大量透明的颗粒，厚度约为 0. 05 毫米（彩版四五，3、4）。样品扫描电镜形貌图显示，样品由较大颗粒分散于细小颗粒中团聚而成，样品内部存在裂隙；大颗粒边缘棱角明显，具有机械加工的特征（图三，1）。事实上，所有漆灰样品都非常酥松，稍微受力就变成粉末状，其显

微结构中的裂缝说明了这一点。能谱数据表明，样品元素组成以 Si、Al、O、Ca 和 Fe 等为主，这与土壤基本类似。漆灰层中大颗粒的能谱分析数据显示，大颗粒的物质含有高含量的 Si 和 O，为石英（SiO_2）（图三，2；表四）。XRD 分析数据也说明，漆灰层以石英（SiO_2）、碳酸钙（$CaCO_3$）和白云母（$KAl_2Si_3AlO_{10}(OH)_2$）为主，还包括一些其他未能解析出来的物质（图三，3）。

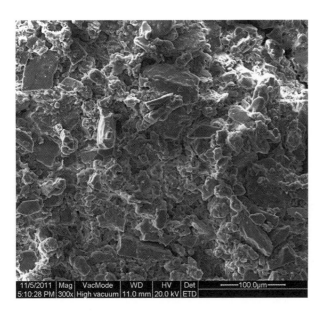

1. 形貌图

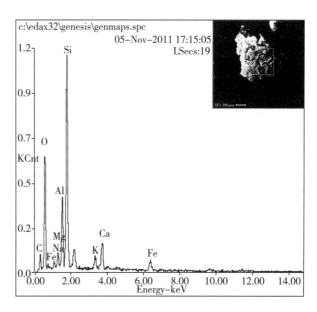

2. 能谱图

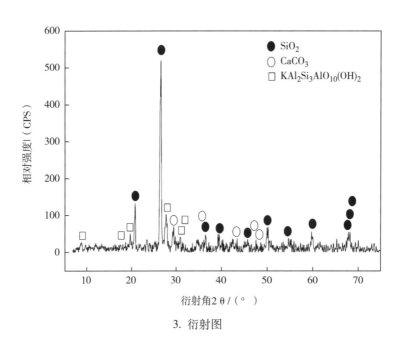

3. 衍射图

图三　笼箍③（No. 33）漆灰形貌、能谱及衍射图

表四　笼箍③（No. 33）漆灰元素成分含量（wt%）

Element	C	O	Na	Mg	Al	Si	K	Ca	Fe
wt%	16.6	41.46	0.92	1.25	6.2	22.09	2	4.36	5.12

3. 笼箍② (No. 34)

漆灰层显微照片显示，34 号样品漆灰层含有白色的颗粒，这与 33 号样品明显不同（彩版四五，5、6）。样品扫描电镜形貌图显示，大颗粒分散于细小颗粒中，颗粒之间存在明显的间隙，基本上为松散状态（图四，1）。能谱数据表明，样品元素组成以 Si、Al、O、Ca 和 Fe 等为主，这与土壤基本类似（图四，2；表五）。XRD 分析数据也说明，34 号样品漆灰矿物组成以石英（SiO_2）、碳酸钙（$CaCO_3$）和白云母（$KAl_2Si_3AlO_{10}(OH)_2$）为主（图四，3）。

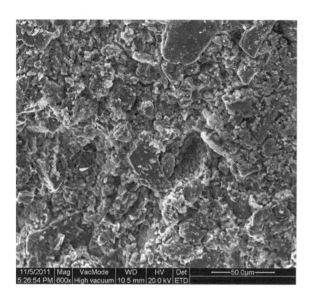

1. 形貌图

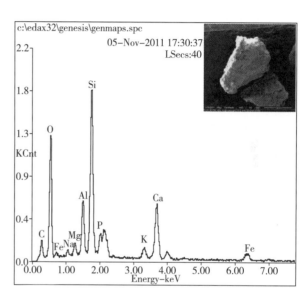

2. 能谱图

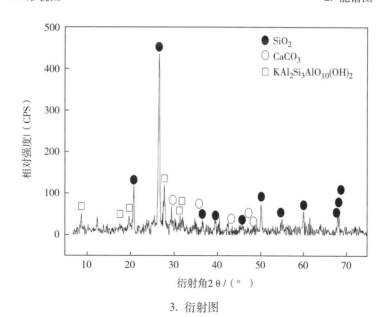

3. 衍射图

图四　笼箍② (No. 34) 漆灰形貌、能谱及衍射图

表五　笼箍② (No. 34) 漆灰元素成分含量 (wt%)

Element	C	O	Na	Mg	Al	Si	P	K	Ca	Fe
wt%	16.74	42.86	0.76	1.21	5.12	16.46	2.84	1.67	8.84	3.5

4. G9：②车辖（No. 35）

漆灰层显微照片显示，其状态呈松散土状，其间夹杂着许多透明的颗粒（彩版四五，7、8）。样品扫描电镜形貌图显示，样品由大颗粒分散于细小颗粒中团聚而成，存在非常大的石英颗粒（图五，1）。能谱数据表明，样品元素组成以 Si、Al、O、Ca 和 Fe 等为主（图五，2；表六）。XRD 分析数据也说明，漆灰中矿物相以石英（SiO_2）、碳酸钙（$CaCO_3$）和白云母（$KAl_2Si_3AlO_{10}(OH)_2$）为主（图五，3）。

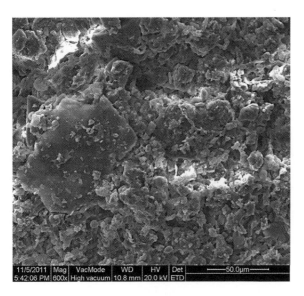

1. 形貌图

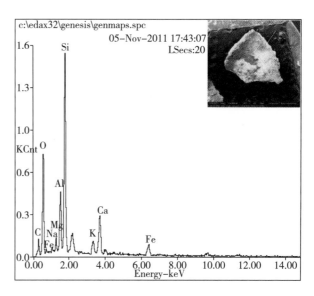

2. 能谱图

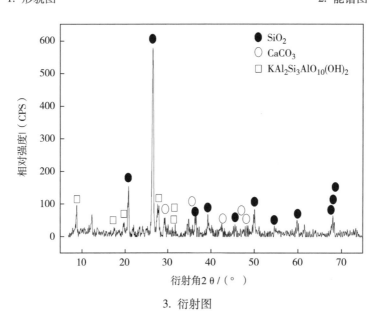

3. 衍射图

图五　G9：②车辖（No. 35）漆灰形貌、能谱及衍射图

表六　G9：②车辖（No. 35）元素成分含量（wt%）

Element	C	O	Na	Mg	Al	Si	K	Ca	Fe
wt%	15	40.29	0.69	1.52	6.43	21.75	2.34	7.05	4.93

5. 笼箍② （No. 47）

样品显微照片显示，其中夹杂着白色的颗粒物质（彩版四五，9、10）。样品扫描电镜形貌图显示，样品由大颗粒分散于细小颗粒中团聚而成（图六，1）。能谱数据表明，样品元素组成以 Si、Al、O、Ca 和 Fe 等为主（图六，2；表七）。XRD 分析数据也说明，漆灰中矿物相以石英（SiO_2）、碳酸钙（$CaCO_3$）和白云母（$KAl_2Si_3AlO_{10}(OH)_2$）为主，还包括一些其他未能解析出来的物质（图六，3）。

1. 形貌图

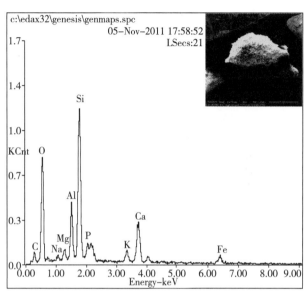

2. 能谱图

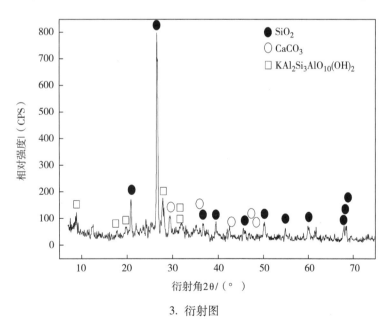

3. 衍射图

图六　笼箍②（No. 47）漆灰形貌、能谱及衍射图

表七　笼箍②（No. 47）漆灰元素成分含量（wt%）

Element	C	O	Na	Mg	Al	Si	P	K	Ca	Fe
wt%	12.55	43.83	0.7	1.36	6.05	18.9	2.54	2.04	8.09	3.93

（二）遗址土样检测

1. 箭箙①背板杆部（No. 15）

扫描电镜形貌图显示，样品呈团聚状态，由较大颗粒分散于细小颗粒中团聚而成；样品内部存在孔洞痕迹，颗粒磨蚀圆滑，可能系在流水的作用下经长时间反复抵触和摩擦的结果（图七，1）。能谱数据表明，样品元素组成以 Si、Al、O、Ca 和 Fe 等为主，这与土壤基本类似（图七，2；表八）。XRD 分析数据也说明，土壤矿物相以石英（SiO_2）、碳酸钙（$CaCO_3$）和白云母（$KAl_2Si_3AlO_{10}(OH)_2$）为主（图七，3）。

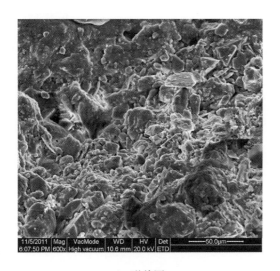

1. 形貌图

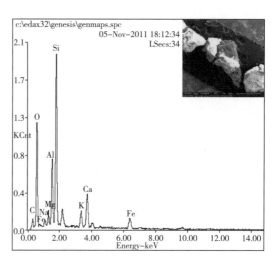

2. 能谱图

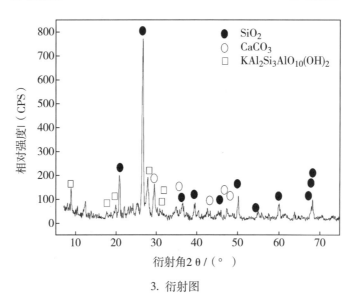

3. 衍射图

图七　箭箙①背板杆部（No. 15）朽痕形貌、能谱及衍射图

表八　箭箙①背板杆部（No. 15）朽痕元素成分含量（wt%）

Element	C	O	Na	Mg	Al	Si	K	Ca	Fe
wt%	12.6	41.83	1.06	1.79	7.48	21.14	2.71	6.22	5.17

2. 鼓① (No. 24)

扫描电镜形貌图显示，土壤样品呈团聚状态，由较大颗粒分散于细小颗粒中团聚而成；样品内部存在孔洞痕迹，颗粒磨蚀圆滑，可能系在流水的作用下经长时间反复抵触和摩擦的结果（图八，1）。能谱数据表明，样品元素组成以 Si、Al、O、Ca 和 Fe 等为主，这与土壤基本类似（图八，2；表九）。XRD 分析数据也说明，土壤矿物相以石英（SiO_2）、碳酸钙（$CaCO_3$）和白云母（$KAl_2Si_3AlO_{10}(OH)_2$）为主（图八，3）。

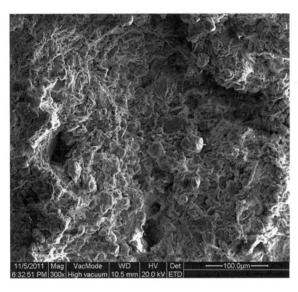

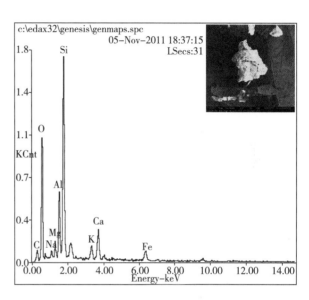

1. 形貌图 　　　　　　　　　　　　　　　　　　　　2. 能谱图

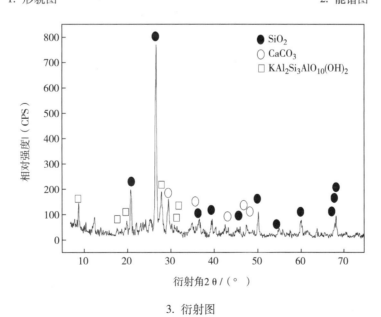

3. 衍射图

图八　鼓① (No. 24) 朽痕形貌、能谱及衍射图

表九　鼓① (No. 24) 朽痕元素成分含量（wt%）

Element	C	O	Na	Mg	Al	Si	K	Ca	Fe
wt%	11.9	43.49	0.93	1.74	6.97	22.43	2.44	5.09	5

（三）分析

从外观形貌上来看，漆灰样品与遗址内坍塌土样品有着明显的不同：前者颜色发白，质地松散，颗粒较粗；后者颜色发黄，质地坚硬，颗粒较细。从微观形貌上来看，二者也有着明显的区别：漆灰样品为大颗粒分散于细小颗粒中团聚而成，颗粒之间存在裂隙、结合松散，大颗粒边缘棱角明显，有机械加工的特征；土壤样品由较大颗粒分散于细小颗粒中团聚而成，样品内部存在孔洞痕迹，具有明显的土壤团聚结构特征，其内部颗粒磨蚀圆滑，表现出经历自然营力长期腐蚀的特征。形貌特征数据和现象说明，漆灰样品很可能系人为加工而成，漆灰层中的石英颗粒也显示出了明显的人为机械加工特点。

根据漆灰样品元素百分含量图，可以发现除了 No. 34、No. 47 含有 P 元素以外，其他样品的主要元素组成和含量非常相似（彩版四八，1）。事实上，P 元素在漆灰层中的含量达到了 2.5%以上，高含量的 P 元素对应着较高含量的 Ca 元素，即磷酸钙类物质，汉代在制作漆灰时就存在添加骨灰的现象。No. 34、No. 47 样品取自笼箙②，此器是存放物品的实用夹纻胎漆容器，作用类似箱箧，这一发现证明秦代已出现在漆灰中添加骨灰的垸漆工艺。

四　结　论

以往对俑坑出土的陶胎漆器陶俑、陶马的检测、研究进行较多，其他胎质研究比较薄弱，鲜见科技检测报告和研究。本次发掘出土的木、皮等材质漆器虽均已腐朽，漆膜也严重腐蚀，造成漆膜结构破坏，切片观察效果不佳，但通过检测，还是取得了一些重要的认识。这些发现在一定程度上反映了秦代漆器的制作特点，即按照不同的用途，漆膜或薄或厚，或单层或多层，并使用漆灰。尤其是笼箙漆灰中检测出的磷酸钙类物质成分，应与骨灰有关，属有意而为。

附录四 纺织品及其印痕测试报告

周　旸　杨汝林　刘　剑　郑海玲

（纺织品文物保护国家文物局重点科研基地·中国丝绸博物馆）

织物遗迹一般压印于土块之上。肉眼观察可见编织细密，经纬较明显，使用器类主要包括弓韬、箭箙袋囊与背绳、锁铤上缠绕的缑丝，另有少量笼箙内可能属于车幕、衣蔽的织物遗迹。共计提取样品 21 件（表一），在现状拍照、表面清洁处理之后，对纤维、组织结构和颜料进行了分析测试。

表一　样品目录

序号	说明	序号	说明
1	笼箙②内织物压痕（车幕）	12	弩④韬
2	笼箙②内织物压痕（衣蔽）	13	弩④韬
3	G9：②右服马左蹄修补缠匜朽痕	14	弩④韬
4	箙①背绳，绳带残长 4、宽 1.5 厘米	15 - 1	弩④韬
5	箙①背绳	15 - 2	弩④韬
6	箙①袋囊，下压朱红色箭笥	16	鼓②铜环内缠匜，固定环与鼓壁
7	箙②下压韬织物	17	鼓②壁
8	箙⑥袋囊	18	G10：45 脚踝修补缠匜
9	弩④韬，组织细密，边界清晰可见	19	G10：48 体前侧织物
10	弩④韬	20	箙③袋囊
11	弩④韬	21	G10：05 铤部缠绕缑丝，保存较好

一　纤维种属鉴定

1. 测试方法与仪器

通过显微镜观察并结合红外光谱，对 16 号和 21 号样品进行纤维种类鉴别。采用 Stereo Discovery. V8 实体显微镜（Zeiss，德国），对样品进行纵向观察，采集放大倍数为 40 倍的图像；采用 Zeiss Scope A1 生物显微镜（Zeiss，德国），对纤维切片进行截面观察和图像采集；采用 6700 + Continuμm 红外光谱显微镜（Thermo，美国）在 400 ~ 4000cm⁻¹ 范围内测试红外光谱。

2. 测试结果

从纤维横、纵截面图上观察出土纤维的形貌特征，可以发现样品的韧皮麻类纤维形貌与现代苎麻纤维接近（彩版四六）。苎麻纤维横截面呈不规则的腰圆形，有中腔，胞腔多呈线状，偶尔膨开，胞壁厚度均匀，胞壁上偶有裂纹，纵向有竖纹和横节[1]。故可初步推断，16 号和 21 号样品纤维种类为苎麻。

麻类纤维的物质组成主要有纤维素、半纤维素、木质素、果胶、脂蜡质等物质。其主要成分是纤维素，由于麻的品种不同，其各种物质的含量也有所不同[2]。纤维素纤维的红外谱图中除 3450～3200cm^{-1} 是 O—H 伸缩振动吸收峰外，1064～980cm^{-1} 的强吸收峰以及在 1160cm^{-1}、1120cm^{-1} 处的 2 个肩峰也是纤维素的特征吸收峰，它们来自于纤维素葡萄糖环中 3 个 C—O 醚键的伸缩振动[3]。1736cm^{-1} 乙酰基的 C＝O 振动，是半纤维素的特征峰[4]，1508cm^{-1} 处是芳香族骨架的振动，1750～1500cm^{-1} 为木质素的特征峰。通过观察 16、21 号样品纤维红外谱图发现，二者在红外谱图上的峰都是一样的，但吸收强度却有差别，现代苎麻的吸收强度明显大于出土样品（图一）。通过红外谱图对比，更加证实了出土样品纤维材质为苎麻。

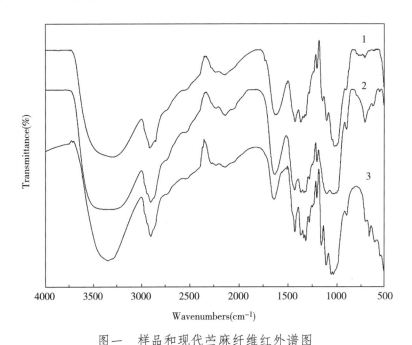

图一　样品和现代苎麻纤维红外谱图
1. 21 号样品　2. 16 号样品　3. 现代苎麻纤维

二　织物组织鉴定

共计 12 件样品可测出织物组织等信息，可见韬迹印痕组织均为平纹，经线密度约 8～16 根/厘米，纬线密度约 6～13 根/厘米（图二）。其中 7 号样品最稀疏处经密 11 根/厘米、纬密 6 根/厘米，最紧密处经密 8 根/厘米、纬密 11 根/厘米。箭箙背绳属绞编，双股并合制成（图三）。緱丝为"S"捻向的纱线（图四）。具体内容见表二。

① 沈海蓉、于伟东：《麻、竹类纤维的形貌及单纤维刺扎性能分析》，《中国麻业科学》2008 年第 30 卷第 1 期。
② 姚穆：《纺织材料学》，第 65 页，中国纺织出版社，1990 年。
③ 刁均艳、潘志娟：《黄麻、苎麻及棕榈纤维的聚集态结构与性能》，《苏州大学学报》（工科版）2008 年第 28 卷第 6 期。
④ 张建春、张华：《汉麻纤维的结构性能与加工技术》，《高分子通报》2008 年第 12 期。

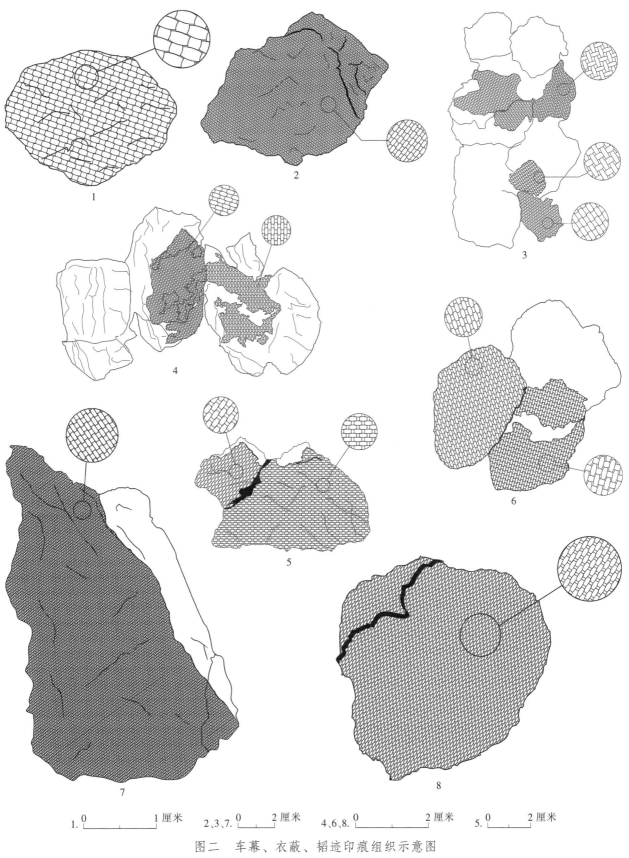

图二 车幕、衣蔽、韬迹印痕组织示意图

1. 车幕（1号样品） 2、3、5~8. 韬（11、7、10、15、12、9号样品） 4. 衣蔽（2号样品）

三　织物附着物

提取的样品表面多见彩绘颜料等物质附着，包括彩绘颜料、陶俑修补粘接粉末等，一并予以检测。

1. 测试方法与仪器

本报告采用扫描电子显微镜联能谱法（SEM - EDX）对 4 件样品进行元素分析。扫描电子显微镜为 TM3000（Hitachi，日本），能谱仪为 Quantax70（Bruker，德国）。制样方式为：（1）用刀片剥取约 5×5mm 的待测部位样品，黏附在导电胶上；（2）将所取样品放置到体式显微镜下观察并记录图像；（3）放置到扫描电子显微镜样品腔内进行检测。

由于能谱法是分析元素的方法，为了进一步确认样品的分子结构，我们还采用了显微拉曼光谱法（Mirco - Raman）检测。显微拉曼光谱仪为 inVia Reflex（Renishaw，英国）。激发波长 532nm 和 785nm。SEM - EDX 检测后的样品可用于显微拉曼光谱分析。

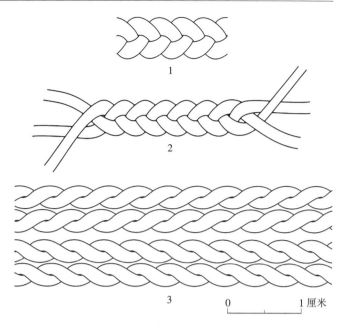

图三　箭箙背绳编织示意图

1. 4 号样品　2. 编织方法示意图（4 号）　3. 5 号样品

图四　缑丝捻向示意图（21 号样品）

样品号	品类	经密	纬密	组织	其他	结构示意图
1	车幕	14	10	平纹		图二，1
2	衣蔽	10	8	平纹		图二，4
4	背绳				绞编，双股并合	图三，1、2
5	背绳				绞编，双股并合	图三，3
7	韬	8～11	6～11	平纹		图二，3
9	韬	16	13	平纹		图二，8
10	韬	13	9	平纹		图二，5
11	韬	12	9	平纹		图二，2
12	韬	16	10	平纹		图二，7
15 - 1	韬	15	9	平纹		图二，6
15 - 2	韬	14	7	平纹		
17	夹纻胎	20	18	平纹		
21	缑丝				纱线，"S"捻	图四

表二　织物组织鉴定登记表　　　　　　（单位：根/厘米）

2. 测试结果

本次分析的样品主要是红色、粉红色和绿色颜料，包括附着其上的白色或棕色结晶盐。通过能谱检测发现，几乎所有的结晶盐中均含有 O、Si、Al、Ca、Mg、Fe 等元素，这些元素是土壤中的常见元素（表三）。

表三　元素检测结果登记表

序号	元素检测结果	物属	备注
4	O、Al、Si、Ca、Mg、Fe（结晶盐部分）；Hg、S、Al、Si、C（红色颜料部分）	箭箙背绳	彩版四七，1
6	O、Al、Si、Ca、Mg、Fe（结晶盐部分）；Hg、S、Al、Si、O、C、Fe（红色颜料部分）	箭笴	彩版四七，2
17	O、Al、Si、Ca、Mg、Fe、Cu（绿色部分）；O、Al、Si、Ca、Mg、Fe（结晶盐部分）；Hg、S、Al、Si、O、C、Ca（红色颜料部分）	鼓	彩版四七，3、4
18	O、Al、Si、Ca、Mg、Fe（结晶盐部分）；Hg、S、P、Si、Ca（粉红色颜料部分）	俑体彩绘及修补物	彩版四七，5

在 4、6、17 和 18 号样品中均含有红色颜料。根据背反射电子原理，17 号样品（红色颜料部分）的 SEM 图中可以看到原子衬度图像，原子序数越高，图像越亮，因此左侧高光区域主要为 Hg 和 S，而 EDX 图中还能看到此区域存在少量的 Ca、Si 和 O，说明 17 号样品的红色颜料可能是朱砂，同时伴随少量的二氧化硅和钙盐。低光处则主要是 Si、Al 和 O，来自于土壤的基本元素（图五）。为了进一步确认 4 件样品红色颜料的成分，采用 Micro－Raman 进行分析。结果显示所有的样品都有三个明显的拉曼特征峰：$252cm^{-1}$、$284cm^{-1}$、$343cm^{-1}$（图六），与文献报道的朱砂谱图一致[①]。早在新石器时期，朱砂以及碾磨朱砂的石臼就曾被发现；到了商周时期，朱砂

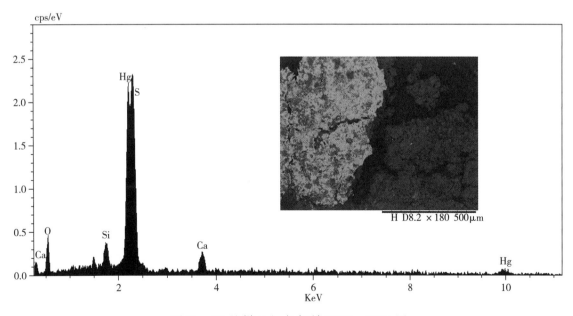

图五　17 号样品红色颜料 SEM－EDX 图

---

① R. J. H. Clark, *et al.*, Non－destructive in Situ Identification of Cinnabar on Ancient Chinese Manuscripts, *Journal of Raman Spectroscopy*, 1997，28：91－94.

作为颜料被广泛地应用于陶器彩绘①。在与本次检测样品同遗址的陶俑表面，朱砂彩绘也多有报道②。因此，可以确认这 4 件样品的红色颜料为朱砂。

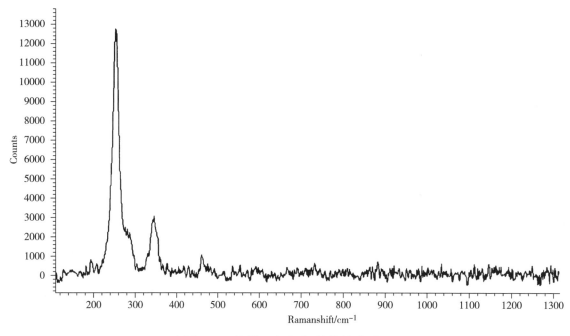

图六　17 号样品红色颜料拉曼光谱图

　　17 号样品中还含有绿色化合物，EDX 分析结果显示，除了土壤中的常见元素外，还有 Cu 元素（图七）。通过 Micro – Raman 分析，此样品上的绿色痕迹可能是孔雀石（图八），属于古代常见的绿色颜料③，但也可能是青铜器腐蚀产物④。

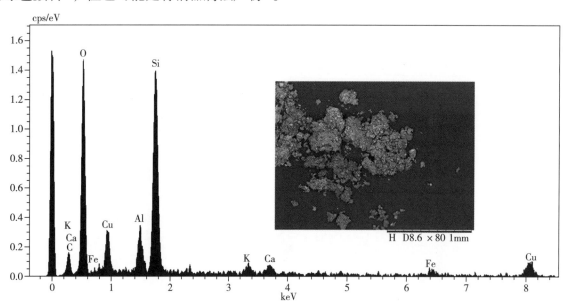

图七　17 号样品绿色痕迹 SEM – EDX 图

①　王进玉、王进聪：《中国古代朱砂的应用之调查》，《文物保护与考古科学》1999 年第 11 卷第 1 期。
②　陕西省考古研究所等：《秦始皇帝陵园考古报告（2000）》，第 184～189 页，文物出版社，2006 年。
③　I. M. Bell, *et al.*, Raman Spectroscopic Library of Natural and Synthetic Pigments（pre- ~ 1850AD），*Spectrochimica Acta Part A*，1997，53：2159 – 2179.
④　郭振琪等：《秦俑一号铜车马残件 X 射线衍射分析——青铜器和银器锈蚀机理比较》，《西北大学学报》（自然科学版）1999 年第 29 卷第 4 期。

　　在这些样品中，18 号样品的粉红色区域也值得关注。通过显微镜观察可以发现，此区域是由红色和白色颗粒组成，在 EDX 图中可以看到存在的元素有 Hg、S、Ca、P、Si 等。根据郭振琪等人对类似样品的分析[1]，可以推测白色是磷灰石类化合物，红色为朱砂，通过两者混合获得粉红色效果。

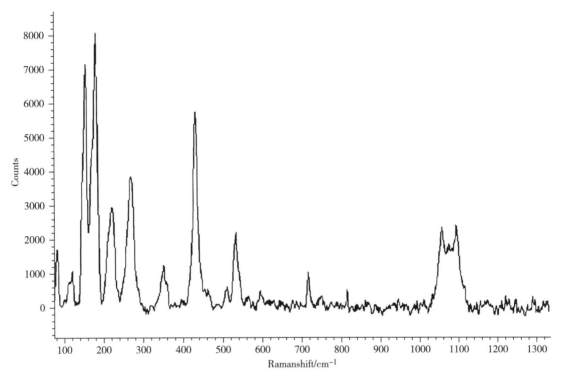

图八　17 号样品绿色痕迹拉曼光谱图

3. 结论

　　采用 SEM－EDX 和 Micro－Raman 分析，本次检测的 4 件样品上的颜料可能是朱砂、孔雀石、磷灰石等，说明矿物颜料在当时不仅用于陶俑彩绘，也应用于鼓、箭箙、箭笴等器物。

---

① 郭振琪等：《秦俑一号铜车马残件 X 射线衍射分析——青铜器和银器锈蚀机理比较》，《西北大学学报》（自然科学版）1999 年第 29 卷第 4 期。

附录五　红烧土样品热分析报告

闫海涛（河南省文物科技保护中心）

周双林（北京大学考古文博学院）

　　取自秦始皇帝陵一号兵马俑陪葬坑的红烧土样品共5个，其中1个是过火明显颜色很红的红烧土，编号5，另外4个分别编号为1、2、3、4，对其分别进行热分析测试。

一　分析原理

　　仪器名称：Q600SDT TGA – DTA – DSC 同步测定仪。

　　原理及性能：热分析仪器，可同时测量样品的各种热数据。可以了解和总结组成土壤的矿物在高温作用下发生的热熔量和重量变化规律，判断样品的大致过火温度。测试温度范围：室温至1300℃；重量灵敏度：0.1μg；应用范围：测定材料的热重曲线和热熔量变化曲线。

　　仪器生产厂家：美国 Thermal Analysis 公司。

二　样品检测

1. 5 号样品差热曲线

　　为了大致了解遗址中红烧土样品的烧成温度，对其进行热分析，试验结果见图一。其中上层曲线表示样品重量—温度曲线，中层曲线表示样品热熔量—温度曲线，下层曲线表示样品的重量和热熔量随温度变化的微积分曲线。

　　从图中的热重曲线看，样品在 0 ~ 700℃ 温度范围内，失重率为 8.5% 左右，在 700 ~ 1000℃ 之间几乎没有失重出现；差热曲线在 707.39℃ 出现很大的吸热峰，这可能是方解石和白云石发生分解反应的缘故[①]。

2. 其余 4 件样品的差热曲线

　　样品 1 ~ 4 号，土色略红，疑经火烧，差热曲线见图二 ~ 五。

---

① 殷念祖等：《烧结砖瓦工艺》，第 539 页，中国建筑工业出版社，1988 年。

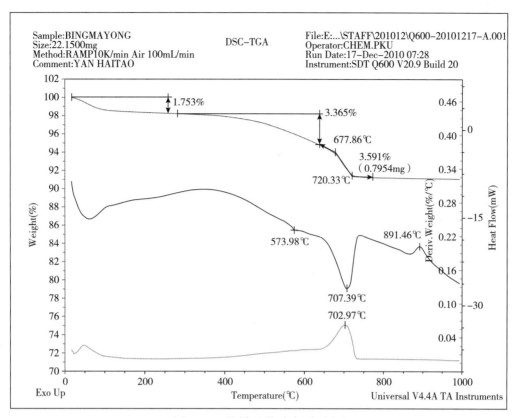

图一　5号样品热分析曲线图

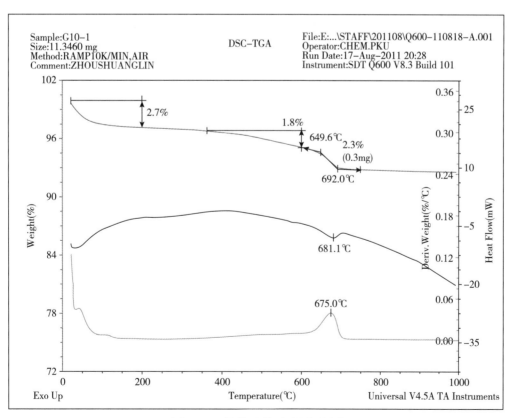

图二　1号样品热分析曲线图

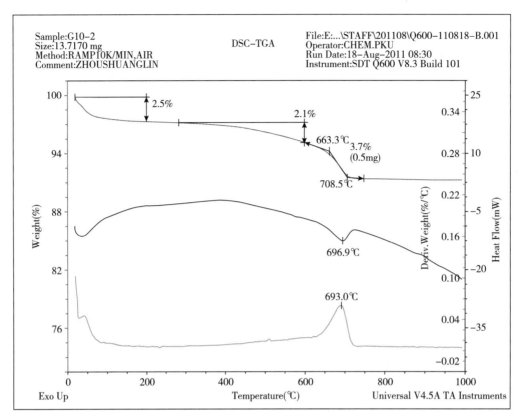

图三　2 号样品热分析曲线图

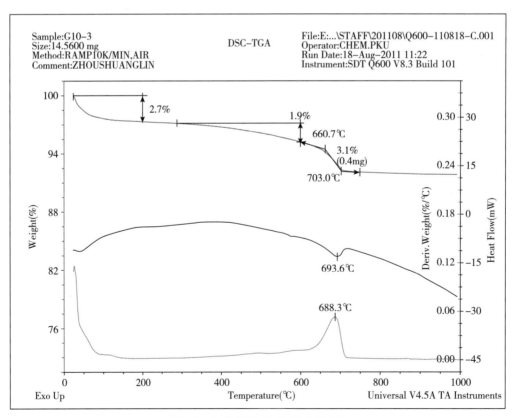

图四　3 号样品热分析曲线图

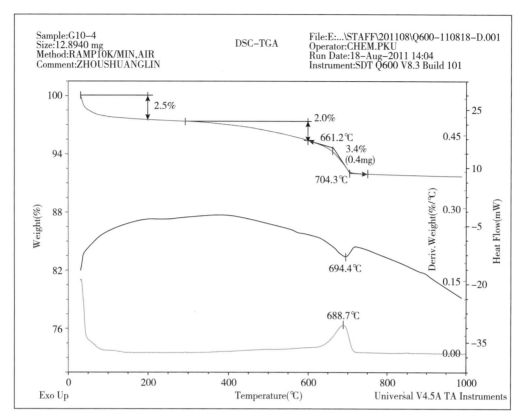

Sample:G10-4
Size:12.8940 mg
Method:RAMP10K/MIN,AIR
Comment:ZHOUSHUANGLIN

DSC-TGA

File:E:...\STAFF\201108\Q600-110818-D.001
Operator:CHEM.PKU
Run Date:18-Aug-2011 14:04
Instrument:SDT Q600 V8.3 Build 101

图五　4号样品热分析曲线图

三　数据解读

从 5 个样品的热分析曲线图中可以看出，在 200℃ 之前都有 2.5% 左右的失重，这是样品中结晶水失去的缘故；在 200～700℃ 之间失重约 3.5%，这是组成样品的矿物中部分结合水失去所致；样品在 575℃ 附近没有变化，说明石英的晶型转变已经完成。

热焓量变化曲线图中，在 700℃ 左右出现明显的放热峰，这可能是样品中某种矿物（例如白云石）受热发生了分解反应；在 700～1000℃ 之间重量—温度曲线平直，热焓量变化缓慢且微小，说明样品矿物组成相对单一。

由于石英的晶型转变已经完成，说明土过火的温度应该高于 575℃，而由于 700℃ 附近出现明显的放热峰，说明这种矿物未经历如此高的温度，过火的温度应小于这个温度，由此可以大致推断样品的过火温度可能都在 600～700℃ 之间。

在通常情况下，多孔物质如陶和瓷的烧成温度是通过将样品制成标准形态，然后放在加热炉中加热测量变形进行检测的，但是对于泥土类物质，由于难以制备标准样品，所以难以进行烧结温度的测量。

附录六（1） 粘接粉检测报告

金普军

（陕西师范大学材料科学与工程学院）

T23G9、G10 出土的陶质遗物，有相当数量的标本存在烧成后再修补的现象。用于粘接媒介的青灰色物质，质地细腻，呈粉末状（参见图版四三）。此物质还见于 1999 年秦始皇帝陵 K9901 出土陶俑，以往称为"焊泥"或"陶粉"。除了用于修补残断以外，也用于陶俑烧成后组装部分的粘接，如手腕与臂部、头颈部与体腔及踏板与足履等部位结合处。现提取典型位置的 5 件样品予以成分测定，除了 G10∶80 样品颗粒较粗外，其他都非常细腻，系经过人为碾磨处理。样品的选择主要考虑两个方面，即俑体不同部位处和断茬处，具体位置见表一。

表一　粘接粉样品目录

编号	取样位置	描述
G10∶80	右足底部	细腻粉状，夹杂大的颗粒
G10∶59	瓮颈与颈连接处	细腻粉状
G10∶11	躯干底盘与右胫断茬处	细腻粉状
G10∶46	右肘断茬处	细腻粉状
G10∶28	左臂手、腕结合处	细腻粉状

采用的环境扫描电子显微镜为 FEI 公司生产的 Quanta 200 型，装备有 EDAX 公司能谱仪，测试条件为高真空模式 5×10^{-3} Pa 以下，加速电压 20kV，工作距离 10mm，Spot Size：4.0 ~ 5.0，采集时间 80s 左右。利用全自动 X 射线衍射仪 D/Max – 3c 型 X 射线衍射仪（XRD）对样品进行物相研究，衍射角扫描范围为 5° ~ 75°，工作电压和电流分别为 40kV、30mA，连续扫描。

一　检　测

1. G10∶80 样品

扫描电镜形貌图显示，样品由松散的颗粒组成，样品直径在几个微米左右，存在小颗粒团聚起来形成较大颗粒的情况；样品的 XRD 图谱显示，其中主要物相为石英（SiO_2，PDF88 – 2488）、钾长石（$KAlSi_3O_8$，PDF19 – 0932）和钠长石（$NaAlSi_3O_8$，PDF09 – 0466）；能谱数据显示，样品中高含量的 Si 和 O 主要来源于石英，Na、K、Al 则主要来源于长石类物质（图一；表二）。

1. 形貌图

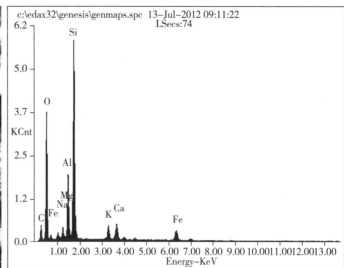

2. 能谱图

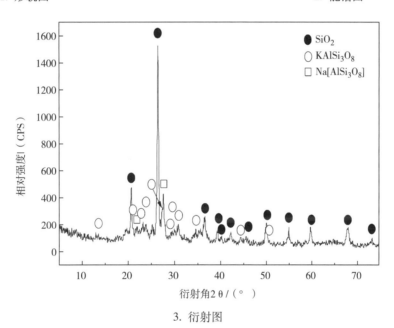

3. 衍射图

图一　样品形貌、能谱及衍射图（G10：80）

表二　样品元素成分含量（wt%）

Element	C	O	Na	Mg	Al	Si	K	Ca	Ti	Fe
wt%	19.79	40.41	0.63	1.19	7.42	19.01	2.27	1.5	0.48	7.29

2. G10：59 样品

扫描电镜形貌图显示，样品由松散的颗粒组成，样品颗粒大小不一，存在大量直径20微米左右的团聚颗粒；样品的 XRD 图谱显示，其中主要物相为石英（SiO_2，PDF88 – 2488）、钾长石（$KAlSi_3O_8$，PDF19 – 0932）和钠长石（$NaAlSi_3O_8$，PDF09 – 0466）；能谱数据显示，样品中高含量的 Si 和 O 主要来源于石英，Na、K、Al 则主要来源于长石类物质（图二；表三）。

1. 形貌图

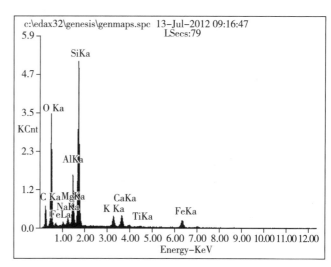

2. 能谱图

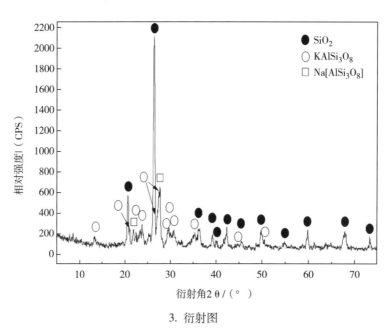

3. 衍射图

图二　样品形貌、能谱及衍射图（G10∶59）

表三　样品元素成分含量（wt%）

Element	C	O	Na	Mg	Al	Si	K	Ca	Ti	Fe
wt%	23.39	41.42	0.58	1.12	6.41	18.53	1.92	2.15	0.41	4.06

3. G10∶11 样品

扫描电镜形貌图显示，样品由松散的颗粒组成，在细小颗粒中间分布着大量的几十个微米级别的片状和块状颗粒；样品的 XRD 图谱显示，其中主要物相为石英（SiO_2，PDF88 – 2488）、钾长石（$KAlSi_3O_8$，PDF19 – 0932）和钠长石（$NaAlSi_3O_8$，PDF09 – 0466）；能谱数据显示，样品中高含量的 Si 和 O 主要来源于石英，Na、K、Al 则主要来源于长石类物质（图三；表四）。

1. 形貌图

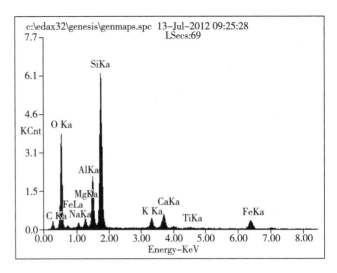

2. 能谱图

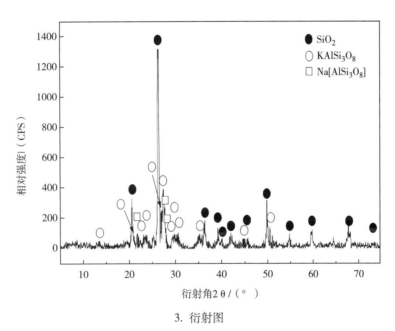

3. 衍射图

图三　样品形貌、能谱及衍射图（G10：11）

表四　样品元素成分含量（wt%）

Element	C	O	Na	Mg	Al	Si	K	Ca	Ti	Fe
wt%	11.56	42	1.19	1.58	7.74	23.93	2.39	3.5	0.44	5.69

4. G10：46 样品

扫描电镜形貌图显示，样品由松散的颗粒组成，存在少量的几十个微米级别的片状和块状团聚体颗粒；样品的 XRD 图谱显示，其中主要物相为石英（SiO_2，PDF88－2488）、钾长石（$KAlSi_3O_8$，PDF19－0932）和钠长石（$NaAlSi_3O_8$，PDF09－0466）；能谱数据显示，样品中高含量的 Si 和 O 主要来源于石英，Na、K、Al 则主要来源于长石类物质（图四；表五）。

1. 形貌图

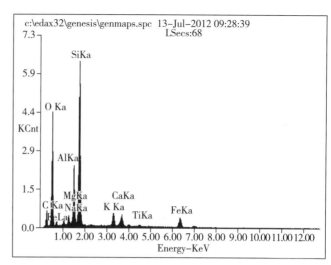

2. 能谱图

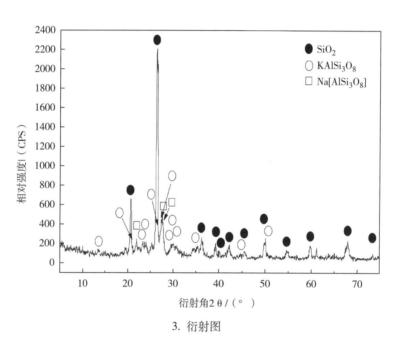

3. 衍射图

图四　样品形貌、能谱及衍射图（G10∶46）

表五　样品元素成分含量（wt%）

Element	C	O	Na	Mg	Al	Si	K	Ca	Ti	Fe
wt%	18.99	41.41	0.65	1.29	7.39	20.26	2.36	2.14	0.48	5.01

5. G10∶28 样品

扫描电镜形貌图显示，样品由松散的颗粒组成，存在大量的几十个微米级别的团聚体颗粒；样品的 XRD 图谱显示，其中主要物相为石英（SiO_2，PDF88 – 2488）、钾长石（$KAlSi_3O_8$，PDF19 – 0932）和钠长石（$NaAlSi_3O_8$，PDF09 – 0466）；能谱数据显示，样品中高含量的 Si 和 O 主要来源于石英，Na、K、Al 则主要来源于长石类物质（图五；表六）。

1. 形貌图

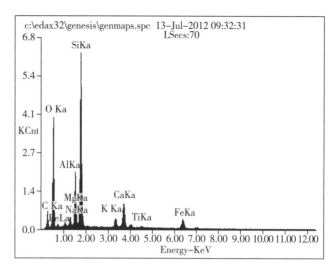

2. 能谱图

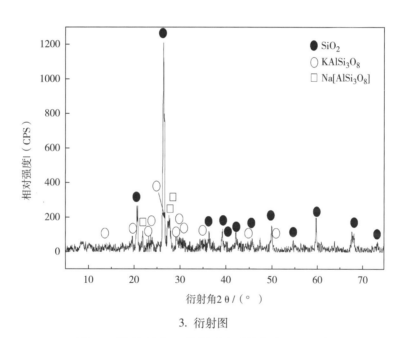

3. 衍射图

图五　样品形貌、能谱及衍射图（G10∶28）

表六　样品元素成分含量（wt%）

Element	C	O	Na	Mg	Al	Si	K	Ca	Ti	Fe
wt%	18.44	41.55	0.77	1.27	6.52	19.74	1.78	4.65	0.44	4.83

二　分　析

　　陶俑、陶马各独立部分与断茬处都发现了青灰色粉末状的细腻物质，它们在陶体中形成了一个独立的分层。样品的 XRD 检测表明，其中主要物质为石英、钾长石和钠长石等，与俑坑建筑背景土壤中含有云母和碳酸钙有所不同，而与陶体的主要物相一致，并和陶体的 XRD 图谱相似。

能谱数据显示，粘接粉中的元素种类和含量变化趋势与俑体陶胎基本一致[1]，故可以推断细腻物质系陶胎碎片研磨加工而成（彩版四八，2）。样品色泽也与俑体陶胎非常接近，将它们用于接口或者断茬处可以起到补色遮盖缝隙和裂口的效果。

样品出土后呈细腻的粉状，但是扫描电镜形貌图显示出其内部存在大量的团聚状颗粒物质。它是否具有黏结俑体各部分的作用，还需要进一步的探索研究。

---

① 　单洁等：《秦陵兵马俑矿料来源及烧结方式的初步研究》，《核技术》2003 年第 26 卷第 4 期。

附录六（2） 青灰色粘接粉检测报告

周　旸　杨汝林　刘　剑　郑海玲

（纺织品文物保护国家文物局重点科研基地·中国丝绸博物馆）

　　T23G10：45 陶俑脚踝部位存在修补缠匝织物朽痕和粘接粉，粘接粉色青灰，质地细腻，呈粉末状，夹杂少量织物朽丝。采用 Micro – Raman 对样品进行分析，结果显示为石灰石（图一）。

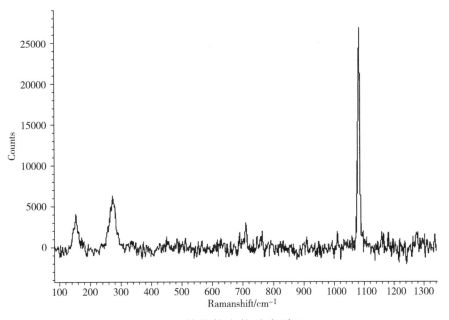

图一　粘接粉末拉曼光谱图

附录七　棚木表面白色遗物成分检测报告

金普军

（陕西师范大学材料科学与工程学院）

　　发掘区填土层中普遍存在一种白色遗物，广泛分布于棚木弧形凹槽和黑色炭迹表面，独立成层，厚薄不一，局部厚度达 0.8～1 厘米，呈颗粒或粉末状，外形与建筑木材焚烧残余灰烬有别。初步判定为白垩，系人为有意铺洒，起建筑防潮作用。特在 Q8 西段棚木灰迹处，取样品多份，进行检测。其中样品 No.50，呈粉末状。XRF 数据显示，白灰主要成分为 16.25% C、47.74% O、1.33% Mg、4.96% Al、13.62% Si、1.79% K、11.46% Ca 和 2.57% Fe，特别是含有高含量的 Ca。XRD 图谱说明，白灰样品主要含有碳酸钙（$CaCO_3$）和石英（SiO_2），印证了能谱分析中高含量 Ca 元素的存在。因此，白灰主要成分为碳酸钙，其中也添加了大量的石英作为辅助填料（图一）。

1. 形貌图

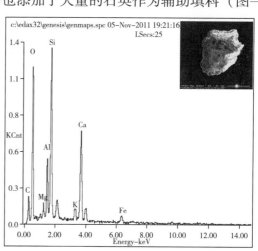

2. 能谱图

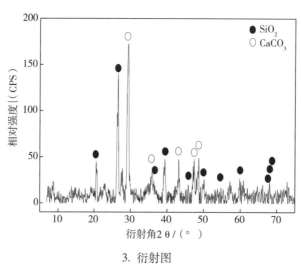

3. 衍射图

图一　白垩样品检测图

　　Q8 西段白垩属性的确定，为此区域棚木与编织席之间夹杂的淤泥层提供了注解，推测俑坑在营造过程中曾铺洒白垩以除湿干燥。

附录八　盾、鼓等漆器表面颜料成分检测报告

金普军

（陕西师范大学材料科学与工程学院）

一　绿色颜料

分析 1 例，即皮胎漆盾边缘（No. 39）。绿色颜料的电镜图显示，样品由细小粉末团聚大颗粒物质构成。在颜料内部进行的小区域能谱分析中，小区域 – 1 是样品中大颗粒能谱分析区域，数据显示出 47. 41% O 和 52. 59% Si，表明这些大颗粒为 SiO_2；而小区域 – 2 的能谱分析结果显示出 24. 75% 的 Cu，说明这个小颗粒聚合物质主要是由孔雀石构成，反映出秦人通过研磨技术加工颜料（图一）。样品大区域能谱分析显示出高含量的 Cu 元素，这代表着样品的平均元素含量。高含量的 Cu 表明了绿色颜料孔雀石（$CuCO_3 \cdot Cu(OH)_2$）的存在。样品的微观形貌和区域能谱分析数据说明，绿色颜料的成色物质是孔雀石，其中也添加了一定量的 SiO_2 作为辅料（图一，1、2；表一）。绿色颜料 Raman 分析结果显示，其在 151 cm^{-1}、178 cm^{-1}、220 cm^{-1}、267 cm^{-1}、351 cm^{-1}、431 cm^{-1}、534 cm^{-1} 和 1492 cm^{-1} 处存在拉曼吸收峰（图一，3），这与文献所记载的石绿拉曼特征峰相一致，与前期相关的报道相符。

二　红色颜料

共分析 6 例，包括箭笴朽痕（No. 11、No. 15）、鼓①鼓面部（No. 32）、鼓①鼓壁（No. 43）、弓干（No. 40）、木环（No. 52）。红色颜料的电镜图显示，样品由细小颗粒组成，特别是采自箭笴朽痕的样品显示出非常细小的颜料颗粒特征。这些红色颜料样品元素组成基本一致，都含有高含量的 Hg 和 S 元素，表明朱砂（HgS）是红色颜料的基本物质（图二～七；表二～七）。No. 32 红色颜料拉曼分析数据显示，在 251 cm^{-1} 处出现了强的 HgS 拉曼吸收峰，验证了元素分析结果。

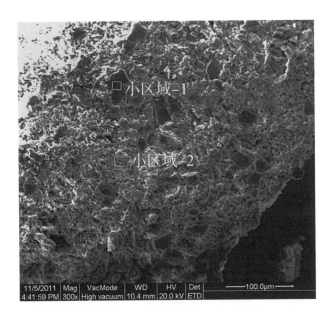

1. 形貌图

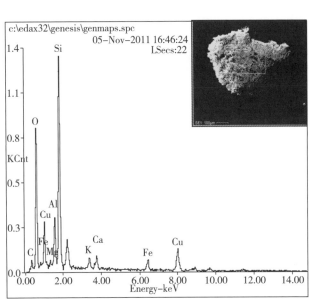

2. 能谱图

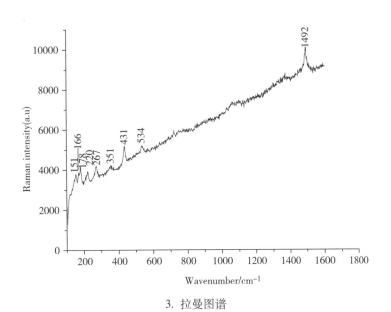

3. 拉曼图谱

图一 绿色颜料（No. 39）检测图

表一 绿色颜料（No. 39）元素成分含量（wt%）

Element	C	O	Mg	Al	Si	K	Ca	Fe	Cu
大区域	9. 71	39. 43	0. 95	5. 46	21. 97	1. 56	2	3. 9	15. 01
小区域 - 1	/	47. 41	/	/	52. 59	/	/	/	/
小区域 - 2	10. 91	38. 87	0. 63	4. 03	17. 18	1. 41	/	2. 21	24. 75

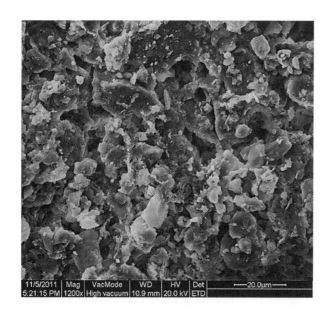

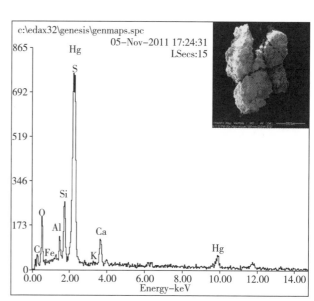

1. 形貌图   2. 能谱图

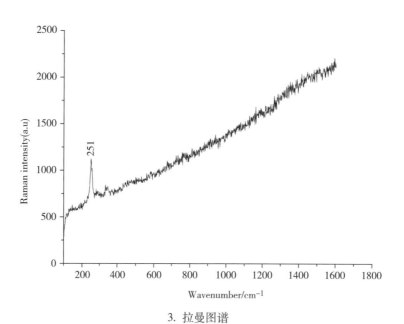

3. 拉曼图谱

图二　红色颜料（No. 32）检测图

表二　红色颜料（No. 32）元素成分含量（wt%）

Element	C	O	Fe	Al	Si	S	K	Ca	Hg
wt%	10. 57	16. 1	4. 45	1. 96	4. 29	5. 65	0. 58	4. 36	52. 04

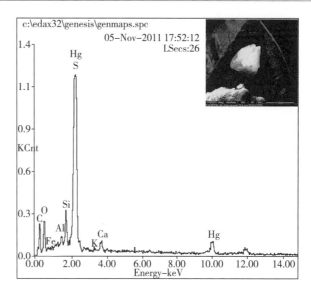

1. 形貌图　　　　　　　　　　　　　　2. 能谱图

图三　红色颜料（No. 40）检测图

表三　红色颜料（No. 40）元素成分含量（wt%）

Element	C	O	Fe	Al	Si	S	K	Ca	Hg
wt%	19. 06	11. 87	7. 61	1. 48	2. 34	5. 67	0. 48	1. 67	49. 82

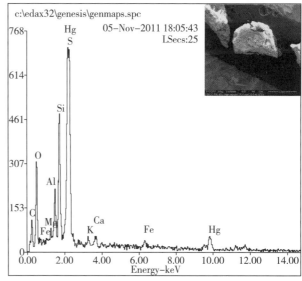

1. 形貌图　　　　　　　　　　　　　　2. 能谱图

图四　红色颜料（No. 11）检测图

表四　红色颜料（No. 11）元素成分含量（wt%）

Element	C	O	Fe	Al	Si	S	K	Ca	Hg	Fe
wt%	14. 48	20. 35	0. 42	2. 6	6. 57	4. 6	1. 04	1. 16	46. 29	2. 49

 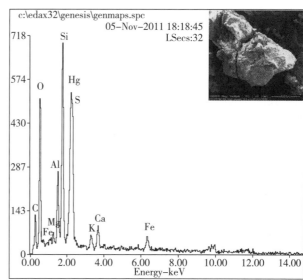

1. 形貌图　　　　　　　　　　　　　　　　2. 能谱图

图五　红色颜料（No. 15）检测图

表五　红色颜料（No. 15）元素成分含量（wt%）

Element	C	O	Mg	Al	Si	Hg	S	K	Ca	Fe
wt%	16. 2	28. 83	0. 81	3. 62	9. 6	31. 87	2. 63	1. 21	1. 98	3. 25

1. 形貌图　　　　　　　　　　　　　　　　2. 能谱图

图六　红色颜料（No. 43）检测图

表六　红色颜料（No. 43）元素成分含量（wt%）

Element	C	O	Na	Mg	Al	Si	S	Ca	Fe	Hg
wt%	18. 95	26. 13	0. 35	0. 83	3. 42	8. 72	2. 48	2. 65	2. 31	34. 16

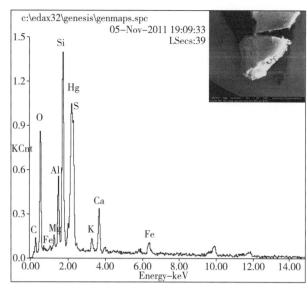

1. 形貌图

2. 能谱图

图七　红色颜料（No. 52）检测图

表七　红色颜料（No. 52）元素成分含量（wt%）

Element	C	O	Mg	Al	Si	Hg	S	K	Ca	Fe
wt%	10. 32	27. 78	0. 77	3. 76	10. 93	34. 52	3. 41	1. 56	4. 04	2. 92

　　通过检测，证明盾、鼓、箭笤等漆器表面采集的颜料为朱砂和孔雀石，与俑坑陶俑施彩使用的颜料类似。

附录九　数字化信息提取的实践

西北大学可视化技术研究所
秦始皇帝陵博物院一号坑考古队

引　言

（一）技术路线

借助地面场景激光扫描仪，获取发掘现场的高精度三维点云数据，建立现场不同阶段的场景数字化资料，有效解决"发掘即破坏"的问题。进一步建立三维模型，实现对发掘场景和坑内遗存的多尺度观察、测量和线图绘制，为考古学者的研究工作提供基础数据和分析工具。

借助手持激光扫描仪，获取发掘过程中文物碎片的高精度三维点云数据，经过去噪、拼接、融合、三角化，建立对应的三维网格模型。在基于发掘人员有效分类的基础上，进一步应用计算机虚拟拼接和复原技术，计算文物碎片的二维曲线和三维曲面特征向量，实现破碎兵马俑的虚拟修复。其意义在于：一方面，考古学者可在人工实际修复之前，实现对虚拟复原兵马俑的三维测量和线图绘制，便于尽早地开展研究工作；另一方面，兵马俑虚拟复原的计算机拼接过程能够重复再现，生成的修复工作方案可用来指导人工的实际修复过程。

在发掘场景三维建模和兵马俑虚拟复原的基础上，按照考古学研究的实际需要，实现场景、陶俑、陶马及器物多尺度的平面图、剖面图的自动绘制。

引入"时间－空间－属性"多维信息融合技术，实现对发掘场景和出土陶俑、陶马及器物包括文字记录、照片、视频和三维模型等多种形态信息的一体化保存。通过不同发掘阶段的场景三维模型，保存和反映出土陶俑、陶马及器物的位置、结构等空间信息；通过文字记录、照片、视频等形式，保存和反映出土陶俑、陶马及器物的形态、纹理等属性信息，从而为考古学研究提供具有时间、空间和属性等多维信息的基础数据支撑。与已有的考古多媒体数据库技术相比，它克服了只记录发掘结果而无法刻画发掘场景和记录出土陶俑、陶马及器物空间位置关系等缺陷，进一步实现对场景、陶俑、陶马基于内容的检索和可视化呈现。

（二）工作内容

完成考古现场包括200平方米内1次、G9内3次、G10内3次的信息采集；完成建模基础上的现场扫描线图6份；本次发掘出土陶俑、陶马个体信息的数字化采集；完成20件陶俑虚拟复原；完成碎片的扫描线图约2000片（份）。

一　技术平台框架

西北大学可视化技术研究所提出的三维模型处理平台 Reconstruct 3D$^{©}$，包括数据采集及预处理、模型读入、三维重建、线图提取、碎片拼接、模型展示、多维数据管理等功能（图一）。

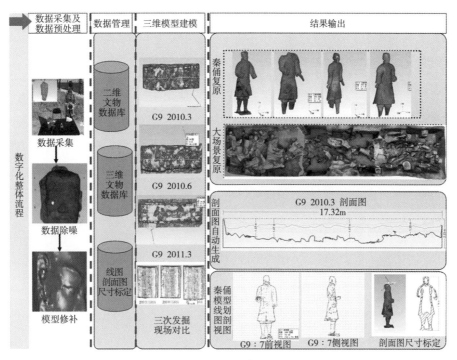

图一　Reconstruct 3D$^{©}$平台技术框架

数据输入：可读取多种格式的三维对象（OBJ、3DS、WRP 等）。

平滑除噪：包括手动除噪和自动除噪。手动除噪，用户可以选择明显的比较容易去除的噪声；自动除噪，用户可通过设置平滑去噪算法中的参数 σ_g 来控制是否要保留模型细小特征，可通过设置参数 σ_w 来控制平滑速度。

点云配准：包括粗配准和精确配准。首先，选择两个局部点云模型的公共对应特征点来进行粗配准；接着，使用基于角不变特征的三维点云配准算法自动完成精确配准。

点云合并：用户可以选择点云模型局部产生重叠的部分，使用点云合并算法自动完成点云合并。

网格重建：对离散点可实现三角剖分完成网格重建。

孔洞修补：通过搜索孔洞和体素扩散自动完成所有孔洞的修补；用户也可以选择特定的孔洞，针对性地完成单个孔洞的修补。

网格简化：用户输入简化程度（如百分比），按照用户要求的简化程度进行网格简化，并显示简化后的三角面片数。

交互显示：可实现三维模型的交互显示，用户可用鼠标实现模型沿不同坐标轴的旋转、缩放及平移等操作。

数据输出：对重建模型可以多种格式保存，并存储在三维模型数据库中。

二　基于点云的发掘场景三维模型构建

传统的田野考古是通过文字、绘图、照相、摄像等手段进行考古资料记录，发掘结束后，遗址原貌难以真实再现，特别是许多脆弱遗迹的外观形状会随着时间的延续，发生不可逆的变化，造成很多遗憾。不失时机地采用数字化技术，采集、记录、展示和还原发掘场景的全过程，对于考古发掘非常必要。

（一）方法原理

初次尝试以三维、连续、数字化的方式获取、存储、展示本次考古发掘过程，建立了以时间轴为基线的、可三维虚拟展示的发掘场景数字化模型全景图。在实践中，采用三维地面激光扫描和数字摄影相融合的全数字化技术，进行多次发掘场景的三维扫描、数据采集和俯视图获取工作，获得了一套可依据发掘时间或发掘土层线性展示不同发掘阶段现场全景的三维数字化模型。在建模的基础上，获得俑体的线图，包括正视、侧视、俯视；获得俑体的剖面图；获得场景模型的俯视线图。

（二）发掘场景建模流程

第一步，将激光三维扫描仪采集到的数据加载到系统中。为了从原始点云中构造一个表面光滑、连续、可用的点云模型，对原始点云数据进行平滑去噪。

第二步，将局部点云的坐标系转化到统一坐标系下，即点云配准。配准后的点云有重合区域，需要对其进行点云合并。

第三步，将配准合并后的点云数据进行网格重建，转换为能形象表示发掘场景的网格模型。

第四步，网格重建后形成的网格模型会产生孔洞，需进行修补，然后对修补后的网格模型进行网格简化。

第五步，对网格模型进行纹理映射以形成具有色彩真实感的三维模型（图二）。

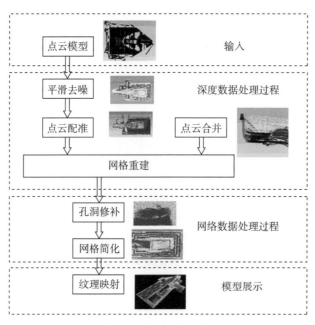

图二　发掘场景建模工作流程图

（三）发掘场景的三维虚拟呈现

三维模型的使用作为一种新的尝试，场景中不同对象的三维模型包含于考古报告中，读者可以从任意角度来浏览文物的每个细节，大大提高了考古报告的信息量。对于一号坑发掘场景的建模，通过点云深度图像的自动配准与手动标注特征点配准相结合的方法，得到完整的 G9、G10 点云模型（图三）。采用现场照片作为纹理贴图，进一步得到 G9、G10 具有真实感的相片级别三维数字化模型（图四）。经过三维纹理映射、渲染和烘焙后，发掘区域 3D 场景得以呈现（图五）。

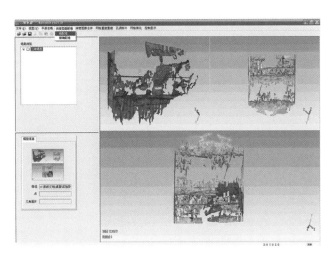 

1. 多视点云交互式配准　　　　　　　　　　2. 自动孔洞填充

图三　发掘现场建模过程

1. G9

2. G10

图四　三维面模型

图五　多尺度三维展示（G10）

三　基于三维模型的多尺度线图自动绘制

　　线图绘制是三维数字化技术在考古学研究和分析中的一个重要应用。在兵马俑陪葬坑的遗址保护与研究方面，秦始皇帝陵博物院曾进行过探索与尝试。20 世纪 90 年代中期成立课题组，通过精确测量与雕塑的手法制作了二号坑遗址的大比例模型。其做法是在二号坑遗址上方的探方隔墙上进行精确的布点，把俑坑分成不同的方格，通过人工测量的办法获取遗址三维空间位置坐标数据，在此基础上采用雕塑技法制作大比例棚木实物模型。在当时的技术条件和设备下，这一方法完全靠人工进行，所以费时费力。随着计算机和三维数据采集技术的发展，可以对大型遗址或者一个器物进行高精度的重建并得到其数字模型。利用三维模型，可以自动或者半自动地提取三维特征线，并根据考古学研究的不同要求生成考古线图。与传统方法相比，此技术可大大提高考古线图绘制的效率和准确度，节省大量的野外工作，并提高考古报告的制作水平和质量。

（一）方法原理

　　考古线图绘制中，考古人员关注的是反映遗迹、遗物表面几何变化的曲线，这与三维模型表面的脊线和谷线类似。基于此，在本次发掘过程中，基于文物三维点云模型，采用多尺度特征抽取方法的新思路，设计实现了一种基于三维数字模型的考古线图自动绘制技术。相关工作的目的是提供一个计算机辅助线图绘制方案，包括高质量的三维数据采集、有效的三维线条抽取以及快速的三维模型辅助绘图方法。此技术基于多尺度脊线/谷线的文物三维轮廓线提取算法，不仅可以处理带噪声的数据，而且对文物形状变形有一定的适应性，克服了传统手工绘制二维平面图和剖面图费时费力、准确性差、无法展现局部精细纹理、无法体现遗址高差变化等缺陷，可在发掘场景和出土文物的三维数字模型上实现多角度、多尺度的交互式精确测量，并且依据其三维模型的几何特征自动生成考古报告所需要的二维或三维两种模式的线图。

（二）线图自动绘制流程

三维数字化技术可以将一个复杂的物体在几分钟或者几小时内进行高精度的三维重建，重建得到的数字模型可辅助考古线图制作，整个过程快速、准确，并且不受对象的尺寸和颜色的限制（图六）。

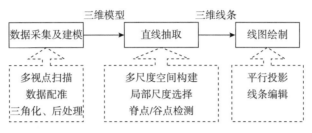

图六　计算机辅助线图绘制流程图

首先，通过多视点三维扫描，获得发掘场景的点云数据，并对其进行配准、三角化及后处理得到此对象的高精度数字模型；然后，利用多尺度的脊线/谷线检测方法抽取数字模型表面的三维特征线；最后，绘图人员在三维特征线和三维模型平行投影的光照图上进行线条的编辑处理，完成最终的线图绘制。

（三）多尺度线图绘制

三维模型的使用可以帮助考古人员快速、准确地对大场景遗址的平面、立面和剖面进行绘图，减少人为因素对测绘结果的影响。其过程为：首先，根据绘图人员选择的视点，将三维模型和线条在特定的光照和视点下进行平行投影，得到平行投影光照图；然后，在打印的图纸上或者利用绘图软件，绘图人员参考抽取的线条和光照图制作线图。更进一步，通过结合考古学者的知识，可开发针对各类不同对象的线图绘制工具，使线图绘制更有效并提高线图的质量（图七～一〇）。实践表明，由于平行光照图没有畸变，最终绘制的线图与传统的手工绘图相比具有更高的准确性。

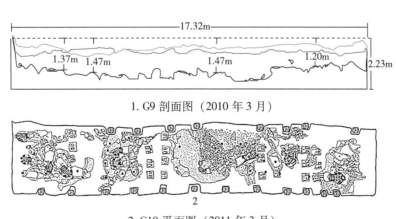

1. G9 剖面图（2010 年 3 月）

2. G10 平面图（2011 年 3 月）

图七　三维空间测量获取发掘现场线图

  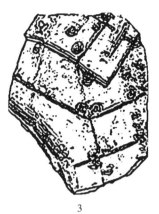

　　　　　　1　　　　　　　　　　　2　　　　　　　　　　　3

图八　陶俑残片

1. 照片　2. 三维模型　3. 正视图

图九　虚拟复原陶俑图（G10：48）

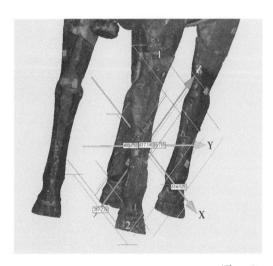 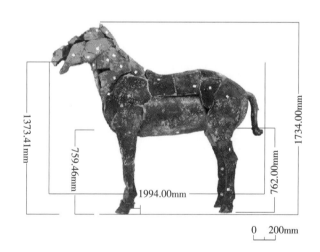

图一〇　虚拟复原陶马测量示意图

四　具有 GIS 特征的多维发掘信息数据库

　　重大考古发掘不同阶段的信息都需要采集、整理、存储和管理。这些信息包括发掘日志、工程图纸、遗址场景和文物的三维点云、发掘过程的视频记录等，不仅数据量大、形态多样，而且存在复杂的时间和空间关联。因此，应仔细研究各种数据之间的关系，建立完整、准确的分类体系，将其组织成一个多维的时空数据库，进而实现从时间轴、空间轴、文物归属轴等多维度对发掘现场信息进行管理，并进一步从中提取挖掘出考古学者感兴趣的知识。

（一）方法原理

在现场信息的采集、处理、存储、管理、查询、表达和分析方面，一号坑第三次发掘引入了地理信息系统（Geographic Information System）技术，改变了传统的记录发掘信息的方式。在本次发掘中，信息技术团队在以探方或过洞为考古信息记录单元的基础上，沿时间轴分发掘阶段，沿空间轴分土层高差，沿属性轴分信息形态，建立了一个具有"时间－空间－属性"多维特征的发掘信息数据库。与传统的考古发掘信息系统相比，它通过将存储、检索、分析、模拟、展示等技术结合起来处理发掘信息在时间链上的空间关系，实现了发掘空间（三维场景模型、探方或过洞照片、文物出土位置等）、非空间（发掘记录、语言记录、摄像资料等）的不同类型信息的叠加综合处理（图一一）。

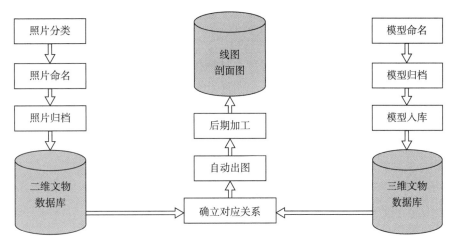

图一一　发掘场景多维信息对应关系图

借助"考古遗址空间信息系统 1.0$^{©}$"（西北大学可视化技术研究所），实现了陶俑、陶马碎片出土信息的数字化管理，保存了每个出土碎片的编号、所属俑体、三维模型、线图、出土位置等相关信息，实现了发掘信息基于内容的智能检索和可视化呈现。此系统的主要特性包括：能同时支持文本、手绘图、图像、音频和视频等二维和矢量地图、三维模型等多维度的信息表达形式；具有对遗址发掘现场三维场景、探方结构等复杂对象的存储、组织和管理能力；提供基于关键词、基于草图、基于形状、基于图像和基于语义等智能检索手段。

（二）多维数据管理

发掘过程中得到的陶俑、陶马碎片数据量极大，不仅涉及发掘过程的编号与采集过程编号的对应问题，还需要将三维扫描仪现场采集的碎片模型转化为网格模型，以便于后续的数字化处理。因此，系统采用开放式、分布式的信息管理模式，发掘现场不同类别信息的收集、整理和发布由承担相应任务的工作小组或人员分别完成，系统通过用户角色权限控制实现对信息的"隐性集中管理"。为了便于管理，采用二维表格将采集的碎片信息存储，包括碎片间的关系、碎片与陶俑或陶马间的关系（图一二）。

（三）可视化信息查询

传统的考古信息系统由于其平面化的表达方式和基于文本的分析手段，已无法适应考古学者对遗址发掘所产生的海量和多维信息进行空间查询和可视化分析的实际需求。因此，以考古发掘信息的空间化、可视化为出发点，将虚拟现实技术应用于一号坑第三次发掘多维数据管理平台，以期为考古学者提供全面准确和直观形象的信息支持。

线图是传统考古工作过程中用于描述几何形态和文物信息的重要手段，通过交互式线图生成系统，将得到的数字化线图存储于考古发掘数据库管理系统中。系统同时提供了用户对兵马俑及其碎片的三维检索及查询功能，用户可以对三维模型进行交互式查询（图一三）。

五　真实感的三维虚拟拼接复原

（一）方法原理

针对一号坑第三次发掘中大量破碎俑片的虚拟复原需求，分析了出土陶俑碎片拼接的特殊性，归纳了碎片拼接分类原则。在陶俑个体碎片按部位分类的基础上，依据模板部位断裂面厚薄

碎片信息表　　　　　　　　　　　　　　　　　　No.1

陶俑信息表

陶俑 ID	1	陶俑编号	G10-6	碎片数	80
名称	6 号陶俑	是否完整	否	长度	180cm
出土位置	过洞 10	出土时间	2011.10.1	宽度	60cm
描述	头部和左臂缺失			厚度	30cm

全局	个体
现场图	
模型图	
备注	

G10-6残片数据表

所属整俑编号	碎片编号	碎片名称	照片路径	线图路径	模型路径
G10-6	5		整理文件\G10-6chuli完成	整理文件\G10\G10-6	整理文件\G10-6chuli完成\
G10-6	21		整理文件\G10-6chuli完成	整理文件\G10\G10-6	整理文件\G10-6chuli完成\
G10-6	25		整理文件\G10-6chuli完成	整理文件\G10\G10-6	整理文件\G10-6chuli完成\
G10-6	27		整理文件\G10-6chuli完成	整理文件\G10\G10-6	整理文件\G10-6chuli完成\
G10-6	31		整理文件\G10-6chuli完成	整理文件\G10\G10-6	整理文件\G10-6chuli完成\
G10-6	34		整理文件\G10-6chuli完成	整理文件\G10\G10-6	整理文件\G10-6chuli完成\
G10-6	62		整理文件\G10-6chuli完成	整理文件\G10\G10-6	整理文件\G10-6chuli完成\
G10-6	64		整理文件\G10-6chuli完成	整理文件\G10\G10-6	整理文件\G10-6chuli完成\
G10-6	70		整理文件\G10-6chuli完成	整理文件\G10\G10-6	整理文件\G10-6chuli完成\
G10-6	80		整理文件\G10-6chuli完成	整理文件\G10\G10-6	整理文件\G10-6chuli完成\
G10-6	2	4	整理文件\G10-6chuli完成	整理文件\G10\G10-6	整理文件\G10-6chuli完成\
G10-6	8	5	整理文件\G10-6chuli完成	整理文件\G10\G10-6	整理文件\G10-6chuli完成\
G10-6	11	6	整理文件\G10-6chuli完成	整理文件\G10\G10-6	整理文件\G10-6chuli完成\
G10-6	6	7	整理文件\G10-6chuli完成	整理文件\G10\G10-6	整理文件\G10-6chuli完成\
G10-6	10	8	整理文件\G10-6chuli完成	整理文件\G10\G10-6	整理文件\G10-6chuli完成\
G10-6	14	9	整理文件\G10-6chuli完成	整理文件\G10\G10-6	整理文件\G10-6chuli完成\
G10-6	15	10	整理文件\G10-6chuli完成	整理文件\G10\G10-6	整理文件\G10-6chuli完成\
G10-6	32	12	整理文件\G10-6chuli完成	整理文件\G10\G10-6	整理文件\G10-6chuli完成\
G10-6	33	13	整理文件\G10-6chuli完成	整理文件\G10\G10-6	整理文件\G10-6chuli完成\
G10-6	23	16	整理文件\G10-6chuli完成	整理文件\G10\G10-6	整理文件\G10-6chuli完成\
G10-6	22	18	整理文件\G10-6chuli完成	整理文件\G10\G10-6	整理文件\G10-6chuli完成\
G10-6	35	19	整理文件\G10-6chuli完成	整理文件\G10\G10-6	整理文件\G10-6chuli完成\
G10-6	39	20	整理文件\G10-6chuli完成	整理文件\G10\G10-6	整理文件\G10-6chuli完成\
G10-6	12	21	整理文件\G10-6chuli完成	整理文件\G10\G10-6	整理文件\G10-6chuli完成\
G10-6	26	22	整理文件\G10-6chuli完成	整理文件\G10\G10-6	整理文件\G10-6chuli完成\
G10-6	24	23	整理文件\G10-6chuli完成	整理文件\G10\G10-6	整理文件\G10-6chuli完成\
G10-6	20	24	整理文件\G10-6chuli完成	整理文件\G10\G10-6	整理文件\G10-6chuli完成\
G10-6	42	25	整理文件\G10-6chuli完成	整理文件\G10\G10-6	整理文件\G10-6chuli完成\
G10-6	30	27	整理文件\G10-6chuli完成	整理文件\G10\G10-6	整理文件\G10-6chuli完成\
G10-6	65	29	整理文件\G10-6chuli完成	整理文件\G10\G10-6	整理文件\G10-6chuli完成\
G10-6	4	31	整理文件\G10-6chuli完成	整理文件\G10\G10-6	整理文件\G10-6chuli完成\
G10-6	72		整理文件\G10-6chuli完成	整理文件\G10\G10-6	整理文件\G10-6chuli完成\
G10-6	67	32	整理文件\G10-6chuli完成	整理文件\G10\G10-6	整理文件\G10-6chuli完成\
G10-6	68	33	整理文件\G10-6chuli完成	整理文件\G10\G10-6	整理文件\G10-6chuli完成\
G10-6	36	34	整理文件\G10-6chuli完成	整理文件\G10\G10-6	整理文件\G10-6chuli完成\
G10-6	75	35	整理文件\G10-6chuli完成	整理文件\G10\G10-6	整理文件\G10-6chuli完成\
G10-6	38	36	整理文件\G10-6chuli完成	整理文件\G10\G10-6	整理文件\G10-6chuli完成\
G10-6	74	37	整理文件\G10-6chuli完成	整理文件\G10\G10-6	整理文件\G10-6chuli完成\
G10-6	37	38	整理文件\G10-6chuli完成	整理文件\G10\G10-6	整理文件\G10-6chuli完成\
G10-6	28	39	整理文件\G10-6chuli完成	整理文件\G10\G10-6	整理文件\G10-6chuli完成\
G10-6	44	40	整理文件\G10-6chuli完成	整理文件\G10\G10-6	整理文件\G10-6chuli完成\
G10-6	79	41	整理文件\G10-6chuli完成	整理文件\G10\G10-6	整理文件\G10-6chuli完成\
G10-6	48	42	整理文件\G10-6chuli完成	整理文件\G10\G10-6	整理文件\G10-6chuli完成\
G10-6	84	44	整理文件\G10-6chuli完成	整理文件\G10\G10-6	整理文件\G10-6chuli完成\
G10-6	66	45	整理文件\G10-6chuli完成	整理文件\G10\G10-6	整理文件\G10-6chuli完成\
G10-6	19	46	整理文件\G10-6chuli完成	整理文件\G10\G10-6	整理文件\G10-6chuli完成\
G10-6	55	47	整理文件\G10-6chuli完成	整理文件\G10\G10-6	整理文件\G10-6chuli完成\
G10-6	48		整理文件\G10-6chuli完成	整理文件\G10\G10-6	整理文件\G10-6chuli完成\
G10-6	49		整理文件\G10-6chuli完成	整理文件\G10\G10-6	整理文件\G10-6chuli完成\
G10-6	33	50	整理文件\G10-6chuli完成	整理文件\G10\G10-6	整理文件\G10-6chuli完成\
G10-6	53		整理文件\G10-6chuli完成	整理文件\G10\G10-6	整理文件\G10-6chuli完成\
G10-6	77	54	整理文件\G10-6chuli完成	整理文件\G10\G10-6	整理文件\G10-6chuli完成\
G10-6	16	55	整理文件\G10-6chuli完成	整理文件\G10\G10-6	整理文件\G10-6chuli完成\
G10-6	82	56	整理文件\G10-6chuli完成	整理文件\G10\G10-6	整理文件\G10-6chuli完成\
G10-6	76	57	整理文件\G10-6chuli完成	整理文件\G10\G10-6	整理文件\G10-6chuli完成\

1. 残片数据表（G10：6）　　　　　　2. 陶俑信息数据表（G10：6）

图一二　资料管理模式

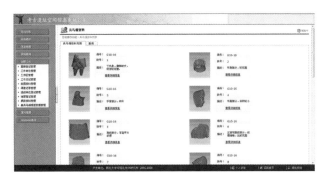

1. 陶俑碎片列表（G10∶6）

2. 碎片照片信息查询（G10∶6）

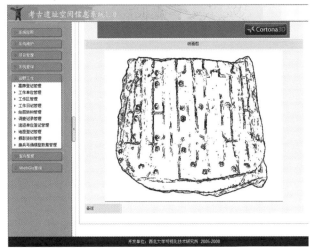

3. 线图查询（G10∶6）

4. 三维模型交互（G10∶6）

图一三　三维模式交互查询

不同，将碎片三维拼接分为基于空间曲线和基于空间曲面两类，分别应用空间轮廓曲线匹配和三维曲面匹配进行碎片拼接；构建了拼接复原的框架，提出了一种结合碎片边缘轮廓和断面匹配的混合拼接方法，结合交互实现破碎陶俑的复原。其中，空间曲线匹配拼接基于自创的多边形弧串匹配法，三维断面匹配过程使用多尺度积分不变量。经过初始匹配点计算、伪匹配点剔除、几何哈希算法进行最优匹配寻找等过程，实现了三维断面的部分或完全匹配。

（二）虚拟拼接复原流程

破碎兵马俑虚拟拼接复原工作流程为：第一步，利用三维扫描仪对碎片进行扫描以获得三维点云数据，进行三角网格优化剖分后提取出碎片断裂面。第二步，将兵马俑碎片按实际情况区分为薄壁与实体两种类型，分别应用二维轮廓曲线匹配和三维曲面匹配进行碎片拼接复原。其中对俑体腹部等空心薄壁部分，基于积分不变量特征，采用多边形弧串匹配方法，得到兵马俑腹部拼接修复结果；对于兵马俑其他具有较大厚度的碎片则采用文中所述的三维拼接策略，使用多尺度积分不变量。第三步，经过初始匹配点计算、伪匹配点剔除、几何哈希算法进行最优匹配寻找等过程，实现三维断面的部分或完全匹配（图一四）。

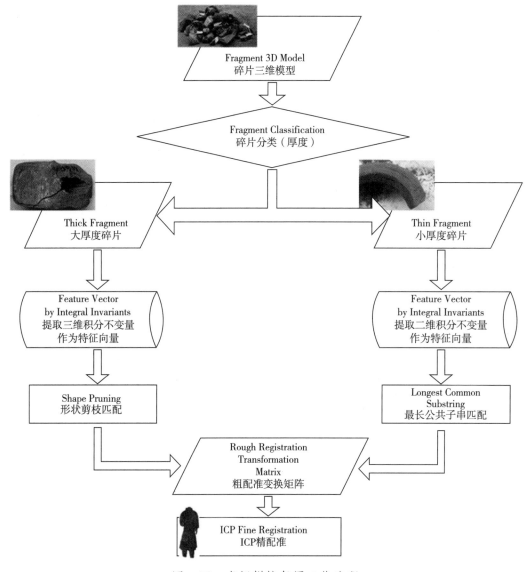

图一四　虚拟拼接复原工作流程

（三）真实感虚拟拼接复原

发掘出土的兵马俑通常破裂为若干个碎块。借助手持式扫描仪，通过对每一块碎块进行三维扫描，获取其点云模型，并进行必要的去噪处理。再进一步，通过引入点云深度图像的自动配准，实现多次不同角度扫描点云面片的拼合；通过引入全局自动粗匹配，获取各个俑片间的邻接关系；通过手工微调，获得最终完整个体的拼接结果（图一五）。上述方法对于破碎兵马俑的拼接具有较好的效果，能得到各个碎片之间的匹配关系，经过精准校准实现了破碎兵马俑的拼接修复，完成了 60 余件兵马俑的虚拟拼接复原。

六　结　语

本次发掘对不同发掘阶段的遗迹、遗物现状进行了三维扫描以获取数字化资料，为田野工作结束后进行发掘现场数字化建模保存了不可再现的现场实景数字化资料，是实现考古资料数字化的一次有益尝试。主要收获如下。

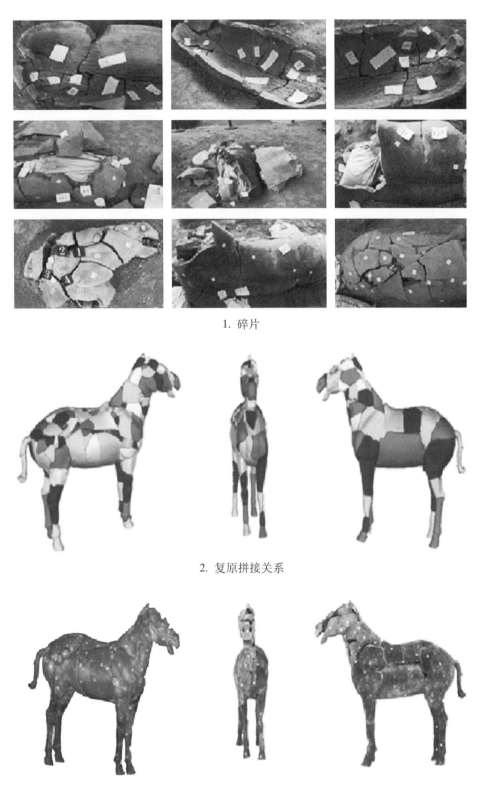

1. 碎片

2. 复原拼接关系

3. 复原效果

图一五　虚拟复原示意图（G9：②左骖马）

（一）兵马俑的虚拟修复

1. 减少手工初拼对残片的接触，最大限度地保护残片色彩等信息。

2. 虚拟复原过程可提供人工修复预案，缩短手工修复周期。

3. 虚拟复原结果实现未实体修复的复原结果。

（二）发掘现场数字建模

1. 保留不同时期发掘现场状况，随时虚拟再现不同发掘过程。

2. 阶段性发掘现场状况的建模比对，揭示遗迹、遗物之间的立体联系。

3. 考古发掘数据保存与应用。

4. 考古资料数字化处理和保存，基于多尺度脊线／谷线的文物三维轮廓线提取算法，不仅可以处理带噪声的数据，而且对文物形状变形有一定的适应性，能提供满足发掘报告所需的平剖、立体线图。

5. 提供可视化的考古信息，建立文物虚拟修复体验模式，满足展示欣赏需求，在考古研究、文物修复和文化旅游等行业有较强的应用价值。

（三）待改进之处

1. 发掘出土的文物三维扫描只限于外部，未能获取出土兵马俑的内部结构和信息。

2. 高精度三维扫描的出土文物数量少，建模难度大、速度慢。

3. 尚未开发出交互式、可直接生成印刷版的考古报告综合信息平台。

4. 尚需在考古人员和计算机技术人员之间建立有效的交流、协作机制，以保证发掘信息采集更加系统化、连续性和一体化。

5. 建立的发掘场景三维模型还需要进一步的后期加工和处理，才能满足考古爱好者的欣赏需求。

　　附记：参加工作人员有耿国华、周明全、李康、刘春华、扈晓梅、刘军、李姬俊男、史哲、张婧等。

执笔：李　康　扈晓梅　刘　军

附录一〇 部分陶俑简述

33 件，属 B 型俑。手臂为 C、D 两型，即"持秘"或"携弓弩"姿势。Aa 型铠甲，前身甲 8 排 5 列，后背甲 7 排 5 列。梳扁髻。B 型下衣，履方口，卬角。因部分陶俑或残片已进入修复环节，尺寸和痕迹观察均采自发掘现场。

1. G9：19

概况　Bb 型俑。陶色不一。体形中等，翘臀。通高 182、肩宽 44.5 厘米（图版六九，1）。

躯体　"甲"字形脸。细眉崤高凸，颧骨凸起较高，小眼，小嘴，上唇较厚，颌转角小。髭被彩绘覆盖，长方形枲，减地雕刻。耳为直接雕刻，有耳道，耳郭内施白色彩绘。面部见有褐色漆片、白色彩绘。发丝为篦栉刮划，发丝细密，6 股扁髻反折高于顶，蝴蝶结交叉发绳，未见发笄。颅高 22、周长 61 厘米。"三庭"长度依次为 6.5、6.5、7.5 厘米，"五眼"宽度依次为 4、4.5、4.5、4.5、4 厘米。左眉崤弧长 6.5、右眉崤弧长 5.5 厘米，左睑眦上弧长 4.5、下弧长 3.5 厘米，右睑眦上弧长 4.5、下弧长 4 厘米，鼻长 6.5、高 2、翼宽 4.5 厘米，上唇长 7、下唇长 6 厘米，上下唇厚比值 1：0.5。枲长 2 厘米。耳轮长 7 厘米，左耳垂厚 1、右耳垂厚 0.5 厘米。两臂紧夹，体前视臂尺侧与俑体有椭圆形缝隙，左径 2.5×2、右径 3×2 厘米。左臂微屈肘、前抬势，四指并拢向前，掌心向内，拇指残缺，指缝可见粉色彩绘。臂长 53、腕周长 19.5 厘米，手长 18、掌根厚 4.4、掌心厚 3.5 厘米，四指长 9.5、10、9.5、7.5 厘米，径 2、2、2、1.5 厘米。右小臂自肘下外撇，掌心向体内侧，拇指向上，四指呈钩状，拇指自第一关节内屈。手部有大量白色彩绘，臂内可见手指抹痕，体侧（右）可见绳纹，右袖外侧有陶文"廿六"。臂长 60、腕周长 20 厘米，手长 22、掌根厚 5、掌心厚 4.3 厘米，拇指长 7、周长 8 厘米，其余四指长 15、16、14、13 厘米，径 2、2、2、1.7 厘米。足与踏板分开制作。踏板长 37.5、宽 35、厚 2 厘米。

服饰　壅颈左压右，多褶皱，高 7、厚 3 厘米。前身甲通长 64、后背甲通长 61 厘米，侧身甲 2 排 2 列始自腋下。左披膊长 26、上弧宽 32、下弧宽 22.5 厘米；右披膊长 28、上弧宽 33、下弧宽 23 厘米。Ab 型组练为朱红色，另有 BbI 型组练。B 型斜向纽扣，上约下襟。通长 9.4、约长 5、襟长 6 厘米，别梶长 2、径 1.1 厘米。袖筒淡绿色，左、右袖口周长 46 厘米。襦面光滑微侈，裾角 2 个，衽边自腰际外斜。襦长 101、下摆周长 267 厘米。左绾为白色，右股绾色有红、粉绿等，绾底为朱红色，两股分开，股面有褶皱。裤暴露左股长 11、上周长 67、下周长 66 厘米；右股长 11、上周长 64、下周长 66 厘米。行縢由内向外绕胫，上组带朱红色彩绘制成，下组带位于踝上，组带宽 0.5 厘米，阴刻表示，并粘贴朱红色花结。两足面覆盖粉色彩绘，綦带为雕刻，粘贴朱红色花结。左履通长 27、面宽 11、面长 7、沿帮高 5.5、后帮高 7、綦带宽 0.5 厘米；

右履通长 27、面宽 11.5、面长 8.5、沿帮高 3.5、后帮高 6.5、綦带宽 0.5 厘米。

2. G9∶23

概况　Bb 型俑。陶色不一。体形中等，短颈，体前倾，翘臀。通高 180、肩宽 45、腹部最大周长 93 厘米（图版六九，2）。

躯体　"申"字形脸。头小，窄额尖颏。额鳞面斜度小，眉崤细短，凸起高，小眼，眼眦大小不一，左小右大，最宽处在前段，小嘴。髭局部透雕，枭被彩绘覆盖。耳为直接雕刻，有外耳道，两耳不对称，左偏前，大小也不一致，耳郭粉白。面部布满彩绘，褐色漆片打底，粉色彩绘上覆白色彩绘。发丝为篦栉刮划，发丝细密，6 股扁髻反折高于顶，未见发绳，长方形发笄。颅高 25、周长 55 厘米。"三庭"长度依次为 5、6.3、6.5 厘米，"五眼"宽度依次为 4.8、3.5、4、3.5、4.3 厘米。左眉崤长 4.5、右眉崤长 4 厘米，左睑眦上弧长 4.5、下弧长 3.5 厘米，右睑眦上弧长 3.5、下弧长 3 厘米，内眦间距 4、外眦间距 11、外眦与内眦高度差 0.6 厘米，鼻高 2、翼宽 5 厘米，口裂长 5.5 厘米，上唇长 6、下唇长 5 厘米，上下唇厚比值 1∶0.7。髭长 4 厘米。左耳轮长 6.5、厚 0.8 厘米；右耳轮长 6、厚 1 厘米。发笄长 2.2、宽 2 厘米。肩左高右低，两臂紧夹。左臂微屈肘、前抬，四指并拢向前，掌心向内，拇指自第一关节内屈，手部覆盖大量粉色彩绘。臂长 50、腕周长 19 厘米，手长 20、掌心厚 2.5、掌根厚 4 厘米，拇指长 6、周长 7.5 厘米，其余四指长 10、12、11、10.5 厘米，径 1.7、1.7、1.7、1.5 厘米。体前视臂尺侧与体有缝隙，左为 3.5×1.5、右为 3×1 厘米。右小臂自肘下外撇，掌心向体内侧，拇指向前，四指半握，拇指自第一关节内屈。臂长 51、腕周长 20 厘米，手长 21、掌心厚 4.2、掌根厚 5 厘米，拇指长 7、周长 8 厘米，其余四指长 9、10、9.5、8.5 厘米，径 2、2、1.7、1.5 厘米。踏板与足分开制作。踏板长 37、宽 35、厚 2.8 厘米。

服饰　壅颈左压右，多褶皱，草绿色，高 8、厚 3 厘米。前身甲通长 64、后背甲通长 62 厘米，侧身甲 4 排 3 列，始自腋下。左披膊长 25、上弧宽 34、下弧宽 22 厘米；右披膊长 24、上弧宽 32、下弧宽 23 厘米。BbⅠ型组练。袖纯为白色，端面呈马蹄形。左袖口周长 49、右袖口周长 47 厘米。襦面平整，微侈，裾角 2 个，衽边自腰际垂下，襦面为淡粉色。襦长 103、下摆周长 267 厘米。股面为天蓝彩，两股分开，股管平整。裤暴露左股长 10.5、上周长 61、下周长 62 厘米；右股长 11、上周长 65、下周长 64 厘米。未见行縢缠绕阴刻线，组带粘贴朱红色花结，下组花结覆于足面。足面为粉白色，綦带均宽 0.5 厘米，花结为朱红色，减地雕刻。左履通长 27、面宽 11、面长 8.5、沿帮高 4、后帮高 6.2 厘米；右履通长 26、面宽 11、面长 8、沿帮高 3.5、后帮高 6.5 厘米。

3. G9∶32

概况　Bb 型俑。陶色不一，上体为土黄色，右手及下体为蓝灰色。体形中等，前倾，翘臀，目光下视。通高 175、肩宽 43.5 厘米（图版六九，3）。

躯体　俑头完整，脸近"风"字形。额鳞面斜度大，粗眉崤高凸，颧骨凸起，双目圆睁，眼仁高凸，眼眦最宽处位于中段，鼻大，口裂阔，唇紧抿，颏转角小。板状髭，局部透雕；水滴状枭，减地雕刻。面部施双层彩绘，肤色偏白。大耳，无耳道钻孔，直接雕刻。6 股扁髻反折与顶平齐，发色黑褐，发丝篦栉刮划，丝缕细密。长方形发笄，粉色，上部有"十"字形交叉发绳，发绳双股合成。颅高 20、周长 59 厘米，"三庭"长度依次为 7、8、8 厘米，"五眼"宽度依次为 5.4、4.5、4.5、6、4 厘米。眉峰弧长 7 厘米，眦宽 1.8 厘米，内眦间距 4.5、外眦间距 12.5、内外眦高差 1 厘米，鼻长 8、高 2.3、翼宽 4.5 厘米，上唇长 8、下唇长 7.5 厘米，唇厚比值 1∶0.5。髭长 3、宽 1 厘米，棠长 1.8 厘米。耳轮长 7.5、耳垂厚 1 厘米。发笄长 4、宽 3 厘米。手与臂烧后连接，手上覆盖大量白色彩绘。左臂自肘关节以下残缺，内壁可见手指抹摁痕，残长 34 厘米。右臂自肘关节断开，内壁可见补胎泥块，下垂，拇指向前，自第一关节内屈，掌心向内，四指并拢呈钩状。臂长 52、腕周长 20 厘米，手长 22.5、掌心厚 3、掌根厚 4.5 厘米，拇指长 6、周长 8 厘米，其余四指长 11.5、12.5、12、11 厘米，径 1.5、1.7、1.7、1.5 厘米。足与踏板分开制作。踏板长 34.5、宽 37、厚 3.1 厘米。

服饰　前身甲通长 64 厘米，底边呈桃尖形。后背甲通长 60 厘米。侧身甲 3 排 3 列，始自腋下。左披膊长 22.5、上弧宽 26、下弧宽 21.5 厘米；右披膊长 23、上弧宽 28、下弧宽 21 厘米。BbⅠ 型组练。A 型斜向纽扣，上约下襻。通长 11、约长 6.5、襻长 6.5 厘米，别棍长 2.5、径 0.5 厘米。右袖口处周长 49 厘米，外侧有陶文"卅五"。襦面平整，微侈，裾角 1 个，衽边自腰际外斜。襦长 101、下摆周长 132 厘米。裈股面残存小片淡绿、弱翠绿色彩绘。裈暴露左股长 10、上周长 51、下周长 51.5 厘米；右股长 11、上周长 50.5、下周长 51 厘米。腿部肌肉感强，行縢由内向外绕胫。下组带宽 0.5 厘米，阴刻，位于脚踝上，花结为雕刻。两足肤色粉白，綦带花结为直接雕刻，朱红色，鲜亮。左履通长 27、面宽 11、面长 7、沿帮高 5.5、后帮高 7、綦带宽 0.9 厘米；右履通长 28、面宽 11、面长 7.5、沿帮高 5、后帮高 7.5、綦带宽 0.9 厘米。

4. G9∶37

概况　Ba 型俑。陶色斑驳。体形高大，残高 163、肩宽 43、腹部最大周长 95 厘米（图版六九，4）。

躯体　体腔内可见手指摁痕。手与臂烧前连接，有粘接粉末。左臂微屈肘，掌心向体内侧，四指并拢，指尖向下，拇指自第一关节内屈向下，指缝间可见褐色底漆与粉色彩绘。臂长 59、腕周长 19.5 厘米，手长 20、掌心厚 4、掌根厚 5 厘米，拇指长 8.5、周长 9 厘米，其余四指长 10、11.5、10.5、9 厘米，径 2 厘米。右肘直角弯曲，掌心向体内侧，四指并拢弯曲，拇指与食指相捏，形成闭合拳眼，指缝与手心有褐色底漆与白色彩绘，可见掌纹 2 条。臂长 58、腕周长 21 厘米，手长 22、掌心厚 3.3、掌根厚 4.2 厘米，拇指长 9、周长 8.5 厘米，其余四指长 12、11.5、7、4 厘米，径 2 厘米。足与踏板分开制作。踏板长 35.5、宽 33、厚 3 厘米，踏板上见有陶文"五"。

服饰　壅颈左压右，多褶皱，粉绿色，高 5.5、厚 3 厘米。前身甲通长 61、后背甲通长 59 厘米，侧身甲 2 排 3 列。左披膊长 27、上弧宽 31、下弧宽 25 厘米；右披膊长 25、上弧宽 31、下弧宽 25 厘米。腰际部分的 Ab 型组练存有朱红色彩绘，另有 BbⅡ 型组练，甲札上有钻孔。组练可见零星朱红色彩绘，底漆为褐色。B 型垂直纽扣，上约下襻。通长 9.3、约长 5.2、襻长 6 厘米，别棍长 2、径 0.5 厘米。袖口端面呈椭圆形，左袖口周长 50、右袖口周长 49.5 厘米。襦面褶皱起伏，外侈，裾角 2 个，衽边自腰际外斜。襦长 102、下摆周长 269 厘米。袖纯为朱红色，袖筒、襦面存有暗红彩，褐色底漆，襦底为淡紫色。两股分开，粉绿色。裈暴露左股长 10.5、上周长 61、下周长 65 厘米；右股长 10、上周长 61、下周长 65 厘米。行縢由内向外绕胫，下组带为阴刻，宽1.3厘米，位于脚踝上，花结为粘贴，施暗红色彩绘。足面肤色粉白，綦带为雕刻，花结为粘贴，暗红色。履面施褐色漆，面短，微露脚趾根。左履通长27、面宽11、面长7.5、沿帮高3、后帮高6.5、綦带宽0.8厘米；右履通长27、面宽11、面长7.5、沿帮高2.5、后帮高6.5、綦带宽0.8厘米。

5. G10：4

概况　Ba型俑。肩宽46、腹部最大周长95厘米。

伤痕　腹部、右披膊等处有钩斫痕，利刃划行轨迹4.5×0.3、3.2×0.2厘米；壅颈处有近四边形砸击痕，涉及范围3.2×2厘米。

躯体　细长眉嵴凸起，睑眦最宽处在前段，眼仁略凸，颧骨微凸，颌转角较小，唇珠圆润。髭方折，梢尖，减地平雕，刻线表示须毛；髹为水滴状，减地雕刻。耳为直接雕刻，耳郭内有白色彩绘。面部有大量褐色漆片、白色彩绘。发丝为篦栉刮划，9齿一组，6股扁髻反折于顶，与顶平齐，押长方形发笄，正"十"字交叉发绳，发绳双股合成。颈实心，刀刮痕最宽处4厘米，与体烧后连接，可见粘接粉末。颅高24厘米，"三庭"长度依次为5.5、7、8厘米。睑眦长4、最宽1厘米，鼻高2、翼宽4.5厘米，上唇长6.5、下唇长6厘米。髭首宽1厘米，髹长2厘米。耳轮长7厘米。发笄长3、宽2.8厘米。左臂微屈，四指并拢微屈，掌心向体内侧，拇指自第一关节内屈，手与臂烧后连接，无掌纹。体近尺侧有细绳纹。手长18、腕部周长21、掌心厚2厘米。右臂残。足与踏板一次成型，两足平行站立。踏板长36、残宽35、厚3厘米。

服饰　壅颈左压右，多褶皱，高8、厚3.5厘米。前身甲通长63厘米，底排甲札边斜弧，边长由中至两侧递减。后背甲通长58厘米，底排甲札底边平整。侧身甲4排3列，始自腋下。Ab型组练为朱红色，BbⅡ型组练，甲札上钻孔明显。斜向A型纽扣，残长6厘米，别棍长2、径0.9厘米。襦面褶皱起伏，微侈，下摆周长148厘米，衽边自腰际垂下。裤绻左为紫红色，右为朱红色。行縢结为朱红色。綦带为阴刻，花结为减地平雕。左履残长27、面宽11、面长8、沿帮高3、后帮高7、綦带宽0.9厘米；右履通长27、面宽11、面长8、沿帮高3、后帮高7、綦带宽1厘米。

6. G10：8

概况　Ba型俑。陶色不一，俑头为橘红色，下体大部分区域呈深蓝色。体形健壮、魁梧，臂短，不合比例。通高181、肩宽45、腹部最大周长117.5厘米（图版七〇，1）。

躯体　"目"字形脸，双目圆睁直视前方。额鳞面斜度小，细眉嵴高凸，眼眦内有白彩，最宽处在前段，塌鼻。髭方折，梢齐，直接雕刻，刀刻须毛。耳为粘贴，无耳道钻孔，耳郭内有零星白色彩绘。发丝为刀刻，6股扁髻反折与顶平齐，长方形发笄，"十"字形交叉发绳，发绳双股合成。颅高29、周长67.5厘米。"三庭"长度依次为6.5、7.2、7.5厘米，"五眼"宽度依次为4.5、3.8、5、4.5、4.3厘米。眉嵴左弧长8、右弧长8厘米。左睑眦上弧长6、下弧长4.5厘米，右睑眦上弧长6.5、下弧长4厘米，宽约2厘米，内眦间距5、外眦间距14厘米。鼻长7.2、高1.5、翼宽5厘米，上下唇厚比值1.1：0.8。髭左长7、右长6、首端宽1厘米，髹长2.5厘米。左耳轮长7、右耳轮长7.5厘米，耳垂厚1厘米。发笄长4、宽3厘米。手与臂烧后连接，可见粘接粉末、填塞陶片、涂抹痕。左臂微屈肘，掌心向体内侧，四指并拢垂直向下，食指自第一关节残断，拇指向下自第一关节内屈，指缝及手心可见少量白色彩绘。臂长 51.5、腕周长 21 厘米，手长 21、掌心厚 3、掌根厚 4 厘米，拇指长 7、周长 7 厘米，其余四指长 7、9.5、9、8 厘米，径 2 厘米。右肘直角弯曲，掌心向体内侧，拇指自掌丘残断，其余四指均自第一关节残断，掌纹 3 条，手背及手心可见少量白色彩绘。臂长 55、腕周长 22 厘米，手残长 14、掌心厚 3、掌根厚 4.7 厘米，四指残长 3、3.5、2.5、1.7 厘米，径 2 厘米。足与踏板分开制作。踏板长 36.5、宽 35、厚 3.9 厘米。

服饰　壅颈左压右，多褶皱，湖蓝色，高 6.5、厚 2 厘米。前身甲通长 63.5、后背甲通长 62 厘米，侧身甲 4 排 2 列。左披膊长 22.5、上弧宽 32、下弧宽 27 厘米；右披膊长 24、上弧宽 28.5、下弧宽 24 厘米。BbI 型组练，可见粘贴痕迹，纽扣脱落。袖口周长分别为 45.5、49 厘米，袖口端面呈椭圆形。襦面褶皱起伏，微侈，右侧可见褐色漆片，裾角 2 个。衽边自腰际外斜长 111、下摆周长 279.5 厘米。双股分立，绾施紫色彩绘，裤暴露左股长 9.5、右股长 8.5 厘米。行縢由外向内缠绕，上组带为仅见粘贴花结，下组带为雕刻，组带宽 1 厘米，花结为粘贴。足面与踝可见大量粉色彩绘，綦带为雕刻，宽 0.8 厘米，花结为粘贴。左履通长 27.5、面宽 11.5、面长 8.5、沿帮高 3.2、后帮高 6 厘米；右履通长 28、面宽 11.7、面长 8、沿帮高 3.5、后帮高 5.5 厘米。

7. G10∶9/81

概况　Ba 型俑。肩宽 48、腹部最大周长 98.5 厘米。有损伤痕，其中俑头颞部捶击窝直径 3.8×1.6 厘米。

躯体　颅与体烧后连接。眉崤较细微凸，睑眦最宽处在前段，眼仁微凸，颧骨凸起，颌转角浑圆，薄唇。髭齐梢上翘，减地平雕，刻线表示须毛；水滴状粜，减地雕刻。耳圆雕，无耳道孔，仅存零星白色彩绘。颈下可见刀刮痕，最宽处 3.5 厘米。发丝为刀刻，6 股扁髻反折与顶平齐，长方形发笄，斜"十"字交叉发绳，双股合成纹路。颅高 25 厘米，睑眦长 4、最宽 1.3 厘米，鼻高 1、翼宽 4 厘米，两颧骨间距 14 厘米，口裂长 7 厘米。髭长 1.5、首端宽 1 厘米。耳轮长 8 厘米。发笄长 3.8、宽 2.8 厘米。颈实心，周长 31 厘米。左臂微屈，手残，手、臂烧前连接。足与踏板一次成型。踏板长 34、残宽 32、厚 4.1 厘米。

服饰　壅颈左压右，多褶皱，灰绿色，高 6、厚 3.5 厘米。前身甲通长 60、后背甲通长 56 厘米。侧身甲始自腋下，各 4 排 3 列。左披膊长 26、上弧宽 33、下弧宽 26 厘米；右披膊长 25、上弧宽 33 厘米，下残。BbII 型组练，甲札上钻孔明显。组练为朱红色。马蹄形袖口，粉绿色袖筒。左袖口周长 47 厘米，手腕周长 25 厘米。右臂残，袖口周长 48 厘米，手拇指残，四指从第一关节断裂，无掌纹。襦面褶皱起伏，微侈，衽边自腰际垂下，裾角 2 个，衽边立面与襦底为紫红色，下摆复原周长 188 厘米。綦带为阴刻，花结为减地平雕，可见白色彩绘。左履残长 26、面宽 11、面长 8、沿帮高 2、后帮高 6、綦带宽 1 厘米；右履残长 27、面宽 11、面长 8、沿帮高 2、后帮高 6、綦带宽 1 厘米。

8. G10∶12

概况　Ba 型俑。左右披膊为橘黄色，其余区域陶色灰蓝。腹部最大周长 98.5 厘米。

躯体　颅颈与体烧前连接。细眉崤微凸，小眼，睑眦最宽处位于前方，眼球微凸，两鼻翼鼓起，塌鼻，颧骨微凸，唇缝间可见零星粉红色彩绘，颔转角为钝角。髭为减地平雕，须斜下，梁为水滴状。耳为二次粘贴，可见肉红色彩绘，无耳道透孔。发丝为篦栉刮划，8 齿一组。6 股发髻反折与顶平齐，上有斜"十"字交叉发绳，双股合成纹路，发笄为长方形。头顶有方形孔，边长 1.3 厘米。颅长 25 厘米，睑眦长 3.8、宽 1.5 厘米，鼻高 2、翼宽 4.8 厘米，上唇长 6.5、下唇长 5.5 厘米。髭首端宽 1 厘米，梁长 2.2 厘米。耳轮长 7 厘米。发笄长 3.2、宽 2.5 厘米。颈残断，空心，颈腔内可见手指抹痕，残长 9、腔壁厚 3.5 厘米，外表面工具刮痕最宽 3.5 厘米。手腕烧前插入袖中，近腕处可见粘接粉，推测有烧成后再修补的情况。左臂残，未见掌纹。臂长 51、腕周长 22 厘米，手长 19.5、掌心厚 3.5、掌根厚 4.7 厘米，拇指长 8.5、周长 7.5 厘米，其余四指长 11、11、10、7.5 厘米，径 2、2、2、1.7 厘米。右臂肘直角弯曲，拇指残缺，形成开放式拳眼。臂长 55、腕周长 25 厘米，手长 22.5、掌心厚 3.4、掌根厚 5 厘米，四指长 14、14.5、13.5、11.5 厘米，径 2 厘米。足与踏板一次成型。踏板长 39、宽 36、厚 3.7 厘米。

服饰　雍颈左压右，多褶皱，高 8、厚 4 厘米。雍颈内二次覆泥，雍颈与身连接处有一圈承接平台，前窄后宽，前厚后薄，最厚处 2、最薄处 1.5、最宽处 3、最窄处 1 厘米。前身甲通长 62 厘米，第 8 排甲札底边斜弧，边长依次递减，第 3 列甲札底边呈桃尖形。后背甲第 7 排底边缘呈弧形。侧身甲各 4 排 3 列，始至腋下。Ab 型组练为朱红色。A 型斜向纽扣，上约下襟，通长 9 厘米。衽边垂直斜下，右裾边平，无裾角。襦长 102、下摆复原周长 164 厘米。袖纯为淡紫色，袖筒为粉绿色，襦面为紫红色，襦底为桃红色，裤面为草绿及白色，綦带为朱红色。左履綦带为粘贴，已脱落，足面有褐色漆片、白色彩绘。残长 29、面宽 10.5、面长 7.5、沿帮高 2、后帮高 6 厘米。右履花结为粘贴，已脱落，足面有白色彩绘。通长 29、面宽 11、面长 8、沿帮高 2、后帮高 6、綦带宽 1.3 厘米。

9. G10：13

概况　Ba 型俑。通体陶色灰蓝，雍颈、披膊及胸前蒙黄色土垢。体形魁梧，仰首挺胸。肩宽 39.5、腹部最大周长 123 厘米。

躯体　颅颈与身体分离，颅空心，自发根处断裂，颈实心，颈腔表面有粘接粉，说明颅与体系烧后连接。"目"字形脸，面目清秀。额头宽平，眉脊细弯、凸起，中段眉峰微上弧，双目圆睁，外眼角略上扬，眼仁微凸，鼻翼鼓起，颧骨微凸，颔转角浑圆。髭斜下，水滴状梁较浓密，减地平雕而成。双耳丰满，圆雕，耳垂厚。6 股扁髻，刀刃刻划发丝，押方形乳白色发笄，减地平雕而成。斜"十"字交叉发绳，双股合成，残断。两鼻翼及耳后存有褐色底漆与粉白色彩绘，腮处存有粉白色彩绘。颅长 26 厘米。眉峰长 8.5 厘米，上睑眦弧长 5.8、下睑眦弧长 4.6、眼眦最宽 2.7 厘米，鼻高 1.7、翼宽 5 厘米，上唇长 8.5、下唇长 7.5、人中处厚 1.2 厘米。髭长 6、首宽 1.2 厘米，梁长 2.3 厘米。耳轮长 7、垂厚 1.4 厘米。发笄长 3.6、宽 2.7～3.1 厘米。颈直径为 13×11 厘米。双臂均从披膊下方断开，仅见左小臂局部残片。左小臂表面多褶皱，有弧度，手腕插入袖口内，袖筒周长 46 厘米，内壁可见粘接粉，手腕与臂系烧后连接。足与踏板分开制作。踏板长 38、宽 36、厚 3 厘米。

服饰　雍颈左压右，多褶皱，粉绿色，高 9、厚 3.5 厘米。前身甲通长 65 厘米，8 排 5 列。后背甲通长 56 厘米，7 排 5 列。披膊为 4 排 5 列，左长 28、上弧宽 34、下弧宽 29.5 厘米；右长 25、上弧宽 34、下弧宽 32 厘米。BbⅠ 型组练，朱红色，甲札上有明显的粘接痕迹。纽扣缺失。

襦下摆微侈，表面略起伏，衽边自腰际垂直向下，裾角1个。下摆复原周长155厘米。袖纯存有零星白色、粉绿色彩绘，筒面为天蓝色，裤面为白色，行縢带为肉红色。左履綦带为雕刻，花结为粘贴，部分已脱落，足面存有部分粉白色彩绘。通长27、面宽11、面长8、沿帮高4、后帮高6.5、綦带宽0.9厘米。右履綦带为雕刻，花结完整，边缘可见白色彩绘。脚踝上方粘贴花结，边缘可见白色彩绘。残长28、面宽11、面长8、沿帮高4、后帮残高6.5、綦带宽0.6厘米。

10. G10：14/85

概况　Ba 型俑。肩宽47、腹部最大周长89厘米。

躯体　颈空心，头与体腔烧前连接，颈腔残断，颈腔内可见工具戳痕。颅顶有透气孔，边长2.3×2.2厘米。发丝篦栉刮划，斜"十"字交叉发绳，长方形发笄。面部陶色深蓝，有少量褐色、黑色漆。髭为减地雕刻，橥为水滴状。下巴呈"W"形，耳为圆雕。通长26厘米。颅高28、周长61.5厘米。"三庭"长度依次为6、7、8厘米，"五眼"宽度依次为4、4.5、4.5、4、4厘米。眉峰长7厘米，睑裂长4、内眦间距4.5、外眦间距14、外眦与内眦高度差0.9、睑缘长5.5厘米，鼻长6、高2.2、翼宽4.5厘米，口裂长7厘米，上下唇厚比值1:1。髭长7、首宽1.1厘米，橥长2.5厘米。耳轮长7厘米。发笄长3.2、宽3厘米。颈长6.5、周长38厘米（图版七〇，3）。手腕与臂部烧前连接。左臂微屈肘，四指并拢微屈，掌心向体内侧，拇指自第一关节内屈，手腕周长19.5厘米；右臂肘近直角弯曲抬起，五指半握，拇指与食指相捏，圆形闭合拳眼，手心、手背及指缝间有粉红色彩绘，手腕周长20.5厘米。足与踏板分开制作。踏板长34、宽34、厚3.1厘米。

服饰　壅颈左压右，多褶皱，高6.5、厚3.5厘米。前身甲通长60厘米，第8排甲札底边斜弧，边长依次递减；第3列甲札底边为三角形，长8、宽7厘米。后背甲通长58厘米。侧身甲4排2列，始自腋下。左披膊长24、上弧宽29、下弧宽25厘米，第4排第3列甲札为正方形，边长5厘米。Ab 型组练为朱红色，BbI 型组练多脱落。A 型纽扣斜缀，上襻下约，通长9.4厘米。马蹄状袖口，左袖口周长45、右袖口周长41厘米。右臂有陶文"十三"。襦下摆微侈，衽边自腰际斜垂，边侧面厚2厘米，裾角2个。襦长102.5、下摆复原周长280厘米。袖纯为湖蓝色，裤面为粉绿色，襦面上段粉绿、下段粉红，襦底为黑色，行縢带及花结均为朱红色。綦带为减地平雕，左、右粘贴花结，上有朱红色彩绘。左履通长28、面宽11、面长8、沿帮高3、后帮高6、綦带宽0.5厘米，可见粉白色彩绘；右履通长28、面宽10.5、面长8、沿帮高3、后帮高6、綦带宽0.5厘米。

11. G10：21

概况　Ba 型俑。体形中等，肩宽臂短，比例失衡，陶色青灰。通高180、肩宽44.5、腹部最大周长93厘米（图版七〇，2）。胫面有严重的砍、斩伤痕。

躯体　颈腔与体烧前连接。眉形如月，细眉峰凸起，双目圆睁，正视前方，颧骨略凸，颌转角小。髭为减地雕刻，梢尖；橥为浅浮雕，水滴状。耳为雕刻，无外耳道钻孔。面有少量白色彩绘。6 股扁髻反折与顶平齐，发丝篦栉刮划，长方形发笄，斜"十"字交叉发绳，双股合成。"三庭"长度依次为6、7、7厘米，"五眼"宽度依次为3.5、4、4.5、4.5、3.5厘米。颅高24、周长61厘米。左眉峰弧长7、右眉峰弧长8厘米，左睑眦上弧长5、下弧长4厘米，右睑眦上弧长 5.5、下弧长 4 厘米，内眦间距 4.5、外眦间距 14 厘米，鼻长 7、高 2、翼宽 5 厘米，口裂长 8.5 厘米，上下唇厚比值 1∶1。髭长 5、首宽 1 厘米，枭长 2.5 厘米。耳轮长 7、垂厚 1 厘米。发笄长 3.7、宽 3.5 厘米。左臂微屈肘，手缺失，臂腔内可见大量手指抹痕，臂长 49.5 厘米。右臂肘直角弯曲，掌心向体内侧，拇指残，四指并拢弯曲，小指自第一关节残断。臂长 47.5、腕周长 21.5 厘米，手长 20、掌心厚 3.4、掌根厚 4.5 厘米，四指长 12、11.5、11、9 厘米，径 2、2、2、1.5 厘米。前视两臂尺侧与体有缝隙，缝隙呈椭圆形，直径为 7×1.5 厘米。足与踏板分开制作。踏板长 37、宽 35、厚 4.1 厘米。

服饰　瓮颈对接，多褶皱，高 7.5、厚 3 厘米。前身甲通长 59、后背甲通长 61 厘米。侧身甲 4 排 3 列，始自腋下。左披膊长 24、上弧宽 31、下弧宽 26.5 厘米；右披膊长 22.5、上弧残宽 26.5、下弧宽 25 厘米。BbⅠ 型组练。A 型斜向纽扣，上约下襻。通长 9、约长 5.5、襻长 5.5 厘米，别棍残。左袖口周长 42、右袖口周长 45.5 厘米。襦面褶皱起伏，微侈，裾角 2 个，衽边自腰际外斜。襦长 95、下摆周长 247 厘米。裈双股连属，暴露股长 5、周长 113 厘米。行縢由内向外缠绕，上组带仅见粘贴的花结，下组带为减地雕刻，花结脱落，可见粘贴痕。脚面为粉色，綦带为雕刻，淡绿色，花结为粘贴。左履通长 28.5、面宽 13、面长 8.5、沿帮高 3.5、后帮高 5.5、綦带宽 0.5 厘米；右履通长 28、面宽 12.5、面长 8、沿帮高 3.5、后帮高 5.5、綦带宽 0.5 厘米。

12. G10∶22

概况　Ba 型俑。陶色不一。体形健壮、魁梧，臂短，比例失衡。残高 175、肩宽 40、腹部最大周长 105 厘米（图版七一，1）。

躯体　体腔有环形台承颈，颈腔内可见手指摁痕、抹痕，外壁经刀削修整，痕最宽 3.5 厘米。手、臂烧后连接，可见粘接粉及板瓦残片。左臂微屈肘，掌心向体内侧，四指并拢向前，拇指自第一关节内屈向下。臂长 50、腕周长 20.5 厘米，手长 20、掌心厚 3.7、掌根厚 4.5 厘米，拇指长 10、周长 8.5 厘米，其余四指长 11、12、11.5、10 厘米，径 2、1.8、1.8、2 厘米。右臂肘直角弯曲，掌心向体内侧，四指并拢弯曲作半握拳状，拇指残，手部有粉白色彩绘。臂长 50、腕周长 21 厘米，手长 23、掌心厚 3.2、掌根厚 4.5 厘米，四指长 13、14、14、12 厘米，径 2、2、2、1.5 厘米。双足呈“八”字形外撇，足与踏板分开制作。踏板长 36、宽 35、厚 3.5 厘米。

服饰　瓮颈左压右，多褶皱，高 6、厚 3 厘米。前身甲通长 63、后背甲通长 52 厘米。侧身甲 5 排 3 列，始自腋下。左披膊长 23.5、上弧宽 30、下弧宽 24 厘米；右披膊长 24、上弧宽 29、下弧宽 25 厘米。Ab 型组练为朱红色，BbⅠ 型组练有粘接浅窝。A 型斜向纽扣，上襻下约。通长 8.9、约长 4.5、襻长 5.2 厘米，别棍长 1.5、径 0.8 厘米。右袖纯分两段，分绘草绿、紫两色，袖口端面呈椭圆形。右袖口周长 50、左袖口周长 47 厘米。襦面褶皱起伏，外侈，裾角 2 个，衽边自腰际外斜。襦长 101、下摆周长 275 厘米。裈绾两股存有少量白色彩绘，上覆朱红色彩绘。裈暴露左股长 9、上周长 65、下周长 67 厘米；右股长 9、上周长 65、下周长 69 厘米。小腿肌腱健壮，行縢由外向内绕胫，褐色底漆上施黑色彩绘，两组带为阴刻，花结为粘贴。组带宽 1 厘米。綦带为雕刻，花结为粘贴，足面肤色粉白，踝关节凸出。左履通长 29、面宽 12、面长 8、沿帮高 4、后帮高 7.5、綦带宽 1 厘米；右履通长 29、面宽 12、面长 7.8、沿帮高 3.5、后帮高 7 厘米。

13. G10：24

概况　Ba 型俑。陶色以襦摆为界，上段为土黄色，下段为蓝色。肩宽 50、腹部最大周长 95 厘米。

躯体　颈腔空心，颅与躯体为烧前连接。手腕与臂为烧前连接，可见泥块、板瓦残片。左臂残，拇指残断，四指并拢垂直向下，手心可见白色彩绘。臂长 49、腕周长 19 厘米，手长 21、掌心厚 3.5、掌根厚 4.5 厘米，拇指长 8、周长 7.5 厘米，其余四指长 11、11.5、11、9 厘米，径 2、2、2、1.5 厘米。右臂肘近直角弯曲抬起，五指自第一关节残断，掌纹杂乱。臂长 54、腕周长 21 厘米，手长 22.5、掌心厚 3.2、掌根厚 4.2 厘米，拇指长 8、周长 7 厘米，其余四指长 12、13.5、11.5、10 厘米，径 2、2、2、1.5 厘米。足与踏板一次成型。踏板长 36.5、宽 32、厚 3.5 厘米。

服饰　瓮颈左压右，多褶皱，粉绿色，高 8、厚 4.5 厘米。前身甲通长 57 厘米，第 8 排甲札底边斜弧。后背甲通长 59 厘米，第 7 排甲札底边圆弧。侧身甲 4 排 3 列，始自腋下。左披膊下弧宽 28 厘米；右披膊长 22、上弧宽 27、下弧宽 29 厘米。Ab 型组练为朱红色，BbⅠ 型组练为白色，可见粘贴痕迹。A 型斜向纽扣，上襻下约，通长 9.2 厘米。左袖口端面呈椭圆形，周长 37 厘米。襦面褶皱起伏，微侈，左衽边自腰际垂直向下，裾角 2 个，已残断。下摆周长 156 厘米。襦面为淡蓝色，襦底为朱红色，袖纯为紫色，袖筒、裈绾为粉绿色，裈底为雪青色。綦带为阴刻，朱红色，花结为减地雕刻。左履通长 28、面宽 11、面长 7、沿帮高 3、后帮残高 5、綦带宽 1.2 厘米；右履通长 28、面宽 10.5、面长 7、沿帮高 3、后帮高 6、綦带宽 1 厘米。

14. G10：28

概况　Ba 型俑。肩宽 53、腹部最大周长 95 厘米。

躯体　颈为空心，可见刀削痕，痕最宽处 3 厘米。瓮颈内有一圈承接平台，瓮颈与脖颈烧后连接，可见手指抹痕。两足平行站立，与踏板分开制作。踏板长 36.5、宽 34.2、厚 4 厘米。

服饰　瓮颈左压右，高 9、厚 4 厘米。前身甲通长 64、后背甲通长 62 厘米。左右两臂残缺，仅测得左披膊长 23.5、上弧宽 30.5 厘米，右披膊长 30.5 厘米。BbⅠ 型组练，均为朱红色，可见粘贴痕迹。A 型斜向纽扣，上襻下约。通长 9.4、约长 5.5、襻长 5.1 厘米。襦面平坦微侈，下摆周长 262 厘米。衽边自腰际外斜，厚 1 厘米，裾角 2 个，左残。袖纯为粉白色，筒面有天蓝和紫色，裈绾为粉红色，襦面为翠绿色，襦底为天蓝色。綦带为阴刻，花结为粘贴，朱红色，两足面可见白色彩绘。左履通长 27.5、面宽 12.5、面长 8.5、沿帮高 3、后帮高 6、綦带宽 0.6 厘米；右履通长 27.5、面宽 12.5、面长 9、沿帮高 3.3、后帮高 6、綦带宽 0.7 厘米。

15. G10：29

概况　Ba 型俑。肩宽 49、腹部最大周长 96 厘米。

躯体　双臂自披膊下断裂，手腕插入长，袖筒内可见泥块、手指抹痕，烧前连接。左小臂内可见泥块，拇指残断，四指并拢下垂，四指指缝与手心存有零星褐色漆片与粉红色彩绘。右臂自肘下断裂，拇指残缺，四指自第一关节残断。足与踏板一次成型。踏板长 38.5、宽 34.5、厚 2.5 厘米。

服饰 壅颈高 9、厚 2.5 厘米。前身甲通长 64 厘米，底边圆弧，边长递减。后背甲通长 62 厘米，底边斜弧，边长递减。侧身甲 4 排 3 列。Ab 型组练上有朱红色彩绘，另有 BbI 型组练。A 型斜向纽扣。左袖口周长 33、右袖口周长 38.5 厘米。襦面平坦微侈，有零星蓝色彩绘，衽边自腰际外斜（右）垂下，裾角 1 个。襦长 100、下摆复原周长 148 厘米，衽边厚 1.5 厘米。袖纯二重，袖色分别见翠绿、天蓝、粉红等多色彩绘。襦面为淡绿色，襦底为天蓝色。行縢带和花结均为朱红色。綦带为减地平雕，花结为粘贴，朱红色，足面存有零星淡粉红色彩绘。左履通长 30、面宽 10.5、面长 8.5、沿帮高 2.2、后帮高 5.5、綦带宽 0.6 厘米；右履通长 30、面宽 10.5、面长 8.5、沿帮高 3、后帮高 6、綦带宽 1 厘米。

16. G10：31

概况 Ba 型俑。腹部最大周长 96 厘米。

躯体 左臂肘微屈前抬，四指并拢垂直，掌心向体内侧，拇指自第一关节内屈，指缝间有粉红色彩绘。手腕与臂为烧前连接，手腕插入袖口，袖口端面呈马蹄形。右臂残，内壁有手指抹痕。足与踏板一次成型。踏板长 38.5、宽 35.5、厚 4 厘米。

服饰 壅颈多褶皱，施色分淡紫和朱红两段，高 6.5、厚 2～3.5 厘米。前身甲通长 66、后背甲通长 60.5 厘米。侧身甲 3 排 4 列，始自腋下。Ab 型组练为朱红色，BbI 型组练为粉紫色，可见明显粘贴痕迹。左袖口周长 40、右袖口周长 42 厘米。襦面平坦微侈，可见朱红色彩绘，裾角 2 个，衽边自腰际斜下（右）。襦长 104、下摆复原周长 251.5 厘米，衽边厚 0.7 厘米。裤绾、襦面均为粉绿色，襦底为淡朱红色。行縢带和花结为粉白色。綦带为减地雕刻，花结为粘贴。左履通长 27、面宽 9.8、面长 8、沿帮高 2、后帮残高 5.5、綦带宽 0.9 厘米；右履通长 27、面宽 10.4、面长 8、沿帮高 2.5、后帮高 5.5、綦带宽 1 厘米。

17. G10：33

概况 Ba 型俑。腹部最大周长 96 厘米。

躯体 手腕与臂为烧前连接，内壁可见手指抹痕。左臂肘微屈前抬，拇指自第一关节内屈，四指并拢垂直，掌心向体内侧，指缝间有粉红色彩绘，腕插入袖筒较长。臂长 63、腕周长 22 厘米，手长 20、掌心厚 4、掌根厚 4 厘米，拇指长 8.5、周长 8 厘米，其余四指长 11、11.5、10.5、8 厘米，径 2、2、1.7、1.5 厘米。右臂残。足与踏板一次成型。踏板长 38.5、宽 35.5、厚 4 厘米。

服饰 壅颈多褶皱，粉绿色，高 6.5、厚 2～3.5 厘米。前身甲通长 60、后背甲通长 60.5 厘米。侧身甲 3 排 4 列，始自腋下。Ab 型组练为朱红色，另有 BbI 型组练，可见明显粘贴痕迹。袖口端面呈马蹄形，周长分别为 40、42 厘米。襦面平坦微侈，裾角 2 个，衽边自腰际斜下（右）。下摆周长 251.5、衽边厚 0.7 厘米。袖筒为粉绿色，裤绾为湖蓝色，襦面为朱红色，行縢花结为粉红色。綦带为减地雕刻，花结为粘贴，朱红色。左履通长 27、面宽 9.8、面长 8、沿帮高 2、后帮残高 5.5、綦带宽 0.9 厘米；右履通长 27、面宽 10.4、面长 8、沿帮高 2.5、后帮高 5.5、綦带宽 1 厘米。

18. G10：34

概况 Ba 型俑。肩宽 51、腹部最大周长 98 厘米。

　　躯体　手腕与臂为烧前连接，可见粘接粉，左臂微屈肘前抬，拇指自第一关节内屈，四指并拢垂直，掌心向体内侧，手部有白色彩绘，手腕插入袖中。左臂长57、腕周长22.5厘米，手长15.5、掌心厚3.5、掌根厚5厘米，拇指长9.5、周长8厘米，其余四指长9（残）、9.5（残）、10.5、9厘米，径2、2、2、1.7厘米；右臂长51、腕周长21.5厘米，手长23、掌心厚3.5、掌根厚4厘米，拇指残缺，其余四指长13、13.5、13、11厘米，径2、2、1.8、1.5厘米。两足平行站立，足与踏板一次成型。踏板长37、宽34.5、厚3厘米。

　　服饰　前身甲通长61厘米，第8排甲札底边弧形，边长依次递减。后背甲通长60厘米。侧身甲3排3列。左披膊长24、上弧残宽34、下弧宽27厘米；右披膊长24、上弧残宽31.5、下弧宽27厘米。BbⅠ型组练，可见粘贴痕迹。A型斜向纽扣，上约下襻。通长9.5、约长6、襻长5厘米。袖口端面呈马蹄形，周长44厘米。襦面平坦微侈，衽边自腰际外斜，裾角2个。下摆周长151、总长262厘米，衽边厚1.5厘米。裤缩不同区域有朱红、天蓝两色彩绘。綦带为阴刻，花结为粘贴，存有朱红色彩绘。左履通长29、面宽11、面长8、沿帮高3、后帮高6.5、綦带宽1厘米；右履通长29、面宽11.5、面长8、沿帮高3、后帮高6、綦带宽1.3厘米。

19. G10∶35

　　概况　Ba型俑。肩宽43、腹部最大周长97厘米。

　　躯体　面颊左宽、右窄，颧骨微凸，眉崤细弯、略凸，双眼直视前方，眼眦左大、右小，杏仁眼，眼仁微凸。髭方折，梢尖，阴线刻划表现须毛，髭左右不对称，减地平雕；髹为水滴状，减地平雕。耳为圆雕，耳垂厚。扁髻股数不清，与顶平齐。长方形发笄，减地雕刻。发绳斜"十"字交叉绑系，双股合成纹路，二次粘接而成，发丝7齿篦栉刮划。颈空心，端面呈椭圆形，空心方形，边长3.6×3.4厘米，颈上有粘接粉，与体属烧后连接。颈部右侧有陶文"木"。颅高26厘米。"三庭"长度依次为7、7.5、8厘米，"五眼"宽度依次为3、5、5.2、5、3厘米。眉崤长8厘米，鼻高2、翼宽5厘米。上唇长8、厚1.3厘米，下唇长6.4、厚1.3厘米，人中沟宽1.5厘米。髭首端宽1.3厘米，髹长2.6厘米。耳轮长6.8、垂厚1.5厘米。颈长9、径12×10.4厘米。发笄长4、宽3厘米。左臂残缺，左手与臂烧后连接，可见陶片与粘接粉，四指并拢垂直，掌心向体内侧，拇指自第一关节内屈。腕周长23、掌心厚5厘米，掌纹2条。两足平行站立，足与踏板一次成型。踏板长37、宽34、厚3厘米。踏板有陶文"申"。

　　服饰　壅颈左压右，高7.5、厚3.8厘米。前身甲通长60、后背甲通长61厘米。侧身甲3排3列，始自腋下。左披膊长26、上弧宽29.5厘米，下残，第4排第3列长甲札边长6、宽5.5厘米；右披膊长25.5、上弧宽33、下弧宽23厘米，第4排第3列长甲札边长6、宽5厘米。Ab型组练为朱红色，BbⅠ型组练残缺。右披膊可见零星黑色漆片。襦面褶皱起伏，微侈，左衽自腰际垂直向下，双衽交掩，三角形裾角。下摆周长150、总长206厘米，衽边厚2厘米。袖纯、襦面为翠绿色，襦底为天蓝色。綦带为减地雕刻，花结为粘贴，朱红色，右脱落，足面有褐色漆片及淡粉色彩绘。左履通长30.5、面宽10.5、面长7.5、沿帮高3、后帮高6.5、綦带宽1厘米；右履通长30、面宽11、面长7.5、沿帮高3、后帮高6、綦带宽1厘米。

20. G10∶36

　　概况　Ba型俑。

躯体 颈腔内有泥块，与体属烧前连接。左臂微屈肘前抬，四指并拢垂直，掌心向体内侧，拇指残缺，四指自掌指关节残断，无掌纹。左臂有陶文"六十四"。臂长 54、腕周长 21 厘米，手长 21、掌心厚 3.2、掌根厚 4.5 厘米，拇指长 11、周长 7 厘米，其余四指长 9.5、10、9、6（残）厘米，径 1.8、2、1.7、1.5 厘米。右臂肘近直角弯曲抬起，肘下有刮削痕迹，四指并拢，五指半握，闭合拳眼向上，拇指自掌丘处断裂，掌纹 4 条。臂长 53、腕周长 23 厘米，手长 23、掌心厚 3.5、掌根厚 4.5 厘米，拇指长 8、周长 8 厘米，其余四指长 14、15、14.5、13.5 厘米，径 2、2、2、1.7 厘米。右袖口处有粘接粉，推测手与臂为烧后连接。同一件陶俑颅颈与体、手与臂两部位的连接多采取同样方法，此俑情况较少见。足与踏板一次成型，自足面残断。踏板长 38、宽 35、厚 2.5 厘米。踏板有陶文"悲"。

服饰 壅颈左压右，下段为雪青色，高 6.2、厚 3 厘米。前身甲通长 59.5 厘米，第 8 排第 3 列甲札底弧长 10、宽 6 厘米。后背甲通长 57 厘米，7 排 5 列。侧身甲左为 5 排 3 列，右为 3 排 3 列。A 型直向纽扣，上约下襟，朱红色，通长 8.2 厘米。腋窝至袖口处弧长左臂 48、右臂 47 厘米，左袖口周长 37、右袖口周长 43 厘米。襦面光滑，微侈，左衽边自右腰际外斜而下，裾角 2 个。襦长 102、下摆周长 243 厘米，衽边厚 1.7 厘米。襦面为翠绿色，襦底为天蓝色，行縢结为粉红色。足面有零星褐色漆片，淡粉红色彩绘，綦带为朱红色。左履通长 28、面宽 11.3、面长 7.5、沿帮高 2、后帮高 4 厘米；右履通长 28.5、面宽 11、面长 7、沿帮高 2.3、后帮高 5 厘米。

21. G10∶37

概况 Ba 型俑。肩宽 53、腹部最大周长 104 厘米。

躯体 颅长 23 厘米。额头可见三道抬头纹，颧骨微凸，颌转角为大钝角。颈长 10 厘米，空心，颈上可见刀刮痕，最宽处 3 厘米。眉崤较细微凸，杏仁眼，眼仁微凸，低鼻梁。睑眦长 4.5 厘米，最宽处位于前段，宽 1.5 厘米。眼眦内褐色漆片打底，上覆白色彩绘。鼻高 2、翼宽 4.4 厘米，上唇长 8.2、下唇长 6 厘米。板状髭，尖梢下斜，减地平雕，首端宽 1 厘米；枭呈倒三角形，长 2.5 厘米。髭首端、口裂边角、枭等处存有零星淡粉红色彩绘。耳为二次粘贴，耳道无透孔，耳郭内存有零星粉红色彩绘。左耳轮长 7.4、右耳轮长 7 厘米。6 股发髻反折与顶平齐，上有斜"十"字交叉发绳，双股合成纹路。发笄为长方形，长 3、宽 2 厘米。发丝为篦栉刮划，篦栉 8 齿一组。手腕与臂烧前连接，粘接痕迹明显。右臂肘直角弯曲，五指半握，拇指平伸，四指均自第一关节残断，形成半闭合虎口，指缝间可见黑色漆片；左臂下垂，拇指自第一关节内屈，四指并拢垂直，掌心向体内侧。左臂长 29、右臂长 35、腕周长约 23 厘米。足与踏板一次成型。踏板长 36.7、宽 34.2、厚 3 厘米。

服饰 壅颈左压右，多褶皱，上段为粉绿色，高 7、厚 3.5 厘米。前身甲通长 60 厘米，底边斜弧，第 8 排第 3 列甲札底边呈心形尖凸。后背甲通长 60 厘米，底边斜弧。BbⅠ 型组练。A 型斜向纽扣，上约下襟，通长 8 厘米。袖口端面呈椭圆形，周长约 43 厘米。襦边棱直、规整，尖裾角，下摆周长 267 厘米。袖筒为淡粉红色，袖纯为天蓝色，裈绡为朱红色，裈底为淡天蓝色，襦面为天蓝色。綦带为减地平雕，花结为粘接，有脱落，足面存有零星淡粉红色彩绘。履方口，彩绘脱落。左履通长 30、面宽 10.5、面长 7.5、沿帮高 2.5、后帮高 7、綦带宽 1 厘米；右履通长 28、面宽 11、面长 7.2、沿帮高 2、后帮高 5.5、綦带宽 0.8 厘米。

22. G10：38

概况　Ba 型俑。腹部最大周长 102 厘米。

躯体　颈与体烧后连接，颈实心，外表刮痕宽 3 厘米。手与臂烧前连接。左手自手腕残断，拇指自掌指关节残断，四指并拢微屈，手心存有零星白色彩绘。臂长 54、腕周长 19 厘米，手长 9.5、掌心厚 3.5、掌根厚 4.7 厘米，拇指长 9.5、周长 8 厘米，其余四指长 11、12、10.5、9 厘米，径 2、1.8、2、2 厘米。右小臂直角屈肘，内有手指抹痕，未见右手，臂长 57 厘米。足与踏板一次成型，踏板长 36.6、宽 37.4、厚 3 厘米。

服饰　罋颈为淡紫色，高 7、厚 4 厘米。前身甲 8 排 5 列，底边圆弧。后背甲 7 排 5 列。侧身甲 4 排 3 列，始自腋下。腰甲处陶片残缺。Ab 型组练为朱红色。纽扣缺失。左袖口端面呈椭圆形，周长 44 厘米；右袖口端面呈马蹄形，周长 41 厘米。襦面平坦，微侈，裾角 2 个，衽边自腰际外斜（右）垂下。可见周长 159、总长 272 厘米，衽边厚 2 厘米。袖筒有淡紫、粉绿等色彩绘，裤绲、襦面为淡绿色，襦底为天蓝色，行縢结为朱红色。縈带为减地平雕，花结为粘贴，部分已脱落。左履通长 31、面宽 11、面长 7.5、沿帮高 3、后帮高 6.5、縈带宽 0.6 厘米；右履通长 30、面宽 10.4、面长 7.8、沿帮高 2.5、后帮高 6、縈带宽 0.5 厘米。

23. G10：39

概况　Ba 型俑。肩宽 47、腹部最大周长 98 厘米。

躯体　头部残裂，无彩绘保留。颈较短，空心，截面呈圆形。表面可见粗绳纹，内有手指反复抹痕，泥胎竖向接茬，为卷泥片制成，壁厚薄不均。颈长 15、直径 13、壁厚 3 厘米。据颈部上下颜色不同，推测其为烧前连接。粗眉嵴略凸，睑眦最宽处在前段，深目眶，眼仁微凸，鼻形塌扁，薄唇。髭方折，梢尖，巢为倒三角形，减地平雕，阴刻线表现须毛，较为稀疏。双耳粘接而成。6 股扁髻反折与顶平齐，长方形发笄，减地平雕，斜"十"字交叉发绳，发绳双股合成。颅长 26、面长 21.5 厘米。"三庭"长度依次为 7、7、8 厘米，"五眼"宽度依次为 7、5.5、5.5、5.5、7 厘米。眉长 6 厘米，上睑眦弧长 5.5、下睑眦弧长 4.1、宽 1.3 厘米，鼻长 7、高 1.5、翼宽 4.7 厘米，口裂 7、人中沟宽 1.5 厘米，上下唇厚比值 1：0.8。髭左长 7.5、右长 6.8 厘米，首宽 1.1 厘米，巢长 2.3 厘米。耳轮长 7、垂厚 1 厘米。发髻长 20、宽 10、厚 1 厘米，发笄长 3.2、宽 2.9 厘米。左臂微屈肘前抬，四指并拢平伸，拇指向下弯曲，掌心向体内侧，手与臂为烧前连接，连接处有泥块，无掌纹。右臂残。左臂长 53、手长 21、掌心厚 2.5、掌根厚 4.5 厘米，拇指长 7.5、周长 7 厘米，其余四指长 12.5、14、13、11 厘米，径 2、2、2、1.5 厘米；右臂长 52、手长 19、掌心厚 3、掌根厚 4.5 厘米，拇指长 9、周长 7.5 厘米，其余四指长 10.5、11、10、9 厘米，径 1.5、2、2、1.7 厘米。足与踏板一次成型。踏板长 37、宽 35、厚 4 厘米。

服饰　罋颈高 6、厚 2.5 厘米。前身甲通长 60、后背甲通长 60 厘米。侧身甲 4 排 3 列，通长 27 厘米。披膊长 26、上弧宽 27、下弧宽 22.5 厘米，计 4 排 5 列。侧身甲处可见内层扎腰带，减地平雕，可见宽度 2.3 厘米。Ab 型组练为朱红色，BbⅠ 型组练可见粘贴痕迹。纽扣脱落，可见粘贴痕，型别不详。左袖自腋窝至袖管处弧长 19、袖口周长 38.4 厘米。襦面平坦，微侈，彩绘色彩斑驳，上段存黑色漆片，下段服色朱红。衽边自腰际垂下，三角形裾角 1 个。襦下摆周长 146.5 厘米，衽边厚 2.2 厘米。裤绲为绿色，襦面为橘红色，襦底为朱红及黑色，行縢结为橘红色。左履綦带为减地平雕，花结为粘贴，已脱落。通长26、面宽10.5、面长8、沿帮高3、后帮高5、綦带宽0.7厘米。右履綦带为阴刻，花结为粘贴，足面存有零星白色彩绘。通长27、面宽10、面长8、沿帮高3、后帮高5、綦带宽1厘米。

24. G10：40

概况 Ba型俑。陶色青灰。残高159、肩宽44.5厘米（图版七一，2）。

躯体 体腔有环形台承接颈，手、臂烧后连接。左臂微屈肘，掌心向体内侧，四指并拢，指尖向前，拇指自第一关节向下内屈，手背存有零星粉色彩绘。臂长53、腕周长21厘米，手长20、掌心厚3.1、掌根厚5.5厘米，拇指长8.5、周长7.5厘米，其余四指长10、11、9.5、7厘米，径1.5、2、1.7、1.7厘米。右臂直角弯曲，掌心向体内侧，四指并拢弯曲，拇指与食指相捏形成闭合拳眼，指缝间有粉色彩绘。臂长56、腕周长25厘米，手长22、掌心厚3、掌根厚4.3厘米，拇指长8、周长7.5厘米，其余四指长12、13.5、13、10厘米，径2、2、1.7、1.5厘米。足与踏板分开制作。踏板长38、宽37、厚3厘米。

服饰 壅颈左压右，多褶皱，高7、厚3厘米。前身甲通长64.5、后背甲通长59.5厘米。侧身甲5排3列，始自腋下。左披膊长24、上弧宽32、下弧宽28.5厘米；右披膊长24、上弧宽31、下弧宽26厘米。Ab型组练为淡朱红色，另有BbⅠ型组练。A型直向纽扣，上襻下约。通长9.3、约长5.6、襻长6.6厘米，别棍长1.8、径1.1厘米。左袖筒口部周长48、右袖筒口部周长44厘米。襦面褶皱起伏，微侈，裾角2个，衽边自腰际外斜。襦面为淡紫色，襦底为朱红色。襦长107、下摆周长276厘米。两股分开，绾面紫色。裤暴露左股长9、上周长61、下周长63厘米；右股长8、上周长62、下周长64厘米。行縢由内向外缠绕，下组带位于脚踝上，阴刻，宽0.7厘米，花结为粘贴。两足面覆盖粉色彩绘，綦带为雕刻，花结为粘贴。左履通长26、面宽11、面长7.5、沿帮高4、后帮高6、綦带宽0.5厘米，綦带为朱红色；右履通长26、面宽11、面长7.5、沿帮高4、后帮高6、綦带宽0.8厘米。

25. G10：41

概况 Ba型俑。大部分陶色青灰，后背甲左侧可见黑色漆片。肩宽43、腹部最大周长93厘米。

躯体 袖筒内可见泥片，推测手与臂为烧前插入连接。左臂自披膊处断裂，披膊局部有二次粘接痕迹，可见粘接粉。拇指自第一关节内屈，四指并拢，指尖垂直向下，指缝间、手心可见粉红色彩绘。右臂自肘关节处断裂，手作握拳状，空心拳眼，手面可见零星淡粉红色彩绘。小臂一段长约16、腕周长21厘米。足与踏板一次成型，踏板两足间有陶文"辰"。

服饰 壅颈高7.5、厚3厘米。前身甲8排5列，后背甲7排5列，侧身甲4排3列。左右披膊残缺，左披膊下弧宽26厘米。Ab型组练为朱红色，BbⅠ型组练多已脱落。纽扣已脱落，始自第1排第2列。袖筒及纯有朱红、草绿等色彩绘，袖口端面呈椭圆形，周长分别为44、46厘米。襦面平坦，裾角1个，衽边自腰际外斜（右），可见周长151厘米。襦面、裤绾为粉绿色，行縢为朱红色略淡。綦带为减地平雕，花结为粘贴，足面有淡粉红色彩绘。左履通长28.5、面宽10.5、面长7.5、沿帮高3、后帮高6、綦带宽1厘米；右履通长27.5、面宽11、面长7.5、沿帮高3、后帮高6.5、綦带宽1厘米。

26. G10：46/51

概况 Ba 型俑。腹部最大周长 98 厘米。

躯体 颅长 31 厘米，"三庭"长度依次为 5、7、8 厘米，"五眼"宽度依次为 5、3.5、4.3、4、5 厘米。颅高 25、周长 60 厘米。额鳞面斜度小，额宽 12、高 5 厘米。眉崤长 7.5 厘米，睑裂长 4、内眦间距 4.3、外眦间距 14、外眦与内眦高度差 1.3、睑缘长 5.5 厘米，鼻长 6、高 1.5、翼宽 4 厘米，口裂长 7.5 厘米，上下唇厚比值 1.2：0.9。髭长 6.2、首宽 1.3 厘米，綦长 1.5 厘米。耳轮长 6.5 厘米。颈长 2.5、周长 44.5 厘米。面部及耳可见褐色底漆，肤色白。髭为直接雕刻，綦为粘贴，下巴呈"W"形。耳为圆雕，无耳孔，耳郭内有褐色漆皮和白色彩绘。发丝 9 齿篦栉刮划，发色褐色。颈部与甕颈连接处可见青灰色粉末，可判断其与体为烧后连接（图版七〇，4）。右臂残。左臂下垂，四指并拢向下，掌心向内，拇指残缺，食指、无名指、小指均自第一关节残断，手腕与臂为烧前连接。足与踏板一次成型。踏板长 36.5、宽 34.8、厚 3.5 厘米。

服饰 甕颈左压右，多褶皱，上段为朱红色，下段为天蓝色，高 5、厚 3 厘米。前身甲通长 59、后背甲通长 55 厘米。左披膊长 23、上弧宽 33、下弧宽 25 厘米；右披膊长 22.5、上弧宽 30、下弧宽 25 厘米。BbⅠ型组练，甲札上粘贴痕迹明显。A 型纽扣，上下垂直，上约下襻。通长 9.3、约长 5.4、襻长 5.9 厘米，别棍长 2.7、径 1.1 厘米。襦下摆微侈，衽边自腰际垂直向下，左裾角 1 个。襦长 107、下摆复原周长 137.5 厘米。袖纯为粉绿色，袖筒色稍浅，襦面为紫色，襦底为暗红色，行滕结为橘红色。足面存有褐色底漆与粉色彩绘。綦带为朱红色，阴刻，花结为粘贴。左履残长 27、面宽 10、面长 8、沿帮高 3、后帮高 6.5、綦带宽 1 厘米；右履通长 27、面宽 10、面长 8、沿帮高 3、后帮高 6、綦带宽 0.9 厘米。

27. G10：49

概况 Ba 型俑。腹部最大周长 96 厘米。

躯体 脸近"目"字形，额鳞面斜度大。双耳为圆雕，耳垂厚重。发色褐，篦栉刮划，单元宽 1.5 厘米，含 8 齿。头枕部表层脱落，内层胎外表可见细绳纹。颅颈与体烧后连接，颈腔内有空隙，直径约 5×3 厘米。通长 34 厘米。颅高 26、周长 54 厘米。"三庭"长度依次为 6.2、6.5、8 厘米，"五眼"宽度依次为 3.5、4、4.5、4、4.1 厘米。眉脊长 9 厘米，睑裂长 4、内眦间距 4.5、外眦间距 13、外眦与内眦高度差 1、睑缘长 4 厘米，鼻长 6、高 1.5、翼宽 4 厘米，口裂长 7 厘米，上下唇厚比值 1.3：0.9。髭长 6、首宽 1 厘米，綦长 1 厘米。耳轮长 7 厘米。颈长 11.5、周长 35 厘米（图版七一，3）。左臂自大臂段残断，与体脱离，胎表层剥落，可见竖向粗绳纹。钝角屈肘，手斜下，掌心向体内侧，四指并拢，拇指自第一关节处断开。臂长 48、腕周长 24、掌心厚 2 厘米。臂腔内可见均匀分布的麻点纹，胎壁厚 2 厘米。右臂自大臂断裂，与体脱离，右手自手腕处断开，臂肘近直角弯曲抬起，胎表层脱落，可见竖向粗绳纹，弧长 32 厘米。臂腔内可见大量麻点纹。躯干两侧内胎亦可见绳纹，双臂为单独做好后粘接。足与踏板一次成型。踏板长 36、宽 36、厚 3.5 厘米。

服饰 Ab 型组练为浅朱红色，BbⅠ型组练可见粘接痕迹，未见纽扣。襦下摆微侈，可见周长 140 厘米，左衽边自腰际垂直向下，有裾角 1 个。袖纯为雪青色，袖筒、襦面均为粉绿色，行滕带为朱红色。綦带为减地雕刻，花结为粘贴，均为朱红色，足面肤色粉白。左履通长 28、面宽10.2、面长8.2、沿帮高2、后帮高5.3、綦带宽1厘米；右履通长27、面宽10、面长8、沿帮高2、后帮高6、綦带宽1厘米。

28. G10：53

概况　Ba型俑。肩宽53、腹部最大周长97厘米。

躯体　颅颈与体烧后连接，塞有板瓦残片。面部存有零星白色彩绘，髭为蓝色，口裂缝为天蓝色，发色褐色。耳为圆雕，有鼻孔，髭、枭为减地雕刻，发丝篦栉刮划，发髻有正"十"字交叉发绳，长方形发笄。颈实心，中有小孔，孔径4×2.5厘米。通长35厘米。颅高24、周长59厘米。"三庭"长度依次为6、6.5、8厘米，"五眼"宽度依次为3、4.5、5、5、3.5厘米。额鳞面斜度小，眉崤长7.5、睑裂长4、内眦间距5、外眦间距12、外眦与内眦高度差1、睑缘长4.5厘米，鼻长5、高1.5、翼宽6厘米，口裂长7厘米，上下唇厚比值1.4：1。髭长5、首宽1.5厘米，枭长2厘米。耳轮长6厘米。发笄长3、宽2.5厘米。颈长15、周长35厘米（图版七一，4）。左肘呈钝角弯曲，手斜向下，掌心向体内侧，四指并拢伸直，拇指伸直并与四指呈锐角，指尖向前。臂长51厘米，掌心厚3、掌根厚4厘米。手与臂烧前连接，手腕处有二次覆泥现象。左臂自肘部与体脱离，并断为两部分，手自腕处断裂。左腋下胎表层脱落，可见竖向中粗绳纹。胎顺肩部而下形成手臂，接茬处略有毛茬，有手指抹痕及二次覆泥现象。右肘弯曲近直角，臂长59厘米，手部残。

服饰　瓮颈上段为粉绿色，下段为暗红色，高5、厚4厘米。前身甲通长61厘米，底边圆弧，第3列甲札底边呈桃尖形，边长由内向外依次递减。后背甲通长54厘米，下缘第3列甲札底边呈桃尖形。侧身甲4排3列。左披膊长24、上弧宽30、下弧宽19厘米；右披膊残长23.5、上弧宽32、下弧残宽22厘米。朱红色组练。袖纯、袖筒均为绿色，深浅略有变化。襦下摆微侈，衽边自腰际垂下，仅见三角形裾角一个。襦长106、下摆复原周长约140厘米。裤缩为朱红色，衽边为粉绿色，襦面为暗红色，行滕带及结均为朱红色，履面綦带为淡朱红色。

29. G10：59/83

概况　Ba型俑。肩宽55、腹部最大周长95厘米。

躯体　颈为空心，用泥块填充，存有朱红色彩绘，与体烧后连接，可见粘接粉末。左臂从披膊下残断，内可见手指抹痕；右臂自肘部断裂，内可见泥块，右手腕周长22厘米，五指残断。手面施双层彩绘，底施朱红，上覆白色。两足平行站立，足与踏板分开制作。踏板长37、宽35、厚3.8厘米。

服饰　瓮颈左压右，多褶皱，可见淡绿色彩绘，高9、厚5厘米。前身甲通长61厘米。后背甲通长57.5厘米，底边为圆弧形，甲札边长依次递减。侧身甲3排3列，始自腋下。左披膊长26、上弧宽36.5、下弧宽26.5厘米；右披膊长24、上弧宽36.5、下弧宽26.5厘米。Ab型组练为朱红色，BbI型组练可见粘贴痕迹。A型直向纽扣，上约下襻，局部已脱落，存有少量朱红色彩绘，通长9厘米。襦面褶皱起伏，外侈，衽边自腰际外斜，裾角2个。襦长92、下摆复原周长272厘米。襦面为绿色，襦底为暗红色，裤缩为白色。綦带为阴刻，花结为粘贴，红色，足面施白色彩绘。左履通长27.5、面宽12、面长8.2、沿帮高3.4、后帮高7、綦带宽1厘米；右履通长27、面宽12.3、面长8、沿帮高3、后帮高6、綦带宽1厘米。

30. G10：67

概况　Ba 型俑。肩宽 52、腹部最大周长 114 厘米。

躯体　颈为实心，有手指摁痕，与体烧后连接，有粘接粉末。细眉嵴高凸，睑眦最宽处在前段，眼仁略凸，颧骨微凸，颌转角角度较小，唇厚适中。髭方折，梢尖，减地平雕，刻线表现须毛；鬃为倒三角形，减地雕刻。耳为直接雕刻，无耳道孔。发丝为刀刻，6 股扁髻高于头顶，长方形发笄施白色彩绘，斜"十"字交叉发绳。双耳、面部等处有淡粉色彩绘。颅高 26、周长64.5 厘米。"三庭"长度依次为 7.5、7、7.5 厘米，"五眼"宽度依次为 5、5.5、5.5、5.5、5厘米。睑眦长 4、最宽 1.5 厘米，鼻长 7、高 1.5、翼宽 4.5 厘米，口裂长 7.5 厘米，上下唇厚比值 1：0.8。髭左长 6、右长 8 厘米，首宽 1.5 厘米，鬃长 2 厘米。左耳轮长 6.5、垂厚 0.8 厘米；右耳轮长 6.5、垂厚 0.7 厘米。发笄长 4、宽 3.7 厘米。左臂残，手可见褐色漆片和朱红色彩绘，四指并拢下垂，掌心向体内侧，拇指自第一关节内屈，食指自第一关节残断。掌心厚 4 厘米，掌纹 3 条。右臂肘近直角弯曲抬起，五指自第二关节残断。手、臂烧前连接，可见粘接粉，手背可见粉色彩绘，有掌纹 4 条。臂长 58、腕周长 22 厘米，手长 26、掌心厚 3.5、掌根厚 4.2 厘米，拇指长 8、周长 8 厘米，其余四指长 15.5、16、15、5 厘米，径 2 厘米。

服饰　瓮颈左压右，多褶皱，上段为天蓝色，下段为桃红色，高 3.5、厚 4 厘米。前身甲通长 63 厘米，第 8 排甲札底边斜弧，边长依次递减，第 3 列甲札底边呈桃尖形。后背甲通长 60 厘米，第 7 排甲札下缘底边圆弧，第 3 列甲札底边呈桃尖形。侧身甲左 3 排 4 列，右 3 排 3 列，始自腋下。左披膊长 24、上弧残宽 33、下弧宽 28.5 厘米；右披膊长 23、上弧残宽 25.5、下弧宽24.8 厘米。Ab 型组练一部分存有朱红色彩绘，BbⅠ 型组练可见粘贴痕迹。A 型直向纽扣，上襻下约，可见朱红色彩绘。右袖口呈马蹄状，周长 47 厘米。襦面褶皱起伏，微侈，衽边自腰际外斜，裾角 2 个。下摆周长 160、总长 280 厘米。袖纯为暗红色，襦面为天蓝色，襦底为桃红色，裤绲为翠绿色，蔡带为朱红色。

31. G10：73/88

概况　Ba 型俑。肩宽 30、腹部最大周长 120 厘米。

躯体　头与体烧后连接。细长眉嵴微凸，睑眦最宽处位于前段，眼仁凸起。髭方折呈宝盖形，粘贴而成，水滴状鬃。双耳为雕刻而成，有耳道孔。发丝为刀刻而成，6 股扁髻反折与顶平齐，长方形发笄，"十"字形交叉发绳，发绳双股合成。面部存有斑驳白色彩绘。颈实心，表面有刀削痕，刀削痕最宽 2.5 厘米。颅长 26.5 厘米。睑眦上弧长 6、下弧长 4.5 厘米，鼻高 2、翼宽 5 厘米。上唇长 8、厚 1.5 厘米；下唇长 6、厚 1.2 厘米。髭首宽 1 厘米，鬃长 3 厘米。左耳长6.7、垂厚 1 厘米；右耳长 7.5、垂厚 1.5 厘米。发笄长 4.5、宽 2.5 厘米。颈长 9.5、周长 40 厘米。手、臂烧后连接，可见粘接粉末。左臂微屈肘，四指并拢残断，拇指自第一关节残断，掌心向体内侧，手腕周长 22 厘米；右臂呈直角弯曲，肘、腕处断裂，四指并拢微屈，均自第一关节残断，拇指自掌丘处残断。右手心有白色及淡绿色彩绘。

服饰　瓮颈左压右，多褶皱，内有粘接粉末，高 10、厚 3 厘米。前身甲通长 62、后背甲通长 59 厘米。侧身甲 3 排 3 列，始自腋下。BbⅠ 型组练。A 型直向纽扣，上襻下约。通长 8.7、约长 5.2、襻长 5.4 厘米，别棍长 2、径 1.1 厘米。左袖口为马蹄形，周长 43 厘米，右袖口周长 51

厘米。襦面平坦，微侈，衽边自腰际垂直向下，裾角2个。襦长93、下摆复原周长262厘米，衽边厚0.4～3.5厘米。袖筒为粉绿色，裤绲为灰绿色，襦面黑色底漆上覆淡蓝色彩绘，襦底偏橘红色，上行縢结为粉红色。

32. G10：78

概况　Ba型俑。含胸驼背。肩宽52、腹部最大周长95厘米。

伤痕　左臂、后颈、襦面等位置有损毁痕，其中左臂钩斫痕划行轨迹4×2厘米，襦面削斫痕涉及范围2.2×1.8厘米，三角形。

躯体　手、臂烧后连接，内塞陶片，并以粘接粉封堵，均自披膊下残断。左小臂微屈，四指并拢垂直，拇指自第一关节内屈，掌心向体内侧，指缝与手心存有零星淡粉色彩绘；右臂自肘直角弯曲。足与踏板分开制作。踏板长36、宽34.5、厚4厘米。

服饰　雍颈残片可见紫色彩绘。前身甲8排5列，后背甲7排5列。侧身甲左4排3列，右5排3列，始自腋下。左披膊长22、上弧宽33、下弧宽23厘米；右披膊长22、上弧宽33、下弧宽26.5厘米。BbI型组练。A型斜向纽扣，上襻下约。通长8.7、约长5.2、襻长6.1厘米，别棍长2.3、径1.1厘米。袖筒近纯处存有零星粉红色、紫色彩绘，右袖筒口端面呈马蹄形，周长44厘米。襦面褶皱起伏，微侈，裾角1个，衽边自腰际外斜。襦面为翠绿色，襦底为天蓝色。可见下摆周长136厘米，衽边厚3厘米。綦带为减地平雕，花结为粘贴，朱红色，部分脱落。左履通长31.5、面宽13、面长8.5、沿帮高3.6、后帮高7、綦带宽1厘米；右履通长30、面宽13.3、面长9.5、沿帮高3.5、后帮高7、綦带宽1.4厘米。

33. G10：86

概况　Ba型俑。腹部最大周长95厘米。

躯体　左右两臂自披膊上断开，手、臂烧前连接，可见粘接粉末。左臂微屈肘、前抬，四指并拢微屈，掌心向体内侧，拇指自第一关节残断，手心与指缝可见淡粉色彩绘；右臂呈直角弯曲，手残。足与踏板一次成型。踏板长35.5、宽35、厚3厘米。

服饰　雍颈为粉绿色，高6.5、厚3厘米。前身甲通长63厘米，第8排底边圆弧。侧身甲5排2列，始自腋下。BbI型组练，左披膊部分Ab型组练为朱红色。左袖自腋窝至袖管处弧长28厘米，袖口周长44厘米，袖内可见手指抹痕，袖口可见粘接粉，似与烧后修补有关，手心与指缝可见淡粉色彩绘；右袖呈马蹄状，自腋窝至袖管处弧长28.5厘米，袖口周长42厘米，内可见手指抹痕。襦面平坦，微侈，衽边自腰际外斜垂下，裾角2个。长103、下摆周长269厘米，衽边厚1.5厘米。袖筒、襦面均为粉绿色，裤绲见有小面积粉绿、粉红色彩绘，分布无规律。綦带为减地平雕，花结为粘贴，部分脱落，朱红色，足面有白色彩绘。左履通长30、面宽10.5、面长7.5、沿帮高2.5、后帮高6.3、綦带宽0.4厘米；右履通长30.5、面宽11、面长7.5、沿帮高2.6、后帮高6、綦带宽0.5厘米。

编后记

1974 年兵马俑的发现被誉为"二十世纪最伟大的发现"，是改写整个中国文物事业发展的大事件。海内外人士对兵马俑的关注已经成为一种文化现象，从某种程度上说兵马俑已经被广泛地视为中华悠久历史和灿烂文明的形象大使。

正是这种关注，使得"秦俑无小事"。第三次发掘启动伊始就引起了广泛的热议，中央电视台财经频道《今日观察》栏目以"兵马俑 挖还是不挖?"为题制作了一期节目，节目中评论员警告说，我们对待历史可能真的要增加几分敬畏的心情，并呼吁像挖掘兵马俑这样不够审慎的考古做法，能不能从现在这一刻起就停止，不要让这样的错误再一分一秒地继续下去。抡起"不够审慎"的板斧，高调指责此次工作。

众目睽睽，引来的是各种喧嚣大杂烩。在这种环境中开展工作，工作人员承受着极大的心理压力。自 2009 年 3 月发掘准备工作启动至 2011 年底，在 200 平方米范围内，发掘工作竟历时三年。

三年间，由物及人，由古通今，惊喜和感动的情怀证明了发掘人员对待历史何止是"敬畏"! 2010 年 10 月，秦俑陪葬坑发掘喜获"2010 年西班牙阿斯图里亚斯王子奖·社会科学奖"，在费利佩王子的致辞和评委会的授奖评语中，他们使用了"无限的耐心""精益求精""堪称极致"等赞誉之词，对兵马俑发掘给予高度评价。这是三十余年间全体考古工作者的荣耀，也使第三次发掘参与人员获得了意外感动。

三年间，坚持完全源于社会各方面得力的推动。坚持的力量来源于局、院、科室各级领导的支持，部门之间的通力合作，媒体和观众给予的热切关注，同事间的惺惺相惜，家属们的通情达理。袁仲一先生不顾年事已高，长期坚持亲临现场进行指导，其敬业的精神和学识使后辈们受益匪浅。李卓、李杰、孙坤、靳欣艳、孙双贤等年轻人，踏实、勤奋，成为本次发掘工作的主力。

本报告由曹玮先生总负责。文字部分的主要章节由许卫红、申茂盛、李卓撰写；样品检测、引文核对由刘春华负责；遗迹图分别由刘群（G10）、吴红艳（G9）负责，陶俑、遗物图由吴红艳、姜宏伟、李杰、孙坤、扈晓梅等负责；图片选自赵震、肖卫国、许卫红拍摄的资料库，三维扫描复原图由西北大学可视化技术研究所提供；杨爱荣、孙双贤负责拓印和后期电脑处理。英文提要由中国社会科学院考古研究所丁晓雷先生翻译。总之，这是一项名副其实的集体成果。

三年的发掘暂告一段落，新一轮的解谜仍在继续，探索之旅路漫漫。希望同仁志士对本次工作的发掘操作、资料把握等各方面的得失提出宝贵意见。

最后，引 2009 年 6 月 15 日《东方早报》文章所言为结："我们需要修炼与提升的，是我们的审美心境，我们已开始用'手术刀'在挖掘文物，我们知道刀的起处，更要知道刀的止处。"

编　者

二〇一一年十二月

The Excavation of the Terracotta Army Pit No. 1 of Emperor Qinshihuang's Mausoleum (2009 – 2011)

(Abstract)

In June 2009 through December 2011, the Emperor Qinshihuang's Mausoleum Site Museum conducted the third formal excavation to the Pit No. 1 of the Terracotta Warriors and Horses of Emperor Qinshihuang's Mausoleum. The excavation is located in the middle section of the northern part of Pit No. 1 (originally numbered as T23), including three partitioning walls Q8, Q9 and Q10, and two corridors G9 and G10, the uncovered area of which is 200 sq m in total.

Ⅰ. The Main Discoveries

The excavation area had been burned and obviously intentionally disturbed. According to the materials and properties, the excavation discoveries are classified into the following four types.

(1) Architectural Remains

The earthen constructions included three partitioning walls, one doorway and two corridors. The wooden structures included 163 cross – beams, the extant longest one of which is 310 cm long, 60 cm in diameter at the largest place; they are shown as dark charcoals or white ashes, and broken when crossing the corridors with some parts fallen and some not, in different heights; 19 square timbers, the extant longest one of which is 490 cm and 30 cm wide at the widest place; they are shown as dark charcoals or white ashes and not constant; 48 pillars, six of which are in square section, 38 in round or oval sections and four in semicircular section; the largest one in size is 40 cm in diameter, and the charred part at the top is 77 cm at the highest place; the lower parts of the pillars are naturally decayed and become hollow space enclosed by silt. The ground beams all become decayed traces enclosed by gray clay crust; the upper parts of the ground beams were filled with silts and the lower parts were decayed wooden debris in dark red color. The sizes and processing statuses of the ground beams did not have uniform rules.

The architectural auxiliary materials include eight places of mat traces, which would be woven with split reeds or stalks. The mats are woven in herringbone pattern, which have two size systems: one is 7 by 1.5 – 2 cm and the other is 4.5 by 3 cm. More than 2500 floor – paving bricks are found, but their sizes vary sharply and cannot be classified into a small number of types.

The tool traces found in the excavation include ramming marks with diameters of 4, 7 and 12 cm, narrow – blade pickax marks of 7 cm wide and wide – blade shovel marks of 15 cm wide, and other traces of digging and flattening tools.

One disturbing pit （H1） is found, the date of which is no later than the end of the Qin and the beginning of the Han Dynasties. The artifacts found in this pit are mostly that of the Terracotta Warriors and Horses pits, including color – painted wooden ring, weapon and arrow shafts, bronze arrowheads, quiver back boards, etc. and fragments of pottery *fu* – cauldron, iron shovel, etc.

Layered silts are distributed in different depths within the architectural spaces; the foundation at some parts has sunken; the partitioning walls do not have ramming layers.

（2） Terracotta Army Remains

All of the figurines are made of pottery. They were lying in supine, prone or on side positions at the time of discovery, and all have been fragmentary, no intact ones have been unearthed. On their bodies, "superficial injuries" and "penetrating wounds" made by sharp or blunt objects are usually seen. All of the figurines were standing on inseparable footboards; in a corridor, each row has four footboards from north to south, showing that the figurines were facing east when they stood. These figures are 175 – 185 cm tall, and have bulging bellies and strong glutei; some have broad shoulders and solid builds, plump faces and rough appearances; some look somewhat leaner with handsome and smart appearances. Their hairs are bound into wide and flat knots and bent upward on the back of the head and fixed with bands and hairpins. Their faces are mostly in the shape of characters 目 or 甲, and usually have horizontal mustache above the upper lip, sometimes a water drop – shaped beard below the lower lip. These warrior figurines wear round collars around the necks and armors; their robes are generally not as long as below the knees, and their legs are covered with trousers or shorts; their shoes have square collars, upward – curling toes, thin soles and low uppers.

By unearthing locations, these pottery figurines could be classified into chariot crew members and formation members. The chariot crew members include two officers, two charioteers and two warriors on the right, among which there is a high – ranking officer wearing scale armor hemmed on all edges. The formation members include 79 warriors bending right elbow into right angle with right hand half – clenched into hollow fist, and 11 warriors hanging right arm down with four fingers hooked up; the former ones would have been holding pole weapons and the latter ones are always associated with bows, crossbows and quivers. Among these 90 formation members, two wear panel – shaped headgear, showing that they are low – ranking officers. To date, large amount of individuals still cannot be completely restored, and over a dozen figurine heads cannot find their corresponding bodies.

All of the pottery figurines have been color – painted, the colors used on which include green, red, blue, violet, purple, white, etc., and they were applied according to the ranks and positions of the "men" in the formation. The workflow of the making of the figurines was separately modeling the parts, assembling and attaching the parts together into figurines, and painting them one by one. If we compare these parts, we can seldom find identical ones; plus the different painting, it is suitable to describe these pottery figurines as "one thousand people have one thousand faces". However, we can also find "twins" among them; not only the faces, but also the builds and postures even the flaws and improper moldings of some pottery figurines are also as alike as two peas. This phenomenon reflected the potters' working habits and styles and can be used as evidence for estimating the number of the figurines each of the potters made.

Many traces of making and processing have been found on these figurines, including the tool marks of molding, retouching, assembling, coloring, etc. Over 40 incised pottery inscriptions and one written inscription in white color have been found, the content of which are potters' names and numbers. 18 potter names have been seen, which are interpreted as Mi 米, Qu 屈, Ran 讷, Wei 衞, Bei 悲, Jiao 蟜, Mu 木, Ma 马, Shi 氏, Wu 勿, He 禾, Shen 申, You 友, Ku 库, Gao 高 and Chen 辰; in the numbering system, inserting the character "十 (lit. ten)" between the numbers larger than tens but smaller than hundreds is seen.

The heads are the most carefully and elaborately made parts of the pottery figurines. For example, the head Temp Num④ has a plump face in a 田 – shaped contour with a smile facial expression; the surface colors have been lost, exposing the white ground color, which is preserved better on the forehead and right cheek. Below the right eye corners and lower eyelid, very fine black eyelashes are painted, which are as fine as less than 0. 02 cm wide.

Fixing and patching remains are seen on many pottery figurines. Textiles were used to fix the broken parts together by wrapping and tying, most of which are shown at the knees, ankles, elbows, etc. The way was sticking these parts together by bluish – gray adhesives first, and wrapping the stuck place with coarse textile for one fold, then applying another layer of bluish – gray adhesive and brushing color to cover. The width of the long belt – shaped textile band was about 12 cm, the traces of which left after decayed become dark or brown marks showing clear plain weave like modern gauze, the diameters of the warp and weft of which are all less than 1 mm, and the openings are larger than 1 mm.

(3) The Chariot Remains, Pottery Horses and Accumulations of Chariot and Horse Fittings

Three sets of chariots and horses are found in the excavation; after the burning and disturbing, the chariots have been dismembered and scattered, the remains of which showed that they were made of wood, bamboo, leather, and other materials. Each chariot was equipped by four pottery horses, the harnesses of which are severely fragmentary, the jointed and unmoved parts are seldom seen, the materials of which include leather, wood, bast fibers, etc. The chariot and horse fittings are made of bone, bronze, leather and wood, the numbers and types of which are all incomplete. Parts of the chariots still have color – painted decorative patterns preserved, the motifs of which are mainly *leiwen* – square spiral patterns and cloud patterns. All of the eight horses are male ones, most of which have blood bay coat color, while some horses are piebald with black and white colors, white hoofs, pink tongues, white teeth. Associated remains include two drums, one shield and three *longfu* – chariot quivers.

Drums are in oval shape and fully color – painted. The Drum② has the outer diameters 69 × 67cm, inner diameters 50 × 45 cm and remaining height 9 cm. The drum heads are made of leather. The drum shell, 210 cm in perimeter, is curved out in an arc – shaped profile, made of dry – lacquer technique with thin silk body, the lacquer peels of which have almost completely lost, only the lacquer plaster layer preserved. Near the top of the shell, three rows of bamboo dowels in lenticular section are alternatively arranged to fix the drum head. Three bronze ring – shaped lugs are equidistantly nailed on the drum shell, each of which is 9. 5 cm long and 2. 5 cm wide, the spaces between which and the shell body were filled with wooden wedges and textiles to fix them. The patterns painted on the drum are mainly curved line motifs, such as tendrils and flowing clouds; the main tints of the patterns are dark, mostly green; the other colors include white, red, violet, etc. To the north of the drum remains, bar – shaped lacquer peels are recovered, which might be the remains of drumsticks: the trace has thick tail and thin head, the tip has been lost, and the remaining length is 37 cm and the width at the widest place is 0. 6 cm.

The three *longfu* – chariot quivers are rectangular in shape, one of which is 98 cm long, 50 cm wide, 23 cm high and its walls were 0. 2 – 0. 51 cm thick. The rim is mounted by wood slats 0. 8 – 1 cm wide and thick. The quiver is made of dry – lacquer technique with multiple layers of textiles coated with thick plaster, and on the internal surface, a very thin layer of white rotten material is attached. The bottoms of the chariot quivers are mounted on all four sides, and the mounting band is 11. 5 cm in width, like the hems of quilts and mattresses. In the quiver, potsherds and bronze arrowheads are found.

One lacquered shield is found associated with the chariots, and would be the so – called "*jiedun* (lit. baby shield)" used by the warrior on the right side of the charioteer. It has arched shoulders, curved waist and flat base. It is made of leather, and the back was put upward when unearthed. Its all edges are mounted, fully lacquered with single color, and has a wooden grip. Along the edges of the front, a row of geometric pattern is painted with vermilion, light green, white and light blue colors, but the lines are vanishing. The size of this shield is about twice of that found in the bronze shield case on the Bronze Chariot No. 1 unearthed from the Bronze Chariot and Horse Pit of Emperor Qinshihuang's Mausoleum: its full height is 66 cm, the width at the widest place of the shoulders is 39. 8 cm, that at the waist is 30 cm and that at the base, 37 cm. Because of the differences between the ranks of the users, the decorative patterns of these two shields are sharply different.

(4) Weapon Accumulations

Most of the weapons are made of bronze; a bronze arrowhead with iron tang and eight bow tips (siyahs) or other bow or crossbow parts made of bone are also found. The bronze weapons all have sharp blades with clear whetting traces, but no use – wears are found. The weapon shafts, scabbards, bows, crossbows and the wrapping cords of the sword hilts have only the impressed marks, charred remains or silt – molded shapes after the bodies are rotten away; the arrow quivers, bow cases and spear sheaths have only the woven marks impressed on the silt. These weapons could be classified into short weapons, pole weapons and ranged weapons.

The remains of the short weapons are mainly sword parts such as pommels, grips and tangs, hand guards, and scabbard parts such as chapes and *zhi* – slides. Three scabbard remains are found, the clearest one of which is 51 cm long, 4 cm wide and 0. 8 cm deep, located on the left side of the waist of a pottery warrior.

Pole weapons include five spearheads, 17 ferrules and 12 fragments of weapon shafts. The spearheads are regular made and the blades are well sharpened, but no traces of shafts have been found behind them. Ferrules are usually fixed to the tails of the bamboo or wooden shafts of weapons, some of which still have plant remains in their sockets when unearthed. 10 color – painted pattern remains are found on the fragments of weapon shafts; these shafts are 3. 5 – 4 cm in diameters, and made of three ways: one is pure wooden shaft in round section; the second is adhering a bundle of thin bamboo strips into a shaft with a round section, and the third is adhering thin bamboo strips around a wooden core into a shaft. A shaft tightly grasped by the right hand of a pottery warrior is found.

The ranged weapons include arrowheads, crossbow trigger mechanisms, bow tips (siyahs) made of bone, etc. , plus traces of bows, crossbows, quivers, bow cases, etc. Five crossbow trigger mechanisms are found, all of which are plain without decorative patterns, inscriptions and housings. Six bow tips and two bow grip plates made of bone are found in situ, which confirmed the properties and locations of these two kinds of bone objects.

The longest remaining arrow shaft is about 70 cm long, and the diameters of all of the arrow shafts are between 0. 5 – 1 cm. From a better preserved arrow feather remain, we can see that the arrow feather was about 9 cm in length, and within a width of 1 cm, there were 13 filaments. The way of attaching the nock to the shaft end was to tie them together with leather (bamboo) strip 0. 3 cm wide.

Ten remains related to bows and crossbows are found, most of which are associated with their cases. The best preserved remain of a bow case is roughly in the shape of a clam, the remaining length of which is 121 cm, width at the middle is 26. 5 cm and that at the two ends are less than 10 cm. One side is slightly curved like the bow back. It was lacquered in black color, with scattered color – painted patterns remaining, and was stitched up with white threads. By scientific testing, it is confirmed to be made of bast fiber textile of plain weave, the texture of which was fine and smooth, showing clear grains.

A relatively complete crossbow remain (Crossbow⑧) shows that the full length of the bow limbs was (at least) 135 cm. The *qing* – bow braces are set between the bow limbs and the string, one of which is 1. 5 cm wide and thick and the other is 2 cm wide and 1. 5 cm thick. The bowstring was about 1 cm in diameter, the present status of which is in the shape of a white pipe. The crossbow stock is 60 cm long, 3. 5 cm wide and 1. 5 cm in remaining thickness. The trigger nest is 12. 5 × 8 cm in inner diameters, 3 cm wide and 0. 5 cm thick. The *wangshan* – sight and tumbler of the trigger mechanism stretch out of the top of the stock, and the trigger is hidden in the nest. The stock butt is 13. 5 cm long and 3 cm thick. The arrow track atop the stock is about 1 cm wide and less than 0. 5 cm deep. Nearby the crossbow remain, accessories such as bow tips and grip plates are scattered.

15 remains related to quivers are found, of which one quiver contains 103 arrowheads. A quiver consists of the quiver bag, back board, frame strips, carrying strap, pivot, etc.

Through scientific tests to the textiles, plants, metals, lacquer and other materials, it is confirmed that the architectural timbers included two species which are Chinese hemlock (*Tsuga chinensis*) and *yunshan* (*Picea asperata*) . The wood for making chariot parts belonged to the genera of *Pteroceltis*, *Ulmus L.* , *Quercus L.* and *Toona*; the *longfu* – chariot quiver② is made of wood of genus *Catalpa*, and *longfu* – chariot quiver③ is made of rift sawn board; the bow and crossbow are made of oak. In the lacquer plaster of the *longfu* – chariot quivers, the content of phosphorus (P) is about 2%; the high content of phosphorus corresponds to high content of calcium (Ca), showing that materials containing calcium phosphate are possibly tempered, which might be bone ash, and this kind of lacquer plaster may belong to the "*huicao* (ash base for lacquering)" recorded in ancient textual materials. The bow case is made of ramie textile in plain weave, the warp count of which is 20 – 40 EPI and the weft count, 15 – 33 PPI. These scientific archaeology results undoubtedly provide new data for comprehensively studying the material culture of the Qin Dynasty contained in the terracotta army pits, and make up some missing links on the data retrieval in the excavation of the pits.

Ⅱ. Preliminary Conclusions

(1) The Construction

Based on the bronze weapons with dated inscriptions unearthed in the past excavations, there have been agreements on the date of the construction of the terracotta army pits, which was between 228 and 209 BC. This term of excavation has not found artifacts with exact dates, but the datable artifacts unearthed in this excavation have no differences from the ones found in the past excavations; therefore, the past agreements can be followed.

(2) The Destruction

The issue of the destruction of the terracotta army pits is related to the remains and artifacts in the pits and the stratigraphy of the accumulations of the pits. This term of excavation proved again that the destruction of the pits were related to the military events at the end of the Qin Dynasty, and also obtained some materials different from those found in the past excavations.

The pit H1 is the earliest disturbing remain found to date in Pit No. 1 of Terracotta Warriors and Horses of Emperor Qinshihuang's Mausoleum. The artifacts related to the pits of the Terracotta Warriors and Horses found in H1 are from corridor G8. The discovery of this pit advances the *terminus post quem* of the destruction; in the past excavations, the dates of the burials, disturbing pits or other remains found in the Pit No. 1 of the Terracotta Warriors and Horses were all later than the Qin and Han Dynasties.

This excavation revealed many early intentional spoiling and destroying phenomena, including three types of situations.

First, the dislocation of figurines. One of the reasons for the collapse and breaking of the pottery warriors and horses is the caving in of the pit roof, but it is absolutely not the only reason. Seen on the excavation site, the distributions of the fragments of the pottery figurines have two phenomena: one is that the figurine body is broken into pieces but these pieces are stacked together; the other is that the pieces are widely scattered and severely dislocated. The first phenomenon might be caused by the caving in of the roof, but the second one must have had artificial reasons. For example, the samples G9:9, G9:① right pole horse, G10:47, G9:18/34, etc. Especially, the sample G9:9, as the highest – ranking officer figurine recovered in this excavation, was extraordinarily smashed: his body and head are separated faraway, which is naturally associated by the excavators with the saying "to catch bandits, catch the ringleader first" considering his position as a commander.

Second, all of the pottery figurines, no matter warriors or horses, have damaging and defacing traces in rather uniform appearances, which can be classified into hewing, scratching and chopping. Some of the spoiling traces after the burning procedure seen on the pottery figurines would be made by normal links on the workflow, such as transporting; however, no matter the individual figurine or the formation of the Terracotta Warriors and Horses as a whole, from the excavated areas of Pits Nos. 1, 2 and 3 in the past, damaging and defacing traces occurring continuously and in similar appearances are repeatedly seen, showing that they must have been the results of intentional vandalism.

Third, suspicious objects. Some artifacts unearthed from the collapse accumulation layers might not be related to the construction of the pit. For example, a fragment of stone slate (numbered G10:0109) found in the lower layers of the collapse accumulation at the eastern section of the corridor G10 is an object of doubtful origin. In the fill of the pit, some objects of the Qin Dynasty, such as potsherds, did mix; tools, such as iron shovels, might be seen; some belongings of the laborers, such as bronze *banliang* coins and cutters, might also appear. However, large stone slates in such shape have no reasons to emerge here.

In sum, the suggestion that destruction of the pits of the Terracotta Warriors and Horses was caused by the warfare at the end of the Qin Dynasty would be a reliable estimation. The confirmation of the concrete tools for damaging these figurines is still waiting for the scientific testing and micro – wear analysis to conduct further identification and study.

(3) The Pottery Inscriptions and the Handicraft Management

The inscriptions about "names" and "numbers" engraved on the surfaces of the pottery figurines are usually regarded as the embodiment of the handicraft management systems, which is so – called "every article should have its maker's name engraved on it, for the determination of its genuineness." In fact, the pottery inscriptions of this property are mostly for the control of the commodities going into the circulation; even the wares with this kind of inscriptions unearthed at the architectural remains of Emperor Qinshihuang's Mausoleum yard are also practical and marketable. However, the terracotta warriors and horses were just made as funeral objects and not marketable; the inscriptions on them are nothing but the personal identifiers of the potters (or workgroups), which had nothing to do with the government action of "every article should have its maker's name engraved on it."

In addition to the flaws in the paste preparing and figurine shaping, the patching and retouching phenomena are also seen on some of the unearthed pottery warriors and horses. All of these belong to the situations of "the product is not what it ought to be", but the Qin people did not discard them but accepted them without refusing, which was also because of the natures of these pottery warriors and horses as funeral objects.

The Qin people advocated utilitarianism and pragmatism, and their value orientations were actual gains and material benefits. This result – oriented cultural characteristic made the Qin people pursue the results by any means, fair or foul. As for the making of these pottery figurines, as long as the products could meet the general demand of the original designing, which was to make funeral objects "serve the dead as if they were alive", they could be accepted.

(4) Lacquered Wares

By body materials, the lacquered wares unearthed in this excavation can be classified into pottery wares, leather wares, wooden wares, bamboo (rattan) wares, textile wares, etc., including lacquered pottery warrior and horse figurines, lacquered leather shields and drums, lacquered weapon shaft, chariot, bow limb, arrow shaft, quiver, lacquered ramie cloth bow case, etc., almost every kind of materials except for metal of that of the unearthed artifacts.

The lacquering materials and procedures differed according to the textures of the bodies to which they were applied. The typical samples of lacquered pottery wares are the lacquered pottery figurines. The lacquer peel of the leather shield is dark brown in color, and the thick lacquer plaster layer under it is in bluish – gray color. The drums are made with hollow dry – lacquer technique, and the two heads are both lacquered; the internal of the drums was lined with fine – woven textile, and the external surfaces are painted with flowing – cloud and hooked – line patterns. The lacquer peels on the surfaces of the weapon shafts have black, brown and red colors, most of which are applied on bluish – gray colored thin lacquer plaster bases; single – layered brown lacquer peel and double – layered black and brown lacquer peels are popular, and red patterns are painted on the butts of the weapon shafts.

The making technique of the lacquer peels is relatively simple; the lacquers included uncolored lacquer and colored lacquer; the former is brown and black in color, and widely used; the colored lacquer is red in color. The lacquers of brown and black colors are usually used as ground lacquer or coat lacquer, and mainly used to paint hairs, leggings, and so on; the lacquer of red color is used to paint designs and draw lines, and mainly seen on the weapon shafts. Most of the preserved lacquer peel fragments are smooth and glossy with bright and shining colors; the lacquer peels from the pottery wares have brushing traces kept, but that from bodies of other materials have no visible brushing traces, and no clear lacquering flaws, such as wrinkles, runs and pinholes, are found, showing that the lacquering technique has been very advanced, and special lacquer peel polishing and shining techniques might have been applied.

The color paintings are mainly made of red, green, blue and white colors. The red color is mostly used for "iron wire line drawing", the green color is mostly used for drawing wide borders, and the white and blue colors are used to fill the spaces. The line drawings are the frameworks of the designs, which organically assemble fixed patterns, single patterns and continuous patterns together. The color – painted patterns are mainly stylized cloud and geometric patterns, bordered by frames composed of continuous lozenge or triangular patterns. The way of painting on black or brown lacquered grounds with designs outlined by red color and filled with white, green and blue colors, and bordered by diagonal line patterns on top and bottom matches the style of lacquered wares of the Qin Dynasty. Colored painting with pigments does not belong to colored lacquering technique, and the component of lacquer is rarely seen in the results of the scientific tests to the color – painting pigments. The general styles and manners of the lacquered wares correspond to the statuses and positions of their users.

彩版一　发掘区全景（俯视）

1. 木环图案

2. 地基夯土层及工具痕

3. 棚木上白垩及淤泥堆积（Q8 西段）

4. 甬道位置过洞焚烧情况（G10）

5. 甬道位置隔墙壁面（Q10）

彩版二　发掘现场局部

1. G9 西段陶俑与兵器分布（东—西）

2. G10：29 与秘⑮

4. G10：22 与铜矛（G10：083）

3. G10：53 右手握秘

5. G10：52 与铜錞（G10：014）

彩版三　发掘现场局部

1. Aa 型组练（G9：9）

2. Aa 型组练印痕（G9：9）

3. Ab 型异色组练（G10：36）

4. 组练印痕（G10：57）

5. 组练（G10：71）

6. 组练印痕（G10：30）

7. B 型纽扣（G9：15）

8. 蓝色组练（G9：11）

9. 组练（G10：57）

1. 灰白、蓝色（G10：76）

2. 红、绿色（G10：72）

彩版五　甕颈色彩

1. G10：63

2. G9：11

3. G9：28

4. G10：41

5. G9：26

6. G10：54/55

彩版六　衣袖色彩

1. G10：60

3. G10：69

4. G10：43

5. G10：63（衽立面）

2. G10：14/85

6. G10：40（襦底）

彩版七　襦色彩

1. 袴（G9：8）

2. 行縢带（G10：50）

3. 行縢带（G10：53）

4. 异色裈缩（G10：10）

5. 裈（G10：43）

6. 裈缩、襦底色彩对比（G10：75）

7. 缩面、缩底色彩对比（G10：33）

8. 裈（G10：6）

彩版八　裈、袴、行縢带色彩

1. G10：70

4. G10：8

2. G10：19

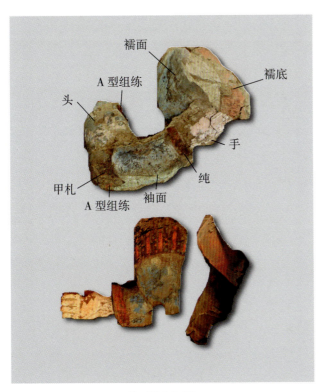

3. G10：43

5. G10：57

6. G10：60

彩版九　服　色

1. G10∶80

甲札
A 型组练
襦面
襦底
绾面
绾底
行滕面

2. G10∶72

3. G10∶39

4. G10∶4

5. G10∶16

6. G10∶17

彩版一〇　服　色

行縢

襦面

绲面

1. G9：36

2. G10：50

3. G9：22

彩版一一　色彩印痕

1. G9：8

2. G9：16

3. G10：19

4. G10：79

5. G10：82

彩版一二　色彩印痕

1. G9：13

3. G9：24

4. G10：75

2. G10：72

5. G10：59

彩版一三　色彩印痕

1. G10：61

2. G10：30

3. G10：33

4. G10：27

5. G10：58

6. G9：5

7. G10：62

8. G9：24

1. G10：76

2. G9：18/34

3. 印痕（G10：35）

4. 印痕（G9：23）

彩版一五　头部色彩

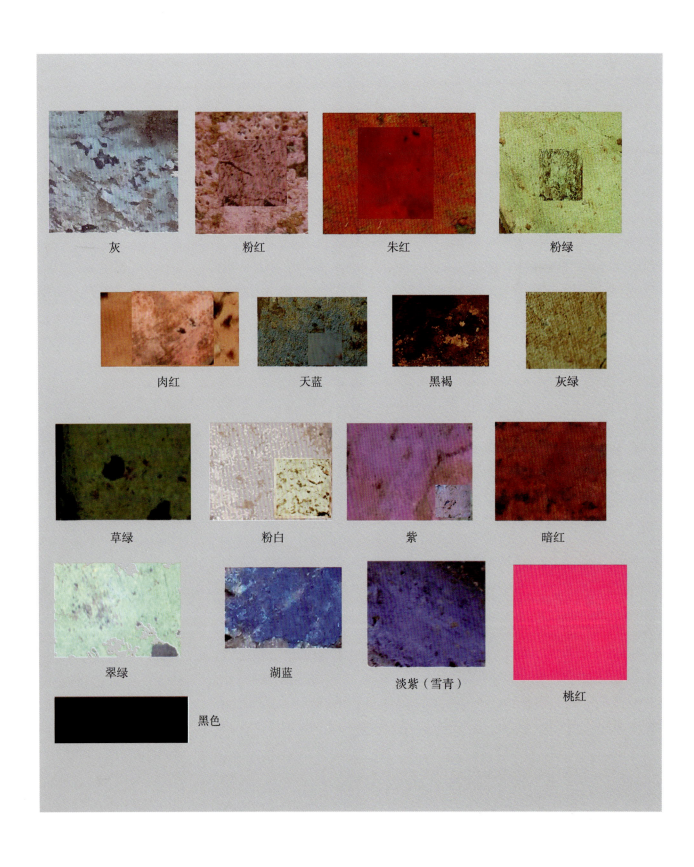

灰　　　　　　粉红　　　　　　朱红　　　　　　粉绿

肉红　　　　　　天蓝　　　　　　黑褐　　　　　　灰绿

草绿　　　　　　粉白　　　　　　紫　　　　　　暗红

翠绿　　　　　　湖蓝　　　　　淡紫（雪青）　　　　桃红

黑色

彩版一六　色块及名称对照

1. 临头 ①

2. 临头 ②

3. 临头 ④

4. 临头 ④ 局部

彩版一七　俑　头

1. 临头 ⑤

2. 临头 ⑥

3. 临头 ⑥ 发丝间指纹

4. 临头 ⑧

彩版一八　俑　头

1. 临头⑬

2. 临头⑰

3. 临头⑲

4. G10：6

彩版一九　俑　头

彩版二〇　陶俑（G9：11）

1. 肩甲印痕

2. 底缘包边

3. 胸甲

4. 侧缘包边印痕

5. 体左侧斜槽

彩版二一　陶俑（G9∶9）

1. 车锜（G9：①）

2. 笼箙③器壁

3. 车辕局部（G9：②）

4. 右车轮（G9：②）

彩版二二　车迹纹饰

1. 全貌

2. 鼓钉排列

3. 鼓壁纹饰印痕

4. 鼓壁纹饰印痕

5. 鼓壁纹饰印痕

1. 左辀前侧

2. 左辀前侧局部

3. 左辀前侧纹饰摹本

4. 桄木间局部

5. 桄木纹饰摹本

6. 后轸局部

彩版二四　车迹纹饰（G9∶②）

1. 全貌（南—北）

2. 鼓壁局部

3. 鼓壁局部

4. 悬系组带

彩版二五　鼓①

1. 全貌（东—西）

3. 铜盾（秦始皇帝陵铜车马坑出土）

2. 纹饰局部

1. 右骖马腿部

2. 右骖马腹部

3. 右服马头（表层）

4. 右服马头（下层）

彩版二七　陶马印痕（G9：①）

1. 口腔色彩（G9：②右骖马）

2. 马腿修补痕（G9：②左服马）

3. 马腿色彩（G10左骖马）

彩版二八　陶马色彩与修补痕

1. 印痕全貌

2. 络饰分布

3. 粉绿色彩绘（腹部）

4. 红色彩绘及修补痕（腿部）

彩版二九　陶马色彩与络饰（G9：②右服马）

1. 鞦带（G9：①）

2. 鞦带（G9：②）

3. 木质韀、橛（G9：②右骖马）

4. 遮汗（G9：②右骖马）

彩版三〇　鞍　具

1. G10:58 踏板上层

2. G9:13 身下

彩版三一　织物剑带

1. A 型（G10∶083）

3. B 型（G9∶028）

2. B 型铜矛（G9∶083）出土状况

4. 铜矛（G9∶028）铭文

彩版三二　铜　矛

1. 纹饰局部（柲③）

2. 纹饰复原（柲③）

3. A型镦与B型柲（柲⑪） 　4. 纹饰与漆灰（柲⑪） 　5. A型镦与B型柲（柲⑮）

6. 纹饰（柲⑧） 　　　　　　　　7. C型柲（柲⑧）内芯

1. G9 西段箭箙分布（东—西）

2. 括羽（箙⑦）

3. 弓韬（弩⑦）

4. 背绳（箙①）

彩版三四　箭箙、弓弩、弓韬

1. 全貌（北—南）

2. 弩屋

3. 弦

1. 东内壁

2. 东内壁

3. 南壁中部夹层

4. 经纬线径

5. 东外壁

彩版三六　笼箙 ③ 夹纻组织结构

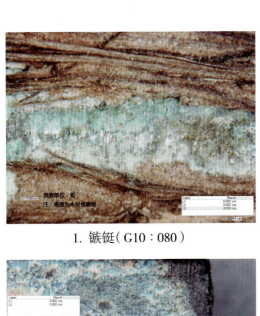

1. 镞铤（G10：080）

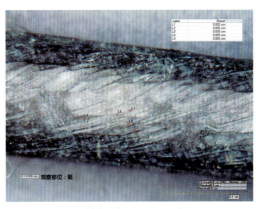

2. 镞铤（G10：081）

3. 剑珥（G10：033）

4. B 型络饰管（G9：097）

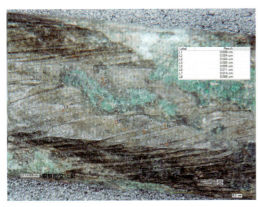

5. 镞铤（G9：0111–1）

6. 镞关（G9：0111–1）

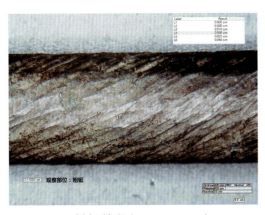

7. 镞铤前段（G9：0111–2）

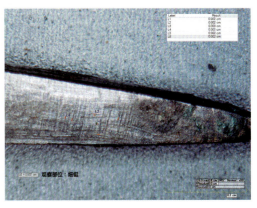

8. 镞铤尾段（G9：0111–2）

彩版三七　铜器表面痕迹显微结构

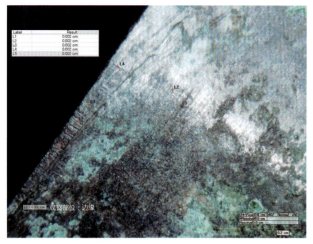

1. 轭帽边缘（G9：0117）

2. 轭帽内部（G9：0117）

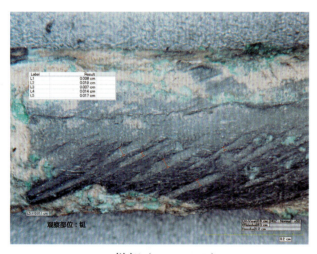

3. 镞铤（G9：0173）

4. A 型铜正面（G9：0143）

5. 剑璏表面（G10：038）

6. 方策正面（G10：045）

彩版三八　铜器表面痕迹显微结构

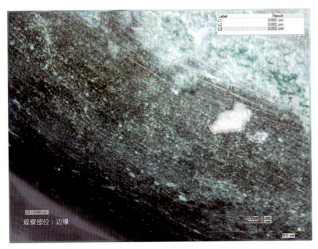

1. B 型环体节约边缘（G10：047）

2. B 型环体节约内部（G10：047）

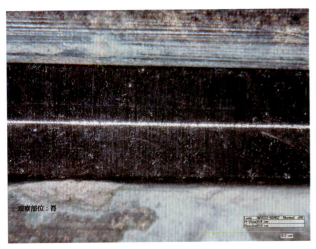

3. 矛脊（G10：037）

4. 矛翼（G10：037）

5. 镦表面（G10：071）

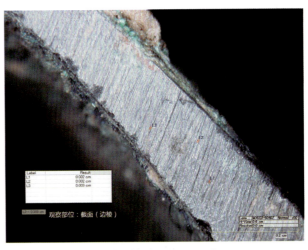

6. 镦边棱（G10：071）

彩版三九　铜器表面痕迹显微结构

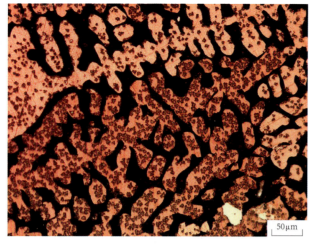

1. 剑茎（QY103，G9：080）

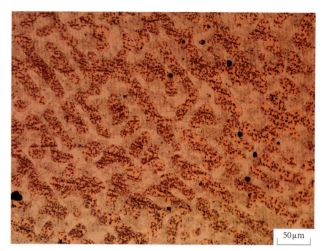

2. 剑茎（QY104，G9：088）

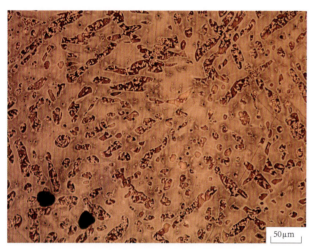

3. 剑茎（QY106，G9：0127）

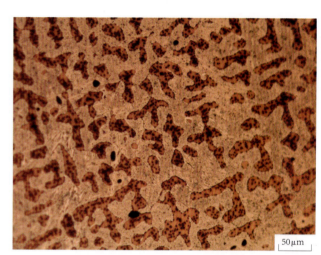

4. 剑茎（QY108，G9：079）

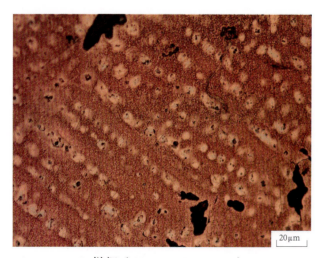

5. 镞铤（QY105，G9：0169）

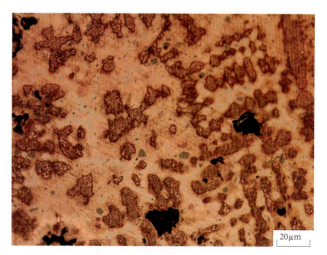

6. 镞铤（QY110，G9：0231）

彩版四〇　铜器金相显微组织

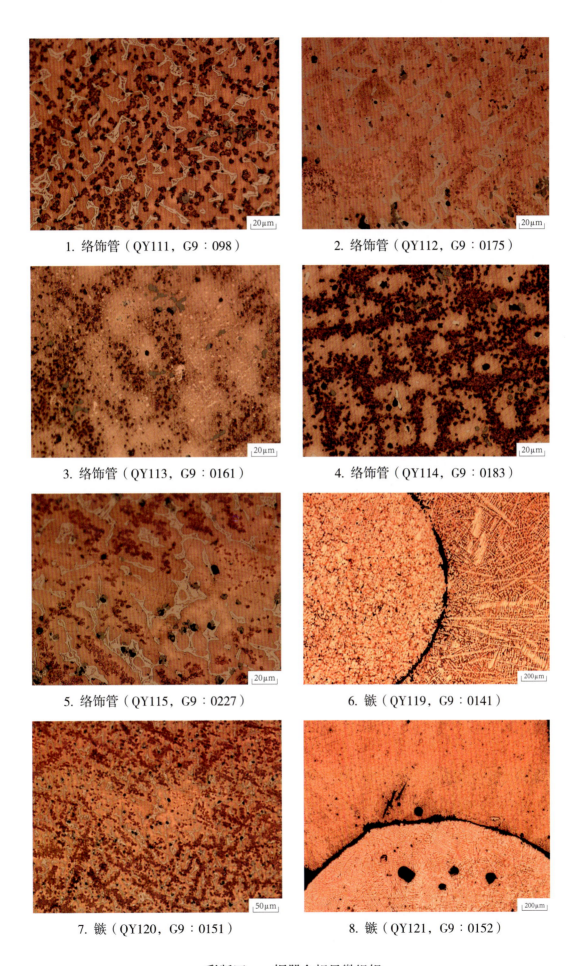

1. 络饰管（QY111，G9：098）

2. 络饰管（QY112，G9：0175）

3. 络饰管（QY113，G9：0161）

4. 络饰管（QY114，G9：0183）

5. 络饰管（QY115，G9：0227）

6. 镞（QY119，G9：0141）

7. 镞（QY120，G9：0151）

8. 镞（QY121，G9：0152）

彩版四一　铜器金相显微组织

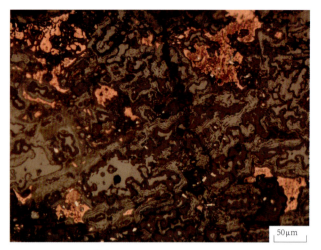

1. 带扣（QY118，G9：0123）

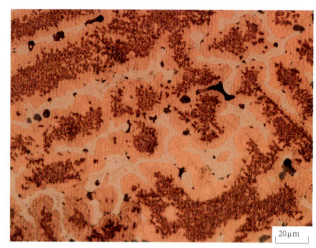

2. 鸭嘴钩（QY101，G9：0136）

3. 节约（QY107，G9：0202）

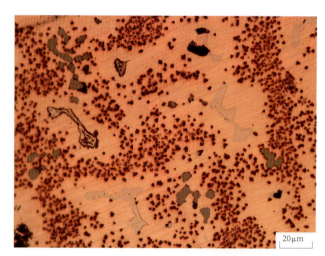

4. 节约（QY109，G9：0199）

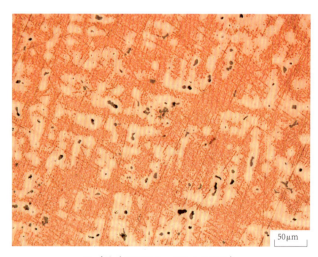

5. 轭（QY116，G9：0160）

6. 车构件（QY117，G9：060）

彩版四二　铜器金相显微组织

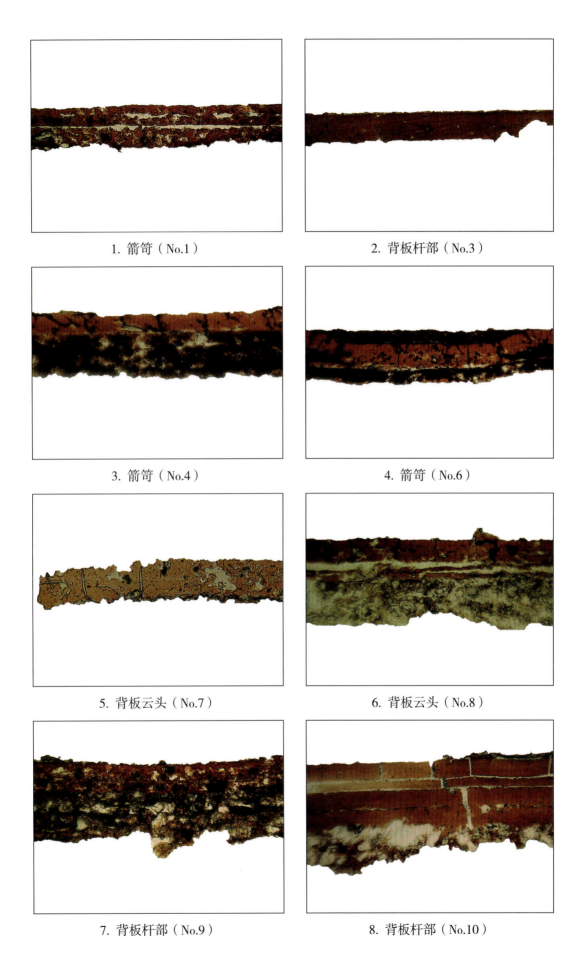

1. 箭筶（No.1）　　　　　　　　　　2. 背板杆部（No.3）

3. 箭筶（No.4）　　　　　　　　　　4. 箭筶（No.6）

5. 背板云头（No.7）　　　　　　　　6. 背板云头（No.8）

7. 背板杆部（No.9）　　　　　　　　8. 背板杆部（No.10）

彩版四三　漆膜断面切片显微照片

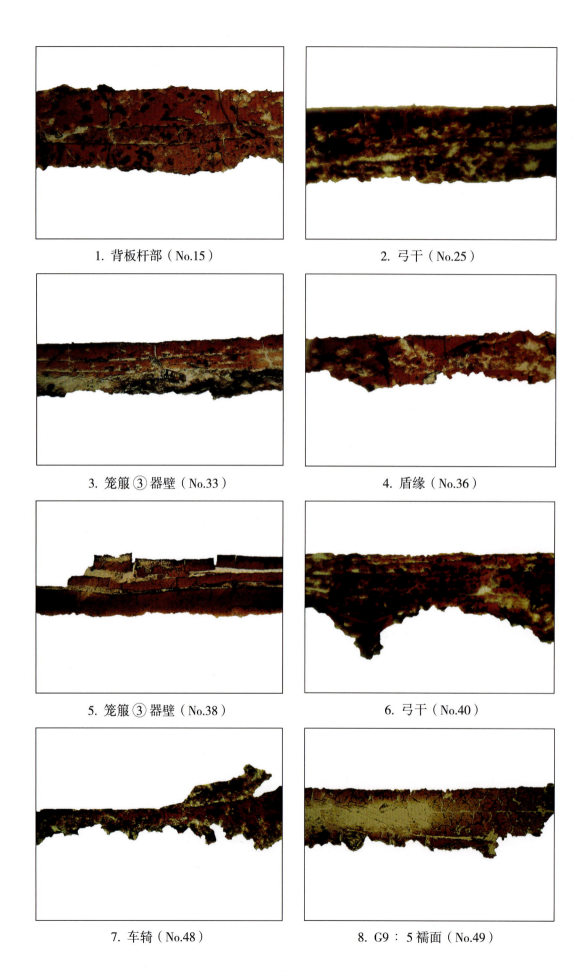

1. 背板杆部（No.15）

2. 弓干（No.25）

3. 笼箍③器壁（No.33）

4. 盾缘（No.36）

5. 笼箍③器壁（No.38）

6. 弓干（No.40）

7. 车辋（No.48）

8. G9：5 襦面（No.49）

彩版四四　漆膜断面切片显微照片

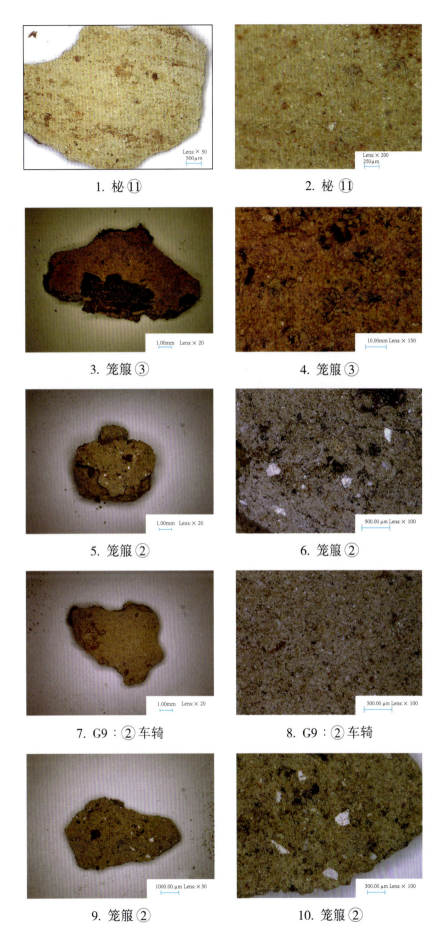

1. 柲⑪

2. 柲⑪

3. 笼箙③

4. 笼箙③

5. 笼箙②

6. 笼箙②

7. G9：②车軎

8. G9：②车軎

9. 笼箙②

10. 笼箙②

彩版四五　漆灰显微照片

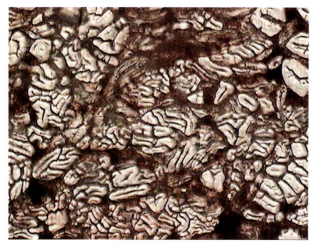

1. 纤维横截面显微图像（16号）

2. 纤维纵向形貌（16号）

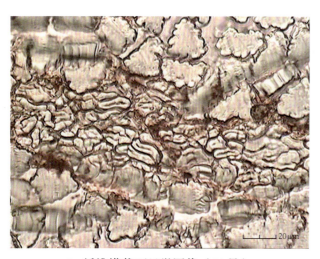

3. 纤维横截面显微图像（21号）

4. 纤维纵向形貌（21号）

5. 现代苎麻纤维横截面显微图像

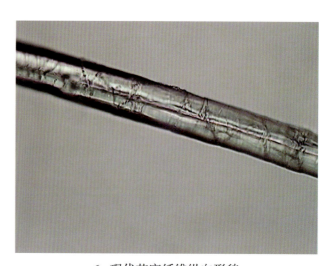

6. 现代苎麻纤维纵向形貌

彩版四六　麻纤维形貌图像

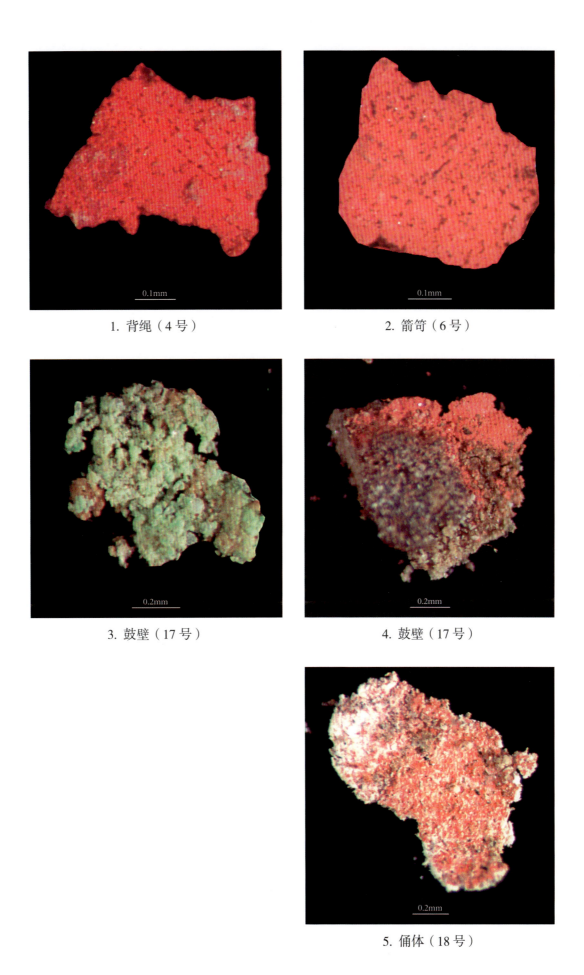

1. 背绳（4号）

2. 箭箙（6号）

3. 鼓壁（17号）

4. 鼓壁（17号）

5. 俑体（18号）

彩版四七　织物附属颜料微观图

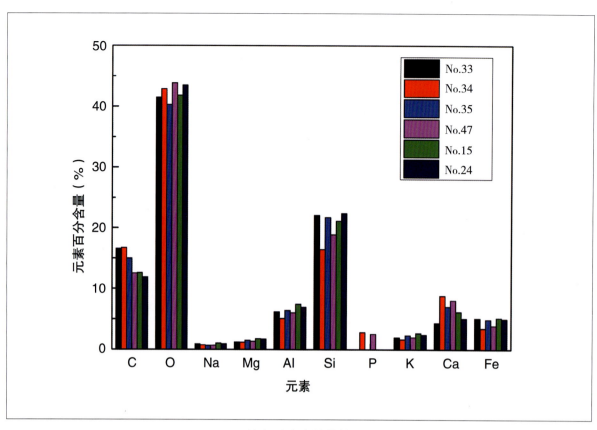

1. 漆灰元素含量柱状图

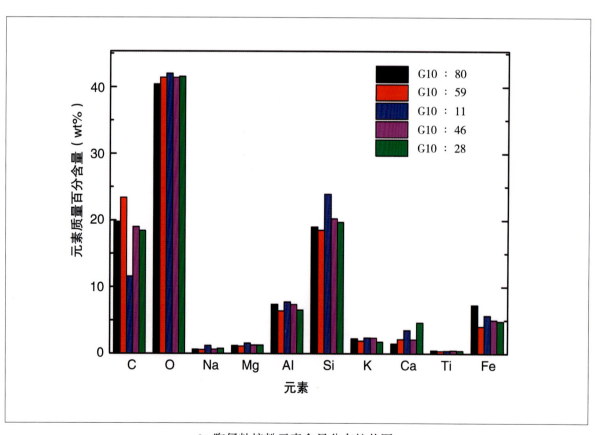

2. 陶俑粘接粉元素含量分布柱状图

彩版四八　样品元素含量柱状图

1. 一号坑（东—西）

2. 二号坑（南—北）

3. 三号坑（东—西）

图版一　秦始皇帝陵兵马俑陪葬坑

1. 发掘前地貌（北—南）

2. Q8 北侧与铜矛出土位置

3. H1 内填石块（西—东）

4. H1 底部形状（南—北）

5. Q9 南侧下压陶马门鬃

图版二　第三次发掘现场

1. 枋木移位（G9 南侧甬道位置）　　　　　2. 立柱内斜（G10 南柱 10）

3. 地栿截面（G10 东南侧）　　　　　4. 枋、柱组合（G9 枋木 7）

5. 席痕（X7）　　　　　　　　6. 席痕（X8）

7. 夯窝（G10 填土）　　　　　　　8. 锸、镢痕

图版三　第三次发掘现场

1. 银柄铁削刀（G10：03）

2. 铁锸（G9：075）

3. 石建筑构件（H1：02）

4. 动物肢骨残骸

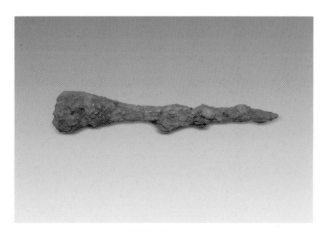

5. 铁錾（H1：04）

6. 铁栓板（H1：05）

1. C 型砖叠烧痕迹

2. 陶釜残片（H1∶01）

3. 田紫草

4. 细小螺壳

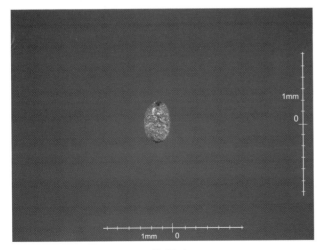

5. 接骨木

6. 植物颗粒（G9∶15 身下）

图版五　遗　物

图版六　陶俑堆积状况全景（俯视）

图版七　G9 陶俑堆积（东—西）

1. 钩斫引起的裂缝（G9：28）

2. 利器钩斫痕（G9：24）

3. 利器削斩痕（G9：14）

4. 钝器痕（G9：10）

5. 钝器痕（G9：9）

图版八　G9 陶俑表面伤痕

1. G9：4 与箭箙 ④ 及铜箭镞

2. G9：31 与柲 ⑩（东—西）

3. G9：9 与车马器

4. G9：15 与 G9：16 间弩迹

图版一〇　G10 陶俑堆积（东—西）

1. 利器钩斫痕（G10 东隔梁下）

2. 利器削斩痕（G10：36）

3. 利器钩斫痕（G10：38 瓮颈）

4. 钝器撞击痕（G10：45 腰部）

图版一一　G10 陶俑表面伤痕

1. 正视

2. 侧视

图版一二　G9∶9 虚拟复原图像

1. 甲札切割痕（G10：66）

2. Ab 型组练下垫片（G10：9）

3. Ab 型组练阴刻线粘接（G10：40）

4. Ab 型组练背面结垢（G10：46）

5. Ba 型组练（G10：33）

6. Ba 型组练（G10：6）

7. BbI 型组练（G10）

8. BbI 型组练连接窝（G10：47）

9. BbII 型组练孔（G10：72）

图版一三　甲札及组练

1. 袖形（G10：46）

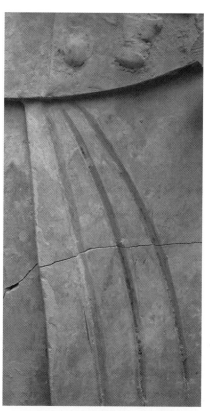

3. 襦面阴刻（G10：26）

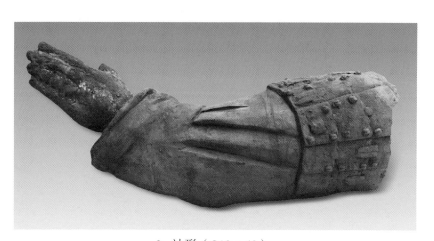

2. 袖形（G10：49）

4. 襦面阴刻（G10：78）

图版一四　袖形、腰际阴刻

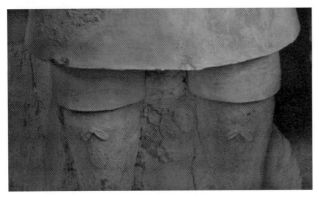

1. G10：48

2. G10：16

3. G10：86

4. G9：6

5. G10：7

图版一五　裤　形

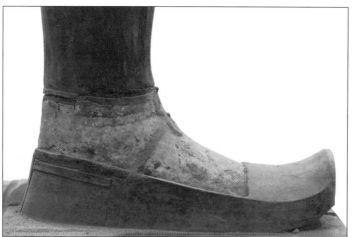

1. 前视（G9：23）　　　　　2. 侧视（G9：23）　　　　　3. 后视（G9：23）

4. 前视（G9：36）　　　　　5. 侧视（G9：36）　　　　　6. 后视（G9：36）

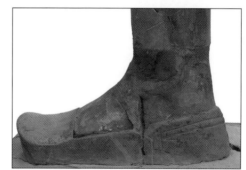

7. 扁绪（G9：9）　8. 前视（G10：47）　　9. 侧视（G10：47）　　　10. 后视（G10：47）

图版一六　履

1. G9：6 右足

2. G10：43 两足

3. G10：54 腿部

4. G9：13 腿部

图版一七　足、腿

1. G9：19 体腔下的空隙

2. G10：4 底盘内指窝

3. G10：12 捶击窝

4. G10：37 管状工具压印痕

5. G10：47 表面二次覆泥

6. G9：13 腹腔泥条盘筑痕

1. G10：10 体侧接臂处

2. G10：4 大臂上段与肩

3. G9：13 左臂胎内外

4. G10：22 大臂粘接面

图版一九　臂

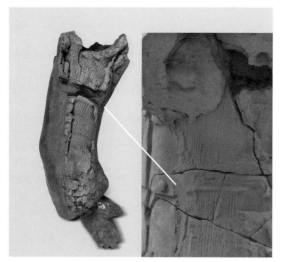

1. 孔痕（G10：47）

2. 孔痕（G10：67）

3. 孔痕（G9：24）

4. 斜向压痕（G10：4）

5. 竖向压痕（G10：9）

6. 头顶部透孔（G10：61）

图版二〇　支架痕

1. 四指叠合泥片（G10：26）

2. 右手残片（G10：67）

3. 臂腔内填塞板瓦（G10：4）

4. 手臂连接（G10：8）

5. 臂腕连接（G10：18）

图版二一　手、腕

1. 枕部二次覆泥（G10：49）

2. 头顶修复（G10：23）

3. 头顶修复（G10：31）

4. 颅颈结合面（G10：47）

5. 颅内壁（G10：47）

6. 耳与面粘接阴刻线（G10：8）

1. 承颈台面（G10：24）

2. 承颈台圈（G10：39）

3. 颈、体外表（G10：33）

4. 颈、体内腔（G10：33）

5. 陶模具（G10：070）

6. 泥坯棒（G9：0114）

7. 泥片（G10：0110）

图版二三　制胎痕迹及工具

1. 临头 ⑩

2. 临头 ⑪

3. 临头 ⑫

4. 临头 ⑭

图版二四　俑　头

1. 临头 ⑮

2. 临头 ⑯

3. 临头 ⑱

4. G10：16

图版二五　俑 头

1. G10：20

2. G10：23

3. G10：42

4. G10：44

5. G10：52

6. G10：61

图版二六　俑　头

1. 修复现状

2. 头部出土原状（东—西）

3. 伤痕 2

4. 伤痕 3

5. 伤痕 4

6. 伤痕 6

7. 伤痕 7

图版二七　陶俑（G9：2）

1. 修复现状

2. 伤痕 1

3. 伤痕 2

4. 伤痕 3

5. 伤痕 6

图版二八　陶俑（G9：3）

1. 修复现状

2. 出土原状（南—北）

3. 内腔木炭（南—北）

图版二九　陶俑（G9：4）

1. 修复现状

2. 伤痕 3

3. 伤痕 5

4. 伤痕 8

5. 俑头正视

6. 俑头背视

图版三〇　陶俑（G9∶5）

1. 修复现状

2. 横刃伤痕

3. 绥带

4. 出土原状（南—北）

图版三一　陶俑（G9：14）

1. 修复现状

2. 出土原状（西—东）

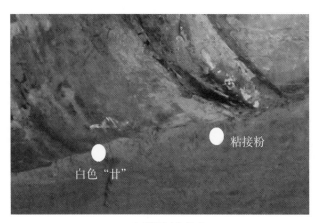

3. 右臂局部痕迹

4. 足底粘接粉

图版三二　陶俑（G9：15）

1. 修复现状

3. 伤痕1、3

4. 伤痕2

2. 腿部泥胎接荐

5. 伤痕7

图版三三　陶俑（G9：17）

1. 修复现状

3. 利器横刃伤（伤痕 9）

4. 肩部钝器伤

2. B 型组练背面形状

图版三四　陶俑（G9：18/34）

1. 修复现状

2. 伤痕 2

3. 伤痕 3

4. 臂烧成后连接

图版三五　陶俑（G9：20）

1. 修复现状

2. 腿部接茬及粘接粉

3. 腿部织物修补痕迹

图版三六　陶俑（G9：21）

1. 修复现状

2. 出土原状（西—东）

图版三七　陶俑（G9：22）

1. 修复现状

2. 壅颈伤痕

3. 壅颈伤痕

4. 足跟修补痕

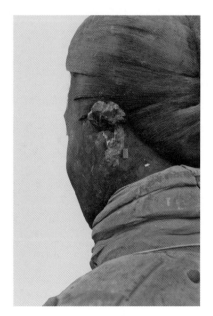

5. 耳部伤痕

6. 腹部伤痕

图版三八 陶俑（G9：31）

1. 修复现状

2. 伤痕 2

3. 伤痕 3、4

4. 伤痕 1

5. 臂与铠甲叠压状况

图版三九　陶俑（G9：36）

1. 修复现状

2. 腿与底盘制作痕迹

3. 出土原状（北—南）

图版四〇　陶俑（G10：18）

1. 修复现状

2. 出土原状（东南—西北）

3. 左耳陶片

图版四一　陶俑（G10：47）

1. 修复现状

3. 伤痕 1

4. 伤痕 2、3

2. 出土原状（东南—西北）

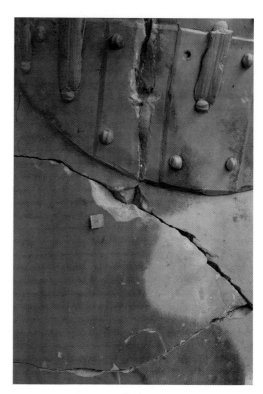

5. 伤痕 14

图版四二　陶俑（G9：7/35）

1. 修补区域（G10：45）

2. 织物纹理（G10：45）

3. 织物纹理及粉末（G9：18/34）

4. 织物纹理及粉末（G9：21）

图版四三　陶俑修补痕迹

图版四四　车迹分布位置（东南—西北）

1. 清理前（东—西）

2. 清理中（东—西）

图版四五　车迹（G9：①）

1. 衡（南—北）

2. 衡局部

3. 左辀局部（北—南）

4. 右轫

5. 左后舆底竹片

6. 笼箙③（东南—西北）

图版四六　车迹（G9：①）局部

1. 轭及靷

2. 右轮辐、牙

3. 左毂

4. 右伏兔及铜锏

5. 右伏兔出土位置（北—南）

6. 左軎（东—西）

1. 前辕与桄木

2. 幕帘

3. 左轹局部（北—南）

4. 左角柱（？）

5. 不明朽痕

6. 幕帘

图版四八　车迹（G9：②）局部

1. 车舆后部遗迹（西北—东南）

2. 藤条

3. 铜构件（G9：060）

4. 舆底竹片

5. 桃心形皮质朽痕

图版四九　车迹（G9：②）局部

1. 全貌（北—南）

2. 全貌（南—北）

3. 壁角局部

4. 器底包边局部

图版五〇　笼箄 ①

1. 内层堆积（东南—西北）

伏兔（铜）　箭笴　竹条　木环残迹

G9：13 襦部陶片

4. 口沿炭条（东南—西北）

2. 底层堆积（南—北）

（1. 铜箭镞及箭笴　2. 织物　3. 左伏兔　4. 器底龙骨）

5. 内层车幕织物

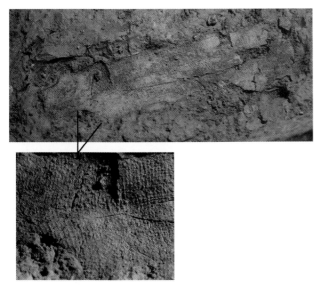

3. 内层"亚"字形织物

织物

6. 壁面垒胎

1. 出土原状（南—北）

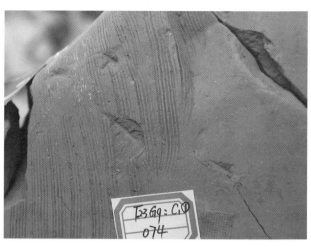

2. 右骖马伤痕

3. 右骖马伤痕

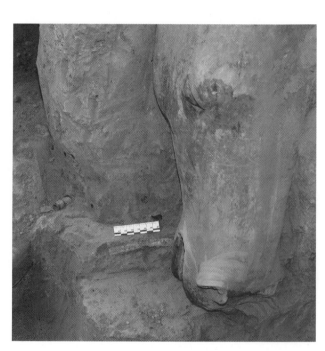

4. 左骖马与木镳组合

1. 出土原状（南—北）

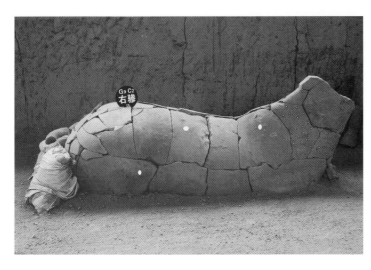

2. 右骖马（圆点标注处均为钩斫痕迹）

3. 榫卯状胎泥   4. 腿腹结合卯口

图版五三   G9：②陶马

1. 右骖马腹内壁槌窝及织物痕迹

2. 右服马出土原状（南—北）

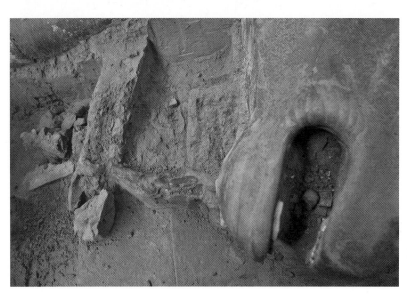

3. 右服马衔与镳组合

图版五四　G9：②陶马

1. 伤痕分布（右视）

2. 伤痕分布（左视）

3. 伤痕分布（后视）

4. 右面颊

5. 右面颊伤痕

6. 颈部右侧伤痕

图版五五　G9：②左骖马伤痕

1. 出土原状（东南—西北）

2. 左骖马腿位置（北—南）

图版五六　G10 陶马

1. G9：② 右骖马腹腔胎泥走势

2. G9：② 右骖马颈部胎泥叠合

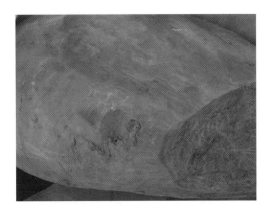

4. G9：① 左骖马后腿外表支架痕迹

3. G9：① 右服马耳部制胎

5. G9：② 右骖马颈部内壁支架痕迹

图版五七　陶马制胎痕迹

1. 阴靷

2. 靷绳

3. 靷绳

4. 策

图版五八　鞁具

1. Ab 型环（G9：0181）

2. B 型环（G9：0192）

3. 辖（G9：013）

4. A 型铜（G9：0143）

5. B 型铜（G9：041）

6. 络饰管（G9：0175）

7. 鸭嘴钩（G9：036）

图版五九　铜车马器

1. A 型节约（G9：0212）与皮条

2. A 型节约（G9：0203）

3. A 型节约（G10：047）

4. B 型节约（G10：024）

5. 马衔（G9：093）

6. 亚腰形带扣与 Ab 型环组合

7. 亚腰形带扣（G10：032）

8. 方策（G9：072）

9. 带柄销钉（G9：0135）

图版六〇　铜车马器

1. A 型管（G9：0230）

2. B 型管（G9：073）

3. C 型管（G9：0115）

4. B 型管（G9：0118）

5. 管壁切割痕（G9：0118）

6. 管壁刮削痕（G9：0118）

图版六一　骨车马器

1. A 型剑首及剑茎（G9：079）

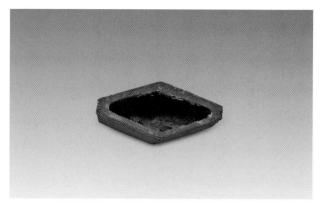

2. A 型剑首（G9：084）

3. B 型剑首及剑茎（G9：080）

4. B 型剑首（G9：087）

5. 镡（G9：0226）

6. A 型珌（G10：014）

7. B 型珌（G9：086）

8. 璏（G9：0146）

图版六二　铜剑及鞘附件

1. A 型镦（G9：0150）

2. B 型镦（G9：0240）

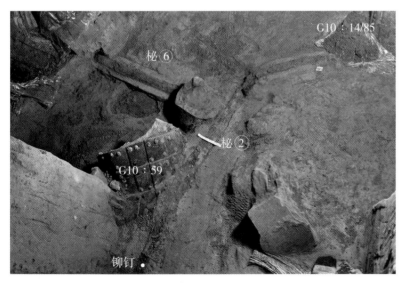

3. 柲②、柲⑥全貌（东南—西北）

4. 柲⑭与铜镦（G10：0106）

图版六三　柲与铜镦

1. 柲⑨内芯

2. 柲⑩与 G9：29 右臂相对位置
（南—北）

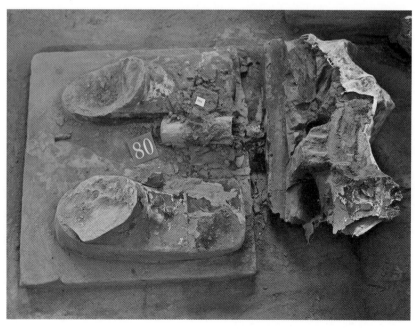

3. 柲⑬与铜镦（G10：084）

图版六四　柲与铜镦

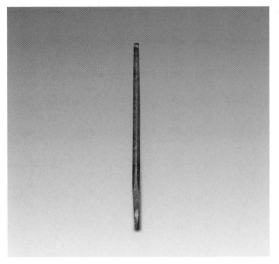

1. 圆锥形（G9∶0111-2）

2. 棱锥形（镞②-8）

3. 厚平形（镞①）

4. 薄平形（镞⑩-5）

5. 圆弧形（镞①）

图版六五　铜箭镞尾端形状

1. 铜弩机（G9：0106）

2. 骨弭（G10：073）

3. 骨弭（G9：011）

4. 骨片（G9：0104）

图版六六　弓弩配件

1. 箙①（东南—西北）

2. 箙④（东北—西南）

3. 箙⑤编织纹路

4. 箙⑦背板尾部

5. 箙⑨圆轴（侧视）

6. 箙⑫纽环

图版六七　箭　箙

韬

东段弓干　　　韬　　繁　　含

韬

西段弓干

1. 弩①全貌（东北—西南）

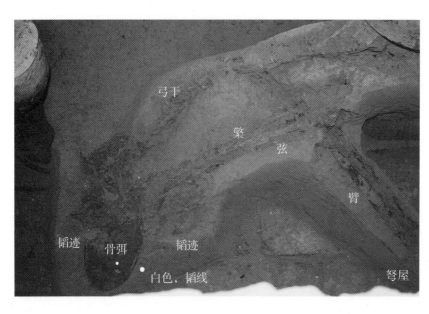

弓干

繁　　弦

臂

韬迹　　　　韬迹　　　　　　　弩屋
　　骨弭
　　　　白色，韬线

2. 弩②全貌（南—北）

3. 弩①骨弭出土位置（南—北）

4. 弩④韬局部

5. 弩⑥耳部（北—南）

图版六八　弓弩、韬

1. G9：19

2. G9：23

3. G9：32

4. G9：37

图版六九　陶　俑

1. G10：8

2. G10：21

3. G10：14/85

4. G10：46/51

图版七〇　陶　俑

1. G10：22

2. G10：40

3. G10：49

4. G10：53

图版七一 陶 俑

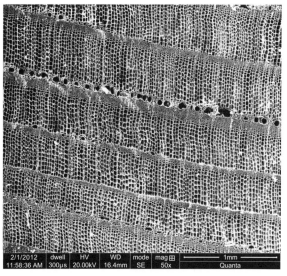

1. 铁杉属横切面

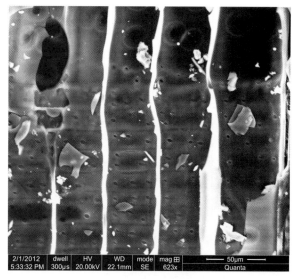

2. 铁杉属径切面

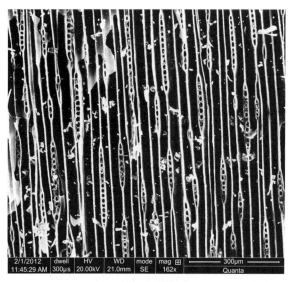

3. 铁杉属弦切面

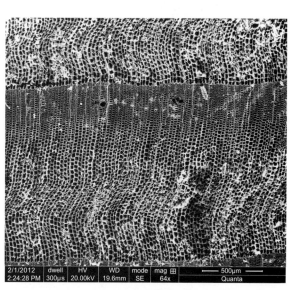

4. 云杉属横切面

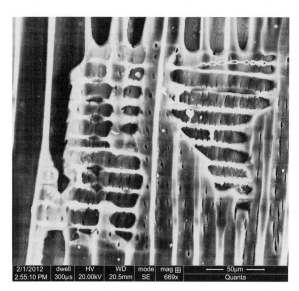

5. 云杉属径切面

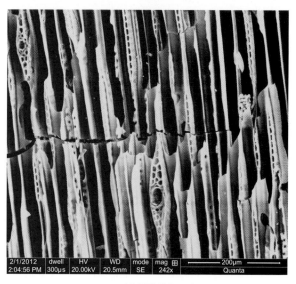

6. 云杉属弦切面

图版七二　铁杉属与云杉属切面

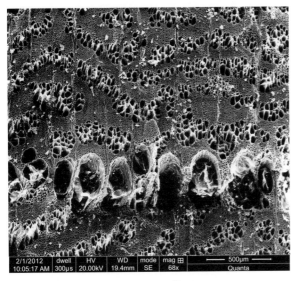

1. 横切面（G9：② 车辕）

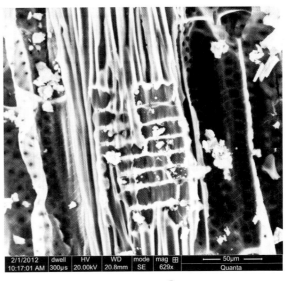

2. 径切面（G9：② 车辕）

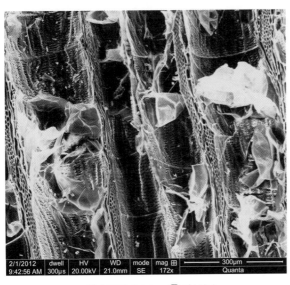

3. 弦切面（G9：② 车辕）

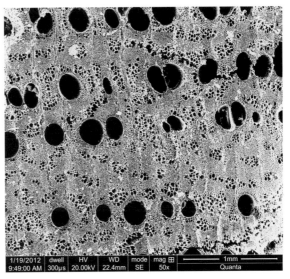

4. 横切面（G9：15 腹下）

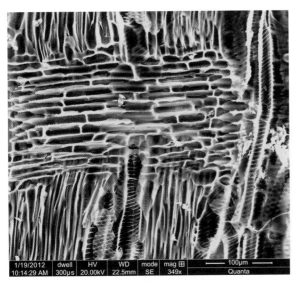

5. 径切面（G9：15 腹下）

图版七三　榆属切面

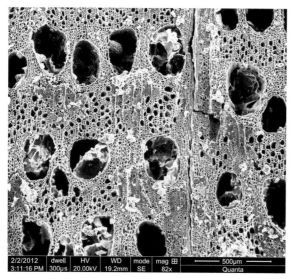

1. 横切面（弩⑥臂）

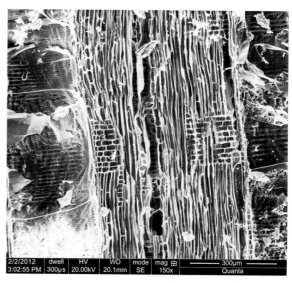

2. 径切面（弩⑥臂）

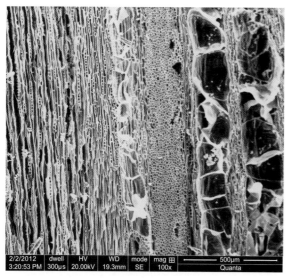

3. 弦切面（弩⑥臂）

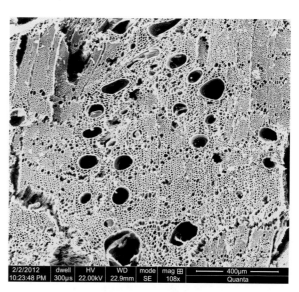

4. 横切面（G9：②车辐）

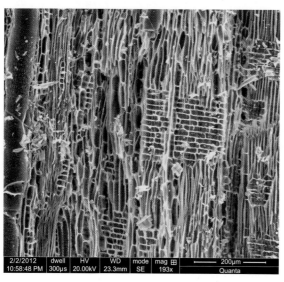

5. 径切面（G9：②车辐）

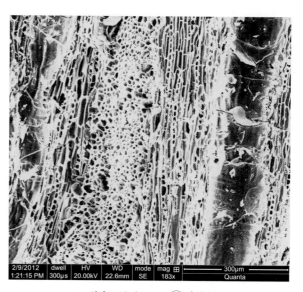

6. 弦切面（G9：②车辐）

图版七四　栎属切面

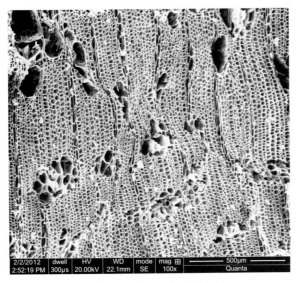

1. 梓树属横切面（笼箆②）

2. 梓树属径切面（笼箆②）

3. 梓树属弦切面（笼箆②）

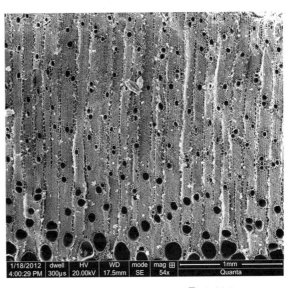

4. 香椿属横切面（G9：①右轸）

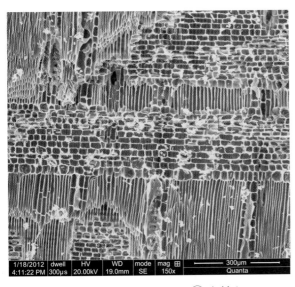

5. 香椿属径切面（G9：①右轸）

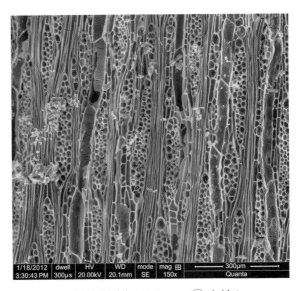

6. 香椿属弦切面（G9：①右轸）

图版七五　梓树属、香椿属切面

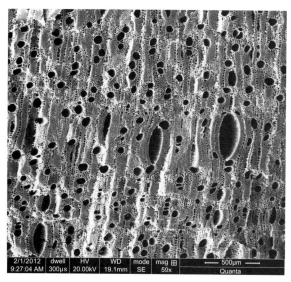

1. 横切面（G9：② 轴毂）

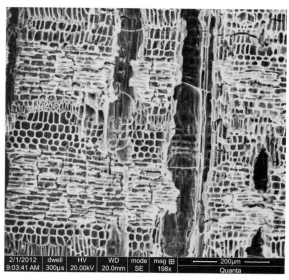

2. 径切面（G9：② 轴毂）

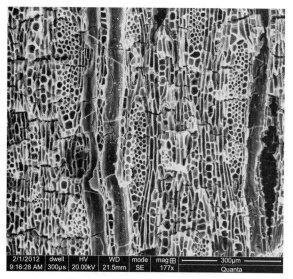

3. 弦切面（G9：② 轴毂）

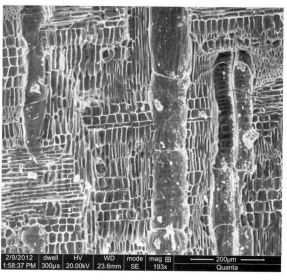

4. 径切面（G9：15 体下）

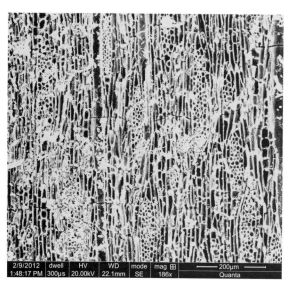

5. 弦切面（G9：15 体下）

图版七六　青檀属切面

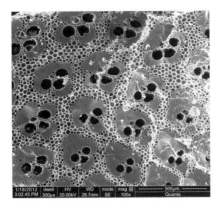

1. 横切面（G9：9 左腿旁）

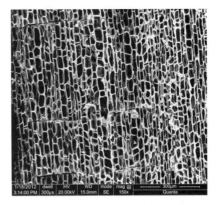

2. 径切面（G9：9 左腿旁）

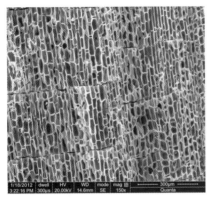

3. 弦切面（G9：9 左腿旁）

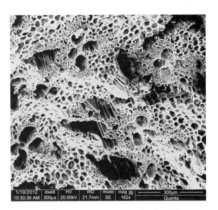

4. 横切面（G9：9 右腋下）

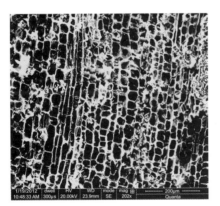

5. 径切面（G9：9 右腋下）

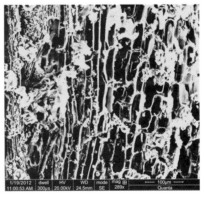

6. 弦切面（G9：9 右腋下）

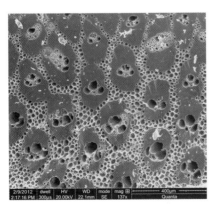

7. 横切面（G10：080 箭笴）

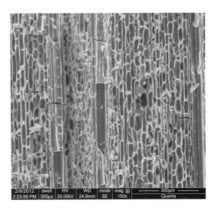

8. 径切面（G10：080 箭笴）

图版七七　竹亚科切面

1. 背散射形貌（G9：0111-2 铤前段）

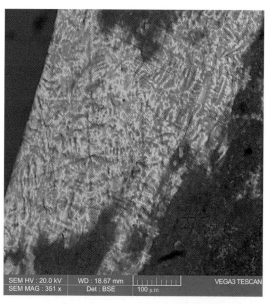

2. 背散射形貌（G9：0111-2 铤尾段）

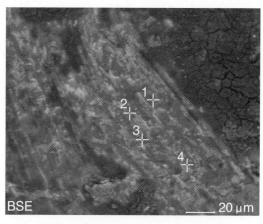

3. 能谱分析位置（G9：0111-2 铤前段）

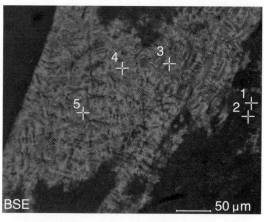

4. 能谱分析位置（G9：0111-2 铤尾段）

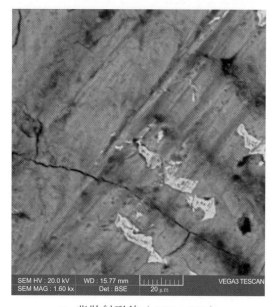

5. 背散射形貌（G10：045）

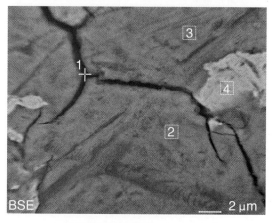

6. 能谱分析位置（G10：045）

图版七八　金属器物扫描电镜与能谱分析

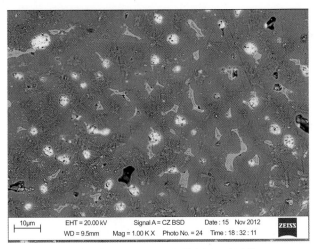

1. QY120 铸造组织背散射电子图像
（灰白色岛屿状相为（α+δ）共析体；铅呈亮白色颗粒；灰黑色为夹杂；黑色为铸造孔洞）

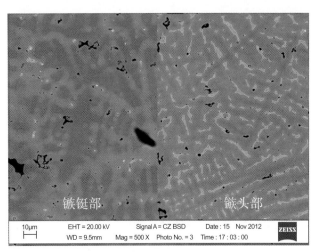

2. QY121 铸造组织背散射电子图像
（镞头灰白色（α+δ）共析体明显，而镞铤含较少共析体；灰黑色为夹杂；黑色为铸造孔洞）

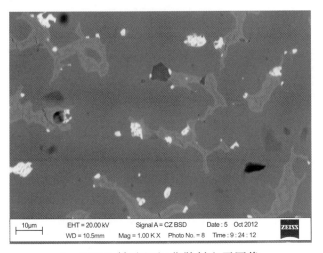

3. QY101 铸造组织背散射电子图像
（较多灰白色（α+δ）共析体，局部相连成网状；铅颗粒为白色；灰黑色夹杂与铅或（α+δ）共析体伴生）

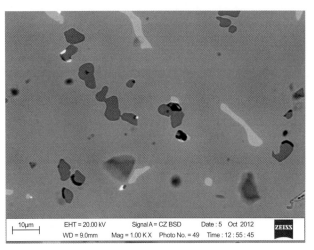

4. QY109 铸造组织背散射电子图像
（灰白色孤立条带状为（α+δ）共析体；铅很少，呈细小亮白色颗粒；大量灰黑色夹杂与铅颗粒伴生）

图版七九　铜器铸造组织背散射电子图像

1. 铜镞（QY119，G9∶0141）表面加工痕迹

2. 铜镞（QY120，G9∶0151）表面加工痕迹

3. 铜镞（QY121，G9∶0152）棱角末端加工痕迹

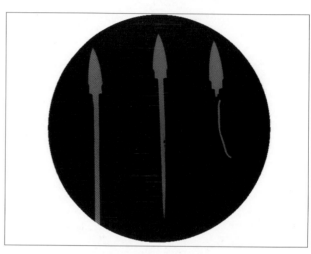

4. 铜镞（G9∶0141、G9∶0151、G9∶0152）X 光片

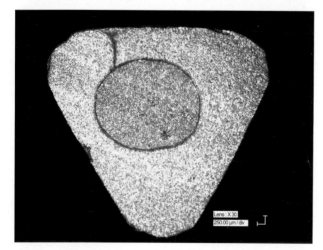

5. 铜镞（QY121，G9∶0152）横切面

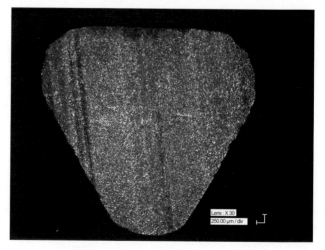

6. 铜镞（QY120，G9∶0151）横切面

图版八〇　铜镞体视显微观察和 X 光片